suhrkamp taschenbuch
wissenschaft 265

Erik H. Erikson, der 1902 in Frankfurt am Main geboren wurde, hat in seinen Arbeiten vor allem versucht, den klassischen Interpretationsrahmen der Psychoanalyse – die Lebensgeschichte – um die »psychosoziale« und die »psychohistorische« Dimension zu erweitern.

Von Eriksons Werken liegen im Suhrkamp Verlag vor: *Der junge Mann Luther* (stw 117); *Dimensionen einer neuen Identität* (stw 100); *Identität und Lebenszyklus* (stw 16); *Lebensgeschichte und historischer Augenblick* (LdP); *Kinderspiel und politische Phantasie* (LdP).

Im Zentrum dieser umfangreichen psychohistorischen Studie steht das Ereignis, das den Schlüssel zum Verständnis und zur Wirkung von Gandhis »Wahrheit« liefert. Dieses Ereignis ist der Streik der Textilarbeiter in Ahmedabad im Jahre 1918, der unter der Führung Gandhis mit den Mitteln des »gewaltlosen Widerstandes« die Forderungen der Arbeiter durchsetzte. Erikson analysiert vielfältige Aspekte – Gandhis Jugend, sein Verhältnis zu Vater, Mutter, Frau, Kindern und Freunden, zur Religion, zum Fasten, zum Vegetariertum, zum Keuschheitsgelübde, zur Sexualität, seine Konflikte und Lebenskrisen, die Erfahrungen seiner einundzwanzig Jahre in Südafrika –, um den Schlüsselcharakter des Ereignisses von 1918 verständlich zu machen. (Gandhi war zu dieser Zeit, aus Südafrika nach Indien zurückgekehrt, achtundvierzig Jahre alt.) Das komplexe Bild, das Erikson zeichnet, macht begreiflich, wie es möglich war, daß Gandhi zum »Mahatma« wurde, wie seine Philosophie der militanten Gewaltlosigkeit zu einem politischen Instrument von großer Tragweite wurde; es macht einsichtig, welcher Stellenwert einem Ereignis wie dem von Ahmedabad für die psychosoziale Evolution des Menschen zukommt, und läßt uns die Bedeutung der Wahrheit Gandhis für eine Zukunft begreifen lernen, die die nackte Humanität der Menschheit einer kalten Macht von Super-Maschinerien aussetzt.

Erik H. Erikson
Gandhis Wahrheit

Über die Ursprünge der militanten Gewaltlosigkeit

Übersetzt von
Jürgen Behrens

Suhrkamp

Dieses Buch sollte Joan zugeeignet sein.
Gemeinsam widmen wir es nun dem Gedenken an
Martin Luther King.

CIP-Kurztitelaufnahme der Deutschen Bibliothek
Erikson, Erik H.:
Gandhis Wahrheit: über d. Ursprünge d. militanten
Gewaltlosigkeit / Erik H. Erikson. Übers. von
Jürgen Behrens. - 1. Aufl. - Frankfurt am Main:
Suhrkamp, 1978.
(Suhrkamp-Taschenbuch Wissenschaft; 265)
Einheitssacht.: Gandhi's truth ⟨dt.⟩
ISBN 3-518-27865-7
NE: GT

suhrkamp taschenbuch wissenschaft 265
Erste Auflage 1978
Titel der Originalausgabe: *Gandhi's Truth*

Druck: Nomos Verlagsgesellschaft, Baden-Baden
Printed in Germany
Umschlag nach Entwürfen von
Willy Fleckhaus und Rolf Staudt

3 4 5 6 7 – 88 87 86 85 84

Inhalt

Vorrede und Danksagungen

Dieses Buch beschreibt die Suche eines von der westlichen Zivilisation geprägten Mannes und Psychoanalytikers nach der historischen Gestalt Mahatma Gandhi und nach der Bedeutung dessen, was er Wahrheit nannte.

Meine erste Reise nach Indien im Jahre 1962 führte mich in die Stadt Ahmedabad, wohin ich eingeladen worden war, ein Seminar über den menschlichen Lebenszyklus abzuhalten. Ahmedabad, das Touristen gewöhnlich in weitem Bogen umgehen, besitzt vor allen anderen indischen Städten eine einzigartige Geschichte. Die Manufaktur und der Export von Textilien sind seit der Antike bis in die Neuzeit hinein die beherrschenden ökonomischen Tätigkeiten geblieben. Die Industriestadt von heute mit ihrer machtvollen Gewerkschaftsbewegung ist oft ebenso verleumdet worden wie einst – oder noch jetzt – Pittsburgh in den USA. Dennoch ist diese Stadt von einzigartigem Interesse gerade wegen der bruchlosen Weise ihrer Entwicklung von einem auf mittelalterlichen Strukturen wie den Zünften basierenden Stadtstaat zu einer modernen Industriestadt, die sich vorwiegend aus lokalen Kapitalbeteiligungen finanziert und von wenigen großen Familien regiert wird.

Da ich auf dem Landsitz einer dieser Familien lebte, wurde mir bald von neuem bewußt, welche Rolle Gandhi in den Arbeitskämpfen dieser Stadt gespielt hat und welche Bedeutung dieser Rolle für seinen Aufstieg zu nationalem Führertum beizumessen ist. Ich sage »von neuem«, denn ich erlebte jenes Gefühl des déjà vu, das den Besucher einer fremden Stadt überkommen kann, von der sich ein Bild zu machen, geschweige denn ihren Namen korrekt auszusprechen, er nie zuvor Gelegenheit hatte. In jungen Jahren war mir bekannt gewesen, daß Gandhi in oder nahe der Stadt Ahmedabad, auf jeden Fall aber am Sabarmati-Fluß lebte. Meine Generation, die einer nach Europa verschlagenen Jugend, hatte zwischen den Weltkriegen tatsächlich von Gandhis erstem Prozeß gelesen und ihn mit dem des Sokrates verglichen: dieser Prozeß hatte im »Circuit House«, dem Bezirksgericht in Ahmedabad, stattgefunden, an dem wir täglich bei unseren Morgenspaziergängen vorüberkamen. Zudem hatte ich in Gandhis Autobiographie von einem Streik im Jahre 1918 gelesen, dessen Anführer in Ahmedabad er gewesen und dessen Hauptgegner zu jener Zeit, wie mir schließlich bewußt wurde, derselbe Besitzer der Textilfabrik gewesen war, auf dessen Landsitz wir jetzt wohnten. Gandhis Hauptverbündete und Helferin wiederum war die Schwester dieses Fabrikanten. Als ich mit anderen Menschen bekannt wurde, die Gandhi noch aus jenen Tagen entweder als hingebungsvolle Anhänger oder verstörte Gegner in Erinnerung hatten, bildete sich in mir der Verdacht, daß dasjenige, was von ihm selbst und von einigen seiner Biographen als bloße Episode in seinem Leben – und in der indischen Geschichte – dargestellt worden ist, ein Ereignis von entscheidender Bedeutung für seine Heraufkunft zu nationalem Führertum und als Begründer des Prinzips der militanten Gewaltlosigkeit gewesen sein muß.

Um das Jahr näher zu kennzeichnen: es waren die Iden des März 1918, dem Jahr massiven mechanisierten Totschlags an der französischen Front, in dem Weltreiche zusammenbrachen und neue, weltumspannende Allianzen gebildet wurden, es war das Jahr Wilsons und, alle überragend, Lenins. Hier, in Ahmedabad, beschied sich eine der großen charismatischen Gestalten der Nachkriegszeit mit einem eng begrenzten, lokalen Arbeitskampf – ein Vorkommnis, das seinerzeit selbst in Indien kaum Beachtung fand. Daß Mr. M. K. Gandhi sich das Fasten zum Element einer neuen Methode im Bürgerrechtskampf und in der politischen Führung erwählte und sein Leben dabei einsetzte, gewann – außer für eine kleine Zahl von Freunden – noch keinerlei Bedeutung, und die unmittelbare Folge, die daraus entstanden war, erregte weder nationale noch weltweite Aufmerksamkeit. In der Tat scheint ein gewisses Unbehagen in den späteren Berichten darüber vorherrschend – so als habe das Ereignis selbst sich der danach einsetzenden Karriere des Mahatma nicht ganz würdig erwiesen. Doch diese Art der Retusche und Verleugnung ist denkbar ungeeignet, die erwachende Neugier des Psychoanalytikers abzulenken; und daher – sei es deswegen, weil alles sich in einer Stadt abgespielt hatte, die mir das erste »Gefühl« für Indien vermittelte, oder sei es, weil ich deutlich empfand, daß in dieser Geschichte mehr enthalten war, als die Bücher eingestehen wollten – faszinierten mich jene Monate aus Gandhis mittlerem Lebensabschnitt ganz besonders. Ich beschloß zu rekonstruieren, was wir in diesem Buch das Ereignis nennen wollen, und es zum Brennpunkt einiger weitgespannter Reflexionen über die Ursprünge jener Methode in seinen früheren Lebensjahren und ersten Arbeiten zu machen, die er später die »Wahrheitskraft« nennen sollte.

Ich bin kein Historiker, viel weniger noch ein Indien-Experte. Welcher »Disziplin« mein Unternehmen schließlich zugeschlagen werden kann, wird sich am ehesten erweisen, wenn wir seine Geschichte erzählen. Die Anordnung der Kapitel spiegelt die Reihenfolge wider, in der uns die Probleme begegnet sind.

Das erste Kapitel soll einen Eindruck – so subjektiv, wie es ratsam erscheinen mag – davon vermitteln, auf welche Weise das Ereignis meine Aufmerksamkeit gefangennahm. Da jeder, der über einen bestimmten historischen Ausschnitt urteilt, sich diesen einzig vermöge des schlichten Umstandes seiner selektiven Aufmerksamkeit zu eigen macht, muß ein Beurteilender, der in klinischer Beobachtung geschult ist, sein eigenes anfängliches Beteiligtsein an der Sache weitaus systematischer in Rechnung stellen, als dies in der Geschichtsschreibung überwiegend die Regel zu sein pflegt. Die persönliche Beteiligung eines Menschen zieht indessen auch seine Freunde mit hinein von denen einige wie im vorliegenden Fall, sehr bekannte Männer und Frauen sind; und einige sind zugleich Mitglieder der Familie eben des Mannes, der in jenem Ereignis gegen Gandhi »ausgespielt« wird und dessen in seiner Autobiographie durchweg achtungsvoll Erwähnung getan wird. Ahnungslos, worauf sie sich einließen, als sie mich nach Indien einluden, finden sie sich nun auf der Besetzungsliste zu einer Geschichte wieder, von der ich damals noch nicht wußte, daß ich sie schreiben würde.

Die *Zeugen* ebenso wie die *Chronisten* eines Ereignisses machen dieses zu ihrem eigenen entweder dadurch, daß sie die ersten sind, die es durch ihren Bericht zu einem historischen werden lassen, oder aber, weil sie die letzten sind, die sich seiner zu erinnern vermögen, wenn derjenige, der kritisch prüft und wertet, sie dazu auffordert. Das zweite Kapitel wird sich daher mit dem Autobiographen Gandhi als Zeugen in eigener Sache auseinanderzusetzen haben und das Zusammentreffen mit noch lebenden Zeugen schildern, nachdem ich mich entschlossen hatte, Kritiker jener Geschichte zu werden, an der sie beteiligt waren.

Gandhis existentielle Experimente begannen, wie er selbst in überreichlichem Maße dokumentiert hat, in seiner Jugend. Im dritten Kapitel werden wir folglich zu seinen Anfängen zurückgehen und in einem gemischten Verfahren aus klinischer und historischer Nachbetrachtung die Gründe dafür aufsuchen, warum dasjenige, was zu dem Ereignis hingeführt hat, in keiner anderen Weise, als hier berichtet wird, geschehen konnte. Diese Nachbetrachtung wird zudem klären helfen, warum und wie Gandhi sich die Personen auswählte oder mit ihnen in Berührung kam, die dann zu Zeugen wurden, und welche Erfahrungen *ihres* vergangenen Lebens es so plausibel machen, daß sie zur Stelle waren und ihr Leben einsetzten, indem sie es dem seinen verbanden.

Wenn im III. Kapitel das Ereignis sowie seine unmittelbaren Ursachen und Folgen endlich detailliert in seiner zeitlichen Abfolge nacherzählt wird, muß ich darauf vertrauen, daß die wirklichen Geschehnisse nicht als Antiklimax aufgefaßt werden. Es ist aber in der Tat so, daß ohne das Wissen um seine Stellung in Gandhis Leben und in der indischen Geschichte das Ereignis für eine Angelegenheit von minderer Bedeutung angesehen werden könnte, die kaum zur Erklärung der Tatsache beizutragen geeignet sei, daß Gandhi bereits ein Jahr später als Führer der ersten nationalen Aktion bürgerlichen Widerstandes auftreten konnte.

Im letzten Kapitel werden wir endgültig für gesichert ansehen können, wovon wir jetzt nur vermuten, daß es sich nach Gandhis Aufstieg zum »Mahatma von Indien« ereignet hat. Erst dann werden wir uns rückschauend die Frage vorlegen können, wie der Mann, seine Methode und einige seiner ersten Anhänger 1918 zu Ahmedabad in einer Art und Weise konvergieren konnten, die seine Philosophie der militanten Gewaltlosigkeit zu einem *politischen Instrument* werden ließ, das von nun an bereitlag, in großem Maßstab Anwendung zu finden und weit über den begrenzten Aspekt des Arbeitsfriedens in der Stadt Ahmedabad hinausgreifen konnte. Nur dann werden wir zu der Einsicht gelangen, welcher Stellenwert solchen Ereignissen in der psychosozialen Evolution des Menschen zugewiesen werden kann, und werden die einzigartige Bedeutung der Wahrheit Gandhis für eine Zukunft begreifen lernen, die die nackte Humanität der Menschheit einer kalten Macht von Super-Maschinerien aussetzt. Dies jedoch verlangt gleichermaßen die genaueste Beachtung jener rigorosen Disziplin, die für Gandhi innerster Be-

standteil des Instruments von Aktivismus war, das er geschaffen hat.
Ich hoffe, daß diese Bemerkungen ausreichend sein werden, dem Leser mit systematischem Interesse das Versprechen einer versteckten Methode glaubhaft zu machen. Eben diese Methode verlangt indessen auch, daß ich damit den Anfang mache, Subjektivität, ja selbst die Zufälligkeit der Umstände walten zu lassen. Ich beginne daher mit einem kurzen Reisebericht. Er enthält Exzerpte aus Briefen, wie ich sie während einer Reise gern an die Familie oder an Freunde sende, vielleicht weil ich dazu neige, mein Tagebuch insbesondere an jene zu richten, von denen ich mir wünschte, daß sie an meinen Eindrücken teilhaben. Impressionistisch wird er gewiß sein, dieser Anfang, denn meine Arbeitsweise ist derart, daß ich meinen Weg von persönlicher Beobachtung zu demjenigen, was relevant genug scheint, in einen Bericht aufgenommen zu werden, erst finden muß; das bedeutet zugleich, daß ich mir einen Weg von intensiven ästhetischen Impressionen zu dem, was als ethisches Erfordernis überdauert, erst suchen muß. Abschließend sei noch angemerkt, daß die meisten dieser früheren Eindrücke in späteren Kapiteln als Hauptthemen wieder auftauchen werden.

Ich kann nur versuchen, meine Dankesschuld für die Unterstützung abzutragen, die mir von denen zuteil wurde, die Freunde waren oder es im Fortgang dieser Untersuchung geworden sind. Daß sie noch immer Freunde sind, zeugt für ihre Großzügigkeit, denn ich habe nicht einfach den Versuch unternommen, kulturelle Hindernisse von großer Beharrlichkeit zu überwinden, sondern mich dabei auch noch psychoanalytischer Methoden bedient, die überall zu jeglicher Kommunikation ein Moment von Unberechenbarkeit hinzufügen. Wo ich dem Anschein nach Vertrauen enttäuscht habe, mögen meine Freunde mir, meinem Metier und meiner »Westlichkeit« verzeihen. Bleibt noch als letztes, ihnen Dank zu sagen für das, was sie sind und was sie so vorbehaltlos mit mir geteilt haben.
Ich kann mich nicht mehr genau daran erinnern, wann bei meiner Frau und mir der Gedanke Gestalt annahm, daß wir nach Ahmedabad gehen sollten. Gardner und Lois Murphy waren dort gewesen und hatten uns von der bemerkenswerten öffentlichen, wissenschaftlichen und klinischen Arbeit der Sarabhais berichtet.

Als wir mit Gautam und Vikram Sarabhai das erste Mal hier bei uns zusammengetroffen waren, war ihnen gelungen, es uns als die natürlichste Sache der Welt erscheinen zu lassen, daß wir kommen müßten. Derjenige, der schließlich in dieser Angelegenheit eine behutsame, zielstrebige Hand bewies und sowohl die Voraussetzungen wie die Gelegenheiten für ein Seminar in Ahmedabad schuf, war Kamla Chowdhry vom »Indian Institute of Management« und der Universität von Harvard.

Es fehlt uns der Raum, all das aufzuzählen, was uns jedes Mitglied der Sarabhai-Familie an Fürsorge noch hinsichtlich der kleinsten alltäglichen Bedürfnisse zuteil werden ließ, und ihre alles bedenkende Umsicht zu erwähnen. Wie bei allen anderen, muß ich auch hier den Text von ihrem Anteil an dem Unternehmen berichten lassen, aus dem dann dieses Buch hervorging. Ich hatte noch Gelegenheit, Ambalal Sarabhai, den Patriarchen der Familie und der Stadt, der inzwischen verstorben ist, zu interviewen. Es gab viele Stunden heiteren Gesprächs mit Anasuya Sarabhai, seiner Schwester. Ihnen und allen voran Shankerlal Banker verdanke ich die Details, die mir die neue Darstellung der Geschichte jenes »Ereignisses«, wie es aus der Literatur bereits bekannt ist, gestatteten. Eine unschätzbare Hilfe beim Durchgehen der vorhandenen Dokumente war mir Prof. K. Swaminathan, indem er mich die Korrekturfahnen zu Gandhis *Gesammelten Werken* einsehen ließ, die das »Ereignis« belegen. Die mannigfachen Anwendungsmöglichkeiten, die diese monumentale Sammlung bietet, sind sogar noch aus meinem unorthodoxen Umgang mit den Texten ersichtlich.

Viele Inder haben mir Hilfe zuteil werden lassen oder es bereitwillig versucht, unter ihnen der frühere und jetzige indische Präsident ebenso wie Mitglieder des Kabinetts und des Parlaments; Besitzer von Textilfabriken, Textilarbeiter, Gewerkschaftsfunktionäre; Gandhis wichtigste Biographen und Direktoren öffentlicher Bibliotheken. Wo sie mit ihrer persönlichen Erfahrung zur Klärung jener Periode in Gandhis Leben beitragen konnten, die hier berücksichtigt werden soll, sind sie im Text genannt und im Index aufgeführt. Eine bloße Aufzählung von Namen würde schwerlich vermitteln können, was an Einsichten aus manchen Unterhaltungen hervorleuchtete, oder das Halbdunkel wiedergeben können, das absichtsvoll von anderen Gesprächspartnern gelassen wurde.

Bei Interviews notierte ich mir nur gelegentlich ein Wort. Zitierungen müssen daher als Approximationen an dasjenige angesehen werden, wovon ich mich zu erinnern glaube, daß meine Informanten es in Wortwahl und Betonung so und nicht anders gesagt haben. Dr. Anand Paranjupe schulde ich Dank für das Exzerpieren der Poona-Zeitschriften des Jahrgangs 1918, ebensosehr wie Nandim Joshi für seine mündliche Übersetzung einiger Passagen aus Gandhis Schriften, die in Gujarati abgefaßt sind. Wo wörtliche Übersetzung einem Abschnitt größere Klarheit zu geben scheint, ist sie durch eine Klammer gekennzeichnet, die in das volle Zitat eingeschoben wird.

Forschungsreisen verursachen Kosten für Flugbilletts und Beherbergung am Ort. Regelmäßige Zuwendungen der »Shelter Rock Foundation« für meine Forschungsarbeit am Austen Riggs Center finanzierten meine erste Indien-Reise, während die Karmakshetra Educational Foundation von Ahmedabad für unsere Bedürfnisse während unseres Aufenthalts in dieser Stadt Sorge trug. Das »Center for Advanced Study« in Stanford gestattete mir eine weitere Reise im Rahmen eines Forschungsauftrages, für die das »American Institute of Indien Studies« die Mittel für Fahrkosten und Ausgaben innerhalb Indiens bereitstellte. Die Arbeit am Manuskript endlich konnte ich in meiner Eigenschaft als FFFF – d. h. »First Field Foundation Fellow« – abschließen. Meinen Dank für die verständnisvolle Unterstützung, die ich von diesen Stiftungen erhalten habe.

Wie immer war Joan Erikson mit Leib und Seele mit mir und bei »der Sache«. Ihr besonderer Anteil an dieser Studie ist im Text nicht ungenannt geblieben; ihre gleichzeitig entstandene Arbeit über den hl. Franziskus war mir eine große Hilfe zum Verständnis jener heiteren Art von Heiligkeit, die sich auch bei Gandhi findet. Einige Kapitel wären ohne die freundschaftlich-bestimmte Unnachgiebigkeit Kai T. Eriksons ungebührlich lang geworden. Außer von ihr wurde das Manuskript auch noch von meinem Freund und Assistenten in Harvard, Sudhir Kakar, durchgesehen. Einer letzten Überprüfung wurden Textstellen und bibliographische Angaben von Pamela Daniels, meiner ebenso enthusiastischen wie gewissenhaften Mitarbeiterin, unterzogen.

Kapitel dieses Buches wurden anläßlich meiner Seminare in Harvard und Riggs diskutiert, vor allem aber in den Zusammenkünften der psycho-historischen Studiengruppe, die während mancher Sommer bei Robert Lifton in Wellfleet Aufnahme fand und von der Amerikanischen Akademie für Künste und Wissenschaften unterstützt wurde. Was ich aus diesen Diskussionen lernen konnte, ist zusammengefaßt in dem Aufsatz: »Über die Natur psycho-historischer Aussagen: Auf der Suche nach Gandhi«, »Daedalus«, im Sommer 1968.

Zum Schluß möchte ich noch bei einigen Namen verweilen, deren bloßer Klang uns eine Welt heraufholt: Vikram und Mrinalini, Gautam und Kamalini, Gira, Mani. Stille Abende, am Sabarmathi mit Kamla verbracht, Besuche der Gandhi-Altäre mit Romila Thapar, und rüstige Spaziergänge mit Prem Kirpal in Delhi. NAMASTE.

E. H. E.

Stockbridge, Massachusetts

Prolog

Echos eines Ereignisses

I. Kapitel
Indien: Erste Begegnungen

Wenn noch vor Einsetzen der Morgendämmerung das Flugzeug auf dem Flughafen Delhi zur Landung ausrollt, wird der Ankommende in eine neue Welt von Bildern, Klängen und Gerüchen eingehüllt, die ihm dunkel den Befehl erteilen, alle Sinne neu zu orientieren, bevor er überhaupt wagen darf, Fragen zu stellen. Auf den Gesichtern indischer Freunde liegt ein Schimmer, jener unverwechselbare Widerschein morgendlichen Zwielichts, wie ihn nur die Fähigkeit verleiht, zu jeder Zeit zu wachen oder zu schlafen. Kamla und Prem, zwei kraftvolle und fürsorgliche Punjabis, geleiteten Joan und mich entschlossen aus dem Karussell der Reiseabfertigung heraus; sie und ihr Freundeskreis würden uns nun abschirmen gegen und zugleich behutsam führen durch die unbekannten Höhen und Tiefen der Erfahrung.
Wir fuhren durch die ruhigen, dunklen Avenuen der Hauptstadt zum International Center, einem modernen Wohnheim für Studierende. Erbaut im modernen Mogul-Stil, überblickt es die alten Lodi-Gärten mit ihren gewaltigen, düsteren Baumkronen. Als wir noch auf den Balkon hinaustraten, bevor wir es versuchen wollten, ein wenig Schlaf nachzuholen – um dann in Indien aufzuwachen –, empfanden wir beinahe ein Schuldgefühl, Indien so zu sehen, wie man es sich gewöhnlich erträumt. Über Monate hinaus hatten wir gewissenhaft über die »Realitäten« dieses Subkontinents gelesen, damit wir uns weder von alten Klischees noch von modernen Prätentionen täuschen ließen. Aber jetzt registrierten nurmehr die Sinne. Schakale heulten in der Ferne, tief drunten aus den Höhlen, in denen sie über Tage ihr Leben fristen, und einige Fußgänger durchquerten den frühen Morgen, glitten zwischen den Baumstämmen hindurch gleich weißen Schatten. Es gab Zeit, so mußten wir uns eingestehen. Und dies würde bleiben: sich nahezu lethargisch mit seinen Sinnen und Affekten heimisch zu fühlen wie nirgendwo zuvor und dennoch ein Gefühl ungreifbarer Bedrohung zu empfinden.
Wir blieben zwei Tage in Delhi und begannen sie damit, indem wir uns den frühen Spaziergängern in den Lodi-Gärten anschlossen.

Doch wenn man sich mit dem Indien von heute vertraut machen will, muß man die Regierungsstadt Neu-Delhi meiden. In Alt-Delhi hat der Verkehr asiatischen Stil. Er schäumt über und ballt sich mit der Unbändigkeit und Rücksichtslosigkeit von Wildwassern zusammen. Eine Stunde zu Fuß, und man sieht Männer, Frauen und Kinder, die jede Stufe in der Geschichte der menschlichen Gattung in Erinnerung rufen und jede körperliche Verfassung zwischen Anmut und Verkrüppelung, Kraft und Hinfälligkeit zeigen. Der bloße Anblick der anonymen Masse greift mit einer Anziehungskraft nach uns, gegen die sich nur noch das deutliche Gefühl dafür, welchem unbekannten Wagnis sich unsere Gesundheit aussetzt, anzustemmen vermag. Verlasse man den Trampelpfad der Touristen, und schon sieht man sich inmitten einer völlig verschiedenen, beinahe feindlichen Ökologie der Sitten und Mikroben. Will man überleben und zu verstehen beginnen, so muß man bislang ungelebte Teile der Onto- und Phylogenese mobilisieren. Man denkt an die Aufstände (oder den »Furor«, wie es jemand genannt hat), die inmitten des Vakuums ausbrachen, das Gandhis schwindender Einfluß und der Abzug der Engländer zurückließen. Doch immer wieder stellt leichtere Atmung sich ein durch die Anmut der Bewegung und den heiteren, freundlich belebten Ausdruck vieler dieser Menschen; und selbst öffentliches Urinieren und Defäkation (die ein Fremder anfangs schwerlich zu ignorieren vermag) sprechen von einer naiven Würde. Kaum einen Tag zuvor noch waren wir im See von Galiläa geschwommen und nachts an jenen Ufern spazierengegangen, wo man selbst unter militanten und pragmatischen Israelis IHN niemals vergessen wird, der die Gabe hatte, in einer Weise zu Fischern zu sprechen, die durch die Jahrhunderte erinnert wird. Ich fühlte nun aufs neue, was ich als junger Mensch gewußt hatte, nämlich die Affinität jenes Galiläers und des abgezehrten Inders, der in Delhi begraben ist. Es gibt ein Wort für das, was sie anscheinend gemeinsam hatten: Präsenz – eine Präsenz, so flüchtig, wie es das Schweigen ist, wenn man hineinhorchen will.

An unserem ersten Abend in Delhi hatte ich eine Erfahrung gemacht, die sich noch oft wiederholen sollte: ein aufgeschlossener, vertrauensvoller Inder ließ sich vorbehaltlos für uns einnehmen, wenn er gewahr wurde, daß ich mir jener Präsenz bewußt war; während andere, die mir mit Mißtrauen begegneten (war ich nicht schließlich Psychoanalytiker?), den Mahatma listig verleumdeten,

um mir zu zeigen, daß sie sich nicht so leicht hinters Licht führen ließen (wußte ich übrigens schon, daß er als alter Mann »mit seiner Nichte zu schlafen pflegte?«).
In Washington bucht man selten eine Übernachtung, ohne daß man das Lincoln Memorial besichtigte. In Delhi gingen wir zum Birla-Haus und zu der Stelle, wo Gandhi dem Attentat zum Opfer gefallen war. Wenn es überhaupt Gedenkstätten geben muß, so finde ich den Garten des Birla-Hauses besonders beeindruckend, aber nicht etwa wegen seiner stilvollen Förmlichkeit, sondern wegen eines niedrigen Gebäudes ganz im Hintergrund, das nichts weiter enthält als Wandmalereien, die sich über drei Wände erstrecken. Keiner unserer Freunde hatte sie je zu Gesicht bekommen, wie wir später herausfanden, zum Teil, weil sie den Ort meiden, und zum anderen, weil die Malerei vor allem das einfache Volk anspricht. Sie ist nicht »groß«. Naiv wie haitische Volkskunst, aber von entschieden größerem Ernst, sind darauf Szenen aus Gandhis Leben abgebildet, und zwar überwiegend jene Begebenheiten, von denen er in seiner Autobiographie berichtet. Zur Linken wird sein Leben bis auf seine spirituellen und historischen Vorläufer zurückverfolgt: ein alter Seher, Autor eines Epos; der Prinz der Bhagavad Gita, wie er das Gesicht vor den im Feld aufmarschierten Schlachtreihen abkehrt, die von beiden Seiten her vom bewaffneten Glanz seiner Brüder und Vettern widerstrahlen; Eremiten, Dichter und Mönche; Buddha – und der große Herrscher Ashoka. So weit hält alles sich durchaus im Rahmen der Tradition. Wendet man sich jedoch zur Rechten, so enthüllt die Wandmalerei eine recht eigentümliche Vorstellung vom Werdegang eines Führers. Sie zeigt die Versuchungen, zu denen Gandhi sich bekannt hat, seine Irrtümer und sein Zaudern auf dem Weg zu jenem Mann mit dem Lendentuch und der Stimme, die das Volk erreichen konnte. Sie zeigt ihn, wie er als Jugendlicher der Sünde verfällt und Fleisch ißt; in heller Panik dem Haus einer kreischenden Prostituierten den Rücken kehrt; in Cutaway und hochgeschlossenem weißem Kragen mit einem englischen Rotschopf Walzer tanzt; und als Verteidiger vor Gericht, gelähmt von Lampenfieber, mit einem geringschätzigen Richter als Gegenüber. Vor einer Szene verhielt ich den Schritt; sie zeigt Gandhi vor seinem Ashram, wie er gerade ein Paket mit Banknoten von einem Reichen entgegennimmt, der soeben einem Ford, Modell T, entstiegen ist. War dieses Ashram nicht Gandhis Unter-

kunft in Ahmedabad? Und war jener wohlhabende Mann nicht eben der Besitzer der Textilfabrik, der dort unser Gastgeber sein sollte? Seine Identität ist kein Geheimnis mehr, wenngleich Gandhi in seiner Autobiographie nur berichtet, daß dieser Mann, der den Wunsch hatte, anonym zu bleiben, diesem Ahsram auch weiterhin Unterstützung zuteil werden ließ, nachdem alle anderen Geldgeber sich zurückgezogen hatten, weil eine Familie von Unberührbaren in die Kolonie aufgenommen worden war.
Kontrastierend mit dieser intimen Gedenkstätte, ist die Stelle, an der Gandhis Einäscherung stattgefunden hat, zu einem Monument umgewandelt worden, dessen Zurschaustellung in aufdringlicher Mogul-Grandeur beredt von der Zweideutigkeit aller Größe zeugt. An diesen Ort wurden die Überreste dessen, der ein Mann des Friedens geworden war, auf einer Lafette überführt, die von Soldaten und Matrosen gezogen wurde. Im Gegensatz hierzu (und Kontraste erst geben Einblick in die Dimensionen einer Nation) bietet das nahegelegene Gandhi-Museum eine überaus nüchterne Rückschau auf sein Leben in vergrößerten Photographien, die mit einprägsamen Zitaten überschrieben sind. Über der Eingangstür steht: »Man hat mir gesagt, daß Religion und Politik getrennte Lebensbereiche seien. Ohne einen Augenblick zu zögern und dennoch in aller Bescheidenheit möchte ich dem entgegenhalten, daß diejenigen, die solche Behauptungen aussprechen, nicht wissen können, was Religion ist.« Wir sahen nur Inder (und allem Anschein nach überwiegend solche aus den Unterklassen) diesen Erinnerungsstätten ihren Besuch abstatten. Keine Touristen.
Die Sarabhai-Familie ist wie ein Hain mit hohen Bäumen, eng miteinander verflochten durch Familienähnlichkeit und dennoch jeder für sich eine starke und ausgeprägte Individualität, in ihrer Kraft und ihren inneren Konflikten echte Produkte der individualistischen Erziehung, die ihnen vom Vater zuteil wurde. Die älteste Tochter ist eine ruhige, beinahe verhärmte, umstrittene Frau, eine Freundin und Anhängerin Gandhis zu seinen Lebzeiten. Sie hatte sich mit uns zum Lunch im Speisesaal eines Hotels verabredet. Inmitten all der lauten und zudringlichen Ungezwungenheit moderner Inder und amerikanischer Touristen erschien sie im hausgewebten Khadi, mit dem tiefdunklen Gesicht der Einheimischen, wie man es sich unverwechselbarer kaum vorstellen kann. Wie ihre Brüder und Schwestern besitzt sie ein ausgeprägtes Profil und hat eine bestimmte Angelegenheit rückhaltlos zu ihrer

eigenen Sache gemacht: in ihrem Falle handelt es sich um die Forderung nach einer Lösung im Kaschmir-Streit, die gleichermaßen für Pakistan wie für die Bevölkerung Kaschmirs annehmbar wäre – eine jener Unentrinnbarkeiten moderner Politik, die mit verbissener Härte von ihrem Freund Scheich Abdullah vertreten und mit vergleichbarer Unnachgiebigkeit von einem anderen, von Jawaharlal Nehru, ignoriert wird. Dieser schickte sie übrigens für zwei Jahre ins Gefängnis, und sie ist ihm deswegen gram, verhalten traurig.

Unser Freund, der Physiker Vikram Sarabhai, jüngster Sohn des Textilfabrikanten, kam hierher nach Delhi, um uns für einen kurzen Abstecher nach Kaschmir abzuholen, bevor die Schneemassen den Zugang zu seinem im Himalaja-Gebiet gelegenen Laboratorium zur Erforschung kosmischer Strahlung verlegten. Während unseres Fluges über die großartigen Bergketten ins bukolische Kaschmir-Tal tauschten wir Aufzeichnungen aus über die Internationale Pugwash-Konferenz, von der er gerade zurückgekehrt war, und Notizen von einer Konferenz der American Academy über »Alternativen zum bewaffneten Konflikt«, an der ich vor kurzem in Cape Cod teilgenommen hatte.

Unsere Herzen waren schwer. Weiter drüben, längs dem schneebedeckten Horizont unserer Flugzeug-Perspektive, strömten die Chinesen durch die Pässe. »Grenzzwischenfälle?« Jedermann gab vor, nie davon gehört zu haben. Aber ich war mir der Tatsache nur allzu gewiß, daß unser Bestimmungsort, der Flughafen von Srinagar, der einzig mögliche Landeplatz für chinesische Düsenmaschinen sein würde. Erwartungsgemäß war der Flugplatz ein bewaffnetes Lager. Aber statt nach der Landung durch Sicherheitsmaßnahmen aufgehalten zu werden, fanden wir uns unversehens von einem Festzug umschlossen. Der indische Vizepräsident Zakir Husain, als Moslem den Kaschmiris höchst willkommen, war ungefähr zur gleichen Zeit wie wir zu einem offiziellen Besuch gelandet. Unser Fahrer konnte nicht verhindern, in die gemessene Kavalkade eingereiht zu werden, die sich auf die Stadt zubewegte. Also schlichen wir durch endlose Straßenzüge voller winkender Kinder und Jugendlicher, die sich mit jener eindringlichen und heiteren Neugier in unseren Wagen beugten, mit der die Inder den Fremden aufnehmen.

Wir wohnten in einem Flügel des Maharadscha-Palastes, der jetzt ein Hotel ist. Vor Tagesanbruch hörten wir das Donnerrol-

len von Transportmaschinen über uns, die Soldaten und Ausrüstungen an die entfernte Front beförderten.
Am Vormittag trafen wir mit dem bärtigen und fürstlichen Gautam Sarabhai zusammen, der uns zu jener großartigen Moschee jenseits des Sees mitnahm, in der eine Locke von Mohammeds Haar aufbewahrt wird. Kaschmiris von überallher aus dem Tal kamen in Hunderten kleiner Boote an diesem geweihten Punkt zusammen, machten in langgestreckten Landungsbecken fest, in denen sie sodann diskret ihre Geschlechtsteile wuschen, und gingen in die Anlagen der Moschee, um dort in endlosen Reihen niederzuknien und sich zu verneigen, wobei sich zu einer zeremoniellen Identität zusammenschloß, was vorher eine quirlende Masse gewesen war.
Am nächsten Morgen ließen wir uns auf unserem Weg zum Laboratorium zur Erforschung kosmischer Strahlung die letzten drei Meilen zu diesem 9000 Fuß hoch gelegenen Punkt von anderen mitnehmen, obschon die meisten Reisenden zu Pferd oder in Jeeps unterwegs waren. Dies war die letzte Woche im Jahr, bevor der Schneefall einsetzen würde; die Luft war prikkelnd kalt, obwohl die Sonne brannte. Hin und wieder konnte man auf einen Felsvorsprung klettern und für einen zeitlosen Augenblick auf jene gedankentiefen Täler hinunterblicken; aber selbst hier war man niemals lange für sich. Indische Touristen zu Pferde kamen vorüber und fragten, ob wir den Aufstieg auch *wirklich* genossen. Und: waren wir nicht zufällig *Kanadier?*
Bahnstationen gestatten einzigartigen Einblick in die Lebensgewohnheiten des Inders, dem jeder Bahnhof zu einem Zentrum intensiver Geselligkeit und streitbarer Auseinandersetzung wird. Die nächtliche Ankunft in Ahmedabad gestaltete sich zu einem infernalischen Unternehmen. Die Station war verstopft von überfüllten Zügen und erfüllt von wirren Pfeifgeräuschen; zum ersten Mal wurden wir jetzt vertraut mit jenem indischen Phänomen, das uns hier Hunderte von Menschen zeigte, die entweder an abgelegenen Plätzen allein oder in dichtgedrängten Reihen innerhalb und außerhalb des Bahnhofsgebäudes schliefen, wenige nur auf Matten, einige auf Zeitungen, viele auf dem nackten Asphalt. Angehörige der westlichen Zivilisation scheinen mit perverser Bereitschaft zu glauben, daß all diese Menschen obdachlos sind und genau vor ihren Augen Hungers sterben. Die Schwierigkeit ist nur, daß man es niemals genau weiß. Von nur wenigen

kann für wahrscheinlich gelten, daß sie auf diese Weise allnächtlich sterben, gewiß sterben viele so während der Hungersnöte, aber das allgemeine Phänomen des Schlafens im Freien ist normaler und komplexer, als man gemeinhin annimmt. Die meisten dieser Menschen sind, obgleich sie furchtbar abgezehrt wirken, keineswegs in schlechterer körperlicher Verfassung als die vielen Millionen derer, die »zu Hause« schlafen. Viele haben niemals ein »Bett« kennengelernt, und mancher hat es schließlich vorgezogen, auf der Straße statt in überfüllten Räumen zu nächtigen. Darüber hinaus gibt es, jedenfalls für den gewöhnlichen Inder, keine Hotels. Aber angesichts solcher Massen ununterscheidbarer, ausgemergelter Leiber konnte ich nur allmählich eine Empfindung, die ich als junger Mensch gekannt hatte, wieder in mir entwickeln: dafür nämlich, wie heimisch man sich unter schlafenden Fremden zuweilen fühlen kann.

Die Oberklasse jedenfalls übernachtet bei Freunden; und ein Wagen erwartete uns bereits, der uns zum Landsitz des Textilfabrikanten bringen sollte. Hier wurden wir in einem kleinen Haus in einem Winkel des Grundstückes untergebracht, wo, so erzählte man mir, C. F. Andrews, der Freund des größten aller Freunde, in vergangenen Tagen gewohnt haben soll. Am Morgen erwachten wir durch ein Geräusch, das sich wie die Erschütterungen eines Erdbebens anhörte. Es stellte sich heraus, daß es lediglich von den munteren Sprüngen heiliger Affen aus einem nahegelegenen Tempel herrührte, die die Dachziegel zertrümmerten. Die Diener waren machtlos; sie konnten nur versuchen, diese Störenfriede mit Steinwürfen einzuschüchtern, wobei sie vermeiden mußten, sie zu treffen, was die Affen sehr wohl wußten.

Die unmittelbare, tiefe Verbundenheit mit Indien wird zunächst durch zwei Erfahrungen erschüttert: die der Armut, abgründig und weitreichend wie der Horizont – und durch die nahezu unabwendbare Ruhr.

Während der Bahnfahrt hatten wir erste Anzeichen verspürt, und bei unserer Ankunft wurde Joan endgültig davon betroffen. Bald war sie auch bei bester Pflege im Hause völlig ausgetrocknet. Bei dieser Gelegenheit bewies uns die Familie des Textilfabrikanten, wie in dieser Zivilisation die Großfamilie in einer Weise einspringt, die sich den Delphinen vergleichen läßt, wenn sie ein sinkendes Mitglied ihrer »Schule« an die Oberfläche heben. Nachdem sie etwa vier Tage lang die weitere Entwicklung abgewartet hatte, griff sie jetzt innerhalb von Stunden ein. Fünf oder sechs Familienmitglieder versammelten sich in unserem Haus, zusammen mit dem Chefarzt für Innere Medizin an der Medizinischen Hochschule sowie dem vorgesetzten Arzt aller Textilbetriebe und dem Regierungschef des Staates Gujarat. Sie alle diskutierten die Angelegenheit auf überaus dringliche und geheimnisvolle Art – in Gujarati, natürlich – und fragten sodann mich als das Oberhaupt der Familie, welche Entscheidung ich treffen wolle: das heißt, ob ich zu der Einweisung ins Krankenhaus, für die sie sich übereinstimmend ausgesprochen hatten, meine Einwilligung geben könne. Die königliche Gemahlin des Textilfabrikanten – von Statur das Diminutiv jenes willensstarken Clans der Söhne und Töchter – fuhr mit dreien ihrer Diener davon, um das Krankenzimmer reinigen zu lassen, das für eine ausländische Dame doppelt rein sein sollte. Andere machten sich auf den Weg mit Bettlaken und Blumen, und kurz darauf kehrte die Mutter in ihrer Limousine zurück, um Joan darin zu verfrachten. Aber diesmal ließ sich der Patient von der Woge der Familiensympathie davontragen, viel zu angetan und abgelenkt von den Umständen, um sich noch Gedanken über seinen hoffnungslos durchlässigen Zustand hinzugeben. Eine zierliche »Oberin« an der Spitze einer kleinen Armee junger Krankenschwestern, die alle syrische Christen aus Süd-Indien waren, übernahm nun die Leitung. Im benachbarten Zimmer wurde einem kranken Kind von Vater, Mutter und zwei gesunden kleinen Brüdern aufgewartet, die alle auf Matten auf dem Fußboden schliefen.

Auf solche Weise wurde vermöge des alles durchwaltenden Geistes der »Großfamilie« diese beängstigende Erfahrung umgewandelt. In einem entfernten Winkel meines Bewußtseins erinnerte ich mich jetzt, irgendwo gelesen zu haben, daß Jahrzehnte zurück der Fabrikbesitzer und seine Frau gekommen waren, Gandhi zu retten, als er in der Nähe von Ahmedabad zusammengebrochen war, körperlich übermäßig geschwächt und der Verzweiflung nahe.

Alle Sarabhais verfechten besessen eine Sache, die sie vorbehaltlos zu der ihren gemacht haben. Sie besitzen Geld und stellen dies keineswegs in Abrede, aber ebensosehr sind sie von der Leidenschaft erfüllt, es sinnvoll auszugeben: man ist versucht, sie (mit gewissen einschneidenden Korrekturen im Detail) die Medicis von

Ahmedabad zu nennen. Unnötig zu sagen, daß dieser Großzügigkeit weithin mit Ambivalenz begegnet wird und daß ihre Patronage sie in den Augen mancher Leute verdächtig macht. Jedenfalls hatte ich ein Abkommen auf Gegenseitigkeit mit ihnen geschlossen: sie würden uns Wohnung, Essen und Transportgelegenheit am Ort zur Verfügung stellen (was in Indien gleichbedeutend ist mit einem Diener, einem Koch und einem Fahrer), wie es wohlhabende Inder seit je für ihre reisenden Freunde und Freunde ihrer Freunde getan haben und wie es jetzt für Ausländer, die ihnen intellektuell oder künstlerisch etwas zu bieten haben, durchaus Sitte war. Als Gegenleistung würde ich mein Seminar über den menschlichen Lebenszyklus einbringen, damit mir und einer Anzahl interessierter Bürger von Ahmedabad Gelegenheit gegeben würde, unsere klinische Sicht der einzelnen Stadien des Lebens mit derjenigen der Hindu-Tradition zu vergleichen.

Nachdem wir alle wiederhergestellt waren, konnten wir unser morgendliches Divali-Frühstück im palastähnlichen Haus Ambalal Sarabhais in Gegenwart der gesamten glanzvollen Jugend der Familie einnehmen. Divali ist das Neujahrsfest der Lichter, und die Innenstadt lärmte vom Knallen der Feuerwerkskörper, die in Abständen von einer halben Sekunde explodierten; dies alles, obgleich Nehru über den Rundfunk zu mahnen versucht hatte, daß in diesem Augenblick indischer Geschichte das Abschießen solcher Knallkörper eine allzu schmerzliche Nebenbedeutung gewinne. Auf der weitläufigen Terrasse schienen feudalistische Szenerien nachgestellt zu sein, als sich Diener und Gärtner in farbenfroher Kleidung mit ihren Familien in einer Linie aufstellten, um ihre Neujahrsgrüße zu entbieten, einige, indem sie die Füße ihres Herrn berührten und einige, indem sie Glückwünsche und Süßigkeiten entgegennahmen.

Sodann gingen wir eine Tür weiter, um Ambalals Schwester, der ehrwürdigen Anasuya Sarabhai, unsere besten Wünsche zum neuen Jahr zu überbringen. Als wir ihre schlichte Villa betraten, schien plötzlich das Knallen der Feuerwerkskörper sehr weit entfernt. Eine der ältesten Anhängerinnen Gandhis, einer Heiligen ähnlich und dennoch von großer Einfachheit, hielt in ganz anderer Weise Hof. In ihrem kühlen und bescheiden ausgestatteten Wohnraum saßen der Arbeitsminister des Staates Gujarat und einige Arbeiterführer der Stadt in weißen Khadis und

Gandhi-Mützen, die dieser alten, unerschütterlich treuen »Mutter der Arbeit«, die jetzt so zerbrechlich und allem entrückt schien, ein gutes neues Jahr wünschten. An der Wand war eine Photographie Tolstois aufgehängt, mit dessen handschriftlicher Widmung für Gandhi und vom Mahatma wiederum Anasuya zugeeignet; daneben hing ein Photo, das den Mahatma selbst, tief in Gedanken in der Ecke der Abteilbank eines Zuges, zeigte – dritter Klasse, wie man uns absichtsvoll zu verstehen gab. Die Arbeiterführer sahen wohlhabend und gut genährt aus.
Hinterher führte mich Ambalal Sarabhai auf eine seiner Terrassen, die einen wogenden See von Bäumen überblickt, und bot sie mir als Arbeitsplatz an, nicht ohne zu erwähnen – allerdings mehr ehrfurchtsvoll als selbstgefällig –, daß Tagore hier gearbeitet habe.
Gast auf einem solchen Anwesen zu sein gestattete uns, die Gedanken zu sammeln; wenn Stimmung und Notwendigkeit es geboten, unternahmen wir Streifzüge nach Ahmedabad hinein. In der Morgendämmerung schwärmen Männer und Jungen mit kleinen Wasserkrügen für ihre Morgentoilette über das ganze Land aus; offensichtlich gehen ihnen die Frauen voran, wenn es noch dunkel ist. Bei Einbruch der Dunkelheit ist die Luft erfüllt vom Geruch schwelenden (getrockneten) Kuhdungs, des einzigen Brennstoffs, der den Armen zur Verfügung steht. Unablässig ist man sich des eigenen, schwerfüßigen Getrampels bewußt, während jene um uns her sich mit der gleitenden Behendigkeit der Barfüßigen bewegen.
Zwischen den herrschaftlichen Ländereien, die den Ruhesitz der Sarabhais umgeben, und dem breiten Flußbett des Sabarmati liegt die Altstadt. Durch ihre Straßen zu schlendern, ist (oder so muß es einst gewesen sein), als schwimme man in einem freundlichen, wenn auch wildbewegten Element. Sobald man jedoch in die Stadt hineinfährt, wird der Besuch zu einem haarsträubenden Erlebnis und gleicht einer Bootsfahrt durch Stromschnellen. Jedermann und alles zugleich strömt der Straßenmitte zu, Menschen zu Fuß und auf Fahrrädern, auf Ochsenwagen und gelegentlich auch auf Kamelen – und allenthalben herumirrende Ziegen, trottende Esel, schlurfende Kühe und plumpe Büffel. All dies scheint sich auf den Wagen zuzubewegen wie eine geschlossene Phalanx, die keinen Zentimeter nachzugeben gewillt ist, bis sie schließlich im allerletzten Augenblick vor der gellenden Be-

harrlichkeit der Autohupe zur Seite weicht. Dann jedoch öffnet sich dieser Block mit großer Leichtigkeit, nahezu elegant. Unfälle sind selten, was nur ein Glück ist, da Fahrer und Insassen gewöhnlich sehr rauh behandelt werden, insbesondere dann, wenn eine Kuh verletzt wird. In der Tat kann es inmitten dieser Menge geschehen, daß man urplötzlich in das große runde Auge einer heiligen Kuh blickt. Diese Kreaturen haben nie gelernt, sich einer Gefahr oder Bosheit zu versehen und bewegen sich in stumpfer Majestät durch alles hindurch. Alle Straßen führen übrigens zum weiten Bett des Sabarmati-Flusses.

Joan begann damit, den Handwerkern am Fluß zuzusehen, und beschrieb uns, wie noch heute mit denselben Methoden wie in alter Zeit das Weben, Bedrucken und Färben von Textilien auf der Straße und auf dem Ufersand des Sabarmati vor sich geht, dessen Wasser man besondere Eigenschaften für das richtige Gelingen der Färbung zuschreibt, während die Uferbänke ideale Bedingungen zum Trocknen und für das Bleichen der Stoffe bieten. Während die großen Fabriken qualmen und Sirenen aufheulen lassen, die die Arbeiter an ihren Werkplatz rufen, hat das Leben am Fluß die uralten Herstellungsweisen des Handwerks bewahrt.

Handarbeit ist Familienarbeit, und die Niederungen des Flusses sind belebt von Männern und Frauen, Jungen und Mädchen – und Säuglingen. Alle Geräusche des Flusses aber werden übertönt vom gleichförmigen, rhythmischen Klatschen der Wäschestücke, die auf große Steine aufgeschlagen werden. Die Wäscher verrichten ihre Arbeit stehend, halten den Stoff an einem Ende fest und lassen ihn dann kraft- und geräuschvoll niedersausen, wobei sie mit jedem Schlag ihren Atem stoßweise auspressen. Gelegentlich entpuppt sich diese druckvolle Begleitung als das Fragment eines Liedes oder als ein kehliges »Sita« oder »Rama«. Wie der Stoff diese Behandlung übersteht, bleibt ein Wunder, aber es scheint so, als wäre er eigens den Erfordernissen dieses Härtetests gemäß gewebt. Das Flußbett ist eine Farbsymphonie aus Blau, Gelb, Purpur und Grün – angestimmt von den handgearbeiteten bedruckten und gebleichten Stoffen, die im brennenden, blendenden Sonnenglast ausgelegt sind.

Das ist, aus der Sicht des Handwerks, das unwandelbare Leben in den Flußniederungen.[1]

Die von Mauern umgebene Altstadt dagegen ist die Stadt der

Händler, oder besser noch: ein Festung des Handels, unterteilt in einzelne Befestigungen, die jede Kaste um sich gezogen hat und in der sie ihr eigenes geheimes Leben führt. Ich hatte einen glänzend geschulten Sozialisten zum Führer, der in diese Stadt hineingeboren und dennoch imstande war, kritische Distanz in seinen Erklärungen zu wahren; er half mir in meinem Bemühen, das Bornierte und Grausame der Kasten-Weltanschauung gegen das Gefühl der Sicherheit und Identität abzuwägen, das sie einst in gewissem Maße einigen Menschen gewährt hat – und sie, wohlgemerkt, einer Identität versicherte, die sich über eine Reihe von Wiedergeburten erhielt.
Die Altstadt und der angrenzende Fluß sind umgeben vom schnellwachsenden Groß-Ahmedabad, einer Stadt mit Alleen und Brücken, vor allem aber Textilfabriken – 85 Betriebe, 125 000 Beschäftigte in einer Gesamtbevölkerung von 1,25 Millionen Einwohnern. Ebenso wie Pittsburgh über einen nennenswerten Anteil nicht-integrierter Immigranten verfügt – oder einst verfügt hat –, saugt Ahmedabad eine Vielzahl von Stämmen aus ländlichen Regionen an, die unter den armseligsten Bedingungen leben müssen, bevor sie in der arbeitenden Bevölkerung aufgehen und es ihnen gewährt wird, im städtischen Leben eine Funktion zu übernehmen, oder aber sie gesellen sich dem Heer der Slumbewohner. Zu den eindrucksvollsten unter ihnen zählen die Tachartas mit ihren roten Turbanen, hagere, überaus maskuline »Cowboys«, und ihre schönen, geschmeidigen Frauen. Diese Cowboys bringen eine Art Kentauren-Figur zur Darstellung, wie sie jetzt auf ihren Fahrrädern dahinziehen, von denen beiderseits riesige Milchkannen herabbaumeln. Jeder dieser urbanisierten Stämme hat noch seine Tänze und Bräuche bewahrt, und so manche Nacht war erfüllt von ihren Trommeln (unterbrochen nur vom Heulen der Fabriksirenen), die aus der einen oder anderen trüb erleuchteten, vergessenen Straße herüberklangen.
Die Vertrautheit mit Pittsburgh ist in Ahmedabad von Vorteil. Zunächst wird ein Inder überall, sobald man ihm mitteilt, daß man in diese Stadt will oder von dort herkommt, die Frage stellen: »Warum Ahmedabad?« – genau in derselben Weise, wie sich die Amerikaner einst verwundert fragten, was es in Pittsburgh wohl Verlockendes gäbe. Aber auch hier ist qualmender Rauch gleichbedeutend mit Wohlstand. Was immer an Wohlstand, Kultur oder öffentlicher Fürsorge vorhanden ist, war zu An-

fang feudales Geschenk einer geringen Zahl wohlhabender Familien und konnte nur schrittweise durch zähe Verhandlungen der Gewerkschaften als Rechtsgut abgesichert werden. Man darf nicht vergessen, daß die Industrieherren Ahmedabads, gleich den ersten dieser Gattung in Pittsburgh, gemeinhin als Raubbarone mit kulturellen Prätentionen bezeichnet werden. Die Widerstände werden noch verstärkt durch den Umstand, daß es sich um eine Stadt handelt, die von den »Banias« beherrscht wird, von denen einige Angehörige einer altehrwürdigen Händlerkaste sind, die dem anhängen, wovon sie behaupten, daß es eine eigenständige Religion sei: dem Jainismus. Nur jene Kombination des »Pittsburgh-Yankee« mag eine vage amerikanische Analogie zum nationalen Image des »Bania von Ahmedabad« sein. Seine noch am ehesten als respektabel zu bezeichnenden Attribute sind Geschäftssinn, Vorsicht, Realismus, Kompromißbereitschaft und Gerissenheit. Gandhi übrigens stammte von einer kleinstädtischen Bania-Kaste ab – sein wirklicher Name bedeutet »der Krämer« –, und er ließ sich nach der Rückkehr aus Südafrika in seinem »Ashram« jenseits des Flusses einzig aus dem Grund nieder, weil er fühlte, daß er sich das Riesenreich seiner Heimat von der Region her und mit der Sprache erschließen müsse, die seiner Herkunft gemäß waren. Aber nur wenige der Gebildeten aus der jungen Generation wollen hier leben; der Trend geht nach Bombay – oder noch weiter fort.

Rein zahlenmäßig und im Hinblick auf nationale Bedeutung wird Ahmedabad natürlich von Kalkutta, Bombay, Delhi und Madras übertroffen. Doch sie ist und war schon immer die am stärksten geeinte Stadt mit dem größten Anteil gewerkschaftlich Organisierter in Indien, ganz gewiß aber diejenige mit der höchsten Zahl moderner Wohlfahrtsinstitutionen. Man muß die Arbeitsbeziehungen am Arbeitsplatz selbst beobachten (in den Textilbetrieben, im überfüllten Versammlungsgebäude oder im »integrierten« Entbindungshospital), sie von einer ansonsten noch immer von Armut heimgesuchten, vom Kastendenken besessenen Bevölkerung abheben, um ermessen zu können, was die andauernde »Präsenz« eines Mannes wie Gandhi in bestimmten Zeiten zu bewirken vermochte – mit Hilfe solcher Rebellen aus der Bania-Elite wie Anasuyaben.

Jenseits des Flusses steht noch immer Gandhis altes »Ashram«, jetzt zum Teil Waisenhaus für einstmals »unberührbare« Kinder.

Wir verbrachten dort den Weihnachtsmorgen, nachdem wir eingeladen worden waren, an einer Gebetsstunde der Kinder teilzunehmen. Die Feierlichkeit dieses Anlasses wurde aufgehellt einzig durch das mühsam unterdrückte Kichern der Kinder, als sie meine »westlichen« Anstrengungen verfolgten, nach indischer Sitte neben dem schlanken und heiligengleichen Mann zu sitzen, der den Vorsitz über die Versammlung hatte.

Unweit des »Landsitzes«, an einem Boulevard, der zur Gouverneursresidenz führt, liegt Gujarats offizielles Gästehaus. Eines Tages machten wir auf unseren Morgenspaziergängen vor dem Gebäude halt und wurden von einem freundlichen, würdevollen alten Mann, Shankerlal Banker, angesprochen, dem wir an jenem Divali-Morgen im Hause Anasuyabens zuerst begegnet waren. Unsere Wege hatten auf unseren morgendlichen Ausgängen oft einander gekreuzt, aber er hatte stets bescheiden jegliche Konversation vermieden. Er ist ein Mann mit scheinbar sehr unmännlichen Zügen: eingehüllt in einen Khadi und zahllose Schals, vollkommen zahnlos und von einer Scheu, die beinahe abweisend wirkt. Damit ist er indessen noch keineswegs vollkommen untypisch; doch es widersprach dem, was ich über diesen Mann gehört hatte, nämlich, daß er in den Tagen, in denen sich Gandhis Aufstieg entschied, ein vorzüglicher Organisator gewesen sein soll. Später wurde er zum Sekretär der Khadi-(Hausweberei)-Bewegung.

»Sie wissen, was sich hier zugetragen hat?« fragte er an diesem Morgen und nannte das »Gästehaus« ein Gerichtsgebäude. Dies also war der Ort gewesen, an dem 1922 Gandhis Prozeß stattgefunden hatte! In meiner Jugend hatten wir mit Ehrfurcht jenen Dialog im Aufeinandertreffen Gandhis mit seinem britischen Richter gelesen. Der Richter hatte damals erklärt:

»Mr. Gandhi, einerseits haben Sie mir die Aufgabe erleichtert, indem Sie sich zu den Anklagepunkten für schuldig erklärt haben; nichtsdestoweniger bleibt festzustellen, daß eine gerechte Urteilsfindung das vielleicht schwierigste Unterfangen ist, dem sich ein Richter in diesem Lande gegenübersehen kann ... Es wäre unmöglich, die Tatsache schlechthin zu ignorieren, daß Sie in den Augen von Millionen Ihrer Landsleute ein großer Patriot und Führer sind. Selbst diejenigen, deren politische Überzeugungen von den Ihren abweichen, betrachten Sie als einen Mann von hohen Idealen, der ein untadeliges, ja sogar heiliges Leben führt ... Es ist jedoch meine Pflicht, über Sie als einen Mann zu richten, der dem Gesetz untersteht.«

Sodann zog der Richter den Angeklagten über das Strafmaß zu Rate, das ihm auferlegt werden sollte: »Sie werden es nicht für unvernünftig halten, so denke ich, wenn wir Sie mit Mr. Tilak (vor seinem Tode im Jahre 1920 der einflußreichste unter den militanten indischen Nationalisten, der einst zu einer Gefängnisstrafe von sechs Jahren, abzubüßen im Exil, verurteilt worden war) auf eine Stufe stellen. Sollte der Gang der Ereignisse in Indien es der Regierung ermöglichen, die Dauer der Haft abzukürzen und Sie vorzeitig zu entlassen, so wird niemand glücklicher darüber sein als ich.« Gandhi betonte, daß es sein »stolzestes Privileg und eine Ehrung« gewesen sei, zu derselben Strafe wie Tilak verurteilt worden zu sein – einer Strafe, die er für so leicht erachtete, wie sie ein Richter ihm nur auferlegen könne.[2]

Mir wurde schließlich bewußt, daß all die Menschen, die ich jetzt als meine Freunde betrachten durfte, bei jenem Prozeß anwesend gewesen sein mußten, wenn auch manche damals noch Kinder waren; war nicht Shankerlal Banker Gandhis einziger Mitangeklagter gewesen? Ich fragte unseren Freund, ob er jemals seine Erinnerungen an das Jahr, das er anschließend zusammen mit Gandhi im Gefängnis verbracht hatte, zu Papier gebracht habe. Er aber schüttelte in gespieltem Entsetzen nur den Kopf.[3] Es stellte sich zudem auch heraus, daß er sehr tief in den Streik verwickelt gewesen war, der unter dem Einfluß vieler Gespräche sich vor meinen Augen mehr und mehr als ein denkwürdiges Ereignis abzuzeichnen begann, in dessen Kontext es mir vielleicht möglich sein würde, von Gandhis Gegenwart in dieser Stadt, seinem Humor, der Offenherzigkeit und Kraft seiner Persönlichkeit eine lebendige Vorstellung zu gewinnen. Ich erzählte Shankerlal, wieviel mir Romain Rollands Buch in meiner Jugend bedeutet habe, und am nächsten Tag brachte er mir ein Exemplar mit. Hier die Beschreibung Gandhis durch Romain Rolland:

»Sanfte, dunkle Augen, ein kleiner, feingliedriger Mann mit schmalem Gesicht und ziemlich großen, etwas hervortretenden Augen, der Kopf von einer weißen Mütze bedeckt, der Körper in groben, weißen Stoff gehüllt, die Füße nackt. Er lebt von Reis und Früchten und trinkt ausschließlich Wasser. Er schläft auf dem Fußboden – benötigt sehr wenig Schlaf und arbeitet unablässig. Sein Körper scheint ihm völlig nebensächlich. An ihm ist nichts

Auffallendes – ausgenommen jener alles andere verdrängende Ausdruck ›unendlicher Geduld und unendlicher Liebe‹. W. W. Pearson, der ihm in Südafrika begegnet ist, mußte instinktiv an den heiligen Franz von Assisi denken. Ihn umgibt eine beinahe kindliche Einfachheit. Seine Haltung ist freundlich und höflich, selbst wenn er mit Gegnern verkehrt, und alles an ihm ist lauterster Ernst. Er ist zurückhaltend und anspruchslos, so daß er zuweilen beinahe scheu wirkt, zögernd, eine Behauptung auszusprechen. Dennoch fühlt man seinen unbezwingbaren Geist. Er schließt keine Kompromisse, wenn er zugeben muß, daß er im Unrecht war ... Buchstäblich ›krank von der Menge, die ihn verehrt‹, mißtraut er Majoritäten und fürchtet eine ›Mobokratie‹ ebensosehr wie die ungezügelten Leidenschaften großer Volksmassen. Er fühlt sich nur in einer Minderheit entspannt und ist am glücklichsten, wenn er in meditativer Einsamkeit der ›sanften, leisen Stimme‹ seines Innern zuhören kann.«
Das ist der Mann, der dreihundert Millionen Menschen zur Revolte aufgewühlt hat, der die Grundfesten des Britischen Empire erschütterte und der der menschlichen Politik den stärksten religiösen Impetus der letzten zweihundert Jahre verliehen hat.[4]

II. Kapitel
Ein Seminar in Ahmedabad

Aber es gab für mich Arbeit, die getan werden mußte; und Arbeit ist ein willkommenes Gegengewicht, wenn die Eindrücke allzu vielgestaltig und allzu dicht sind. Es tat wohl, zu vereinbarten Zeiten mit kleinen Gruppen ernsthafter Männer und Frauen zusammenzutreffen, die Türen zu schließen (was in Indien nur eine rhetorische Figur sein kann) und sich einer vertrauten Prozedur zu unterziehen: der Vorbereitung zu einem Seminar. Indem man derart versucht, die Fertigkeiten, die man mitbringt, auf einige der grundlegenden Anforderungen, die die Gastgeber an uns richten, abzustimmen, wird die Aussicht stets größer sein, des Allgemein-Menschlichen im Fluß der Erscheinungen gewahr zu werden. Die Teilnehmerliste des Seminars umfaßte Physiker und Industrielle, Ärzte und Erzieher. Einzig Saraladevi in ihrem Khadi-Sari repräsentierte ein Stück aus der Vergangenheit Gandhis.

Ich brachte natürlich meine Lebensstadien zur Darstellung, nicht ohne einige Heiterkeitserfolge ebenso wie schlichte Ungläubigkeit zu erzielen, die einzig durch die gewohnte Ehrfurcht vor der Autorität etwas gemäßigt wurden. Jeder der Teilnehmer entrichtete einen Beitrag in *seiner* eigensten »Münze« – vom Dichter Uma Shankar Joshi[5] angefangen, der den Lebenszyklus in der Folge rekonstruierte, wie sie in den Schriften des Sanskrit aufgezeichnet ist, bis zu Vikrams Frau, der Tänzerin Mrinalini, die einen Vortrag in ihrem Freilufttheater am Fluß gab, in dem sie die Stationen im Leben des Hindu beleuchtete. Andere berichteten über besondere Krisen im Verlauf eines Lebens: Tagores Kindheit; Identitätsprobleme eines Jugendlichen aus den vormals »kriminellen« Volksstämmen oder Kasten; das Verhältnis der Studentinnen zu ihren Müttern. Die diskutierten Begriffe reichten vom Kastenwesen bis zur Willensfreiheit. Ich verfaßte Memoranden, die zwischen den Sitzungen verteilt wurden, in dem Versuch, die Materialfülle zu gruppieren und sie – sofern dies ohne Gewaltsamkeit geschehen konnte – zu »meinen« Lebensstadien in Beziehung zu bringen.[6] Beide, die Veden und ich, sind natürlich gezwungen, uns eng an das zu halten, was in Phylogenese und Ontogenese gegeben ist. Welches Bild vom menschlichen Leben aber deutlich umrissen in einem gegebenen Lebensalter wie in einer bestimmten Kultur erscheint, sei es auch ein Bild, das so sehr ins Bewußtsein eingegangen ist und so offen zutage liegt, daß es scheinen mag, als sei keine weitere Erklärung vonnöten, oder handele es sich dabei um ein Bild, das (wie der Physiker Vikram in diesem Seminar darlegte) dem Menschen so sehr »in Fleisch und Blut« übergegangen ist, daß es ihm schon nicht mehr bewußt zu sein braucht – *eben dies* muß auf jeder Altersstufe in Worte gefaßt werden, wenn gegenseitiges Verstehen angestrebt wird. Dann wird deutlich, daß die wechselnden Bilder, die uns von der modernen Psychologie bereitgestellt werden – seien sie auch noch so wissenschaftlich in der Verifikation einiger Details – gleichwohl dasjenige in sich bergen, was Freud eine »mythologische« Tendenz genannt hat. Selbst in der rationalsten aller Welten ist die fortdauernde Präsenz von Traditionalem (mag es sich dabei auch um Bilder handeln, die vom Bewußtsein abgewiesen werden) für den Kliniker ein unentrinnbares Faktum. Denn solche Bilder und Vorstellungen werden in sehr frühem Lebensalter gleichsam als eine Art Raumzeit absorbiert, die eine kohärente Absicherung gegen die abgründigen Entfremdungen bedeutet, die in jedem der abfolgenden Stadien auftreten und den Menschen sein Leben hindurch heimsuchen: gegen frühes Mißtrauen ebenso wie gegen Scham und Zweifel, gegen Schuldgefühl wie gegen das Gefühl der Vergeblichkeit seiner Bemühungen, und schließlich gegen eine Identitätsstörung gleichermaßen wie gegen ein Gefühl der Isolation, Stagnation oder greisenhafter Verzweiflung. Und selbst dort, wo solche expliziten Weltbilder aufgegangen sind in der Erwartung – bzw. entbehrlich geworden sind angesichts des wirklichen Sicheinstellens – von »Glück« oder »Erfolg«, erscheinen sie wieder implizit in der Weise, in der Menschen sich ihrer selbst zu versichern trachten, wenn sie das Gefühl haben, die Richtung zu verlieren.

Ich kann hier allerdings nur über meine erste, zu Vergleichen anregende Begegnung mit den Stadien des Hindu-Lebens berichten, wie sie beschrieben worden sind und durchlebt werden von Männern und Frauen, die (abhängig vom jeweiligen Lebensalter) mehr oder weniger explizit in ihnen aufgewachsen sind. Ich muß hier notgedrungen schematisch vorgehen.

Die heiligen Schriften der Hindus sind »platonisch« in dem Sinne, daß sie den ewigen Sinn der vorherbestimmten Stadien herausarbeiten, der die Mannigfaltigkeit sterblicher Leben und lokaler Sitten durchwaltet. »Ewiger Sinn« kann natürlich auf der Höhe priesterlicher Macht zu selbstgerechter Tyrannei entarten und in einer Periode kultureller Desintegration Mittel zu Betrug und Täuschung werden; da wir indessen heute weitaus systematischere Kenntnis haben von – und uns um so vieles leidenschaftlicher mit – der Verformung und Perversion jeglichen Sinnes befassen, als daß wir uns viel um die Werte kümmerten, die stets wiederhergestellt und neu erworben werden müssen, mag der Versuch gerechtfertigt sein, selbst noch in den grellsten Entstellungen die Ordnung zu erkennen, die in der Weise sich andeutet, in der die Menschen aufzuwachsen, großzuwerden streben. Aus klinischen und entwicklungsgeschichtlichen Beobachtungen haben wir eine Fülle von Einsichten in die strategischen Stadien der Frühkindheit und Kindheit gewonnen; und in meinen eigenen Versuchen, diesen Stadien im gesamten Lebenslauf eine Stelle zuzuweisen, habe ich die Behauptung aufgestellt, daß im ersten Lebensjahr die fundamentale »Tugend« der Hoffnung sich herausbildet, während die Kindheit zur Ausformung von Rudimenten des Wollens und zielgerichteten Handelns, von Initiative und Geschicklichkeit beiträgt, bis schließlich in der Adoleszenz das Erwachsenenleben einem gewissen System der vertrauensvollen Bindung gemäß vorbereitet und begründet wird.

Zunächst muß festgehalten werden, daß in den traditionellen Bildern, die sich der Hindu vom Leben macht, ganz im Gegensatz zu unserer durch klinische Erfahrungen erhärteten Hervorhebung der frühkindlichen Verletzlichkeit, kein besonderes Stadium vor Erreichen des Verstandesalters angenommen wird, d. h. bevor nicht das Kind imstande ist, bewußt aufzunehmen, wovon ihm erzählt, vorgelesen und gesungen, oder was ihm gezeigt wird, und sobald es bestrebt ist, sich Menschen anzuschließen, die es unterweisen und belehren: bis ein Knabe nicht das achte Lebensjahr erreicht hat, gilt er genausoviel wie ein Neugeborenes, das nur durch die Kaste gekennzeichnet ist, in die es hineingeboren wurde.[7] Bis zu diesem Zeitpunkt werden Zeremonien sozusagen »über« ihm abgehalten, jedoch ohne daß es sie begreift oder an ihnen teilnimmt. Gleichwohl heben auch die Zeremonien jene kritischen Stadien, wie sie uns bekannt sind, heraus – mit der einen Besonderheit, daß im Gegensatz zu uns, die wir Hoffnung als die grundlegende menschliche Fähigkeit annehmen, die im ersten Lebensjahr entsteht, nach Hindu-Auffassung (und dies mit gutem Recht) diese an den Anfang aller Zeit gesetzt werden muß:

»Wann also entsteht Hoffnung? ... Hoffnung ist der Notanker eines jeden Menschen. Wenn die Hoffnung zerstört wird, folgt lastender Kummer, der fürwahr beinahe dem Tode gleichzusetzen ist ... Ich glaube, daß Hoffnung größer ist als ein Berg mitsamt all seinen Bäumen. Oder vielleicht ist sie auch größer als selbst der Himmel. Oder vielleicht, o König, ist sie wahrhaft unermeßlich. Hoffnung, o Herr der *kurus*, ist sehr schwer zu verstehen und ebensoschwer zu überwinden. Betrachten wir dies letzte Attribut der Hoffnung, dann muß ich fragen: was sonst ist so unbesiegbar wie sie?« [8]

Was wir dem Beginn des Lebenszyklus zuschreiben würden, projiziert der Glaube der Hindus in voraufgegangene Leben, die die Koordinaten für die Wiedergeburt einer Person in diesem Leben determinieren: nicht nur *wo* ein Kind wiedergeboren werden soll *(desha)* und *wann (kala)*, sondern ebensosehr seine angeborenen Anlagen *(gunas)* und demzufolge auch die Anstrengungen *(shrama)*, die von jedermann zu erwarten sind, der in dieser Weise ausgestattet ist und der in seiner Kaste zu dieser ihm bestimmten historischen Epoche aufwächst. Er könnte also in der Kaste der Brahmanen erscheinen und ein Schreibkundiger werden, oder er wird in derjenigen der Kshatrias lernen, wie man kämpft und herrscht, oder unter den Vaisyas, wie man mit Ware umgeht oder Landbesitz verwaltet, oder er kann unter den Sudras erfahren, wie man im Schweiße seines Angesichts sich plagen muß. Oder es kann ihm widerfahren, daß ihm all diese geachteten Tätigkeiten nicht vergönnt sind und er durchs Leben geht, verurteilt dazu, zu berühren, was andere meiden, wodurch er schließlich selbst zum Unberührbaren wird. Aber über dieses Leben hinaus, jenseits, tun sich auch dem Unberührbaren unbegrenzte Möglichkeiten auf.

Wir, die wir im Westen leben, sind dabei, stolz jeden Gedanken an Prädestination zu überwinden. Aber noch immer bestehen wir hartnäckig darauf, daß Erziehung nicht mehr vermag, als zu unterstreichen, was im Kinde angelegt und gegeben ist – d. h. auf einer epigenetischen Entwicklung, die durch Evolution fixiert ist. In jedem Seminar – handele es sich dabei um ein klinisches oder um ein historisches – werden wir unfehlbar ein Gespür dafür entwickeln können, wie sehr wir daran festhalten, Vorstellungen von Schicksal und Prädetermination entweder auf ererbte oder konstitutionelle Anlagen zu projizieren, auf frühe Erfahrungen und irreversibles Trauma, oder auf kulturelle und ökonomische Entbehrungen – auf eine Vergangenheit also, die ebenso dunkel ist, wie sie schicksalhaft wirkt. Geben wir es zu: »tief im Innern« kann sich niemand, der bei klarem Verstand ist, die eigene Existenz bewußt machen, ohne von der Annahme auszugehen, daß er schon immer gelebt hat und auch weiterleben wird; und die religiösen Weltanschauungen der Alten statteten lediglich diese psychologische Disposition mit Bildern und Ideen als einem Allgemeinen aus, an dem man teilhaben konnte, das übertragbar war und ritualisiert zu werden vermochte.

Das erste wohldefinierte Stadium im Lebenszyklus der Hindus ist *Antevasin,* das Stadium der Lehrjahre, der jugendlichen Orientierung. Es verknüpft die grundlegenden Fähigkeiten miteinander, die einer Kaste zugerechnet werden, und überträgt auf einen anerkannten Lehrer *(guru)* jene blinde Anhänglichkeit gegenüber Elternfiguren, damit Schicksal und Persönlichkeit festgemacht werden können an konkreten Techniken und signifikanten Personen. Dies entspricht durchaus der Weise, in der wir erwarten, daß das Schulalter ein noch unentwickeltes Bewußtsein der Kompetenz hervorbringt, und gemäß der wir die Adoleszenz als die Quelle eines Gefühls vertrauensvoller Bindung, des Urvertrauens, begreifen, das wir für grundlegend in Beziehung auf das Jugendstadium ansehen und für wesentlich halten bei der Konstituierung eines Gefühls der Identität. Was wir wiederum als eine Angelegenheit der Reifestadien behandeln, bedeutet für den Hindu *dharma* – eine Lebensaufgabe, die durch vorangegangenes Leben gleichermaßen wie durch Erworbenes und durch Wahl bestimmt ist. *Dharma* ist sowohl in höchstem Maße ein Persönliches, wie es zugleich dasjenige determiniert, was wir Identität nennen: »Besser ein eigenes *dharma,* (obwohl) unvollkommen, als das eines anderen, wie gut es auch vorgelebt sein mag; lieber den Tod im eigenen *dharma* (in seiner Erfüllung) erleiden; das *dharma* eines anderen aber birgt Gefahr.« [9]

Indessen hält einzig die Verbindung der individuellen *dharmas* die Welt zusammen: »Weder der Staat noch der König, weder der Amtsstab noch sein Träger regieren die Menschen; es ist einzig *dharma,* das den Menschen gegenseitig Schutz gewährt«, sagt das Mahabharata.[10] Vieles ist in *dharma* enthalten, was wir als Ego begreifen, wenn man darunter versteht, daß es dasjenige ist, das die individuelle Erfahrung integriert und dennoch seinem Wesen nach stets etwas Gemeinschaftsbezogenes bedeutet.[11] Wenn Individuen im Hinblick auf ein Maximum und Optimum *mutueller Aktivierung* voneinander abhängig sind, dann ist *dharma* die Konsolidierung der Welt vermittels der Selbstverwirklichung eines jeden Individuums innerhalb einer gemeinschaftlichen, fest gefügten Ordnung.

In den ersten Jahren des Erwachsenenalters wird das Stadium des *Antevasin* abgelöst von dem des Hausvaters *(grhastha).* Ich finde es überaus ansprechend, daß dieses gesamte Schema eine Sukzession merklich unterschiedener Lebensstile gestattet. Anstelle der nahezu böswilligen Monotonie jüdisch-christlicher, verbohrter Enge, die uns Erlösung gewinnen oder verfehlen läßt, indem uns einen konsistent tugendhaften Charakter auszuformen befohlen wird, der beinahe von der Wiege bis ins Grab sich bewähren muß, schreibt das Hindu-System zunächst vor, daß im *Antevasin* Sexualität aufgeschoben und sublimiert wird, damit der Hindu ein hingebungsvoll nach den ewigen Werten Strebender werde; danach aber fordert es von ihm als erste Pflicht seiner frühen Erwachsenenjahre, die Erfahrung all jener mannigfaltigen sexuellen und sinnlichen Lust zu machen, die so umfassend in jenen Tempeln zur Darstellung gelangt, die diesem Aspekt des Lebens geweiht sind.

Er darf sich jedoch nicht darin verlieren; sowie er sich zur Ehe entschlossen hat, wird er aufgefordert, sich *artha* zu überlassen, der »Realität« der Familienbeziehungen, der Macht der Gemeinschaft, der Produktivität. Das Manusmriti erklärt: »Der nur ist ein vollkommener Mann, der in sich drei Personen vereinigt, sein Weib, sein Selbst und seine Nachkommenschaft.«[12] Vieles hiervon korrespondiert mit unserer Annahme, daß die verschiedenartigen sexuellen Beziehungen des jungen Erwachsenen die Fähigkeit zu wahrer Intimität ausreifen lassen, die in einer Verschmelzung von Identitäten besteht. Diese wiederum gibt die Basis ab für jenes Gefühl der Verpflichtung, das die Krönung dessen ist, was wir die »zeugende Fähigkeit« nennen und das zur Quelle der Kraft für all diejenigen wird, die bei der Zeugung und vermittels ihrer eigenen Produktivität miteinander vereinigt sind.

Dieses sukzessive Einbezogenwerden in die Ordnung des Lernens, der wechselseitigen sexuellen Beziehungen, der Familiengründung und der Konsolidierung von Positionen in der Gemeinschaft wird graduell durch das dritte Stadium ersetzt, den *Vanaprastha*, oder die innere Loslösung von allen Banden des Selbst, das Abhängigsein von der Leiblichkeit, die Bindungen an die Gemeinschaft, an deren Stelle ein Streben treten soll, das möglicherweise zur *Moksha* führt: Entsagung, Aufgehen im Nichts.
Dieses traditionelle Schema zeigt Entsprechungen mit dem, was ich im Laufe meiner Arbeit als eine *Sequenz* von Stadien und als ein *Aggregat* derjenigen Kräfte definiert habe, die in ihnen zur Entwicklung kommen. Manu sagt: »Einige erklären, daß das höchste Gut [des Menschen] im Erreichen von *dharma* und *artha* bestehe, andere setzen es ausschließlich in die Annehmlichkeiten des *kama* (sinnliche Genüsse) und den Erwerb des *dharma*, andere wiederum behaupten, daß einzig das Erreichen von *Artha* das höchste Gut hienieden sei: richtig geurteilt aber muß es heißen, daß es aus der Verbindung jener drei bestehe.«[13]
Es wäre ebenso ergebnislos wie unmöglich, die Schemata Punkt für Punkt miteinander zu vergleichen. Weitaus wichtiger ist das Prinzip, das sie überhaupt erst vergleichbar macht – d. h. das epigenetische Prinzip[14], dem zufolge in jedem Stadium des Lebens eine gegebene Kraft einer sich erweiternden Gesamtheit hinzugefügt und in jedes spätere Stadium reintegriert wird, damit sie im gesamten Lebenszyklus ihre Funktion übernehmen kann – wo und insofern Schicksal und Gesellschaft es gestatten.
Eine Korrespondenz wie die hier aufgezeigte wird indessen beide Schemata in den Augen des modernen Skeptikers verdächtig machen; dasselbe geschah in unserem Seminar. Eine Gruppe von Individuen, die auf anderen Gebieten bestens geschult sind, wird niemals, sobald man sie mit religiösen Weltbildern konfrontiert, mit Gewißheit entscheiden können, ob sie die Existenz solcher Überreste magischen Denkens als das Ergebnis bedeutungsloser Gewohnheit oder als irrationale Systematisierung betrachten soll. Dennoch aber kann eine pragmatische Weltanschauung, die sich jeden Gedanken an einen Zyklus der Generationen verbietet, weitverbreitete Desorientierung verursachen. Angesichts eines solchen Dilemmas kann man nicht umhin, die gedankliche und zeremonielle Konsistenz jener alten Weltbilder zu bewundern.
Denn was für ein sinnreiches, phantasievolles Schema ist das:

nachdem jede Kaste, Subkaste und Noch-nicht-Kaste vorherbestimmt, im vorhinein festgelegt ist, wird man ins Leben geworfen, behaftet mit einem Fluch, der aufgehoben werden kann, insofern man sein Leben den genau vorgeschriebenen Bahnen gemäß einrichtet; und indem man in derart genauer Befolgung der gewiesenen Bahnen lebt und stirbt, wird man immer besserer Leben würdig und teilhaftig, bis man schließlich, nachdem alle verfügbaren Lebenszyklen erschöpft sind, bereit geworden ist, dem großen Ganzen des Kreislaufes entnommen zu werden.

Alle Weltbilder geraten in Gefahr, korrumpiert zu werden, wenn man sie einer ekklesiastischen Bürokratie überläßt. Das macht jedoch keinesfalls schon die Formierung von Weltbildern entbehrlich. Ich kann nur wiederholen, daß wir die Überreste alter Weltbilder nur auf eigene Gefahr verleugnen können, weil wir sie gewiß nicht überwinden, indem wir sie – mit aller Selbstgerechtigkeit des Skeptizismus – gewissermaßen zu einem geheimen Laster erklären. Sie sind nicht weniger machtvoll, wenn sie geleugnet werden. In Indien konnte ich – jedenfalls außerhalb des Seminars – feststellen, daß jeder, der von einem Fremden nicht erwarten muß, belächelt zu werden, ihm sehr bald von den magischen Affirmationen reden wird, die ihm aus Quellen zufließen, die alles andere sind als das, was der Westen rational nennen würde – von der Astrologie bis zum Mystizismus. Doch gilt auch für uns, daß die Bilderwelt unserer traditionalen Innerlichkeit und ihrer Reservate nicht verleugnet, sondern transzendiert werden muß, durch Erlernen dessen, was wir wissen sollen.

Soviel über die Begegnung mit dem Weisen. In Ahmedabad gibt es indessen auch eine kombinierte Schule und Klinik unter dem Patronat der Sarabhais, und hier arrangierte es Kamalini Sarabhai, Gautams Frau, für mich, nicht nur an der Diskussion von Fallgeschichten teilzunehmen, sondern auch indischen Schulkindern »zuzuhören«, indem ich ihnen bei der Wiederholung einer Spielübung zusah, was mich vieles über unsere Kinder gelehrt hat. Wie es in *Kindheit und Gesellschaft* beschrieben worden ist, besteht die eine Methode der Spieluntersuchung darin, jeweils ein Kind einem leeren Tisch (der »Bühne«) sowie einer Reihe von Spielsachen (den »Mitwirkenden«) zu konfrontieren und es aufzufordern, eine »Szene« darzustellen. Ich machte den Versuch, meine Freunde zu veranlassen, diese Angelegenheit methodisch zu handhaben und jedes Kind, das hereingeführt würde, um eine Spielszene zu konstruieren, mit genau denselben Instruktionen und derselben Situation zu konfrontieren. Da ich jedoch hinter einer Einweg-Glasscheibe saß, um nicht gesehen zu werden, hatte ich keine Gelegenheit einzugreifen, als einige Kinder das Spielzimmer in Begleitung ihrer Familienangehörigen oder noch zusätzlicher Mitglieder des Kollegiums betraten, während andere wiederum von nur einem Erwachsenen hereingeführt wurden; oder wenn einem Kind Instruktionen gegeben wurden, die fünfmal so ausführlich waren wie die der anderen. In beiden Fällen lautete die im nachhinein gegebene Erklärung dafür stets, daß das Kind *dies gebraucht habe,* um sein Bestes geben zu können. Schließlich lernte ich, die wissenschaftlichen Imperative meiner heimatlichen Psychologen beiseite zu lassen und Gefallen an den sozialen Gewohnheiten zu finden, die – zumindest bei einem Vorversuch – den einzig wahren Kontext für eine derartige in Indien durchgeführte Untersuchung schaffen.

In Amerika hatten wir die Kinder aufgefordert, Szenen zu einem selbsterdachten Film zu erfinden; hier regten wir an, ein *Volksstück* zur Vorlage zu nehmen. Wenn ich sagen sollte, welcher Unterschied am augenfälligsten und nachdrücklichsten in den wenigen Konstruktionen erschien, die ich vor mir erstehen sah, so war es der: amerikanische Kinder wählen sorgfältig einige wenige Spielsachen aus, bauen auf, stellen um und schaffen so eine festumrissene Szene mit zunehmend durchsichtiger werdender Struktur. Im Gegensatz dazu versuchen indische Kinder, all die Spielsachen, die ihnen zur Verfügung stehen, einzusetzen und ein Spieluniversum zu schaffen, das bis an die Peripherie mit Häuserzeilen (Klötzen), Menschen und Tieren angefüllt ist, wobei wenig Unterschied gemacht wird zwischen drinnen und draußen, Dschungel und Stadt oder sogar zwischen der einen Szene und einer anderen. Wenn man dann schließlich fragt, was denn nun (oder vielmehr wo) *die* eine, »aufregende Szene« sei, so findet man sie irgendwo eingebettet, wo niemand sie als ein individuelles Ereignis wahrgenommen hätte, und ganz gewiß nicht als das entscheidende, zentrale. Sobald es jedoch lokalisiert worden ist, zeichnet sich eine *Gestalt* ab und legt eine bestimmte Beziehung zur Entwicklungsgeschichte des Kindes und seinem (sozialen) Hintergrund nahe – wie dies auch mit Szenen der Fall ist, die bei uns zu Hause in solcher Spielsituation gestellt werden. Und da ich, trotz aller wortreichen Selbstdarstellung, ein »Augenmensch« bin, verschmolz mir das, was die Kinder unter meinen Augen hervorgehen ließen, mit Konfigurationen, die mich sowohl in Fallgeschichten wie in indischen Erzählungen beeindruckt hatten.

Bedeutende Augenblicke, eingebettet in eine wogende See von unauslotbarer Vielgestaltigkeit: bietet nicht das Leben auf der Straße und zu Hause überall die gleiche, allseitig ineinander verwobene Impression? In der Tat ist dies die Weise, in der ich Indien empfunden habe, oft nicht ohne eine Spur sinnlicher und emotionaler Seekrankheit. Denn man bewegt sich in etwas, das raum-zeitlich so dicht mit visuellen und akustischen Vorgängen angefüllt ist, daß es schwer wird, eine Episode aus dem Fluß der Ereignisse herauszuheben, eine Tatsache aus einem Strom von Empfindungen, ein festumrissenes Verhältnis aus dem Ineinanderlaufen mannigfaltiger Begegnungen. Wenn ich dem allen ein einziges Wort bereitstellen soll, dessen Bedeutung alles in sich vereinigt, so ist es das Wort *Verschmelzung*. Ich bin versucht, die Verallgemeinerung zu wagen, daß die Inder durch Verschmelzung geben und empfangen wollen – aktiv wie passiv. Dies mag denjenigen als eine schockierende Beobachtung erscheinen, die auf der Grundlage einseitiger Leseerfahrungen die *Isolierung* des Inders und seine lebenslange Sehnsucht nach Einsamkeit und Meditation unterstreichen; Fusion und Isolierung aber sind polare Aspekte. Ich habe in *»Kindheit und Gesellschaft«* den Vorschlag gemacht, den Satz statt ans Ende an den Anfang zu setzen, daß sich die Identität einer Nation herleite aus der Art und Weise, wie Geschichte bisher gewisse entgegengesetzte Möglichkeiten gegeneinander akzentuiert, auf die Spitze getrieben hat; aus der Art und Weise, in der sie solche Entgegensetzung zum einzigartigen Stil der Zivilisation erhoben oder sie zum bloßen Widerspruch zerfallen lassen hat. In diesem Sinne resultiert die Verschmelzung, die von der Großfamilie erzwungen und ohne Zweifel oft innerhalb ihrer wie ganz allgemein im Leben in der Masse auch genossen wird, in einer Polarität. Zweifellos gibt es ein tiefgehendes Bedürfnis, der Menge zu entfliehen, und es gibt gleichermaßen die bemerkenswerte Fähigkeit, inmitten großer Menschenmassen allein zu sein. Ich habe in der Tat niemals so viele Individuen in beinahe katatonische Isolierung versunken gesehen, umringt von einer schwatzenden Menge. Jedoch wird auch Einsamkeit oft beherrscht von einer tiefen Sehnsucht nach Verschmelzung mit dem anderen, und dies in ausschließlicher Weise und in dauerhafter Form, sei dieser »andere« nun ein Mentor oder ein Gott, das Universum – oder das tiefinnerste Selbst.

Hier sei eine, wenn auch nur scheinbare, Abschweifung erlaubt: Menschen der westlichen Zivilisation haben »Prinzipien«. Wahrheit ist für uns die Summe dessen, was sich isolieren und zählen läßt. Sie ist das, worüber in logischer Form Rechenschaft gegeben werden kann, wovon sich beweisen läßt, daß es geschehen ist, oder was man im selben Augenblick auch denkt, in dem es ausgesprochen wird, während es in irgendeiner Form zur Übereinstimmung mit demjenigen gebracht werden muß, was man früher gedacht hat oder wovon man erwartet, daß man es später sagen wird. Abweichung von solcher Art der Wahrheit macht einen zum Lügner; und ich habe oft genug aussprechen hören, daß die Inder, da Wahrheit für sie eine verschiedene Bedeutung hat, gewohnheitsmäßige Lügner seien. Gandhi selbst unternahm den Versuch, ins indische Leben ein beinahe christliches, auf jeden Fall aber sokratisches »Ja, ja« und »Nein, nein« einzuführen, indem er das eine Mal den Schwerpunkt auf die Tatsächlichkeit des Inhalts, manchmal auf die Ehrlichkeit des Bekenntnisses und bei anderen Gelegenheiten auf vertrauensvolle, aufrichtige Zusammenarbeit legte. All dies war für ihn eingebunden in eine Wahrheit, die sich nur in intuitiver Verschmelzung mit dem innersten Selbst oder/und dem Willen der Massen offenbaren konnte. Natürlich ist auch er sowohl im Osten wie im Westen ein scheinheiliger Politiker und Heiliger von ungewisser Ehrlichkeit genannt worden. Es ist daher wichtig, die Grundrichtung des Begriffs Wahrhaftigkeit in seiner Geltung für Indien genau festzulegen und zu erkennen, daß solche »Prinzipien« wie *dharma, Artha, kama* und *Moksha* nicht mit Prinzipien des Westens vergleichbar sind, in dem Sinne, daß sie kategorisch Gebote und Verbote bereitstellen. Sie sind vielmehr Formen der *Versenkung* in getrennte *Ordnungen* der *Selbstaufgabe*. Daß diese Ordnungen wegen des offenkundigen Fehlens von Richtlinien zugleich in genauestens detaillierenden Handbüchern über die Weisen, sich mit äußerster Gewissenhaftigkeit selbst zu verneinen, zum Ausdruck gebracht werden, ist eine andere Sache. Menschen aus dem Westen sind nach erstem Bekanntwerden mit dem Kama Sutra oder der schwelgerischen Erotik von Tempeldarstellungen fähig, diese Art der Selbstvergessenheit zu bewundern, weil sie eine Fähigkeit zum Ausdruck bringen, die nur allzu lange unserer künstlerischen und erotischen Phantasie versagt gewesen ist: dennoch ist das Kama Sutra in Wirklichkeit eine höchst bürokratische Bestandsaufnahme koitaler Variation, und vom Autor wird behauptet, daß er selbst Askese geübt habe. Selbst die wuchernde Erotik der Tempelskulpturen belegt, nach Abklingen der ersten schockartigen Erregung oder heftiger Abwehr, vor allem das gigantische Unterfangen, nichts auszulassen, während man auf keine der möglichen (oder unmöglichen) Formen erotischer Gymnastik größeren Nachdruck legt als auf irgendeine andere.

Man muß also lernen, dynamische Polarität statt eines inneren Widerspruchs in demjenigen zu erkennen, was bei erstem Hinsehen wie eine grundlegende Unstimmigkeit erscheinen mag, wie etwa jener zwischen dem Aufgehen in der Masse und äußerster Einsamkeit, zwischen sinnlicher Gewährung und zwanghafter Ordnung, oder zwischen einem ausgesprochen ahistorischen Lebensgefühl und Bestandsaufnahmen gesammelter Fakten.

Wenn ich meinen ersten Eindruck über einige grundlegende Eigenschaften des Familienlebens zusammenfassen soll, so besteht er in folgendem: es ist etwas, das ein Mann mit meiner Ausbildung stets zu erfühlen versucht, um sich zu orientieren. Die tiefe Sehnsucht nach Verschmelzung wird, so scheint es, von Generation zu Generation aus dem hingebungsvollen Aufgehen der Mutter in der Großfamilie wiedergeboren, in der sie auf jeden einzelnen reagieren und eingehen muß, auf alle gleichzeitig, sodaß sie dem einzelnen Kind nur in flüchtigen Augenblicken gehören kann, aber niemandem für immer oder auf längere Zeit. Eine vorläufige Interpretation würde zu der Deutung gelangen, daß das Kind Schuldgefühle entwickelt, die im Westen weitgehend unbekannt sind (ausgenommen bei denen, die an der Grenze der Schizophrenie leben). Denn das Kind beansprucht die Mutter für sich, während sie jedoch ihre Liebe nach allen Richtungen vergeben muß. Es kann sie nicht für einen einzelnen und stets wiederholten Treubruch verantwortlich machen wie der ödipale Knabe im Westen, der daher einen deutlich identifizierbaren, rivalisierenden Feind *und* Helden besitzt – in der Gestalt seines Vaters. Hinzu kommt die im Leben des Inders oft unglaublich einflußreiche Bedeutung von Tanten und Onkeln,

Brüdern und Schwestern, die noch zu der Schwierigkeit beiträgt, irgendwelche Interpretationen, die aus der westlichen Familie hergeleitet sind, auf indische Verhältnisse anzuwenden: denn hier ist stets die leidenschaftliche »Übertragung« kindlicher, inzestuöser und eifersüchtiger Affekte auf nahe Verwandte zu berücksichtigen, die zwar elterliche Liebe und Fürsorge bezeugen, sich der ödipalen Rivalität jedoch entziehen. Die erweiterte Familie gestattet daher Bindungen, die oft physisch und affektiv in einem echten »Zusammensein« zum Ausdruck kommen, das uns tief anrührt und dennoch westliche Beobachter irgendwie verwirrt. Dem Onkel oder der Tante, dem älteren Bruder oder der älteren Schwester weh zu tun oder sie zu übergehen, sie im Stich zu lassen, kann daher ein sonderbares, lebenslanges Schuldgefühl hervorrufen; und von ihnen verletzt zu werden, immerwährendes, zerstörerisches Ressentiment. Deshalb leben viele in ständiger Abhängigkeit, erwartend, fordernd, trotzig, verzweifelnd, und sehnen sich dennoch stets nach Zusammenschluß, Vereinigung, welche Bestätigung ist, Sicherheit gibt und Erfüllung bedeutet. Solche Erwartung der Wiedervereinigung durchs Schicksal *kann* wiederum zu einem ausgesprochen passiven Gefühl der Nichtverantwortlichkeit als Individuum führen, und zu einem Warten auf Erlösung durch irgendeine Form der Reimmersion.

Denn »Vater Zeit« ist in Indien eine Mutter. Die Welt ist ein Innenraum; und wenn Freud nur wohlmeinenden Spott für Romain Rolland und sein »ozeanisches Gefühl« übrig hatte, also jene Empfindung des Eingehülltseins, Eingebettetseins und von der Welt Getragenwerdens – so ist es eben dieses Gefühl, das Rolland (und auch Hermann Hesse) zu einer westlichen Stimme für das Zeit- und Raumgefühl zumindest der ihrer selbst bewußteren Inder machte. Nun ist jedermanns Innenleben eine Zusammensetzung aus Modernem und Archaischem, aus Logischem und Nicht-Rationalem, Nüchternheit und Leidenschaft. Die Inder jedoch leben, so glaube ich jedenfalls, ungleich den meisten Menschen, in mehreren Jahrhunderten zugleich; und jeder Inder, mag er noch so gebildet und pragmatisch sein, lebt ebensosehr in einer femininen Raum-Zeitlichkeit, die tief im Innern eines Hier und genau im Zentrum eines Jetzt verankert ist, nicht so sehr als der Beobachter eines Kontinuums von Mitteln und Zwecken, sondern als Beteiligter in einem Fluß, dessen Markierungspunkte sich durch die größere oder geringere Intensität des Zusammenfließens herausbilden. »Ziel« hat eher die Bedeutung, innerlich bereichert und erweitert seinen Weg fortzusetzen, als etwas abzuschließen und hinter sich zu lassen. Wo sonst noch in der Welt wird das Versprechen, daß etwas bald »zum Abschluß« gebracht werde, mit ähnlich magischer Hintergründigkeit gebraucht? Aber oft bringt es nur die finstere Entschlossenheit zum Ausdruck, den Eindruck zu erwecken, als strebe man ein endgültiges Ziel an – um unterdessen das Erreichen jenes Zieles um jeden Preis aufzuschieben. (Das Wort »hoffnungsvoll« könnte im Amerika der Gegenwart sehr wohl ein ähnlich defätistisches Gegenstück hierzu sein: es bedeutet oft, daß man fortfährt, sich durch sämtliche Stadien hindurchzuarbeiten, obwohl man den starken Verdacht hegt, daß das gesamte Unterfangen hoffnungslos ist.) Die Inder wissen all dies nur zu genau, und die Karikaturen in der Presse sind in der Welt darin unübertroffen, sich lustig zu machen über die Anstrengungen einer Nation, sich in Ungereimtheiten zu verwickeln, während man vorgibt, sich über sie zu erheben. Dies alles macht den wirklich pragmatischen und wissenschaftlich denkenden Inder von heute nur um so außergewöhnlicher – und oft tragisch.

Historisch gesehen *könnte* all dies auf eine althergebrachte und hartnäckige Tendenz zurückzuführen sein, Indien die Muttergottheiten gegen all seine Eroberer zu erhalten, gegen deren Vatergottheiten und ihre historische Logik. Die Macht der Muttergottheiten hat wahrscheinlich Indien auch jene grundlegende Bisexualiät verliehen, die zumindest seinen britischen Eroberern verächtlich, zugleich aber auch unheimlich und in jeder Beziehung unwiderstehlich erschien. Gandhi, so scheint es, unternahm den Versuch, sich in einer Kombination autokratischer Männlichkeit mit bergender Mütterlichkeit zum Repräsentanten jener Bisexualität zu machen. Er war deshalb möglicherweise erfolgreich darin, zusammenzubringen, was im Leben seiner Gefolgschaft, und vor allem der Massen, unverbunden gewesen ist. Gegen dies alles (so begann ich zu erkennen) hatte Gandhi ein Bollwerk zu errichten versucht, das auf radikalen Tatsachensinn, besessene Genauigkeit und absolute Verantwortlichkeit gegründet war – alles innerhalb eines bedeutungshaltigen Fließens, das er Wahrheit nannte. Indem er dies tat, bewirkte er solche Veränderungen in den Menschen, daß ein Zusammentreffen mit ihm für sie zur unauslöschlichen Begegnung ihres Lebens wurde. Er schien der Eine zu sein, der zum Gegenspieler aller werden konnte. Daher führte Vereinigung zu einer Vertiefung, die er umzuwandeln vermochte in lebenslange Verpflichtung und ein Gefühl der Kompetenz im Dienst der Sache, die zusammen über jene Mächte den Sieg davontragen konnten, die anfangs in den dazu ausersehenen Individuen wirksam zu sein vermutet werden mußte. Dies scheint jedenfalls für all diejenigen Gültigkeit zu besitzen (und dieser Umstand ist es wert, weiterverfolgt zu werden), die sich ihm im entscheidenden Jahr 1918 in Ahmedabad anschlossen.

III. Kapitel
Das ungreifbare Ereignis

Seitdem ich mit der Szenerie vertraut geworden war, schien mir der Streik von 1918 nicht mehr nur von einem gewissen dramatischen und psychologischen Interesse, sondern zugleich von entscheidender historischer Bedeutung – ein Gefühl, das sich entgegen den geringfügigen Beweisen hierfür, die mir untergekommen waren, immer mehr verstärkte. Es ist wahr, daß es nur ein kleines, broschiertes Pamphlet über den Streik gibt; es ist weniger als hundert Seiten stark und kostet 35 Cents[15]. Und was die Zeugen jenes Ereignisses mir zu berichten wußten, blieb höchst fragmentarisch. In Gandhi-Biographien und selbst in seiner Autobiographie wird dieses erste Fasten sogar gewissermaßen als ein Fehler dargestellt, ein Versagen der Nerven, wenngleich offenkundig auch als der erstmalige Gebrauch einer mächtigen Waffe. Ein solches Versagen mindert keineswegs das Interesse eines Klinikers: denn wie, so muß man zuallererst fragen, geriet Gandhi überhaupt in diese Situation? Und wenn er tatsächlich versagt hatte, was gab es für Gründe dafür, oder warum glaubte er, versagt zu haben? Er wurde da »in etwas hineingezogen«, sagen seine Anhänger; aber ich begann zu bezweifeln, daß dieser listige, kleingewachsene Mann jemals zu einer Entscheidung gedrängt wurde, die er nicht aus (sehr) weitreichenden Erwägungen heraus selbst gewählt hätte.

Gandhi gibt in seiner Autobiographie folgende Darstellung des Ereignisses[16]. In einem Kapitel, das »Berührung mit der Welt der Arbeit«[17] überschrieben ist, gewährt er mehr als die Hälfte des Raumes einer voraufgegangenen Kampagne, in der »meine Mitarbeiter und ich viele Luftschlösser erbauten, die jedoch vorläufig alle in nichts zergingen«. Sodann berichtet er über die »heikle Situation« in Ahmedabad, wo »Shrimati Anasuyabhai gegen ihren eigenen Bruder, Shri Ambalal Sarabhai, kämpfen mußte«. Seine Beziehungen zu beiden, so erklärt er, seien freundschaftlich gewesen, und »dies machte den Kampf gegen sie um so schwieriger«. Die Sache der Textilarbeiter erachtete er für durchaus berechtigt, und »daher mußte ich den Arbeitern den Rat geben, einen Streik zu beginnen«. Es folgt

dann eine Zusammenfassung, kaum seitenlang, von einundzwanzig Tagen, die natürlich bis in alle Einzelheiten nachgezeichnet werden sollen, sobald wir unseren Fall hinlänglich vorbereitet haben, um für das Ereignis in Gandhis Lebensgeschichte sowie der Geschichte der Arbeit in Indien und in derjenigen der militanten Gewaltlosigkeit eine zentrale Stellung beanspruchen zu können. Auf der knapp einen Seite, die dem Streik gewidmet ist, finden sich zwei Erinnerungsfehler, wie ich später zeigen werde.
Der Mahatma läßt sodann die ganze Angelegenheit fallen (ohne jede abschließende Moral, ja ohne die Erzählung zum Abschluß zu bringen), um dann als Fortsetzung das Kapitel mit der Überschrift »Ein Blick in das Ashram«[18] anzubieten. Er schildert noch einmal, wie das »Ashram« wegen der Seuche aus dem Vorort Kochrab entfernt und zu seinem gegenwärtigen Standort am Sabarmati verlegt wurde, wie man es schließlich weit von der Stadt fortzuziehen zwang, und er ergeht sich dann behaglich in lyrischen Landschaftsbeschreibungen und humorvollen Darstellungen der genauen Lage: »... Seine Nachbarschaft zum Sabarmati-Zentralgefängnis besaß für mich eine besondere Anziehungskraft. Da der Gang ins Gefängnis für das normale Schicksal der Satyagrahis gehalten wurde, gefiel mir dieser Ort.«[19]
Dort lebten sie zunächst unter Zeltplanen, als Küche diente eine Blechhütte. Die Hälfte dieser Schilderungen indessen ist der alltäglichen Begegnung seiner Ashram-Bewohner mit den Schlangen gewidmet, die die Ashram-Siedlung heimsuchten. Und der Mahatma beschließt seinen Bericht mit den Sätzen:
»Diese Regel, Giftschlangen nicht zu töten, ist in Phönix, Tolstoi-Farm und Sabarmati fast in allen Stücken befolgt worden. Jede dieser Niederlassungen mußte sich in unfruchtbaren Einöden ansiedeln. Dennoch hat es bei uns keinen einzigen Todesfall durch einen Schlangenbiß gegeben ... wenn es Aberglaube ist anzunehmen, daß vollständige Immunität gegen Verletzung über einen Zeitraum von fünfundzwanzig Jahren, ungeachtet der nahezu durchweg geübten Praxis, nicht zu töten, kein zufälliger Umstand, sondern ein Gnadenerweis Gottes sei, so bin ich noch immer bereit, diesen Aberglauben zu hegen.«[20]
Heute besitzen wir natürliche Erklärungsgründe, die für die Annahme sprechen, daß es kein Aberglaube gewesen ist; und in einem späteren Kapitel werden wir weitere Beispiele für die friedfertige Einstellung wilder Tiere erörtern. Der Punkt, der uns

hier interessieren soll, ist lediglich der, daß der Mahatma erst nach diesem »Blick in das Ashram« das Streikthema wieder aufnimmt und über sein erstes Fasten sowie sein mehrdeutiges Ergebnis berichtet. Er scheint das Gefühl gehabt zu haben, daß er durch das Fasten ebensosehr die Unternehmer erpreßte, wie er die verzagenden Arbeiter wieder in Reih und Glied zwang, so daß der relative Erfolg des Streiks in seiner Sicht beeinträchtigt wurde durch ein Versagen im moralischen Sinne. Was aber könnte das Am-Leben-Lassen von Schlangen mit dem Streik in Ahmedabad und mit Gandhis Verhältnis zum Textilfabrikanten Ambalal zu zu tun haben?

Ich hegte schließlich den Verdacht, daß dieser Streik und dieses Fasten eine nachweisbare Krise in den mittleren Jahren eines großen Mannes repräsentierten, die es wert war, als solche näher untersucht zu werden. Ich bin natürlich oft gefragt worden, wie und wo Gandhi »seine Identitätskrise gelöst« habe. Dies aber – wenn überhaupt jemals ein Ereignis etwas symbolisiert hat – lag weiter zurück und war auf der Bahnstation von Maritzburg in Südafrika geschehen, als er, der wenig überzeugende und dennoch beharrliche junge Verteidiger, »made in England«, aus einem Zug gewiesen wurde, weil er darauf bestanden hatte, Erster Klasse zu reisen, obwohl er ein »Coolie«, d. h. Farbiger war. Anstatt nun seine Pläne auszuführer und heimzukehren zu der verhaßten Rechtspraxis, legte er dort buchstäblich über Nacht sein scheues Wesen ab und widmete sich vorbehaltlos seiner politischen und religiösen Bestimmung als Führer. 1918 jedoch war Gandhi bereits knapp fünfzig Jahre alt. Die überlebenden Zeugen aber waren Mitte und Ende der Zwanzig, und man könnte sie im Verdacht haben, sich ihm angeschlossen zu haben, während sie noch ihre Identitätskrise auszutragen hatten. So gab es hier also eine Krise im Leben eines Führers in mittlerem Alter, die ich studieren konnte, indem ich diejenigen untersuchte, die, als sie ihm begegneten, noch um ihre Identität ringen mußten.

Mein wachsendes Interesse an dieser Konfrontation zwischen Gandhi und Ahmedabad schien mich zu einer »Zwischen«-Periode in Gandhis Leben zu führen: der Gandhi der südafrikanischen Zeit war bereits historisch geworden und hatte sich den Ruf erworben, der *einem* Mahatma galt, während die Geschichte Gandhis, *des* Mahatma von ganz Indien, noch nicht begonnen hatte.

Als ich Ambalal, Anasuya und Shankerlal Lebewohl sagte, wußte ich, daß, um herauszufinden, ob es hier eine bedeutsame Geschichte zu erfahren gab, es notwendig werden würde, zurückzukehren, und diesmal einzig in der Absicht, mich mit ihnen sowie anderen Menschen ihrer Altersgruppe und Erfahrung zu unterhalten. Shankerlal stimmte mir lebhaft zu, und er bat mich, an meinem letzten Tag in Ahmedabad anläßlich der täglichen Gebetsversammlung vor der Textilgenossenschaft zu sprechen. Während ich mir selbst zuhörte, wie ich zu ihnen über 1918 sprach, wurde mir schlagartig gewiß, daß ich ihnen durchaus eine interessante Geschichte zu erzählen hatte.

Bevor ich Indien verließ, warf ich noch schnell einen Blick in alte Zeitungen und Dokumente. Nichts hätte mich mehr entmutigen sollen. Die Londoner *Times* hatte nur sarkastisch zu bemerken: »Passiver Widerstand ist bei Mr. Gandhi zu einer Art Besessenheit geworden, bei jeder sich bietenden Gelegenheit sucht er ihn anzuwenden. Kürzlich versuchte er, die Textilfabrikanten Ahmedabads zu zwingen, ihren Angestellten eine Lohnerhöhung von 37 % zuzugestehen, indem er gelobte, solange keine Nahrung zu sich zu nehmen, bis die Erhöhung durchgesetzt sei. Die Auseinandersetzung wurde durch einen kindischen Kompromiß beigelegt. Man wird Mr. Gandhis Ehrenhaftigkeit nicht anzweifeln können, doch einige unter seiner Anhängerschaft wollen offenbar der Regierung Schwierigkeiten bereiten.«[21]

Aber selbst dies war schon mehr, als die indischen Zeitungen über das Ereignis zu sagen hatten. Der *Bombay Chronicle* – das englischsprachige Blatt der Hauptverwaltung Bombay (die seinerzeit Gujarat und Ahmedabad mit einschloß) – brachte seine Verwunderung darüber zum Ausdruck, warum Mr. M. K. Gandhi für eine lokale Angelegenheit so viel aufs Spiel setze, bei der er »wenig zu gewinnen und alles zu verlieren«[22] habe. Diese Haltung könnte als eine noch »vor-geschichtliche« Einstellung klassifiziert werden, die rückschauend der Korrektur bedürftig werden mußte, d. h. nach Mr. M. K. Gandhis Eintritt in die nationale und internationale Geschichte. Aber es war ebensosehr ein entschieden ahistorischer Unterton in einigen der Nachrichten vom Tage spürbar, dem eine spätere Befragung nichts Vorausweisendes würde entnehmen können. Über die Gruppe der von Ambalal geführten Textilfabrikanten berichtet derselbe Korrespondent aus Ahmedabad dem *Chronicle:*

»... Sobald ihre Bemühungen beendet sind und die Aufgabe, an deren Bewältigung sie sich gemacht hat, abgeschlossen sein wird, wird sie sich wieder auflösen und niemand wird noch interessiert sein zu wissen, worum es ging und wie es entstanden ist.«[23]

Die Lage wurde nicht besser, als ich nach anderen Dokumenten Ausschau hielt. Es schien bald, als habe es keine Feuersbrunst oder Überschwemmung, keinen einsamen Bücherwurm oder geschäftigen Ameisenstamm, keinen feuerlegenden Rebellen oder nachlässigen Bürokraten gegeben, die sich nicht vereint daran gemacht hätten, aussagekräftige Beweisstücke zu vernichten, von denen ich wußte, daß ich sie brauchen würde. Der englische Regierungskommissar von Ahmedabad hatte zu einem bestimmten Zeitpunkt angeordnet, daß sämtliche Unterlagen des Navajivan Trusts (der Nachlaßverwalter von Gandhis literarischem Erbe) vernichtet würden, während seine eigenen amtlichen Aufzeichnungen 1946–1947 in Flammen aufgingen.

Ich besuchte die Vereinigung der Textilfabrikanten von Ahmedabad. Als ich die Treppenflucht zu jener von Le Corbusier erbauten Festung mit all ihrer Verschwendung an Beton, wie sie für den Post-Mogul-Pomp des modernen Indien so charakteristisch ist, hinaufstieg, fand ich die Vorhallen großartig, kühl und luftig, die Büroräume hingegen leer. Zu hören und zu sehen waren nur schwatzende Bedienstete, die die Räume auskehrten. Als ich schließlich durch eine offene Tür lugte, erblickte ich den stattlichen, alten Professor Acharya, vormals Lehrer in Sanskrit und jetzt Sekretär der Vereinigung, der wie die Statue eines römischen Senators vor seinem Tisch saß. 1918? Nein, es hatte keinen Zweck, sich umzusehen. Es sei »kein einziger Fetzen Papier« aus der Zeit vor der Mitte der zwanziger Jahre erhalten, und selbst noch danach seien viele Unterlagen beim Umzug aus der Innenstadt Ahmedabads in diesen neuen Kolossalbau am Fluß verlorengegangen.

Die Bibliothek des Staates Maharashtra in Bombay, Erbin vieler Akten des Staates Gujarat, verweigerte mir rundweg die Einsicht. Die Bibliothek der indischen Regierung in Delhi dagegen (die im Gegensatz zur Regierung von Maharashtra nicht die Absicht hat, diese Dokumente in einer eigenen, großangelegten Edition herauszubringen) zögerte nicht, mir den Einblick in einiges zu gewähren, was mir in Bombay nicht zugänglich gemacht worden war. Dort verzeichnete der Index des Innenministeriums schließlich doch noch: »1918, Teil B, Betrifft eine Auseinandersetzung zwischen Textilfabrikanten und ihren Angestellten in Ahmedabad.« Eine Parenthese enthielt jedoch den Zusatz »vernichtet«.

In der Annahme, daß der Regierungskommissar und andere ihren Dienststellen in London Bericht erstattet haben mußten, fragte ich sogleich bei der Bibliothek des alten »India Office« in London nach, von wo mir jedoch lediglich mitgeteilt wurde, daß die Dokumente von 1918 vor dem Jahre 1968 nicht freigegeben werden könnten. Ich wurde benachrichtigt, daß

»... jede offizielle Stellungnahme der Regierungen, des Regierungskommissars im Amtsbereich etc. über den Streik mit großer Wahrscheinlichkeit in den laufenden Jahrgängen der amtlichen Akten zu finden ist, wie etwa den Protokollen des ›Judical and Public Department‹ oder solchen Jahresberichten, die – wobei darauf hingewiesen werden muß, daß sie einer gesetzlichen Bestimmung unterliegen, derzufolge amtliche Dokumente, die weniger als 50 Jahre alt sind, nicht der Öffentlichkeit zugänglich gemacht werden können – nur dann zu Informationszwecken zur Verfügung gestellt werden dürfen, wenn sie über das Jahr 1914 nicht hinausreichen.«

Ein einflußreicher Inder, der so entgegenkommend war, mir seine Hilfe anzubieten, erhielt vom Archiv des India Office folgende Mitteilung:

»Ich habe die laufenden Jahrgänge und Inhaltsverzeichnisse der Justizabteilung, der Staatskanzlei, der Finanzverwaltung und des Amtes für Statistik durchgesehen, doch offensichtlich befinden sich keinerlei Dokumente in unserem Besitz, die auf den Textilarbeiterstreik, Ahmedabad 1918, und Gandhis erstes Fasten Bezug nehmen. Darüber hinaus habe ich es mit Parlamentsprotokollen und den ›Bombay Native Newspaper Reports‹ versucht, wiederum ohne Erfolg. Ein Beamter aus der Abteilung der Europäischen Manuskripten-Bibliothek hat Nachforschungen bei der Montagu- und Chelmsford Collection angestellt, die gleichfalls ohne Ergebnis geblieben sind.«

Schließlich und endlich avancierten zu meinen besten Freunden die englischen Spione der »Criminal Intelligence Division« beim ehrwürdigen Innenministerium, die pflichtgemäß von dem berichteten, was sie observiert hatten, und zwar ausgerechnet in Dokumenten, die mit dem Vermerk »zu verbrennen!« gekenn-

zeichnet waren, diesem Schicksal jedoch natürlich entgangen sind. Diese Männer hatten ausgezeichnet beobachtet. Vor meinem Tisch im Nationalarchiv von Delhi sitzend, überraschte ich mich dabei, wie ich (zum Befremden der eifrigen Leser rings um mich her) dem Andenken eines ungenannt gebliebenen Geheimagenten eine makellose Ehrenbezeigung machte, der in seinem Bericht vom Februar 1918 jene prophetischen Zeilen hinterlassen hat:
»Während ich nicht geneigt bin, dem Moslem-Krawall auf der Kalkutta-Versammlung irgendwelche Bedeutung beizumessen, fürchte ich allerdings, daß Mr. Gandhis Rat nicht auf völlig taube Ohren treffen wird. Da sich in ihm die Entschlossenheit eines Fanatikers mit der Selbstlosigkeit und Einfachheit verbindet, die das Leben eines Sanyasi auszeichnet, wird sein Rat mit größerer Wahrscheinlichkeit befolgt werden, als der jedes anderen Agitators im Verwaltungsbezirk.«[24]
Einen Monat später wurde ein weiterer Wochenbericht verfaßt, der durch ähnliche Insubordination dem Schicksal des Verbranntwerdens entgangen ist: »In Wirklichkeit fürchten sich die Textilfabrikanten vor Gandhi und hoffen, seine Macht brechen zu können.«
Allerdings konnte ich in keinem amtlichen Dokument oder im Nachrichtenteil einer der führenden indischen Zeitungen von 1918 auch nur den geringsten Hinweis auf Gandhis erstes Fasten entdecken. Welch ein historischer Abstand also von jenem ersten Fasten zu all den späteren, als die Welt den Atem anhielt und als die Inder sich nur im Flüsterton miteinander unterhielten, ja viele sich weigerten, abends ihre Kerzen und Laternen zu entzünden, während der Mahatma fastete!
Die spätere Großartigkeit seines öffentlichen Fastens als einer politischen Handlung gehörte 1918 schlechthin noch nicht in den Bereich der Erwartungen von irgend jemandem – ausgenommen, wie ich anzunehmen mich für berechtigt halte, in denjenigen seiner eigenen. Und tatsächlich erklärte Gandhi zu jener Zeit Mahadev Desai, daß das Fasten für ihn zur »wertvollsten Lektion meines Lebens« geworden sei, und zu seiner »bisher besten Tat«[25]. Schließlich entdeckte ich, als ich ebenso behutsam wie entschlossen die zerfallende Nummer des *Bombay Chronicle* vom März 1918 durchblätterte, ganz am Ende zwischen den »Briefen an den Herausgeber« eine lange Epistel, gezeichnet M. K. Gandhi, die mit der kühlen Überschrift versehen worden war: »Mr. Gandhis Meinung«[26].

Der Brief begann mit dem Satz:
»Vielleicht schulde ich der Öffentlichkeit im Hinblick auf mein kürzliches Fasten eine Erklärung. Einige Freunde erachten meine Handlungsweise für feige und wieder andere für weit Schlimmeres. Nach meiner Überzeugung wäre es Treulosigkeit gewesen gegenüber meinem Schöpfer und gegenüber der Sache, für die ich eintrete, wenn ich anders gehandelt hätte.«[27]
Und er schließt mit den Worten:
»... Ich fühlte, daß es ein geheiligter Augenblick für mich war, mein Glaube war einer Bewährungsprobe ausgesetzt, und ich erhob mich ohne Zögern und erklärte den Männern, daß ich einen Bruch ihres so feierlich geschworenen Eides nicht ertragen würde und daß ich keine Nahrung zu mir nehmen wolle, bis sie nicht ihre 35 % Erhöhung erhalten hätten oder bis sie sich moralisch selbst aufgeben würden. Eine Versammlung, die bis hierher, im Gegensatz zu früheren Versammlungen, völlig unempfänglich geblieben war, erwachte plötzlich wie durch Magie.«[28]
Gandhi hatte also selbst den Versuch unternommen, die Aufmerksamkeit der größeren Zeitungen Indiens auf das Fasten zu lenken! Bezeichnenderweise war es jedoch »ohne Nachrichtenwert«.
Ich verließ Indien mit dem Entschluß, diese Angelegenheit weiter zu untersuchen und zurückzukehren, um all diejenigen zu interviewen, die Zeuge des Ereignisses geworden waren. Meine Neugier wurde durch zwei Faktoren noch erhöht:
Als ich nach Ahmedabad kam, war mir klargeworden (denn ich hatte gerade an der Abrüstungskonferenz der Amerikanischen Akademie der Künste und Wissenschaften teilgenommen), daß der Mensch als Gattungswesen es sich nicht länger leisten kann, Illusionen entweder über seine eigene »Natur« oder über diejenige anderer Rassen zu kultivieren, oder aber über jene »Pseudogattung«, die er Feinde nennt – jedenfalls nicht, solange er Waffenarsenale erfindet und herstellt, die in der Lage sind, Zerstörung in globalem Umfang heraufzubeschwören, und so lange nicht, wie er zur Erhaltung inneren und äußeren Friedens einzig den Superbremsen vertraut, die in die Superwaffen eingebaut sind. In dieser Situation scheint Gandhi der einzige Mensch gewesen zu sein, der eine radikale Alternative nicht nur gesehen, sondern auch *demonstriert* hat.
Weniger ehrenhaft, so sollte ich eingestehen, war der Umstand,

daß ich nach einer historischen Gestalt Ausschau hielt, über die ich schreiben konnte. Was hätte passender sein können, als dem »Jungen Mann Luther« (wie meine Studenten es ausdrückten:) den »Mahatma in mittleren Jahren« folgen zu lassen? Hier gab es schließlich sogar Zeugen: die Überlebenden aus einer Generation, die zu jener kritischen Periode noch junge Männer und Frauen gewesen waren, die sich Gandhi 1918 angeschlossen hatten oder ihm begegnet waren und deren Leben seither nicht mehr dasselbe gewesen ist – so als wüßte man, wie es anders hätte verlaufen können. Diese Gruppe umfaßt außer dem Textilfabrikanten und seiner Schwester Individuen, die jetzt zurückgezogen lebten oder noch immer in der vordersten Front nationaler Aktivität standen, in der Industrie, in der Dachorganisation der Gewerkschaften oder im Parlament. Ich bereitete mich vor, mit diesen Personen zusammenzutreffen und sie bei meinen folgenden Indienbesuchen zu befragen.

I. Teil
Die Befragung

Wenn Geschichte eine Sammlung von Ereignissen ist, die für uns durch das zum Leben erwachen, was einige Akteure getan, einige Berichterstatter berichtet und einige kritische Zeitgenossen uns weiterzuerzählen sich entschlossen haben, so besteht die Aufgabe eines Klinikers, der es unternimmt, ein historisches Ereignis zu interpretieren, darin, zuvörderst die Fakten zu ordnen. Er muß jedoch an diese Aufgabe wenden, was er gelernt hat, nämlich ungeachtet aller unumstößlichen Tatsächlichkeiten einige Relativitäten zu sehen, die von den Motivationen der Akteure, Berichterstatter und kritischen Betrachter herrühren. Nachdem ich bei der Beschreibung einiger meiner Erfahrungen während der Zeit, als der Plan zu diesem Bericht im Entstehen war, durchweg impressionistisch vorgegangen bin, will ich nun didaktisch werden und erkläre, daß dem Psycho-Historiker daran gelegen sein muß, bis ins Detail das jeweilige *Lebensstadium* zu untersuchen, in dem der Akteur handelte, der Berichterstatter berichtete und der Betrachter kritisch zurückblickte. Er wird bestrebt sein zu lernen, welche Stelle jenes Stadium im Lebenszyklus jedes dieser Individuen einnimmt; und er wird beabsichtigen, ihre *Lebenszyklen* zur *Geschichte* ihrer Gemeinschaften in Beziehung zu setzen.

Bei diesem Vorhaben wird der Kliniker versuchen, so analytisch und zudem selbstanalytisch zu bleiben, wie ihm seine Daten gestatten, d. h. ihm wird daran gelegen sein, soviel von der darein verwobenen unbewußten Motivation auszuloten, als für ihn greifbar wird und ihm nützlich erscheint. Wo dies die Selbstanalyse des Untersuchenden betrifft, wird der Leser es ihm, dessen bin ich sicher, zu danken wissen, wenn er nur in Beziehung auf sich selbst von erschöpfender Freimütigkeit ist, sich sachdienlich offen gegenüber seinen Mitarbeitern und Diskussionspartnern verhält und Offenheit gegenüber seinen Lesern nur innerhalb der Grenzen der Lesbarkeit an den Tag legt. Hiermit habe ich einen Anfang gemacht, der es mir, sobald sich die Notwendigkeit dazu ergibt, gestatten wird, Rechenschaft über mein persönliches Beteiligtsein an Sachverhalten abzulegen, die zusammengetragen werden sollen. Insoweit hoffe ich, genug gesagt zu haben, um anzudeuten, daß die Wahl des Gegenstandes durch den Psycho-Historiker oftmals in frühen Idealen oder Identifikationen ihren

Ursprung hat und daß es unermeßlich wichtig für ihn sein mag, sich – so gut er es eben vermag – manche Befangenheit und Voreingenommenheit einzugestehen, die tiefreichender ist, als daß man sich auf der Ebene verifizierbarer Tatsachen oder makelloser Methodologie davon abbringen ließe.

Doch genug von mir. Was der kritisch Untersuchende für sich in Anspruch nimmt, muß auch für die Berichterstatter des Ereignisses Gültigkeit haben, ob sie es nun auf meine Bitte hin für mich nacherzählen oder ob sie in der Vergangenheit schriftlich darüber berichtet haben. In Gandhis Fall indessen ist der Berichterstatter zugleich Akteur, der sich ein Jahrzehnt nach dem Ereignis in seinen Autobiographen verwandelt hat.

I. Kapitel
Die Zeugen

1. Die Autobiographie

Wenn wir fragen wollen, warum Gandhi das Ereignis in seiner Autobiographie heruntergespielt hat, wobei er die Tatsache mißachtet oder vergessen zu haben scheint, daß er selbst es den sechs führenden indischen Zeitungen als berichtenswert und zutiefst repräsentativ im Hinblick auf seine bevorstehende Führerschaft angekündigt hatte, sehen wir uns zunächst allgemeineren Fragen gegenüber wie etwa der, wann im Laufe seines Lebens Gandhi die Autobiographie geschrieben hat; warum sie zu jener Zeit geschrieben wurde; welche Bedeutung ihr im Kontext der voraufgegangenen Lebensabschnitte Gandhis zukommt; für welche Gemeinschaft sie geschrieben worden ist; und schließlich, welchen Zweck eine solche Mitteilung in der Geschichte jener Gemeinschaft erfüllte. Der allgemeine Mangel an Belegmaterial zeugt, wie wir gesehen haben, durchaus nicht für die historische Belanglosigkeit des Ereignisses, sondern läßt sich aus dem Wesen des historischen Augenblicks erklären, der gewissermaßen die Atempause kurz vor dem plötzlichen Aufstieg des Mahatma gewesen ist. Warum aber behandelt Gandhi das Ereignis so, wie es in allen Selbstzeugnissen geschehen ist? Wenn dies zur ersten Frage gemacht wird, die gestellt werden soll, so ist es zugleich auch die letzte, deren Beantwortung dieses Buch uns schuldet. Es ist die erste deshalb, weil man bei dem Versuch, irgendeinen Abschnitt in Gandhis Leben zu verstehen, beinahe reflexartig zur Autobiographie greift, um zu sehen, was er für ihn bedeutete. Es ist die letzte, die beantwortet werden muß, weil Gandhi seine Autobiographie ganz am Ende jener Periode schrieb, über die wir hier berichten wollen. Jedenfalls ist die Autobiographie dasjenige Werk, das in diesem Buch am häufigsten zitiert werden wird, und es ist unzweifelhaft die einzige Arbeit, die von Gandhi und über ihn geschrieben wurde, die die meisten Leser auch gelesen haben – oder es wenigstens versuchten.

Gandhi nahm die Arbeit an der Schrift, die abwechselnd *Eine Autobiographie* oder *Die Geschichte meiner Experimente mit der*

Wahrheit genannt wird, im Jahre 1925 auf. Zu dieser Zeit war er bereits sehr hoch gestiegen, weit über die Führerschaft der Inder in Südafrika hinaus, ganz zu schweigen von lokalen Bauernschaften oder Arbeitervereinigungen in Indien. Er hatte damals bereits die erste nationale Aktion bürgerlichen Widerstandes angeführt. Er war jedoch jetzt zu einem gewissen Stillstand gelangt. Die erste Periode seiner Führerschaft war durch den Prozeß von 1922 in Ahmedabad unterbrochen worden. Die Zeit, die er im Gefängnis verbracht hatte, betrug erheblich weniger als die 6 Jahre, zu denen man ihn verurteilt hatte, denn er wurde, als er an einer akuten Blinddarmentzündung erkrankt war, in ein Hospital verlegt und später entlassen. Es gibt jedoch Grund zu der Annahme, daß Gandhi, der nie den Wunsch hatte, »noch einmal davonzukommen«, jene Verurteilung zu 6 Jahren Gefängnis (auf denen er immerhin voller Stolz bestanden hatte) wie etwas Bindendes anerkannte, so daß er sich gewissermaßen noch außerhalb der Strafanstalt als Gefangenen der Briten betrachtete, bis die über ihn verhängte Haftdauer abgelaufen war. Jedenfalls legte er während jener sechs Jahre eine bemerkenswerte Zurückhaltung bei Angriffen gegen die Engländer an den Tag, während er sich voll und ganz auf eine Reform der von unheilvollen Gefahren bedrohten inneren Verhältnisse Indiens konzentrierte. Denn in der Zeit seiner Haft war er zu der Überzeugung gelangt, daß Indien für den bürgerlichen Widerstand noch nicht reif sei; in der Tat hatte er jenes große Unterfangen genau auf der Mitte des Weges angehalten und sah sich nun dem doppelten Vorwurf ausgesetzt, daß er seine Gefolgschaft in eine Revolte geführt habe, für die sie nicht vorbereitet gewesen sei, und daß er sie fallengelassen habe, bevor Erfolg oder Mißerfolg bewiesen werden konnten. Kein Wunder, daß sowohl die Gesundheit wie die Stimmung des Mahatma während dieser Periode überaus verletzlich waren. Nach den Bombay-Aufständen vom November 1921 hatte ihn C. F. Andrews bereits beschrieben als »hager und abgezehrt wie jemand, der gerade das Tal der Schatten des Todes durchschritten hat«[1].

Nach seiner Entlassung, 1924, fand er zudem das politische Klima verändert. Die Einheit, die ihm zwischen Hindus und Moslems, Loyalisten und Nicht-Kooperationswilligen zu schaffen gelungen war, erwies sich als entscheidend geschwächt. Seine Gefolgschaft in der Gewaltlosigkeit und Kooperationsverweigerung, die versucht hatte, sein Programm aufrechtzuerhalten, bis er wieder die Zügel in die Hand nehmen könnte, hatte sich in weiten Teilen der Bevölkerung den Spitznamen »Stillhalter« zugezogen. Gandhi selbst zog sich von der Politik zurück und widmete sich seiner eigenen inneren Reinigung wie derjenigen ganz Indiens, die in beiden Fällen durch Spinnen, Gebet und asketische Lebensführung gemäß dem Glauben, der ihn nie verließ, erreicht werden sollte: daß nämlich Reinheit gleich Freiheit ist (und sie herbeiführt), genauso wie Wahrheit Gewaltlosigkeit ist (und sie zum Ergebnis hat). Er erklärte, daß er sich wieder den Weg in die Herzen der Menschen erarbeiten wolle »soweit als möglich in aller Stille, wie ich es zwischen 1915 und 1919 getan habe«. Aber er hatte nun einen Vorgeschmack von der Gefahr der Gewalt bekommen, die aus falsch eingesetzter Gewaltlosigkeit entstehen kann. Er litt häufig unter Depressionen und fastete, um die Depression niederzukämpfen. Zum Abschluß eines einundzwanzigtägigen Fastens im Jahre 1924 (d. h. als er sich kontemplativ auf seine Autobiographie vorbereitete) sprach er ein Gebet, das uns mit dem in ihm aufbrechenden Konflikt zwischen Macht und Geist nur beeindrucken kann:

»Ich werde mit diesem Augenblick aus der Welt des Friedens in die Welt des Kampfes eintreten... O Gott, mach mich zu Deinem Werkzeug und verwende mich nach Deinem Willen. Der Mensch ist nichts. Napoleon plante große Entwürfe und fand sich als Gefangener auf St. Helena wieder. Der mächtige Kaiser griff nach der Krone in Europa und ist auf den Status eines privaten Herrn zurückgeworfen worden. Gott hat es so gewollt. Laßt uns über solchen Beispielen nachdenklich werden und demütig sein.«[2]

Während dieser Zeit richtete er seine »stillen Tage« ein, und als er seine Autobiographie begann, erlegte er sich sogar ein Jahr des »politischen Schweigens« auf. In Reden und Schriften dieser Jahre konsolidierte er die Mahatmaschaft genau in der Mitte zwischen dem Leben eines kulturell einflußreichen Heiligen und dem potentiellen Schöpfer einer neuen Jahrhundertreligion – und dem eines wiedererstehenden Politikers, nur daß er diesmal auf der soliden Basis großer Breitenwirkung im Volk und mit einer disziplinierten Gefolgschaft arbeiten sollte. Obgleich er an jenem Punkt bereits das Ende des Plateaus erreicht hatte und ein plötzlicher Aufstieg zur Macht sich für ihn abzuzeichnen begann, beschloß er jetzt seine Autobiographie ähnlich, wie er sie Jahre vorher eingeleitet hatte:

»... Ich muß mich auf Null reduzieren. Solange ein Mensch sich nicht aus eigenem freiem Willen unter die letzten seiner Mitgeschöpfe zu versetzen vermag, gibt es für ihn keine Erlösung. Ahimsa ist die unterste Grenze der Demut.

Indem ich dem Leser, jedenfalls vorerst, Lebewohl sage, möchte ich ihn bitten, sich meinem Gebet an den Gott der Wahrheit anzuschließen, daß er mir den Segen Ahimsas im Geist, im Wort und in der Tat gewähre.«[3]

Ganz gewiß berufen sich diese drei kleinen Worte – Geist, Wort und Tat – auf eine Rangordnung der Ansprüche, wie sie für Politiker nicht eben typisch ist. Dennoch ist mit dem, was im Vorangehenden gesagt wurde, nicht beabsichtigt, das öffentliche und private Bild, das man sich von Gandhi als einem rastlosen Reformer und Pilger mit ruckartigen Schüben gewaltiger Energie gemacht hat, zu verwischen. Es soll lediglich als Hinweis dienen auf die philosophische und – gelegentlich – emotionale Stimmung, mit der der Autobiograph zurückblickte auf den kleinen Jungen und den Jüngling, der er gewesen war, auf den Mann, der er geworden ist, und auf die Zeit, als er sich in Ahmedabad niederließ, von Ambalal und anderen Textilfabrikanten Unterstützung erhielt und trotzdem den Streik von 1918 gegen sie angeführt hatte.

Was also über die Autobiographie zur Sprache gekommen ist, muß als wesentlich angesehen werden für das Verstehen der Weise, in der Gandhi sich auf alle vorhergehenden Stadien seines Lebens bezieht, und bildet den notwendigen Hintergrund für seine Wertung der Ereignisse in Ahmedabad. Bevor ich mich ihnen jedoch zuwende, muß ich auf gewisse Hindernisse für eine gerechtere und der Wahrheit gemäßere Würdigung seines Lebensstils und seiner Sprache hinweisen; das richtet sich jedenfalls an jene, die nur seine Autobiographie gelesen haben oder Interpretationen, für die sie die Grundlage gewesen ist. Das beruht auf dem Umstand, daß sie in Gandhis Heimatsprache Gujarati geschrieben wurde, einer Sprache, die von weniger als nur einem Zehntel seiner Landsleute gesprochen wird. Für die anderen wurde sie in mindestens ein Dutzend andere indische Sprachen übersetzt, während sie für seine englischsprechenden Landsleute, wie auch für uns, von eben demselben Mahadev Desai ins Englische übertragen worden ist, dem wir die Geschichte des Streiks verdanken. Er übersetzte sie zweifellos mit gewissenhafter Treue und einer pedantischen Ergebenheit, wie Gandhi sie bei seinen Sekretären kultivierte, wenngleich einige sie später in ihrem eigenen literarischen Werk überwunden haben. Ich möchte deutlich betonen, daß ich nicht die *Tatsachentreue*, weder der Autobiographie noch der Übersetzung, anzweifle; dennoch glaube ich, daß sie gemeinsam darin zusammengewirkt haben, die gebändigte Leidenschaft, die treffende Schärfe und den nachsichtig-freundlichen Humor einzuebnen, Besonderheiten, die so oft das Gujarati Gandhis wie auch seinen Gebrauch des Englischen charakterisieren.

Eine andere Schwierigkeit ergibt sich aus dem späteren Erscheinen von Gandhis autobiographischer Bilanz in Buchform; sie ist in keiner Hinsicht als Buch geschrieben worden. Hier ist Gandhis ehrliche und vielfach übersehene Stellungnahme zu seiner Methode – der Methode, wie er Zeitungsartikel und Moralpredigten zu schreiben pflegte:

»... da ich die Geschichte der Satyagraha in Südafrika abgeschlossen habe, bin ich jetzt versucht, die Autobiographie für Navajivan in Angriff zu nehmen. Der Swami [Anand] forderte mich auf, sie gesondert zur Publikation in Buchform zu schreiben. Ich habe dazu jedoch nicht genügend Zeit [soviel Zeit kann ich nicht erübrigen]. Ich könnte nur von Woche zu Woche je ein Kapitel schreiben. [Wenn ich sie schreibe, so könnte sie nur für Navajivan bestimmt sein.] Irgend etwas muß allwöchentlich für Navajivan geschrieben werden. Warum sollte es nicht die Autobiographie sein? Der Swami stimmte meinem Vorschlag zu [war mit der Entscheidung einverstanden], und so bin ich nun angestrengt bei der Arbeit.«[4]

Der Mahatma benötigte Jahre, um die Fortsetzungen zu schreiben, die schließlich zu einem Buch wurden, das kein Buch ist und dennoch, vielleicht aus eben diesem Grund, eine Leserschaft von Millionen beeindruckte, die immer nur ein Kapitel zu seiner Zeit »aufnehmen« konnte, wie man sich eine Predigt oder eine Lektion, jeweils nur eine zur selben Zeit, zu Gemüte führt. Der historisch Forschende muß sich indessen bewußt sein, daß die Seele der Autobiographie – und sogar noch die Seele ihrer Propaganda – einzig ein Streben nach *Moksha* ist.

Meine Zeugen, Männer und Frauen, die jetzt Mitte der Siebzig sind, waren Gandhi in ihren Zwanzigern begegnet, dem Alter, auf das ich mich in meinem Buch über den jungen Luther konzentriert habe. Worin immer ihre Identitätskonflikte bestanden haben mögen, als sie mit Gandhi zusammentrafen – ich werde später beschreiben, wie er sie auswählte und zu sich verführte –, ihre Vergangenheit ist jetzt unwiderruflich Teil seines Lebens und seines Todes geworden. Die Geschichte, die sie gemeinsam gemacht haben, läßt sie in unterschiedlichem Maße zu Erben einer sowohl politischen wie geistigen Revolution werden – Erben, denen die praktische und sogar opportunistische Arbeit der Erhaltung einer neuen Nation aufgebürdet wurde; oder Männer und Frauen, die für immer in einer glanzvollen Vergangenheit leben werden, als sich die historische Aktualität in rascher Abfolge der Ereignisse zu seltener Intensivität verdichtete, oder – wie im Falle des Textilfabrikanten – jene, die in Anspruch genommen sind von der Fortsetzung und Bewahrung von Leben und Geschäften, die heute unter gewaltig veränderten Bedingungen geführt werden müssen.

Da waren zunächst Ambalal und Anasuyaben Sarabhai, die zur Zeit des Streiks fünfundzwanzig beziehungsweise siebenundzwanzig Jahre alt gewesen waren. Ich kehrte 1964, ein Jahr nach dem Seminar, auf den Landsitz der Sarabhais zurück – keinen Augenblick zu früh, denn später in jenem Jahr erlitt Ambalal einen schweren Schlaganfall. Doch es sollte sich herausstellen, daß der bei weitem energischste und verläßlichste Helfer bei meiner Arbeit Shankerlal Banker war, der Mann, dem ich auf Morgenspaziergängen während unseres ersten Aufenthalts in Ahmedabad begegnet war; er war achtundzwanzig Jahre alt, als er das erste Mal mit Gandhi zusammentraf. Ich interviewte auch Ambalals Nachbarn, den mächtigen Industriellen Kasturbhai Lalbhai, 1918 gerade vierundzwanzig Jahre alt. Nur sehr kurz sprach ich mit Innenminister Gulzarilal Nanda, der als junger Student Gandhi seine Dienste zur Verfügung gestellt hatte und von ihm, im Alter von zweiundzwanzig Jahren, zum ersten Sekretär der Textilarbeitervereinigung in Ahmedabad ausgewählt worden war; und mit dem Parlamentsmitglied Indulal Yagnik, der, damals Anfang der Zwanzig, Gandhi unterstützt hatte und jetzt der wortgewaltigste, wenn nicht wütendste Opponent dieser Arbeiterorganisation war – ein Repräsentant alles dessen, was für die Arbeiterschaft zu erreichen das Ereignis nicht zu leisten vermocht hatte. Ich habe natürlich noch mit vielen anderen Personen gesprochen, doch eine Schilderung meiner ersten Begegnung mit einigen von ihnen, die sich in stärkerem Maße auf Details einlassen kann, wird einen zusammenhängenden Bericht über das Ereignis vorbereiten helfen und zugleich die Atmosphäre einer biographischen Suche in Indien spürbar machen.

Doch zuerst wieder einige wenige allgemein gehaltene Bemerkungen. Es könnte scheinen, daß psychoanalytische Erfahrung, an eine klar formulierte Aufgabe gewendet und ausgerüstet mit einer fest gegründeten Konzeption vom Lebenszyklus, es zu einem leichten machte, der Dynamik solchen Interviewens Herr zu werden. Es wäre jedoch töricht, anzunehmen oder gar zu wünschen, daß das Moment anfänglichen Nichtverstehens und nachfolgender Überraschung, das jede lohnende Begegnung mit Patienten charakterisiert, bei diesem Anlaß fehlen sollte. Da zudem diese Art des Arbeitens noch relativ neu ist, will ich nicht zögern, dem Leser etwas von der Neuheit und viel von der methodologischen und persönlichen Unreife vor Augen zu bringen, die jemanden (in jedem Alter), der Neuland betritt, heimsuchen, sobald er auf die »Widerstände« stößt, die jene ihm bieten, die aufgefordert sind, sich an Ereignisse aus ihrer Vergangenheit zu erinnern und über sie zu berichten.

Die Personen im Mittelpunkt, in hohem Alter stehend, von denen mein Bericht handelt, blicken aus einem gewissen Abstand auf Gandhi zurück – was sie auch tun müssen, denn es liegt in der Logik des Lebenszyklus, daß sie versuchen werden, ihr Leben mit *ihrer* Integrität zu enden und nicht nur mit dem Abglanz derjenigen des Mahatma. Dies mag der Grund dafür sein, daß ich von Personen am meisten erfahren konnte, die, als er noch am Leben war, Gandhi von Mann zu Mann oder von Frau zu Mann begegnen und offen sich mit ihm auseinandersetzen konnten, gerade weil sie weder daran dachten, sich ihm zu unterwerfen noch mit ihm zu konkurrieren. Mit ihnen konnte er lachen, und sie haben jetzt, da sie ohne ihn sind, ein besseres Gewissen; sie sind es, die noch mit ihm lachen, während sie bei der Erinnerung an ihn gedankenverloren lächeln.

Doch sind all diese Männer und Frauen in einem fortdauernden Zustand verhaltener Trauer, in dem sich auch ganz Indien noch befindet. Sie, wie auch das gesamte Indien (zumindest gilt dies für einige Perioden innerer Geschlossenheit) fühlten sich in seiner Gegenwart über persönliches Verdienst und Begabung hinaus bereichert, so daß sie jetzt erst eine gewisse Scheu zu überwinden haben, wenn eine nur allzu konkrete Erinnerung sie in die Zeit jener »Präsenz« zurückversetzt. Ich werde nie die konsternierte Reaktion vergessen, die ich bei einigen von Gandhis Freunden hervorrief, als ich sie bat, aufzustehen und mir zu zeigen, wie groß er im Vergleich zu ihnen gewesen sei. Es wurde klar, daß er ihnen, obgleich in Wirklichkeit nur von kleinem Wuchs, unermeßlich erschienen sein muß. Das Verlöschen eines solchen alles durchdringenden Lichts macht die Finsternis nur noch dunkler und die einst Erleuchteten plötzlich zu Verlorenen. Denn das numinose Individuum besitzt die seltsame Macht, denjenigen, die mit ihm in Berührung kommen, das Gefühl zu geben, Teil dieser Person und dennoch zugleich je für sich innerlich bereichert zu sein; und beides, Gehobensein und Fülle, sinkt in sich zusammen, sobald der große Augenblick vorüber ist. Danach wird man vielleicht eine Abwehrhaltung einnehmen: jeder versucht, seine eigene Vorstellung des Einzigartigen, das vorübergegangen ist, aufrechtzuerhalten, und jeder mißtraut dem anderen, unterstellt ihm den Versuch, sich eine Version dessen anzueignen und zu »verkaufen« (manchmal sogar ohne Anführungsstriche), was eine kollektive und gleichwohl zutiefst individuelle Erfahrung gewesen ist.

Jene Männer und Frauen, die 1918 in Ahmedabad *gewesen sind* oder unmittelbar darauf, angelockt durch die Gründung der Arbeiterbewegung, dorthin kamen – sie habe ich natürlich aufgefordert, mir zu erzählen, was sie über den Streik wußten. Doch nicht alle meine Informanten waren direkt an diesem Ereignis von Ahmedabad beteiligt. Mit einigen traf ich nur aus Anlaß eines Höflichkeitsbesuches zusammen; dennoch stellte ich ihnen unterschiedslos folgende Fragen: Wo und wann sind Sie Gandhi zum ersten Mal begegnet? Worin bestand, in Ihrer Sicht, das Wesen seiner Präsenz?

In den meisten Fällen ging den Antworten ein rasches Lächeln vorauf, das einem Sonnenaufgang glich, der durch Nebel bricht, während jede einzelne Beantwortung meiner Fragen überaus persönliche Züge trug. »Gandhi?« sagte mein Gegenüber Ambalal von seinem Ende eines weitläufigen Tisches her, ohne einen Augenblick zu zögern: »Oh, er war wie ein ruhevoller Schlaf in einer stillen Nacht!« – »Gandhi?« so brach es aus Anasuya (die sehr früh zur Waise geworden war) hervor, »Oh, er war meine Mutter!« Doch die allgemeinste Antwort auf die Frage, wie man sich in seiner Nähe gefühlt habe, lautete: *»In seiner Gegenwart war man unfähig, eine Lüge zu erzählen.«* Solche Ausrufe, kindlich im besten Sinne, waren typisch auch für Männer, die durch ihren frühen Kontakt zu Gandhi in die Machtstruktur des modernen Indien geschoben worden waren und sich nur allzugut darauf verstanden, neugierigen Fragern aus dem Ausland höfliche und ausweichende Antworten zu geben. Wenn man sie über ihre erste Begegnung mit Ghandi befragte, lehnten sie sich gewöhnlich – wenn auch nur für einen kurzen Augenblick – mit dem Ausdruck eines Kindes zurück, das sich lebhaften Phantasien überläßt, und erinnerten sich, wie alles angefangen hatte. Als ich dem Vizepräsidenten Zakir Husain einen Besuch machte, mußte ich mir meinen Weg durch ein glanzvolles Gefolge bahnen, das sowohl an die Mogulen wie an die britische Herrschaft erinnerte und das an der Toreinfahrt und entlang der geschwungenen Auffahrt seiner Villa seiner harrte, um ihn zu einer Ministerratssitzung zu begleiten, denn er war zu jener Zeit stellvertretender Ministerpräsident. Ich empfand beinahe ein Schuldgefühl, als angesichts all dieser Umstände meine Frage, was Gandhi ihm bedeutet habe, als er noch Student war, ihn seine Gegenwart vergessen zu machen schien. Abgerufen, wie es nicht anders sein konnte, durch einen seiner Assistenten, erschien er dann, wie ich später erfahren habe, in der Sitzung mit einem enigmatischen Lächeln auf dem Gesicht und machte versonnen die Bemerkung, daß er es vorgezogen haben würde, sich noch etwas ausführlicher mit »dem amerikanischen Professor« zu unterhalten.

Trotzdem ist Zakir Husain (derzeitiger Staatspräsident Indiens) bezeichnenderweise ein Mann, der vom Mahatma mit einer Objektivität spricht, die von respektvoller Ablehnung seiner Ziele herrührt. Nur mit äußerster Vorsicht kann man an die unverbrüchlichen Getreuen Gandhis um Auskunft herantreten, denn nicht nur wiederholen sie andauernd, was Gandhi oder der Bapu oder Mahatma bei dieser oder jener Gelegenheit gesagt hat, sondern sie geben vor, genau zu wissen, was er geäußert haben würde, wäre er noch am Leben – eine bornierte Annahme, die gewohnheitsmäßig von den Anhängern aller großen Männer gemacht wird, doch ungemein verwirrend insbesondere bei Menschen, die noch eine Erinnerung daran haben sollten, wie überaus überraschend Gandhis Äußerungen und Entscheidungen sein konnten – zu seiner Zeit. Doch diese Art vorgefaßten Urteils ist das Schicksal jedes -ismus, wie ich, ein Freudianer, sehr wohl weiß. Die »unverfälschtesten« Getreuen Gandhis, denen ich begegnete, waren für mich – obzwar im ausschließlichen Besitz so vieler ursprünglicher Tatsachen aus Gandhis Leben – zugleich die am wenigsten hilfreichen bei der Aufhellung des Ereignisses von Ahmedabad, denn sie verhielten sich auf Grund ihrer Einstellung abweisend oder zögerten, als sie davon überzeugt werden sollten, daß eine Präsenz wie diejenige Gandhis, wenn sie überdauern oder für die gesamte Menschheit über Indiens Grenzen hinaus lebendig werden soll, in der Sprache eines neuen Zeitalters wiedergegeben werden muß. Sie aber wollten einzig, immer und immer wieder, dieselben Dinge vortragen, genau so, wie sie ihnen erschienen waren. Dies gilt jedoch für alle Informanten: je näher ich mich zu einfachen Tatsachen hindurchfragte, desto größer wurde ihr Mißtrauen, so als wollte ich versuchen, »hinter« die geheiligte Erscheinung zu kommen. Andererseits wurden meine Informanten – vorsichtig, wie ich geworden war, oder absichtsvoll schlicht, um an notwendiges Material heranzukommen – manchmal auch sehr aufgeschlossen und machten mir sehr persönliche Bekenntnisse, die Erinnerungen, Träume und Phantasien mit einschlossen, zu denen ich sie keineswegs angeregt oder die ich von ihnen kaum erwartet hätte.

Aber wonach suchte ich schließlich? Ich war Psychoanalytiker, wie meine Informanten wußten, und Menschen meines Schlages fragen nicht bloß nach Tatsachen, die lediglich aneinandergereiht werden, sondern wollen Bedeutungen entdecken, die in den Tatsachen und zwischen den Zeilen versteckt sind. Einige waren Psychoanalytikern begegnet, Vertrauenswürdigen und Scharlatanen, und deren Interpretationen sowohl ihres eigenen Unbewußten wie desjenigen Gandhis ausgesetzt worden. Ein Psychoanalytiker, der ein historisches Ereignis untersuchen will, ist für sie angesichts der in der Geschichte seines Fachgebietes angelegten Gegebenheiten doch nur der Kliniker, der in der Größe eines Mannes unfehlbar die Neurose aufspürt und sich unter seiner

Anhängerschaft nach Fallgeschichten umsieht – Fallgeschichten, in denen die Verifikation Freudscher Theorien oder seiner eigenen zu finden ist. Es wäre danach sowohl ungerecht wie nutzlos gewesen, solche Vorbehalte für durchweg unbegründet anzusehen.

Es kann keinem Zweifel unterliegen, daß für den geschulten Kliniker die Konflikte eines Menschen dasjenige repräsentieren, was er »eigentlich« ist, und dies nicht nur, weil das Wissen des Praktikers dazu dient, die Tragweite von Konflikten zu ermessen, sondern weil klinische Neugier sanktioniert ist durch das Bestreben, zu heilen und zu helfen. Bei dem Versuch jedoch, klinische Erkenntnisse auf historische Personen und Ereignisse zu übertragen, macht der Kliniker sich nur allzuleicht glauben, daß er auf breiterer Ebene (einer sozialen oder historischen) in einer »Therapie« engagiert sei. Daher ist jede vorsichtige Zurückhaltung auf seiten seiner Informanten, ihn mit den notwendigen Aufschlüssen zu versehen, für ihn schlechthin »Widerstand«, analog dem, den man bei Patienten erwartet, die sich selbst so widersinnig gegen eben jene Einsichten abschirmen, die sie von ihren Symptomen befreien könnten. In der Tat müssen wir diesem Begriff zunächst die Bedeutung einer bewußten, unaufrichtigen und arglistig-täuschenden Weigerung oder des Widerwillens nehmen, die Wahrheit zu sagen. Der Begriff »Widerstand« ist von Freud gewiß nicht in der Absicht, moralisch abzuqualifizieren, gewählt worden, sondern er bildet einen Baustein aus dem physikalischen Vokabular seiner Zeit: ein gewisser »Widerstand« liegt im Wesen jeder Reaktion auf eine Befragung. Ebensowenig wie man erwarten würde, Elektrizität anderswo als in einem Medium anzutreffen, das, abhängig von seiner Struktur, »Widerstand« leistet zu »leiten«, ebensowenig würden oder sollten wir die Möglichkeit einer bedingungslos »freien« Kommunikation von Erinnerungen oder Motiven erwarten: auch sie müssen durch ein Medium »hindurch«. Während man annehmen könnte, daß ein Wort wie »Widerstand« die Bedeutung einer bewußten Weigerung trage, einer Aufforderung nachzukommen, bedeutet es (selbst auf einheimischem, klinischem Boden) vielmehr genau das Gegenteil, nämlich eine unwillkürliche, notwendige und einer jeden Kommunikation inhärente Schwierigkeit, die angesichts der besonderen Situation, einer Befragung ausgesetzt zu sein, auftreten muß.

Der zum Historiker gewordene Psychoanalytiker muß sich demnach auf einen neuartigen Katalog von »Widerständen« einstellen und lernen, sich ihrer zu bedienen, bevor er verläßlich zu wissen vorgeben darf, daß er stets nur solchen begegnet, mit denen er bereits vertraut ist. Da ist zunächst die oft unglaubwürdig scheinende und unwahrscheinliche Behauptung, daß jemandem ein bedeutendes Vorkommnis nicht erinnerlich sei – eine Behauptung, die entweder schlichter Gleichgültigkeit von seiten des Zeugen, einem Mangel an Aufmerksamkeit oder aber fehlender Aufrichtigkeit zugeschrieben werden kann. Tieferreichende Schwierigkeiten indessen rangieren von einer nahezu ahistorischen kognitiven Orientierung – die einige dem Inder schlechthin zugeschrieben haben – bis zu einer überaus idiosynkratischen Scheu, der Vergangenheit verlustig zu gehen, indem man sie in Worte faßt. Hier müssen die mythenbewahrenden und mythenzerstörenden Tendenzen einer post-charismatischen Periode als der eigentliche Stoff gesehen werden, aus dem Geschichte gemacht ist. Wo mythenschaffende Tätigkeit vorherrschend ist, wird jeder Punkt im Leben eines großen Menschen als Parabel erzählt, während jene, die sich nicht zu diesem Geschäft verstehen können, ihn mit zerstörerischem Eifer zu etwas Fragwürdigem machen müssen. Ich bin zum Beispiel kaum jemandem begegnet, gleichgültig von welchem Bildungsniveau und mit welchem Grad an Informiertheit, ob in Indien oder anderswo, der mir nicht bereitwillig und eifrig, ausschließlich auf der Grundlage einer sublimen oder skandalösen Geschichte vom Hörensagen, seine Einschätzung des Mahatma mitgeteilt hätte. Und wieder andere Formulierungen sprechen ihn in einer Weise heilig, die über einen wahrhaftigen Menschen ebenso schrankenlos verfügt, wie jene Formulierungen es tun, die ihn vermittels dessen definieren, was er alles nicht gewesen sein soll – kein Heiliger oder kein Staatsmann, kein wahrer Inder oder kein gebildeter Mann. Man beginnt zu spüren, daß wir heute in einer Zeit der Nachwirkungen der »Mahatmaschaft« leben, ähnlich wie das Ereignis, das in diesem Buch nacherzählt werden soll, in der nämlichen Windstille, die ihm voraufging, stattgefunden zu haben scheint: es ist ganz so, als sei ein Mensch dahingegangen, der einfach zu große Anforderungen an alle wie an sich selbst stellte und mit dem man deshalb irgendwie fertig werden muß. Daher bietet der Scheiterhaufen, der seine sterblichen Überreste zu Asche verzehrte, eher noch das

Bild eines Aktes elementaren Mitgefühls und der Barmherzigkeit im Vergleich zu jenem Totenmahl, durch welches sein Andenken jetzt von Freunden und Gegnern gleichermaßen aufgezehrt wird: viele mästen sich an ihm, beziehen ihren Stolz daraus, ihn besessen zu haben, sich seiner klug bedient zu haben oder imstande zu sein, das in leblose Teile Zerfallene zu klassifizieren. Niemand jedoch wird dadurch (denn dies macht die archaische Illusion des Totenmahls aus) zum Erben dessen werden, was ihn zusammenhielt und ihm jene eigentümliche Art der belebenden Lebensfülle verlieh – sie wurde durch ihn an Millionen weitergegeben –, die etwas zu sein scheint, was diese Welt nicht entbehren kann.

Es gibt solche, deren Leben ein Teil desjenigen ihres Führers gewesen ist und die ihn daher in dem Bild, das sie von sich selbst haben, inkorporieren müssen. Sein Bild, gleich dem eigenen, müssen sie für einen Besitz erachten, in den sie feierlich eingesetzt wurden und der von anderen nur geteilt werden darf gemäß Sitte und Religion, persönlicher Lebensart – und Lebensstadium. Hier wird es besonders deutlich, daß ein Mensch, in dessen Erinnerung große Ereignisse wiedererwachen, sich seiner Vergangenheit nur entledigen wird, um sich zu heilen, abzuklären oder zu verkaufen; weswegen der Psycho-Historiker gut daran tun mag, die unausgesprochenen Intentionen seines Informanten aufzuhellen – so sehr wie seine eigenen.

II. Kapitel
Der Gegenspieler

Da Ambalal Sarabhai der hauptsächliche Gegenspieler Gandhis in unserem Ereignis gewesen ist und weil es für mich zu einer seltsam beunruhigenden Erfahrung wurde, ihn zu interviewen, werde ich in einiger Ausführlichkeit über meine Schwierigkeiten berichten, um auf jene Art von Ambivalenzen hinzuweisen, die Eingang in die Arbeit des Historikers finden können. Wenn ich dabei weder mich selbst noch mein Gegenüber schone, so muß daran erinnert werden, daß es, von einem psychohistorischen Standpunkt aus gesehen, keine historische Evidenz ohne das Aufeinandertreffen von kritisch Wertenden und Berichterstatter geben kann, und keine Begegnung ohne Ambivalenz. In seinem Brief an die Presse, der Bemerkungen zu seinem Fasten im Textilfabrikarbeiterstreik enthält, schrieb Gandhi:

»... Ich kann diesen Brief nicht beenden, ohne zwei Namen erwähnt zu haben, auf welche Indien allen Grund hat, stolz zu sein. Die Besitzer der Textilfabriken wurden repräsentiert durch Mr. Ambalal Sarabhai, der in jeder Hinsicht ein ›gentleman‹ ist. Er ist ein Mann von hoher Kultur und gleichermaßen großen Fähigkeiten. Diese Eigenschaften werden ergänzt durch einen entschlossenen Willen. Die Textilarbeiter wurden durch seine Schwester Anasuyaben vertreten. Sie besitzt ein Herz von Gold. Sie ist voller Mitgefühl für die Armen. Die Textilarbeiter verehren sie. Ihr Wort ist ihnen Gesetz. Ich weiß von keinem Kampf, der mit weniger Erbitterung und in so großer gegenseitiger Achtung geführt worden ist. Dieses glückliche Ergebnis verdankt sich in erster Linie der Verbindung von Mr. Ambalal Sarabhai und Anasuyaben in dieser Sache.«[5]

Ein solcher Enthusiasmus für seinen Hauptgegner in der Ahmedabad-Episode konnte kaum dazu dienen, den weitverbreiteten Verdacht abzuschwächen, daß der Streik schließlich doch durch einen ausgesprochenen Bania-Handel zu Ende gebracht und daß die nationale Sache der Arbeiterschaft verkauft und den Sabarmati hinuntergespült worden sei. Aber hierüber bei späterer Gelegenheit mehr.

Im ersten Kapitel habe ich kurz auf den Unterschied der Lebensstile von Bruder und Schwester hingewiesen. Doch bei aller Verschiedenheit scheinen sie in enger Verbundenheit miteinander gelebt zu haben, in einem Verhältnis gegenseitigen Respekts und der Familienloyalität, das aus der Zeit herrührte, da beide, als sie noch im Kindesalter standen, Waisen geworden waren, und das gewiß die Jahre überdauerte, in denen Anasuya sich der Arbeiterschaft von Ahmedabad tatkräftig annahm. Ambalal, so scheint es, erachtete es stets für das Recht Anasuyas als Frau und für ihr Vorrecht als Schwester, den Arbeitern dabei zu helfen, eine Arbeiterorganisation aufzubauen, mit der und gegen die er zähe Verhandlungen führen mußte.

Das Profil der Sarabhais, das den meisten der Söhne und Töchter gemeinsam ist, scheint nicht vom Vater, sondern von ihrer Mutter geprägt zu sein, deren Würde und Energie ich bereits beschrieben habe. Ambalals Züge und äußere Erscheinung sind im ganzen gesehen unauffällig, ausgenommen einige feine Linien verborgener Kraft, die, wie man sich gut vorzustellen vermag, auf eine ruhige, unnachgiebige Härte in der Wahrnehmung seiner ökonomischen Rechte ebensosehr wie auf Entschlossenheit in der Verteidigung jener hindeuten mögen, deren Bürgerrechte er zu den seinen gemacht hat. Sowohl er wie auch seine Frau erwecken den Eindruck, hartnäckige und ein wenig rechthaberische Menschen zu sein, die jedoch zur Toleranz gestimmt wurden durch das, was sie selbst von den Orthodoxien ihrer jeweiligen Kasten und ihrer sozialen Milieus zu leiden hatten. Was ihre öffentlichen Funktionen anbetrifft, so scheinen sie irgendwie isoliert von den ihnen Gleichrangigen, ob sie sich nun selbst zurückhalten oder von diesen gemieden werden. Ich machte die Beobachtung, daß immer dann, wenn der Gouverneur des Staates von Gujarat in einer öffentlichen Angelegenheit erschien, er sie stets gesondert für die ersten *namastes* (Begrüßungen) aufsuchte. Beide sind schlicht und exquisit gekleidet, er gewöhnlich in feinste Rohseide, mit der Kappe des Jain als Kopfbedeckung, sie in einen makellosen Khadi. Während der Zeit unserer Interviews ließ er sich noch immer allmorgendlich in sein Büro fahren, obwohl er etwas gebeugt ging, ein Bein nachzog und beim Sprechen die Silben verschliff – Anzeichen für eine Reihe kleinerer Schlaganfälle.

Ich habe Ambalals und Saraladevis bedingungslose Hilfsbereitschaft während der Zeit, als Joan erkrankt war, geschildert; und ich möchte hier (womit ich meiner Geschichte weit vorauseile) einen Abschnitt aus einem der letzten Kapitel von Gandhis Autobiographie zitieren, der einen Vorfall erwähnt, der sich einige Monate nach dem Streik ereignete, als er – wie es scheint, gleichermaßen aus Verzweiflung wie durch Erschöpfung – ernstlich krank wurde.

»... Die Erschöpfung hatte ein Fieber zur Folge, in dem ich phantasierte. Die Freunde wurden immer unruhiger und riefen immer mehr Ärzte ans Krankenbett. Aber was sollten sie mit einem Patienten beginnen, der nicht auf ihre Ratschläge hörte? Doch dann kamen ›Sheth‹ Ambalal und seine gütige Frau hierher nach Nadiad, zogen meine Mitarbeiter zu Rate und brachten mich unter größter Vorsicht in ihren Mirzapur-Bungalow nach Ahmedabad. Es ist unmöglich, daß jemandem jemals größere Liebe und selbstlosere Pflege zuteil wurden, als ich während dieser Krankheit von ihnen zu empfangen das Privileg hatte.«[6]

Als Gastgeber war das Paar überaus reizend, und über einer Zigarre nach Tisch machte mir Ambalal bei unserem ersten Besuch viele kleine, vertrauliche Mitteilungen, wie etwa die, was Gandhi bei diesem oder jenem Anlaß zu sagen pflegte, und erzählte eine Reihe von Geschichten, die mein Interesse für das Ereignis angeregt haben. So hatte ich allen Grund zu dem Glauben, daß ich auf ihn rechnen könne und er mir dabei helfen würde, sein Verhältnis zu Gandhi aufzuhellen.

Indessen war eine merkliche Veränderung in seinem Verhalten eingetreten, als ich etwa ein Jahr darauf zu einer mehr förmlichen Befragung zurückkehrte und er in Erfahrung gebracht hatte, daß ich vielleicht ein Buch schreiben würde. Obgleich ich in einem kleinen Haus auf seinem Grund und Boden wohnte, das mir von seinem Sohn Gautam zur Verfügung gestellt worden war, bestand Ambalal jetzt darauf, daß ich in sein Direktionsbüro in den Kaliko-Fabriken käme, wenn ich ihn zu sehen wünschte. Dort saß er hinter seinem großen Schreibtisch, in einem Anzug nach westlichem Schnitt, wie ihn Geschäftsleute tragen, und fragte mich sanft, aber unnachgiebig, was er für mich tun könne. Ich erzählte ihm, daß ich in Gandhis Autobiographie Stellen gefunden hätte, die auf ihn Bezug nähmen, und daß er Gandhi in unseren Gesprächen oft erwähnt habe; daß es mein Anliegen sei, westlichen Lesern weniger bekannte Aspekte der Persönlichkeit Gandhis zu erklären, sowie über die Anfänge der Satyagraha in Indien zu berichten; und daß ich hoffte – da er und

Gandhi eine so denkwürdige Fähigkeit wie die, gute Gegner zu sein, gemeinsam gehabt hätten –, daß er mir helfen würde, mit ihm gemeinsam einige wenige Punkte zu überprüfen. Mit merkwürdiger Kälte wartete er auf den ersten dieser Punkte. Ich erwähnte die Wandmalerei hinter dem Birla-Haus in Delhi, aber er wollte nicht bestätigen, daß er der Mann sei, über den Gandhi in seiner Autobiographie geschrieben hatte:

»Eines Morgens (es muß am Ende des Jahres 1915 oder Anfang 1916 gewesen sein, also noch lange vor dem Streik), kurz nachdem Maganlal mich an unsere finanzielle Notlage gemahnt hatte, kam eines der Kinder und sagte, daß ein ›Sheth‹, der draußen in seinem Wagen warte, mich zu sehen wünsche. Ich ging zu ihm hinaus. ›Ich möchte dem Ashram meine Hilfe anbieten. Wollen Sie sie annehmen?‹ fragte er.

›Ganz gewiß‹, sagte ich. ›Und ich will gern gestehen, daß ich im gegenwärtigen Augenblick mit meinen Mitteln am Ende bin.‹

›Ich werde morgen zur selben Zeit wiederkommen‹, sagte er. ›Werden Sie hier sein?‹

›Ja‹, erwiderte ich, und er fuhr davon. Am nächsten Tag, genau zur verabredeten Stunde, fuhr der Wagen bis kurz vor unsere Unterkunft, und die Hupe ertönte. Die Kinder erzählten uns die Neuigkeit. Der ›Sheth‹ kam nicht zu uns herein. Ich ging hinaus, um ihn zu treffen. Er drückte mir Banknoten im Werte von 13 000 Rs. in die Hand und fuhr wieder davon.

Mit dieser Hilfe hatte ich niemals gerechnet, und auf welch ungewöhnliche Weise wurde sie erwiesen! Der Gentleman hatte niemals zuvor das Ashram besucht. Soweit ich mich erinnern konnte, war ich ihm nur ein einziges Mal begegnet. Kein Besuch, kein Ausfragen, einfach Hilfe gebracht und wieder umgekehrt! Dies war für mich eine einzigartige Erfahrung . . . Wir fühlten uns jetzt auf beinahe ein Jahr hinaus in Sicherheit.«[7]

Ich hatte allerdings erwartet und vermute es noch immer, daß auf der Höhe der Auseinandersetzung während des Streiks recht unerfreuliche Dinge geschehen sind, die Ambalal nicht bereit sein würde, einem wißbegierigen Ausländer anzuvertrauen. Doch es war überraschend, mitansehen zu müssen, wie er zögerte, mir selbst in solchen Punkten Zugeständnisse zu machen, die wir für durchaus ehrenhaft halten würden und die, was noch hinzukommt, bereits allgemein bekannt waren. Ich bat ihn um eine Erklärung dafür. Die Identität des Gebers, so erzählte er mir,

wurde bald bekannt, und sein Wunsch, anonym zu bleiben, war prompt mißdeutet worden: er wurde beschuldigt, daß es sein einziges Bestreben gewesen sei, der Kritik seiner Kaste zu entgehen. Die Folgerung aus dem, was Ambalal mir vorstellte, war einleuchtend: er zog es vor, lieber anonym zu bleiben, als daß man ihm »niedere« Motive unterstellte – ein Bedürfnis, das, wie ich bestätigen kann, auch dem Willen so manchen Bürgers von Ahmedabad entsprach und noch entspricht. Und ferner (was er mir zunächst nicht zugeben wollte): wessen konnte man sich von einem Psychoanalytiker, selbst wenn man ihm persönlich vertraute, nicht alles versehen, sobald sein berufliches Interesse im Umgang mit unseresgleichen ins Spiel kam?
Ich fand – allerdings wesentlich später – heraus, daß Ambalal erst vor kurzem einer (nicht-klinischen) Situation ausgesetzt gewesen war, in der ein ausländischer Psychoanalytiker Interpretationen offeriert hatte, die dem Industriellen haltlos erschienen sein müssen. Rückblickend bin ich froh, daß ich von dieser außergewöhnlichen Erfahrung nichts gewußt habe, denn meine Unkenntnis zwang mich dazu, unser Verhältnis nach seinen eigenen Gesetzmäßigkeiten zu beurteilen. Andererseits brachte Ambalal, wie mir von unseren Nach-Tisch-Gesprächen bekannt war, der Psychoanalyse gespannte Neugier entgegen. Vor Jahrzehnten, als er einmal in Wien gewesen war, hatte er tatsächlich Freud einen Besuch gemacht, um zu sehen, was er für ein Mensch sei und ob ihm zuzutrauen war, einem Verwandten Ambalals zu helfen; auch damals hatte er sich geweigert, seinen Namen zu nennen. Ich möchte annehmen, daß Freud eine solche Weigerung nicht höflich aufgenommen hätte, vorausgesetzt, daß ihm an der Sache gelegen gewesen wäre.
Seine Leidenschaft für die Anonymität erregte in mir jedoch ein unbehagliches Gefühl. Ich war Gast dieses Mannes gewesen, hatte auf seiner Terrasse gesessen und gearbeitet und mich von ihm gegen die rauhen Tatsachen des Lebens in Indien abschirmen lassen. Und dennoch: wieviel vermag das Vorhandensein von Geld – rundheraus gesagt: mehr Geld, als man je verbrauchen kann – über das Verhältnis zwischen jemandem, der es hat und jemandem, der es niemals besessen hat? Ich vergegenwärtigte mir, wie oft ich selbst hinter *meinem* Schreibtisch und allem, was *er* symbolisierte, gesessen hatte, und einem steinreichen Menschen die Frage stellte: »Was wünschen Sie von mir?« mit einer Be-

tonung, die anzeigte, daß ich nicht käuflich sei und dennoch von ihm erwarte, daß er, wenn ich ihn als Patienten akzeptierte, mit seiner Bezahlung zu einem nicht unbedeutenden Prozentsatz zu jenem Lebensstandard beizutragen habe, an den mich mein Beruf gewöhnt hatte. Hier aber saß dieser Mann, der vorgab, daß er sich glücklich schätze, meine Pläne im allgemeinen unterstützen zu können – aber warum, bitte sehr, wollte ich als Gegenleistung in seiner Vergangenheit herumschnüffeln: Was *wollte* ich denn eigentlich? Wenn meine Schulung das Salz wert war, das es gekostet hatte, dann würde es mir – das wußte ich genauso gut wie er – unmöglich sein, mich *nicht* der Macht zu bedienen, die mir Begabung und Beruf verliehen hatten, nämlich der, zwischen den Zeilen alles dessen zu lesen, was er mir auch immer berichten würde, und ich würde in allen zukünftigen Publikationen darangehen, von jeder neuen Einsicht Gebrauch zu machen, die mir Ruf und Geld einbrachte, soviel davon sie es wert war. Das Gefühl der therapeutischen Pflicht und der medizinischen Tradition, das mir stets geholfen hatte, meine Ausgeglichenheit wiederzufinden, wenn ich Bedenken dabei empfand, klinische Beobachtungen im Interesse der Verbreitung einer Theorie oder neuen Technik zu veröffentlichen – dieses Gefühl der Rechtfertigung verließ mich plötzlich.
Ambalal jedoch war nur zu sehr in seinem eigenen Unbehagen befangen. Seine sonst bedeutende Redegewandtheit hatte sich hinter ein Flüstern zurückgezogen, das Symptom einer leichten Paralyse war und merklich auffälliger wurde, wenn er ermüdete, das ihm aber dennoch als Schild diente, der ihn davor schützte, verstanden – oder mißverstanden zu werden. »Erwähnen Sie in ihrem Buch auf keinen Fall die Ashram-Szene«, sagte er. Ich berichtete ihm nochmals von der Wandmalerei (die er nicht gesehen hatte) und erklärte nachdrücklich, daß ich vollauf zufrieden sein würde, wenn er einwilligte, zu bestätigen oder richtigzustellen, was bereits bekannt war. Daraufhin wandte er sich gelassen anderen wohlbekannten Tatsachen zu, die bei Gelegenheit meiner Schilderung des Streikverlaufs ihre Stelle finden werden.
Als ich ihn verließ, sagte er mit nicht eben entspanntem Lächeln: »Nun, was haben Sie jetzt in Erfahrung gebracht?« und ich antwortete wahrheitsgemäß, daß ich ein wenig von dem verstehen gelernt hätte, was Gandhi mit ihm auszustehen gehabt habe – und er wiederum mit Gandhi. Obwohl diese Bemerkung nicht

ganz frei von Verärgerung war, oder vielleicht weil sie spürbar wurde, reinigte sie die Atmosphäre und Ambalal lachte. Am selben Abend schrieb ich folgendes nieder:

»... Das erste Interview hielt sich an wohlbekannte Tatsachen, von denen Ambalal nicht zu wissen scheint (oder nicht zu wissen vorgibt), daß sie durchaus bekannt sind. Der alles beherrschende Eindruck von diesem Mann läßt ihn als jemand erscheinen, der sogar noch seine historische Rolle als Privateigentum betrachtet.«

Doch gerade als ich dies schrieb, rief er mich von seinem Wohnhaus (das ich von dort, wo ich saß, durch die Bäume hindurch sehen konnte) aus an, um mich zu bitten, eine ganz bestimmte Geschichte, die er mir an diesem Nachmittag erzählt hatte, nicht zu erwähnen – eine Geschichte, die ich bereits verschiedentlich von anderen gehört hatte und die wiederum seinen Mut und seine Güte voll und ganz unter Beweis stellte. Ich sagte ihm, daß die Tatsachen doch schließlich bekannt seien. »Nun denn«, erwiderte er, »aber erzählen Sie nicht, daß ich sie erwähnt habe.« Ich mußte lachen und gab es fortan auf, Ambalals Widerwillen, zitiert zu werden, verstehen zu wollen oder mich dagegen aufzulehnen. Während ich dies schreibe, ist mir bewußt, daß ich ihn durch die Beschreibung, wie unerwünscht es ihm war, zitiert zu werden, laufend und nahezu aufdringlich zitiere; ich hoffe aber auch, daß nunmehr klar wird, wie gut hierdurch der Umstand illustriert wird, daß man bei Interviews stets irgendwann auf den felsigen Untergrund des Persönlichen stößt, der akzeptiert und geachtet werden muß, selbst wenn im Brennpunkt einer Untersuchung nicht ein Mensch, sondern ein Ereignis steht. Jeder Versuch, dabei eher den Menschen, statt vielmehr seine Beteiligung an jenem Ereignis zu analysieren, ist nicht nur außerhalb eines psychoanalytischen Rahmens undurchführbar, sondern gefährdet zugleich das, was man in der Hauptsache verfolgt.

Erst nach geraumer Zeit wurde mir indessen bewußt, wie recht ich damit gehabt hatte, als ich Ambalal erklärte, daß das erste Interview mich einiges über ihn wie auch über Gandhi gelehrt habe, obwohl ich hätte hinzufügen sollen: und auch über mich selbst. Denn zweifellos beruhte meine anfänglich konsternierte Reaktion auf einer gewissen Parallele zwischen meinem Verhältnis und demjenigen Gandhis zu diesem Eigentümer der Textilfabrik. Denn war nicht Ambalal mein Wohltäter ebenso, wie er auch Gandhis gewesen war? Hatte ich nicht dankbar die Gastfreundschaft des wohlhabenden Mannes angenommen, als ich ein Neuankömmling in Indien war – eine Zuflucht der Freundschaft und der hygienischen Sicherheit, von der aus ich mich in ein unbekanntes Land aufzumachen wagen durfte? Hatte nicht Gandhi bereitwillig seine finanzielle Unterstützung akzeptiert, nachdem er aus Afrika zurückgekommen war, in mancher Hinsicht nach fünfundzwanzig Jahren der Abwesenheit ein Fremder in Indien und von den Männern seiner Kaste fast ausnahmslos fallengelassen? Und hatte nicht auch Ambalal Gandhi wie einen Eindringling behandelt, als dieser, statt sich einzig und allein um sein »Ashram« zu kümmern, es sich zu seiner Aufgabe machte, die Lage der Arbeiterschaft zu untersuchen, ebenso wie ich mich nun zum Historiker gewandelt hatte, der Ambalal in sein Unternehmen verwickelte? Der gemeinsame Faktor, der uns hier interessieren muß, ist natürlich die Tatsache jener ambivalenten Weise der Übertragung, die uns aus der klinischen Arbeit so wohlvertraut ist. Übertragung ist eine allgemeine Tendenz, die überall dort wirksam ist, wo Menschen mit ihresgleichen ein Verhältnis derart eingehen, daß der andere *zugleich* »stellvertretend für« Personen steht, wie sie in der Vergangenheit des Vor-Erwachsenenalters wahrgenommen wurden: er veranlaßt somit die Auferstehung infantiler und juveniler Wünsche und Ängste, Hoffnungen und Befürchtungen, und dies stets im Gefolge einer verwirrenden Mischung von Affekten – d. h. einem Verhältnis von liebevollen und haßerfüllten Tendenzen, das unter gewissen Bedingungen radikal nach einer Richtung ausschlagen kann. Dieses Phänomen spielt eine einzigartig wichtige Rolle in der klinischen Begegnung, und dies nicht allein im Verhalten des abhängigen Patienten gegenüber seinem Arzt, sondern zugleich als Teil dessen, was der Kliniker an Vorgängen im eigenen Inneren beobachten muß, denn auch er kann auf unterschiedliche Patienten eine Verschiedenheit von unbewußten Strebungen übertragen, die aus *seiner* infantilen Vergangenheit herrühren. Worauf ich vor allem hinweisen will, ist in der Tat meine Übertragung in Richtung auf Ambalal. Denn man hält eine unbewußte Übertragung für jeden Gastgeber bereit, d. i. die Zuweisung einer Vaterrolle oder der des älteren Bruders für einen jeden, in dessen Heim man Schutz sucht und unter dessen Einfluß man Sicherheit findet. Ich sollte hinzufügen, daß in meinem Falle dieses Leitmotiv in einer Kindheitserfahrung verankert ist – und genau gesagt macht allein dies erst aus einem bloßen thematischen Übertrag eine echte Übertragung –, nämlich der, ein vaterloses Kind gewesen zu sein, das in einem fremden Land einen liebevollen Stiefvater fand.

Ein wichtiger Aspekt in Ambalals Lebensgeschichte bildete zugleich einen Hauptbestandteil seines Verhältnisses zu Gandhi und ist in der Tat (wie ich später zeigen werde) typisch für den indischen Schauplatz sowie für die ganze Atmosphäre um Gandhi, wo immer er sich aufhielt. Hinter Ambalals offenkundiger Mischung aus Scheu und Machtstreben, Wohlwollen und Strenge gibt es starke, widerstreitende Gefühle mütterlicher Fürsorglichkeit auf der einen und einen (nahezu als Pflicht empfundenen) Geschäftssinn auf der anderen Seite. Diese Mischung vermochte es, daß er einem noch nicht berühmten Manne wie Gandhi, der sich damit abgefunden zu haben schien, ein Gescheiterter und ein Ausgestoßener aus Mitgefühl und aus Prinzip zu sein, Geld anbot, und sie gestattete es ihm zugleich, die Interessen der Industrie zu schützen, als Gandhi sie anzutasten schien. Sie hatte es ihm möglich gemacht, ein überaus umsichtiger Gastgeber zu sein, solange ich sein Gast war, und dennoch sein Privatleben gegen die Befragung durch mich abzusichern, bis er sich Gewißheit darüber verschaffen konnte, worin mein geschäftliches Angebot bestand und daß ich nicht beabsichtigte, seine Stellung anzugreifen oder zu untergraben. Es war demgemäß lediglich als Geste einer gewissen Förmlichkeit aufzufassen, daß er bei einem derartigen Anlaß darauf bestand, daß ich ihn in seinem Büro aufsuchte.

In Ambalal begegnete mir (ebenso wie auch in Gandhi) ein Mann, der in mancher Hinsicht den Tagen des Feudalismus verhaftet schien und in anderer Hinsicht wieder stets seiner Zeit voraus war. Ambalal war zum Beispiel bereit zu geben – und dann stets unerwartet und überwältigend –, wenn er dazu hinreichend motiviert war, und niemals aus irgendeinem anderen Grund. Solche »Motivation« besitzt bei einem Inder gewissermaßen eine besondere Qualität, denn sie schließt über dasjenige hinaus, was einem Menschen der westlichen Zivilisation als ein bloß selbstsüchtiger Grund für das Verrichten guter Werke erscheinen mag, die Frage mit ein, was im Sinne von *dharma* gerecht und richtig sei, d. h. jene weiter gespannte Angemessenheit innerhalb des gesamten Schicksals eines Menschen, die sich nicht unbedingt mit der Unterscheidung zwischen Egoismus und Altruismus nach calvinistischer Auffassung decken muß – weder in Ambalals noch in Gandhis Selbstverständnis.

Heinrich Zimmer faßt die Bedeutung von *dharma* folgendermaßen zusammen:

»Die angemessene Weise, jedes Problem des Lebens, das sich stellen mag, zu behandeln, wird angezeigt durch die Gesetze *(dharma)* der Kaste *(varna)*, der man zugehört, und des besonderen Lebensstadiums *(asrama)*, das dem jeweiligen Alter eigentümlich ist. Man ist darin nicht frei, zu wählen; man gehört zu einer Gattung – einer Familie, Zunft, Handwerk, einer Gruppe, einem Bekenntnis. Und weil dieser Umstand nicht nur bis in die letzten Einzelheiten die Regeln für jemandes öffentliche und private Lebensführung bestimmt, sondern auch (entsprechend diesem alles einschließenden und durchdringenden, unerbittlichen Integrationsschema) das wahre, eigentliche Ideal des augenblicklichen natürlichen Charakters eines Menschen repräsentiert, muß sein Bestreben als einer urteilenden und handelnden Einheit einzig darin liegen, jedes Lebensproblem in einer Weise anzugehen, die zu der Rolle paßt, die man spielt. Woraufhin die beiden Aspekte des zeitlichen Ereignisses – der subjektive und der objektive – sich nahtlos zusammenfügen werden und das Individuum als ein dritter, störender Faktor eliminiert wird. Es bringt sodann nicht das Zeitlich-Zufällige seiner eigenen Persönlichkeit zur Manifestation, sondern das kahle, unpersönliche, kosmische Gesetz und wird so zu einem vollkommenen Spiegel: anonym und sich selbst auslöschend.« [8]

Dies sind große westliche Begriffe für spezifisch östliche Schemata. Man würde jedoch einen schweren Irrtum begehen, wollte man diese alte Weltstimmung zugleich zur Erklärung für dasjenige heranziehen, was auch durch Persönlichkeit, legitimes Interesse und (möglicherweise) neurotische Idiosynkrasie bestimmt ist. Das Seminar hatte mich jedenfalls gelehrt, wie schwer es ist, einmal zwischen hartnäckigen und abergläubischen Überresten eines orthodoxen Weltbildes, dann wieder zwischen persönlichen wie bewußten Akzentuierungen und Weglassungen, zwischen Repressionen und Abneigungen oder Weigerungen, die aus irrationalen Tiefen stammen, zu unterscheiden. Tatsache ist, daß alles untrennbar zusammenhängt, denn in jedem gegebenen Leben sind sie ineinander verflochten, ebenso wie in jeder kulturellen Situation ökonomische Furcht, neurotische Ängstlichkeit und existentielle Angst sich stets wechselseitig verstärken und gegenseitig abschwächen – in einem.

Als ich erst einmal begriffen hatte, daß Ambalal unsere Begegnung nicht anders als die zweier Individuen mit Bindungen an ihre jeweiligen beruflichen *dharmas* auffassen konnte, wurden die Dinge einfacher, und schließlich sprach er mir sogar sein volles Vertrauen hinsichtlich meiner Arbeit aus. Dies brachte mich auf den Gedanken, daß Ambalals Verhältnis zu Gandhi in all seiner »natürlichen« Ambivalenz einen gegenseitigen Respekt für ihre jeweiligen *dharmas* in sich barg. Wie Gandhi es selbst sehr gut ausgedrückt haben könnte: er war im Heiligengeschäft, und dies mit aller Konsequenz, während Ambalal sich als den Mann im Textilgeschäft sah, bestrebt, nach jeder möglichen Richtung das meiste herauszuholen und niemandem zu gestatten, die Seele des Geschäfts anzutasten, die wiederum das Geschäft ist.

Was nun mein Verhältnis zum Eigentümer der Textilfabrik angeht, so schien Ambalal das Gefühl zu haben, daß ein unterschiedliches *dharma* einen unterschiedlichen Sinn für Kausalität herausbildet, und er hatte den radikalen Determinismus empfunden und ihm widerstanden, mit dem die psychoanalytische Interpretation alle Sachverhalte auf einen Kern infantiler und neurotischer Motivation reduziert. Später gestand er dies freimütig ein, doch wiederum typisch für ihn in einer *sozialen* Situation, als eine seiner Schwiegertöchter sich im Garten zu uns gesellt hatte. Hier gestand er uns ein, wovon er glaubte, daß es ein Psychoanalytiker hinter all seiner mütterlichen Fürsorglichkeit für die Mitglieder seiner Familie und hinter den vielen, im Verborgenen durchgeführten Akten der Wohltätigkeit vermuten *könnte*. Seine Erklärung klang einsichtsvoll und war gut gewählt, obgleich ich ihn darauf aufmerksam machen mußte, daß er in seiner Selbstanalyse weitaus chirurgischer vorgegangen sei, als ich es jemals für erforderlich halten würde.

Was Ambalals öffentliches Image angeht – das uns hier interessieren soll –, so glaube ich, daß sein Handeln gemäß seinem *dharma* durch den Wunsch bestimmt wurde, weder weichherzig und dickköpfig noch hartherzig und schwachköpfig genannt zu werden. Er erzählte mir zum Beispiel, wie er Augenkliniken für seine Arbeiter eröffnet hatte. Der unmittelbare »Grund« für solche Großzügigkeit, so sagte er mir, sei nicht eine Aufwallung humanitären Gefühls gewesen, sondern vielmehr die Tatsache, daß ihm eines Tages zur Lunchzeit aufgefallen sei, daß seine Frau und seine kleine Tochter an einer akuten Bindehautentzündung litten, wodurch er auf seiner Fahrt zurück zur Arbeit erst gewahr geworden sei, wie viele Kinder entlang der Straße an Trachomen erkrankt waren. Daraufhin hatte er unverzüglich gehandelt. Als er jedoch dem Arbeiterverein eine beträchtliche Summe zur Verfügung stellte, sagte er nur kurz angebunden (so gab es jedenfalls einer der Arbeiterführer mir gegenüber wieder): »Verstehen Sie mich richtig, dies ist keine Wohltätigkeit, sondern lediglich ein gutes Geschäft«, und ich wage zu behaupten, daß in einer solchen Feststellung sowohl Selbstrespekt wie Respekt für die Arbeiter enthalten war. Es ist gleichwohl ein feudalistischer wie auch ein sehr persönlicher Zug, seiner Familie eine unmäßige, in gewisser Weise narzißtische und hypochondrische Besorgtheit zuzuwenden und sie dann noch weiter auf andere auszudehnen, die dadurch gewissermaßen (und oft recht zufällig) mit jener in Verbindung kommen. Da dies nun einer der Züge Ambalals war, werden wir noch sehen, wie er Gandhi zugute kam, weil er (wie stets) erkannte und versuchte, diesen Zug zu nutzen – zum Besten *seiner* Sache.

Inzwischen mag es zum besseren Verständnis der rätselhaften Scheu Ambalals dienlich sein, zu erwähnen, daß sie zumindest bis auf die Tage des Streiks zurückgeht. Im Frühjahr 1918 brach in Ahmedabad erneut eine Seuche aus, und die Ahmedabader Zeitschrift *Praja Bandhu* berichtete in aller Ausführlichkeit über Ambalals Einrichtung eines Seuchenhospitals in einem Flügel seines eigenen Hauses.

»Das Sarala-Devi-Seuchenhospital – man beachte den Namen –, Sarala Devi ist die Gattin des wohltätigen Stifters dieses Hospitals. Selbst noch in einer so einfachen Angelegenheit wie der Namensgebung für ein Hospital verrät die Tat den Mann, der dahintersteht. Ein junger Hindu-Gentleman wird schwerlich in dieser Weise mit dem Namen und Ruf seiner Frau prunken. Doch Mr. Ambalal ist nichts weiter als in all seinen Anschauungen gründlich modern. Er ist Angehöriger der Jain-Sekte, die, obgleich sie im Herzen des Hinduismus lebt, die seltene Kühnheit besessen hat, einige jener verderblichen Sitten der Hindus bloßzustellen, die wie ein Mühlstein um den Hals dieser großartigen Gemeinschaft hängen. Sein häusliches Leben ist einzigartig glücklich gewesen. Er glaubt fest daran, daß er die Inspiration zu allem, was immer er Gutes zu tun vermochte, in der Liebe und Ergebenheit seiner Gattin gefunden habe, und die Benennung des Hospitals nach ihr ist ein feinsinniger Tribut an ihren wohltätigen Einfluß ...

Zwei ausgleichende Momente heben sich eindrucksvoll aus der Vielzahl enttäuschender Fehlschläge heraus, die das Umsichgreifen der Krankheit begleiteten, das eine sozusagen heilend, das andere vorbeugend. Das Sarala-Devi-Seuchenhospital und Mr. Chatfields (des ranghöchsten Engländers in Ahmedabad) Einführung der Schutzimpfung im Spätstadium der Epidemie. Im Unterschied zur herrschenden Gewohnheit wurde ersteres ohne jedes geräuschvolle Aufsehen ins Leben gerufen, ohne Prunk und Zeremoniell, ohne die man in dieser Zeit der Reklame bei derartigen Gelegenheiten gewöhnlich nicht auskommen zu können meint. Nahezu alles, was mit diesem Krankenhaus zusammenhängt, deutet auf den Charakter des Gründers hin, vor allem anderen seine Entstehung. Es erinnert an die hohen Mauern, die Mr. Ambalas Wohnstätte umgeben; der Geist, der sich hinter Kalk und Beton verbirgt, ist der Geist, in dem diese Institution auf die Bahn des Gemeinwohls gelenkt wurde. Kein Trompetenstoß kündigte ihr Herannahen an, keine Eröffnungszeremonie segnete ihre Geburt. Er vollbringt Handlungen dieser Art nur, um sein Gewissen zu befriedigen, nicht um Applaus zu ernten. Er glaubt daran, daß man Gutes nur im geheimen tun sollte, nicht aber seine wohlmeinenden Absichten von den Hausdächern herunter verkünden dürfe. Und wahrhaftig, wenn je ein Mann ... öffentliches Aufsehen so sehr gemieden hat, wie er Gift meiden würde, dann ist es dieser Mann. Gleichwohl – und darin liegt die Ironie der Sache – ist er gegenwärtig der bekannteste Mann in der Stadt, nein, mehr noch, weit über die Grenzen der Stadt hinaus.«[9]

Ambalals »Scheu« war also eine lebenslange Gewohnheit und schon seinerzeit vorhanden gewesen, als Gandhi in der Streikangelegenheit als sein Antagonist auftrat und dieser fünfundzwanzigjährige Sprecher einer ganzen Industrie dazu gezwungen wurde, sich mit Gandhis List und Entschlossenheit zu messen. Was jedoch Ambalals öffentliches Image anbelangt, so läßt sich sehr gut vorstellen, was eine Konkurrenzgesellschaft aus diesem doppelten Verhalten – einer augenfälligen Wohltätigkeit einerseits (wobei, gegen alle Sitte, die Frau des Gebers namentlich ge-

nannt wurde) und zum anderen dem Bedürfnis, anonym zu bleiben – gemacht haben würde.
Für die Geschichte, die in diesem Buch erzählt werden soll, ist die Annahme einer ambivalenten Grundhaltung gegenüber dem Textilfabrikanten von seiten Gandhis unumgänglich. Dennoch ist ihr Verhältnis zugleich Beispiel einer wechselseitigen und mannhaften Anerkennung des hinduistischen *dharma* – d. h. der Zuweisung einer Stelle innerhalb der Weltordnung für jeden Menschen, die er auszufüllen hat, damit sich seine Chancen in einem anderen Leben erhöhen. Wenn, wie Gandhi sich ausdrücken würde, »Fasten mein Geschäft« ist, dann war Geldverdienen dasjenige des Fabrikbesitzers; und Gandhi hätte seiner Rolle eines heiligengleichen Politikers (oder, mit seinen Worten, »eines Politikers, der versuchte, ein Heiliger zu sein«) nicht entsprechen können, wäre er ohne die finanzielle Unterstützung wohlhabender Männer geblieben. Dies, so mögen Marxisten behaupten, korrumpierte ihn, während die Anschauungsweise der Hindus lediglich eine klare Trennung der Rollen innerhalb eines gemeinsamen Strebens nach einer höheren Wahrheit verlangen würde: eine Trennung, von der Gandhi empfunden haben muß, daß sie durch die besonderen Umstände seines Fastens verwischt worden ist. Die Freudsche Auffassung indessen würde zu der Vermutung führen, daß eine derartige Situation möglicherweise auch die unbewußte »Übertragung« von ungelösten Konflikten der Vergangenheit auf die Gegenwart verursachen könne. Der junge Gandhi hatte – wie wir sehen werden – in verschiedener Hinsicht die Zugehörigkeit zu seiner Kaste abgelegt und das Andenken seines Vaters vergessen, als er die Heimat verließ, um ein englischer Rechtsanwalt zu werden; und später, als er seine Wahl getroffen hatte und sich für ein Leben als Reformator entschied, hatte er seinen älteren Bruder im Stich gelassen, der von ihm erwartete, daß er sich mit ihm zu gemeinsamer juristischer Arbeit zusammentun würde. Solche Abweichungen vom überkommenen *dharma* stellen viele schöpferische Inder im Laufe ihres Lebens vor schwerwiegende Probleme. Als er zurückgekehrt war und sich in Ahmedabad niederließ, der Stadt, in der sowohl seine Muttersprache wie der merkantile Geist seiner Vorfahren einen hohen Grad der Ausbildung erreicht hatten, und als er erneut einen einschneidenden Abfall von den Normen seiner Herkunft beging, indem er eine Familie von Unberührbaren in sein Ashram aufnahm, war der

Textilfabrikant jedenfalls der einzige, der darin fortgefahren war, ihn zu unterstützen. Der Fabrikant war damit zum wahren Bruder geworden; und jeder, der mit Gandhis Leben einigermaßen vertraut ist, wird wissen, wie verzweifelt zu manchen Zeiten die niemals belohnte und niemals ganz eingestandene Suche der »Großen Seele« nach jemanden gewesen ist, der sein Tun guthieß, ihn leitete, ja sogar ihn bemutterte. Dies ist eine sehr vielschichtige Angelegenheit, und der Hinweis soll hier genügen, daß mir ohne die Annahme einer solchen Übertragung seitens des Hauptakteurs meiner Geschichte auf die Kronzeugen, Bruder und Schwester, die Bedeutung des Ereignisses in Gandhis Leben nicht aufgegangen wäre – ebensowenig wie sein Wunsch sich erklären ließe, es »herunterzuspielen«.
Ich sprach die Geschichte des Streiks auch mit Ambalals Schwester durch, der heiligengleichen Anasuya (dieser Ehrentitel ist übrigens in diesem Buch nur ihr und Kasturba, Gandhis Frau, vorbehalten). Zwei Ausrufe sollen hier genügen, sie als meine Zeugin hinreichend zu charakterisieren. Als wir uns der Tatsache zuwandten, daß sie, eine entschlossen Anteil nehmende junge Frau, lange Zeit vor dem Ereignis auf einer Versammlung der Weber vom Sabarmati-Ufer unter einer der Brücken den Vorsitz geführt und sie zum Streik aufgerufen hatte, brach es fröhlich aus ihr hervor: »Und ich mußte unbedingt eine Rede halten!« In der Tat wurde diese Rede zum Signal für den Beginn der Organisierung der Arbeiterschaft Ahmedabads. Für sie jedoch war dies keineswegs ein außergewöhnliches Ereignis. Was ihre mehr persönlichen Lebensschicksale anbetrifft, so konnte sie sich freier und offener mit Joan Erikson aussprechen. Aber auch Joan war, teilnahmsvoll und mitfühlend, betroffen, als Anasuya, die bislang freimütig auf ihre Fragen geantwortet hatte, sich plötzlich zurücklehnte und sie mit ihrem runden, freundlichen Gesicht anlächelte: »Wozu all diese alten Einzelheiten? Warum nicht die reife Frucht zur Erde fallen lassen?«

III. Kapitel
Vier alte Inder

Um einen kleinen Einblick in die Verschiedenheiten des Stils zu geben, in dem sich Interviewpartner in Indien zu mir verhielten, will ich das Zusammentreffen mit dreien von ihnen beschreiben, obgleich ich bei der Schilderung unserer Unterhaltungen Dinge erwähnen muß, die historisch erst im Fortgang dieses Buches einen Sinn ergeben.

Shankerlal Banker war zum Zeitpunkt des Streiks schon ein gesetzter Neunundzwanzigjähriger; er muß demnach bereits Ende der Siebzig gewesen sein, als ich ihm begegnete. Während vieler Stunden unterhielten wir uns an manchem kühlen, besonnten indischen Wintermorgen auf der Veranda, mit Ausblick auf den märchenhaften Garten, dessen Anlage Ambalal entworfen hatte, denn Shankerlal lebt in Anasuyabens Haus. Er läßt sich nur schwer beschreiben. Zeitweilig entwaffnend heiter und kindlich (und entwaffnend zahnlos, wie auch Gandhi wahrscheinlich gewesen ist), scheint er beinahe vergessen machen zu wollen, was einst zweifellos eine sehr vielschichtige Persönlichkeit von straffer Energie gewesen ist. All dies machte mir Shankerlal zu einem ausgezeichneten Informanten. Was ihm an unternehmendem Schwung geblieben war, gab ihm, so glaube ich, das Gefühl ein, daß mein Buch geschrieben werden müsse, wenn er auch überaus zurückhaltend dabei sein konnte, mir freiwillig Mitteilungen darüber zu machen, worüber ich ihn unbedingt ausholen mußte. Hinzu kam, daß er ein gewissermaßen Gandhisches Vergnügen an humorvoller Wahrhaftigkeit empfand; es ging mir oft so, daß ich bei mancher Gelegenheit im Hintergrund Gandhis leises Lachen hörte.

Zu Anfang unserer Zusammentreffen und vor allem dann, wenn wir uns eine Weile nicht gesehen hatten, eröffnete Shankerlal das Gespräch oft damit, daß er in seiner unverwechselbaren hohen Stimmlage einen pseudo-philosophischen Dunstschleier niedergehen ließ, indem er Gandhi oder wen auch immer zitierte. Er nahm es jedoch nie übel und quittierte es sogar mit zustimmendem Kichern, wenn ich ihn scharf unterbrach, nach Namen, kleinen Einzelheiten und genauen Bedeutungen fragte; und nichts

erfüllte ihn mit größerer Genugtuung, als jemanden (und insbesondere sich selbst und mich) in die Vertracktheiten doppelsinnigen Geredes zu verwickeln.
Die Begebenheiten, die er mir im Zusammenhang mit Gandhi erzählte – einmal unterbrach er sich und zitierte aus Gandhis Schriften –, waren stets von erfrischender lebhafter Wirklichkeit, weil er sich Gandhi niemals bedingungslos unterworfen und niemals sich der Gemeinschaft in seinem Ashram angeschlossen hatte.
Vor allem verschaffte mir Shankerlal einen Eindruck von Gandhis franziskanischer Heiterkeit, die auch dann noch ungebrochen weiter bestand, als beide auf ein Jahr ins Gefängnis gesperrt worden waren, zu einer Zeit, als Gandhi noch nicht mit all der besonderen Rücksichtnahme behandelt wurde, die man ihm später zuteil werden ließ. Die Geschichten, die er über ihre Kameradschaft im Gefängnis erzählte, enthüllten ein beiderseits zutiefst beteiligtes Verhältnis gegenseitiger Herausforderung und Neckerei, wie Gandhi es zu anderen Männern unterhalten konnte – Vertrauten, Freunden oder Beamten gegenüber.
Doch Shankerlal wurde zu einem guten Informanten auch deshalb, weil er stets bemüht war, sich selbst besser zu verstehen, während er mir Auskünfte gab; und da er zudem ein Bania war, zögerte er nie, mir anzuzeigen, wann es an der Zeit sei, ihm ein bißchen mehr darüber zu erzählen, was ich über ihn herausgefunden hatte: bei mancher Gelegenheit trat er einfach in den Streik und machte *mich* reden. Er bestand darauf, mich mit etwas spöttischem Unterton »Doktor« zu nennen, wobei er versuchsweise ein wenig von jenem Respekt auf mich übertrug, den er für gelehrte Männer aus der eigenen Kultur empfand. Ein Onkel, der zu seinem Mentor geworden war, hatte den Beruf des Arztes ausgeübt.
Shankerlal hatte während seines Lebens eine oder zwei Gefühlskrisen durchgemacht, an deren Aufhellung ihm gelegen war, solange wir miteinander Umgang hatten. Einen Aspekt seines Lebens jedoch weigerte er sich hartnäckig und verschlossen mit mir zu diskutieren, und zwar etwas, das von anderen als eine hervorstechend maskuline, ja sogar bon-vivant-mäßige, verwegene Phase seines jungen Mannestums beschrieben wird (oder was man gerüchtweise als eine solche kolportiert hat).
Nur einmal zeigte er mir eine Photographie, auf der er, in einem englischen Straßenanzug, sehr jung, hübsch und energisch aus-

sah. Seine altbewährte und vielgerühmte organisatorische Tatkraft kam erst zum Vorschein, wenn er herausfand, daß ich eine Referenz benötigte oder mir das Zusammentreffen mit einer bestimmten Person von Vorteil sein könnte: am nächsten Tag lag dann gewöhnlich ein Empfehlungsschreiben auf dem Teetisch, oder der Betreffende erschien ohne Vorwarnung, um vormittags mit uns den Tee einzunehmen. Ich war oft verärgert über die Unbekümmertheit, mit der die Inder ein Interview oder ein Treffen improvisieren, in wohlüberlegter Mißachtung der Pläne, die man sich gemacht hat; aber wenn man in Indien schon darauf gefaßt ist, stets so gut wie nahezu alles erleben zu können, so ist man doch auch wiederum fähig, Neues zu lernen. Ich möchte hier nur im Vorbeigehen erklären, daß dies der Grund dafür ist, warum es für einen Fremden schwierig ist, die ärmeren Viertel zu besuchen oder in einem nahegelegenen Dorf über Nacht zu bleiben, ohne daß man in offizieller Mission oder als bedeutende Persönlichkeit des Auslands begrüßt wird: der Besucher wird dann unweigerlich angestarrt.

Ich weiß nicht zu sagen, ob Shankerlal dies veranlaßt hatte, jedenfalls geschah es uns, daß Joan und ich anläßlich eines Ausflugs, der als diskreter Inspektionsbesuch im Viertel der Unberührbaren von Ahmedabad gedacht war, unversehens zum Mittelpunkt einer kleinen Ovation gemacht wurden. Bis ans Ende einer armseligen Straße geführt, wurden wir von einer begierigen Menge eingekreist und vor einen mit Blumen bestreuten Tisch gesetzt, wo sich augenblicklich ein Kandidat der Stadtverwaltung zu uns gesellte, der mich aufforderte, eine Rede zu halten, und sogleich übersetzte (oder es jedenfalls vorgab), was ich gesagt hatte. Ich konnte mir indessen nicht einmal sicher sein, ob er die Sprache dieser Leute überhaupt gut beherrschte.

Jedenfalls war nicht zu übersehen, daß Shankerlal, dieser »passive« Mann, den Versuch machte, unsere Interviews für uns abzusprechen, und er dies manchmal nur allzu wirkungsvoll unternahm. Man durfte bei ihm jedoch stets auf eine gedankenvolle Art von Wahrheit rechnen. Tatsächlich schien der Widerstreit zwischen pragmatischer Effizienz und meditativer Passivität (gewiß ein Konflikt in der Identität der indischen Gesamtpersönlichkeit), den er in sich auszutragen hatte, ein Konflikt von der Art zu sein, wie ihn Gandhi – was wir im einzelnen noch sehen werden – stets sogleich aufspürte und ungemein geschickt ausbeutete.

In Delhi traf ich mit zwei Männern zusammen, die nicht direkt Zeugen des Ereignisses gewesen sind, jedoch beide etwa zur gleichen Zeit sich eingefunden hatten, Gandhi in den ersten Tagen der Textilarbeitervereinigung zu dienen, und die inzwischen zu nationaler Führerschaft aufgestiegen sind – zwei Männern, deren Persönlichkeiten einander so unähnlich sind wie die Mandate, die sie als die Erbschaft aus der Zeit von Ahmedabad betrachten: mit Gulzarilal Nanda, dem Innenminister, und Indulal Yagnik, einem streitbaren Oppositionsführer im Parlament.

Als ich Gulzarilal (wie er liebevoll oder höhnisch genannt wird), der damals indischer Innenminister in dem vom imperialistischen England erbauten, kolossalen Ministerium war, das erste Mal besuchte, mußte ich ziemlich lange in seinem engen und überfüllten Vorzimmer warten. Die Atmosphäre war gespannt; in Kaschmir und Kalkutta waren Aufstände ausgebrochen, und Nehru war von den Folgen eines Schlaganfalls schwerer in Mitleidenschaft gezogen, als die Öffentlichkeit wußte. Nanda war als rangältester Minister im Kabinett an der Reihe, im Falle von Nehrus Tod oder fortdauerndem Siechtum als Stellvertretender Premierminister die Geschäfte zu übernehmen; es bestand für ihn sogar die Chance, Premierminister zu werden, wenn es der Kongreßpartei nicht gelang, sich auf einen anderen Kandidaten zu einigen. Als ich schließlich zu ihm gelangte, wirkte der hochgewachsene und schlanke, doch muskulöse Mann aus dem Panjab ausgesprochen erschöpft, so daß ich ihn bat, mich wegzuschicken. Doch auf die Auskunft seines Sekretärs hin, welche Interessen ich verfolgte (ich hatte sie schriftlich niedergelegt), bat er mich zu bleiben, während er Botschaften entgegennahm und Anfragen beantwortete. Dann forderte er plötzlich seinen Sekretär und die Assistenten auf, ihn für genau zehn Minuten absolut ungestört mit mir allein zu lassen. Angesichts solch turbulenter Beigleitumstände hatte ich das Empfinden, daß zehn stille Minuten eine bedeutende Zeitspanne sein können: denn immerhin kann man in zehn Minuten schlafen, träumen und danach erfrischt aufwachen. Und wirklich warf Nanda den Kopf in den Nacken und lehnte sich zurück, halb sich entspannend und halb in sich zusammensinkend, nahm seine Brille ab und rieb sich die Augen. »Was möchten Sie mich also fragen?« sagte er. Ich erwiderte, daß ich geradewegs aus Ahmedabad gekommen sei, den Ort besichtigt hätte, wo er damals gelebt habe und von wo aus er den Angelegenheiten der

Arbeit und der Sache Indiens zu dienen angefangen habe, und daß ich mich gefragt hätte: Wie weit war es von der Textilarbeitervereinigung Ahmedabads bis ins Innenministerium zu Neu-Delhi? Sich ganz zurücklehnend, lachte er jetzt belustigt und dachte einen Augenblick nach, ganz als hätte ihn diese herausfordernde Frage erfrischt. »Nicht übermäßig weit«, rief er aus. »Als ich Gandhi das erste Mal begegnete, war ich noch recht jung, dreiundzwanzig Jahre alt, um genau zu sein, und als ich ihm meine Dienste anbot, sagte er zu mir: ›Ich kann Sie verwenden, wenn Sie mir versprechen wollen, immer dorthin zu gehen, wo Sie am meisten gebraucht werden.‹ Ich versprach es; und sehen Sie – jetzt werde ich hier gebraucht.«
Überall, wohin er ging, schuf Gulzarilal Organisationen – er organisierte sogar die Sadhus. Er fragte mich sodann, welchen Einzelheiten ich nachginge, und ich erzählte ihm von meiner Suche, entgegen aller Wahrscheinlichkeit hoffnungsvoll, daß ich ihn nochmals sehen würde. Inzwischen waren die zehn Minuten vorüber. Dennoch empfand ich nachhaltig, daß er innerhalb einer Minute das Motiv zum Ausdruck gebracht hatte, das ihm von Gandhi über sein Leben gesetzt worden war – zweifellos ebenso intuitiv auf diesen jungen Mann abgestimmt, wie er es bei so vielen anderen vermochte –, denn ich brachte in Erfahrung, daß Gulzarilal in der Tat bereits einen großen Teil der Arbeitslast Nehrus übernommen hatte. Am folgenden Tage, anläßlich der Parade zum Unabhängigkeitstag, konnte ich erkennen, wie unwiderruflich krank Nehru war, als er erschien, bleich, gebeugt und hinkend. Es war offensichtlich, daß Nehru entschieden Schlimmeres erlitten hatte als einen »leichten Schlaganfall«, wie die offizielle Version lautete.
Als ich Gulzarilal ein Jahr später wiedersah, war er wiederum sehr beschäftigt und bewies mir, daß er unser erstes Zusammentreffen vollkommen vergessen hatte. Er forderte mich auf, ihn darüber aufzuklären, wer ich sei, und ich erwiderte: »Herr Innenminister, das letzte Mal habe ich Sie genau zehn Minuten lang gesehen. Wenn Sie mir alljährlich zehn Minuten bewilligen wollen, glaube ich schon, daß wir zur Klärung einiger Dinge beitragen können.« Daraufhin lachte er wieder entwaffnend und gelöst, doch behielt er diesmal einen Sekretär bei sich, der Notizen machte, denn die Umstände erforderten, daß man ihn nicht falsch zitierte. Ich fand mein *dharma* wieder, und als ich ihm meine

Frage vorlegte, kam dasselbe Leuchten über den Minister, das ich zuvor beim Vizepräsidenten wahrgenommen hatte: das Leuchten einer Jugenderinnerung, der Erinnerung an den Anfang einer Mission, einer Mission, die geheiligt und geleitet war von einem großen Geist. Doch er konnte sich an nichts erinnern, was mit dem Streik von 1918 zusammenhing. Er hatte über den Streik von 1923 lückenlos Tagebuch geführt, als er die Geschäfte der Textilarbeitervereinigung übernommen hatte, während Gandhi und Shankerlal im Gefängnis waren; doch er beeilte sich hinzuzufügen, daß diese Tagebücher zu der Zeit verlorengegangen seien, als die Vereinigung ein neues Hauptquartier bezogen habe. (Ich konnte mich des Gedankens nicht erwehren, daß die Vereinigung der Textilfabrikanten und die Arbeitervereinigung einander in der Bewahrung von Unterlagen durchaus gewachsen waren).
Andererseits blickte Gulzarilal auf dieses frühe Betrautwerden mit einer Aufgabe offensichtlich wie auf ein Wunder zurück – das Wunder von Gandhis Vertrauen, das in seiner Energien freisetzenden Kraft für die Mehrzahl unserer Zeugen einer Konversion gleichkam. Unfreundlichere Beobachter empfanden dies, wie ich wußte, eher so, als würden solche Konversionen zu einem Gefühl der Unersetzbarkeit in einer historischen Mission oftmals dazu verleiten, sich mit besessener Zähigkeit in einem Amt festzusetzen, was selbst bei Amtsträgern Gandhischer Provenienz nach unstillbarem Machthunger aussehen mag. Aber auch diesmal war nur Zeit für eine einzige Frage, und da ich wußte, daß er die Befehlsgewalt über alle Polizeikräfte des Landes innehatte, fragte ich ihn nach seiner Meinung über die Disziplin der Gewaltlosigkeit, die in den »goldenen Tagen« das Verhaltensideal gewesen war. »Gewaltlosigkeit«, sagte er in tiefer und, wie ich fühlte, gleichsam tragischer Nachdenklichkeit »wird sich überall dort als Waffe anbieten, wo die Demokratie selbst die Probleme so opak und komplex gemacht hat, daß die Rückkehr zu einer äußersten Einfachheit des Zuganges zu ihnen dringendes Erfordernis wird – wie dieser Fall jetzt in Ihrem Land eingetreten ist.« Wir wollen diese Formulierung wieder aufgreifen, sobald wir uns der Erörterung des *Ereignisses* von Ahmedabad in allen Einzelheiten zuwenden werden. Sie impliziert, daß Gewaltlosigkeit am besten dort angewendet wird, wo sie der einfachen Logik historischer Aktualität, also dem, was auf der Tagesordnung steht, im Sieg über geheiligte Legalitäten, listige

Komplikationen und eingesetzte Macht zum Durchbruch verhilft. Ich war angetan von der Schlichtheit und Nachdenklichkeit, die dieser Mann in jenem Augenblick bewies; doch ich konnte mich der Vermutung nicht erwehren, daß dieser mächtige und umstrittene Minister, der so gelassen und einfach sein konnte, nun selbst in die Wirren der Demokratie (oder vielmehr einer Ein-Parteien-Bürokratie) verstrickt sei und daß sich »beim nächsten Mal« die Gewaltlosigkeit sehr wohl gegen ihn selbst und gegen das Establishment richten könne. Er mag diesem Gedanken selbst nachgegangen sein, als er mit den Augen des damals Dreiundzwanzigjährigen seine jetzige Position noch einmal einer Prüfung unterzog. Denn er fügte hinzu, daß die allesbedeutende Wichtigkeit der Episode von Ahmedabad in der Entstehung und der praktischen Bewährung eines nahezu spirituellen Glaubens in die Versöhnung als einem Ritual bestanden habe. Als er dies sagte, hatte er mir bereits zwanzig Minuten gewährt.

Ausgenommen ihre hochgewachsene Hagerkeit, die sie gemeinsam haben, gibt es kaum zwei Männer, die einander unähnlicher sein können als der Innenminister der indischen Regierung und der oppositionelle Unruhestifter, Indulal Yagnik. Der eine repräsentiert die Gandhische Versöhnung an der Macht und demzufolge etwas, das Gandhi selbst für einen inneren Widerspruch ansah – weswegen er nie ein Amt anstrebte und dem Kongreß nach Erreichung der Unabhängigkeit die Empfehlung mitgegeben hatte, besser eine Vertretung der Gesellschaft im weitesten Sinne zu werden, als sich zu einer Partei zu entwickeln. Der andere ist typischer Vertreter der unnachgiebigen Arbeiterbewegung, die entschlossen ist, über die Versöhnung der Klassen unter der Herrschaft des industriellen Feudalismus hinauszugehen, wie er sich in Ahmedabad etabliert hatte. Ich war begierig gewesen, mit Indulal zusammenzutreffen, um zumindest einen Blick auf den Mann werfen zu können, der in Ahmedabad die historische Frage personifiziert, wer der wahre Repräsentant des revolutionären Fortschritts ist – derjenige, der bescheiden das Werk eines Giganten fortführt und es weniger heroischen Umständen anzumessen versucht, oder derjenige, der damit fortfährt, seine Muskeln anzuspannen, um herauszufinden, ob sich nicht schließlich erweisen werde, daß er selbst die Maße zu einem Giganten hat. Jedenfalls hatte ich gesetzte Bürger Ahmedabads Yagnik als die

Ein-Mann-Gefahr für den Arbeitsfrieden in Ahmedabad nennen hören, den die Fabrikanten für das Erbe Gandhischen Geistes halten. Einige nannten ihn einen »Kommunisten« und betrachteten vor allem ihn als den Anstifter der Aufstände, die sich Mitte der Sechziger Jahre in Ahmedabad ereignet hatten. Es reizte mich folglich ungemein, diesem Manne zu begegnen, weil ich sehen wollte, wie *er* auf das Ahmedabad von 1918 zurückblicken würde, obwohl meine Freunde in Ahmedabad nicht sonderlich davon angetan schienen, daß ich ihm von Angesicht zu Angesicht nahekommen sollte. Zu seinem 75. Geburtstag ging sein Bild durch die Zeitungen, wie er nach echter Gandhischer Sitte die Straßen Ahmedabads kehrte, was jedoch in diesem Falle einen unheimlichen Hintersinn in sich barg. Als ich dann erst einmal in Delhi war, erwies er sich als überaus zugänglich und begierig, seine Ansichten zum Ausdruck zu bringen. Er wohnte allein in den engen Räumlichkeiten eines ansonsten recht ansehnlichen Apartmenthauses. Er war äußerst einfach gekleidet und begegnete mir mit wachen, beinahe durchdringenden Augen in einem feingeschnittenen, langen, knochigen Gesicht – eines der besten Profile und ein Paar der direktesten Augen, die ich in Indien je zu Gesicht bekam. Er sprach sowohl präzise wie schneidend, in ungemein treffender, idiosynkratischer Ausdrucksweise, ganz verschieden von der blumigen Macaulay-Phraseologie, die ich mittlerweile gewohnt war. Aber er konnte nicht zuhören. Er bat mich lediglich, ihm zu bestätigen und zu wiederholen, was ich am Telefon gesagt hatte, und stürzte sich sogleich in eine sehr systematische Zusammenfassung seiner Studentenzeit während der Jahre, die unmittelbar auf Gandhis Rückkehr nach Indien folgten. Er, der aktive Politiker, zögerte keinen Augenblick, mir die Frage zu beantworten, was ihn zuerst und vor allem an Gandhi beeindruckt habe, und traf die Feststellung: »Er war der vollendete Politiker«, ein Aspekt, auf dessen Bestätigung ich verzweifelt gewartet hatte, weil Gandhis Freunde immer und immer wieder Nachdruck auf die inspirierte oder gar offenbarerische Weise legten, in der der Mahatma seinem Geschäft nachging; dennoch aber ergaben ohne politische Bewußtheit sowohl hinsichtlich der Verfassung der indischen Massen wie der russischen Revolution Gandhis Aktivitäten von 1918 keinen zusammenhängenden psychologischen Sinn. Indulals Emphase war zweifellos auch einseitig und eine Projektion des Selbstbildes meines Gegenübers.

Aber ist nicht jede Wendung, in die man Gandhis Persönlichkeit zu fassen sucht – »wahrhaftig«, »königlich«, »listig« – eine Projektion? Und besteht darin nicht der Genius des Führers, daß er eine Vielfalt solcher Projektionen auf sich zieht, deren jede zwar wahr ist, es jedoch niemals ausschließlich sein kann?
Andererseits wurde ich sehr schnell gewahr, daß Indulal mir beinahe Wort für Wort wiedergab, was in seiner Autobiographie berichtet wird; und da sie noch nicht ins Englische übersetzt worden ist (ein Freund hatte für mich die wichtigsten Passagen auszugsweise übertragen) konnte er dies in dem guten Gefühl tun, mir »Neuigkeiten« mitzuteilen. Und doch schienen diese Erinnerungen jetzt unverrückbar festgelegt zu sein und waren repräsentativ für einen Typus früher Begegnungen mit Gandhi geworden: der potentielle Getreue ist ein junger Mann, ebenso rebellisch wie zugleich abhängig von einer irgendwie gearteten Onkelfigur; verstört (Yagnik spricht von »geistiger Qual«) in einer Weise, die wir Heutigen als »entfremdet« charakterisieren würden – der Familie, den Zielen und Bestrebungen seines Landes und seiner kolonialen Verfassung; und so fanatisch engagiert, daß Gandhi zunächst mit einer zu kleinen Stimme zu versprechen schien. Dann jedoch, nachdem er versucht hat, erst andere und dann wiederum Gandhi anzuhören, wird der junge Mann, und das ist typisch für ihn, die tödlich ernste Aufrichtigkeit und Beharrlichkeit dieses Mannes heraushören, woraufhin das, was man als kumulative Konversion bezeichnen könnte, plötzlich unumkehrbar endgültig wird.
Yagnik beschrieb jetzt launig, wie er mit Gandhi kurz nach dessen Rückkehr aus Südafrika zusammengetroffen war. Gandhi war seinerzeit (dies sind Indulals Worte) ein »Neuling«, »in gewisser Weise sehr offen und ehrlich« und sich der Tatsache bewußt, daß »alles sich ändern müsse«, der aber dennoch für ein weiteres Jahr oder zwei »verschlossen wie ein Buch« blieb, während er eine Anhängerschaft um sich sammelte, die ihm helfen sollte, die Dinge zu ändern. Diese Beschreibung trifft offensichtlich auf Yagniks derzeitiges eigenes Sendungsbewußtsein zu, denn er ist überzeugt, daß alles sich ändern müsse, von Gulzarilal Nanda bis hinab zur ATLA*; ein »verschlossenes Buch« jedoch war Yagnik nicht.
Sein erstes Zusammentreffen mit Gandhi fand in Bombay statt,

* Ahmedabad Textile Labour Association

wo er und Shankerlal gemeinsam zur Schule gingen; er war vierundzwanzig Jahre alt. Indulal, der ungeduldige Aktivist, lacht jetzt über den alten, im Ruhestand lebenden Shankerlal, jedoch nicht ganz ohne die Andeutung von Respekt für die vor langer Zeit von diesem herausgekehrte »persona« des Organisators. Ein unruhiger Kopf schon damals, war Indulal zu Anfang von Gandhi ziemlich enttäuscht gewesen und hatte nur schrittweise der leisen Macht (»ohne Floskeln oder Geschrei«) seiner sachlichen und dennoch leidenschaftlich bewegten Ausführungen über die vertragliche Arbeitsverpflichtung* zuhören gelernt. Bei den Kongreßversammlungen von 1915, so erinnert er sich, saß Gandhi »auf dem letzten Platz in der letzten Reihe« des Vorstandspodiums: wir werden sehen, wie Gandhi sich absichtlich im Hintergrund hielt, bis er dann schließlich in die vorderste Reihe geschoben wurde. Indulal behauptet, daß er, als Beamter des Sabha von Gujarat, Gandhi eingeladen habe, die Gokhale-Gedenkrede im Februar des Jahres 1917 zu halten[10]. Es war anschließend in Poona, während einer informellen Diskussion, als Indulal plötzlich den Mahatma in ihm erkannte. Gandhi hatte von der Notwendigkeit gesprochen, eine unwiderrufliche Frist für die Aufkündigung der Kollaboration mit dem System der Arbeitszwangsverpflichtungen ins Ausland durch die indische Regierung zu setzen. Gandhi war damit beschäftigt »still an seinem Erdnußvorrat zu kauen«, als er, wie Indulal sich erinnert, plötzlich übergangslos freundlich lächelte und ohne Veränderungen im Tonfall sagte, daß, wenn dieses Datum auf einen bestimmten Tag festgesetzt würde »wir bereit sein müssen zu sterben«, um der Sache den nötigen Nachdruck zu geben. Jedermann fühlte, daß Gandhi auch wirklich meinte, was er bei diesem Nach-Tisch-Geplauder sagte, »und war wie vom Blitz getroffen«. Das ergab sich als Folgerung aus dem Umstand, daß gerade in der Gegend um Poona, wo viele junge Hitzköpfe bereit waren, im Kampf für die Unabhängigkeit zu töten und getötet zu werden, eine solche stille Bereitschaft, zum selbstgewählten Zeitpunkt und für eine Sache, der man sich verschrieben hatte zu sterben, nicht mißverstanden werden konnte. Ohne Zweifel schien solch schlichte Bereitschaft für viele plötzlich, in einem hellen Augenblick, traditionale und moderne Momente der Identität miteinander zu einem funktio-

* Vermietung von Arbeitskräften an das Ausland, vor allem nach Südafrika (d. Ü.).

nierenden Ganzen zu verschmelzen. In seiner »sich ausweitenden Suche nach System und Symbol«, so faßte es Indulal zusammen, schien es Gandhi keineswegs eilig zu haben – er, der vollendete Jurist, Politiker und Diplomat. Meine Behauptung, daß Gandhi die Gegend von Ahmedabad auf Grund eines umfassenden Plans ausgewählt habe, der Arbeiter *und* Bauern einschließen sollte, war in den Augen Indulals kein Sakrileg. Er fügte noch hinzu, daß Gandhi sich Ort und Zeit für die Arbeit, zu der er sich verpflichtet hatte, überall in Indien aussuchen konnte, weil er in Südafrika gelernt hatte, sich in verkleinertem Maßstab und festumrissenem Rahmen gleichsam mit einem Querschnitt Indiens zu verständigen, mit Menschen aus Madras wie aus Gujarat, mit Moslems wie mit Hindus, so daß er, als er sich entschlossen hatte, sich im heimischen Gujarat niederzulassen, von dort aus überallhin reisen konnte und sich dort innerhalb kürzester Zeit gewissermaßen zu Hause zu fühlen schien.

Indulal betonte ferner, daß er zusammen mit Vallabhbhai Patel seinerzeit Gandhi eingeladen habe, auf der großen Konferenz für Probleme der Erziehung und Politik zu sprechen, wo er sich selbst einen Namen machte und es zu wahrhaft nationalem Ansehen brachte.[11] In allen Äußerungen Gandhis aus dieser Zeit stehen zwei Themen im Vordergrund, die für die Unabhängigkeitsbewegung neu waren: Beginne niemals etwas, das in deinem Bewußtsein nicht klar umrissen ist oder wofür du nicht bereit bist, bis ans Ende zu leiden.

Was Indulal am stärksten beeindruckte, ist der Umstand, daß Gandhi »ein Vierundzwanzigstundenmann« war (welch amerikanische Ausdrucksweise, mußte ich bei mir denken). Während Patel stets ein wenig skeptisch blieb (»wir haben bereits zu viele Mahatmas«), verpflichtete Indulal, der jüngere von beiden, sich Gandhi bedingungslos. Während der Kheda-Kampagne arbeitete Indulal in fünf Distrikten Gujarats als Agitator. Er selbst war damals weniger an der Organisierung der Arbeiter als vielmehr an den Armen interessiert, denn er hatte, wie er sich ausdrückte (und hier verriet sich der smarte Politiker, der einer Interpretation zuvorkam, die ich, wenngleich stets überaus behutsam, auf einige aus der ersten Gefolgschaft Gandhis anzuwenden begonnen hatte), einen »Mutterkomplex«. Ich konnte mich des Gedankens nicht erwehren, daß er es sich leisten durfte, diesen Sachverhalt so klar zu erkennen, weil er diesen »Komplex« bis zu

Ende ausgetragen hatte – und Rebell *geblieben* war, der sich mit Gandhis mehr maskulinen Zügen identifizierte, während er es abgelehnt hatte, in den Schoß der Gemeinschaft des Ashram einzutreten. Von den ersten Tagen in Ahmedabad wollte er allerdings nicht sprechen. Nein, er habe niemals auf dem Gelände in Mirzapur gelebt, das vormals im Besitz der Sarabhais gewesen war, sondern an der Mission Road; und er stellte dies mit dem Benehmen eines Mannes fest, der es nicht wünscht, sich zu seinen alten Weggenossen in Ahmedabad zu bekennen, und am allerwenigsten, mit den Sarabhais in Verbindung gebracht zu werden. Die Vereinigung »macht einen Job daraus«, sagte er ablehnend, wobei er sich auf die Textilarbeitervereinigung bezog, und er meinte offenbar »einen korrupten Job«. Er versah mich also mit einem notwendigen Korrektiv. Paranoid (wie einige meinen) oder nicht, fanatisch (wie alle sagen) oder nicht, jedenfalls schien Indulal etwas von jener fortwirkenden Triebkraft zu repräsentieren, die die wahre Seele einer Revolution ist – einer Seele, die in der Weigerung, auch nur die geringste Müdigkeit oder Altern einzugestehen, ständig begeistert scheint. Während des Ereignisses hielt Indulal sich im Irak auf.

Im nächsten Kapitel werden wir versuchen, die früheren Schritte auf dem Lebensweg des Mannes Gandhi zurückzuverfolgen, von seiner Kindheit in Rajkot bis zu der Zeit, als er diesen jungen Männern und Frauen gegenübertrat; was war es, das ihn in seiner eigenen Entwicklung ihn darauf vorbereitete, ihr Mahatma zu werden? Hier wird einmal mehr die Autobiographie zu unserem Ausgangsmaterial werden. Inzwischen ist Gandhis eigener Bericht über seine Kindheit erst kürzlich von einem Mann ergänzt worden, der vieles aus eingehenden Gesprächen mit Gandhi von diesem selbst erfahren hat – und es niederschrieb – und der erschöpfende Forschungsarbeiten über die Kathiawar-Halbinsel durchgeführt hat, wo Gandhi aufgewachsen ist. Dieser Mann ist Pyarelal Nayar. Pyarelal ist mit Gandhi erst ein Jahr nach dem Streik zusammengetroffen, so daß er nicht eigentlich zu unseren Zeugen gerechnet werden kann. Da wir jedoch das Ergebnis einiger seiner Forschungen in unserem Bericht über Gandhis »erste fünfzig Jahre« benutzen wollen, muß uns Gandhis Sekretär und Biograph, der diese Aufgabe nahezu während drei Jahrzehnten erfüllte, zu einem Hauptzeugen werden. Es traf sich so, daß er letzte Hand an den ersten Band, *Die Frühphase*[12], seiner monumentalen Biographie just im Jahre 1965 in Ahmedabad legte. Da wir seinerzeit, nur durch ein Feld getrennt, unweit des Navajivan Trust (dem Besitzer aller Rechte an Gandhis Werken) wohnten und weil Pyarelal daran interessiert schien, einige Punkte mit mir durchzugehen, setzte während etwa zweier Wochen ein lebhafter Verkehr quer über das leere Feld ein, in dessen Verlauf wir vieles über das verwickelte Problem hinsichtlich der Rolle lernen konnten, die das Englische für die historische Identität Indiens gespielt hat. Pyarelals Aufgabe war überaus schwierig, denn die letzten zwei Bände seiner umfassenden Biographie, *Die letzte Phase*[13], waren bereits erschienen, so daß die Arbeit an der Einleitung zum ersten Band vor allem darin bestehen mußte, einen passenden Anfang für dasjenige zu finden, was in gedruckter Form bereits als abschließende Würdigung seines Gegenstandes vorlag.

Pyarelal hat eine verblüffende Zahl von Tatsachen zusammengetragen; die glänzenden Kapitel über Gandhis Tolstoi-Studium und über die Verhältnisse in Indien zur Zeit seiner Rückkehr aus Südafrika sollen uns später noch beschäftigen. Hier aber stellt sich mir zunächst die Frage, inwieweit wir dem Stil selbst eines Inders, der gründlich und während langer Zeit mit Gandhi vertraut gewesen ist, zutrauen dürfen, uns ein psychologisch stimmiges Bild dieses Mannes zu vermitteln. Das Problem scheint als solches kaum greifbar, ja oft sogar lächerlich. Der Versuch eines gelehrten Inders, sich im allerbesten King's English verständlich machen zu wollen, führt ihn oft dazu, Queen's English zu schreiben – d. h. das Englisch der Königin Victoria.

Es ist zum Beispiel von großer Peinlichkeit, wie Pyarelal, dieser ergebene, langjährige Freund Gandhis, von allen Menschen gerade *Kipling* zitiert, um die rechten Worte dafür zu finden, welche Art Mensch *Gandhi* gewesen ist (»Wenn du zu träumen vermagst – und Träume nicht zum Herrscher über dich machst«), oder wenn er Kapitelüberschriften wie die folgenden wählt: »Ein Hauch aus romantischer Vergangenheit« für das historische Kathiawar, und: »Die Erzählung von den zwei Städten« für Porbandar und Rajkot. Solche Titel, wie gelegentlich auch einiges aus dem Text, vermitteln geradezu den Eindruck einer fragwürdigen Authentizität, denn sie bringen sogar Erfahrungen des indischen Alltags in einer kolonialen Bildlichkeit zum Ausdruck, die in uns den Gedanken an eine erzwungene Umwertung der Werte aufkommen läßt. Wie überaus wichtig müßte es gerade einem Gandhi-Biographen erscheinen, Begriffe zu finden, die der Landessprache so nahe wie möglich kommen!

In der Jugendgeschichte Gandhis zum Beispiel treffen wir auf einen kleinstädtischen Moslem-Knaben (wir werden mit ihm augenblicklich näher bekannt werden), der laut Zitat zu ihm gesagt haben soll: »Hüte dich vor meinem physischen Wagemut und meinem Draufgängertum!«[14]

Man kann nur schmerzlich-verwundert feststellen, wie sehr das Sprachbewußtsein Indiens, das sich notgedrungen der Bilderwelt des Empire bedienen muß, damit gerade den Ausdruck des unverwechselbar Besten der heimatlichen Gefühlslage verfehlt. Das ist es natürlich, worin Männer wie Tagore sich zu berichtigen versucht haben, und man begreift sehr gut, warum Gandhi darauf bestanden hat, in Gujarati zu schreiben und zu sprechen. Bedauerlicherweise aber müssen sogar Gandhis *Gesammelte Werke*, die so sorgfältig und nüchtern unter der Schirmherrschaft jener Regierung, die Gandhi einst schaffen half, zustande gekommen sind, die Schriften des Mahatma in einer Sprache anbieten, die im Nebel von Nordseeinseln entstanden ist. Ich weiß, wie wenig fair diese Kritik anmuten muß, die zudem von jemandem kommt, der in Indien ein Fremder und ein Immigrant in seinem eigenen Land ist. Vielleicht ist man gerade deshalb stets auf der Suche nach Authentizität. Tatsache ist, daß wir beinahe weinten, als Pyarelal und seine Schwester Sushila (damals Gesundheitsminister) es für uns einrichteten, daß wir Gandhis eigener Stimme und Diktion auf Schallplattenaufnahmen lauschen konnten. Wahrhaftig,

»Mein zögerndes Sprechen, das mir einst ein Ärgernis war, ist jetzt zu einem Vergnügen geworden. Die größte Wohltat, die es mit sich brachte, ist, daß es mich die Sparsamkeit der Wörter gelehrt hat. Ich habe auf ganz natürliche Weise die Gewohnheit in mir entwickelt, meine Gedanken zurückzuhalten. Ich kann mir jetzt selbst bescheinigen, daß meiner Zunge oder meiner Feder kaum jemals ein gedankenloses Wort entschlüpft ist. Ich kann mich nicht erinnern, daß ich jemals etwas Gesprochenes oder Geschriebenes bedauern mußte.«[15]

Auf allen Seiten dieses Buches muß ich diese Stimme zu Wort

kommen lassen, wodurch manchmal der Anschein entstehen mag, daß meine Zitate ungebührlich lang sind.
Pyarelal hatte indessen noch nicht damit begonnen, sein Material über Gandhis »Mittlere Periode« auszubreiten – anscheinend war er mit Mahadevs »Gerechtem Kampf« noch nicht vertraut –, und nur wenig Licht fiel auf das Ereignis von Ahmedabad, trotz vieler Stunden eines übrigens sehr lebhaften Gesprächs. Er stellte telephonisch die Verbindung zum Ashram her, dessen ganzer Stolz heute in einer glanzvollen neuen Bibliothek mit weitläufigen bequemen Lesesälen besteht, und sprach die Bitte aus, die Unterlagen für das Jahr 1918 zur Einsicht bereitzuhalten.
Als wir schließlich hinausfuhren, wurden wir dort von einem jener stets so überaus ehrerbietigen Empfangskomitees begrüßt, fanden jedoch nichts weiter als einige jener Flugblätter, die unter dem Babul-Baum verteilt worden waren. Ich war dennoch überglücklich, diese schlichten und schön gedruckten Blätter in Händen zu halten, aber sie waren in Gujarati verfaßt und ansonsten in Übersetzungen erhältlich. Es fand sich kein einziges Dokument oder ein Brief. Gandhi selbst scheint alles vernichtet zu haben, bevor er Ahmedabad verließ.
Dies also waren die Männer und Frauen, die zur Klärung dessen beitragen halfen, was die vorhandenen Dokumente über das Ereignis von Ahmedabad aussagen. Im Laufe der Zeit empfand ich meinen Entschluß als überaus glücklich, der mich den Versuch mit diesem einen Ereignis hatte wagen lassen. Wie Gandhi zu sagen pflegte: »Gott erscheint dir niemals in Person, sondern stets nur im Handeln.«
Gleichermaßen manifestiert sich eine außergewöhnliche Persönlichkeit nur in Ereignissen, die sie selbst »gemacht« hat.

II. Teil
Die Vergangenheit

Wir wollen jetzt darangehen, einige der bedeutenderen Etappen in Gandhis Leben nachzuvollziehen, von Moniyas Ausgelassenheit zu Mohans Umdüsterung und von der ungewissen Studentenzeit in England zum gediegenen Hausvatertum des jungen Mannes Gandhi in Südafrika. Wir werden Aufschluß darüber begehren, wie der Knabe und der Mann in eine historische Rolle hineinwachsen konnten, und werden nach den persönlichen Ursprüngen der militanten Gewaltlosigkeit fragen.

Zeugnisse, die ihr Überleben einzig dem Sinn für das Bedeutende in einer vorhergehenden Generation verdanken, können niemals mit letzter Überzeugungskraft zur Rekonstruktion dessen verwendet werden, was für unsere Generation bedeutsam geworden ist; denn vielleicht würden wir nicht dieselbe Art von Zeugnissen bewahrt haben. Gandhis »Experimente« sind, wie wir gesehen haben, sowohl durch das jeweilige Lebensstadium, in dem er über sie berichtete, wie durch die Epoche gekennzeichnet, für die sie niedergeschrieben wurden, und sie müssen daher als Teil einer langen Reihe von Abenteuern gelesen werden, für die B. R. Nanda in seiner überaus lesenswerten Biographie die folgende Formulierung findet:

»... Was außergewöhnlich war, ist die Weise, in der seine Abenteuer endeten. In jedem der Fälle stellte er sich ein Problem, für das er eine Lösung suchte, indem er es in eine Aufgabe der moralischen Algebra kleidete. ›Niemals wieder‹ war das Versprechen, das er sich selbst nach jeder Eskapade gab. Und er hielt sein Versprechen.«[1]

Es erhebt sich aber unabweisbar die Frage nach der Natur von »Experimenten«, die ein alternder Mann mit (ich hätte an dieser Stelle beinahe von »Übertragung« gesprochen) seiner eigenen Kindheit durchführt. Bis zu welchem Punkt muß und darf er seine frühen Erinnerungen adaptieren, um den moralischen Ansprüchen des nahenden Alters gerecht zu werden? Oder könnte es geschehen, daß gegen Ende des Lebens sich der Mann und das Kind in wechselseitigem Wiedererkennen begegnen – gleichsam in einer Art geistiger Euthanasie? Gandhi beschließt die Einleitung zu seiner Autobiographie mit folgenden Worten:

»... Es ist für mich eine nicht enden wollende Qual, daß ich noch immer so weit von IHM entfernt bin, der, wie ich weiß, jeden

Atemzug meines Lebens regiert und aus dessen Ursprung ich bin.«[2]

Im Fortgang dieses Buches werden wir dieses Thema wieder aufgreifen und die gesamte Frage nach dem Verhältnis eines »ursprünglichen« Mannes zu jenem Mann, der ihn erschuf und zu »IHM, aus dessen Ursprung« sie beide herkommen, eingehend erörtern. Hier beschäftigt uns vor allem die Rekonstruktion der Kindheit eines Mannes als Bestandteil dessen, was er geworden ist. Denn wozu ein Mann schließlich wird, muß sich graduell, in einzelnen Stadien, entwickeln, wobei kein einzelnes Stadium den ganzen Mann erklärt. Vor allem,

»... Wie all dies geschehen kann – inwieweit ein Mensch frei und inwieweit er das Geschöpf der Umstände ist – in welchem Umfang freier Wille ins Spiel kommt und wo das Schicksal die Szene betritt – all dies ist ein Mysterium und wird ein Mysterium bleiben.«[3]

Aus Fallgeschichten haben wir gelernt, die Anfänge menschlicher Konflikte weiter und weiter bis in die Kindheit zurückzuverfolgen, und ich habe als »Originologie« den habituellen Versuch charakterisiert, die »Ursachen« für die gesamte Entwicklung eines Menschen in den Konflikten seiner Kindheit angelegt zu finden. Ich wollte damit deutlich machen, daß die Anfänge komplexe Entwicklungen schwerlich besser zu erklären vermögen als Endphasen, und daß Originologie uns kaum weniger in die Irre führen kann als Teleologie. Doch in Ergänzung hierzu haben die psychiatrischen Ursprünge der methodischen Vorgehensweise, wie wir Probleme anzugehen pflegen, uns geschult, in traumatologischen Terminologien zu denken, d. h. nicht nur Ursprünge an sich, sondern solche traumatischer Art zu erkennen – wobei wir unter Trauma eine Erfahrung verstehen, die charakterisiert ist durch Eindrücke von solcher Plötzlichkeit oder Macht oder Fremdartigkeit, daß sie nicht sogleich assimiliert werden kann und demzufolge von Stadium zu Stadium als Fremdkörper bestehen bleibt, der nach einem Ventil sucht oder absorbiert zu werden verlangt und auf den gesamten Entwicklungsprozeß als ein störendes Moment einwirkt, das Stereotypie und Wiederholungszwang verursacht. Indem ich mein traumatologisches Metier auf Luther zur Anwendung brachte, versuchte ich seine Konflikte, sein Versagen zu verstehen, stets jedoch eingedenk, nicht die fabelhafte restaurative Energie der Jugend zu unterschätzen,

die diesem naturwüchsigen Genie die Vitalität verlieh, den christlichen Glauben zu erneuern und gefestigt, in reinerer Gestalt zu formulieren. Wegen dieser jugendlichen Energie habe ich das Buch dann auch *Der junge Mann Luther* genannt.
Seither ist die Anwendung der Traumatologie auf Lebensschicksale zu einem Standardverfahren geworden. Und weil es gelegentlich mit mehr oder weniger expliziter Bezugnahme auf meine Arbeiten angewendet wird, muß ich bestrebt sein, in dieser Angelegenheit sehr umsichtig vorzugehen; denn ich halte jeden Versuch, einen Führer von Gandhis Format auf stets frühere wie jeweils größere und immer bessere Kindheits-Traumata zu reduzieren, sowohl für methodisch falsch wie für verhängnisvoll in ihren Auswirkungen – und dies aus keinem anderen Grund als dem, weil ich eine Zeit heraufkommen sehe, in der die Menschheit sich auseinanderzusetzen haben wird mit ihrem Bedürfnis, »Größe« zu personifizieren und sich ihr auszuliefern.
Gandhi selbst kommt solcher Umsicht und Behutsamkeit kaum entgegen. Darin Luther nicht unähnlich, stellt er sich oftmals selbst als Fallgeschichte dar, und er tut dies mit einem untrüglichen Blick für Konflikte, deren Auftreten die psychoanalytische Erkenntnis sowohl für entscheidend und bestimmend als auch für allgemein innerhalb der menschlichen Entwicklung ansehen würde. In der langen Geschichte menschlicher Bewußtheit indessen ist Freud sowohl ein Nachfahre Luthers als auch der Zeitgenosse Gandhis. Es könnte mithin sehr wohl sein, daß wir die »Innenschau«, wie sie von solchen Menschen in aller Öffentlichkeit praktiziert wird, als Teil einer »evolutionären« Tendenz der Menschheit betrachten müssen, die sich zu neuen Arten der Bewußtheit durchzubrechen anschickt. Insofern Anhaltspunkte für eine derartige Tendenz aufgezeigt werden können, muß dieser Themenbereich abschließenden Erörterungen am Ende des Buches vorbehalten bleiben; inzwischen wollen wir zusehen, wie der Fall eines Menschen geartet ist, den wir hier einer eingehenden Prüfung unterziehen wollen.
Auch in Amerika haben wir einen Landesvater, der keine Lüge erzählen konnte, aber wir delegieren den Wahrheitsbeweis für solche Vorzüglichkeit an ein kleines Histörchen, wie es sich für Kinder eignen mag – und wahrscheinlich noch bloße Erfindung ist! Die Aufzählung von Gandhis Skrupeln und Bedenklichkeiten hingegen erschöpft sich in tödlich langweilenden Wiederho-

lungen, die für alle ermüdend sind außer für solche Leser, die er anspricht, weil er ihrer Einstellung entgegenkommt: er war kein guter Student, wie er uns erzählt, war aber dennoch recht erfolgreich und jedenfalls sehr willig, überaus bedacht auf seinen Charakter und insbesondere auf Wahrhaftigkeit. Er war sehr scheu und zurückhaltend, außerstande, an seinen Eltern Kritik zu üben, und überließ sich hingegeben Phantasien und Geschichten, die die kindliche Ergebenheit gegenüber Eltern verherrlichen. Zu früh verheiratet, trieb ihn ein unstillbares fleischliches Bedürfnis, das sehr leicht zu völliger Entkräftung geführt und sogar beide, seine Frau und ihn, getötet haben würde, hätten sie nicht während ausgedehnter Perioden voneinander getrennt gelebt. Begierig, seiner widerspenstigen Kindfrau Lesen und Schreiben beizubringen, und gleichwohl verzweifelnd über das, was sich schließlich als lebenslanges, vergebliches Bemühen herausstellen sollte, unternahm er den gleichermaßen hoffnungslosen Versuch, einen Moslem-Jungen zu reformieren, der sich dann seinerseits unglaubliche Mühe gab, den jungen Mohan so weit zu bringen, Fleisch zu essen und seine Männlichkeit in Bordellen zu beweisen.

Gelegentlichem Rauchen und Stehlen und einem vorgetäuschten Selbstmordversuch folgt unverzüglich die krönende Tragödie: der Vater, den er aufopfernd gepflegt hatte, starb in den Armen eines Onkels, während der pflichtvergessene Knabe mit seiner (schwangeren) Frau schlief. Vielleicht wird uns eines Tages eine Übersetzung der Autobiographie geschenkt, in der der didaktische Ton des Originals nicht durch eine Inflation der Wörter zugedeckt wird. Dann wird vielleicht auch der Humor, den man im Original vermutet (und den ich für mich bestätigt fand, als ich einige Passagen unter der Mithilfe eines hochgebildeten jungen Gujarati überprüfte), freigelegt werden und durchscheinen können. Vor allem aber müssen die Eigenarten der Autobiographie nachdrücklich vermerkt werden, insbesondere wegen der Schranke, die durch die monotonen Hinweise auf die abträgliche »Lust« zwischen dem Gründer der Satyagraha und den heutigen und zukünftigen Kämpfern für den Frieden aufgezogen wird. Eine derartige Behandlung der Sexualität präjudiziert das zukünftige Verhältnis zwischen schöpferischer Gewaltlosigkeit und einer aufgeklärten Erotik (schließlich auch den aufgeklärten Verzicht auf sie), das der Mensch der Zukunft zum Gegenstand seiner

souveränen Wahl erklären wird und das nicht dem ausgeliefert werden darf, was wir später als die innere Gewalttätigkeit eines dogmatischen Moralismus eingehender erörtern wollen.
Wenn Gandhi sogar noch aus seiner Kindheit Ereignisse auswählt, die sich als moralische Experimente qualifizieren lassen, so werde ich mir diesen Umstand durch die Annahme nahezubringen versuchen, daß ein Mensch wie er sich frühzeitig und schmerzhaft einer besonderen Mission bewußt ist, einer Richtung, die zu allem oder zu nichts führen muß. Und doch: Kind zu sein, mit einem vorgegebenen Schema der Reifung, heißt für ihn (wie für jedermann sonst), sich abzufinden mit der begrenzten Ausstattung eines Kindes und Jugendlichen, sobald er sich impulsiv an der Welt versucht, und sich dennoch, durch alle Erfahrungen hindurch, eine gewisse Unversehrtheit des Geistes zu bewahren. Diese Unversehrtheit, so glaube ich, entzieht sich all unseren Bemühungen, die Entwicklung eines Kindes zu testen und zu standardisieren oder jedenfalls anzunehmen, daß ein Kind die Summe all seiner durch Versuche zu ermittelnden Charaktereigenschaften sei. Denn ich bin sicher, daß ein Kind zu bestimmten und in bedeutsamen Augenblicken wesentlich erkenntnisfähiger und reifer ist, als es sich leisten kann, die ganze Zeit über zu sein: daher verschließt es die großen Träume von Triumph und Niederlage in sich, um sie so lange zu bewahren, bis die Zeit gekommen ist, sie zu verwirklichen.
Ein moralisches »Experiment« kann so verstanden nur heißen, daß eine frühentwickelte Selbstgewißheit den Experimentator Situationen durchleben läßt, in denen die unvermeidbare Schwäche und Abhängigkeit der Kindheit in schmerzlichem Kontrast zu einem ebenso frühreifen Bewußtsein zu stehen scheinen.
Ein Kind wie Gandhi (und da es so wenige gibt, die ihm »gleichen«, sollte ich vielmehr sagen, daß ich dabei an Männer wie den hl. Augustinus, den hl. Franziskus und Kierkegaard denke), mit all seiner frühen Verletzlichkeit, scheint gerade die Personen, von denen es abhängt, in einen inneren Kampf zu verwickeln, in dem es versucht, ihnen soviel Kräfte als möglich abzuringen, ohne dabei etwas von seiner frühreifen Unversehrtheit verlieren zu müssen; und er wird, schmerzhaft früh, die Positionen vertauschen und zum Gebenden und Urteilenden werden, ja sogar zum *elterlichen agens.* Im Zusammenhang mit Mohandas Obsession von einer »eifersüchtigen Bedachtsamkeit auf seinen Cha-

rakter« betont Pyarelal das defensive Bedürfnis, unbefleckt und unbesudelt zu bleiben; und diese Besessenheit Gandhis war ohne Zweifel ein bleibender Zug, der in gewissem Maße auch seine zerstörerische Wirksamkeit bewies. Ich glaube jedoch, daß Gandhi noch etwas anderes anzudeuten versucht hat. Bloßer Charakter kann ein kalter Schornstein sein, nicht mehr als ein Gehäuse. Eine Feuerstelle ist nicht mehr wert als das Feuer, das sie beherbergt, und die Wärme, die sie abgibt; und ein Mann wie Gandhi, so möchte ich unterstellen, wußte bereits sehr früh, daß er in sich eine überlegene Energie zerstörerischer wie zugleich wohltätiger Kräfte bergen mußte, eine Energie, die er später Wahrheitskraft nannte und auf die er eine Lehre gründete.

Ohne solche Annahmen wird mir Mohandas kaum verständlich, jedenfalls gewiß nicht als Vorläufer Gandhis. Mit diesen Annahmen ergibt seine Persönlichkeit einen gewissermaßen dynamischen Sinn, den ich später in einer Anzahl strategischer Gesichtspunkte auszuführen versuchen werde. Erst dann kann ein noch überaus fragmentarisches Material für uns eine Anzahl von Korrektiven in sich enthalten: zunächst sollte alles, was jemals über einen heranwachsenden Menschen gesagt wird, mit dem jeweiligen Lebensabschnitt übereinstimmen und darf, jedenfalls vom Standpunkt seines Lebensstadiums aus betrachtet, sowie angesichts der besonderen Voraussetzungen, die zu diesem Zeitpunkt gegeben sind, nicht unwahrscheinlich sein. Ich werde hierfür den Begriff »entwicklungsgeschichtliche Wahrscheinlichkeit« einführen. Zugleich sollte es mit analogen Momenten der gesamten Lebensdauer zusammenstimmen und keinesfalls damit unvereinbar sein. Greifen wir heraus, was man Gandhis »experimentellen Existentialismus« nennen könnte: diesen können (und werden) wir zu einem frühen Zeitpunkt seines Lebens am Werk sehen, und zwar in einer Form, die mit der Bedingung der Kindheit, oder der Jugend, oder dem frühen Mannesalter in Einklang steht und doch zugleich auch mit einer gewissen stetig sich erhaltenden Qualität, die im Laufe des Lebens ausreift.

Wenn, wie wir noch sehen werden, in seiner Kindheit das Necken von Menschen und Tieren eine der auffälligsten Weisen war, in der Moniya seine Familie und die Welt von Porbandar auf die Probe stellte, so werden wir auch viele Geschichten aus seinem späteren Leben, die in getragenem Tonfall berichtet werden, von feinem Spott belebt finden, der von allen, die damals gegenwärtig gewesen sind, wahrgenommen worden ist. Wir werden sodann dem kleinen Moniya und seinem Vater in jener Geschichte wiederbegegnen, die davon erzählt, wie der Mahatma den englischen Vizekönig zum Narren hielt. Da nun aber habituelle Spottlust gewissen psychodynamischen Extravaganzen unterliegt, die an Fallgeschichten ablesbar sind, erfordert ihr erfolgreicher Gebrauch über den Zeitraum eines ganzen Lebens hinweg eine Untersuchung, in der es wichtig sein wird zu zeigen, warum zum Beispiel der kleine Mohandas mit seinen Spötteleien sowohl im Hause seines gestrengen Beamtenvaters wie im Palast des englischen Vizekönigs in überlegener Anpassung an die historische Aktualität *und* in Übereinstimmung mit der Logik der persönlichen Entwicklung ungeschoren bleiben konnte. Weder der Vater noch der Vizekönig, weder sein Zuhause noch das Britische Empire aber blieben ganz dieselben, nachdem sie mit dieser Mischung aus Humor und tödlicher Entschlossenheit Bekanntschaft gemacht hatten.

Demzufolge also ist Gandhis Autobiographie für sich genommen ein armseliges Auskunftsmittel mit Bezug auf die Frage, wie Moniyas und Mohans, Mr. Gandhis und des Mahatma Neigung zur Spottlust einen Sinn ergibt hinsichtlich dessen, worüber wir heute einiges wissen, nämlich *entwicklungsgeschichtlicher Wahrscheinlichkeit* und *sozialer Relativität.* Der Führer *war* einst ein Kind, und das Sprichwort: »das Kind ist der Vater des Mannes«, erhält eine neuartige und besondere Bedeutung für außergewöhnliche Männer. Sie *müssen* tatsächlich zu ihren eigenen Vätern werden und in gewisser Weise auch Väter ihrer Väter, solange sie noch nicht Erwachsene sind. Hier melden sich besondere Konflikte und besondere Aufgaben zu Wort, und ich will versuchen, sie zu umreißen, indem ich, so gut es irgend geht, miteinander abstimme und aufeinander beziehe, was Gandhi im Alter berichtet, was Pyarelal und B. R. Nanda aus persönlicher Beobachtung und zeitgenössischen Quellen zusammengetragen haben und was mein Einblick in die Lebensstadien mich gelehrt hat, für wahrscheinlich zu halten.

I. Kapitel
Kindheit und Jugend

1. Moniya und seine Mutter

Die früheste noch erhaltene Photographie von Moniya macht plausibel, daß das Kleinkind wirklich »ein heiteres, liebreizendes Gesicht und schöne Augen« gehabt hat. Pyarelals Beschreibung unterschlägt allerdings die großen, abstehenden Ohren, die zwar das Gesicht des kleinen Jungen »abrunden« helfen mochten, jedoch in späteren Jahren die Züge des Mahatma ihrer Proportionen beraubten, insbesondere dann, wenn er auf seine zahnlose Art lachte. Daß er sein Lebtag gern lachte und andere gern zum Lachen brachte, machen auch die späteren Bilder deutlich; und selbst in den verfinsterten Tagen seines jungen Mannestums vertraute er wiederholt seinem Tagebuch an, daß er seine Mutter stets dadurch zu trösten vermochte, daß er sie herzlich lachen machte. Wir wollen also Pyarelal gern Glauben schenken – nur allzu gern, denn was ist ein Heiliger ohne Fröhlichkeit –, daß Moniya ein herzliches, klingendes Lachen gehabt habe und daß jedermann ihn verhätschelte.

Der jüngste und letzte Sohn einer jungen Mutter (25) und eines alternden Vaters (47), wurde Moniya in eine Großfamilie hineingeboren, die in den kleinen Räumen eines großen Hauses zusammengepfercht lebte, das in der Hafenstadt Porbandar an der Küste des Arabischen Meeres auf der Halbinsel von Kathiawar gelegen war. Er wurde also, wie viele große Führer vor ihm, an der Peripherie seiner zukünftigen »Domäne« geboren, und in einer Umgebung, die vor allem anderen dem Einheimischen das Gefühl einer starken regionalen Identität verleiht. Porbandar, das ist die Welt der Fischer und des Küsten- und Überseehandels, verrufen wegen ihrer Härte und Gerissenheit, denn von hier sowie vom nahegelegenen größeren Hafen Conbay aus pendelten die Schiffe zwischen Indien und Arabien oder steuerten die Ostküste Afrikas an – hinunter bis nach Südafrika, wo an den Mann Gandhi später »der Ruf ergehen« sollte.

Für all diejenigen, die nur den stereotypisierten Gandhi der »Experimente« kennengelernt haben, mag es schwierig sein, sich den kleinen Jungen vorzustellen, wie er in der bevölkerten, alle Sinne beschäftigenden Gegend umherstreift, in der er aufgewachsen war. Porbandar ist eine Stadt, die

»mit ihren engen Gassen und überfüllten Basaren, umgeben von massiven Wällen, die seither größtenteils zerstört sind, nicht weiter als einen Steinwurf vom Arabischen Meer entfernt liegt. Die Gebäude, in ihrer Architektur kaum voneinander unterschieden, sind aus einem weißen, weichen Stein erbaut, der mit den Jahren härter wird, im Sonnenlicht wie Marmor erglänzt und der Stadt den romantischen Beinamen die ›Weiße Stadt‹ gegeben hat. Die Straßen sind übersät mit Tempeln; das Haus der Vorfahren Gandhis war um zwei Tempel herumgebaut. Das natürliche Zentrum dieser Hafenstadt aber war und ist notwendigerweise die See.« [4]

Moniya wurde geboren und wuchs auf in dem dreigeschossigen Stammhaus der Familie, das auf Photographien eindrucksvoll und geräumig genug aussieht, das sein Vater jedoch mit fünfen seiner Brüder und deren Familien teilen mußte. Die Wohnräume, die für seinen Vater, das Oberhaupt des Clans und Premierminister des kleinen Fürstentums Porbandar, bestimmt waren, »lagen im Erdgeschoß und umfaßten, neben einer winzigen Küche und Veranda, zwei Zimmer, deren eines 20 Fuß lang und 13 Fuß breit war, während das andere 13 Fuß in der Länge und 12 Fuß in der Breite maß. Sechs Generationen der Gandhis waren Innenminister oder Premierminister auf der Kathiawar-Halbinsel gewesen, auf der man an kleinen »Fürstentümern« Überfluß hatte, deren manche kaum größer als ein mäßig ausgedehnter Gutsbesitz sein mochten, einige allerdings noch kleiner. Die »Souveränität« dieser Staatengebilde, die von den Briten gefördert wurde, solange sie ihrer Politik dienlich waren, trug dazu bei, sich einen gewissen regionalen, feudalen und professionellen Stolz zu erhalten, der – so heikel er sein mochte – von großer Bedeutung für Gandhis ursprüngliches Weltbild werden sollte. Gleichermaßen wichtig war jedoch der Umstand, daß die Engländer in den Tagen seiner Jugend ziemlich abrupt zu der Schlußfolgerung gelangten, daß diese politischen und kulturellen Enklaven erweiterungsfähig geworden seien – und mit ihnen ihre Premierminister. Doch davon später.

Wie es in Indien Sitte ist, baut die Großfamilie aus (und *ein*), wo immer der Raum es zuläßt, indem sie schachtelartige kleine

Räumlichkeiten ein- oder anfügt, in denen die Jungvermählten jeder Generation untergebracht werden können. So werden kleine, stickige und finstere Räume geschaffen wie etwa die Kochnische, in der kaum zwei Personen einigermaßen bequem sitzen können und worin die Mutter, Putali Ba, ihr ganzes späteres Leben zugebracht hat. In diesem Raum wurde Moniya geboren. Das Wöchnerinnenbett war gemeinschaftlicher Besitz und wurde jeweils an eine der Sub-Familien ausgeliehen, die es gerade benötigte. Hinter diesem Raum befand sich eine weitere Wohnung, die sogar noch kleiner war. Hier lebte die Großmutter mit ihrem sechsten Sohn, Tulsidas.

Die bedrückende Enge dieser Wohnverhältnisse fand jedoch bei gutem Wetter ihren Ausgleich durch offene Türen und Innenhöfe, wo sich die Großfamilie zu festlichen Anlässen versammelte und wo auch an einem gewöhnlichen Werktag die Dinnergäste des Premierministers sich einzufinden pflegten – selten weniger als zwanzig.

Wenn Gandhis Mutter stets als ideale Hausfrau beschrieben wird, die »morgens als erste aufstand und abends als letzte zu Bett ging«, »nur aß, wenn es sich gerade so einrichten ließ«, dann muß daran erinnert werden, daß sie gleich ihrem Mann althergebrachten Modellen gemäß lebte, die die Verhaltensweisen streng, nach genauen Vorschriften, regelten. Es sollte zudem unmittelbar klarwerden, daß gewisse Eindrücke, wie sie bereits früher bei der Betrachtung des Lebens der Großfamilie gewonnen worden sind, hier zutreffen: wenn zum Beispiel die Mutter »nie einen Unterschied zwischen ihren eigenen Kindern und anderen Kindern in der Familie machte ...«, dann mögen ihre Kinder oftmals gezwungen gewesen sein, mehr mit anderen zu teilen, als sie emotional bewältigen konnten. Wenn sie dabei auch lernten, »ebensosehr *für* die Menschheit wie *in* ihr zu leben« – ein treffender Ausdruck, der sehr gut auf den Lebensstil angewendet werden kann, den Gandhi später in seinem Ashram einzuführen versuchte –, so lernten sie es nicht allein von der Mutter. Der Vater, Kaba Gandhi, mußte sich um das Wohlergehen aller Mitglieder seines Clans kümmern, ob sie sich nun gerade zur Heirat anschickten, sich niederlassen wollten oder eine Anstellung suchten. Es wird sogar berichtet, daß er Putali Ba bei der Hausarbeit half:

»Es war ein vertrauter Anblick, an den sich die Leute von Porbandar noch erinnern können, wie er tagaus, tagein im Shrinathji-Tempel saß, Gemüse für die Küche seiner Frau schabte und schälte, während er zugleich mit Besuchern und Beamten Staatsangelegenheiten erörterte.«[5]

Das Gesamtbild jedenfalls ist derart, daß es schwerfällt, eindeutig maskuline und feminine Verhaltensmerkmale zu unterscheiden.

Einer der besten und aufschlußreichsten Abschnitte in Pyarelals Werk beschreibt das Leben einer Großfamilie und hebt vor allem eindringlich die Quellen eines bitteren Zwiespalts hervor: »... Wo so viele Menschen mit unterschiedlichem Geschmack, Neigungen, Gewohnheiten und Temperamenten Tag und Nacht, von Woche zu Woche auf engstem Raum zusammengepfercht sind, monatelang, jahraus und jahrein, erfordert es nicht eben geringes diplomatisches Geschick, Feinfühligkeit und Takt vor allem auf seiten des Familienoberhaupts, eine gesunde und wohltuende Atmosphäre zu erhalten. Die Mitglieder müssen ihrerseits ihr Verhalten auf gegenseitige Hilfe und Rücksichtnahme einrichten, die Fähigkeit zum Geben und Nehmen, zur Anpassung an die jeweiligen Indiosynkrasien des anderen in sich entwickeln. Eine einzige taktlose Bemerkung, eine Unbedachtsamkeit oder Ungeschicklichkeit, eine verschrobene Angewohnheit, Achtlosigkeit oder die Verletzung der Gefühle des anderen können die Nerven der Beteiligten bis zum Zerreißen anspannen und das Leben für die gesamte Familie zur Hölle machen. Der Wettbewerb innerhalb dieser engen Welt ist scharf; selbst die Jungen bekommen dies zu spüren; kleine Dinge nehmen unverhältnismäßige Dimensionen an; die geringste Andeutung von Ungerechtigkeit oder Parteilichkeit läßt kleine Rivalitäten, Eifersüchteleien und Intrigen entstehen. Sie zu glätten, erfordert unendliche Geduld, Einfallsreichtum und Kenntnis der menschlichen Natur. Geschickte und gewissenhafte Beachtung in den Kleinigkeiten des Alltagslebens oder ihre Vernachlässigung können so innerhalb der eng abgesteckten Grenzen der Großfamilie über Frieden und Unbehagen, Glück und Elend entscheiden.«[6]

Zweifellos trug all dies zu jenem Lebensstil bei, der später von Gandhi in seinem Ashram geschaffen wurde: ein Leben gegenseitiger Überwachung und ausgeklügelter Disziplin, für den Uneingeweihten schwer zu durchschauen und noch schwerer für ihn, dafür Verständnis aufzubringen. Wenn Putali Ba zum Muster für das Ideal der Frau wurde, das späterhin im Ashram propagiert worden ist (und, wie man scherzhaft hinzufügen könnte, sowohl in den Männern wie in den Frauen eifrig genährt wurde), so können wir ebenso feststellen, daß die typischen Erfahrungen des Lebens in der Großfamilie den Ashram-Bewohnern dabei geholfen haben mögen, Sicherheit und Inspiration in einem Lebensstil zu finden, der vergleichbare Merkmale – Abkapselung und gemeinschaftliches Dienen – aufwies.

Ein leidenschaftlicher Gründer und zumal das fraglose Oberhaupt eines Ashram indessen (und wer vermöchte sich schon Gandhi als einen schlichten Mitbewohner im Ashram eines anderen zu denken) muß in jungen Jahren wesentlich komplexere Erfahrungen mit einer Großfamilie gemacht haben, als sie für den Durchschnitt typisch sind. In der Tat scheint Moniya die Fähigkeit besessen zu haben, auf außergewöhnlichen Verhältnissen zu bestehen. Ohne Zweifel räumte ihm der Umstand, letztes Kind einer noch jungen Mutter und eines alternden Vaters zu sein, eine Vorrangstellung in der Familie ein, die geeignet war, ihn zu »verziehen«. Er scheint diesen Vorteil genutzt zu haben, indem er eine nicht nachlassende und kluge Anhänglichkeit in sich entwickelte, die seinen Eltern das Gefühl eingab, daß ihr Verhältnis zu ihm ein einzigartiges sei, und ihm wiederum das Gefühl vermittelte, als sei ihm das Schicksal eines auserwählten Wesens geworden. Während er sich innerhalb einer Gruppe stets relativ isoliert vorkam, mußte es ihn zu einer überaus intensiven Suche nach zweiseitigen Verhältnissen von Mensch zu Mensch bewegen, bis er schließlich in Südafrika zu einem beruflichen wie politischen Stil fand, der ihn lehrte, zweiseitige Beziehungen auch zu einer Gemeinschaft – oder zu einer Anhängerschaft – zu unterhalten. Da erst dies, so glaube ich, eine unabdingbare Voraussetzung für manche Stile der »Größe« bedeutet, müssen wir uns vor Augen zu halten versuchen, wie von ihm eine Reihe von einzigartigen Verhältnissen, zunächst zu Mutter und Vater, dann zu seiner kindlichen Braut und schließlich zu jenem »bösen« Freund seiner Kindheit eingegangen wurde – eingegangen stets mit verpflichtendem Vertrauen, unter aufwühlenden Konflikten fortgeführt und gelegentlich von der bitteren Einsicht eines Menschen begleitet, der sich früh bewußt wird, daß seine Experimente von ihm einen extrem hohen Einsatz forderten.

Daß Mohandas in seiner Jugend zeitweilig an seiner Einzigartigkeit verzweifelte – eine Verzweiflung, die späterhin das Modell für wiederholte Depressionen im Erwachsenenalter abgeben sollte –, darf uns nicht blind dafür machen, daß er mit hoher Wahrscheinlichkeit ein früh entwickeltes Gefühl der Originalität, und nicht zuletzt der Überlegenheit, in sich hegte. Denn während unser klinisches Jahrhundert in seinen Bekenntnissen lediglich das Eingeständnis erblicken mag, daß er von irrationalen Schuldgefühlen besessen gewesen sei, macht der Mahatma hier keineswegs schon halt. Er *experimentierte,* so betont er nachdrücklich (und so, glaube ich, wurde er von seinen Landsleuten auch verstanden), mit den Teufeln der Scham und des Zweifels, der Schuld und der Minderwertigkeit: er forderte sie heraus und gewann. Und wenn wir die Vermutung aussprechen, daß keine Kindheit eines *Großen* ohne eine solche Herausforderung einen Sinn ergibt, so können wir noch einen Schritt weitergehen und sagen, daß *kein* Kind ohne sie verstehbar wird und daß »Größe« von der Bewahrung und steten Festigung von etwas abhängt, dessen die meisten nach ihrer Kindheit verlustig gehen. Es ist jedoch ebenso wichtig zu sehen, daß seine Eltern Humor genug hatten, ihn zu »ertragen«, wenn er sie auf die Probe stellte, anstatt das Spiel zu verderben, indem sie dem gelegentlichen Sadismus seiner Leidenschaft, andere zu prüfen, zuviel Gewicht beimaßen. Denn ein Kind wird leicht von der Furcht über seine eigene Initiative und Neugier überwältigt, solange die ursprüngliche Kraft seiner Persönlichkeit noch nicht Schritt zu halten vermag weder mit der Frühreife seines unbedenklichen Wagemuts noch seines empfindlichen Gewissens. Moniya scheint also in der Wahl seiner Eltern sehr glücklich gewesen zu sein; und eine Niederlage erlitt Mohandas erst, als er in viel zu jungem Alter den ehelichen Spannungen im Verhältnis zu einem anderen und gleichermaßen hartnäckigen Kind begegnen mußte.

Ebenso außergewöhnlich waren Gandhis lebenslange Ruhelosigkeit und Energie, von denen er angetrieben wurde. Man behauptet sogar von Männern und Frauen, deren Größe in einem kontemplativen Leben beruhte (so zum Beispiel vom hl. Franziskus oder von Kierkegaard), daß niemand es ihnen an sprühender Beweglichkeit und Vitalität gleichzutun vermochte. Gandhis enorme Energie bei Fußwanderungen ist aus seinen späteren Jahren wohlbekannt.*

* Daß er beim Wandern jedermann hinter sich gelassen habe, wird

Die geschilderte geringe Bewegungsfreiheit, die dem einzelnen im Wohnhaus der Gandhi-Brüder blieb, werden diese Rastlosigkeit, gepaart mit unstillbarer Neugier, zu einer überaus glücklichen Methode gemacht haben, sich hinauszustehlen und davonzulaufen, wenngleich dieser Drang all diejenigen vor keine geringen Probleme stellte, denen man aufgetragen hatte, ein Auge auf Gandhi zu haben, solange seine Mutter beschäftigt war. Seine ältere Schwester scheint das auserkorene Opfer gewesen zu sein. Noch im Alter von neunzig Jahren beschrieb sie Moniya als »rastlos wie Quecksilber« und »erfüllt von Neugier«. Er suchte unter den Tieren Freunde zu finden, manchmal, indem er »Hunden die Ohren verdrehte«, und dies offensichtlich mit solch gewaltlosem Geschick, daß er niemals gebissen wurde. (Ein jüngerer Mann aus meinem Bekanntenkreis konnte es immer noch nicht ganz verzeihen, daß der Mahatma ihn ziemlich schmerzhaft bei den Ohren genommen hatte, während eine bekannte Photographie Pyarelals Nichte als ein Baby zeigt, das nicht gerade entzückt darüber ist, daß der Mahatma darauf besteht, seine Nase an der des Säuglings zu reiben.) Aber es war auch wieder gut, Moniya fern vom Haus zu wissen, denn sobald sein Vater nicht dort war, neigte er dazu, die seltsamsten Rechte zu usurpieren. So pflegte er das Abbild des Landesherrn von seinem gewohnten Sockel zu entfernen und sich an seine Stelle zu setzen, eine Gewohnheit, mit der er anzudeuten beabsichtigte, daß er seines Vaters Herr und Meister sei, womit wir uns noch nach Gebühr befassen wollen. Ferner hatte er es sich angewöhnt, die Gegenstände religiöser Verehrung überall zu verstreuen und auf den Fußboden zu »schreiben«. Als seine Mutter den Versuch machte, es ihm zu verbieten, soll er sich (mit Pyarelals Worten) »heftig widersetzt«[7] haben, worin wir möglicherweise den ontogenetischen Ursprung des Sitzstreiks zu erblicken haben. Andererseits empfand er einen starken Widerwillen gegen die Not-

auch von Freud berichtet, dessen beste und am wenigsten bekannte Bilder ihn in Alpinistenkleidung zeigen; nicht minder beeindruckend ist für uns die lokomotorische Energie solcher Männer wie etwa Kierkegaard, der es so sehr liebte, im Umherwandern Gespräche zu führen, daß er seine Partner zuerst gegen die Häuser der einen Straßenseite abdrängte und dann, wenn sein Opfer den Versuch unternahm, sich durch einen Standortwechsel freizumachen, ihn freundschaftlich über die Straße schob und an den gegenüberliegenden Häuserwänden in die Enge trieb.

wendigkeit, unter Beobachtung zu stehen, wenn er draußen war. Seine Schwester berichtet, daß ihr Vater ihr den Rat gegeben habe, sich nicht in Moniyas Blickfeld zu zeigen, wenn sie auf ihn aufpaßte, eine Bemerkung, die nicht recht zu der Behauptung stimmen will, der Vater habe die Abenteuerlust des Kindes ersticken wollen. Als man ihn auf einem hohen Mangobaum entdeckte, brachte er zu seiner Entschuldigung etwas vor, das einen frühen Beleg der für den reifen Gandhi so überaus charakteristischen Kombination von jener Rastlosigkeit, die ihn nie lange an einem Ort hielt, mit der Besessenheit bietet, für andere Sorge tragen zu müssen: er habe, so erklärte er, den Mangofrüchten gerade einen Verband angelegt.

Doch während er verspielt und furchtlos war, solange er seiner eigenen Wege gehen konnte, zeigte er sich uninteressiert an allen organisierten Spielen. Hierfür machte er seine »Schüchternheit« verantwortlich; dennoch zögerte er nicht, die Rolle des Friedensrichters zu übernehmen, wenn seine Spielgefährten miteinander in Streit gerieten. Dies, so sagt Pyarelal, war die »Leidenschaft seines Lebens«[8]. Und tatsächlich pflegte er sich niemals, angefangen mit seiner Kindheit in Rajkot bis zu seiner Reifezeit in der indischen Politik, an einem »Spiel« zu beteiligen, es sei denn, er befand sich in der Position einer solchen moralischen Dominanz, daß er sowohl sich selbst wie die anderen davon überzeugen konnte, daß das Machtspiel seiner Vermittlerschaft zu »ihrem eigenen Besten« sei. Nicht unwichtig zu erwähnen, daß es sich oft genauso verhielt.

Seine Eltern davon zu überzeugen, solange man noch Kind ist, kann man indessen als besondere Glanztat verbuchen. Dennoch ist sie gerade bei ungewöhnlichen Männern und Frauen keineswegs so ungewöhnlich. Die Glanztat besteht darin, das Vorrecht eines Kindes zu bewahren und doch – indem man es zunächst nur zu sein vorgibt und schließlich wirklich dazu wird – in Auseinandersetzungen von immer größerer Tragweite sich so sehr zum Gegenspieler der Eltern zu machen, daß man in bedeutungsvollem Wechselspiel sich ihre Stärke und Kraft erwirbt. Man wird jedenfalls späterhin erfolgreich darin sein, in Angelegenheiten von weiterreichender öffentlicher Bedeutung mit seinen Gegenspielern ebenso zu verfahren – womöglich bestimmt erst dies objektiv so etwas wie menschliche Größe.

Die Mehrzahl der Darstellungen betont vor allem anderen Putali

Bas religiösen Eifer, wenn nicht gar ihre Besessenheit, und einige bestehen darauf, sie für Gandhis Hang zum Fasten angesichts kritischer Situationen verantwortlich zu machen. Wir werden später noch Gelegenheit haben, die vielschichtigen Aspekte des Fastens in Indien (oder überall sonst) zu erörtern, die von dem lautersten Bedürfnis nach innerer Reinigung bis zur schamlosen Erpressung reichen. Ich habe jedoch von keinem Vorkommnis gelesen, das einen Hinweis darauf geben könnte, daß Putali Ba das Fasten als Mittel zur Bestrafung benutzte, außer vielleicht insofern, als ein tief verwurzeltes Unbehagen über ihre mannigfaltigen Pflichten sie dazu veranlaßt haben mag, darauf zu bestehen, daß ihr wenigstens eine Sphäre des Privaten erhalten bleibe: die der Andacht und der Selbstverleugnung. Putali Bas Kinder scheinen sie voller Beklommenheit beobachtet zu haben: »... Einst tat sie das Gelübde, keine Nahrung zu sich zu nehmen, solange sie nicht die Sonne sähe. Wir Kinder standen in jenen Tagen und blickten zum Himmel empor und warteten darauf, unserer Mutter das Hervorkommen der Sonne zu melden. Jeder weiß, daß sich die Sonne in der Mitte der Regenzeit nicht dazu herbeiläßt, ihr Gesicht zu zeigen. Und ich erinnere mich der Tage, an denen wir, sobald sie plötzlich erschien, zu unserer Mutter hineinstürzten, um ihr dies Ereignis zu berichten. Sie eilte dann hinaus, um es mit eigenen Augen zu sehen, doch inzwischen war die Sonne meist schon wieder gewichen, wodurch sie um ihre Mahlzeit gebracht wurde. ›Das macht nichts‹, sagte sie heiter, ›Gott wollte nicht, daß ich heute esse.‹ Darauf wandte sie sich dann gewöhnlich wieder dem Kreis ihrer Pflichten zu.«[9]

Andererseits war sie von ausgesprochen undogmatischer Religiosität, eine Person von jener Art, die keinen anderen Wunsch hat, als dem sich zu widmen, was ihr das Gefühl eingibt, gerecht und lauter zu sein. In der Tat erfüllte sie ihren kleinen Sohn mit Toleranz gegenüber jeder Religion, solange diese ein tiefes Gefühl des Einsseins mit dem Unsichtbaren und Schweigenden einzugeben vermochte. Zwischen Moniya und seiner Mutter scheint eine Art humorvollen Einverständnisses darüber bestanden zu haben, daß einige religöse Beschränkungen etwas engstirnig seien, und er neckte sie zum Beispiel damit, daß er ihr berichtete, er habe auf dem Nachhauseweg von der Schule einen Unberührbaren berührt, um dann schließlich zuzugeben, daß er nur einen Scherz gemacht habe; oder, was schwerwiegender war, indem er sie hartnäckig bedrängte, ihm auch an solchen Tagen zu essen zu geben, an denen die religiöse Sitte dies verbot. Er vertraute Pyarelal an: »Ich war das Lieblingskind meiner Mutter, einmal weil ich das kleinste ihrer Kinder war, und dann auch, weil mir nichts näher am Herzen lag, als von ihr umhegt zu werden. Meine Brüder hatten Freude am Spiel und allerlei Streichen. Ich fand nichts, was ich mit ihnen gemein hatte. Ebensowenig band mich ein enges Verhältnis an meine Schwester. Spielen besaß für mich absolut keine Faszination, der ich das liebevolle Umsorgtwerden durch meine Mutter vorgezogen hätte. Wann immer sie mich wegen irgend etwas rufen ließ, stürzte ich zu ihr.«[10]

Immer wenn *sie ihn* brauchte! Nicht die geringste Andeutung, daß *er* eine Mutter gebraucht haben könnte – niemals, d. h. nicht, ehe er das Alter von siebzig Jahren überschritten hatte, und kurze Zeit vor seiner Ermordung, als ihn allnächtlich der Schüttelfrost so erbarmungslos packte, daß er einige seiner weiblichen Weggefährtinnen darum bat, sich nahe zu ihm zu legen und ihn zu wärmen. Aber selbst da noch verkündete er, daß alles nur dazu geschehe, seine Männlichkeit auf die Probe zu stellen – d. h. nach indischen Begriffen seine Fähigkeit, sie derart unter Kontrolle zu halten, daß er diesen Umstand von derart vitaler Bedeutung dazu benutzen konnte, seine schwindende politische Macht abzustützen.

Pyarelal behauptet sogar, daß der kleine Moniya seiner Mutter eine Lektion in *ahimsa* erteilt habe, indem er ihr nahelegte, die älteren Brüder davon abzubringen, ihn zu schlagen, statt ihn zu ermuntern zurückzuschlagen. Doch der unerträglich gestelzte Macaulayismus: »Solltest du nicht, Mutter, meinen Bruder hindern, mich zu schlagen, anstatt von mir zu verlangen, daß ich ihn nachahmen soll?« bezeichnet aufdringlich die Mythologisierung, die sich in den Schriften des »inneren Kreises« der Getreuen fortsetzt[11]. Ohne Zweifel jedoch konnten weder Moniya noch Mohan, noch der Mahatma jemals der »natürlichen Überlegenheit der Frau« ins Auge sehen, ohne in ihrem Bedürfnis nach Konkurrenz den Versuch zu machen, noch mütterlicher zu werden als die mütterlichste aller Mütter. Wenn die Bereitschaft zum Pflegen eine weitere Leidenschaft seines Lebens war, so begann alles zuerst damit, daß er in seinem eigentümlichen, einzigartigen »ödipalen« Arrangement zu einer Mutter für seinen Vater wurde – eine Mutter, die immer Zeit für ihn hatte. Doch der westlich

Zivilisierte würde gut daran tun, in Gandhis Bekundungen der Mütterlichkeit mehr zu sehen als nur eine emotionale Inversion: die elementare Macht des Mütterlichen (symbolisiert in der Kuh) ist ein uralter und alles erfüllender Bestandteil der indischen Tradition. Wenn dieser Knabe sich selbst zum Pfleger seines Vaters ernannte, dann lag darin ein Trieb, dessen weiterwirkende Kraft ausreichend war, daß er Sorge für ganz Indien ebenso wie für die Unberührbaren und Leprösen, für die Menschheit wie für ein Ashram zu tragen vermochte.

Zweifellos personifizierte sich eine gewissermaßen naturwüchsige Religiosität – die undogmatische Empfindung, von einem fordernden und dennoch vertrauenswürdigen Universum getragen zu werden – für Moniya zuerst in seiner Mutter. Ich muß es anderen überlassen, jene traditionellen Werte der Vaishnavit-Religion und der Jain-Kultur herauszuarbeiten, von denen Moniya umgeben war: Vegetariertum und Reinigung; das Ablegen von Bekenntnissen und Gelübden; und vor allem anderen: *ahimsa*, die Scheu, lebendigen Wesen Schmerz zu bereiten. Es ist indessen nicht weniger wichtig, sich stets dessen bewußt zu sein, daß Putali Ba einer kleinen Sekte angehörte, die sich rühmte, den Koran mit den Schriften des Hinduismus vereinigt zu haben und jede Regression auf die Idolatrie des einen wie des anderen verabscheute, was so weit ging, daß alle bildlichen Darstellungen aus ihrem Tempel verbannt waren. Die Religiosität seiner Mutter war von jener allgegenwärtigen und personalisierten Art, wie Frauen sie an ihre Kinder weitergeben; sie weckte jedoch in dem Knaben zugleich die Bereitschaft, nicht jedermanns Wort ungeprüft für das zu nehmen, was es irgendwie bedeuten wollte, weder in den Schriften der Hindus, die er in seiner Jugend nur mit Hilfe westlicher Untersuchungen für sich wiederentdecken konnte, noch in den christlichen Evangelien, deren Wesentliches er in der Begrifflichkeit des Ostens und in moderner Terminologie wiedererstehen zu lassen versuchte, obwohl ihm als Kind die Missionare in der Stadt ein Greuel gewesen waren. Aber wie wir bald sehen werden, erfüllte eine gewisse Zweideutigkeit jene Reformen in Diät und Alltagsleben, von denen er behauptete, daß er sie seiner Mutter »schuldig« sei, die jedoch zugleich in der Übertreibung, in dem Zwanghaften, das sie für andere besessen haben, und in dem gelegentlich auch Selbstzerstörerischen einen Überrest zurückgedrängter Rebellion verraten. Aber selbst die grellsten neurotischen Aspekte in alledem dürfen uns nicht blind machen für seine oft erfolgreichen, aus seinem Verhältnis zur Mutter geborenen Versuche, die femininen und maskulinen Aspekte der Religiosität zu vereinen – wobei sie in einer sonderbaren Mischung einmal als solche eingestanden werden und dann wieder für sie beansprucht wird, daß sie vor allem Experimente gewesen seien, ganz so, als handele es sich um Teile eines gigantischen Spiels. Dies muß zeitweilig einen manischen Zug angenommen haben, der das echte Gegenstück zu der depressiven Seite in Gandhis Wesen war, der wir uns als nächstem zuwenden wollen. Bei Gandhi gab es zweifellos Tage, an denen er sich unbekümmert fröhlich auf einem Grat bewegte, der seiner Gefolgschaft wie seinen Gegnern vor Furcht und banger Besorgnis den Atem nahm. Dies jedoch schließt keineswegs aus, daß der andere Aspekt, jenes Moment überspannter Gewissenhaftigkeit, das wir aus der Autobiographie kennen, bereits ziemlich früh vorhanden gewesen ist; die Autobiographie gibt den depressiven Zügen, die das Kind nicht minder als den Knaben in der Pubertät, den jungen Mann nicht weniger als den alternden Autobiographen heimgesucht haben, nur die letzte Bestätigung. Diese selbstkritischen Tendenzen mußten düstere Konsequenzen mit sich bringen, die durch die Neigung des Mannes verschärft wurden, sich selbst und andere dem Wagnis auszusetzen: aber es wäre ein unmögliches Unterfangen, Statur und Einfluß des Mahatma zu ermessen ohne das Wissen darum, daß er einst Moniya war und daß der Moniya in ihm in strategisch entscheidenden Augenblicken zu Hilfe kam, innere Reserven in ihm und in seiner Gefolgschaft freizusetzen und mit der traumhaften Hellsichtigkeit des Kindes die Gegebenheiten der historischen Situation abzuwägen.

2. Mohan und sein Vater

Es gibt Photographien von Mohan (wie er später genannt wurde) im Alter von dreizehn oder vierzehn Jahren, die sich leichter mit des Mahatma Schilderung seiner Jugend (und mit den Interpretationen, die auf dieser Beschreibung beruhen) vereinbaren lassen als das früher von Moniya gezeichnete Bild. Dennoch scheint Mohan um so vieles fester umrissen, so ungemein feinfühlig zusammengefügt, als aus der Summe jener Geschichten greifbar würde, die vom Mahatma über ihn erzählt werden. Wer könnte beschreiben, wer einen solchen jungen Mann »analysieren«? Geradlinig und dennoch nicht steif; scheu, aber wiederum nicht in sich zurückgezogen; Intelligenz, ohne daß sie angelesen gewirkt hätte; willensstark und doch nicht stur; feinfühlig, aber nicht weichlich: all dies deutet auf jene Integrität, die ihrem Wesen nach nicht erklärbar ist – und ohne die keine Erklärung Gültigkeit für sich beanspruchen dürfte. Wir müssen versuchen, uns über das Verhältnis eines solchen Jugendlichen zu seinem Vater Gedanken zu machen, denn der Mahatma stellt den Dienst an seinem Vater und die überwältigende Schuld des Versagens in solchem Dienen ins Zentrum seiner jugendlichen Unruhe. Einige Historiker und Politikwissenschaftler scheinen es für ein leichtes zu halten, diesen Sachverhalt in psychoanalytischer Terminologie zu interpretieren; ich denke darüber anders. Denn die Frage ist schließlich nicht, wie eine besondere Spielart des Ödipuskomplexes »Ursache« dafür sein mag, wie ein Mann zugleich bedeutend und neurotisch – und dies in einer besonderen Weise – sein kann, sondern vielmehr, wie eine solche jugendliche Persönlichkeit – auf die Wahrnehmung hin, daß sie in der Tat über die notwendige Originalität und über Gaben verfügt, um kindliche Phantasien in die Wirklichkeit umzusetzen – jene Komplexe bewältigt, in die andere Menschen mit hineinverwickelt sind. Dies aber läßt sich von Freud nicht lernen, da er in erster Linie das Gewissen beschreibt, das den Durchschnittsmenschen in seiner Aktivität lähmt, und es unterlassen hat (ausgenommen vielleicht in einer heimlichen Identifikation mit Moses), laut und vernehmlich zu fragen, was es sei, das großen Menschen gestattet, vom vorgezeichneten Weg abzuweichen. Er gab sich damit zufrieden, die unbewußte Restauration der Beherrschung innerer Komplexe durch nächtliches Träumen zu demonstrieren, vernachlässigte es jedoch, der Frage nachzugehen, welche zusätzliche Form der Beherrschung es ihm möglich mache, seine eigenen Träume zu verstehen. Dies hielt er, genauso wie die Morallehre, für gesichert und gegeben.

Wir haben bereits von jener Art Hofhaltung des Premierministers gehört, die Moniyas Vater, Leiter des Verwaltungsapparates eines der Fürsten von Kathiawar, alltäglich in seinem Haus in Porbandar veranstaltete. Sein Beruf sowie seine Funktion waren für den kleinen Jungen kein Geheimnis, der sich spielerisch an die Stelle des Fürsten zu setzen pflegte. In der Tat war Karamchand Gandhi (genannt Kaba) achtundzwanzig Jahre seines Lebens ein einflußreicher und, wie es scheint, hochgeachteter Mann. Der Höhepunkt seiner Karriere fiel zusammen mit Moniyas Kindheit und spiegelte sich wider in einer souveränen Nachsicht gegenüber seinem Lieblingssohn, die diesem gestattet haben mag, sich angenehmen Phantasien darüber hinzugeben, wie er es ihm gleichtun könne, was sich ihn nur um so schuldiger jenem gegenüber fühlen ließ. Gegen Ende des ersten Jahrzehnts von Moniyas Kindheit jedoch wurde sein Vater veranlaßt, aus Porbandar und von der Küste nach Rajkot fortzugehen, um dort Premierminister des residierenden »Thakore« zu werden – ein Potentat, wie es scheint, der um einiges mächtiger war. Dadurch verloren sowohl der Vater wie der Sohn ihr Milieu; hinzu kam, daß die Karriere seines Vaters im Niedergang war und sein Gesundheitszustand sich verschlechterte. Der Herrscher von Rajkot empfand einen so schamlosen Stolz über seinen neuen Premierminister, daß er ihn bald einem benachbarten Herrscher »auslieh«, der sich allerdings als dermaßen verantwortungslos erwies, daß Kaba ihn noch innerhalb eines Jahres verließ, nicht jedoch, ohne vorher einen Hungerstreik anzukündigen für den Fall, daß seine Entlassung nicht angenommen würde. Man erzählte sich die Geschichte, daß Kaba bei seinem Weggang eine großzügige finanzielle Abfindung ausgeschlagen habe, weil sie mit den ursprünglichen Vertragsbedingungen nicht vereinbar gewesen sei: »Sie werden keinen zweiten Herrscher finden, der Ihnen eine ähnlich großzügig bemessene Summe anbietet!« rief der Fürst aus, dem Kaba darauf erwidert haben soll: »Und Sie werden keinen zweiten Karbhari finden, der zu stolz ist, sie anzunehmen.« Die Geschichte paßt irgendwie sehr gut zu Gandhi, selbst wenn sie nur den Stolz herausstellte, nein sagen zu können. Sie ist jedoch auch noch insofern von Interesse, als über den Herrscher berichtet wird, er habe das Argument vorgebracht, daß Kaba das Geld nötig haben könnte, um seinen Sohn zum Studium nach England zu schicken. Dies könnte ein Hinweis darauf sein, daß der Herrscher und der Vater sich damals schon nicht nur der Fähigkeiten Mohans bewußt waren, sondern auch des Umstandes, daß nur ein Sohn mit einem in England absolvierten Hochschulstudium zukünftig in der Lage sein werde, die Herrscher und ihre Premierminister gegen die britischen Agenten zu verteidigen.

Um allein das Kind und den Jugendlichen verstehen zu wollen, der sich anschickte, Gandhi und schließlich der »Mahatma« zu werden, ist – worauf ich bereits hingewiesen habe – die Annahme unentbehrlich, daß er seine Entwicklung der Liebe und Sorge im Verhältnis zu seiner Mutter verdankte, außerstande, wie er war, zur selben Zeit mehr als nur eine tiefe, intensive Bindung einzugehen, vor allem, wenn es sich um ein solches Verhältnis voller Hingabe, ja sogar mit dem Ziel der Erlösung des anderen handelte. Als er, wie es allen Kindern widerfahren muß, die innige Gemeinschaft mit seiner Mutter aufgeben mußte (in der Großfamilie ohnehin ein, wie wir gesehen haben, sehr zerbrechliches Verhältnis), konnte er gemäß der einmal eingeschlagenen Bahn seiner Persönlichkeitsentwicklung nur eine Reihe ähnlich intensiver und dennoch zugleich »experimenteller« Begegnungen durchleben, in denen ihm sorgsam ausgewählte Typen zu Gegenspielern erwuchsen: Vater, Ehefrau und ein Freund aus seiner Knabenzeit. Mag sein, daß solch biblische Weigerung, den anderen freizugeben und mit ihm um die Gnade zu ringen, auch ein Zeichen von Größe ist; und wenn Gandhi diese Unnachgiebigkeit später auf korporierte Gegenspieler – Indien, das Britische Empire, die Menschheit – übertrug, so ist dies keineswegs eine bloße Angelegenheit der »Übertragung« infantiler Energien und Ziele auf erweiterte Realitätsbezüge. Ein verschrobener Sonderling, ein Fanatiker, ein Psychotiker kann »übertragen«, aber nur ein politisches Genie vermag das feinmaschige und konkrete Zusammenspiel zu beherrschen, indem es ihm gelingt, in machtvollen Kollektiven Reaktionen hervorzurufen, die in jeder Beziehung ebenso einzigartig sind wie jene, die er in kleinerem Kreise daheim zu erregen verstand.

Es geschah auf Drängen seines alternden Vaters – was ihm vom Sohn niemals vergeben worden ist –, daß die Familie den Entschluß faßte, Mohandas' Heirat mit Kasturba mit den bereits früher geplanten Hochzeiten eines älteren Bruders und eines Neffen zusammenzulegen. Mohandas, damals dreizehn Jahre alt, war durch Familienverträge bereits das dritte Mal verlobt. Seine beiden ersten Verlobten waren gestorben, aber wahrscheinlich wußte er weder von ihrer Existenz noch von ihrem Tod, oder er legte keinen Wert darauf, davon zu wissen. Dies waren schließlich Angelegenheiten, die von den Eltern geregelt wurden, und wahrscheinlich hatte Moniya lange Zeit mit der eigenwilligen Kasturba gespielt, die in Porbandar in ihrer unmittelbaren Nachbarschaft

lebte. Die Mehrfach-Hochzeit war vorwiegend aus ökonomischen Gründen in Erwägung gezogen worden, aber es scheint auch, daß der Vater sichergehen wollte, noch unter den Lebenden zu sein, wenn Mohan Hochzeit machte. Wie die Dinge sich schließlich entwickelten, wurde seine Gegenwart für Mohan, dessen Hochzeitsbilder ihn als einen ziemlich verschreckten Knaben zeigen, zu einem zentralen Umstand. Man berichtet allerdings, daß ihm die Anstalten, die gemacht wurden, bis zu einem gewissen Punkt Vergnügen bereitet hätten, während er sich recht deutlich darüber aussprach, wie weit er mit dem üblichen zeremoniellen Aufwand zu gehen bereit war: zum Beispiel war er nicht geneigt, sich auf einem geschmückten Pferd inmitten einer Parade durch die Straßen führen zu lassen. Andererseits scheint er seine Erwartung darein gesetzt zu haben, daß seine nunmehr intimere Kameradschaft mit seiner Kindfrau zu einer Mischung aus exklusivem Spielgefährtentum und totalem Besitz von (und Dienst an) jemandem werden würde, der ihm nach Recht und Gesetz angehörte. Der sexuelle Akt, der, wie er sehr wohl wußte, von ihm erwartet wurde, konnte angesichts der Lebensbedingungen in einer Großfamilie und der halb ländlichen Vertrautheit mit Tieren im Umkreis solcher Provinzstädte für ihn kein Geheimnis mehr sein. Im übrigen wurde man in derartigen Angelegenheiten von wohlmeinenden Verwandten beraten, und man konnte schließlich in jedem Fall, wie der Mahatma schrieb, auf die Kenntnis zählen, was zu tun sei, da man sie sich in vorhergehenden Leben angeeignet haben mußte – das hinduistische Gegenstück zum Begriff des »Instinkts«.
Doch wenn der zukünftige Ehemann Mohan nicht übel Lust verspürte, spielerisches Gefallen an den Veranstaltungen zu seiner Hochzeit zu finden, so wurde dieses und der gesamte festliche Anlaß beinahe durch die Tatsache zunichte gemacht, daß sein Vater auf seinem Weg zur Hochzeitsfeier einen beinahe folgenschweren Unfall erlitt: eine Art Fluch im Leben des Sohnes. Der Wagen des Vaters stürzte um, und er verletzte sich schwerer, als es zunächst den Anschein hatte: »Mein Vater setzte trotz seiner Verletzungen eine Miene auf, als sei nichts geschehen, und nahm an den Hochzeitsfeierlichkeiten lebhaften Anteil. Wenn ich zurückdenke, erblicke ich selbst heute noch vor meinem inneren Auge den Platz, auf dem er saß, als er die verschiedenen Einzelheiten des Zeremoniells an sich vorüberziehen ließ. Ich ließ es

mir nicht träumen, daß ich meinen Vater eines Tages erbittert kritisieren würde, weil er mich als Kind verheiratet hatte.«[12]
Diese Worte verraten, wie sehr sich der Bräutigam der Anwesenheit seines Vaters bewußt war, vielleicht mehr noch als der seiner kindlichen Braut. Und tatsächlich teilte er nach ihrer Rückkehr ins Haus seine tiefempfundene, brennende Aufmerksamkeit zwischen seiner Frau und der Sorge für seinen Vater. Seine geschickte, mütterliche Fürsorglichkeit gegenüber Kaba konnte jetzt den Dienst für die Mutter ebensosehr ersetzen wie ergänzen, denn sie wurde dadurch von den Pflichten, die seine Pflege mit sich brachte, befreit, die sonst alles andere verschlungen hätten. Doch der Mahatma bekennt, daß er an seine Frau dachte, wenn er den Vater massierte und daß er an seinen Vater dachte, wenn er mit seiner Frau zusammen war, während beides, die Ehe und die Pflege, ihn seine Studien vernachlässigen ließen. Kein Wunder, daß die Schilderung dieses Lebensabschnittes die Vorstellung eines hektischen, verbissenen Hastens vom einen zum anderen aufkommen läßt, von der Frau zum Vater und vom Vater zur Frau, zu beiden hin und von beiden weg, zur Schule und zurück; und man kann die Annahme wagen, daß dies zum Modell für den späteren Wechsel zwischen einer manischen Mobilität und zeitweiliger Seßhaftigkeit geworden ist – stets im Dienste jemandes oder einer Sache, die ihn brauchten. Jedenfalls wird eine stimmige Darstellung der Jugend Mohans (und hier wäre eine romanhafte Form angemessener und wahrhafter, als jede Zusammenstellung der erreichbaren, tendenziös aufbereiteten »Tatsachen« es sein könnte) nicht umhinkönnen, ihn im Alltag seiner einander überschneidenden und zugleich tiefgreifende Konflikte aufrührenden Pflichten zu zeigen, die sich aus seinem Bestreben ergaben, dem Vater, der Frau und der Schule gerecht zu werden, und sie darf (der Leser wird beinahe erleichtert sein, davon zu erfahren) dabei ebensowenig die Ansätze zu jugendlicher Delinquenz auslassen, in der er sich auch versucht hat.
Erledigen wir zunächst die Schulzeit, denn es hat den Anschein, daß sie ihm am wenigsten bedeutete. Wie Pyarelal sich ausdrückt (und wie wir dies auch von anderen Knaben wissen, die später überragende Stellungen einnahmen), hatte »aller Lernstoff, der nicht zum Leben und seinen Pflichten in Beziehung stand, wenig Anziehendes für ihn«. Ich möchte allerdings unterstellen, daß kein Lehrer auf der Bildfläche erschienen ist, der es wert gewesen wäre,

sich ihm mit einer Intensität anzuschließen, die eine einzigartig enge Bindung gerechtfertigt hätte. Der Mahatma äußerte sich später recht obenhin über seine Schule wie über ihre Lehrer. Stets bereit, sich selbst die Schuld daran zuzuschreiben, pflegte er sich jedoch schlicht als mittelmäßigen Studenten zu bezeichnen, der »erstaunt« gewesen sei, wenn er Preise und Stipendien gewann, und ansonsten wenig Aufhebens machte – mit einer Ausnahme: wenn in den kritischen Situationen des Schullebens sein *moralischer* Charakter angezweifelt wurde:

»Aber ich wachte sehr eifersüchtig über meinen Charakter. Schon der mildeste Tadel trieb mir Tränen in die Augen. Wenn ich einen Verweis verdiente oder ein Lehrer der Ansicht war, daß ich ihn verdient hätte, war dies schlechthin unerträglich für mich.« [13]

Ohne Makel und Tadel zu bleiben, wird als die alles andere verdrängende emotionale Notwendigkeit hingestellt; darüber hinaus noch macht uns der Mahatma zu Zeugen dafür (und dies ohne die geringste Andeutung von Bosheit), wie er einem seiner Lehrer eine Lektion erteilte. Als eines Tages der Schulinspektor seinen Besuch machte, entdeckte der Lehrer auf Mohandas' Orthographietafel einen Fehler; in seinem Eifer, ein vollkommenes Ergebnis vorzeigen zu können, machte er ihn durch allerlei Winke darauf aufmerksam, daß er die richtige Schreibweise von seinem Nachbarn abschreiben könne.

»... Ich war außerstande zu begreifen, daß er den Wunsch hatte, ich möchte die genaue Schreibweise von der Schiefertafel meines Nebenmannes absehen, denn ich war der Meinung gewesen, daß ein Lehrer dazu da sei, uns zu überwachen, damit wir nicht abschrieben. Das Ergebnis war schließlich, daß alle Jungen außer mir jedes Wort richtig buchstabiert hatten. Nur ich war also dumm ... Doch dieser Vorfall minderte meinen Respekt für den Lehrer nicht im geringsten. Ich war von Natur her blind gegen die Fehler der Älteren.«[14]

Man könnte versucht sein, ein solches Maß an Wohlverhalten von seiten eines Schuljungen der Absicht zuzuschreiben, es als Bestandteil jener Botschaft erscheinen zu lassen, die der alternde Autobiograph verkünden wollte. Das würde aber zweifellos bedeuten, daß man eine lebenslang währende Tendenz unterschlüge, die ihre Klimax eindeutig in der Autobiographie erreicht. Diese Tendenz folgt ihrer eigenen, entwicklungsgeschichtlichen Logik – einer Logik, die Gandhis Leben mit dem Leben anderer Heiliger gemeinsam hat. Hier kann ein überempfindliches Gewissen sich nur dann beruhigen, wenn es immer den Glauben aufrechterhält, daß das sich entfaltende »Ich« eine Wahrhaftigkeit in sich birgt, die aller Autoritäten entraten kann und ihnen überlegen ist, weil diese Wahrheit der Pakt jenes »Ich« mit Gott ist, worin das »Ich« die zentrale Stellung einnimmt und mächtiger ist als alle Bilder der Eltern und der Moralität. Dies würde ich für den wahren Kern eines homo religiosus ansehen, und das Hindernis der eben erzählten Geschichte liegt für mich nicht darin, zu glauben, daß Mohan ein »guter« Junge war, sondern vielmehr darin, daß er das Wagnis auf sich nahm, sich ungeschützt durch zerbrechliche Autorität dem leeren Raum zwischen absolutem Bösen und absoluter Wahrheit auszusetzen. Ein solcher Junge erscheint natürlich oft zu gut, um wahr zu sein. Pyarelal zitiert (mit einem Schauder, wie er nicht eben typisch für einen überzeugten Anhänger Gandhis ist, der über Gandhi schreibt) aus einem Brief, den der Mahatma viele Jahre später seinem siebzehnjährigen Sohn Manilal schrieb:

»Vergnügen und Unbekümmertheit sind nur in den Jahren der Unschuld statthaft, d. h. bis zum zwölften Lebensjahr. Sobald aber ein Kind das Alter der Mündigkeit erreicht hat, muß es lernen, im vollen Gefühl seiner Verantwortlichkeit zu handeln, und unnachlässig bewußte Anstrengungen machen, seinen Charakter zu entwickeln ... Ich erinnere mich einer Zeit – ich war damals noch jünger als Du –, in der meine größte Freude darin bestand, meinen Vater zu pflegen. Seit meinem zwölften Jahr habe ich nicht mehr erfahren, was Vergnügen und Sorglosigkeit sind.«[15]

Will man eine solche Feststellung beurteilen, so müßte man wissen können, welchem Anlaß sie sich verdankt. Und natürlich müßte man bestrebt sein, in Erfahrung zu bringen, wie die althergebrachte Tonlage beschaffen ist, in der ein solcher väterlicher Brief geschrieben wurde: denn gemäß dem hinduistischen Schema der Lebensstadien wird erwartet, daß man mit siebzehn Jahren ein asketischer Lernender sei, und demzufolge jemand – wie Gandhi im selben Brief hervorhebt –, der zumindest darin einem Sannyasin vergleichbar ist, daß er von allen sinnlichen Genüssen Abstand hält. Wir werden uns später noch eingehender mit dem Umstand befassen, daß Gandhis Briefe an seine Söhne oft in einer Weise moralistisch sind, die einer Heimsuchung gleichkam, ganz

so, als müßten seine Söhne ihre Anstrengungen verdoppeln, gut zu sein, da sie das Produkt jener Frühehe waren.
In der Autobiographie erzählt der Mahatma die Mythen und szenischen Darstellungen nach, an die er aus seiner Jugend eine überaus intensive Erinnerung bewahrt hatte. Von all den Bilderbogen aus dem Heiligenleben, die von umherziehenden Schauspielertruppen öffentlich aufgeführt wurden, hinterließ, wie er sagt, vor allem »Shravana trägt, unter Zuhilfenahme von Schlaufen, die um seine Schultern geschlungen sind, seine blinden Eltern auf einer Pilgerfahrt« einen nachhaltigen, unauslöschlichen Eindruck bei ihm. »Hier ist ein Beispiel, dem du nacheifern mußt« soll er, nach eigenem Bericht, zu sich gesagt haben. Aber wie zur Buße für die Eitelkeit, die in der selbstherrlichen Kraft des Sohnes angedeutet sein mag, stirbt Shravana schließlich, und »die schmerzerfüllte Totenklage der Eltern über Shravana ist mir noch frisch im Gedächtnis. Der schmelzende Ton hatte für mich etwas tief Bewegendes, und ich spielte sie auf einer Konzertina nach, die mir mein Vater gekauft hatte.« Wenn der moderne Beobachter schnell geneigt ist, hierin eine sentimentale Absage an den Wunsch zu sehen, stärker als der Vater zu sein, dann sollten wir uns daran erinnern, daß nicht einmal Freud es für wünschenswert oder möglich gehalten hat, daß das Ödipusmotiv bewußt wird. In der Tat wäre der Gedanke, daß man sich seiner bewußt sein könne, weil man jetzt schließlich einen Namen dafür gefunden habe, nichts weiter als ein billiger Ersatz dafür, daß es bis in die Grundfesten des Wesens durchlitten wird, und dies in den Formen sowohl einer überkommenen Mythologie wie in denen einer sich verändernden Technologie.
Etwa zu jener Zeit hatte Mohan von seinem Vater die Erlaubnis eingeholt,

»ein von einer Schauspielergesellschaft aufgeführtes Stück zu sehen. Dieses Stück – *Harishchandra* – nahm mein Herz gefangen. Ich wurde nicht müde, es mir anzusehen. Doch wie oft konnte ich die Erlaubnis erhalten, hinzugehen? Es verfolgte mich nachgerade, und ich muß mir *Harishchandra* unzählige Male selbst vorgespielt haben. ›Warum können nicht alle Menschen ebenso wahrhaftig sein wie *Harishchandra*?‹ war die Frage, die ich mir Tag und Nacht vorlegte. Der Wahrheit folgen und alle Prüfungen auf sich nehmen, das war das Ideal, das das Stück in mir wachrief. Ich *glaubte Wort für Wort* an die Geschichte von Harishchandra.«[16*]

In aller Kürze erzählt: Es handelt sich um die Geschichte eines Königs von ungewöhnlicher Güte und Tugend. Die Götter beschließen, ihn auf die Probe zu stellen. Sie schicken einen Brahmanen zu ihm, der ihn zuerst um ein Almosen bittet und seine Forderungen schließlich immer höher schraubt. Der König, getreu seinem *dharma* folgend, gibt alles hin, eingeschlossen sein Königreich. Er wird zum Sklaven, und seine Frau verläßt ihn, den gemeinsamen Sohn mit sich nehmend, der bald darauf stirbt. Als Sklave wird Harishchandra die Aufgabe zuteil, über die Stätte zu wachen, wo die Einäscherungen vorgenommen werden. Seine Frau erscheint vor ihm mit dem Leichnam ihres Sohnes und fordert, daß er verbrannt werde. Harishchandra, in genauer Befolgung seines neuen *dharma*, besteht pflichtgemäß auf der Zahlung der üblichen Gebühr, die seine Frau nicht leisten kann. Sie rechtet mit Harishchandra: »Aber es ist dein Sohn!« Am Ende aber greifen die Götter ein und stellen Harishchandras Königswürde und seine Familie wieder her. Wenn wir imstande wären zu begreifen, was Gandhi damit meint, wenn er sagt, daß er eine derartige Geschichte »wortwörtlich« geglaubt habe, dann wären wir dem Verständnis seiner Person und seiner Einstellung gegenüber der eigenen Lebensgeschichte weitaus nähergekommen. Wenn ich versuchen wollte, dies mit eigenen Worten zu formulieren, dann kann ich nur mutmaßen, daß diese Parabel für ihn eine innere *Wirklichkeit* besessen haben muß, die jeder Frage nach der *Tatsächlichkeit* des Geschehnisses enthoben war, denn er war auch späterhin bestrebt – und in der Tat auch erfolgreich darin –, in der Aura von Parabeln zu leben, während er zugleich von durchaus konkreten Aktivitäten in Anspruch genommen wurde.

Bei der Lektüre des Briefes an seinen Sohn wird uns indessen mit einem weiteren Schauder bewußt, daß die Periode, in der er allen »Lustbarkeiten und jedem Frohsinn« abgeschworen hatte, all die Jahre seiner verfrühten Ehe mit jenem eigenwilligen und verspielten jungen Mädchen mit einschließt und in der Tat all die knabenhaften und jugendlichen Eskapaden zu einer Angelegenheit von tödlichem Ernst macht: gab es jemals ein *Antevasin*, so ist man versucht zu fragen, dessen Lehrjahre von einer kahleren, einsameren Konfrontation mit den existentiellen Kategorien der

* Hervorhebungen des Verfassers

Sohnschaft, des Mannestums und des eigenen Selbst erfüllt waren? Hier zeichnet sich eine weitere, lebenslang wirksame Tendenz ab: während andere Entbehrungen hinnehmen mochten, um der Rückversicherung durch traditionelle Lehrinhalte und der Segnung anerkannter Lehrer des Traditionellen würdig und teilhaftig zu werden, mußte der junge Gandhi erst eine neue Tradition *erschaffen*.

Die fürsorgliche Pflege des Vaters wird von ihm hingestellt als dasjenige, was allen anderen Bestrebungen überlegen war: war dies eine Parabel, in der der Sohn nicht nur für die eigenen Sünden Abbitte leistete, sondern auch dem Vater die seinen vergibt? Denn ohne Zweifel hatte Kaba, indem er den Sohn zu einer verfrühten Ehe zwang, in entscheidender Weise in das *dharma* des Sohnes eingegriffen und es gestört. Gandhis Sexualität wurde, ob er nun Enthaltsamkeit übte oder sich in ihr betätigte, dauerhaft von demjenigen gezeichnet, was ihm als jugendlicher Exzeß erscheinen mußte, der ihn der Fähigkeit zu geistiger Konzentration beraubte. Solange sie gemeinsam Lust erlebten und Kinder hatten, wurde ihm seine Frau zu einer immerwährenden, personifizierten Bedrohung aller höheren Loyalitäten, wenngleich in der Tradition aller Samenverlust als die Schleuse zu erhöhten Formen der Vitalität aufgefaßt wird. Die Macht einer solchen Tradition war zweifellos in verschiedenen Regionen und Kasten in unterschiedlichem Maße wirksam, und in einigen wurde ihr mit geradezu besessenen erotischen Zwangsvorstellungen heftig entgegengearbeitet. Denn jene höhere Geisteskraft wird durch die physische, sexuelle Substanz gesteigert, die zwar bei der Ejakulation verlorengeht, durch Enthaltsamkeit jedoch gesammelt werden kann und zum Gehirn hochgepumpt wird – das scheint ungefähr ein traditionales indisches Modell einer Theorie der Sublimation zu sein. Wo solche bildliche Vorstellungsweise dominiert und ihr ein gewisser obsessiver und phobischer Geiz zugesetzt wird, wie dies ganz allgemein bei Jugendlichen der Fall ist, die überzeugt davon sind, daß Ejakulation Verlust und Entleerung bedeutet, nimmt das gesamte Geschlechtsleben die Bedeutung der Aushöhlung der männlichen Wesenskräfte an. Hier sah sich Mohan einem Konflikt gegenüber, der alle Spontaneität und alles spielerisch Leichte in ihm verschüttete, auch noch dort, wo das Sexualleben durch Konvention legitimiert und vom Vater »angeordnet« war; am Ende konnte nur totale Abstinenz ihm – und seiner Frau – den heiteren Humor zurückgeben, der manchmal den Triumph der Selbstbeherrschung auszeichnet. Mohandas' kindliche Braut kam seinen sexuellen Forderungen entgegen, wie immer sie beschaffen waren, welche Intensität sie hatten und mit welcher Frequenz sie sich erneuerten, denn das gehörte schließlich zu den Aufgaben eines Hindu-Mädchens. Aber bei seinem Versuch, sie in seine jugendliche schwarze Magie hineinzuziehen, begegnete ihm zum ersten Mal (und von da an unwiderruflich, wie viele glauben) sein Meister: ihre Einfachheit und Würde waren nicht aus dem Gleichgewicht zu bringen. Sie war ihm, wie er zugeben mußte, an physischem Mut anfangs überlegen und sie blieb unerschrocken, unnachgiebig gegenüber seinen wütenden Anstrengungen, ein wertvolleres, würdigeres Glied der menschlichen Gattung aus ihr zu machen, indem er sie Lesen und Schreiben lehrte. Wohl wurde sie zu der von allen bewunderten Ba, aber sie blieb zeitlebens Analphabetin: und es gelang ihr immer, wie Pyarelal sich ausdrückt »ihm das Gefühl der Absurdität zu geben . . . indem sie eine ganz schlichte, verheerende, hausgemachte Wahrheit vorbrachte, für die sie eine Gabe hatte«. Aber es gelang ihr schrittweise, in ein Leben des Opfers und des Verzichts einzuwilligen, dem sie ohnehin nicht entrinnen konnte. Shankerlal fragte sie im Alter, was aus ihrem mädchenhaften Wunsch nach schönen Dingen und Kleidung geworden sei, und sie erwiderte: »Die wichtigste Sache im Leben ist, eine Richtung zu wählen – und alle anderen zu vergessen.« Aber natürlich würde sie niemals die intimen Aspekte ihrer frühen Ehe mit jemandem erörtert haben – nicht einmal, wie sich aus einigen Bemerkungen Gandhis erraten läßt, mit ihrem Ehemann. Und vom Mahatma sind nur unverhüllte Augustinianismen überliefert. »Hätte es zu dieser verzehrenden Leidenschaft als Gegengewicht in mir nicht eine brennende Hingabe an die Pflicht gegeben, so wäre ich entweder der Krankheit zum Raub geworden oder in eine qualvoll beladene Existenz abgesunken.«[17] Er schätzt sich selbst und auch sie glücklich dafür, daß in Indien »die Kindfrau mehr als die Hälfte ihrer Zeit im Hause ihres Vaters verbringt«, und spricht rückschauend von seiner Reise nach England im Alter von achtzehn Jahren als von einem »lang währenden und gesunden Zauber der Trennung«. Wie »leidenschaftlich« ein solcher Knabe oder Mann in Wirklichkeit ist, wird zu einer müßigen Frage, denn wir können nur von der quantitativen Bedrohung wissen, die er das Bedürfnis fühlte zu bekennen. Eins jedoch wird in erschreckendem Maße gewiß: nirgendwo findet sich auch nur eine Andeutung beglückender Zärtlichkeit. Später erst, als er sich von aller sexuellen Aktivität abgekehrt hatte, war Gandhi offenbar in der Lage, eine gewissermaßen erotisch-ästhetische, heitere Gelöstheit in einer Art distanzierter physischer Nähe sowohl zu Männern wie auch Frauen gegenüber zu empfinden. Alle genitalen Wünsche aber blieben ein Stigma und beschworen eine Katastrophe herauf: was den Kindern eine ganz erhebliche Last aufbürdet, die das zufällige Produkt solcher Überschreitungen sind. Wie wir noch sehen werden, gelangte diese soganze Problematik der Vaterschaft Gandhis, und zwar von sowohl natürlichen wie von Söhnen »im Geiste«, gerade während der Periode, die das Ereignis von Ahmedabad einleitete, zu ihrem Höhepunkt.

Es muß spätestens jetzt offenbar geworden sein, warum sich Moniyas spielerisches und mutwilliges Necken anderer im Jugendalter ins Säuerliche verkehrte. Und dennoch wäre ich nicht bereit einzuräumen, daß diese Fähigkeit zum Lachen vollständig niedergehalten wurde, und zwar gerade deshalb, weil die autobiographischen Kapitel, die seine Jugend behandeln, ebensogut die Überschrift »Experimente mit der Sünde« tragen könnten. Es mag wahrscheinlich für viele, wenn nicht sogar für alle Kinder gelten, daß die echte kindliche Verspieltheit an dem Punkt abbricht, wo das Spiel mit dem Feuer der Sexualität beginnt, sei es auch aus keinem anderen Grund als wegen jenes Faktors, den Anna Freud als die relative Schwäche des jugendlichen Ego unter der Belastung des Pubertätsdruckes beschrieben hat. In Mohans Fall aber argwöhnt man, daß es an seiner Unfähigkeit gelegen hat, die sexuellen Ansprüche einer Kinderehe mit dem alles beherrschenden Bedürfnis zu versöhnen, diejenigen, die ihm am nächsten standen, zu moralischen Auseinandersetzungen herauszufordern. Verglichen damit war der Geschlechtsakt nichts als demütigende Kontumeszenz, und in all seinen Schriften findet sich nirgendwo ein Hinweis darauf, daß er vielleicht als bewußte Erfahrung der Zeugung imstande sein könnte, die Intimität zwischen Mann und Frau auf die Ebene glückserfüllter Geschlechtlichkeit zu heben.

Klinisch gesprochen, muß man zu der Schlußfolgerung gelangen, daß Gandhi seine Art der spielerischen Gelöstheit, der Zärtlichkeit und des Schöpferischen vor einer Sexualität bewahren mußte, die ihm im biblischen Sinne zum Ärgernis geworden war, und daß er glücklich sein durfte, die Fähigkeit zu besitzen, womöglich ein Gefühl der Heiterkeit dabei zu empfinden, sie »auszureißen«. Wir werden indessen noch sehen, daß eine gewisse Rachsüchtigkeit, insbesondere gegenüber der Frau als der Versucherin, in ihm überlebte und ihn darauf dringen ließ, absolute Keuschheit als notwendige Voraussetzung von den Führern der Gewaltlosigkeit zu fordern. Es mag gute Gründe dafür geben, die Liebe in der Gemeinschaft eines Ashram oder eines religiösen Ordens zur Liebe zwischen Brüdern und Schwestern zu machen. Aber die Ableugnung alles Phallischen bietet nur zwei Auswege zur Sublimation: das Aufheben all dessen, was an der lustvollen Betätigung des Phallus den Charakter des Spielerischen und dennoch machtvoll Aggressiven und Störenden trägt, in einer »höheren« Ebene (und dies würde Gandhi ohne Zweifel auf die in stärkerem Maße provokativen Phasen seiner Taktik der Gewaltlosigkeit übertragen); und eine regressive Emphase auf den eliminativen Charakter der Detumeszenz sowie ein zwanghaftes Bestehen auf äußerster Reinlichkeit. Hier wird eine lebenspendende Substanz auf den Status des Schmutzigen und Besudelnden heruntergebracht, das man eindämmen und dem man entgegenwirken muß durch Enthaltsamkeit und Reinigung. Diese Tendenz hat machtvolle und überaus widersprüchliche Vorläufer in der indischen Tradition, und es gibt keinen Zweifel daran, daß Gandhis fanatischer Widerwille gegen klebrigen Schmutz und alle Verunreinigung gelegentlich auch dazu diente, die Aufmerksamkeit der Öffentlichkeit auf die fatale Sorglosigkeit der Inder in Angelegenheiten hinzuweisen, die mit dem Schicksal der Abfälle und menschlichen Ausscheidungen zusammenhängen: denn Handlungen spiritueller Reinigung können sehr wohl (wie am Ganges zu beobachten ist) mit einer totalen Unbekümmertheit in Dingen der Hygiene zusammengehen.

Man sollte also nicht vorschnell darangehen, solche Auffassungen als bloße Produkte einer persönlichen und neurotischen Schrulle zu interpretieren. Das Problem muß als ein solches gesehen werden, das sich seit Menschengedenken stellt: zum Nutzen welcher Ziele und durch welche Methoden wird der Mensch lernen, Exzesse seiner instinktgebundenen Aktivität einzudämmen? Es verdient vor allem unser Interesse, daß »Die Geschichte meiner Experimente mit der Wahrheit« nicht weniger als die »Traumdeutung« von der Annahme ausgeht, daß ein Mensch mit dem Bestreben, die Sexualität seiner Beherrschung entweder durch »Experiment« oder durch »Analyse« zugänglich zu machen, sich mit seiner Kindheit konfrontieren und vor allem Rechenschaft über die Konflikte mit seinem Vater ablegen muß.

3. Der Fluch

Das erste und einzige schriftliche Zeugnis aus der Kindheit ist ein in Gandhis *Gesammelten Werken* abgedruckter Brief, den er im Alter von fünfzehn Jahren an seinen nichtsahnenden Vater schrieb, um ihm die Tatsache zu bekennen, daß er »ein Stück Gold vom Armreif seines Bruders entfernt habe, um damit eine kleine Schuld des letzteren zu begleichen«. Dem Bericht seiner Schwester zufolge (sie erzählte dies Pyarelal, als sie bereits neunzig Jahre alt war) legte er sein Geständnis zuerst der Mutter gegenüber ab, die darauf erwiderte: »Geh und erzähle deinem Vater davon.« »Wird Vater mich deswegen schlagen?« fragte er. »Das wird er nicht«, antwortete die Mutter, »warum sollte er auch? Hat er es denn jemals getan?«[18] Vorausgesetzt, daß der Erinnerung hier keine Irrtümer unterlaufen sind, bestätigt dies zumindest, daß der sonst recht reizbare Vater niemals Hand an diesen Knaben gelegt hat. Gandhi selbst fährt fort:

»Schließlich beschloß ich, das Geständnis niederzuschreiben, es meinem Vater zu geben und ihn um Verzeihung zu bitten. Ich schrieb es auf einen Bogen Papier und überreichte es ihm selber. In dieser Niederschrift bekannte ich nicht nur meine Schuld, sondern erbat für mich angemessene Bestrafung und schloß mit der Aufforderung an ihn, *sich nicht selbst* für meine Verfehlung *zu strafen* [die Strafe nicht selbst auf sich zu nehmen].

Ich [meine Hand] zitterte, als ich dieses Geständnis meinem Vater aushändigte. Er litt damals an einer Fistel und war ans Bett gefesselt. Sein Bett war ein glattes Holzbrett. Ich überreichte ihm mein Schriftstück und setzte mich dem Bett gegenüber.

Er las es durch, und Tränen liefen über seine Wangen und benetzten das Papier. Einen Augenblick lang schloß er die Augen im Nachdenken, und dann zerriß er die Notiz. Er hatte sich, um sie zu lesen, aufgesetzt. Nun legte er sich wieder zurück. Auch ich weinte. Ich konnte meines Vaters Qual sehen. Wäre ich ein

Maler, so könnte ich noch jetzt die ganze Szene im Bild erfassen. So lebendig steht sie mir [sogar heute] noch vor dem Gedächtnis. [Der Liebespfeil dieser ...] Tränen der Liebe reinigten mein Herz und tilgten meine Sünde [ich wurde rein]. Nur wer solche Liebe erfahren hat, weiß, was sie ist. Wie es im Hymnus heißt: ›Nur wer von den Pfeilen der Liebe [Rama] getroffen ist, kennt ihre Macht.‹
Dies war für mich eine praktische Lektion in Ahimsa. Damals konnte ich darin nichts anderes lesen [sehen] als die Liebe eines Vaters, doch heute weiß ich, daß es reine Ahimsa war. Wenn solche Ahimsa allumfassend wird, *verwandelt sie alles,* was sie berührt. Für ihre Macht gibt es keine Grenze. [Es ist schwer, diese Macht zu ermessen.]
Diese Art sublimer Vergebung war bei meinem Vater *nicht natürlich* [zutiefst unnatürlich]. Ich hatte geglaubt, er werde sich ärgern, mir harte Worte sagen und [wahrscheinlich] sich vor die Stirn schlagen. Doch er war wunderbar ruhig, und ich glaube, *es war mein offenes Geständnis, das diese Wirkung auf ihn machte.*
Ein offenes Geständnis in Verbindung mit dem Versprechen, eine solche Sünde niemals zu wiederholen, ist, wenn es vor demjenigen abgelegt wird, der ein Recht darauf hat, es anzuhören, die reinste Form der Reue. Ich weiß, daß dies Bekenntnis meinem Vater das Gefühl absoluter Sicherheit über mich gab und *seine Zuneigung zu mir über alles Maß steigerte.*« [19]
Meine Hervorhebungen kennzeichnen diejenigen Passagen, in denen der Sohn, damals fünfzehn Jahre alt, sich in ungewöhnlichem Maße der Macht bewußt ist, in seinem Vater einen außerordentlichen Bewußtseinszustand zu erzeugen. Wenn solche »sublime Vergebung« bei seinem Vater »zutiefst unnatürlich« war und wenn die ganze Angelegenheit sich nichtsdestoweniger als eine »praktische Lektion in Ahimsa« herausstellte, dann ist es vielmehr der Sohn, der mit der Macht seines geistigen Willens, wie er sich in seinem »offenen Geständnis« verkörperte, den Vater reinigte. Denn der alte Kaba schlug seinen Sohn nicht (etwas, das er anderen gegenüber als recht »natürliches« Erziehungsmittel erachtet zu haben scheint), noch »nahm er die Bestrafung auf sich«, indem er sich selbst vor die Stirn schlug – eine indische Sitte, die einen überaus großen Widerhall haben kann und ausgesprochen beunruhigend für alle ist, die sich in Hörweite auf-

halten. Statt dessen herrschten Ruhe und Frieden. All dies wird nicht einzig hervorgehoben, um seine innere Bedeutsamkeit für die Entwicklung des Gefühls einer höheren Bestimmung bei Gandhi darzutun, sondern zugleich deswegen, weil die Geschichte gewissermaßen einen »typischen Klang« hat – eine Resonanz auf das Leben anderer hervorragender Individuen von einem in ähnlicher Weise vorzeitig ausgebildeten Gewissen und einer bereits früh erwachten Überzeugung ihrer moralischen Verantwortlichkeit für einen Elternteil – einer Verantwortlichkeit, die sie dann in der Folgezeit auf die Menschheit selbst ausdehnten.
Es scheint hier angebracht, im Dienste einer der Dimensionen biographischer Interpretation eine Abschweifung zu machen. Selbst noch ein Punkt von derart idiosynkratischem Charakter wie Mohans Geständnis gestattet einen fruchtbaren Vergleich mit analogen Vorkommnissen im Leben gleichgearteter Gestalten der Weltgeschichte, so daß sich dadurch eine »typische« Erfahrung zumindest bei denen aufzeigen läßt, die Autobiographien schreiben. Ich möchte an dieser Stelle zwei Beispiele aus Bereichen, die nach Herkunft und szenischem Hintergrund weit voneinander abweichen, zur näheren Betrachtung vorlegen.
Hier ein berühmter Abschnitt aus Kiekegaard:
»Es waren einmal ein Vater und ein Sohn. Beide geistig sehr begabt, beide witzig, *insbesondere der Vater* . . . Ganz selten einmal, wenn der Vater den Sohn betrachtete und sah, daß er sehr kummervoll war, da stand er still vor ihm und sagte: Armes Kind! Du steckst in einer stillen Verzweiflung (aber er befragte ihn niemals näher, ach! das konnte er nicht, denn er steckte selber in einer stillen Verzweiflung). Sonst wurden niemals zwei Worte über diese Angelegenheit gewechselt. Aber der Vater und der Sohn waren vielleicht *zwei der schwermütigsten Menschen, die seit Menschengedenken gelebt haben.*
. . . Und der Vater glaubte, er habe die Schwermut des Sohnes verschuldet, und der Sohn glaubte, er habe die Schwermut des Vaters verschuldet, darum sprachen sie nie miteinander . . . Worin aber liegt die Bedeutung von alldem? Die Ursache hiervon ist genau, daß *er mich unglücklich machte* – aber aus Liebe. Sein Irrtum bestand nicht in einem Mangel seiner Liebe, sondern darin, daß er *ein Kind mit einem alten Mann verwechselte.*«[20]
Ich habe im Text wiederum diejenigen Stellen kenntlich gemacht, auf die es mir hier vor allem ankommt, weil sie nämlich zeigen,

daß eine solche Auseinandersetzung nur möglich ist, wo die Vater-Sohn-Beziehung von ganz spezifischer Besonderheit ist. In einer patriarchalischen Ära kann ein Sohn mit einem frühentwickelten Gewissen und einem tiefen Gefühl des Berufenseins zu Höherem sich schon im Kindesalter geistig einem Vater gegenüber gleichgestellt – nein, sogar für ihn verantwortlich – fühlen, der es auf Grund seiner eigenen, verzweifelten Bedürftigkeit dem Knaben unmöglich machte, ihn zu hassen. Ich möchte die Behauptung wagen, daß gewisse Formen der Größe schon sehr früh von dem Gefühl begleitet sind, daß eines seiner Eltern vermöge überragender Charaktereigenschaften des Kindes erlöst werden müsse, und wir werden sogleich sehen, welche »Sünde« es war, von der seinen Vater loszusprechen Mohandas den Drang in sich verspürte.

Um jedoch den vollen Umfang dieses Problems aufzeigen zu können, wollen wir einen radikalen Szenenwechsel vornehmen und uns der Autobiographie einer Frau und modernen Amerikanerin zuwenden, Repräsentantin einer recht unterschiedlichen Art der Größe. In Eleanor Roosevelts Leben manifestiert sich das Leitmotiv einer als Verpflichtung empfundenen mütterlichen Sorge für die gesamte Menschheit wie zugleich für besondere Gruppen und einzelne ganz entschieden und voller Stolz in der Unterstützung, die sie, eine einst sehr schwankende und zaghafte junge Frau, entschlossen ihrem mit einer schweren Krankheit geschlagenen Mann erweisen sollte. Hier der Bericht über Eleanors letzte Begegnung mit ihrem Vater:

»... Ich entsinne mich noch, wie ich in die dämmerige Bibliothek mit ihrer hohen Geschoßdecke hinunterging, die im ersten Stockwerk des Hauses West 37th Street gelegen war. Er saß in einem hochlehnigen Stuhl. Er war ganz in Schwarz gekleidet und wirkte sehr traurig. Er streckte seine Arme aus und zog mich zu sich heran. Nach einer geraumen Weile begann er zu sprechen, mir zu erklären, daß meine Mutter gestorben sei, daß sie ihm alles auf der Welt bedeutet habe, und jetzt seien ihm nur noch meine Brüder und ich geblieben, daß meine Brüder noch sehr jung seien und daß wir beide, er und ich, jetzt sehr eng zusammenhalten müßten. Eines Tages würde ich ihm wieder ein Heim schaffen: wir würden zusammen Reisen machen und vieles gemeinsam tun, was er mir in leuchtenden Farben als interessant und angenehm ausmalte und worauf wir uns als auf eine schöne, gemeinsame Zukunft freuen sollten.

Irgendwie drehte es sich immer um ihn und um mich. Mir wurde nicht ganz klar dabei, ob meine Brüder unsere Kinder sein sollten oder ob er glaubte, daß sie zur Schule und aufs College geschickt und später unabhängig sein würden.

Es begann damals in mir ein Gefühl, das mich niemals verlassen sollte – daß er und ich sehr eng zueinander standen und eines Tages unser eigenes, gemeinsames Leben führen würden. Er forderte mich auf, daß ich ihm oft schreiben, ein braves Mädchen sein solle und keine Schwierigkeiten machen dürfe; ich solle eifrig lernen und zu einer Frau heranwachsen, auf die er voller Stolz blicken könne, und er würde mich besuchen kommen, wann immer es ihm möglich sei.

Als er ging, blieb ich allein zurück, um unser Geheimnis des gegenseitigen Einverständnisses für mich zu bewahren und mich auf meine neue Existenz einzurichten.

Am 14. August 1894, kurz bevor ich zehn Jahre alt wurde, erhielt ich die Nachricht, daß mein Vater gestorben sei. Meine Tanten teilten sie mir mit, aber ich weigerte mich einfach, sie zu glauben, und obwohl ich lange vor mich hinweinte und, noch immer weinend, zu Bett ging, gelang es mir schließlich, einzuschlafen; den nächsten Tag begann ich wie gewohnt damit, mich in meiner Traumwelt einzurichten.

Meine Großmutter entschied, daß wir Kinder dem Begräbnis fernbleiben sollten, so daß es für mich nichts Greifbares gab, das den Tod für mich zu etwas Wirklichem gemacht hätte. Von jenem Zeitpunkt an sagte mir mein Verstand, daß mein Vater tot sei, und dennoch fühlte ich mich ihm enger verbunden, als es wahrscheinlich zu seinen Lebzeiten der Fall gewesen war.«[21]

Es muß an dieser Stelle nachgetragen werden, daß ihr Vater Alkoholiker war und mehrere Jahre in einem Sanatorium verbringen mußte. Ihm wurde lediglich gestattet, seine Tochter zu besonderen Anlässen zu sehen – wie es etwa der Tod der Mutter gewesen war. Indessen wird auch hier das Bild des schuldigen und leidenden Elternteils zum unaufhebbaren, heimlichen Besitz und zur Quelle einer lebenslangen, einzigartigen Kraft.

In einer biographischen Studie[22] legt Joan Erikson überzeugend dar, daß Eleanor, die Frau eines »FDR«, plötzlich all ihre scheue Unentschlossenheit ablegte, als sie erkennen mußte, daß ihr Ehemann, der durch Kinderlähmung zum Krüppel geworden war, zur dauernden Unterbringung fortgebracht werden sollte, wie dies zu einer Zeit mit ihrem Vater geschehen war, als sie noch zu jung gewesen war, um es zu verhindern. Von Stund an wurde Eleanor die große Pflegerin, Begleiterin und Helferin eines Präsidenten und späterhin zur obersten Sachwalterin seines geistig-politischen Nachlasses sowie zur Mitverfasserin der UNO-Charta der Menschenrechte.

Im Falle eines mütterlichen Sohnes muß natürlich das Moment der Ambivalenz weitaus bedrängender und bedeutsamer werden, wo der Sohn fanatisch von der (physischen oder geistigen) Sorge um und für den Vater in Anspruch genommen ist. Und tatsächlich bezieht sich Gandhi ganz am Anfang seiner Autobiographie auf seinen Vater nicht nur als auf jemanden, der reizbar und aufbrausend gewesen ist (wir haben gesehen, wie der Sohn ihn davon heilte), sondern er läßt auch anklingen, daß er sich möglicherweise »fleischlichen Gelüsten hingegeben« habe. Denn des Vaters Ehe mit seiner Mutter war schon die vierte: und er hatte das achtzehnjährige Mädchen geheiratet, als er bereits vierzig Jahre alt war. Gandhi berichtet, daß der Vater all seine früheren Ehefrauen durch den Tod verloren habe, doch scheint dies nicht ganz zu stimmen: seine dritte Frau war in der Tat noch am Leben – wenngleich hoffnungslos krank –, als Gandhis Vater Putali Ba heiratete, ein unübersehbarer Umstand in der Meinungsbildung einer verklatschten Gemeinde über die Lebensführung eines Premierministers. Auf Putali Ba mag diese Angelegenheit sehr niederdrückend gewirkt haben. Daß aber Gandhi, der Meister der Brahmacharya, bereits auf der ersten Seite seiner Autobiographie seinen Vater als möglicherweise sexuell Hyperaktiven hinstellte, ist jedenfalls ein recht fundamentaler Beleg für das Generationsdilemma. Denn er enthält, wie ich glaube, die noch weiter gehende Anklage, daß sein Vater, indem er auf der Frühehe des Sohnes bestand, an diesen den Fluch seiner fleischlichen Schwachheit weitergegeben habe – ganz gewiß ein machtvolles ontogenetisches Argument für das Augustinische Stigma der Erbsünde. Indem Kaba seinen Sohn so vorzeitig der Sexualität aussetzte, machte er ihn darüber hinaus zum Vater, noch ehe der Sohn wissen konnte, was er tat. Kierkegaard, der sich wie kein zweiter dem Problem der Existenz als solchem gewidmet hat, dankte Gott für den Umstand, daß Er ihn davor bewahrt habe, Vater zu werden. Wenn der älteste Sohn des Mahatma, worauf einiges hinzudeuten scheint, sublime Rache an seinem Vater übte, indem er den Tod eines völlig Verelendeten starb, dann entdecken wir in Gandhis Leben ein Sohn-Vater-Motiv von biblischen Dimensionen.

Dies wird genügen, uns auf die zweite, endgültige und schicksalhafte Begegnung mit dem Vater vorzubereiten, die der Mahatma mit selbstquälerischer und selbstzerstörerischer Überdeutlichkeit in seiner Autobiographie berichtet. Diese Passage ist so oft zitiert und überinterpretiert worden, daß ich sie hier nicht nochmals in aller Ausführlichkeit abdrucken will. Genug: eines Nachts war sein leidender Vater in tiefe Bewußtlosigkeit gefallen; doch der junge Sohn überließ die Krankenpflege dem Lieblingsbruder seines Vaters und ging in sein Schlafgemach, um mit seiner (damals schwangeren) Frau zusammen sein zu können. Nach geraumer Zeit jedoch kam ihn jemand holen. Als er in das Krankenzimmer stürzte, mußte er erkennen, daß sein Vater in den Armen des Onkels gestorben war – »ein Schandmal«, so schreibt Gandhi, »das ich niemals zu tilgen noch zu vergessen vermochte«[23]. Einige Wochen später erlitt seine Frau eine Fehlgeburt.

Diese Erfahrung repräsentiert in Gandhis Leben dasjenige, was ich – Kierkegaard folgend – den »Fluch« im Leben geistiger Erneuerer mit einem ähnlich frühreifen und unerbittlichen Gewissen nennen will. Sie ist Hinweis auf einen Aspekt der Kindheit oder Jugend, der stellvertretend für eine Rechnung steht, die niemals beglichen werden kann und bis ans Ende des Lebens eine existentielle Schuld bleibt. Es muß aber klarwerden, daß eine vereinzelt dastehende Episode nicht *Ursache* für einen solchen Fluch sein kann; vielmehr ist sie das, was wir Kliniker als eine »Deck-Erinnerung« bezeichnen würden, d. h. eine Verdichtung und Projektion eines alles durchdringenden Kindheitskonflikts in einer dramatisierten Szene. In Einzelfällen mag es scheinen, als sei sie in der Kindheit Ursache für eine Reihe gefährlicher und pathogener Entwicklungen des späteren Lebens; doch wir mögen gut daran tun, uns zu fragen, was die Neigung zu solcher Dramatisierung in der phylogenetischen Entwicklung bedeute. Eine düstere Besessenheit vom Tod des Alten scheint unausweichlich in einer Gattung, die eine Periode infantiler Abhängigkeit durchleben muß, wie sie hinsichtlich ihrer Dauer in der Natur nicht

ihresgleichen hat, und die gerade in den Jahren der Unreife ein empfindliches Selbstgefühl bzw. -bewußtsein ausbildet, das der unerbittlichen Abfolge der Generationen in einem Stadium der Kindheit gewahr wird, in dem sich zugleich der Hang zu intensiv gefühlter und irrationaler Schuld entwickelt. Die Eltern oder einen Elternteil zu »bessern« bedeutet daher, sie oder ihn zu ersetzen; ihn zu überleben heißt, ihn zu töten; seinen Machtbereich usurpieren kann nur die Bedeutung haben, sich die Mutter, das »Haus«, den »Thron« anzueignen. Wenn solche Schuld, wie die Religionen behaupten, das eigentliche Wesen der Offenbarung ausmacht, dann bleibt es immer noch ein schicksalhafter Umstand, daß der Schöpfer der Menschheit notwendigerweise zuerst im kindlichen Bild des Erzeugers von jedermann erfahren wird.
Dieser Fluch, so würde die klinische Theorie unterstellen, muß ein Erbe des Ödipuskonflikts sein. Auf Gandhis Fall angewandt, würde dies bedeuten, daß der »feminine« Dienst gegenüber dem Vater die Funktion gehabt habe, den knabenhaften Wunsch zu verleugnen, den (alternden) Vater im Besitz der (jungen) Mutter zu ersetzen und die jugendliche Absicht zu verdecken, ihn im späteren Leben als Führer zu übertreffen. Somit wäre dies Schema übertragbar auf einen Stil der Führerschaft, die einen überlegenen Gegner nur gewaltlos zu besiegen vermag, und mit der ausdrücklichen Absicht, ebensosehr ihn wie jene, die er unterdrückte, zu retten. Einiges in dieser Interpretation entspricht in der Tat dem, was der Mahatma ohne Zögern als bewußte Absicht eingestanden haben würde.
Es ist demgemäß nicht sehr hilfreich, Gandhis Bekenntnis solchen pseudo-klinischen Formulierungen wie der zu unterwerfen, daß »Gandhi im Innersten genau das Gegenteil jenes Modells eines untadeligen Sohnes gewesen ist, als den er sich in seiner Autobiographie vorgeführt hat«. Das ist eine viel zu unspezifische Behauptung, die nichts zur Erklärung der Schwere der von ihm eingestandenen Konflikte beiträgt – und nichts dazu, wie er sie ausgetragen hat. Sie gibt sich das Ansehen, etwas zu enthüllen, wovon Gandhi sich durchaus bewußt war, daß es sich um einen Fehler handelte. Die Frage ist vielmehr die, warum gewisse Männer von Genie nicht anders können, als einen evolutionären und existentiellen Fluch persönlich auf sich zu nehmen, von dem alle gleichermaßen betroffen sind, und warum andere Menschen nur allzu begierig sind, gerade einem solchen Mann eine gottgegebene

Größe zuzuschreiben, die diejenige aller anderen übertreffen soll.

Die Frage ist eine dreifache: Wie gelingt es dem Kind und dem Jugendlichen, die Fähigkeit in sich zu entwickeln, ein solches Schicksal auf sich zu nehmen, und später dem Manne, die Entschlossenheit aufzubringen, es zu erfüllen; welche Motivation ist es, die in den Massen die Erwartung nach einem solchen Manne nährt, so daß sie begierig sind, ihn für heilig zu erklären; und wie lernt er, ihre Motivation und die seine in Ereignissen konvergieren zu lassen, die schöpferische ebensosehr wie zerstörerische Energien von großer Gewalt freisetzen?

Während Gandhis Autobiographie ein Bild zeichnet, das das Kind und den Jugendlichen als völlig von den Belangen der Schuld und Reinheit besessen und nach landläufigen Begriffen als einen Versager erscheinen läßt, erwarb er sich natürlich zugleich doch »irgendwie« überlegene Fähigkeiten der Beobachtung ebensosehr wie eine unbezwingbare Entschlossenheit. Aber ich glaube, daß er es gerade deswegen als Fluch empfinden mußte, der über sein ganzes späteres Leben verhängt war, weil Mohandas bereits sehr früh (wenn auch nur dunkel) des grenzenlosen Horizonts seiner Aspirationen innegeworden war und weil sein Versagen darin, erbarmungsvoll das Geschehen zu regieren, als sein Vater im Sterben lag, ihn der Möglichkeit beraubt hatte, sich einer bleibenden Sanktionierung seiner überragenden Gaben zu versichern. Doch ist dies, wie wir gesehen haben, ein (in einer typischen Weise) auch von anderen geteilter Fluch, denn wenn »fleischliche Schwäche« anzuprangern war, dann handelte es sich um eine Schwachheit des Vaters, die auf den Sohn übergegangen war.

Die ontogenetische Version dieses Kindheitsfluches bleibt ein schicksalhafter Umstand. Das Motiv: einen von Krankheit und Schwäche befallenen (und ambivalent geliebten), überlegenen Gegner zu pflegen, taucht sowohl buchstäblich wie symbolisch in Gandhis späterem Leben wieder auf. Wir begegnen ihm wieder in der Rolle jemandes, der sich zweimal – obwohl Gegner der britischen Politik – für ein Ambulanzkorps anwerben ließ, um die Kriegsanstrengungen der Engländer zu unterstützen, als das Empire in Gefahr war. Und wir finden es wieder in der Überzeugung des Satyagrahi, daß er im gewaltlosen Kampf aufrichtig um die Seele seines Gegners und die in ihr latent enthaltene »Wahrheit« Sorge tragen müsse.

Dennoch muß dieses Thema der Pflege eines hinfälligen Vaters auch – und kann nicht anders als – in einer historischen Perspektive gesehen werden. Gewiß möchte man es vermeiden, Parallelen zu überziehen, doch es muß zu denken geben, daß in den von Freud mitgeteilten Traumerlebnissen die Überzeugung, seinem sterbenden Vater medizinischen Beistand geleistet zu haben, als ein Wunschtraum bedeutungsvoll zu sein scheint, der seinem Schuldgefühl wegen seiner medizinischen Ambitionen entgegenarbeiten sollte.

Um dies nochmals durch eine analoge Szene von grundverschiedener Herkunft illustrieren zu können, wende ich mich jetzt dem Schriftsteller Lu Hsün zu, der von Mao oft mit Wertschätzung als der Begründer der revolutionären Literatur des modernen China zitiert wird. Seine berühmte Kurzgeschichte »Tagebuch eines Verrückten« (1918), die erste literarische Arbeit, die in umgangssprachlichem Chinesisch geschrieben wurde, ist ein Meisterwerk nicht nur (wie man uns erklärt hat) wegen ihres kraftvollen Stils, sondern auch (wie erkennbar wird) als eine überaus moderne Kombination einer präzisen psychiatrischen Beschreibung der Paranoia (Lu Hsün hat in Japan Medizin studiert) mit einer alptraumhaften Allegorie der grimmigeren Aspekte des traditionalen und revolutionären China. In einem Essay mit der Überschrift »Die Krankheit des Vaters« kombiniert Lu Hsün ein historisches Thema – nämlich die Diskrepanz zwischen westlichen und konfuzianischen Vorstellungen über die letzten Augenblicke im Leben eines Menschen – mit den ambivalenten Gefühlen eines Sohnes[24]. Er hatte einen großen Teil seiner Jugendjahre, wie er berichtet, damit verbracht, Kräuter für seinen leidenden Vater zu suchen, die ihm Linderung oder Heilung bringen könnten. Nun aber war der Tod nahe:

»Manchmal ging mir blitzartig der Gedanke durch den Kopf: wäre es nicht besser, wenn man den Todeskampf abkürzen würde . . . und unmittelbar darauf wußte ich, daß der Gedanke Unrecht sei; es war, als würde man ein Verbrechen begehen. Aber gleichzeitig mußte ich denken, daß diese Idee doch wiederum Berechtigung für sich habe, denn ich liebte meinen Vater. Selbst heute denke ich so.«

Das ist der Arzt aus dem Westen, der hier zu Wort kommt; doch

zu dem Zeitpunkt hatte eine Frau Yen, eine Art Geburtshelferin für die abschiednehmende Seele, darauf gedrungen, einige der herkömmlichen magischen Verrichtungen zur Anwendung zu bringen und den Sohn angefleht, dem Vater in die Ohren zu schreien, damit er nicht zu atmen aufhöre.
»›Vater! Vater!‹
Sein Gesicht, das langsam schlaff geworden war, nahm plötzlich einen angespannten Ausdruck an. Er öffnete seine Augen einen Spalt breit, als fühle er etwas Schmerzliches und Qualvolles.
›Schrei! Schrei doch! Schnell!‹
›Vater!‹
›Was?... schrei mich nicht an ... nicht ...‹, sagte er mit schwacher Stimme. Dann rang er heftig nach Atem. Nach einer Weile verfiel er wieder in seinen früheren Zustand und beruhigte sich.
›Vater!‹ so rief ich ihn unaufhörlich an, bis sein Atem aussetzte. Ich höre noch jetzt meine eigene Stimme in jenem Augenblick. Wann immer ich sie höre, empfinde ich es deutlich, daß dies das schlimmste Unrecht war, das ich meinem Vater angetan habe.«
La Hsün war zu dieser Zeit fünfzehn Jahre alt (Gandhi war, als er sich einer ähnlichen Situation gegenübersah, sechzehn). Seine Vorfahren waren, wie diejenigen Gandhis, hohe Beamte gewesen, deren glücklicher Stern während der Adoleszenz des Sohnes im Sinken war. Jedenfalls zeigt diese Geschichte mit aller Deutlichkeit, daß auch in seinem Leben ein verzweifeltes Sichklammern an den sterbenden Vater und ein Fehler, der im allerletzten Augenblick begangen wurde, einen Fluch darstellten, der sowohl die Erinnerung an Vergangenes wie das zukünftige Streben nach Wiedergutmachung und Sühne überschattete.
Es kann indessen keineswegs genügen, einen derartigen Fluch auf den »Ödipuskomplex« zu reduzieren, der in Tausenden von Fallgeschichten als der ursprünglich folgenschwerste Komplex rekonstruiert worden ist. Auch die ödipale Krise muß als Teil der gesamten menschlichen Entwicklung gewertet werden. In ihrer gewöhnlichen Bedeutung ist sie nur der infantile und oft bloß der neurotische Kern eines existentiellen Dilemmas, das (weniger mythologisch) der *Generationskomplex* genannt werden könnte, denn es leitet sich aus der Tatsache her, daß der Mensch Leben und Tod – und Vergangenheit und Zukunft – als Sachverhalte erfährt, die mit dem Generationswechsel zusammenhängen. Diese menschliche Krise wird somit offensichtlich

von allen Menschen geteilt, und sie retrospektiv anhand des Falles eines ungewöhnlichen Mannes in den Blickpunkt zu stellen, würde schwerlich als mehr erscheinen können denn als ein ziemlich billiger Triumph der Findigkeit, sofern man nicht auch zu klären vermag, was den Mann und seinen Komplex so außergewöhnlich macht.

Es ist in der Tat recht wahrscheinlich, daß ein höchst ungewöhnlicher Mann Sohneskonflikte mit einer dermaßen tödlichen Intensität gerade deswegen erlebt, weil er bereits frühzeitig in seiner Kindheit eine gewisse Art von Originalität in sich fühlt, die über einen Wettstreit mit dem leiblichen Vater hinauszuweisen scheint. Oft auch gibt ihm eine besonders frühe und von hohen Ansprüchen geleitete Entwicklung des Gewissens das Empfinden (und das Aussehen), wiewohl noch jung an Jahren, so doch zugleich auch schon sehr alt zu sein, und möglicherweise, was seine Zielstrebigkeit anbelangt, älter als seine konformistischen Eltern, die ihn ihrerseits wiederum in mancher Hinsicht wie ihren Erlöser behandeln mögen. Daher wächst er, der von Schuld Beladene, beinahe schon mit der Verpflichtung auf, zu übertreffen und um jeden Preis Neues zu schaffen. Dies mag im Jugendalter eine Verlängerung seiner Identitätsstörung bewirken, da er (und er ganz allein!) den einen und einzigen Weg finden muß, auf dem er die Vergangenheit zu neuem Leben erwecken kann und – im richtigen Medium, zum richtigen Zeitpunkt, auf einer hinlänglich breiten Ebene – eine neue Zukunft errichten muß. Seine hinausgezögerte Identitätskrise kann wiederum eine frühreife Krise seiner Geschlechtlichkeit heraufbeschwören, die ihn dazu veranlassen mag, eine geschlossene menschliche Gemeinschaft oder die Menschheit als *seine* Sache und Aufgabe zu akzeptieren und als seine Abhängigen diejenigen unter seine Fittiche zu nehmen, die schwach an Kräften, arm an Besitz und scheinbar einfachen Herzens sind. Eine solche Abweichung im Lebensplan kann in der Tat seine Chancen für das genußvolle Erleben von Intimität, sei sie sexueller oder anderer Natur, zunichte machen, weswegen die »Großen« oft ohne Gefährten, ohne Freund und kinderlos inmitten achtungsvoller Bewunderung leben und damit das menschliche Dilemma, die Verantwortlichkeiten der Zeugung mit denen der individuellen Existenz verbinden zu müssen, noch tiefer verwirren.

Aber nicht alle hochgradig ungewöhnlichen Menschen sind auserwählt; und die psycho-historische Frage kann nicht nur lauten, wie solche Menschen dazu gelangen, die Unentrinnbarkeit eines existentiellen Fluches zu erleben, sondern wie es geschehen kann, daß sie die Beharrlichkeit aufbringen und die Gabe besitzen, ihn in einem Medium erneut auszutragen, das ihn ihren Mitmenschen mitteilbar und auf ihrer Stufe der Geschichte bedeutungsvoll macht. Der Nachdruck liegt hier auf dem Wort *Erneuerung*, die in dergleichen Fällen weit über die Diktate jenes »Wiederholungszwanges« hinausgeht, der Symptome und irrationale Handlungen charakterisiert. Denn das Kennzeichen der schöpferischen Erneuerung eines Fluches (und hier mögen wir uns König Ödipus auf der Bühne in Erinnerung rufen) besteht darin, daß sein gemeinschaftliches Erfahrenwerden zu einem befreienden Ereignis für jedes Mitglied einer von Qualen besessenen Zuhörerschaft wird. Ein dunkle Ahnung dieses Gedankens muß der Grund dafür sein, warum Machthabende aus den verschiedensten Geschichtsepochen die Anstrengungen schöpferischer Menschen schätzen und unterstützen, universelle Konflikte der Menschheit im Gewand des jeweiligen geschichtlichen Tages neu erstehen zu lassen, wie es die großen Dramatiker getan haben und die großen Autobiographen tun. Ein politischer Führer wie Mao also mag einem Schriftsteller wie Lu Hsün daher nicht wegen irgendwelcher ideologischen Rhetorik Anerkennung erweisen, sondern vielmehr wegen seiner genauen und schonungslosen Darstellung innerer Konflikte, wie sie die Entstehung revolutionären Bewußtseins in einer an die kindliche Pietät gebundenen Gesellschaft wie der chinesischen mit sich bringen muß. In einem Manne wie Gandhi sind der Autobiograph und der Führer in einer Person vereinigt, sie bleiben jedoch nichtsdestoweniger distinkt in der Unterscheidung zwischen Erneuerung im Schreiben und Erneuerung im Handeln. In all solcher Erneuerung indessen kennzeichnet einzig die Aufhebung eines infantilen Fluches in der Tat des Erwachsenen den Mann. Doch indem wir dem Fluch in denjenigen Stadien auf der Spur sind, die die Tat vorbereiten halfen, erinnern wir uns jener großen Tatsache des menschlichen Lebens, die das kindliche Schuldgefühl und das spätere Handeln des Erwachsenen überbrücken: der spielerischen Erneuerung in der Kindheit. Die auf eine kurze Zeitspanne begrenzte Verspieltheit braucht lange, sich zu entwickeln, und ich glaube, es läßt sich im Leben Gandhis aufzeigen, daß sie seine moralische Frühreife milderte und der Entfaltung seines persönlichen und politischen Stils eine bezeichnende Dimension hinzufügte. Es scheint sogar ein wesentlicher Bestandteil der Gewaltlosigkeit zu sein.

4. Mohandas und sein schlechter Freund

Wie es dieser Knabe mit dem vorzeitig gereiften Gewissen bewerkstelligte, dennoch zugleich auch mit der Delinquenz »Experimente« anzustellen, muß wohl jedermann in allergrößte Interpretationsschwierigkeiten bringen – den Mahatma als Zeugen in eigener Sache nicht ausgenommen. Aber man liest es mit einiger Erleichterung, daß Gandhi über seine jugendlichen Eskapaden mit einem Anflug von Humor schreiben *konnte* – zumindest über die weiter zurückliegenden. Er berichtet sogar (in seiner Muttersprache Gujarati) einen »Selbstmordversuch«, was manchmal auch ohne die Anführungszeichen wiedergegeben wird. Ich werde Pyarelals Fassung zitieren; denn es gelingt Pyarelal weitaus besser als anderen Autoren, das in einer derartigen Verschwörung so allgemein verbreitete Auf-die-Probe-Stellen der Vorpubertät wiederzuerkennen. Die Knaben hatten einander zu der Auffassung überredet, daß es Jungen erlaubt sein sollte, zu rauchen. Sie hatten das Gefühl,

»... daß ihr Mangel an Unabhängigkeit schlechterdings unerträglich sei. Selbst der Tod war dem vorzuziehen. Sie entschlossen sich also, Selbstmord zu begehen, schlossen einen Selbstmörderpakt, besiegelten ihn im Anblick des Kedarji Mandir (eines Tempels), entzündeten ein Licht für die Gottheit, um für das Gelingen ihres Unternehmens zu bitten, und begaben sich an einen einsamen Ort, mit den Samen des giftigen Datura in der Tasche. Sie schluckten jeder einige wenige Samenkörner. Doch dann verließ sie der Mut. Gewiß ließ sich der Mangel an Unabhängigkeit noch auf etwas längere Zeit ertragen, so dachten sie, bis sie erwachsen sein und über eigene Mittel verfügen würden. Dann würden sie rauchen, in aller Öffentlichkeit rauchen.«[25]

Doch die Freiheit, erwachsen zu sein – erwachsen genug, eine Zigarette anzuzünden –, kommt oft erst oder nur dann, wenn der mißbilligende Elternteil tot ist; und in Indien ebenso wie überall sonst gibt es Männer sogar in mittleren Jahren, die in jeder anderen Hinsicht durchaus unabhängig sind, von denen man jedoch zu berichten weiß, daß sie es vermieden, in Gegenwart ihrer

alternden Väter zu rauchen. Und so lautet der Bericht des Mahatma, zumindest mit Beziehung auf eine spätere Krise, als der Verzehr von Fleisch auf dem Programm stand, über eine nachdrücklichere Antizipation des Todes der Eltern von seiten Mohandas': »Wenn sie nicht mehr sein werden und ich meine Freiheit gefunden habe, werde ich in aller Offenheit Fleisch essen, aber bis dieser Zeitpunkt gekommen ist, werde ich mich davon zurückhalten.«[26]
Das Thema des Fleischessens führt uns zu einer wichtigen Figur in Mohandas' Leben, seinem »bösen Genius« oder sogar »der Tragödie seines Lebens«, wie die Biographen noch immer gehorsam und humorlos ihn zu nennen nicht müde werden – Scheich Mehtab. Der Umstand ist nicht ganz ohne gesellschaftliche Ironie, daß von diesem Knaben, der so sehr darauf bedacht war, den Sohn des Vaishnava-Premierministers moralisch zu ruinieren, berichtet wird, daß er der Sohn des Polizeichefs von Rajkot gewesen sei – ein Moslem. Als solcher war er ein passendes Gegenstück zu Mohans einzigem anderen Schulfreund, dem jüngeren Bruder eines seiner Lehrer. Ob ihnen nun die mächtigen Verwandten im Hintergrund eine gewisse Rückversicherung boten oder nicht, jedenfalls wird von diesen beiden Knaben erzählt, daß sie Mohan vor den Rauhbeinen schützten, die nur allzu gern die Stärke eines Knaben auf die Probe gestellt hätten, der zu anderen gewohnheitsmäßig im Namen der »Wahrheit« sprach. Doch Mehtabs Rolle in Mohans Leben war ganz offensichtlich von grundlegender Bedeutung, nicht allein weil der junge Moslem ein solcher »Teufel« war, sondern weil sich Mohandas gerade ihn auserwählte und hartnäckig an ihm festhielt, um – wie ich annehme – den Teufel in sich selbst auf die Probe zu stellen.
Wenn Mohandas jemals seine Kindbraut als jemand willkommen gewesen sein sollte, dem es gelingen mochte, ihn von seiner sklavenhaften Bindung an die Eltern zu befreien (und seine Leidenschaft hatte von nun an »voll und ganz in einer Frau ihren Mittelpunkt«), dann hat sie offenbar darin versagt, weil sie unwissentlich mit der Bedrohung durch eine weitaus schlimmere, eine fleischliche Versklavung, Gemeinschaft hatte. Und wenn Mehtab, dem Freund seiner Knabenzeit, die Aufgabe zufiel, die Führung bei einer Flucht, fort von seiner Frau *und* weg von seinen Eltern, zu übernehmen, so mußte Mehtab gleichermaßen scheitern, weil er nicht verhindern konnte, in einem finsteren Verhältnis zu anderen versklavenden Triebregungen zu stehen. Der arme Mehtab

war ein überaus einfallsreicher und systematischer Versucher, über den im Grunde einzig in zwei Kapitelüberschriften der Autobiographie das Verdammungsurteil gesprochen wird: »Eine Tragödie« und »Eine Tragödie (Forts.)«. Niemand scheint ein Wort der Sympathie für diesen Jungen übrig zu haben, den Gandhi bis weit in seine südafrikanische Zeit hinein sich nicht nur weigerte fallenzulassen, sondern den er auch gegen all diejenigen verteidigte, die ihn von ihm trennen wollten. Mohandas, so muß man schlußfolgern, war Mehtab irgendwie verfallen. Und während es nur allzu verständlich ist, daß der Mahatma in späteren Jahren die Jugend vor einem solchen Freund warnen mußte und ihn zu einem Beispiel für das Böse schlechthin machte, so wird andererseits auch klar, daß Mehtab von ihm erfunden worden sein müßte, hätte es ihn nicht gegeben. Ein einsichtigeres und gerechteres Jahrhundert wird Mehtab vielleicht, irgendwo in Kathiawar, ein kleines Denkmal errichten. Denn Mehtab entsprach in höchster Vollkommenheit dem Rollentypus, auf den man den eigenen, persönlichen Teufel projizieren durfte und der damit zur Personifikation der *negativen Identität* Mohandas' werden konnte, d. h. all dasjenige in ihm selbst verkörperte, was er zu isolieren und zu unterdrücken bestrebt war und was dennoch ein Teil von ihm blieb.

Gandhi nimmt für sich in Anspruch, mit Mehtab Freundschaft geschlossen zu haben, um ihn zu »reformieren«. Hierbei ist es indessen nicht ohne Ironie, daß Mehtab stattdessen selbst zu einem Werkzeug für dasjenige geworden war, was man seinerzeit in weiten Kreisen als »*die* Reform« bezeichnete, worunter man eine Liberalisierung im Leben der Hindus zu verstehen hat, die Indiens Energien auffrischen und sie zu der Aufgabe befreien sollte, von den Engländern die Unabhängigkeit zu erlangen. Diese Reform zielte darauf ab, aus den Indern militante Männer zu machen, indem einige beschränkende Tabus wie dasjenige gegen den Verzehr von Fleisch überwunden werden sollten, wodurch offensichtlich die britische Muskulatur erst so fest und rosig geworden war. Man wird unschwer erkennen können, warum diese beiden »Reformer« mit dem Auftrag, ihre Kräfte aneinander zu messen, jene ideologische Kontroverse aufgreifen mußten, die einer tiefreichenden Ambivalenz in Mohan entsprach: denn wenn es ihm gelang, stärker zu werden, würde er nicht nur eines Tages die Engländer bekämpfen und die Inder lehren können, Herr im eigenen Haus zu sein, sondern er würde dann vielleicht auch gegenüber seiner Frau unter Beweis stellen können, daß er in *seinem* eigenen Haus (oder vielmehr in dem Zimmer, das sie im Haus des Vaters bewohnten) der Herr und zugleich auch ihr Meister sei. Mehtab, wie es eben im Bestreben aller bösen Reformer liegt, hielt es offenbar für unerläßlich, in seinem Freund rasende Eifersucht gegenüber seiner Frau zu entfachen und damit den alten, leidenschaftlichen Wunsch nach dem ausschließlichen Besitz einer Person wiederzuerwecken. Aber mit der ihm eigenen maskulinen Logik ermunterte er ihn auch zur Untreue und arrangierte für ihn den Besuch bei Prostituierten, damit er sich selbst beweisen könne, daß er unter günstigen Voraussetzungen ein rechter Kerl sei. Und so also ergab sich als Folge daraus jene tragikomische Szene, in der eine Prostituierte einen impotenten Mohan aus ihrem Haus hinauswarf, eine der Szenen aus seinem Leben, die auf dem Wandgemälde hinter dem Birla-Haus verewigt sind. Gandhi war Gentleman genug, im nachhinein zuzugeben, daß die Frau »natürlich« die Geduld mit ihm verlieren mußte. Und er behauptet auch nicht, daß alle derartigen Besuche damit endeten, daß er in ähnlicher Weise gerettet wurde.

Experimente mit der Wahrheit? Ja, ich bin durchaus (übereinstimmend mit jenem volkstümlichen Wandgemälde) der Auffassung, daß einiges von solchem Experimentieren für den zukünftigen Führer notwendig gewesen ist, denn der junge Mann war auf dem besten Wege, Sklave seines früh entwickelten Gewissens zu werden und sich mehr und mehr in dem überheblichen, gewohnheitsmäßigen Gebrauch eines Tonfalls moralischer Überlegenheit zu gefallen. Es ist undenkbar, daß ein Mann von Gandhis ethischer Veranlagung ein Moralist bleiben konnte (oder einzig und allein bleiben könnte), der sich zu keiner Zeit mit seiner negativen Identität auseinandergesetzt hätte. Indem er sich Mehtab zum Freund wählte, stellte er sich unbewußt selbst auf die Probe, um sich zu beweisen, daß er zur Sünde *fähig sei* – und zugleich auch, um die Grenzen jener Erfahrung herauszufinden. Aus demselben Grund war es ihm möglich, Mehtab endlich fallenzulassen, als Gandhi – wesentlich später – als junger Reformer zu seiner Identität gefunden hatte. Es gibt sogar Anzeichen dafür, daß Gandhi das Flair des Mannes Mehtab respektierte und Gefallen daran fand, wie einst Mohandas seinen knabenhaften Mut zu bewundern pflegte – und seine Muskeln. Wir wollen später davon berichten, wie sich die beiden Männer trennten.

Daß dieses Verhältnis ein vorübergehendes Experiment mit der Homosexualität in sich schloß, möchte ich bezweifeln. Gandhi hätte es gewiß erwähnt, wenngleich zu dem Zeitpunkt, als die Autobiographie geschrieben wurde, Mehtab noch am Leben war und Gandhi später einräumte, daß er abgesehen vom Namen des Knaben auch eine ganze Anzahl von Tatsachen ausgelassen habe. Doch keine intensive Freundschaft unter Männern, von der Frauen ausgeschlossen sind und in der sie geringgeschätzt werden, kann ohne ein Moment von Homosexualität sein. Jedenfalls ergab sich eine seltsame Szene, wie sie typisch für die eindeutig pathologische Phase einer akuten Identitätsstörung ist, gegen Ende seines achtzehnten Lebensjahres, als Mohandas alles für seine Abreise nach England vorbereitet hatte. In Porbandar mußte noch eine wichtige Angelegenheit erledigt werden.

»Eine Stunde vor dem genauen Zeitpunkt meiner Abreise ereignete sich ein ernsthafter Zwischenfall. Ich stritt mich immerzu mit meinem Freund, Scheich Mehtab, herum. Am Tag der Abreise war ich ganz darin versunken, über diesen Streit nachzudenken. Wir waren abends zu einer musikalischen Abendgesellschaft gegangen. Ich hatte keinen rechten Gefallen daran finden können. Gegen 22.30 war die Party zu Ende, und wir machten uns alle auf den Weg, um Meghjibhai und Rami aufzusuchen. Unterwegs hing ich den wildesten *Gedanken über London auf der einen und Gedanken über Scheich Mehtab auf der anderen Seite nach.*

Mitten in meinen Überlegungen *geriet ich unbewußt mit einem Fuhrwerk in Berührung.* Ich trug kleinere Verletzungen davon. Ich nahm jedoch niemandes Hilfe an und lief aus eigener Kraft weiter. Ich glaube, daß ich ziemlich benommen war. Dann betraten wir das Haus von Meghjibhai. Dort kam ich wiederum unwissentlich mit einem Stein in Berührung und zog mir eine Verletzung zu. Ich war nicht voll bei Bewußtsein. Von diesem Zeitpunkt an weiß ich nicht mehr, was ringsherum geschah, und kurz darauf – so berichteten sie mir – fiel ich nach wenigen Schritten der Länge nach auf den Boden. Fünf Minuten lang *war ich nicht bei mir.* Sie dachten, daß ich tot sei. Doch es war ein für mich sehr glücklicher Umstand, daß der Boden, auf den ich fiel, ziemlich weich war und meinen Sturz auffing. Schließlich kam ich wieder zu mir, und alle waren recht glücklich und erleichtert darüber. Man schickte nach der Mutter. Sie war sehr besorgt um mich, und ich tat ihr leid, und dies alles verursachte meine Verspätung, obwohl ich ihnen erzählt hatte, daß es mir wieder ganz gut ginge. Aber keiner wollte es zulassen, daß ich mich auf den Weg machte . . .«[27]

Vieles ließe sich aus diesem somnambulen Zwischenfall herauslesen. Gewiß ist es die »heilloseste« Verfassung, von der Gandhi je zu berichten wußte. Er sprach noch kein sehr gutes Englisch, als er dies niederschrieb; und dennoch läßt sich von den Wendungen, die er gebraucht, behaupten, daß sie typisch sind für einen »Grenzzustand«; in dem der Verlust der Kontrolle das hervorstechendste Merkmal ist: »Ich geriet unbewußt in Berührung mit«, »ich kam unwissentlich mit einem Stein in Berührung«, »ich war nicht bei mir«. Die Deutung ist versucht worden, daß dieser Zustand Folgeerscheinungen einer Art homosexueller Panik gewesen sei, die durch die Antizipation der Trennung von Mehtab hervorgerufen wurde. Ein gewisses, latent vorhandenes Moment dieser Art kann nicht ausgeschlossen werden, insbesondere nicht unter Berücksichtigung von Mohandas' leidenschaftlichem Verhältnis zu all seinen einzelnen Gegenspielern, denen er weitaus mehr von seinem Eigensten hingab, als er sich leisten durfte, und von denen er als Gegenleistung erwartete, was er selber nicht deutlich zu sagen wußte. Ich würde jedoch dieses Vorkommnis einem akuten Konflikt zuordnen, über den er einen Abschnitt früher in seinem Tagebuch berichtet, aus dem wir soeben zitiert haben. Er hatte seinen Besuch bei einem der führenden Rechtsanwälte, Kevalram, gemacht, um dessen Rat im Hinblick auf seine Pläne, nach England zu gehen, einzuholen. Kevalram hatte sich nicht nur geweigert, dem Antrag auf ein Studienstipendium seine Unterstützung zu geben, sondern hatte noch hinzugefügt:

»›Du wirst all deine religiösen Vorurteile, sofern sie vorhanden sind, beiseite lassen müssen. Du wirst Fleisch essen müssen; du mußt trinken. Du kannst ohne diese Dinge nicht leben. Je mehr du ausgeben kannst, desto klüger wirst du sein. Das ist eine sehr wichtige Angelegenheit. Ich spreche offen zu dir. Fühle dich nicht gekränkt; aber bedenke, daß du noch immer sehr jung bist. Es gibt so viele Versuchungen in London. Es sieht mir ganz danach aus, als könntest du ihnen in die Falle gehen.‹ Ich war nach diesem Gespräch in mancher Hinsicht sehr niedergeschlagen. Aber ich bin kein Mann, der sich, nachdem er erst einmal einen Vorsatz gefaßt hat, so leicht davon wieder abbringen läßt.«[28]

Er hatte also seine Entscheidung getroffen; aber ich möchte es wagen, die Vermutung auszusprechen, daß Kevalram Mohandas' Hang zum »Experimentieren« mit Worten angerührt hatte, die ein Nachhall von Mehtabs früherem und jetzt wahrscheinlich erneuertem Plädoyer für das Fleischessen und für die Promiskuität gewesen sind. Dies bildete den Mittelpunkt von Mohandas' innerem und (nicht unwichtig zu erwähnen) öffentlichem Konflikt. Innere Konflikte werden, wenn sie gleichlaufend mit einer akuten Identitätskrise ausgetragen werden müssen, stets durch sexuelle Versuchung bis zu einem Punkt verschärft, an dem es zur Panik kommt. Was die anderen betrifft, die dabei noch im Spiel waren: seine Mutter hatte bislang ihre volle Einwilligung zu seiner Englandreise zurückgehalten, und seine Kaste stellte sich geschlossen gegen seine Reise, weil sie sie als Sünde und für unvereinbar mit der Tradition hielt; ein Vaishnava Bania überquere nicht das »schwarze Wasser« – ausgenommen, wie der junge Gandhi dem Rat seiner Kaste in Bombay entgegenhielt, wenn es sich um Aden handelte oder ums Geschäft ging. Jedenfalls wurde ihm und seiner gesamten Familie mit der Exkommunizierung gedroht. Wären Mehtabs Stimme und die Versuchungen seines eigenen Inneren jetzt eine nicht allzu unbewußte Allianz eingegangen, dann hätte er nicht so sicher sein können, daß es ihm gelingen würde, sich den Führern seiner Kaste zu stellen und ihnen mit moralischer Überzeugung entgegenzutreten. Und in der Tat gesteht der junge Gandhi schon auf den ersten Seiten seines jugendlich bewegten Tagebuches, aus dem wir zitiert haben, seinen Abenteurergeist ein:

»... Bevor sich noch überhaupt die Absicht zu einem Studienaufenthalt in London herausgebildet hatte, bestand in mir insgeheim der Plan ... meine Neugier zu befriedigen und herauszufinden, was es mit London auf sich hatte.«[29]

»Was es mit London auf sich« hat, deckt hier eine Mannigfaltigkeit möglicher Sünden, und ich möchte annehmen, daß Mohandas gründlich durch die verlockende Antizipation in Versuchung geriet – erst einmal in England –, neue Experimente nicht allein mit der Sexualität, sondern auch mit Diät und Tradition vorzunehmen. Zuletzt schlichtete er den Konflikt, in dem er mit sich selbst wie mit seiner Mutter stand, dadurch, daß er einwilligte, sich zu einem Jain-Mönch führen zu lassen, dem sie ihre Bedenken vorgetragen hatte; und dort legte er das Gelübde ab, sich von Fleisch, Frauen und Wein fernzuhalten. Dies allein konnte einen wirksamen Schutz bei seinem Aufenthalt in England gewähren und daraus ein echtes Moratorium machen, eine Periode der Lehrjahre zwischen der Kindheit, die nun vorüber war, und einer Führerschaft von unvorhersehbaren Ausmaßen.

Seine Kindheit hatte ihm nunmehr eine entscheidende Lektion erteilt, die der Mahatma dann in Sentenzen prägen konnte, die so klar und prägnant waren, wie sie teuer erkauft werden mußten:

»... Ich bin seitdem zu der Einsicht gekommen, daß ich mich verrechnet hatte. Ein Reformer darf es sich nicht erlauben, intime Beziehungen zu demjenigen zu unterhalten, den er zu reformieren sucht. Wahre Freundschaft ist eine Identität der Seelen, wie sie auf Erden nur selten anzutreffen ist. Nur zwischen gleichen Naturen kann Freundschaft durchweg wertvoll und von Dauer sein. Freunde beeinflussen einander wechselseitig. Daher bietet eine Freundschaft nur sehr wenig Raum für das Reformieren des einen von beiden. Ich bin der Meinung, daß jedwede ausschließende Intimität vermieden werden sollte, denn ein Mensch nimmt vom anderen viel eher Laster als Tugenden an. Und wer mit Gott Freund sein will, der muß für sich bleiben oder sich die ganze Welt zum Freund machen.« [30]

Dies also nahm für sich in Anspruch, die Moral dieses moralischen Unternehmens gültig zusammenzufassen. Zu jenem Zeitpunkt jedoch gab es keine Anzeichen dafür, daß der junge Gandhi mit mehr als dem zutiefst verärgerten, wahrscheinlich recht verworrenen, aber zugleich doch ausgesprochen festen und bestimmten Entschluß abreiste, sich von allen intimen Bindungen zu befreien, die das ihm eigentümliche Bedürfnis nach Unverletzlichkeit durchdringen konnten, ohne ihn dabei einer echten Intimität mit irgend jemandem näherzubringen. Aber dennoch »brach« er ebensowenig auch nur mit einem einzigen von denjenigen, die den Versuch unterlassen hatten, sich seiner Abreise in den Weg zu stellen.

Mehtab gehörte zu denen, die ihm bis Bombay das Geleit gaben. Da er lesen und schreiben konnte, war er derjenige, der alle Briefe Mohandas' empfangen und übergeben sollte, die dieser seiner verstockt analphabetischen Frau schreiben würde: was für ein Arrangement, das nicht enden wollendes, schicksalhaftes Unheil stiften sollte! Denn als Mohan nach England ging, ließ er nicht nur eine Frau, sondern auch seinen Erstgeborenen, Harilal, zurück. Und Harilal würde ohne Zweifel nicht nur durch Mehtab, den Mittelsmann, von seinem Vater hören, sondern unvermeidlich der fortwährenden Klagen seiner Großmutter, Putali Ba, und seines Onkels Tulsidas (des Oberhauptes der Familie) darüber gewahr werden, daß sein Vater noch immer Mehtab, den seine gesamte Familie verabscheute, sein Vertrauen schenkte. Was sah oder wußte Harilal anderes von diesem bösen Mann, der eine dermaßen strategische Zwischenstellung einnehmen konnte? Und im Falle des ältesten Sohnes eines großen Mannes, der später im privaten Bereich so selbstgerecht und in der Öffentlichkeit so erhaben wirken sollte, sind die Chancen ohnehin von so ungleichem Gewicht, daß für den Sohn nichts bleibt, was er berichten oder vollenden könnte, das im Leben des alten Mannes als ungelebte Seite seines Wesens erkennbar würde, als beklagte und aufgegebene Möglichkeit – nichts als einzig und allein jene »negative Identität« des alten Mannes, sein »gemordetes Selbst«. Es ist denkbar, daß Harilal in Mehtab die Anlagen zu jener rebellischen Rolle gefunden hat, mit der er sich in späteren Jahren seinem Vater entgegenstellte. Jedenfalls wurde Harilal später zum Moslem, ein Aufgegebener, Verkommener, der noch innerhalb des Jahres, das auf die Ermordung des Mahatma folgte, »in einer gewissen Lokalität« im Koma aufgefunden wurde[31].

Andere Experimente folgten: Mohans Rolle als »Delinquent« wurde überboten von der des Londoner Dandys im hohen weißen Kragen, mit seidenem Zylinderhut und allem übrigen Zubehör. Wenn des Mahatma Schilderungen dieser Rollen mit ihrer monomanischen Emphase auf »Fleckenlosigkeit« und Beinahe-Kontamination beim Leser ein leichtes Gefühl der Ermüdung aufkommen lassen, dann sollte er stets dessen eingedenk bleiben, daß es sich um den Mann selbst handelt, der sie hier mit einem Minimum an apologetischer Ornamentik preisgibt. Und während es ein leichtes wäre, ihm alle Arten von klinischer Begrifflichkeit beizulegen, vom Phobischen über die Obsession bis zum Psychopathischen, ist es zugleich klar, daß in alledem überlegene Selbstbeherrschung und Entschlußkraft wirksam waren, die es dem jungen Mann gestatteten, sich an harmlose Ablenkungen zu verlieren und, wie man manchmal das Empfinden hat, sich eindeutigen Abweichungen vom Gebotenen zu überlassen, ohne dabei die sich von allen anderen abhebende Richtung jemandes aus den Augen zu verlieren, der – sobald er erst einmal seine Identität und zu seiner »Berufung« gefunden hat – sich den Besitz einer überragenden, seltenen Macht erwerben wird.

II. Kapitel
Vom Gelübde zur Berufung

1. Der innere und der äußere Mensch

Als der junge Mohan im September des Jahres 1888 nach England segelte – damals noch eine Schiffsreise von fünfzig Tagen –, war er ein recht provinzieller Kathiawadi. Selbst nach Ahmedabad, dem nächstgelegenen Kultur- und Verwaltungszentrum, war er kaum ein Jahr vorher zum ersten Mal gereist, um dort die Reifeprüfung abzulegen. Bei seinem Versuch, ein Regierungsstipendium vom »Administrator« Porbandars zu erhalten, hatte er zum ersten Mal die Bekanntschaft eines Engländers gemacht. Er hatte tatsächlich noch niemals eine englische Zeitung gelesen. Und nur kurz vor seiner Abreise nach England hatte er die Metropole Bombay zu Gesicht bekommen, wo er um besonderen Dispens vom Ältestenrat seiner Kaste nachkommen mußte, um den Ozean überqueren zu dürfen. Er begegnete ihnen mit einer Kühnheit, die ihn selbst wahrscheinlich weitaus mehr als jene überraschte; doch war dies eine Angelegenheit, bei der es ums Überleben ging – um das Überleben der Identität. Seine innere Stimme hatte begonnen, ihm einzugeben, wann und bei welcher Gelegenheit Rebellion eine höhere Art von Gehorsam im Dienst einer Tendenz sein kann, der man durch Kenntnisse gerecht werden muß, die man sich noch nicht erworben hat, durch Techniken, die erst gelernt sein wollen, und die zusammen nur bei Anlässen eingesetzt werden können, die man vorher erkennen muß. Inzwischen würde er der inneren Stimme das Feld überlassen müssen, indem er zunächst die notwendigsten Verbote befolgte, worunter an erster Stelle dasjenige stehen mußte, das den Verzehr von Fleisch betraf, weil dies das Zentrum der gesamten Ambiguität von bloßem physischem Überleben und geistiger Selbstpreisgabe darstellte.

Fleisch zu essen oder nicht, das also wurde hier zur Hauptfrage. Indem ich nun ihre variablen Beantwortungsmöglichkeiten skizziere, will ich keinesfalls die Frage als solche in ihrer Bedeutung schmälern: das Fleisch von Tieren zu essen ist für die Mehrzahl der Menschen natürlich eine einfache Angelegenheit, es sei denn, daß sie durch rituelle Drohungen kompliziert wird, wodurch sie sich schließlich als ein Problem der psychosozialen Evolution herausstellen mag, sobald die Menschheit erst einmal dahin gelangt ist, die inneren und äußeren Konsequenzen der Tatsache zu überblicken und in ihrer Tragweite zu ermessen, daß sie einst die Lebensweise eines bewaffneten Jägers angenommen hat, und ferner all die praktischen und emotionalen Engpässe erkennen gelernt hat, in die sie dadurch geführt werden mußte. Nur dann wird es möglich sein, die wahnhaften, neurotischen und verschrobenen Aspekte des Vegetariertums auszusondern und seine mögliche ethische Überzeugungskraft freizulegen. Jedenfalls ist Gandhis Humor aus seinem belustigten Bericht über die Kommentare der Schiffspassagiere ablesbar:

»Sie sagten, daß ich es (Fleisch) nötig haben würde, nachdem wir Aden verlassen hätten. Als sich dies als unzutreffend herausstellte, sollte es wiederum nach Überquerung des Roten Meeres lebensnotwendig für mich werden. Und als sich auch dies als falsch erwiesen hatte, sagte einer der Mitpassagiere: ›Wir haben noch kein ausgesprochen schweres Wetter gehabt, aber warten wir ab: im Golf von Biscaya werden Sie zwischen dem Tod oder [dem Verzehr von] Fleisch und Wein wählen müssen!‹ Doch auch diese Krise wurde heil überstanden.« [32]

Aber es scheint offensichtlich, daß der junge Mann viele, wenn nicht all diese unheilschwangeren Voraussagen dadurch geradezu selbst heraufbeschwor, daß er sich sowohl in seiner Kabine wie im Aufenthaltsraum demonstrativ von den anderen absonderte, besorgt die Menüs und seine Teller untersuchte, oder einfach, indem er bei jeder Konversation unverzüglich auf das Gelübde zu sprechen kam, das er gegenüber seiner Mutter abgelegt hatte – und dies offenbar in einer derart kindlichen Weise, daß einer der Berichte gar ein Gelübde erwähnt, das »beim Knie seiner Mutter« abgelegt worden sei. Und eine Art Mutter-Übertragung scheint den jungen Mann veranlaßt zu haben, die Frauen, die Restaurants und die Gesellschaften in London aufzufordern, ihm in der Erfüllung seines Gelübdes beizustehen, während er wiederum jeden Mann dazu herausforderte, Mehtabs düstere Warnungen zu wiederholen.

Dieser junge Mann also sollte schon sehr bald an einem der letzten nebligen Oktobertage in der Vorhalle des Victoria-Hotels in London stehen, angetan mit einem weißen Flanellanzug und in dem Gefühl, durchbohrt zu werden von etwas, das wahrscheinlich kaum etwas anderes gewesen ist als ziemlich gleichgültige englische Augenpaare. Man denkt hier unwillkürlich an Tausende junger Inder, die in dem Bestreben, die westliche Denk- und Lebensweise kennenzulernen, den vertrauten Schutzraum und engen Zusammenhalt ihrer Großfamilien verlassen, um den englischen Winter in zugigen Unterkünften durchzustehen oder schmutzig-vereisten Lachen auf den Straßen von Cambridge, Massachusetts, auszuweichen. Es gibt natürlich einige, die sich schnell anzupassen verstehen, wahrscheinlich weil sie bereits von zu Hause den Umgang mit Ausländern gewohnt sind. Doch Mohans keineswegs atypische Briefe an den englischen Verwaltungsbeamten von Porbandar und schließlich an den politischen Beauftragten von Kathiawar erwecken den Anschein, so wenig überzeugend gewirkt zu haben, wie sie fordernd und drängend waren:

»... nach den Erfahrungen zweier Monate in London bin ich zu der Ansicht gelangt, daß ... ich, um hier mit einiger Bequemlichkeit leben und eine gute Ausbildung empfangen zu können, um einen Zuschuß von 400 Pfund nachsuchen muß ... während der vergangenen Regierungszeit Seiner Hoheit des Rana Saheb hat das Bildungswesen keine nennenswerte Förderung erfahren. Aber natürlich dürfen wir uns von der Erwartung leiten lassen, daß unter englischer Verwaltung mehr für die Erziehung getan werden wird.

... Ich hege nicht den geringsten Zweifel, daß Sie dasselbe Interesse an mir nehmen (wie an meinem Vater) ... und bin zuversichtlich, daß Sie Ihr Bestes versuchen werden, mir zu einer nicht unbeträchtlichen Unterstützung zu verhelfen, die mir die Fortsetzung meines Studiums in diesem Land erleichtert.«[33]

Indessen repräsentiert der weiße Flanellanzug wesentlich mehr als nur eine Ungeschicklichkeit in der Wahl der Kleidung durch einen naiven jungen Reisenden; denn wie wir in diesem Kapitel durchweg sehen werden, war sich Gandhi stets in hohem Maße der Bedeutung von Kleidung als Uniformen bewußt, die imstande sein könnten, zumindest die von der Regel abweichenden Fragmente der Identität zum Ausdruck der Einheit zu bringen – bis er es lernen sollte, selbst halbnackt zu gehen.

Was man also zu sich nehmen solle, um den inneren Menschen unverdorben zu erhalten, und was man tragen könne, damit man der Welt einen äußeren Menschen präsentiere, der vielleicht diesen inneren Menschen zu repräsentieren vermöchte – es sollte sich erweisen, daß die aufregenden Experimente der kommenden Jahre darin bestehen würden. Aber auch hier wiederum wird die Linie zwischen scheuem Zurückweichen und dem Bedürfnis zu necken, zwischen sanfter Anpassung und dem Wunsch, sich lustig zu machen, zwischen bitterstem Versagen und innerem Triumph oft nur sehr schwer zu ziehen sein.

Dennoch stellen diese Alternativen eine Formel dafür dar, wie man den Bericht des Mahatma über seine Studentenzeit lesen sollte, und sie gestatten es uns, einen Blick hinter dasjenige zu werfen, was sonst oft auch unter den verständnisvollsten und mitfühlendsten Lesern ein wenig Langeweile oder gar Widerwillen hervorruft: ich meine seinen scheinbar von Selbstmitleid getränkten Tonfall, der bei einigen Biographen sein Echo gefunden hat (»Der Sumpf der Verzweiflung und der Schatten aus dem Tal der Hoffnungslosigkeit«)[34]. Wir kennen jetzt das Motiv des alternden Autobiographen – nämlich dem jungen Indien die Tatsache einzuhämmern, daß die lange, breite Straße des Bösen mit dem ersten Zentimeter beginnt, den man der Versuchung nachgibt, ohne sie als solche erkannt zu haben. Und wenn wir uns in Erinnerung rufen, daß derjenige, der das »Experiment mit der Wahrheit« will, zugleich auch mit dem Unwahren experimentieren muß, so werden wir dem jungen Gandhi bei seinem tödlich-ernsten und dennoch halb belustigten Versuch folgen können, »noch englischer als selbst ein Engländer« zu werden. Insofern sich indessen Propaganda in jeder berühmten Autobiographie finden läßt (am unverhülltesten schlägt sie uns wohl aus derjenigen eines anderen Vegetariers, Adolf Hitlers, entgegen), wird noch gezeigt werden müssen, daß der Schreiber sich in seiner Jugend selbst bewiesen hatte, daß er jede Gefahr zu meistern verstand und, wie man durchaus sagen kann, mit der Lächerlichkeit fertig zu werden vermochte, und dies in einer Weise, daß er als Erwachsener imstande sein konnte, all seine Tugenden und die Werte, an denen er festhielt, *seine eigenen* zu nennen. Das zentrale Kapitel des Mahatma über den englischen Vegetarismus lautet zutreffend »Meine Wahl«, eine Überschrift, die auf ein Wesentliches in seinem frühen Erwachsenenalter hindeutet: denn derjenige, der sich an ein Versprechen gebunden fühlt, dem er weder intellektuell noch ethisch seine Zustimmung geben kann, oder wer nur aus Furcht oder aus Schuldgefühlen und dem Bewußtsein seiner Sündhaftigkeit heraus gehorcht, ist weder frei noch ein wahrer Gläubiger. Indem er der gesamten Anlegenheit des Fleischessens in all ihrer tragikomischen Irrelevanz und ihren Übertreibungen ins Auge sah, ergab sich für den zukünftigen Satyagrahi die Notwendigkeit, es zu lernen, *aktiv und affirmativ zu wählen, was nicht zu tun sei* – ein sittliches Vermögen, das nicht mit der schwächlich moralistischen Unfähigkeit verwechselt werden darf, ein Verbot zu brechen.

Es scheint auf den ersten Blick so, als gäbe es schreiende Widersprüche zwischen der Autobiographie und den Selbstzeugnissen des jungen Gandhi aus jener Zeit. In einem Londoner Interview von 1891 rief der junge Jurastudent, gefragt, was ihn nach England geführt habe, ohne Zögern aus: »Ehrgeiz!« [35]; während der alte Mann, in einer Rückschau auf jenen jungen Studenten, allein zehn Kapitel der Geschichte seiner Versuchungen, moralischen Triumphe und seinem Beinaheversagen widmet, um dann das elfte mit dem Satz einzuleiten: »Ich habe es bis jetzt zurückgestellt, etwas über das Ziel zu sagen, zu dem ich nach England kam – nämlich dem, als Barrister zugelassen zu werden. Es ist nun an der Zeit, dieses Thema in aller Kürze zu behandeln.« [36] Und während er stets das Interesse, das er an der Schule nahm, zu verkleinern pflegte, bemerkt er jetzt abschließend: »Ich bestand meine Zulassung als Barrister ... Doch ... ich fühlte mich keineswegs hinreichend qualifiziert, eine Rechtsanwaltspraxis zu betreiben.« Ein solcher Mann würde niemals zugeben, daß er von irgend jemand anderem etwas Wesentliches gelernt habe, ausgenommen solche Fälle, in denen er sich entschließt, jemandem die Urheberschaft von etwas zuzuschreiben, das er bereits für sich selbst herausgefunden hat. Dieses wie so viele Widersprüchlichkeiten ähnlicher Art jedoch sind, weit davon entfernt, einander aufzuheben, »sämtlich wahr«, und es ist unsere Aufgabe, ihre psychologische Wahrheit mit den begrifflichen Mitteln herauszuarbeiten, die uns zur Verfügung stehen.

Der junge Mann befand sich jetzt, wie wir in unserer Terminologie sagen würden, in seinem Moratorium: fern von zu Hause und dennoch nicht genötigt, auf eigenen Füßen stehen zu müssen, Oberhaupt einer Familie und Bürger, kann er seine Kindheits-Identifikationen überprüfen, sich mit ihnen auseinandersetzen, sich ihrer, sie für sich erneuernd, gültiger versichern. Wir sind bereits den hauptsächlichen Beziehungspersonen der bleibenden Identifikationen Gandhis begegnet: Mutter, Vater und dem Bösen Anderen. Er ist ihrer nun, geographisch gesehen, los und ledig, aber er führt sie gewissermaßen als Seelengepäck mit sich, und selbst noch während er die unterschiedlichen Rollen lernte, die einem jungen Inder in London zur Verfügung stehen, mußte er der Prüfung unterziehen, was er mitgebracht hatte. Sein Vater ist natürlich tot; und dennoch wird und muß eine vorerst bloß irgendwie tiefempfundene Bestimmung, mit seinem Andenken zu wetteifern, indem er in einer grundlegend neuen Weise Macht erlangt, sich nur graduell in ihm entfalten. In der Tat *ist* dies der entscheidende Aufschub, der ihm durch dasjenige vergönnt ist, was ich das Moratorium des Knabenalters genannt habe. Seine Mutter jedoch und sein negatives Alter ego trägt er in all ihrer wechselseitigen Ausschließlichkeit mit sich herum. Sein Gelübde bindet ihn jetzt wie ein elastisches Band – das bis an die Grenzen seiner Dehnbarkeit gespannt werden sollte – an Mutter, Mutterland und Mutter-Religion, während die männliche Stimme der Versuchung ihn auffordert, es zu kappen – und »frei« zu werden. Dieses Gelübde war in der Tat mehr als nur das Versprechen, sich »zu benehmen«. Je größer der Abstand von zu Hause wurde, desto mehr wurde es zum fühlbaren Bindeglied, das ihn der Mutter verband – als ob er sie nur dadurch, daß er kein Fleisch aß, in sich bewahren konnte; und er wurde überwältigt von Heimweh, »heimgesucht« von der Liebe seiner Mutter. Er war allerdings auch ein großer Esser (ein »Vertilger«, wie Pyarelal sich im Gespräch mit mir ausdrückte) mit starken oralen Bedürfnissen. Und das Beispiel Luthers hat uns gelehrt, genau dies von einem zukünftigen Redner zu erwarten, selbst (oder insbesondere dann), wenn seine rednerische Begabung in der Jugend gehemmt wurde. Und für einen hungrigen jungen Inder in England bestand die Schwierigkeit nicht nur darin, nicht-indische Nahrung ohne alles Gewürz zu sich nehmen zu müssen, sondern sich an *englisches* Essen zu gewöhnen. Seine Scylla und Charybdis bestanden für ihn in der Wahl zwischen dem Bruch eines Gelübdes und der anderen Möglichkeit, sich den Magen mit à l'anglaise gekochtem Rosenkohl vollzuschlagen. In dieser mißlichen Lage wandte er sich verzweifelt an ältliche Damen in Restaurants und an die Wirtinnen seiner möblierten Zimmer, die sich aufgerufen fühlten, sich seiner anzunehmen, ihn jedoch allezeit »dem Verhungern nahe« vorfanden. Doch schließlich machte er in der Farrington Street ein Restaurant für Vegetarier (bezeichnenderweise »Das Zentrum« genannt) ausfindig. Als er davor stand, erlebte er »die Freude eines Kindes, das endlich bekommen hat, was ganz nach seinem Herzen ist«. Bevor er hineinging, um seine »erste herzhafte Mahlzeit seit seiner Ankunft in England« zu sich zu nehmen, erstand er vor der Eingangstür ein Buch mit dem Titel »Plädoyer für den Vegetarismus« von einem gewissen Mr. Salt. So hatte er also gleichzeitig einen Ort gefunden, wo er seiner gewohnten Lebensweise gemäß essen konnte, die Literatur, die ihn in der Erfüllung seines Gelübdes bestärkte, und die Gesellschaft von »Leuten aus der Heimat« in jener erweiterten Bedeutung einer gemeinschaftlichen praktischen Gesinnung, denn das Vegetariertum unterstützte seinerzeit nicht nur solche Forderungen wie die nach der Ächtung der Vivisektion, sondern gleichzeitig soziale Programme und Ziele wie etwa die der Gesellschaft der Fabier. Und ebenso wie der Vegetarismus darin hilfreich war, daß er sich inniger mit seiner Mutter zu identifizieren vermochte, indem er ihn dazu veranlaßte, für sich selbst und sowohl nahrhaft wie auch ökonomisch zu kochen, half er ihm zugleich dabei, Gewohnheiten, wie sie eine zweckmäßige Haushaltung erfordert, zu entwickeln, die ihn später in die Lage versetzten, sich Angelegenheiten von solcher Bedeutsamkeit anzunehmen, die über derart begrenzte Zielsetzungungen weit hinausgreifen sollten.

Die Vegetarierbewegung war allerdings im Hinblick auf die Definition von »Fleisch« gespalten. Sollte sie das Fleisch aller Tiere einschließen, und wenn dem so war, zählte nicht auch Fisch dazu? Und umfaßte sie ferner auch alles, was von Tieren genommen wurde – Eier, Milch? Bei einem jungen Mann von der Skrupelhaftigkeit Gandhis mußte dies bald dahin führen, daß er die vegetarischen Menüs und die Platten auf den Tischen seiner Nachbarn argwöhnisch nach Spuren von Beimengungen untersuchte, die er nicht essen durfte. Und während er kurzerhand entschied, daß »die Auslegung dessen, was der goldenen Regel meiner Mutter zufolge als Fleisch zu gelten hatte, für mich zur einzig wahren wurde«, ist es nicht eben leicht zu erkennen, wo die goldene Regel jeweils zur Anwendung kommen mußte oder ob er seine Mutter um eine Deutung seines Gelübdes angesichts derart total veränderter Bedingungen gebeten hatte. Nun, Eier mußten jedenfalls aus dem Spiel bleiben.

Wir haben den weißen Flanell des jungen Neuankömmlings bereits erwähnt. Der Mahatma gab später zu, daß seine »pedantische Genauigkeit in Dingen der Kleidung« lebenslang von ihm beachtet wurde; es wird behauptet, daß sie für Connoisseurs selbst noch in der sorgsam arrangierten Fältelung seines Schals und Lendentuches augenfällig gewesen sei. Doch durch seine Kapitelüberschrift »Wie ich den englischen Gentleman spielte« charakterisiert der Mahatma zugleich das Unechte seines Bond-Street-Experiments. Hier die Beschreibung seines Auftretens im Zirkel jenes Mannes, dessen Buch er kurz vor seiner ersten sättigenden Mahlzeit in England gekauft hatte:

». . . Und in den allerersten Tagen durchschritt ein Inder in Zylinderhut und schwarzem Mantel die Tür... saß inmitten einer Gesellschaft umgänglicher und gesprächiger Leute und fragte, wo er Tanzstunden nehmen könne . . . Salt war die Freundlichkeit und Verständnisbereitschaft selbst. ›Mein Name ist Gandhi‹, klärte er sie auf, ›und Sie haben ihn gewiß noch nie gehört.‹ Salt machte sich eine Eintragung über den möglichen Neuzugang in seiner Mitgliedskartei. Jahre gingen dahin, und der Name war vergessen.«[37]

Zur Bond-Street-Kleidung und den Tanzstunden gesellte sich Geigenunterricht ebenso wie Unterweisung im Französischen und in der Kunst des Vortrags; doch als der zukünftige indische Redner sich ein britisches Vorbild, wie etwa Pitt, nachäffen hörte, »erwachte« er. Es bedurfte einer verständnisvollen Frau, seiner Geigenlehrerin, ihn »in der Entschlossenheit, seine Lebensweise von Grund auf zu ändern«, zu bestärken, indem sie ihm dabei behilflich war, seine Geige zu verkaufen, die er im ersten Überschwang für drei Pfund erworben hatte.

Ein Moratorium ist zugleich eine Periode, in der man sich mit seiner Neurose auseinandersetzt. Es ist schon wahr, Aktivitäten wählt man ohne Vorbedacht aus und läßt sie ebenso leicht wieder fallen, sie werden einem durch Zufall abgenötigt und für irrelevant befunden, aber dennoch wäre ein Experiment kein echtes und würde uns keine Antworten abverlangen, wenn es nicht zunächst sehr ernst genommen würde. Das kann zu vielen kleineren und einigen wenigen schwerer wiegenden Augenblicken der Panik führen, die den Experimentator vor die Wahl stellen, das Beängstigende darin zu verdrängen oder es sich als eine deutliche Warnung einzugestehen. Der Mahatma (durchaus zu Recht, wie es dem Psychologen scheinen muß) zögert nicht, sich für die zweite Möglichkeit zu entscheiden – ganz gleich, wie er zeitweilig empfunden haben mag. »Schüchternheit – mein Schild« lautet beispielsweise die Kapitelüberschrift, die seine ersten Fehlschläge in öffentlicher Rede beschreibt oder vielmehr einzig davon handelt. Er, der zukünftige Barrister, gratuliert sich sogar dazu, sich »mit Erfolg« bei Anlässen lächerlich gemacht zu haben, in denen er, wäre er ohne Hemmungen aufgetreten, sicher in leeres Gerede abgeglitten wäre. Doch indem wir nur allzu bereitwillig zugeben wollen, daß die Hemmungen und Bedrängnisse des Moratoriums einen Novizen vor falschen und vorzeitig erworbenen Erfolgen bewahren mögen, deuten sie doch zugleich auch auf dasjenige hin, was in dem Menschen selbst keine Lösung fand und auch in seiner Lehre ungelöst bleiben sollte.

Die »Schüchternheit« des jungen Gandhi scheint am prononciertesten in der Gegenwart junger Frauen gewesen und bei gewissen, wenn auch keineswegs bei allen Anlässen durchgebrochen zu sein, zu denen er eine Rede halten mußte. Wo es sich um junge Frauen handelte, sind seine Schilderungen in Gujarati vermutlich humorvoller, als aus den Übersetzungen kenntlich wird. Sie gerieten ihm in dem Bemühen unversehens zu Karikaturen seiner selbst, sich durch ein übertriebenes Zurschaustellen von Verwirrung und Ungeschicklichkeit vor demjenigen zu schützen, was anscheinend in der Phantasie durchlebte sexuelle Gefährdungen gewesen sind, die der Ausstrahlung einer lebhaften jungen Engländerin zugeschrieben werden können. In der Tat mögen – so jedenfalls lautet die Erklärung, die er dafür findet – die englischen Umgangsformen einer nach außen hin »freien«, doch im Grunde gehemmten Kameradschaftlichkeit für ihn von allzu großer Neuartigkeit gewesen sein, und es ist denkbar, daß er die Absicht hatte, junge Inder vor der Gefahr zu warnen, sich von Londoner Ladies kolonisieren zu lassen. Doch der belustigte Ton, in dem all dies vorgebracht wird, ist spätestens in jener Szene nicht mehr zu überhören, die just von einem Autobiographen geschildert wird, der als Kind ein behender Kletterer gewesen ist und als Mann bei Fußmärschen jedermann hinter sich lassen konnte:

»... Die Tochter meiner Wirtin nahm mich eines Tages auf einen Ausflug in die reizvolle Hügellandschaft in der Umgebung von

Ventnor mit. Ich war durchaus kein langsamer Wanderer, doch meine Begleiterin lief sogar noch schneller, wobei sie mich hinter sich herzog und unaufhörlich vor sich hinschwatzte. Ich antwortete auf ihr Geplapper sehr spärlich mit einem mühsam hervorgestoßenen ›Ja‹ oder ›Nein‹ oder allenfalls einem ›Ja, wie schön!‹ Sie flog förmlich vor mir her wie ein Vogel, während ich mir Gedanken darüber machte, wann ich wohl nach Hause kommen würde. Auf diese Weise erreichten wir die Anhöhe. Die Schwierigkeit war nun, wie wir wieder herunterkommen sollten. Trotz ihrer hochhackigen Schuhe schnellte diese behende junge Dame wie ein Pfeil hügelabwärts. Mit beschämter Miene quälte ich mich voran, um nach unten zu kommen. Sie stand bereits am Fuße des Hanges, lächelte mir zu, ermunterte mich und bot mir an, mir zu Hilfe zu kommen und mich zu ziehen. Wie konnte ich nur so hasenherzig sein? Unter größten Anstrengungen und zeitweilig auf allen Vieren mich fortbewegend, gelang es mir dann doch irgendwie, unbeholfen und plump nach unten zu stolpern. Sie lachte lauthals ein ›Bravo‹ heraus und beschämte mich damit nur um so mehr, was wohl auch nicht ganz unverdient war.«[38]

Es sollte nicht unerwähnt bleiben, daß der junge Mann diesen Damen nie etwas darüber gesagt hat, daß daheim in Indien eine Ehefrau auf ihn wartete, und daß er sich erst dazu durchringen konnte, diesen Sachverhalt zum Gegenstand eines dramatischen Bekenntnisses zu machen, als er sich das Opfer kupplerischer Absichten seitens seiner Vermieterin glaubte.

Dann gab es auch Gelegenheiten, bei denen der junge Gandhi so schweren Anfällen von Beklommenheit ausgesetzt war, sobald er öffentlich zu reden versuchte, daß selbst die zu freundlicher Milde gestimmten Vegetarier Mr. Gandhis Auftreten nur als »ziemlich nervös« beschreiben konnten. Der erste Anlaß scheint von besonderer Wichtigkeit gewesen zu sein, denn er deutet auf jene Art selbstgestellter Aufgabe hin, die den jungen Mann überhaupt erst dazu veranlaßte, in der Öffentlichkeit zu sprechen, und ferner auf ein gewisses Element in dieser Aufgabe, das ihn am stärksten beunruhigt zu haben scheint. Der Präsident (und in finanzieller Hinsicht das Rückgrat) der vegetarischen Gesellschaft hatte nachdrücklich die Einberufung einer Kommission gefordert, deren Mitglied Gandhi war und die über den Ausschluß eines Mitglieds der Ärzteschaft (Doktor Allison mit Namen) beschließen sollte, das öffentlich für Geburtenkontrolle eingetreten war.

Der junge Gandhi fühlte sich unverzüglich dazu aufgerufen, seine Auffassung zu Gehör zu bringen, daß das Anliegen der Gesellschaft »in der Förderung des Vegetariertums und nicht in der Verkündung irgendeines Systems der Moralität« bestehe – gewiß eine frühe Manifestation der geradlinigen Art, mit der Gandhi später seine Gefolgschaft auf jeweils ein bestimmtes Ziel zur selben Zeit festlegen sollte. Denn zweifellos empfand der junge Gandhi keinerlei Sympathie mit der Geburtenkontrolle – ausgenommen sie erfolgte durch Abstinenz. Dennoch war er der Ansicht, daß die Aktivitäten des Doktors außerhalb der Vegetarischen Gesellschaft diese nichts anzugehen hätten. Seine Gefühle allerdings befanden sich in einem Zustand trostloser Verwirrung: er geriet so sehr außer Fassung, daß er seine Einwände verlesen lassen mußte. Der Doktor war schließlich der Verlierer; nichtsdestoweniger ist der Mahatma stolz, den Umstand verzeichnen zu können, daß er sich »in der allerersten Auseinandersetzung seines Lebens . . . auf der Seite der unterlegenen Partei wiederfand«. Man kann diese und ähnliche Episoden als Erinnerungen ansehen, die der Mahatma zur Unterstützung der von ihm vertretenen Überzeugung niedergelegt hat, daß ein gewisses Maß an Schüchternheit dabei hilfreich sein kann, sich einen hohen Grad an rhetorischer Keuschheit zu erhalten. Dennoch vermochte er sehr wohl eindrucksvoll zu reden. Bei einer Gelegenheit, als man ihn aufgefordert hatte, aus dem Stegreif eine Ansprache zu halten, besaß er sogar die Geistesgegenwart, Shakespeare zu zitieren:[39]

Who can be wise, amaz'd, temperate, and furious
Loyal and neutral in a moment?

Demnach also verschaffte er sich durchaus nicht zaghaft Gehör gegen die Vielfalt der Angelegenheiten, in die sie sich mischten, und gegen die wechselhaften Launen, in denen sich seine vegetarischen Gastgeber gefielen. Darüber hinaus wird klar, daß ein neurotischer Konflikt in all den Anlässen wirksam gewesen ist, bei denen er sich als Redner akuter Gehemmtheit ausgesetzt sah. Bei jener ersten Gelegenheit, so darf man annehmen, hing die Schwierigkeit mit dem Umstand zusammen, daß Geburtenkontrolle in erheblichem Maße der Notwendigkeit der Selbstkontrolle Abbruch tun konnte; während andererseits, wie wir gesehen haben und noch sehen werden, Nachkommenschaft für einen Mann von Gandhis Gesinnung zu einer lebendigen Anklage gegen mangelhafte Selbstdisziplin und unzureichende Klarheit im existentiellen Lebensplan eines Menschen wurde. In der Tat scheint auch wieder das Thema der Empfängnis noch anläßlich der letzten Gelegenheit aktuell gewesen zu sein, die Gandhi in England hatte, eine Rede zu halten, und bei der er erneut versagte. Hier hat er allem Anschein nach versucht, sich dadurch zu retten, daß er sich in einen Witz flüchtete, der (ob er sich dessen nun als des entscheidenden Motivs bewußt war oder nicht) auf einem Wortspiel mit dem Begriff der »Empfängnis« beruhte. Bevor er England den Rücken kehrte, gab der frischgebackene Barrister für seine Freunde eine »glanzvolle und aufwendige« Party im hocheleganten Holborn-Restaurant, das extra zu diesem Anlaß – zumindest in einem seiner Räume – eine Stätte für Vegetarier wurde. Er versuchte, seine Schüchternheit dadurch zu überwinden, daß er sich auf eine wohlbekannte Geschichte bezog, in der der Politiker Addison (ein Name, der Erinnerungen an den umstrittenen Dr. Allison wachruft) anläßlich seiner Jungfernrede im Unterhaus seine Ansprache mit den Worten »Meine Konzeption«* eröffnet, dann aber ins Stocken gerät und diese einleitenden Worte noch zweimal wiederholt, worauf sich schließlich ein hilfreicher Kollege erhebt und den Zwischenruf macht: »Der Gentleman hat nun dreimal eine Konzeption gehabt, aber nichts dabei hervorgebracht.« Das Gelächter allerdings kehrte sich gegen den jungen Gandhi selbst, der *seine* Geschichte nicht zu Ende bringen konnte und sich, nach kurzen Dankesworten, wieder setzte.

Obwohl sich nach Ansicht des englischen Vegetarismus Kraft und Gesundheit durchaus mit sexueller Freiheit vertrugen, bestand für diesen jungen Hindu die Bedeutung des Vegetariertums hauptsächlich darin, das Böse zu meiden. Der junge Barrister faßte noch kurz vor seiner Abreise seine Hauptanliegen zusammen – er durfte dabei rückblickend feststellen, daß sein Gelübde noch in allen Punkten unversehrt war. Nachdem er eingeräumt hatte, daß alle Hindus bekanntermaßen unverbesserlich schwach seien, gibt er jetzt zu bedenken, daß es ganz andere Gründe für diese Schwäche geben könne, als sie die Enthaltsamkeit von Fleischgenuß verursachen mag:

»Einer der wichtigsten Gründe hierfür, wenn nicht gar *der* wichtigste, ist die unerfreuliche Sitte der Kinderheirat und alle

* I conceive = 1. ich bin der Auffassung 2. ich empfange. (A. d. Ü.)

daraus sich herleitenden verhängnisvollen Folgen. Ganz allgemein werden den Kindern, sobald sie das bemerkenswerte Alter von neun Jahren erreicht haben, die Fesseln des Ehelebens angelegt ...

Müssen diese Heiraten sich nicht auf die kräftigste Konstitution beeinträchtigend auswirken? Nun stelle man sich einmal vor, wie schwächlich erst die Nachkommenschaft aus solchen Ehen sein muß.«

Dann folgt eine befremdlich persönliche Bemerkung:

»... Ungefähr nach Ablauf von sechs Ehejahren hat er einen Sohn, wahrscheinlich sind seine Studien noch nicht abgeschlossen, und er muß sich ernsthaft Gedanken darüber machen, wie er nicht nur sich selbst, sondern Weib und Kind erhalten soll, denn er kann nicht erwarten, daß er zeitlebens unter väterlicher Obhut leben darf, und selbst wenn man voraussetzt, daß es ihm gestattet ist, wird man von ihm erwarten, daß er aus eigener Kraft zum Unterhalt von Frau und Kind beiträgt. Wird nicht schon das bloße Wissen um seine Pflicht seinen Geist zerfressen und so seine Gesundheit untergraben? Kann jemand es wagen zu behaupten, daß all dies nicht auch eine durchaus robuste Konstitution aushöhlen wird? Man könnte sehr wohl dagegen einwenden, daß der Knabe aus unserem oben genannten Beispiel sich weitaus besser bei Kräften gehalten hätte, als es tatsächlich der Fall gewesen ist, wenn er Fleisch gegessen haben würde. Eine Antwort auf ein derartiges Argument läßt sich an den Kshatriya-Prinzen ablesen, die trotz ihrer Fleischdiät sehr schwächlich sind, was nur auf ihre wollüstigen Ausschweifungen zurückgeführt werden kann.«[40]

Aber er verließ seine Freunde in England nicht, ohne zuvor einen Aufruf an die indischen Massen zu richten:

»... In der Praxis sind nahezu alle Inder Vegetarier. Einige sind es aus eigenem Antrieb, andere gezwungenermaßen. Diese anderen sind, obgleich stets durchaus dazu bereit, Fleisch zu essen, dennoch viel zu arm, sich welches zu kaufen. Diese Feststellung kann man anhand der Tatsache treffen, daß es in Indien Tausende gibt, die nur von 1/4 Anna* leben müssen. Sie leben von Brot und Salz, einem Gut, auf dem eine hohe Steuer lastet.

Tee- und Kaffeegenuß durch die sogenannten gebildeten Inder, der weitgehend der englischen Herrschaft zu verdanken ist, kann

* Kleine indische Kupfermünze (A. d. Ü.)

hier mit einer kurzen Bemerkung abgetan werden. Das einzige, was Tee und Kaffee bestenfalls leisten, ist die Verursachung von Sonderausgaben und eines schlechten gesundheitlichen Allgemeinzustandes bei übermäßigem Genuß; eines der abträglichsten, am schwersten fühlbaren Übel der englischen Herrschaft aber ist der Import von Alkohol – jenem Feind der Menschheit, dem Fluch der Zivilisation – in dieser oder jener Form. Die Armen (in Indien) sind, wie überall, diejenigen, die am schwersten zu leiden haben. Sie sind es, die noch das wenige, das sie verdienen, für Alkohol aufwenden anstatt für ausreichende Ernährung und andere Notwendigkeiten. Es ist jener unselige arme Mann, der seine Familie verhungern lassen muß, der das heilige Versprechen, für seine Kinder (sofern er solche hat) zu sorgen, brechen muß, um sich durch seine Trunksucht ins Elend und in vorzeitigen Tod zu stürzen ... Was aber vermag die Energie eines einzelnen Mannes, und sei er noch so mächtig, gegen die Untätigkeit einer apathischen und verschlafenen Regierung?«[41]

War *er* dieser »Mann, und sei er noch so mächtig«, der es unternehmen konnte, seine Heimat aus ihrer Apathie und Verschlafenheit zu reißen und die erste Führergestalt eines geeinten Indien mit einer gläubigen Gefolgschaft zu werden? Wenn dem so ist, dann war seine Befähigung zu diesem Führertum, jedenfalls noch zu jener Zeit, nahezu völlig unerkennbar. Dennoch müssen wir uns fragen, welche Lehren er aus seinem Aufenthalt in England gezogen hat. Die relative Vernachlässigung seines Jurastudiums, die er sowohl in seinen autobiographischen Aufzeichnungen wie in seinem zusammenfassenden Rückblick erwähnt (»ich fühlte mich ... nicht ... qualifiziert«), erfährt nur dann ihre rechte Würdigung, wenn man sie als Teil eines tieferreichenden Erfolges versteht, der den jungen Gandhi lehrte, ein Element der englischen Identität in sich aufzunehmen und mit der indischen zu verbinden, bevor er darangehen konnte, *beide* zunächst einer im weiteren Sinne »britischen« und schließlich einer wahrhaft universellen Identität unterzuordnen. Denn während dieser Periode hatte er auch manches über die Weltreligionen gelernt und sogar zum ersten Mal gemeinsam mit zwei theosophischen Engländern die Bhagavad Gita seines Volkes gelesen. Das martialische und mit Bestrafung drohende Alte Testament stieß ihn ab, doch die Bergpredigt ging ihm »geradenwegs zu Herzen«. Er verband das Gebot, auch die andere Wange hinzuhalten, mit dem indischen

Spruch »Gib für einen Krug Wasser ein üppiges Mahl«, doch schließlich und endlich war diese gesamte Periode ausgefüllt mit dem Gedanken an Nahrung. All dies war indessen vorwiegend Religion aus einer sozusagen literarischen Perspektive, und Gandhi war ein denkbar unliterarischer Mensch. Wenn jedes Sprichwort oder Lied ihm »zu Herzen« gingen, so bedeutete dies, daß sie sich möglicherweise in die Tat umsetzen ließen. Wir werden noch sehen, wie er – unter Voraussetzung der Geschichte seiner Persönlichkeitsentwicklung und der indischen Tradition – erst dann die innere Unabhängigkeit besaß, andere zu führen, nachdem es ihm gelungen war, eine religiöse Ordnung eigentümlicher Prägung für sich zu begründen.
Inzwischen hatte sein Gelübde ihm, über ein bloßes Vermeiden hinaus, dabei geholfen, sich einzig der Religion Putali Bas und seiner Kinderfrau, Rambha, verpflichtet zu fühlen, oder in jedem Falle aber der Volksreligion der Mutter Indien, die der kindliche Verstand gleichzeitig »mit der Muttermilch« in sich aufnimmt. Diesen Bereich freigehalten zu haben von der Beeinflussung durch die westliche Gedankenwelt – und ferner, so möchte ich annehmen, von weißen Frauen, denen es leicht gelingen möchte, in ein von Wein und Verspieltheiten verwirrtes Herz einzudringen –, dies allein war die tiefere Bedeutung des Gelübdes. Daß der junge Gandhi England mit einem nie von ihm gebrochenen Gelübde verlassen konnte, war ein Umstand von überragender Bedeutung, und dies nicht nur in seinen eigenen Augen, sondern späterhin auch im Hinblick auf seine überragende sittliche Stellung im eigenen Volk. Der Kliniker kann allerdings nicht umhin hinzuzufügen, daß dieser Sieg zugleich die ihn obsedierenden Tendenzen verstärkte, ihn eine feindselige Haltung gegenüber Frauen und sogar gegen Milch einnehmen ließ und keineswegs die Fähigkeit in ihm zur Entfaltung brachte, sexuelle Intimität zu genießen oder auch nur bei anderen zu tolerieren – eine Tatsache, die später noch unsere volle gedankliche Aufmerksamkeit in Anspruch nehmen wird.
Er verließ England und hatte dort vieles gelernt, so daß er später mit Überzeugung sagen konnte, daß er von den Engländern nur das Beste angenommen habe; aber vor allem ging er aus England als ein innerlich bereicherter Inder fort, und das heißt als gefestigter Mann ebenso wie als unverbrüchlich »seiner Mutter Sohn«. Er mußte diese Kombination noch immer im Angesicht

einer heiligen Verpflichtung aufrechterhalten – nämlich dem Versprechen, dem Andenken seines Vaters getreu zu bleiben, den Bruder und die Familie, deren Vermögen er verausgabt hatte, mit dem Erfolg zu belohnen, den man von einem Barrister englischer Schule erwarten durfte.
Was sein gesamtes äußeres Auftreten anbetrifft, so sprach er jetzt vorzügliches Englisch und verstand es, sich wie ein Engländer zu kleiden: auf einem letzten Bild, das ihn in der Vegetarischen Gesellschaft zeigt, fällt das weiße Taschentuch gleich einer Kaskade über den Saum seiner Brusttasche. Wenn wir jedoch im nächsten Kapitel Fragen der Kleidung dasselbe Gewicht geben wie im vorhergehenden solchen der Ernährungsweise, so geschieht dies einzig zum besseren Verständnis des Problems der Identität: denn in welcher Art der Kleidung wir uns am vertrautesten sind – ganz »wir selbst« – und welche Aufmachung uns in den eigenen Augen als Ausländer erscheinen läßt – diese Frage ist durchaus nicht unwichtig und wird vor allem bei demjenigen von großer Bedeutsamkeit, der eines Tages Winston Churchill telegraphieren sollte, daß es sein Bestreben sei, »so nackt wie nur möglich« zu sein. Es war – und dies wäre es wohl auch geblieben – sehr viel Eitelkeit in seiner Armut, sehr viel Unaufrichtigkeit in seiner Demut und sehr viel verbohrter Starrsinn in seiner Hilflosigkeit, bis es ihm gelungen war, ein moralisches Druckmittel zu finden, das – für ihn selbst wie für die verelendeten Inder – aus Armut, Demut und Hilflosigkeit eine neue Kraft und ein neues Instrument machte: doch diese neue Hoffnung konnte erst entstehen, wenn die Suche des jungen Mannes nach seiner Berufung auf festen Grund gestoßen war.

2. *Arjuna verhandelt Bagatellen vor dem Kammergericht*

Es mag angezeigt erscheinen, ein völlig neues Kapitel an dem Punkt beginnen zu lassen, wo der junge Gandhi 1891 von England aus die Heimreise antritt, und ein anderes mit seinem Aufbruch nach Südafrika im Jahre 1893 anzufangen. Aber die Geschichte einer Wandlung, die hier erzählt werden soll, erlebt ihre Auflösung erst auf einer Eisenbahnfahrt von Durban, Natal, nach Pretoria, Transvaal, an deren Ende der junge Gandhi sich körperlich und seelisch buchstäblich geschunden fand. Bis hierher hatte er, wie wir gesehen haben, darum gekämpft, seinem Gelübde treu zu bleiben, aber er hatte noch nicht seine Berufung gefunden, es war kein Ruf an ihn ergangen.

Der junge Gandhi kehrte heim, weil er einen akademischen Grad erworben hatte; daß er mit der erklärten Absicht nach Hause fuhr, es dort zu Wohlstand zu bringen, ist recht unwahrscheinlich. Eine dermaßen empfindsame, stolze und auf ihr Eigenstes bedachte Seele findet ihre Berufung nur, indem sie *nicht* im gewöhnlichen Sinne erfolgreich ist, selbst wenn solche Weigerung für sie gleichbedeutend damit wäre, zugrunde zu gehen. Wenn der Mahatma später zurückblickt und aus einer Reihe unterschiedlicher Anlässe ganz spezifische Ereignisse als diejenigen herausgreift, die »mein Leben geändert haben«, dann besteht die Moral offenbar (was zudem auch durch die Wortwahl angedeutet ist) darin, daß er auf einige der bestürzenden Ereignisse geradezu gewartet und sie gewissermaßen »in Szene gesetzt« hat, die eine radikale, von ihm bereits eingeschlagene Richtung zu sanktionieren vermochten.

Der erste Schock jedoch, der den jungen Mann daheim erwartete, besiegelte unwiderruflich seine Kindheit. Als er kurz nach seiner Ankunft fragte, wie es seiner Mutter gehe, begegnete er beklommenem Schweigen und der durch nichts vorbereiteten Nachricht, daß sie gestorben sei. Sie hatte gerade lange genug gelebt, um noch unter Tränen von seiner Graduierung erfahren zu können. Die Tatsache ihres Todes war dem Reisenden vorenthalten worden, weil sie ihn zu sehr erschüttert hätte; doch obgleich sein Schmerz, wie er sich ausdrückt, »sogar noch größer war als beim Tode meines Vaters, wandte (ich) mich dem Leben zu, ganz so, als sei nichts geschehen«. Wir klagen gewöhnlich überaus dramatisch, wo mit dem Tod von jemandem eine ungelebte Chance zu Versöhnung und innerer Bereicherung für immer dahingegangen ist. Darin besteht letztlich auch die Bedeutung des totemistischen Rituals; in der Wirklichkeit wie im Geiste wollen wir uns dessen versichern, daß wir in uns verkörpern und uns assimilieren, was der Verblichene an schöpferischer Kraft besessen hat.

Der Tod des Vaters war für den jungen Gandhi eine Art Fluch geblieben. Seine Mutter jedoch, so scheint es, hatte er durch Ablegung des Gelübdes in sich aufgenommen, und als er es unternahm, ihm unverbrüchlich treu zu bleiben, war sie ihm zum Teil seiner selbst geworden. Seine idiosynkratische Beschäftigung mit Nahrungsmitteln war so obsessiv wie verschroben und sollte es auch späterhin bleiben, und manches von seiner tiefen Ambivalenz gegenüber der »guten« und der »schlechten« Mutter überlebte in seinen diätetischen Skrupeln. Denn selbst noch als der junge Gandhi, ein sachkundiger Koch, gewissermaßen sich selbst »zur Mutter wurde«, blieb er doch stets während all seiner diätetischen Experimente im Verhältnis zu ihr der kleine, sie unablässig neckende Moniya. Allerdings geht jede Ähnlichkeit mit einem »Experiment« verloren, wann immer der Experimentator den inneren Abstand der Selbstbeobachtung in der Weise vergrößert, wie Gandhi dies lebenslang getan hat: man vermag alle Symptome einer Magenverstimmung in sich zu erleben, sobald man nur liest, wie er zu kochen und zu essen pflegte und sich sodann genauestens beobachtete, um nach Anzeichen erhöhter oder abgeschwächter Vitalität zu fahnden. Und mehr als einmal machte er sich selbst krank, indem er versuchte, seinen inneren Menschen in einer übermenschlichen Anstregung zu reinigen, was schließlich so weit führte, daß er sich sogar die Aufnahme von Milch verbot, um davon nicht in unzulässigem Maße erotisiert zu werden. Wir müssen jedoch in seinen diätetischen Geplänkeln zugleich auch die grundlegenden Lösungsmöglichkeiten für ein existentielles Problem erkennen. Ganz zu Anfang, solange die Mutter wahrhaftig noch die Grundlage für das Überleben ist, können wir lernen, der Welt zu vertrauen, und vermögen es, den wesentlichen Bestandteil aller Vitalität in uns zu entwickeln: Hoffnung. Indem wir den Leib der Mutter mit dem Munde geschmeckt und mit den Sinnen erfahren haben, werden wir ein Teil von ihm und sind doch stark genug, uns von ihm zu lösen. Unser erstes Firmament ist das Gesicht der Mutter, das über den Wonnen der Sättigung für uns erstrahlt; und nur das Studium der universellen Mythologien und der tiefsten geistigen Pathologie kann uns eine Ahnung von der verfinsterten Wut und der verworrenen Bilderwelt vermitteln, die jenes frühe Vertrauen helfen muß, in uns zurückzudrängen, bevor wir uns von der mütterlichen Grundsubstanz lösen können. Solche Stimmungen und jene Verworrenheiten müssen oftmals im Jugendalter noch einmal durchlebt werden – und dies insbesondere von leidenschaftlichen Jugendlichen, die mit einem ausgeprägten Gefühl der Sündhaftigkeit geschlagen sind –, wenn das ursprüngliche Trauma der Abtrennung vom Mutterleib in der Notwendigkeit, das elterliche »Heim« zu verlassen, sich wiederholt – was, wie wir sehen konnten, Mutterland, Muttersprache und Mutterreligion mit einschließen kann. Das Gelübde des jungen Gandhi und die Weise, in der er sich um seine Einhaltung sorgte, waren ihm dabei hilfreich, ihn über eine Periode hinauszuheben, in der seine moralistische Selbstverleugnung nur graduell zu der ethischen Fähigkeit heranreifen konnte, seine eigene Auffassung der überkommenen Religion zu formulieren, die er während der Kindheit in sich aufgenommen hatte. Dieser Prozeß war seither über seine individuelle Mutter weit hinausgegangen: und ich glaube, daß sein Schmerz deshalb geringer war, weil er wußte, daß er sie in sich trug und daß sie der Kern des Besten in ihm war – die einzige Weise der Unsterblichkeit, die Eltern für sich fordern können.

Ich bereite den Leser keineswegs auf die Deutung vor, daß Gandhis Identifikation mit seiner Mutter von irgendwie größerer »Wichtigkeit« gewesen sei als diejenige mit seinem Vater – wie behauptet worden ist. Indessen ist einfach nicht zu leugnen, daß die Mutter im Lebenszyklus weitaus früher Bedeutung gewinnt und daß dasjenige, was an ihr bedeutsam wird, mit der vielschichtigeren und in stärkerem Maße vom Konkurrenzmotiv bestimmten Vater-Identifikation kombiniert werden muß; während dasjenige, was in beiden schwach und konfliktbeladen bleibt, im Verhalten manchmal weitaus eher die Formen einer echten Symptomatik annimmt, als daß es als ein einzigartig Schöpferisches zum Ausdruck käme. Es war in Gandhis Kreativität jedoch ein starker mütterlicher Aspekt vorhanden, und es ist daher nicht unwichtig zu versuchen, im einzelnen festzuhalten, worin bei ihm die besonderen Charaktere der Ambivalenz im Verhältnis zur Mutter und zum Mütterlichen im allgemeinen bestanden haben mögen. Gandhis Biographen natürlich verweigern ihm gewöhnlich das Recht, auch nur soviel Ambivalenz in sich zu bergen, als jedem menschlichen Wesen kraft Geburt zugestanden werden muß, und die Getreuen Gandhis lassen sich unglaublich weitschweifig darüber aus, wie alles an ihrem Meister reinste, umfassende Liebe gewesen sei – so sehr, daß man oft sehnsuchtsvoll nach der kleinsten Andeutung von Ambivalenz Ausschau hält, die der Liebe erst Sinn gibt – oder sie möglich macht. Jedes Kind fühlt sich von seiner Mutter ausgesetzt und verraten, wenngleich oft nur in einer vorsprachlichen und unbewußten Weise. Bei Gandhi jedoch gibt es Hinweise für einen weitaus ungewöhnlicheren Konflikt. Wenn, wie er sagt, sein Vater sich »fleischlichen Gelüsten hingegeben« hat, dann war seine Mutter entweder eine mehr oder weniger willige Mitverschworene oder das Opfer seines Vaters; und der unausgesprochene Nebensinn, der darin mitschwingt, besagt, daß der kleine Moniya selbst das lebende Beweisstück für etwas sei, das womöglich nicht hätte sein sollen. Es gibt mit größter Regelmäßigkeit wiederkehrende Hinweise darauf (einige sind bereits erwähnt), daß einem Manne wie Gandhi die »Lust« als solche zugleich als ein kloakenhaftes Vergnügen und als ein gedankenloses Spiel mit dem Feuer der Zeugung erschienen ist. Doch wo traditionelle östliche Denkweisen im Zusammenhang mit Geburt und Wiedergeburt, Tod und Nirwana ins Spiel kommen, muß ein Mann westlicher Provenienz mit größter Vorsicht auftreten. Ohne Zweifel gelangte Gandhi, ebenso wie Sokrates, dahin, einen wirklichen Tod (d. h. das Loskommen von der Wiedergeburt) als die Heilung vom Leben anzusehen.

Das Verhältnis zur internalisierten Mutter ist demzufolge höchst komplex: denn hier muß gerade die Hoffnung auf Leben, die im Kinde durch seine Mutter genährt wird, sich zu dem Glauben an die Möglichkeit verwandeln, *nicht* wiedergeboren zu werden, die Notwendigkeit der Wiedergeburt durch eine Liebe zu überwinden, die nicht destruktiv ist, weil sie die leibliche Existenz transzendiert, und mit ihr zugleich die Differenzierung in Geschlechter. Gandhi scheint das Gefühl gehabt zu haben, hierin durch das Andenken an seine überaus religiöse Mutter bestärkt und ermutigt worden zu sein. Hatte sie nicht nach seiner Geburt aufgehört, Kinder zu bekommen? Er war es demnach selbst gewesen, der zur Ursache für ihre Entschlossenheit wurde, die Fortpflanzung zu einem Ende zu bringen – und dies wiederum einzig durch Liebe. Durch die Identifikation mit dieser Frau lernte es Gandhi offensichtlich, sich in der Enthaltung von allem außer der Aufnahme der lebensnotwendigen Nahrungsmenge zu üben – eine Leistung, die wohl manchem, der sich mit Erfolg derart kasteite, gelungen ist, wobei jedoch wohl kaum, wie ich annehmen möchte, jene Fähigkeit des Enthaltsamen ihresgleichen fand, sich bereits durch die kleinste Menge höchst selektiver Nahrung zugleich gesättigt und neu belebt zu fühlen (ebenso wie durch kurze, aber zeitlich sorgfältig abgestimmte Schlafperioden). Und wenn die Befreiung von dem Wunsch nach dem Verzehr von

Fleisch gleichbedeutend war mit der Freiheit von jedweder unstillbaren und destruktiven oralen Fixierung, dann konnte der junge Gandhi in einen geheimen Pakt mit seiner Mutter alles Vertrauen setzen, der beide ebensowohl miteinander verband, wie er sie auch, jeden für sich, zugleich zu emanzipieren vermochte: wo die Mutter als die Gebende und Verweigernde, solcherart zu einer wohltätigen Mittlerin wird, kann eine seltene Energie liebender Selbstverleugnung und selbstverleugnender Liebe sehr wohl zu einem dauerhaften emotionalen Schatz werden.

In London, so sahen wir, konnte Gandhi sein Gelübde als Brücke zu einer der wichtigen zeitgenössischen Bewegungen, dem Vegetarismus, benutzen und damit ein mehr intellektuelles Vorgehen mit archaischen Aspekten indischer Religiosität verbinden, das sich in den indischen Massen noch immer am Leben erhalten hatte – und in ihm. Die vegetarische Bewegung verhalf ihm zudem zu einer ersten Begegnung mit so bedeutenden christlichen und westlichen Autoren wie Tolstoj, Ruskin und Thoreau (wenngleich er erklärt, Thoreau erst später, im südafrikanischen Gefängnis, gründlich gelesen zu haben), und sie war es auch, die ihn in der Tat erst in einige der klassischen Schriften des Hinduismus einweihte. In mancher Hinsicht mochte also die internalisierte Stärke der Mutter in Kombination mit einer universellen Bildung in ihm am Ende sogar eine eigentümlich indische Intuition in verstärktem Maße zur Geltung bringen und doch zugleich in ihm auch eine kritische Fähigkeit entwickeln, sich in die indischen Massen einzufühlen, die mit ihrer engen Bindung an den Aberglauben des Bodens und an die Bilderwelt der Mutterreligionen eine Bedrohung für ökonomisches, politisches und geistiges Schöpfertum darstellten und es bis in unsere Zeit geblieben sind.

Um mit der Bemerkung eines Klinikers abzuschließen: es ist stets sehr schwierig, zu bestimmen, an welchem Punkte genau die obsessive Symptomatik aufhört und kreative Ritualisierung beginnt. Doch es muß klargeworden sein, daß dort, wo die Dispositionen des Individuums und seine ausschließliche Inanspruchnahme durch das besessene Verfolgen einer Sache einer neuen Energie zum Durchbruch verhelfen, die imstande ist, entsprechende Energien in anderen durch dasjenige freizusetzen, was zunächst den Anschein einer gemeinschaftlich erlittenen Symptomatik erwecken mag – daß dort durchaus der Anspruch er-

hoben werden darf, daß man dem Wechselspiel einer gegenseitig befruchtenden Ritualisierung überaus nahegekommen sei.
Und Gandhi war in der Tat, wie wir noch sehen werden, ein eingefleischter Ritualisierer. Dies scheint denn auch die politische Bedeutung der Identifizierung Gandhis mit seiner Mutter zu sein: von der mütterlichen Seite des Bapu (»des Vaters«, wie er später genannt wurde) zeigte sich vor allem ein besonderer Typus unter seiner Gefolgschaft angezogen, und sie auch belebte zugleich besondere, eigengesetzliche Tendenzen in den Massen: beinahe so, als habe er in der eigenen Person eine neuartige Matrix bereitgestellt, fand Indien in ihm zu sich selbst. Dies jedoch konnte so lange nicht fruchtbar werden, wie es ihm nicht mit ähnlichem Geschick gelungen war, auch die starrköpfige Integrität des Vaters und dessen Bania-Pragmatismus zu integrieren. Was jedoch in seinem Maternalismus an Ambivalenz noch erhalten geblieben war, konnte möglicherweise geeignet sein, eine vorhandene Ambivalenz in der Einstellung ihm gegenüber zu bestärken, die zu dem Ergebnis führen mochte, daß seine Gestalt und seine Laufbahn insgesamt als etwas angesehen wurden, das zu einem massiven Hindernis für die demokratische Brüderlichkeit und den Manager-Rationalismus des Industriezeitalters geworden sei.
Doch wir müssen jetzt auf einen anderen, bedeutsamen Einfluß in Gandhis verlängerter Identitätskrise eingehen. Es ist überaus bezeichnend, daß dasjenige Kapitel der Autobiographie, das von der Heimkehr des jungen Gandhi im Alter von zweiundzwanzig Jahren und vom Tod seiner Mutter berichtet, im Titel weder auf das eine noch auf das andere Bezug nimmt. Die Überschrift lautet: »Raychandbhai.«[42] Dies ist der Name eines nur um wenige Jahre älteren Mannes, dem der junge Gandhi am Abend desselben Tages begegnet war, als er vom Tode seiner Mutter erfahren hatte. Raychandbhai (wie Gandhi voller Zuneigung jenen Rajchandra genannt hat), war ein zutiefst philosophischer junger Mann, der in manchem dem Bild eines Mannes nahekam, den man Gandhis Guru hätte nennen können, wie es sonst keinem anderen jemals gelang – was, um die Wahrheit zu sprechen, allerdings immer noch nicht *sehr* »nahe« gewesen ist. In dieser überraschend plötzlichen Bindung gab es eine Übertragung im buchstäblichen Sinne, womit nicht gesagt sein soll, daß es sich um eine bloße »Mutter-Übertragung« handelte, denn Raychandbhais Aus-

strahlung wurde in weiten Kreisen als die einer Persönlichkeit von heiligengleichem Eingeweihtsein in höchstes Wissen anerkannt. In der Tat wurden dieser junge Mann und seine Unterweisungen während jener Periode seines Lebens zum Notanker für die religiöse Phantasie des jungen Gandhi, als er sich am verlorensten fühlte, denn er mußte sich nun vom Gehorsam gegenüber der Mutter der Festigung seines Selbst zuwenden: von seinem Gelübde also zu seiner Berufung. Und *seine* Berufung: das konnte nur heißen, daß er das berufliche Erbe seines Vaters und seiner Vorväter übertreffen und erneuern mußte.

Wie ein Mann (mit Woodrow Wilsons Worten) »zu sich selbst kommt«, wird an der Oberfläche in demjenigen sichtbar, was er gern tut oder gern unternehmen würde, weil es in ihm sein Gefühl der Ernsthaftigkeit vertieft – aber es ist zugleich auch durch das definiert, wodurch er sich nicht »er selbst« fühlt, und durch das, was ihn über sich selbst hinaustreibt, »außer sich« bringt. Wir erkennen zu Beginn des Berichtes des Mahatma über seine Heimkehr die eine Hoffnung: daß es ihm gelingen möge, Beziehung zu jenem Erbe zu finden, das sich zu diesem Zeitpunkt für ihn in Raychandbhai personifizierte. Aber zugleich gab es dreierlei, was sich genau benennen läßt und woran zu denken ihm Unbehagen bereitete. Wie konnte er dem zu erwartenden Ärger mit seiner Kaste begegnen, die ihn und seine Familie exkommuniziert hatte, als er nach England ging; wie würde oder wie konnte er sich in einem Beruf niederlassen, auf den er sich in keiner Hinsicht genügend vorbereitet fühlte, trotz seiner Ausbildung in England, seines Titels und seiner englischen Umgangsformen? Und wo konnte er ansetzen, um als Reformator zu wirken? Denn er hatte keinen Zweifel an dem, worin seine zentrale Eignung bestand: »Ich war ein Erneuerer.«[43]

Indem er sich selbst und andere reformierte, fühlte er sich ganz »er selbst«; aber er war schließlich auch noch Bruder, Ehemann, Vater und – obgleich exkommuniziert – Mitglied einer Kaste. Und für die überwiegende Mehrheit der Hindus bedeutete die Kaste etwas, das in diesem Leben wie in allen möglichen darauffolgenden eine alles erfassende und umschließende Identität vermittelte. Doch bevor er nach England aufbrach, war er den Ältesten seiner Kaste mit jener »ewigen Negation« gegenübergetreten, die er später so oft in der von aller Gewaltsamkeit freien Wendung »ich bin hilflos« zum Ausdruck bringen sollte – womit er deutlich machen wollte, daß sein Verstand entschieden habe und er ihm von nun an gehorchen müsse. Da seine Mutter jedoch noch auf dem Sterbebett den Wunsch ausgesprochen hatte, daß sich ihr Sohn mit seiner Kaste versöhnen solle, mußte diese Angelegenheit zuerst geregelt werden. Nach einem Reinigungszeremoniell vor einem der heiligen Altäre in Maharashtra und einem Bankett seiner Kaste in Rajkot gewährte ihm die Sektion Rajkot seine Wiederaufnahme, die jedoch von den Abteilungen in Bombay und Porbandar nie bestätigt worden ist. Gandhi würde fortan seine Selbstachtung und die ihre dadurch wahren, daß er es vermied, jemals ein Mitglied dieser Abteilungen auch nur »um ein Glas Wasser zu bitten«. Nebenbei bemerkt sollte dies auch alle angeheirateten Verwandten von jedem sozialen Kontakt mit ihm ausschließen, was Kasturba wohl keineswegs das Leben leichter gemacht haben wird. Von nun an würde er wohl gewisse Zugeständnisse im Zeremoniell machen, doch würde er niemals seine Identität an die Kaste verpfänden; und in der Tat sollten einige der Kastenmitglieder, die ihm jetzt zeremoniell aus dem Weg gingen, zu einem wesentlich späteren Zeitpunkt zu einigen seiner respektvollsten politischen Anhänger werden.

Der hoffnungsvolle Reformer indessen begegnete den Grenzen seiner Bestimmung bereits im eigenen Haus. Hierfür sollte er sich wieder in der wohlvertrauten Weise selbst die Schuld zuschreiben: »Meine Lust legte sich mir in den Weg«; er erwies sich wieder als so »eifersüchtig« wie zuvor, was immer man darunter verstehen mag. Er machte auch Kasturba dafür verantwortlich, daß sie die Ursache für eine bei ihm nicht seltene Geistesverfassung gewesen sei, in der er vor Wut »außer sich« geriet, die er in den nun folgenden Jahren einzig an Kasturba und ihren Söhnen ausließ. Wieder schickte er Kasturba heim (und über die Kastenschranke hinweg): denn er konnte so lange mit ihr zu keiner Verständigung kommen, wie sie sich die Tatsache anzuerkennen weigerte, daß seine Familie – damit er sie weiterhin als *seine* Familie anerkennen könne – Teil einer Reformgemeinschaft werden müßte, die er selbst reformierte. Die alte Frage, worin denn nun die wahre Reform bestehen sollte, unterwanderte noch immer alle nur denkbaren Belange; er versuchte, im eigenen Haus eine etwas absonderliche Mischung aus diätetischem Purismus und englischer Verfeinerung einzuführen, indem er seine Familie sogar dazu zwang, mit Messer und Gabel zu essen und englische

Kleidung zu tragen, einschließlich dessen, was er später selbst für einen ziemlich abscheulichen Aspekt westlicher Zivilisation, sofern man ihn auf tropisches Klima übertrug, ansehen sollte – und zwar verschwitzte Socken. Auf derselben Ebene lag der Versuch, Kasturbas Widerstand gegen Lesen und Schreiben zu brechen, indem er ihr die neue Rolle der Frau eines vom englischen System hervorgebrachten Barristers zudachte, die ihr ohne allen Sinn schien. Dies alles wird zusammengefaßt in der doppeldeutigen Feststellung:

»... und da ich nun zu ihrem Lehrer geworden war, wie groß die Indifferenz auch sein mochte, und ich ihr dabei half, gewisse Reformen einzuleiten, empfanden wir beide die Notwendigkeit, uns enger aneinander zu binden, wenn auch nur, um die angefangenen Reformen fortzuführen.«[44]

Wer war hier indifferent?

Er versuchte auch, die Kinder der Familie in dem zu unterrichten, was er gelernt hatte, von Diät und Freiübungen bis zu »God Save the Queen«. Er gelangte nun zu der Schlußfolgerung: »Ich würde für die Kinder einen guten Lehrer abgeben.« Da es jedoch niemals zu einem Test gekommen ist, der über die volle Zeit durchgeführt worden wäre, hat man eher das Gefühl (in dem man durch eine Anzahl vager Eindrücke, die man aus Photographien und Zeugenaussagen gewinnt, nur noch mehr bestärkt wird), daß Gandhi jene Tendenz in ihm, Tiere zu necken, nun auf das Necken und Provozieren von Kindern übertrug, von denen zweifellos einige im höchsten Maße entzückt waren, während andere sich dies wiederum nur mit höflicher Duldsamkeit gefallen ließen. Seine Begegnung mit Kindern, so errät man, nahm gleichfalls die Form der Ritualisierung an, und ohne Zweifel fühlten sie sich durch das Verhältnis zu ihm sehr bedeutend. Was die spätere Erziehung seiner eigenen Kinder betrifft, so wird man wohl eher klären müssen, was einigen von ihnen trotz seiner übermächtigen Gestalt zu lernen gelungen ist, als was sie durch ihn lernten, und wieviel sie während jener Zeitabschnitte gelernt haben, als er häufig von ihnen getrennt lebte. Jedenfalls wird nirgendwo in diesem Buch die Analyse der konfliktgeladenen Einstellung Gandhis gegenüber seinen heranreifenden Söhnen als ein Reflex auf ihr wirkliches Leben als Erwachsene interpretiert werden – ausgenommen natürlich im Falle des Ältesten, Harilal.

Reformtätigkeit erfordert Geld, und obwohl er es seinem Status schuldig war, etwa das Zehnfache ihrer Gebühr zu verlangen, wußte dieser bestens geschulte Fachmann weitaus weniger von indischem Recht als die ungeschulten einheimischen *vakils*. Er räumte indessen gern ein, daß sein Bruder das Recht habe, von ihm ein gewisses Maß an beruflichem Erfolg zu erwarten. Ob sein Bruder sich noch immer von ihm erhoffte, daß er Premierminister würde, oder ob er diese Stellung inzwischen selbst anstrebte, ist ungeklärt, und jedenfalls läßt sich im Hinblick auf Gandhi sagen, daß diese Art Posten für ihn längst jenen Glanz und den Charakter einer Ehrung eingebüßt hatte, den er in den Jahren vor dem Tode seines Vaters noch besaß. Aber es hat durchaus den Anschein, daß andere berufliche Stellungen, die ihm offenstanden, entweder mit der neuen englischen Würde des jungen Gandhi unverträglich waren oder seinem außergewöhnlich empfindlichen Ehrgefühl nicht Genüge tun konnten. Eine hartnäckige innere Stimme unternahm offenbar alles, jeden Erfolg, der ihm entweder in Rajkot oder in Bombay beschieden gewesen wäre, zu sabotieren. Auch im Hinblick auf das Ausweichen vor derartigen Möglichkeiten kann ein großer Mann auf seinen Schutzengel rechnen.

Das erste Auftreten des jungen Gandhi vor einem Gerichtshof fand in jener Szene ihr Ende, die auf dem Wandgemälde hinter dem Birla-Haus als eine Station auf dem Lebensweg des Mahatma verewigt ist. Es handelte sich um seinen ersten Fall, der einfach genug war und von dem erwartet werden konnte, daß er an einem einzigen Tage abgehandelt würde. Doch der junge Anwalt war »außer sich« vor Angst. Es muß eine bejammernswerte Szene gewesen sein. Und dennoch, an jener Stelle, wo der Mahatma über die Schüchternheit als seinen Schild schreibt, scheint es für ihn ausgemacht gewesen zu sein, daß das, was wie ein Versagen ausgesehen haben mochte, zugleich eine Art Triumph war. Ich möchte jedoch unterstellen, daß er damit noch mehr sagen will. Denn wenn seine Nervosität bei Auftritten in der englischen Öffentlichkeit mit den Worten beschrieben wird: »Mein Blick trübte sich und ich begann zu zittern« – klingt diese Formulierung dann nicht an den jungen Arjuna an, dessen Wagen auf den Kampfplatz zwischen den beiden Armeen gezogen wurde? »Meine Glieder versagten mir den Dienst«, berichtet Arjuna dem Gott Krishna (in Gandhis eigener Übersetzung), »meine Kehle ist ausgedörrt, ein Zittern durchläuft meinen Körper, und meine

Haare stehen zu Berge.«[45] Und wie sehr entspricht die Situation im Gerichtssaal dem einleitenden Satz der Bhagavad Gita: »Auf dem Kampfplatz der Gerechtigkeit ...« Gewiß, die Szene, in der ein zitternder junger Barrister mit dem Auftrag betraut ist, »einen gewissen Mamibai« zu dreißig Rupien vor einem Zivilgericht in Bombay zu vertreten, ist schwerlich mit einer Szenerie zu vergleichen, in der »auf ihrem Wagen thronend, vor sich das Schimmelgespann, Krishna und Arjuna ihre himmlischen Hörner blasen«. Wenn aber der Mahatma sagt, daß dort, in jenem Gerichtssaal, »mein Kopf von Schwindel befallen war und ich das Gefühl hatte, als geschehe dem versammelten Gericht ebenso ... Meine Augen waren blicklos geworden«[46], dann ist dies wiederum ein Echo auf Arjunas Verfassung: »Ich habe keine Gewalt über meine Füße, vor meinem Geist verwirrt sich alles.« Daß den künftigen Mahatma schon die unbedeutende Eintönigkeit eines solchen Gerichts aus der Fassung brachte, bezeichnet sehr gut seinen Führungsstil, denn er würde stets dazu neigen, sich gerade die unscheinbarsten und kleinsten lokalen Situationen als die geeigneten Schlachtfelder für eine große Seele auszusuchen.

Da dies jedoch das Buch eines Psychoanalytikers ist, müssen wir wenigstens im Vorbeigehen eine Bemerkung über jenen neurotischen Faktor in der Verwirrung des jungen Barristers fallenlassen, der in voraufgegangenen »Anfällen« offenkundig geworden war. In der Vegetarischen Gesellschaft war er bei seiner Verteidigung eines Verfechters der Geburtenkontrolle ins Stocken geraten, und dann wieder im Holborn-Restaurant, als er versucht hatte, in humorigem Ton über einen Gentleman zu sprechen, der »dreimal empfangen« hatte. Zum Zeitpunkt jener Szene vor Gericht war Kasturba wieder schwanger. Und Jahre später, als Gandhi wiederum, und diesmal zum letzten Mal, vor einer großen Versammlung die Stimme versagte, sollte Kastruba mit ihrem letzten Sohn schwanger gehen. Symptome, so drücken wir es aus, sind stets »überdeterminiert« und nicht auf *eine* »Ursache« zurückführbar. Doch die begleitenden Nebenursachen konvergieren in motivischen Einheiten. Hier verbinden sie sich zu der Stützung unserer Interpretation, daß die fortgesetzte Zeugung von Kindern gewissermaßen gleichbedeutend damit wurde, der Größe des Entwurfs im Reformplan dieses Mannes Abbruch zu tun, und daß der junge Haushaltsvorstand und Rechtsanwalt um sein *dharma* zitterte, wie dies dem jungen Prinzen und Krieger vor dem Kampf widerfahren war.

Es ist jedenfalls wahrscheinlich, daß die hochgesteckten geistigen Aspirationen dem »Anwalt ohne Praxis«, dem glücklosen Gatten und dem unfreiwilligen Vater von größerer »Realität« gewesen sind als seine vorübergehenden Mißerfolge. Arjunas Verstörtheit in der Bhagavad Gita findet ihre Lösung durch die Mitgliedschaft in einer Kaste: ein Kshatriya muß, wenn es notwendig ist, töten und sterben, wenn die Zeit gekommen ist, und dies im Wissen darum, daß seine Identität als Person vollkommen durch die Identität seiner Kaste determiniert ist und daß er, indem er beiden in innerer Losgelöstheit gerecht wird, nicht nur die Grenzen der Identität überschreitet, sondern zugleich die des Todes, ob er ihn nun andere erleiden läßt oder ihn selbst erleiden muß. Aus demselben Grunde sollte Gandhi genau in dem Augenblick zu sich selbst finden, als seine persönlichen und physischen Kräfte und Begrenztheiten durch die Pflicht des Reformers transzendiert wurden: die Selbstlosigkeit des Dienens.

Dies führt uns zurück zu Raychandbhai, dem jungen »savant«, dessen Haltung und Worte »mich direkt ins Herz trafen«. Zweifellos erkannte der junge Gandhi in seinem fünfundzwanzigjährigen Freund etwas wieder, von dem er fühlte, daß es sein eigenes Wesen sei, und während seine anderen Verpflichtungen schwer auf seinem Sittlichkeitsgefühl lasteten, fand er in dieser Freundschaft die erste Bestätigung seiner bis dahin zutiefst unartikulierten ethischen Haltung; Rajchandra gelang es, für ihn die ungemein persönliche Bindung an sein Gelübde in die ideologische Begrifflichkeit der Jain-Gemeinschaft zu übersetzen – eine Welt, die die gesamte religiöse Szene in Kathiawar umschloß und durchdrang – eingeschlossen das Bekenntnis der besonderen Vaishnava-Sekte Putali Bas. Der junge Gandhi vermochte nun die Jain-Ideologie zu absorbieren, ohne daß dies für ihn zwangsläufig mit der Annahme irgendwelchen Dogmas oder Rituals gleichbedeutend gewesen wäre; und wenn er in seiner Autobiographie erklärt, daß ihn außer Rajchandra noch Tolstoj und Ruskin am meisten inspiriert hätten, dann muß es klargeworden sein, daß er von all diesen Männern nur eine Sanktionierung dessen begehrte und von ihnen nur das Vokabular für dasjenige übernahm, was sich in ihm selbst zu artikulieren begann. Auf längere Sicht gesehen, sollte der junge Gandhi sich nichts Geringerem widmen als der eigensinnigen Absicht, aus religiösen Vorschriften etwas zu machen, das er in der Gita erkannt zu haben glaubte: eine »Grammatik der Tat«.

Rajchandra konnte indessen schwerlich der Guru eines zukünftigen Aktivisten sein. Gewiß, er verband in sich in bewundernswerter Weise das Geschäft eines Diamantenhändlers mit der Berufung zum Dichterphilosophen, aber für Gandhis Geschmack machte er vor dem Kastenwesen in dieser Welt zu viele Verbeugungen, während er andererseits wieder so sehr in einer anderen Welt lebte, daß er darüber vergaß, sich um seinen Körper zu kümmern. Er starb im Alter von einunddreißig Jahren – an Vernachlässigung seiner eigenen Person, wie Gandhi vermutete, eine Diagnose, die Gandhi später daran hinderte, den einzigen anderen Kandidaten für diese Stellung (Gokhale) als einen echten Guru anzuerkennen. Aber der junge Gandhi war in ihm wenigstens, wenn auch für noch so kurze Zeit und flüchtig, einem aufrichtig Wahrheitsuchenden begegnet, und wir werden später wesentlichen Elementen des Jain-Denkens in Gandhis Ideologie wiederbegegnen. Und weil keine Identität ohne eine Ideologie zu sein vermag und weil damit genau der Punkt bezeichnet ist, an dem Gurus ins Spiel kommen, ist die Bemerkung wichtig, daß er in Rajchandra den Mann gefunden hatte, der den aus dem Westen Zurückkehrenden behutsam darin unterwies, daß es in anderen Religionen nichts gebe, was die indische Religion nicht mit größerer Toleranz und feinerem Sinn für das Durchführbare formuliert hätte – und dies lange vor allen anderen.

Wenn der Mahatma all dies mit der Bemerkung beschließt, daß »der Thron« des Guru in seinem Leben »unbesetzt geblieben« sei, bis hinein in die Periode der *Moksha,* so könnte man versucht sein, jenem Bild des Thrones in seinem Leben nachzugehen bis zurück in die Zeit von Porbandar, als der kleine Moniya sich an die Stelle des Bildes von Thakorji setzte, und von dort weiter zu den wirklichen oder symbolischen Thronsesseln und ranghohen Stellungen, mit denen er später in dem einen oder anderen Zusammenhang in Berührung kommen sollte. Es ist dabei auffällig, daß er niemals einen solchen Platz selbst ausfüllte, noch sich jemals vor einem solchen gebeugt hat. Jeder Thron oder die damit vergleichbare Stellung des Ministerpräsidenten war ein viel zu seßhafter Ort für einen Pilger.

Und in der Tat schien es wieder an der Zeit weiterzuziehen, insbesondere nachdem der junge Gandhi in einer ähnlichen, überaus chaotischen Szene sich selbst und dem Bruder bewiesen hatte, daß es in Kathiawar keinen Platz für einen Gentleman-Barrister seiner Art gäbe. Um es kurz zu machen: sein Bruder hatte ihn gebeten, beim Leiter der britischen Verwaltung in Kathiawar, dem Gandhi in London kurz begegnet war, für ihn vorstellig zu werden. Der junge Gandhi wußte sehr wohl, daß er nicht den Versuch machen durfte, jene Bekanntschaft für lokale und persönliche Anliegen auszubeuten, doch er ging trotzdem, blieb hartnäckig und wurde hinausgeworfen. Dies war eine weitere von jenen Episoden, von denen er sagt, daß sie den Gang seines Lebens verändert hätten. Es verhält sich in der Tat so, daß sie ihn in der Richtung, die sein Inneres eingeschlagen hatte, bestärkten. Und als er das Angebot erhielt, nach Südafrika zu gehen, fühlte er wahrscheinlich, entgegen allen augenblicklichen Versprechungen oder Anhaltspunkten, daß es um seine Chancen nahezu an jedem anderen Ort als daheim besser bestellt sei. Damit begann der Umweg – er sollte zwanzig Jahre dauern und Tausende von Seemeilen lang sein.

Er wurde nicht um seinetwillen ausgewählt, nicht weil er einfach ein Barrister war, sondern weil er seine Ausbildung in London erhalten hatte, ein englischsprechender Gujarati war, der möglicherweise den ansässigen Rechtsanwälten dabei zur Hand gehen konnte, eine Klage zu formulieren, die von einem Moslem-Kaufmann, einem Ex-Gujarati, in Transvaal angestrengt worden war. Gandhi wußte wohl, daß er lediglich »ein Diener der Firma Dada Abdulla & Co.« sein würde, aber dennoch überquerte er im April 1893 den Indischen Ozean mit einem Billet Erster Klasse und entstieg dem Schiff, angetan mit einem Gehrock, hochglänzenden Schuhen und einem Turban, den der Mahatma als eine Imitation des »Bengali-Pugree« beschrieben hat. Es mag sein, daß Gandhi nur langsam lernte – oder daß er damit fortfuhr, sich selbst zu versuchen; jedenfalls berichtet er, daß es auf dieser Reise in einem nicht näher bezeichneten Hafen wiederum zu einer Auseinandersetzung mit einer Prostituierten kam, aus der er ein weiteres Mal »unbeschädigt«, »unversehrt« hervorging, obwohl er dem Kapitän des Schiffes auf seinem Landgang gefolgt war, dessen Absichten unzweideutig genug gewesen sein müssen; wieder entschuldigt er sich rückblickend bei der »armen Frau«.

Bei seiner Ankunft in Durban gab es zunächst ein gegenseitiges Abschätzen und Abtasten – denn Dada Abdullah war sich keineswegs sicher, welche Art Mann er importiert hatte. Etwa am dritten Tag nahm er ihn mit sich, damit er eine Gerichtssitzung verfolgen könne. Der Richter versuchte, aus seiner absonderlichen Aufmachung Rückschlüsse zu ziehen, und forderte ihn auf, seinen Turban abzunehmen – nur mit dem Erfolg, daß er auf jene »ewige Negation« stieß. Der Richter blieb fest; Gandhi verließ das Gericht.

Daraufhin wurde er erst einmal über die phantastische Geschichte der Rassenbeziehungen in Südafrika aufgeklärt. Der Richter hatte seine einfallsreiche Aufmachung nur deshalb einer so eingehenden Prüfung unterzogen, um ihn richtig klassifizieren zu können: wenn er ein indischer *Moslem* war, so konnte er noch als »Araber« durchgehen – eine Fiktion, an der Inder, Holländer und Engländer laut Übereinkunft festhielten. Als Araber, der nicht als »Asiate« galt, hätte er seinen Turban aufbehalten dürfen, wie es seinem Begleiter, Dada Abdullah, gestattet war. Wäre er indessen ein indischer *Parse* gewesen, dann hätte er sich als »Perser« eingestuft und gar nicht erst daran gedacht, einen Turban zu tragen. Er begegnete hier also sowohl einem religiösen wie einem nationalen Identitätsproblem. Noch immer beharrlich an der Rolle des englischen Barristers festhaltend, machte er unverzüglich das Angebot, einen hohen Hut zu tragen, den er im Gerichtssaal unbedingt abnehmen *mußte*. Ah, aber das würde die Angelegenheit nur verschlimmern, wurde ihm gesagt, denn nur indische *Christen* trügen europäische Kleidung und arbeiteten gewöhnlich als Kellner und Bürogehilfen: es wäre demnach ein Verstoß gegen die Klassentrennung gewesen. Damit hatte ihn also das Problem der Kopfbedeckung, das stellvertretend für die aufdringlichsten snobistischen Aspekte seines Konflikts zwischen Exhibitionismus und Demut geworden war, mitten in die heillose Verwirrung geworfen, der Menschen seiner Herkunft ausgesetzt waren – oder besser noch, mitten in das Gewebe aus Prätentionen – die man bereits für deren Lösung hielt, zumindest in den Kreisen der »Angepaßten« und Besitzenden. Der überwältigenden Mehrheit der nach Zehntausenden zählenden Inder in Südafrika jedoch war selbst das Heilmittel derartiger kultureller Pseudologien verschlossen, denn sie waren »Vertragsarbeiter«, deren Kontrakt, zu dessen Bedingungen sie nach Afrika verschifft worden waren, sie dazu verpflichtete, fünf Jahre in den Minen oder auf den Feldern zu arbeiten, und die man dann nach Ablauf dieser Zeit vor die Wahl stellte, sich entweder eine Rückfahrkarte nach Indien bezahlen zu lassen oder als »befreite« Inder im Lande zu bleiben, was nur heißen konnte, daß sie sowohl in den britisch regierten wie in den Burenstaaten Südafrikas im Zustand der Halbsklaverei leben mußten. Und weil diese zahlenmäßig größte und niedrigste Klasse »coolie« genannt wurde, taten die Südafrikaner genau das, was gewisse andere Leute aus dem Süden getan haben; sie warfen alle »farbigen« Bevölkerungsgruppen in einen Topf: alle Inder in Südafrika hießen »coolie« oder »sami«. So also wurde Mr. M. K. Gandhi, vormals Mitglied des »Inner Temple«, zum »coolie-Barrister«.

Wie aber ist es möglich, daß Gandhi nie etwas über die Lebensbedingungen seiner Landsleute in Südafrika gehört hatte? Wenn man bedenkt, daß der Indische Ozean ein vielbefahrener Schifffahrtsweg war, der die Westküste Indiens mit der Ostküste Afrikas verband, dann müssen doch die Gujaratis aus Kathiawar und diejenigen Natals eine Welt des Handels und des wechselseitigen Verkehrs gemeinsam gehabt haben. Wie konnten jene Verhältnisse unbekannt bleiben? Als er seine Arbeitgeber in Natal darüber befragte, erhielt Gandhi die Bania-Antwort, die er verdiente:

»Wir können das Leben in diesem Land einzig deshalb ertragen, weil es uns nichts ausmacht, Beleidigungen einzustecken, solange wir nur Geld verdienen ... *Dieses Land ist nicht für Männer wie Sie.*«[47]

Ich habe den letzten Satz herausgehoben, weil er als ein negatives Motto für Gandhis nunmehr im Entstehen begriffene Identität dienen kann: es war die eines Mannes, der gebraucht wurde. Wenngleich schließlich auch er als ein »coolie-Barrister« angesehen wurde, betrachtete er die Angelegenheit doch in erster Linie als einen Affront gegen seine eigene Klasse, die lernwillig bestrebt war, es dem weißen Mann gleichzutun. Die Parallele zu den Beziehungen zwischen den Rassen in unserem Land ist unverkennbar: die farbige Bourgeoisie war in ähnlicher Weise mit den Weißen ein Zweckbündnis eingegangen, um die harten Tatsachen der Diskriminierung hinter der Behauptung verbergen zu können, daß es einer steigenden Zahl gebildeter und wohlhabender Neger bereits um so vieles besser gehe, daß – zu ihrem Nutz und Frommen – der »Gradualismus«, der Grundsatz des stufenweisen Fortschreitens, als Lebensform Anerkennung verdiente. Auch uns wurden die Augen darüber geöffnet, was ohnehin für jedermann offen zutage lag, als einige unserer jungen Männer sich »mit ihren Körpern in den Weg legten«. In derselben Weise wurde auch der junge Barrister das Gewissen seiner Nation erst in dem Augenblick, als er – zunächst unabsichtlich – seinen Körper auf jener Linie wiederfand, die den Unterschied zwischen Rückzug und unumkehrbarer, unwiderruflicher Verpflichtung markiert.

Dieser Augenblick kam in der Nacht der Nächte. Nach einer in Durban, Natal, verbrachten Woche erschien es ratsam, daß Gandhi nach Pretoria in Transvaal weiterreiste. Natürlich reiste er erster Klasse. In Maritzburg, der Hauptstadt von Natal, betrat ein Weißer sein Abteil und weigerte sich unumwunden, die Nacht in Gesellschaft eines »coolie« zu verbringen. Der Schaffner verwies Gandhi in ein Abteil dritter Klasse. Es folgte wieder die »ewige Negation«, und der Arm des Gesetzes beförderte ihn mitsamt seinen Reisetaschen auf den Bahnsteig. Da seine Taschen vom Bahnhofsvorsteher in Verwahrung genommen wurden, fand sich der junge Barrister ohne Mantel in einem unbeleuchteten Warteraum wieder – in einer Höhe von zweitausend Fuß. Es ereignete sich in dieser winterkalten Nacht, daß er zu der Überzeugung gelangte, daß Südafrika doch ein Land für ihn war – vorausgesetzt, daß er noch lernte, der Mann für dieses Land zu sein. Er beschloß:

»Die ungerechte Behandlung, der ich ausgesetzt wurde, betrifft nur die Oberfläche – sie ist nur ein Symptom der tieferliegenden Krankheit des Rassenvorurteils. Ich sollte, wenn möglich, den Versuch wagen, diese Krankheit bei der Wurzel zu packen und in Verfolg dieses Zieles unbillige Härten auf mich nehmen.«[48]

Es gibt allen Grund zu der Annahme, daß die zentrale Identität, die hier ihren historischen Ort wie ihre geschichtliche Stunde fand, in der Überzeugung verankert war, daß unter den Indern Südafrikas er *die einzige Person sei, die vom Schicksal mit allem ausgestattet war*, eine Situation zu verändern, die unter keinen Bedingungen geduldet werden konnte.

Diese Überzeugung wurde unverzüglich einer Prüfung unterzogen. Denn gerade auf dieser Reise wurde er zum ersten Mal in seinem Leben als Erwachsener von jemandem geschlagen.

Um vom Streckensystem der Eisenbahn von Natal auf dasjenige der Linien von Transvaal überwechseln zu können, mußte der junge Gandhi eine gewisse Strecke in der Postkutsche zurücklegen. Er weigerte sich, den »Sitz« einzunehmen, der ihm draußen, zu Füßen des Kutschers auf einem Stück Sackleinwand zugewiesen worden war; dieser begann daraufhin, den anmaßenden »sami« mit den Fäusten zu traktieren. Die anderen Fahrgäste setzten sich für ihn ein und forderten ihn auf, sich nach drinnen zu ihnen zu setzen, während der Sitz der Demütigung nun von einem Hottentotten-Diener eingenommen wurde. So weit, so gut – zumindest nach den Maßstäben der rassistischen Hackordnung. In Johannesburg war das Grand National Hotel »voll besetzt«, als er versuchte, ein Zimmer zu bestellen; also verbrachte er die Nacht bei einem Gujarati-Moslem. Am darauffolgenden Tag gelang es ihm, ein Billett erster Klasse zu bekommen, als er in »tadellosem englischem Anzug« vor einem Bahnhofsvorsteher erschien, von dem sich herausstellte, daß er »Holländer war und kein Transvaaler«. Die gesamte tragikomische Reise fand ihren angemessenen Abschluß, als er bei seiner Ankunft in Pretoria die Entdeckung machen mußte, daß niemand sich eingefunden hatte, ihn willkommen zu heißen, weil man ihn schon am vorhergegangenen Abend erwartet hatte. Wer anderes sollte ihn schließlich ansprechen, als ein amerikanischer Neger, der ihn im »Johnston's Family Hotel« unterbrachte. Mr. Johnston bot ihm zunächst einen Raum an, jedoch nur unter der Voraussetzung, daß er einwilligte, allein auf seinem Zimmer zu essen, doch dann schien er plötzlich – er sei gesegnet – Scham über sein eigenes Verhalten zu empfinden. Also einigte er sich mit den anderen Gästen darüber, daß dem Besucher aus Indien eine reichhaltige Mahlzeit – vegetarisch *und* integriert – in einem sauberen Speisesaal vorgesetzt werden sollte.

Bereits während der ersten Woche erklärte der junge Barrister dem führenden indischen Kaufmann seine

»Absicht, mit jedem Inder in Pretoria Kontakt aufzunehmen. Ich brachte meinen Wunsch zum Ausdruck, die Lebensbedingungen der dort ansässigen Inder zu untersuchen, und bat ihn bei meiner Arbeit um Hilfe, die er mir freudig zusicherte.«[49]

Das war Gandhi. Es sollte Zeiten geben (zum Beispiel 1918 in Ahmedabad), in denen der entschlossene Wille seinerseits, einer Sache auf den Grund zu gehen, Schwierigkeiten für alle, die darein verwickelt waren, mit sich bringen sollte; denn ganz gleich, was er entdeckte, sich zu unternehmen entschloß oder erreichen konnte, mit ziemlicher Sicherheit würde die Situation verbessert werden – dauerhaft und in bedeutender Weise.

Der dreiundzwanzigjährige Neuankömmling berief eine Versammlung aller in Pretoria lebenden Inder ein, um sie »mit einem Bild ihrer Lebensverhältnisse in Transvaal« zu konfrontieren. Nachdem er die Bedeutung der Vertrauenswürdigkeit im Geschäftsleben herausgestellt hatte, schlug er die Bildung einer Vereinigung vor, in der alle Inder (»Hindus, Muselmanen, Parsen, Christen, Gujaratis, Madrasis, Punjabis, Sindhis, Kachis, Surtis und so weiter«) willkommen sein sollten. Er hatte keinerlei Schwierigkeiten, frei zu sprechen und sich verständlich zu machen – in Englisch, natürlich, denn es war die einzige Sprache all dieser aus den verschiedensten Regionen Indiens stammenden Männer, die sie (mehr oder weniger) gemeinsam hatten.

3. Der einzig Verfügbare

Als er etwa ein Jahr danach Pretoria verließ, konnte Gandhi sich rühmen, daß es in jener Stadt »keinen Inder gab, den er nicht kannte oder mit dessen Lage er nicht vertraut war«. Aber erst als er die umfassendere Identität eines, der »Öffentlichkeitsarbeit« betreibt, angenommen hatte, d. h. die pragmatische Haltung eines Reformers, war es ihm gelungen, ein Rechtsanwalt nach seinem eigenen Herzen zu werden – und ein erfolgreicher obendrein. Sein professioneller Stil war ausgeformt, und wir werden ihn von Pretoria bis nach Ahmedabad am Werk sehen:

»Ich erwarb mir eine derartige Beherrschung aller zu einem Fall gehörenden Fakten, wie ihn vielleicht nicht einmal die beteiligten Parteien selbst besaßen, und zugleich führte ich stets die Unterlagen beider Parteien mit mir.«[50]

Zuerst die Tatsachen und dann die Wahrheit; sollen Anwälte und Klienten nur ruhig lachen,

»Tatsachen bedeuten Wahrheiten, und sobald wir uns an die Wahrheit halten, kommt uns das Recht ganz natürlich zu Hilfe.«

Es gelang ihm, beide Parteien von einer außergerichtlichen Schlichtung eines Rechtsstreites zu überzeugen, um zu vermeiden, daß sie durch Entrichtung von Anwaltskosten verarmten. Ein

Schiedsrichter wurde bestellt, und Abdulla gewann. Gandhi wußte jedoch, daß die Vereinbarung Abdullas Kontrahenten, einen gewissen Meman aus Porbandar, an den Rand des Ruins bringen würde und daß es ein ungeschriebenes Gesetz unter jenen Leuten gab, wonach »der Tod dem Bankrott vorzuziehen sei«. Diese Art Gesetz, so argumentierte er gegenüber Abdulla, sollte ebenfalls berücksichtigt werden, und er überzeugte ihn schließlich davon, daß er es seinem unterlegenen Gegner schuldig sei, ihn die Schuld in vertretbaren Raten zurückzahlen zu lassen. Und hier ist der abschließende Rechenschaftsbericht des Bania-Anwalts: »Ich verlor dadurch nichts – nicht einmal Geld, gewiß jedoch nicht meine Seele.« Ich würde noch hinzufügen, daß er in der Tat damit unter Beweis stellte, daß ihm jene Kongruenz von entschlossenen Bemühungen, angeborenem Temperament und in harter Schulung erworbenen Fähigkeiten gelungen war, die ein Zeichen dafür ist, daß ein Mann »zu sich selbst gefunden hat«.

Während dieses ersten Jahres fuhr er auch darin fort, um seine Seele Sorge zu tragen, indem er sie, wie wir heute sagen würden, im Zustand der Offenheit (»open ended«) beließ. Als ihn einige Christen zu bekehren suchten, stellte er über ihr Bekenntnis wohl einige ernsthafte Überlegungen an, doch fand er das Dogma, wonach Christus Gottes »alleiniger Sohn« gewesen sei, völlig unannehmbar. Er gelangte zu einer Schlußfolgerung, die des jungen Luther würdig war:

»Ich suche nicht Befreiung von den Folgen meiner Sünden. Ich strebe nach Erlösung von der Sünde selbst, oder besser noch: vom sündhaften Gedanken als solchem. Bis ich dieses Ziel erreicht haben werde, will ich es gern auf mich nehmen, ruhelos zu sein.«[51]

Und wenn am Ende Tolstojs »das Reich Gottes ist in dir« die Antwort zu sein scheint, kann man sich nur immer wieder auf Luthers Ausspruch berufen, der besagt, daß ein Mensch, wenn er es nur wüßte, allein schon durch den Glauben gerettet ist.

Identität wird vornehmlich dort evident, wo jemand sich entschlossen einer Sache verschreibt – sowie die Zeit dafür reif ist. Nachdem er seinen Fall abgeschlossen hatte, ging Gandhi zurück nach Durban, um dort den nächsten Dampfer in die Heimat zu besteigen. Angesichts der ungelösten Probleme, die ihn dort erwarteten, wird es nicht im mindesten überraschen, daß ihm durch eine weitere jener Koinzidenzen, »die sein Leben änderten«, anläßlich eines Abschiedsessens, das ihm zu Ehren von hochstehenden indischen Bürgern gegeben wurde, zufällig »ein Abschnitt in der untersten Ecke einer Zeitung« zu Gesicht kam. Dieser Abschnitt bezog sich auf einen Gesetzentwurf, genannt der »Franchise Amendment Act« (Wahlrechtsnovelle), der in erster Lesung bereits die Legislatur von Natal passiert hatte und genau am nächsten Tag in zweiter Lesung beraten werden sollte. Der Gesetzentwurf widerrief das Recht der Nachkommen eben jenes Kreises »hochgestellter Bürger«, die an diesem Abend seine Gastgeber waren, jemals in Natal zur Wahlurne zu gehen. Er fragte sie, was sie darüber wüßten, und sie bekannten ihm, daß sie von solchen Angelegenheiten weder Kenntnis hätten noch sich darum kümmerten; woraufhin er ausrief, daß dieser Gesetzentwurf »an die Wurzeln unserer Selbstachtung« rühre. »Unserer« hatte er gesagt, und die gerissenen Moslem-Kaufleute erfaßten sofort das Naheliegende und baten ihn, noch zu bleiben – nur für einen weiteren Monat. In diesem Augenblick wurde der junge Anwalt von politischer Leidenschaft gepackt; er arbeitete eine Kampagne aus, von der die gesetzgebende Körperschaft schon am nächsten Tag und der Kolonialminister in London innerhalb von vierzehn Tagen Kenntnis erhielt, ganz zu schweigen von der Tatsache, daß sie die öffentliche Meinung Indiens in einer Weise erregen sollte, wie es ihm nie gelungen wäre, wenn er nach Hause zurückgekehrt wäre. Im Juli 1894 übersandte er Dadabhai Naoroji, damals nicht nur ein führender indischer Nationalist, sondern auch Mitglied des britischen Parlaments,

»einige erklärende Worte über mich selbst sowie über das, was ich getan habe. Ich bin noch jung und unerfahren und werde folglich nicht davon verschont bleiben, Fehler zu machen ... *Ich bin die einzige hier verfügbare Person, die diese Angelegenheit in die Hand nehmen kann.* Sie würden mir daher einen unschätzbaren Dienst erweisen, wenn Sie so freundlich sein wollten, mich anzuleiten, zu führen und mir die notwendigen Ratschläge zu geben, die von mir wie von einem Kind aus der Hand des Vaters entgegengenommen würden.«[52]

Ich habe wiederum die Worte hervorgehoben, die nach meinem Verständnis den Kern seiner neuerworbenen Identität zum Ausdruck bringen, für die er vom »großen alten Mann« der nationalistischen Bewegung nachträglich Sanktionierung begehrte.

In seiner Kindheit war er, wie wir uns erinnern werden, der

einzige, der seinen kranken Vater pflegen konnte, der einzige Sohn, der nach Meinung der Familie imstande sein würde, die ruhmreiche Linie der Premierminister von Kathiawar fortzusetzen. Darüber hinaus war es er allein, dem es vergönnt war, in allem »er selbst« sein zu können. Ein solcher Mann aber würde keinen Augenblick zögern, eine Situation zu *schaffen*, zu deren Bewältigung er die einzige geeignete Person war. Der junge Anwalt legte in dieser Nacht seinen Gastgebern die gesamte Situation mit Worten dar, die ihr Echo sowohl in der Londoner *Times* wie in der *Times of India*, im Kolonialamt ebensosehr wie in der Indischen Nationalversammlung fanden.

Während es völlig unmöglich ist, die sich stetig ausweitenden Angelegenheiten auch nur nacheinander aufzuzählen, mit denen sich Gandhi innerhalb der zwei Jahrzehnte befaßte, die uns von dem Ereignis in Ahmedabad trennen, mag es angezeigt sein, hier den ersten Fall zu skizzieren, in dem der junge Rechtsanwalt eine persönliche, eine existentielle und eine politische Verpflichtung erkannte.

Natal, das ursprünglich von Buren besiedelt worden war, die in Trecks von Cape Colony aus nordwärts gezogen waren, wurde im Jahre 1893 von den Engländern besetzt. Nun aber war ihm von der britischen Krone eine »verantwortliche Regierung« zugesagt worden und es hatte sich sogleich darangemacht, jenes Gesetzeswerk in Kraft zu setzen, das Gandhis Aufmerksamkeit erregt hatte. Dieser Gesetzentwurf war in der Absicht vorgelegt worden, zukünftig unterschiedslos allen Indern das Wahlrecht abzuerkennen, obwohl etwa 250 Inder, die zumeist dem Kaufmannsstand entstammten, bereits auf der Liste der Wahlberechtigten eingetragen worden waren, weil sie die Bedingungen erfüllen konnten, d. h. unbewegliches Eigentum im Werte von mindestens 50 Pfund Sterling besaßen oder eine jährliche Steuer von mindestens 10 Pfund entrichteten. Es gab damals 46 000 Inder in Natal – eintausend mehr, als dort Europäer lebten, die natürlich in Panik gerieten, als die Inder ihnen zahlenmäßig überlegen zu werden begannen, obwohl (wie Gandhi leidenschaftslos und auf statistisches Material gestützt beweisen sollte) die Chancen gleich Null waren, daß von den 16 000 noch immer unter Kontrakt stehenden Arbeitern auch nur einer oder eine nennenswerte Zahl unter den 25 000 »freien« Indern Natals jemals die Voraussetzungen des Wahlrechts erfüllen würde, denen tatsächlich nur weniger als ein Viertel aller Europäer gerecht zu werden vermochten!

Das alles jedoch war nichts weiter als legalistisches Geplänkel. Denn sowohl Inder wie Weiße waren zahlenmäßig im Verhältnis eins zu zehn den Hunderttausenden eingeborener Zulus von Natal unterlegen. Die Inder waren selbstverständlich der Auffassung, daß sie den Weißen näherstünden als den Schwarzen, da sie gemeinsam Abkömmlinge einer altehrwürdigen Zivilisation und Anhänger dreier Weltreligionen waren. Für die Weißen jedoch galten sie schlicht als Nichtweiße und bildeten demzufolge in den Augen der Masse der Schwarzen gewissermaßen einen kulturellen und politischen Fremdkörper. Und wie überall waren es wiederum die ärmeren Weißen, der von Weißen betriebene Kleinhandel und sogar die weiße Arbeiterschaft, deren Furcht sich am lautstärksten äußerte, während die Wohlhabenden und die landbesitzende Klasse in ihren ökonomischen und politischen Festungen es sich sehr wohl leisten konnten, weltoffen und vorurteilslos zu sein, solange nur der Zustrom indischer Arbeitskräfte anhielt. Die Gesetzgebung trug natürlich dem Gefühl der Furcht, das die Mehrheit der Weißen teilte, Rechnung und hatte schon lange vorher damit begonnen, alle Nichtweißen mit einem Netzwerk von Polizeierlassen unter Kontrolle zu bringen.

Als die führenden Inder Durbans Gandhi gegenüber erklärten, daß ihnen der Gesetzentwurf unbekannt sei und sie sich im übrigen nicht darum kümmerten, da ihr ausschließliches Interesse doch dem Handel gelte, war ihm dies ein schmerzlicher Beweis für das, was die Presse dazu ausführte:

»Der Asiate entstammt einer Rasse, die ganz unter dem Einfluß einer abgestorbenen Zivilisation steht; er besitzt nicht ein Jota Wissen um die Prinzipien oder Traditionen eines repräsentativen Regierungssystems. Mit Rücksicht auf seinen Instinkt und seine Ausbildung kann man ihn politisch als ein Kind von größter Zurückgebliebenheit bezeichnen, von dem es ein Unrecht wäre zu erwarten . . . daß er unseren politischen Zielen irgendwelche Sympathien entgegenbringe. Seine Denkweise ist verschieden, und er argumentiert auf einer Ebene, die der europäischen Logik unbegreiflich ist.«[53]

Solcherart waren die Begründungen, die hinter diesem Gesetzentwurf standen, der ersten ausschließlich rassistischen Aktion der staatlichen Legislative. Doch die Zeitung ging noch weiter und sprach die prophetische Warnung aus:

»Wenn diese Leute sich plötzlich mit diesen neuen und für sie fremdartigen Privilegien ausgestattet fänden, könnte es sehr wohl Anlaß zu der Vermutung geben, daß sie zu Propagandisten der Agitation und zu Instrumenten des Aufruhrs in jenem großen Lande werden, aus dem sie hierher kamen.«

Man kann sich gut das (gewaltlose) Funkeln in Gandhis Augen vorstellen. Um nur kurz die Geschichte nachzuerzählen: Buchstäblich über Nacht entdeckte die indische Kaufmannschaft, daß sie organisiert war. Gegen Morgen wurde von Gandhi eine Petition abgefaßt und von einem »Syrisch-Christlichen« Kalligraphen abgeschrieben (denn Gandhis Handschrift war seit je unleserlich). Unter den Indern, die am nächsten Tag zu einer außerordentlichen Versammlung eingeladen wurden, befanden sich auf nachdrücklichen Wunsch Gandhis auch Vertreter der Indisch-Christlichen Jugend, in denen er den am besten geschulten und potentiell aktivsten Ausschnitt des indischen Bevölkerungsteils erkannt hatte, wenngleich sie zum gegenwärtigen Zeitpunkt völlig »ihrer indischen Herkunft entfremdet« zu sein schienen. Fünfhundert Unterschriften wurden allein an einem Tag für die erste Petition in der Geschichte Natals zusammengebracht; und als der Gesetzentwurf der Legislative zur dritten Lesung vorgelegt wurde, war die Besuchergalerie geradezu überschwemmt (auch dies ein erstes Mal) von denjenigen, die in der Presse als »Araber und Hindus« bezeichnet wurden und die die vordersten Reihen besetzt hatten, womit sie prompt bestätigten, daß sie des Wahlrechts zutiefst unwürdig seien, da sie nicht geneigt waren, ihre Sitzplätze den weißen Damen zu überlassen, die, »nicht damit zufrieden, auf der Hinterbank zu sitzen, den Saal verlassen mußten«. Das Gesetz wurde natürlich verabschiedet, doch bedurfte es noch der Zustimmung der Königin, bevor es in Kraft treten konnte. Innerhalb von zwei Wochen sammelten Gandhi und seine Freunde (alte Moslem-Kaufleute in Kutschen und junge Christen zu Fuß) zehntausend Unterschriften, die der Petition angefügt wurden, die dem Kolonialministerium zugeschickt wurde. Während die Angelegenheit noch beraten wurde, gründete Gandhi den »Natal Indian Congress«, der ganz offen als ein Gegenstück zum »Indian National Congress« gedacht war, der organisatorischen Speerspitze des Nationalismus in Indien. Indessen gab es nicht früher als im September 1895 einen klaren Hinweis darauf, daß die Königin dem Gesetz ihre Zustimmung vorenthalten könnte, und dies mit der Begründung, daß

»es keine Trennungslinie zieht zwischen Fremden und Untertanen Ihrer Majestät oder zwischen den Unwissendsten und Aufgeklärtesten unter den Menschen indischer Abstammung. Unter der Klasse der Letztgenannten finden sich Gentlemen, deren Stellung und Verdienste sie voll und ganz für die Pflichten und Privilegien eines Staatsbürgers qualifizieren«[54].

Und nicht vor März 1896 wurde ein neues Wahlgesetz von der Legislative Natals verabschiedet, nach dessen Wortlaut

». . . solchen Personen in Natal das Wahlrecht vorenthalten werden soll, die ›nicht europäischer Abstammung sind‹ oder ›aus Ländern stammen oder Nachkommen in männlicher Linie von Eingeborenen solcher Länder sind, die bislang keine auf Wahlentscheidungen beruhenden repräsentativen Institutionen hervorgebracht haben, es sei denn, daß sie vom Vorsitzenden des Rates einen Erlaß erwirken können, der sie von den Ausführungsbestimmungen dieses Gesetzes befreit‹«[55].

Gandhi war natürlich geblieben und entschlossen, die Angelegenheit bis zu Ende zu verfolgen. Er bewarb sich um die Zulassung als Barrister am Obersten Gericht von Natal. Von der Anwaltskammer wurde ein Versuch unternommen, ihn aus ihren Reihen auszuschließen, doch brachte dies einen Teil der Presse mehr gegen diese Vereinigung als gegen Gandhi auf: denn es war ihm gelungen, weite Kreise in der Gemeinschaft mit seiner aufrechten Haltung zu beeindrucken. Er wurde aufgenommen und vereidigt. Als ihn bei dieser Gelegenheit der Oberste Richter aufforderte, seinen Turban abzunehmen, wobei der Turban diesmal seine Zulassung als Barrister der Stadt Bombay auswies, tat er es ohne Zögern. Und als er seinen ersten Rechtsfall darlegen mußte, empfand er nicht die geringste »Nervosität«. In seinen juristischen Schriftsätzen gleichermaßen wie in seinen öffentlichen Ausführungen entfaltete Gandhi nun in der Tat eine Kombination von derart makellosem Englisch, klarem Denken und rücksichtsloser Ehrenhaftigkeit, daß er sich innerhalb eines Jahres sowohl zum Vorbild wie zu einer Kraft zu machen verstand, die man nicht unterschätzen durfte. Als der Premierminister Natals schließlich die neue Wahlgesetzgebung verkündete, erklärte er, daß er nicht so weit gehen wolle einzuräumen, daß die Petition die »Auswirkung oder das Produkt eines Mannes – M. K. Gandhis«, gewesen sei. Doch er warnte:

»Manchen Mitgliedern mag noch nicht aufgegangen sein, daß es in diesem Land eine Körperschaft gibt, eine in ihrer Weise sehr machtvolle Vereinigung, eine Körperschaft von großer Geschlossenheit, obwohl sie praktisch im geheimen operiert . . . den ›Indian Congress‹. Dies ist eine Vereinigung, die über große Geldmittel verfügt, eine Vereinigung, in deren Vorstand überaus aktive und sehr fähige Männer sitzen, und es ist eine Vereinigung, die darauf eingeschworen ist, starke politische Macht auszuüben und Einfluß auf die Angelegenheiten der Kolonie zu gewinnen.«[56]

Als dieses Gesetz in seiner Neufassung verabschiedet wurde, gab Gandhi seinen Freunden den Rat, es anzunehmen. Daß es den Indern gelungen war, die Zustimmung der Königin zur ersten Fassung des Gesetzes zu verhindern, die eindeutig rassistischen Charakter hatte, schien ihm für den Augenblick ausreichend; die zweite bezog sich auf alle britischen Untertanen, und Gandhi war zu diesem Zeitpunkt weit davon entfernt, das Empire herauszufordern – oder für die Massen zu sprechen. Indem er weiterhin seinen Verpflichtungen als Anwalt im Interesse von zwanzig Kaufleuten nachkam, ließ er sich in der Tat nieder, um weiterhin als Rechtsberater zu praktizieren – wie wir es vorhin kennengelernt haben. Pyarelal beschreibt sein Domizil:

»Beach Grove Villa . . . in Durban war ein wenig anspruchsvolles, aus zwei abgetrennten Wohneinheiten bestehendes zweigeschossiges Gebäude mit einem schmiedeeisernen Eingangstor, einem Nebeneingang mit einem Durchgang und einer Veranda unter dem Balkon, die auf die Durban Bay hinausging. Harry Ascombe, der Generalstaatsanwalt, lebte gleich nebenan. Alle Nachbarn waren Europäer . . .

Es war nicht verschwenderisch mit Mobiliar ausgestattet. In der Wohndiele, die mit einem Teppich ausgelegt war, standen ein Sofa, zwei Armsessel, ein runder Tisch mit einem Überzug und ein Büchergestell. Deutlich ins Auge fallend, standen dort die Schriften Tolstojs, Madame Blavatskys und Eduard Maitlands, Publikationen der Esoterischen Christlichen Vereinigung und der Vegetarischen Gesellschaft, der Koran und die Bibel, Literatur über hinduistische, christliche und andere Religionen und Biographien nationaler indischer Führer. Das Eßzimmer enthielt einen rechteckigen Tisch, acht Stühle aus gebogenem Holz und eine Ablage in der Zimmerecke. Zwei der fünf Schlafräume im Obergeschoß waren mit Kleiderschränken ausgestattet. Es gab nur harte Holzbetten als Liegestatt – ohne Federung, ohne Matratzen, nur schlichte ungepolsterte Bretter.«[57] Das also war die Wohnung, in der er seine Familie unterzubringen plante, als er sich schließlich im Juni 1896 aufmachte, um sie aus Indien abzuholen. Vor seiner Abreise jedoch gab es noch eine Szene, die sich sehr gut dazu eignet, die Geschichte von Gandhis Ringen um seine Identität abzuschließen. Wir haben von der neuen und erstaunlichen Ausrichtung aller Begabungen und Energien des jungen Mannes gesprochen, die nun als gesicherter Bestand in die positiven Aspekte seiner Identität eingebracht worden waren. Wir haben schließlich die »negative Identität« des jungen Gandhi erörtert, was mich zu der Behauptung veranlaßte, daß er sie wie bei einer Teufelsaustreibung auf sein alter ego, seinen Moslemfreund, »projiziert habe«. Jetzt erfahren wir, daß Scheich Mehtab Gandhi noch immer nahestand. In der Tat war er der erste gewesen, der sich Gandhi in dem neuen und komfortablen Haus in Durban als »Genosse« angeschlossen hatte. Weil er eine Art Majordomus brauchte, der die Oberaufsicht über den Stab seiner Bediensteten zu führen verstand, hatte Gandhi, so scheint es, seinen Freund in Rajkot zum Kommen aufgefordert, im Vertrauen darauf, daß er zum Guten bekehrt worden sei. Aber siehe da: der Schurke spielte in seiner unrühmlichen Weise einen Diener gegen den anderen aus und wurde endlich sogar dabei ertappt, wie er Prostituierte ins Haus brachte, wenn Gandhi im Büro war. Als ihm dies von Zuträgern hinterbracht wurde, stürzte Gandhi nach Hause und warf Mehtab hinaus, nicht ohne vorher damit gedroht zu haben, daß er den Polizeichef rufen lassen werde, woraufhin ihm seinerseits mit »Enthüllungen« gedroht wurde – was, so fragt man sich verwundert, mag es gewesen sein? Mehtab zumindest scheint sich selbst als Teil irgendeiner Art von Verschwörung betrachtet zu haben; aber er war nunmehr durchaus entbehrlich und in der Tat zu einer Bedrohung des »Establishments«, des frisch erworbenen Ansehens ebenso wie der konsolidierten Identität dessen geworden, der sich beides erhalten wollte. So also kann die Lösung des Identitätsproblems zur Auflösung von Freundschaften führen. Sobald jedoch Mehtab erst einmal ganz auf sich gestellt war, hat er sich allem Anschein nach am Ende doch gebessert und ist in der Folgezeit zu einem getreuen Anhänger Gandhibhais geworden.

III. Kapitel
Hausstandbesitzer in Südafrika

1. Jemand

Ja, Establishment ist das rechte Wort. Denn im Gegensatz zu dem weithin verbreiteten Bild von Gandhi als einem beruflichen Versager, der erst als Berufsrevolutionär und Heiliger zu seiner eigentlichen Bestimmung finden konnte, währte es immerhin anderhalb Jahrzehnte, die er in seinem Leben Haushaltsvorstand und -vater in jedem Sinne des Wortes gewesen ist: einmal aufgrund der einfachen Tatsache, daß er einem zu einigem Wohlstand gekommenen Haushalt vorstand; im Sinne des Hinduismus, für den dies ein geschlossenes Lebensstadium ist, in dem man mit der Familie und der unmittelbar angrenzenden Gemeinschaft, in die sie einbezogen ist, zu tun hat; im buchstäblichen Sinne, der jemanden bezeichnet, der die Kenntnisse und Fähigkeiten zu lernen sucht, »hauszuhalten« mit den Tatsachen des Lebens. In der Bilderwelt der Alten ist das »Haus« eines Mannes das Zentrum seines Machtbereiches, sei es nun eine Wohnung oder eine Farm, eine Firma oder eine Familie, eine Dynastie oder eine Kirche; und seine »Stadt« markiert die Grenze, die um all diejenigen Häuser gezogen ist, die mit dem seinen in Berührung stehen.

Gandhi widmete sich nun ganz seinen beruflichen Aufgaben; und er verfestigte bald schon seine Kompetenz als Jurist, seine Leidenschaft als Reformer und seinen religiösen Sinn für eine allgemeingültige Wahrheit zu einer Lebensweise. Denn ein junger Mensch in seinen Lehrjahren vermag die wesentlichen Elemente des Weltbildes, das er in sich aufgenommen hat, lediglich umzuschmelzen, nicht jedoch zu beseitigen. Rajchandra faßte dieses Weltbild für ihn in Worte: und die bedeutsamste aller Wahrheiten der Jains, die nun seine gesamte juristische und politische Arbeit erfüllen sollte, bestand in der »Vielheit« der Sehweisen, in dem, was wir heute Relativität nennen würden. Auf diese Wahrheit richtete Gandhi sein Leben aus, noch lange bevor er sie für sich formulieren konnte, nicht ohne daß man ihn deswegen bezichtigte, in seinem Relativismus opportunistisch und in seiner Apologetik ausweichend zu sein.

Im Lebenszyklus der Hindus wird ein Beruf zum inneren Bestandteil im Stadium des Haushaltsvorstandes, das wiederum ein notwendiges »ashram« oder eine Station auf dem Wege ist, eine unerläßliche Stufe. Es kann daher nicht genügen, Gandhis Bedürfnis danach, sich ein gediegenes Ansehen zu schaffen, als das Bedürfnis nach Achtbarkeit im Sinne des Engländers abzutun. Diese Deutung, der er selbst damit entgegengekommen war, daß er einen Abschnitt in seinem Kampf um Identität als die Phase charakterisierte, in der er »den englischen Gentleman spielte«, hat zweifellos viele seiner Bewunderer davon abgehalten, Gandhis Jahre als Haushaltsvorstand für einen echten und wesentlichen Bestandteil seines Lebens zu halten. Dies ist in zweifachem Sinne unfair, weil eine derartige Selektivität uns das Verständnis dafür verstellt, in welcher Weise er in den Kontext des menschlichen Lebenszyklus einbezogen war, aber insbesondere deshalb, weil es ihm jene Logik im Lebenszyklus der Hindus abspricht, derzufolge jemand in einem der Stadien durchaus mit allem Ernst und in umsichtiger Gründlichkeit einen Hausstand zu gründen vermag – und sich sodann wieder daraus löst, um in ein anderes Stadium eintreten zu können. Wenn also Gandhi in den darauffolgenden Jahrzehnten eine neue Art von religiösem Revolutionär werden sollte, so steht diese Entwicklung weder in psychologischem noch in ethischem Gegensatz zu jenem Mann, der sein Haus bestellte; darüber hinaus kamen ihm die Lehren, die er aus der Haushaltsführung ziehen konnte, dabei zustatten, einiges davon in begrenzten und dringlichen Angelegenheiten, die schnelles Eingreifen erforderten, auf größere Gemeinschaften anzuwenden. Wir haben gesehen, wie Gandhi lernte, seinem Gesundheitszustand eine stets wachsame Aufmerksamkeit zuzuwenden; und während die heiklen Skrupel, die ihn zu bedrängen pflegten, oft sowohl seiner Gesundheit Abbruch taten wie den guten Willen anderer erschöpften, lernte er, haushälterisch mit seinem Körper umzugehen und ihm flexible Kraft und entschlossene Energie abzugewinnen. Von ähnlich peinlicher Genauigkeit war die Aufmerksamkeit, die er auf die Buchhaltung und die Verwendung verfügbarer Mittel wandte. Gewiß, später sollte er die Patronage durch Wohlhabende mit souveränem Gleichmut entgegennehmen, doch blieb er stets überaus gewissenhaft in seiner detaillierten Buchführung. Wir sind bereits hinreichend auf die Tatsache vorbereitet, daß er, unfähig wie er war, ebenso umsichtig wie geschickt mit demjenigen hauszuhalten, was Freud die »Ökonomie der Libido« genannt hat, einzig seiner emotionalen Ökonomie zuliebe innerhalb eines Jahrzehnts jede sexuelle Aktivität aufgegeben hat. Allerdings sollte dies im Zusammenhang mit dem alles umgestaltenden Bestreben geschehen, sein »Haus« von einer Heimstatt für seine Familie in eine Herberge für Mitarbeiter und Getreue umzuwandeln, oder auch möglicherweise in eine auf agrarischer Stufe stehende Lebensgemeinschaft, die viele Merkmale eines religiösen Ordens tragen sollte.

Und wenn die Haushälterschaft des hl. Franziskus mit der an ihn gerichteten Ermahnung Gottes begann: *»Va, Francesco, ripara la mia casa che, come vedi, va in rovina«* (»Geh, Franziskus, und bringe mein Haus in Ordnung, das, wie du sehen kannst, in Trümmer geht«), dann war mit dem »Haus«, das in Ordnung gebracht werden sollte, eine einzelne Kapelle ebenso wie die Kirche in der Stadt Gottes gemeint. Für Gandhi jedoch sollte »in Ordnung bringen« die Bedeutung des Heilens, Lehrens, der Erneuerung und des Herrschens annehmen – d. h. jeder Kontext durfte für angemessen gelten, in dem es einem gewährt war, ein »religiöser Sachkundiger« zu bleiben. Die weitreichendste Anerkennung, die Gandhis Macht erfuhr, sollte dem Zeitpunkt vorbehalten bleiben, als er auch die indischen Massen als seine Familie und nichts weniger als ein unabhängiges Indien als seine Stadt anerkannt hatte. Wie Gandhi sich als Rechtsanwalt und Familienvater niederließ und konsolidierte, wie ihm erst *danach* ein größere Bereiche umschließendes »Haus« und eine weitere »Stadt« ins Blickfeld treten konnten – genau darin besteht die Geschichte seines jungen Mannesalters.

Während seines kurzen Besuches in Indien im Jahre 1896 erlebte Gandhi, daß man in ihm einen jungen nationalen Führer erkannte, der für würdig befunden wurde, zusammen mit zweien der großen Nationalisten ihrer Zeit, Lokamanya Tilak und Gopal Krishna Gokhale, auf die Rednertribüne zu steigen. Seine Sache indessen ließ sich mit wenigen Worten umschreiben: er hatte aus der indischen Elite Südafrikas eine politisch bewußte Gemeinschaft gemacht, und er brachte der Welt das Anliegen der dort lebenden Inder zu Bewußtsein. Einzig Gokhale, ein weiser und willensstarker Führer, hatte in dem jetzt siebenundzwanzigjährigen Gandhi die Möglichkeiten, die in ihm schlummerten, entdeckt und die weiterreichenden Implikationen der südafrika-

nischen Problemlage erkannt; von nun an sollte er den jungen Mann aufmerksam beobachten, und der jüngere Mann sollte zu ihm als dem »*politischen* guru« aufblicken, der möglicherweise seine Rückkehr nach Indien so aus der Ferne lenken konnte, daß er als Prophet im eigenen Land empfangen werden würde.
Als Gandhi jedoch gegen Ende des Jahres 1896 seine Familie in jenes Vororthaus in Durban bringen wollte – Kasturba im eleganten Sari und die Knaben (eingeschlossen den Sohn seiner verwitweten Schwester) in der Aufmachung der Parsen –, um nun eine Rechtsanwaltspraxis zu eröffnen, von der man angesichts seiner speziellen Erfahrung und Schulung erwarten durfte, daß sie einzigartig lukrativ und hochgeachtet sein werde, wurde der peinlich korrekte Anwalt (wiederum erkennbar, wie er zugibt, an seinem mehr als außergewöhnlichen Turban) bei seiner Ankunft beinahe gelyncht. Folgendes war geschehen: Während er in Indien war, hatte er die öffentliche Meinung durch Reden und Pamphlete aufgewühlt, die das, worunter die Inder in Südafrika zu leiden hatten, eingehender beschrieben. Er hatte, wenn überhaupt, wenig mehr geäußert, was er nicht bereits den Südafrikanern offen ins Gesicht gesagt hatte. Diesmal aber hatte die Weltpresse seine Äußerungen aufgegriffen und sie mit sensationellen Übertreibungen in alle Ecken der Welt telegraphiert – einschließlich auch nach Südafrika. Dies machte ihn dort über Nacht zum bestens bekannten und meistgehaßten Inder. Und es traf sich zufällig so, daß er nicht nur auf einem »coolie-Schiff« ankam, das bis zum Bersten mit »coolie-Immigranten« belegt war, sondern daß zur selben Zeit auch ein zweites Schiff anlegte, das die gleiche Fracht beförderte. In den Augen der Weißen also war er der schamlose Anführer einer symbolischen Invasion in ein Land, das er noch immer die Stirn hatte, für sein eigenes anzusehen, obwohl er es verleumdet hatte. Indem sie die erst kürzlich in Indien ausgebrochene Beulenpest zum Vorwand nahm, verweigerte die Hafenbehörde von Durban beiden Schiffen drei Wochen lang das Anlegen in den Docks. Während der Weihnachtsfeier an Bord, als Gandhi vom Kapitän gefragt wurde, was er in dem Fall zu tun gedenke, daß er sich einem Lynchmob gegenübergestellt sehe, antwortete er schlicht, daß er hoffe, ihnen vergeben zu können. Die Gelegenheit, seine christlichen Gefühle unter Beweis zu stellen, wurde ihm bald gegeben. Als sie schließlich an Land durften, schickte Gandhi seine Familie voraus und

blieb, einer Empfehlung des Generalstaatsanwalts folgend, selbst an Bord. Als er dann jedoch schließlich an Land ging, wurde er sogleich vom wartenden Mob erkannt und böse zugerichtet – ihn rettete einzig das Eingreifen der Frau des Polizeichefs, einer Mrs. Alexander, die ihn unter die Obhut ihres Sonnenschirms nahm (der, da er zur Ausrüstung einer Dame gehört, der Menge heilig war) und ihn zumindest vor Schlägen an den Kopf bewahrte, bis endlich die Schutzleute eintrafen, die ihn zum Haus seines Freundes begleiten sollten, wo seine Familie auf ihn wartete. Der Mob wußte jetzt aber, wo er sich aufhielt, und selbst noch als seine Verletzungen genäht wurden, umstellten sie sein Haus und verlangten seine Auslieferung, damit sie ihn hängen könnten. Jetzt aber trat Mr. Alexander in Aktion: unter seiner Haustür stehend, unterhielt er die Menge sogar damit, daß er inbrünstig und erwartungsfroh in ihren Gesang einfiel »Hängt den alten Gandhi an den Sauerapfelbaum« – jedenfalls so lange, bis Gandhi in einer Polizeiuniform durch die Hintertür entwischt war; ein Vorgehen, dem Gandhi, wie wir mit Sicherheit annehmen dürfen, nur seiner Familie zuliebe zustimmte, die noch im Haus war. (Nebenbei sei bemerkt, daß dies die Geschichte der Kopfbedeckungen in Gandhis Leben fortführt: diesmal wurde ein Helm improvisiert, der aus einer Blechpfanne gemacht war, die von einem Schal auf dem Kopf festgehalten wurde.) Als der schlaue Polizeichef der Menge von der gelungenen Flucht berichtete und eine Delegation zu sich ins Haus lud, die sich davon überzeugen sollte, konnte die Menge nicht anders als mit ihm darüber lachen; und als nach Ablauf einiger Tage, die er unter Polizeischutz zubringen mußte, die Presse Gandhi wenigstens von den schlimmsten Zitaten entlastete, die man ihm in den Mund gelegt hatte, wurde er nicht länger belästigt. Die Gemeinde zollte ihm sogar Respekt dafür, daß er sich geweigert hatte, die Namen der Angreifer zu nennen, obwohl der Kolonialminister ein Telegramm geschickt hatte, in dem er ihre Festnahme verlangte.

All dies vermochte wohl dazu beizutragen, das Bild eines Mannes mit edlen und gewaltlosen Absichten zu schaffen und zu verbreiten, doch zugleich bestätigte dies nur um so mehr Gandhis Zugehörigkeit zur indischen Oberklasse. Denn der Natal Indian Congress war, was wir nicht vergessen dürfen, noch immer eine elitäre Gruppe, der mehr an »Qualität als an Quantität« gelegen war. Qualität war hier gleichbedeutend mit Intelligenz, Hingabe

und Bereitschaft zu freiwillig übernommener Arbeit; doch es bedeutete zugleich Geld, denn die Mitgliedschaft kostete drei Pfund, und wer sie nicht zahlen konnte, wurde ausgeschlossen.
Wie ich in der Schilderung meines in Ahmedabad abgehaltenen Seminars nahezubringen versuchte, koinzidiert – »meinem Buch« zufolge – die *Haushaltung* mit zwei Lebensstadien: dem Stadium der Intimität, indem die Arbeitsbeziehungen und das Geschlechtsleben für einen Mann definieren, wen und was er auf der Basis der Gegenseitigkeit lieben kann; und das Stadium der Generativität, der zeugenden Fähigkeit, in dem er sich als Elternteil gegenüber seinen und für seine Kinder erfährt, als den Produzenten, der Werke vollbringt und Güter schafft, und als den Schöpfer von Ideen; es wird endlich mit zunehmender Bestimmtheit durch das Ausmaß und die Zulänglichkeit seiner Fähigkeit definiert, für all diese Dinge *Sorge zu tragen*[58]. Intimität und Generativität werden ihm sodann unausweichlich einen Platz oder nur eine Nische innerhalb des kulturell und ökonomisch »Bestehenden« seiner Zeit zuweisen: dies wird somit (sofern er nicht durch Krankheit oder einsame Begabung oder durch beides allem entfremdet ist) seine »Realität« definieren, d. h. jenen ideellen Konsensus, der eine besondere kulturelle Konsolidierung charakterisiert. »Realität« ist natürlich die machtvollste Illusion des Menschen; doch solange er an dieser Welt Anteil hat, muß sie über das völlig unbegreifliche Rätsel, daß man überhaupt in ihr ist, den Sieg davontragen. Wenn die Hindus der »Erhaltung der Welt« ein deutlich umschriebenes Stadium in der Lebensmitte zurechnen, so bestehen sie zugleich darauf, daß es gefolgt wird von meditativer Entsagung und Verneinung. All dies war Gandhi »in Fleisch und Blut« übergegangen, doch war er gleichzeitig ein moderner Mann und ein großer Erneuerer.
Ich würde Gandhi einen Rechtsbeistand nennen. Das ist es, was er sich gelegentlich selbst genannt hat, doch war er gewissermaßen ein rastlos umgetriebener Anwalt, dessen unablässige Suche nach dem Recht über ein bloß berufliches Interesse hinausging. Er leistete selbst dann, und dies jeweils mit all seiner überentwickelten, peinlichen Gewissenhaftigkeit, vielen Menschen seinen Beistand (man gestatte mir hier dieses Wortspiel*) und machte sich

* Das – ins Deutsche nur schwer übertragbare – Wortspiel beruht auf dem Bedeutungsgefälle zwischen englisch »solicitor« = deutsch: (Rechts-) Anwalt und englisch »solicitous«, deutsch: »besorgt«. (A. d. Ü.)

gegenüber mancherlei Vorkommnissen zum Anwalt von Rechten, auch wenn es für ihn bequemer gewesen wäre, davon einfach keine Kenntnis zu nehmen. Er sollte schließlich darangehen, den Bereich neu zu bestimmen, in dem ein praktizierender Rechtsanwalt Anliegen zu vertreten und Verpflichtungen einzugehen hatte, und er sollte unverändert sein garantiertes Einkommen auch weiterhin als ein ihm anvertrautes Mandat begreifen, das es ihm gestattete, unbeirrt für die, denen das Wahlrecht entzogen war, und sodann für die, die in jeder Beziehung arm waren, zu arbeiten. Die eigene Macht innerhalb jener Mächte des herrschenden Establishments zu festigen, bedeutete jedenfalls für ihn, einerseits das Bestehende an diesem bestimmten Ort und zu dieser Zeit nur insoweit anzuerkennen, als es zugleich möglich war, einige der schlimmsten Übel und Inhumanitäten abzubauen, während man sich andererseits des temporär Bedingten jeder Rebellion ebensosehr wie alles Bestehenden bewußt sein mußte.

Doch die Trennungslinien zwischen dem Bestehenden und der Reform, zwischen Establishment und Religiosität sind oft in tragischer Weise verwischt; und niemand wäre in der Lage, sich auch nur in spielerischer Weise mit ihnen einzulassen, der nicht die Demut empfindet oder zumindest empfinden lernt, die Ruskin unbeabsichtigt für Gandhi in dem Ausspruch formuliert hat: »Unto This Last«. Es war ihm jetzt klargeworden, daß kein Dogma für sich beanspruchen durfte, im ausschließlichen Besitz der geschichtlichen Offenbarung zu sein. Nach seiner Auffassung war diejenige Religion am bedeutsamsten, sinnvollsten, die ihm dabei hilfreich sein konnte, das offenbarte Wesen der alltäglichen Erfahrung und des Handelns zu formulieren. Und hier scheinen die neuen Worte, die Rajchandra für die überkommenen Glaubenssätze der Jains gefunden hat, direkt zu ihm zu sprechen: »Ich schätze die Lehre von der Vielheit *(anekantavad)* der Realität über alles Maß«, so sollte er viele Jahre später schreiben. »Es bewahrt mich davor, meinen Gegnern oder Kritikern Motive zu unterstellen ... heute vermag ich sie zu lieben, weil mir Augen verliehen sind, mit denen ich mich selbst sehe, wie andere mich sehen, und umgekehrt.« [59]

Auf einigen wenigen Seiten können wir schwerlich all den Einzelheiten und Umwegen der eben nur kurz skizzierten Entwicklung nachgehen. Weil unsere Suche vornehmlich den Ursprüngen jenes politischen Werkzeuges der militanten Gewaltlosigkeit gilt, wollen wir uns kurz auf Gandhis persönliche Erfahrung mit der Gewalt konzentrieren. Ich muß hier indessen hervorheben, daß auch »irgendwer«, der auf dem besten Weg ist, *jemand* zu werden*, immer zugleich auch leibhaftig existiert und daß nichts ihn so nachhaltig daran zu erinnern vermag, ein Niemand zu sein, als jene Erfahrung – die so überaus eindringlich von unseren Negerschriftstellern geschildert wird –, in der er erkennen muß, daß weder die Würde des inneren Menschen noch die Aspirationen der Klasse, die der äußere Mensch zum Ausdruck bringt, den Körper davor bewahren, herumgestoßen und getreten zu werden wie eine abstoßende Sache, so als trage er die Stigmata einer niederen Spezies.

Die Masse der indischen Arbeiter Natals wurde indirekt zum Nutznießer der von der indischen Elite geleisteten Arbeit, aber dennoch waren sich seinerzeit weder die Massen in Indien noch in Südafrika auch nur der Möglichkeit bewußt, daß es für sie so etwas wie politische Würde und Freiheit geben könne. Sklaverei, so wird man sich erinnern, war für den weißen Mann eine »historisch gewordene« Gewohnheit; und als das öffentliche Gewissen sie als Institution abschaffte, versuchten interessierte Gruppen wie die Plantagenbesitzer auf den Karibischen Inseln und die Tee-, Kaffee- und Zuckerpflanzer Südafrikas mit allen erdenklichen Mitteln, diese Praxis – nur jetzt unter anderem, verändertem Namen – fortzuführen. Als die britisch-indische Regierung sich willig und dazu bereit fand, den Armen und Analphabeten Indiens zu gestatten, sich den südafrikanischen Anwerbern als *»Vertragsarbeiter«* zu verkaufen, sollte diese neue Institution der Sklaverei sehr bald ähnlich werden, nur daß sie sich noch als weitaus profitträchtiger erwies als jene. Denn die indische Tradition hatte hartes Arbeiten zu einer Angelegenheit gemacht, die in den meisten Kasten für gegeben hingenommen wurde, während die Neger, obgleich sie körperlich kräftiger gebaut und weit in der Überzahl waren, nur unter Zwang und Drohungen zur Arbeit für andere zu bewegen waren. Diese Tradition machte

* Auch der folgende Satz läßt sich in deutscher Übersetzung nicht adäquat wiedergeben: »Here, again, it is not for the sake of playing with words that I must point out that even somebody who is well on the way to becoming *some*body, still is a *body* . . . etc. . . . nobodiness . . . etc.« (A. d. Ü.)

naturgemäß die »freien Inder« (die im Gegensatz zu jenen, die niemals durch Kontrakt zur Arbeit verpflichtet waren, in der Tat als »befreite Inder« gelten konnten) zu weitaus gefährlicheren Konkurrenten als Kleinbauern, Kleinhändler und umherziehende Verkäufer. Für die Weitsichtigen unter den Weißen konnte es demgemäß nur eine Politik geben, die andererseits wiederum zweigleisig vorzugehen hatte: soviel als irgend möglich Kontraktarbeiter ins Land schleusen und zugleich soviel wie nur möglich von den »befreiten« Arbeitern außer Landes treiben. Inzwischen waren dem Leben der Arbeiter die erniedrigenden Zeichen aller Sklavenarbeit aufgeprägt: sie durften ungestraft geschlagen werden, man konnte sie ohne Gerichtsbeschluß unbefristet unter Arrest halten, ihnen bestimmte Gebiete zuweisen, in denen sie sich ausschließlich niederlassen durften, und sie (was sich auf sie am stärksten demoralisierend auswirkte) von ihren Familien trennen. Damit brach in einigen Gebieten alles, was auch nur entfernte Ähnlichkeit mit Familien- oder Gemeinschaftsleben aufgewiesen hatte, in sich zusammen, und im Gefolge davon Gesundheit, Rechtssicherheit und Loyalität, wie sie für das Leben in der indischen Gemeinde charakteristisch gewesen waren.

Gandhi räumt seiner ersten bestürzenden Begegnung mit einem *physisch mißbrauchten* Arbeiter eine Vorrangstellung ein, indem er ihr in seiner Autobiographie ein ganzes Kapitel widmet. Selbst der Name des Mannes wurd zum Symbol: Balasundaram[60]. Dies zeigt uns, welch besorgte Anteilnahme Gandhi zu jener Zeit für das Schicksal der Halbsklaven empfand, und es demonstriert zugleich seine Fähigkeit und sein Geschick, ihr Dilemma zu dramatisieren, um das Publikum mit einer von Grund auf neuartigen indischen Geschichtsschreibung zu beeindrucken, in der eine ganz neue Art von Märtyrern und eine neue Art von Helden auftrat. Aber es war ihm noch nicht der Gedanke gekommen, diese Menschen zu organisieren, sie vor eine Wahl zu stellen und ihnen die Mittel zu ihrer eigenen Befreiung anzubieten:

»Wahrscheinlich war es niemandem in den Sinn gekommen, sich um ihre Unterstützung zu bemühen; wenn der Gedanke sich auch einigen aufgedrängt haben mag, nach ihrer Meinung blieb das Risiko immer noch zu groß, daß es um ihre Sache schlechter bestellt sein würde, sobald man jenen gestattete, sich der Bewegung anzuschließen.«[61]

Gandhi lernte die Gewalttätigkeit der *Kriegführung* im Burenkrieg kennen. Dieser, so wird man sich noch erinnern, war das Resultat des zu keiner Zeit völlig überwundenen Antagonismus zwischen den englischen und den holländischen Siedlern Südafrikas sowie ein Ergebnis der offenen Frage nach der Machtverteilung zwischen diesen Gruppen innerhalb eines politischen Zusammenschlusses, der, auf lange Sicht gesehen, unvermeidlich werden mußte.

Sein Buch *Satyagraha in Südafrika* (das, wie festgehalten werden muß, wesentlich später geschrieben wurde) wird eingeleitet von einer Charakterisierung der Buren, die in so glühenden Farben gehalten ist, daß man annehmen könnte, Gandhi sei ihr Partisan gewesen oder zumindest zu ihrer Art von kriegerischer Gesinnung bekehrt worden. Der folgende Passus verdient es, in voller Länge zitiert zu werden:

»Jeder Bure ist ein guter Kämpfer. Wie sehr die Buren auch untereinander streiten mögen, ihre Freiheit ist ihnen so über alles Maß teuer, daß sie, sobald sie in Gefahr gerät, sofort bereit sind, wie ein Mann für sie zu kämpfen. Sie bedürfen keiner gründlichen soldatischen Ausbildung, denn das Kämpferische ist ein Grundzug der gesamten Nation. General Smuts, General de Wet und General Hertzog sind sämtlich angesehene Anwälte, großartige Farmer und gleichermaßen hervorragende Soldaten.

... Die Burenfrauen sind genauso tapfer und schlicht wie die Männer ... (Sie) hatten begriffen, daß ihre Religion von ihnen Leiden verlangte, wenn sie ihre Unabhängigkeit erhalten wollten, und sie ertrugen daher geduldig und heiteren Sinnes alle Grausamkeiten, die ihnen angetan wurden ... Lord Kitchener trieb sie in getrennten Konzentrationslagern zusammen, wo sie unbeschreiblichen Leiden ausgesetzt waren ...

... Doch als der gequälte Aufschrei dieser Frauen aus den Konzentrationslagern bis nach England drang, wurde er weder von den Frauen selbst noch von ihren Männern – die heldenhaft auf dem Schlachtfeld kämpften – so weit fortgetragen, sondern von hochgesinnten englischen Männern und Frauen, die zu jener Zeit in Südafrika lebten; die Engländer begannen nachzugeben ... Echtes Leiden, das tapfer ertragen wird, bringt selbst ein Herz aus Stein zum Schmelzen. Von solcher Art ist die Macht des Leidens oder *tapas*. Und hier liegt der Schlüssel zur Satyagraha ...[62]«

Es ist nicht zu übersehen, daß Gandhi hier den Indern klarzumachen versucht, daß Tapferkeit für einen Satyagrahi unentbehrlich ist: ohne jeden »Kampf« in ihnen selbst würde es nicht einmal gelingen, Gewaltlosigkeit zu lernen – ein Thema, auf das wir noch mehr als einmal zurückkommen werden. Doch in der Zwischenzeit und angesichts der »Vielheit« der Ereignisse organisierte Gandhi ein Ambulanzkorps für die Engländer. Und da seit diesem Zeitpunkt zum ersten Mal der Relativismus des Jain mit gewaltloser Legalität in einer jener zweideutigen offiziellen Positionen verquickt erscheint, für die Gandhi berühmt (und, nach Meinung einiger, berüchtigt) geworden ist, wird es von großer Bedeutsamkeit sein, seinen Standpunkt in aller Deutlichkeit klarzulegen. Es traf sich glücklich sowohl für ihn selbst wie für seine Sache, daß seine Loyalität gegenüber dem Empire nicht durch die Aufforderung an ihn auf die Probe gestellt wurde, ihm als Kombattant zu dienen: selbst das Ambulanzkorps wurde von den Briten erst akzeptiert, als das Kriegsglück sich gegen sie zu wenden schien. Gandhis Gedankengang jedoch, der diesen Schritt – seine Meldung als Freiwilliger – rechtfertigen sollte, bestand darin (und konnte nicht anders lauten), daß er, obwohl er sich in Opposition zu einer bestimmten Regierung befinde, und zwar aus dem einfachen Grund, weil sie es ihm (oder seinem Volk) vorenthielt, an den Wohltaten konstitutioneller Prinzipien zu partizipieren, dennoch dazu verpflichtet sei, das Empire zu verteidigen, wann und wo immer es in Gefahr zu sein schien. Denn das Empire versprach allen britischen Untertanen, was ich die erweiterte Identität einer mächtigen politischen Wirklichkeit nennen möchte; und Gegnerschaft gegenüber den übelsten Auswüchsen innerhalb des Empire konnte nur unter der Voraussetzung sinnvoll sein, daß das, was in ihm das Beste war, einer größeren Zahl von Menschen mehr Gutes garantierte als jedes andere bestehende oder angestrebte politische System. Jedenfalls sind die Worte, mit denen Gandhi in *Satyagraha in Südafrika* seine nicht-kombattante Teilnahme am Burenkrieg verteidigt, es durchaus wert, überliefert zu werden – für unsere Zeit:

»... wenn irgendeine Klasse innerhalb der Gesamtheit der Untertanen zu der Überzeugung gelangt, daß die Handlungsweise einer Regierung, von einem religiösen Standpunkt aus betrachtet, unmoralisch ist, dann müssen sie, bevor sie sie unterstützen oder ihr entgegentreten, mit allen Mitteln den Versuch machen – und dabei sogar das Wagnis eingehen, ihr Leben zu verlieren –, die

Regierung umzustimmen und von dem Einschlagen eines solchen Kurses abzubringen. Wir haben nichts dieser Art unternommen. Eine solche moralische Krise steht uns nicht bevor, und niemand wird sagen wollen, daß wir aus dergleichen allgemeinen und weitreichenderen Erwägungen heraus nichts mit diesem Krieg zu tun haben möchten. Unsere einfache staatsbürgerliche Pflicht kann demgemäß nur darin bestehen, uns nicht unverzüglich zum verdienstvollen Kriegshandwerk zu drängen, sondern in dem Augenblick, in dem wirklich Krieg ausgebrochen ist, ein solches Maß an Unterstützung zu leisten, wie uns nach Kräften irgend möglich ist.«[63]

Da er also unter den gegebenen Umständen nur einen nichtkombattanten Beitrag zu den Kriegsanstrengungen anbot und anbieten konnte, durfte Gandhi voller Stolz berichten, daß »ein großes und glanzvolles Corps, das sich aus nahezu elfhundert Indern zusammensetzte, von Durban kommend an die Front ausgerückt« sei – unter ihnen sogar, wie noch erwähnt werden soll, einige hundert »befreite« Inder. Beinahe begierig, in die Gefahrenzone zu geraten, dauerte ihr Einsatz allerdings nicht länger als zwei Monate. Gandhi jedoch erwarb sich wieder einmal eine neue Kopfbedeckung – den Filzhut eines Oberfeldwebels mit breitem, auf einer Seite flott nach oben gebogenem Rand, befestigt mit einer Kokarde. Er posierte damit voller Stolz für sein Erinnerungsphoto. Man könnte sogar hinzufügen, daß nun auch Gandhi hiermit zu einem jener »Obergefreiten« promoviert war, die nach dem Ersten Weltkrieg in einigen großen Ländern charismatische Macht erlangten.

Immerhin wurde zu jener Zeit Gandhis vorübergehender Stolz in seine Uniform sowie auf seine Anwesenheit in der Gefahrenzone in gewisser Hinsicht auch für die Geschichte der Satyagraha wichtig: denn der Burenkrieg gestattete es Gandhi, den Frontsoldaten in seine Bilderwelt der etablierten Rollen einzubeziehen. Das Bild, das er sich vom Satyagrahi machte, sollte schließlich das des Soldaten nicht auslassen und übergehen, sondern noch darüber hinausweisen: dies war der Grund dafür, warum er auch in Zukunft Bewunderung für die militanten Buren empfand. Diese Sympathie sollte bald ihre Bestärkung durch neue geschichtliche Ereignisse erfahren: denn sobald die Briten die Buren besiegt und ihre Republiken übernommen hatten, etablierten sie eine Art Nachkriegsherrschaft durch ehemalige britische Armeeoffiziere (darunter auch Offiziere, die vormals in Indien stationiert gewesen waren), die sich vor allem anderen darum bemühten, jenen Veteranen günstige Stellungen zuzuschanzen, die in Transvaal bleiben wollten, während sie andererseits all jenen vorhandenen Gesetzen und Statuten Geltung verschafften oder sie verschärften, die die Inder niederzuhalten und auf ihren Platz zu verweisen geeignet waren. Daß die Briten damit die Versprechen zunichte machten, die scheinbar in der Idee des Empire verkörpert waren; daß sie eines ihrer erklärten Kriegsziele, nämlich größere Gerechtigkeit im Inneren für ganz Südafrika, fallenließen; und daß sie mit Mißachtung eine Loyalität belohnten, wie sie in seinem Ambulanzkorps symbolisiert war – all dies war in Gandhis Augen weitaus schwerer zu verzeihen als die semi-religiösen und einer schlichten Denkungsart entsprechenden Vorurteile der Buren.

2. Niemand

Im Jahre 1901, zwischen dem Burenkrieg und dem Zulu-Aufstand, »besuchte« Gandhi Indien ein weiteres Mal. Wiederum kam er in der ernsthaften Absicht heim, sich nun endgültig hier niederzulassen. Er brachte seine Familie mit; und es hatte jetzt ganz den Anschein, als habe er sich sowohl emotional wie beruflich auf die Einrichtung einer Rechtsanwaltspraxis in Bombay eingestellt – in Verbindung natürlich mit »öffentlicher Arbeit« auf breiter Ebene. Es ist faszinierend mit anzusehen, wie – ganz als sei er in eine zweite Identitätskrise eingetreten – von ihm der Versuchung, die günstigen Voraussetzungen im Beruflichen wie seine Chancen als Führer auszubauen, durch den entschiedenen Willen entgegengearbeitet wurde, dem Establishment zu entfliehen und sich in noch stärkerem Maße auf jene »Null-Position« zu reduzieren, die einzig den archimedischen Punkt für eine grundlegende nationale Erneuerung bezeichnen konnte. Während seines Aufenthaltes in Indien nahm Gandhi an einer Jahressitzung des Indian National Congress teil (in Kalkutta im Jahre 1901). Wir müssen hier kurz den Aufstieg der beiden Führer skizzieren, die jene Thesis und Antithesis einer für Indien typischen Führerschaft repräsentierten, deren Synthese Gandhi schließlich in sich verkörpern sollte. Zu der Zeit, als Gandhi gerade begonnen hatte, die Inder Südafrikas zu organisieren, war es zu Hause in Indien Bal Gangadhar Tilak bereits gelungen, eine militante, nationalistische Hindu-Vereinigung ins Leben zu rufen und zu popularisieren, womit er übrigens den Grundstein für eine extremistische Fraktion innerhalb der späteren Kongreßpartei legte – und sich den volkstümlichen Ehrentitel eines »Lokamanya« erworben – d. h. jemandes, »der vom Volk verehrt wird«. Gopal Krishna Gokhale wiederum war zum Hauptsprecher einer gemäßigten Richtung geworden, die für »konstitutionelle Reform« eintrat und sowohl in England wie daheim großes Ansehen genoß. Beide Männer waren Brahmanen aus Maharashtra und, wie Stanley A. Wolpert es formuliert hat, »zugleich rechtmäßige Erben der heroischen Tradition des letzten großen Hindu-Staates, der vor der gewaltsamen Einsetzung der britischen Herrschaft in Südostasien seine Hochblüte erlebt hatte«[64]. Tilak war um zehn Jahre älter als Gokhale und vierzehn Jahre älter als Gandhi. Es lassen sich schwerlich drei Kandidaten auf die Führerschaft in Indien denken, die ihrem Wesen nach noch gegensätzlicher sein konnten. Gokhale, der von schmächtigem Wuchs war, zierte ein mächtiger Walroßschnauzbart, und man schildert ihn gewöhnlich als einen Mann, der die in Maharashtra übliche Kopfbedeckung mit westlicher Kleidung verband. Sein Haar fiel lang herab, und er trug Brillen: er entsprach damit genau dem Bild des Professors, der er in Wirklichkeit auch war. Tilak war kleiner gewachsen, dunkler, kräftiger; auch er trug einen buschigen Schnauzbart, gab sich aber ansonsten durch die traditionelle Tonsur der Brahmanen und ihren Haarknoten als solcher zu erkennen. Gemäß der modernen Terminologie kann man Tilak als einen religiösen Fundamentalisten und Erwecker bezeichnen, einen fanatischen Revolutionär, der gelegentlich den Eindruck eines Phantasten erweckte. Gokhale hingegen war der rationalistische Intellektuelle, ein Progressiver, der einen Wandel ausschließlich auf konstitutioneller Ebene anstrebte, und ein Reformer, der einer schrittweisen Entwicklung das Wort redete. Es läßt sich hieraus schon erkennen, worin er und Gandhi übereinstimmen konnten – jedenfalls für kurze Zeit:

»Unsere jungen Männer müssen sich darüber klarwerden, daß es keine Alternative zur britischen Herrschaft gibt, und zwar nicht nur jetzt, sondern auf lange Zeit hinaus gesehen, und daß alle Versuche, sie zu erschüttern, direkt oder indirekt, zwangsläufig auf unser Haupt zurückfallen werden. Darüber hinaus haben sie, sofern sie um Gerechtigkeit bemüht sind, die Tatsache anzuerkennen, daß diese Herrschaft trotz ihrer unvermeidlichen Nachteile, die ihr als einer Fremdherrschaft anhängen müssen, im Ganzen gesehen ein großartiges Instrument des Fortschritts für unser Volk gewesen ist. Ihre Beibehaltung bedeutet die Erhaltung jenes Friedens und der Ordnung, die einzig sie imstande ist, angesichts der gegenwärtigen Zustände in unserem Land weiterhin zu gewährleisten.«[65]

Tilaks politische Vorstellungswelt konnte sich einer schneidenden und gewalttätigen Phraseologie bedienen (ob er alles wortwörtlich so meinte, wie er es aussprach, sollte nie ganz deutlich werden), die sowohl von den Briten wie von einigen aus der Jugend Indiens als Propaganda für den Terrorismus gewertet wurde. Zudem überließ er sich einer schrankenlosen Verehrung des Hinduismus, wobei er als »strenge« Wissenschaft mißdeutete, was vielmehr mythologische Wahnvorstellungen über die göttliche Abkunft der arischen Rasse und der Religion der Veden gewesen sind. Seine Überzeugung, daß »Heldenverehrung die Wurzel alles Nationalen, der Gesellschaftsordnung und der Religion« sei, führte zu der erfindungsreichen Einführung nationalistischer Rituale an traditionellen Feiertagen. Alles in allem schuf also Tilak eine Philosophie und einen Modus der Aktion, die – zumindest in ihrer grellen Eindringlichkeit – Nietzsche und sogar Hitler so nahe kam, wie dies von einem guten Hindu überhaupt bewerkstelligt werden konnte. Gandhi respektierte ihn, zweifellos aus dem Bewußtsein der »Vielheit der Dinge« heraus und geleitet von einem dialektischen Gefühl, als einen notwendigen und in mancher Hinsicht großen Führer und Organisator. Gokhale wiederum blieb während seines gesamten Lebens in der Öffentlichkeit ein von Konflikten heimgesuchter Mann. Nicht nur war er »ein Rationalist, der an Astrologie glaubte, ein Staatsmann, der eine mönchische Gesellschaft gründete, ein Dichter, der Mathematik lehrte«; er hielt zugleich »an der Doppelrolle des verantwortlichen Verwaltungsmannes nach innen und des Agitators nach außen fest. Während er in der einen dieser Eigenschaften tätig wurde, konnte er nie die Verpflichtungen gegenüber der anderen vergessen, so daß ihm, jedenfalls in dieser Hinsicht, der Genuß einer rückhaltlos bewiesenen Loyalität stets versagt geblieben ist«[66].

Diese beiden Führer sollten während der Jahre von Gandhis Abwesenheit zu Repräsentanten und Sprechern der beiden Stimmungen werden, die die nationalistische Politik beherrschten – und spalteten –, bis Gandhi nach Indien zurückkehrte, um dann endgültig zu bleiben. Es wird späterhin noch deutlich werden, daß weder der profane Konstitutionalismus des »gemäßigten« Gokhale noch der radikale Hindu-Populismus des »Extremisten« Tilak, obwohl sie im modernen Indien durchaus ihre geschichtliche Stunde hatten, beide nicht dazu geschaffen waren, die endgültige Lösung für das Problem der politischen Unabhängigkeit zu liefern. Was indessen Gandhi und Gokhale zusammenbrachte, war das gemeinsame Interesse an einer Landreform. Auf diesem Gebiet konnte Gokhale Gandhi noch sehr vieles lehren, denn er war sowohl ein ausgezeichneter Wirtschaftler als auch ein hervorragender Staatsmann – und er hatte vor allem das vordringliche Bedürfnis nach öffentlichen Initiativen in der Gesundheitsfürsorge in nationalem Maßstab erkannt.

Dies also waren Gandhis »Vorläufer«, und dies vermöge der Tatsache, daß sie eine Generation vor ihm an der Macht gewesen waren, und zugleich auch, weil er seine eigenen Aspirationen so lange systematisch geheimhalten sollte, bis er darauf vorbereitet war, sie von ihnen zu übernehmen. Er vermied es tunlichst, sich mit den beiden Extremen einzulassen, und beschränkte sich verbissen auf den anspruchslosesten, niedrigsten gemeinsamen Nenner, um der Gefahr zu entgehen, auch nur den geringsten und letzten in der Masse auf seinem Weg zur Macht zu übergehen und zu vergessen. Späterhin sollte er auf diese Tage mit ätzender Kritik zurückblicken.

»Der Kongreß pflegte drei Tage im Jahr zusammenzutreten und dann wieder in seinen Schlaf zurückzufallen«, wobei der Versammlung keine andere Funktion zufiel als die, »demokratisch« zu sanktionieren, was bereits in den Ausschüssen beschlossen worden war. Gleichzeitig besaß im Kongreß eine Elite, bestehend aus Brahmanen und städtischen, berufsständischen Kasten, das Machtmonopol; innerhalb dieser Gruppe wiederum gab es, nach Auffassung Gandhis, überflüssige Rangstreitigkeiten der Kasten untereinander und eifersüchtige regionale Konkurrenz – als würde Indien allein schon dadurch »frei« und unabhängig sein, daß es die Bande, die es mit England verbanden, durchtrennte. Seine erste Tat anläßlich eben jener Jahresversammlung von Kongreßstars nahm die Form eines Dienstes an, wie ihn sonst nur »Unberührbare« versehen durften:

»Die sanitären Verhältnisse waren unbeschreiblich. Überall standen Wasserlachen. Es gab nur einige wenige Latrinen, und allein die Erinnerung an ihren Gestank verursacht mir noch heute Übelkeit. Ich machte die freiwilligen Helfer darauf aufmerksam. Sie erklärten mir rundheraus: ›Das ist nicht unsere Aufgabe; das ist eine Arbeit für die Latrinenreiniger.‹ Ich fragte nach einem Besen. Der Mann starrte mich verwundert an. Ich verschaffte mir einen von irgendwoher und reinigte den Abort.«[67]

Wenngleich er sich auch entschieden zurückhielt und anonym blieb, war er doch hochbeglückt über das Vertrauen, das in ihn gesetzt wurde, als man es ihm gestattete, eine Beschäftigung im Sekretariat zu übernehmen und den Empfang der weniger wichtigen Posteingänge zu bestätigen: selbst diese Aufgabe, die heutzutage für politisch aufopferungsvoll Arbeitende durchaus nichts Ungewöhnliches besitzt, wurde erstmals von Gandhi ausgeführt. Aber er »liebte es ebensosehr, die Hemdknöpfe eines der Sekretäre zuzuknöpfen«, der »keine Einwände dagegen machte, daß ich kleine persönliche Dienstleistungen für ihn versah«. All dies soll unter Beweis stellen, »daß meine Rücksichtnahme gegenüber Älteren stets sehr groß gewesen ist»[68]: hier wieder ganz Moniya und Mohan, prüfend und neckend. Und tatsächlich spricht der Mahatma von seinem »kindlichen Gemüt« zu der Zeit, als er sich verwundert die Frage vorlegte, »wo ich in jener gewaltigen Versammlung meinen Platz haben sollte«. Es war vielleicht nicht ganz absichtslos, daß er wieder einen Rückfall erleben sollte und daß »die glatte Geläufigkeit des Sprechens, die ich mir in Südafrika erworben hatte, mich in diesem Augenblick zu verlassen schien.«[69] Gokhale jedoch muß etwas daran unwiderstehlich angezogen haben; er lud ihn zu sich nach Hause ein »und behandelte mich, als sei ich sein jüngerer Bruder«. Es sollte uns inzwischen nicht unerwartet treffen, daß kein älterer Bruder auch jemals nur die Chance erhielt, *diesen einen,* den jüngeren, dazu zu bewegen, die Erwartungen zu erfüllen, die in der einen oder anderen Weise in ihn gesetzt wurden; Gandhi sollte schließlich das Vertrauen all dieser älteren Brüder insoweit rechtfertigen, als er darauf bestand, auf seine eigene Weise groß zu werden. Und genausowenig wie Rajchandra konnte ihm

Gokhale zum wahren »guru« werden, und dies wieder aus dem gleichen Grund: er konnte mit seinen physischen Energien nicht haushalten, und er akzeptierte das Establishment als gegebenes Territorium für seine ansonsten sehr lobenswerten Aktivitäten. Also inszenierte Gandhi jetzt, was in des Wortes reinster Bedeutung eine Kostümprobe für seine zukünftigen Unternehmungen in Indien war. Ohne Zweifel muß er dabei auch im Sinn gehabt haben, Gokhale eine Lektion in dem zu erteilen, was er später, in Ahmedabad, eine »indische Führerschaft nach indischem Stil« nennen sollte, als er sich jetzt auf eine schlichte Pilgerfahrt begab. Er hatte die Varietäten des indischen Lebens genugsam kennengelernt, von den Maharadschas, die

»wie Frauen geschmückt waren – Seidenpyjamas und seidene Achkans, Perlenschnüre um ihre Hälse, Spangen an ihren Handgelenken, Quasten aus Perlen und Diamanten an ihren Turbanen und zu alledem Schwerter mit goldenen Griffen, die ihnen von den Hüften herabhingen ...«[70]

bis zu den Schafherden, die durch die Straßen Kalkuttas getrieben wurden, um der Göttin Kali zum Opfer gebracht zu werden. Bevor er sich jetzt niederließ, würde er erst einmal eine Rundreise durch Indien machen – dritter Klasse:

»Ich kaufte mir für zwölf Annas eine Reisetasche aus Segeltuch und einen langen Rock aus Chhaya-Wolle. Die Reisetasche wurde gerade ausgefüllt von diesem Rock, einem Dhoti, einem Handtuch und einem Hemd. Ich nahm auch eine Bettdecke mit, um mich zudecken zu können, sowie einen Wasserkrug. So ausgestattet, brach ich zu meiner Reise auf.«[71]

Gokhale war davon so sehr fasziniert, daß er zum Bahnhof kam (»ich hätte wohl nicht kommen sollen, wenn Sie Erster Klasse gereist wären«, neckte er ihn) und ihm eine Metallschachtel mitbrachte, die mit Süßigkeiten gefüllt war. Diese Reise bildete den Anfang jenes zukünftigen Stils einer Pilgerfahrt auf Schienen (Dritter Klasse).

Der Tiefpunkt für das Eintauchen Gandhis ins Leben der Massen wurde in Benares erreicht, als er, »in der vorgeschriebenen orthodoxen Weise« seine »Waschung im Ganges« vornahm. Da er den armen Pilger spielte und den Wert der Niedrigkeit kennenlernen wollte, bot er am »Brunnen der Erkenntnis« einen Penny als Opfer an, woraufhin man ihm erklärte, daß eine derartige Knauserigkeit ihn wohl in die Hölle bringen werde. Gott, so lautete seine Schlußfolgerung, hatte wohl »das Gesetz niedergelegt und sich dann zurückgezogen«.

Und doch kehrte er wieder nach Bombay zurück und mietete »Geschäftsräume bei Payne, Gilbert und Sayan« sowie einen »schönen Bungalow« in Santa Cruz. Er gibt in aller Offenheit zu:

»Ich nahm mir eine Dauerkarte erster Klasse von Santa Cruz nach Churchgate und kann mich noch erinnern, manchmal ein gewisses Gefühl des Stolzes empfunden zu haben, wenn ich der einzige Reisende Erster Klasse in meinem Abteil war.« [72]

Doch ein weiteres Mal sollte ein Telegramm, das ihn nach Südafrika zurückrief, seinem Lebensweg eine andere Richtung geben. In der Erkenntnis, daß sich das Zentrum der Auseinandersetzung jetzt nach Transvaal verlagert hatte, verlor Gandhi keine Zeit, sich um die Zulassung als Anwalt am Obersten Gerichtshof zu bewerben und ein Büro in Johannesburg zu eröffnen. Hier fand er nicht nur eine neugeschaffene »Asiatische Abteilung« vor, die bereits ihren Amtsgeschäften nachging und nahezu ausschließlich mit Armeeoffizieren besetzt war, die vorher in Indien stationiert gewesen waren, sondern auch eine politische Philosophie, in die der intellektuelle Darwinismus solcher Männer wie des im übrigen charakterlich durchaus hochgesinnten Generals Smuts Eingang gefunden hatte. Gandhi hat sie später folgendermaßen umrissen:

»... es sind vornehmlich die Tugenden der Inder, denen die Mängel in Südafrika angelastet werden. Die Inder sind in Südafrika unbeliebt wegen ihrer Einfachheit, ihrer Geduld, Ausdauer, Genügsamkeit und Weltfremdheit. Die Menschen des Westens sind unternehmend, ungeduldig, gehen ganz darin auf, ihre materiellen Bedürfnisse zu erweitern und zu befriedigen, sie lieben fröhliche Geselligkeit, sind darauf bedacht, körperliche Anstrengungen zu vermeiden und haben kostspielige Gewohnheiten. Sie empfinden deshalb Angst davor, daß sie, wenn weiterhin Tausende von Orientalen sich in Südafrika niederließen, an die Wand gedrängt würden. Die Europäer Südafrikas sind nicht bereit, Selbstmord zu begehen, und ihre politischen Führer werden nicht zulassen, daß sie in eine derartige Zwangslage getrieben werden. Das Problem besteht einfach in der Erhaltung der eigenen Zivilisation, d. h. darin, wie man das vornehmste Recht auf Selbsterhaltung durchsetzen und zugleich sich der Pflichten entledigen kann, die mit ihm einhergehen.«[73]

Während Gandhi zwei Jahre hindurch bestrebt war, den »Übergriffen des Asiatischen Amtes standzuhalten«, blieb sein Leben sowohl in praktischer Hinsicht wie auch symbolisch in zwei Hälften gespalten, deren eine die von ihm geschaffene Farm in Phoenix und deren andere seine Niederlassung in Johannesburg war. Phoenix hatte er im Jahre 1904 gegründet, nachdem einer seiner Freunde, Henry Polak, ihm Ruskins *Unto This Last* zu lesen gegeben hatte, ein Buch, das (nach seiner Auffassung) ihm eine klare und konkrete Bestätigung dessen vermittelte, was sich in ihm zu entwickeln begann – wenngleich Cecil Rhodes, unverkennbar sowohl in seiner Philosophie wie in seiner Praxis der eindeutige Gegner Gandhis auf der südafrikanischen Szene, ebenfalls Ruskins Schrift zur Rechtfertigung seiner kolonialistischen Politik benutzt hatte. Jedenfalls las Gandhi Ruskins Buch »während einer Bahnfahrt bei Nacht«, und auch sie wurde wieder zu einer jener Nächte, die einen Wendepunkt in seinem Leben bezeichneten. In Phoenix wurden all seine Lehren vom einfachen Leben mit Hilfe seiner neuen »Familie«, zu der junge Menschen gehörten, die er aus Indien mit herübergebracht hatte, sowie die neuen Vertrauten, die er in einigen (zumeist jüdischen) Seelenverwandten unter den weißen Südafrikanern gefunden hatte, in die Praxis umgesetzt. Zur selben Zeit erlebte seine Anwaltspraxis in Johannesburg den Höhepunkt ihres Erfolges.

Zwei Ereignisse waren es schließlich, die ihn veranlaßten, mit dem Identitätsrest des gutgekleideten, hochgebildeten und hellhäutigen »farbigen« Bürgers des Britischen Empire zu brechen: ein neuer Krieg, und zwar diesmal der der Engländer gegen die aufständischen Zulus, sowie ein neues Gesetz, das sogenannte »Black-Law«. Noch immer Bürger Natals, empfand Gandhi wiederum deutlich, daß in Kriegszeiten seine Loyalität eine Teilnahme als Nicht-Kombattant von ihm verlangte, und er organisierte ein kleines Ambulanzkorps, das wiederum nur eine sehr kurze Dienstzeit erlebte. Aber dies gab ihm Gelegenheit, sein Haus in Johannesburg aufzugeben, und er dankte später Gott dafür, daß er ihm ein für allemal die Augen darüber geöffnet hatte, daß es für einen Nichtweißen unmöglich war, sich für etwas anderes zu halten als für »schwarz« – und daß ein Neubeginn hier ansetzen mußte. Aber hören wir ihn selbst:

»Es gehörte nicht zu unseren Dienstpflichten, die Verwundeten zu versorgen, nachdem wir sie ins Krankenhaus gebracht hatten. Doch wir hatten uns in dem Verlangen am Krieg beteiligt, alles zu tun, was uns zu tun möglich war, ganz gleich, ob es im Bereich der von uns erwarteten Arbeit lag oder nicht. Der gute Doktor (Dr. Savage) erklärte uns, daß er Europäer nicht dazu bewegen könne, die Zulus zu betreuen, daß es nicht in seiner Macht stehe, sie dazu zu zwingen, und daß er sich uns dankbar verpflichtet fühlen würde, wenn wir diesen Akt der Barmherzigkeit übernehmen könnten. Wir waren nur allzu glücklich darüber. Wir mußten die Wunden einer ganzen Anzahl von Zulus säubern, die fünf oder sechs Tage gelegen hatten, ohne daß man sich nur im mindesten um sie gekümmert hätte, und die daher einen entsetzlichen Geruch verbreiteten. Wir liebten unsere Arbeit. Die Zulus konnten nicht zu uns sprechen, doch ihren Gesten und dem Ausdruck ihrer Augen konnten wir entnehmen, daß sie das Gefühl hatten, als habe Gott uns geschickt, ihnen beizustehen.«[74]
An der Front geschah es schließlich auch, daß zwei Gedanken, die ihm vorher »durch das Bewußtsein geströmt waren«, sich »endgültig festsetzten« und »in *einem* Gelübde miteinander vereint« wurden: *Zölibat* und *Armut*. Einzig diese Verbindung, so war er nunmehr unerschütterlich überzeugt, konnte sicherstellen, daß er nicht in kleinliche Verzagtheit absinken würde und es ihn nicht geringer machte, wenn er die »niedrigsten Pflichten erfüllte oder die größten Wagnisse einging«.
Dieser Entschluß führt uns wieder zurück zu Kasturba. Bei jener ersten und stürmischen Ankunft in Durban war sie wieder schwanger gewesen und hatte im Mai 1898 einen Sohn, Ramdas, geboren. Ihm war im Jahre 1900 ein weiterer Sohn, Devadas, gefolgt. In Übereinstimmung mit seinem beharrlichen Bestehen auf »natürlichen« Methoden hatte Gandhi als Hebamme fungiert. Er war dabei nicht nervös, wie er erklärt. Nach 1900 (d. h. als er einunddreißig Jahre alt war) hatte er mit Zustimmung seiner Frau versucht, sich vom geschlechtlichen Verkehr fernzuhalten, doch es scheint so, als sei er erst erfolgreich gewesen, als er – während des Zulu-Aufstandes – ein förmliches Gelübde ablegte; und von diesem Zeitpunkt an sollte er Gelübde für einen wesentlichen Bestandteil im Leben der Satyagrahi halten. Es ist hier überaus bedeutsam, daß er geschlechtliche Beziehungen nur aufgegeben hat, um eine neue Form der Intimität in eine größere

Gemeinschaft einbringen zu können, und nicht, weil ihm Sexualität im calvinistischen Sinne schlechthin als unmoralisch erschienen wäre. Das Geschlechtsleben würde (zumindest hatte er das Empfinden) nur jenes Gefühl der unbeirrbaren, alles vermögenden Tatkraft verdunkeln, wie es für die Schaffung eines neuen Instrumentes des Friedens, Satyagraha, unbedingt erforderlich war.

Wir kommen jetzt zu einer Periode in Gandhis Leben, in der sich all die modernen Methoden gewaltloser Militanz und loyaler Kooperationsverweigerung nach und nach herausbildeten. Für diejenigen, die das Bedürfnis haben sollten, diesen Abschnitt in Gandhis Leben gründlicher und in breiterer Ausführlichkeit zu studieren, als es uns hier möglich ist, empfiehlt es sich unbedingt, *Die Geschichte meiner Experimente mit der Wahrheit* und *Satyagraha in Südafrika* miteinander zu vergleichen, um zu sehen, was der Mahatma für die eine oder für die andere Publikation auswählte und in welcher Reihenfolge er die Ereignisse darstellte.

Im Jahre 1924, als er die Entstehungsgeschichte der Satyagraha in Südafrika niederzuschreiben begann, war Gandhi im Gefängnis. Die Ruhe, die ihm dadurch gegeben war, spiegelte sich in den Schilderungen von Land und Leuten Südafrikas wider, die von einprägsamer, sinnlicher Plastizität sind, wodurch sich dieses Buch ganz entschieden von der Autobiographie abhebt. Es wurde übrigens seinem Zellengenossen Indulal Yagnik diktiert, dessen erlesenes Sprachgefühl ich bereits früher erwähnt habe: und man muß sich fragen, was er (wie auch der Übersetzer) wohl dazu beigetragen haben mag, den Stil um so vieles lebendiger erscheinen zu lassen, als dies von manchem in der Autobiographie Geschriebenen behauptet werden kann. Die *Experimente* beschreiben natürlich vor allem sowohl Gandhis moralischen wie geistigen Weg und halten sich demgemäß weniger an die historische Chronologie; seine dort nachlesbaren Ausführungen über die Enthaltung von allem Sexuellen gehen dem Burenkrieg voraus und folgen den Darlegungen über die Erziehung seiner Kinder. Er macht den Versuch, die strikte Unbeugsamkeit zu rechtfertigen, mit der er ihre Aufzucht plante, wenngleich er zugeben muß, daß sein ältester Sohn sich »später von ihm abwandte«. Hierfür allerdings macht er die eigene »Läßlichkeit und Unerfahrenheit« einer früheren Periode seines Lebens verantwortlich, die der Knabe, beeinflußbar und eindrucksfähig, wie er gewesen war, »natürlich« als den hellsten, freundlichsten Abschnitt im Leben seines Vaters betrachten mußte. Der Bericht des Mahatma spricht hier für eine starke innere Beteiligung; und er gelangte zu der Einsicht, wie etwa annähernd zur gleichen Zeit Freud, daß der Kindheit durchaus Bedeutung beizumessen sei. Gandhis Schlußfolgerung allerdings lautet, daß »physische und geistige Verfassung zum Zeitpunkt der Empfängnis im Kleinkind reproduziert werden« und daß Ehepaare demzufolge nur dann geschlechtlich miteinander verkehren sollten, wenn sie »den Wunsch haben, ein Kind zu zeugen«. Und er schließt mit einer Bemerkung, die diesen Punkt und das Stadium der *Sorge* nachdrücklich unterstreicht:

»Ich halte es für den Gipfel der Unwissenheit, wenn man meint, der Geschlechtsakt sei eine unabhängige Funktion, so notwendig wie Schlafen und Essen. Die Welt hängt für ihren Fortbestand vom Geschlechtsakt ab, und da die Welt der Schauplatz Gottes und der Widerschein seiner Glorie ist, sollte der Geschlechtsakt, wenn er ein geordnetes Wachstum der Welt gewährleisten soll, unter Kontrolle gehalten werden. Wer dies begriffen hat, wird seine Begierde um jeden Preis zu zügeln wissen und sich die zum physischen, verstandesmäßigen und geistigen Wohl seiner Nachkommenschaft notwendigen Kenntnisse aneignen wollen und den Segen dieser Kenntnisse an die nachfolgenden Generationen weitergeben.«[75]

Jedenfalls stellt der Mahatma unzweideutig fest, daß sein Hauptgrund für die Aufgabe des geschlechtlichen Verkehrs darin bestanden habe, »weiterem Kindersegen zu entgehen«, und (gleichlaufend mit der Hervorhebung von *Moksha* in diesem Buch):

»... daß ich, wenn ich mich in dieser Weise dem Dienst an der Gemeinschaft widmen wollte, auf das Verlangen nach Kindern und Reichtümern verzichten und das Leben eines Vanaprastha führen müsse: eines Menschen, der sich von den häuslichen Verpflichtungen zurückgezogen hat.«[76]

Gandhis Darstellung in der Autobiographie repräsentiert demnach die mehr persönliche Seite der Angelegenheit, während seine kurze Bezugnahme auf sein letztes Gelübde in *Satyagraha in Südafrika* den Wert des Gelübdes als eines der wichtigsten Werkzeuge von Satyagraha näher erläutert.

Keines der beiden Bücher jedoch bietet für sich allein eine adäquate Darstellung. Wiederum hat man das Gefühl, daß trotz aller Offenheit des Mahatma einige verbindende Motive fehlen, die weder so recht zum Stil der *Experimente* noch zu dem der *Satyagraha* passen würden. Diese Motive, wollte man sie gründlicher klarstellen, wären geeignet, die beiden Entscheidungen, sowohl den Geschlechtsverkehr wie das Töten zu meiden, in einen direkten Zusammenhang zu rücken. Denn es scheint ganz so, als habe die Erfahrung, Zeuge all der Greuel geworden zu sein, die von weißen Ehrenmännern an den Leibern der Schwarzen verübt wurden, in Gandhi sowohl eine tiefreichende Identifizierung mit den Mißhandelten erzeugt als auch eine stärkere Abneigung gegen männlichen Sadismus schlechthin in ihm hervorgerufen – einschließlich eines solchen sexuellen Sadismus, wie er ihn wahrscheinlich von Kindheit an als Bestandteil jeder Form der Ausbeutung der Frau durch den Mann empfunden hat. Hierfür indessen können wir erst dann ausreichende Beweise beibringen, wenn wir uns mit jenem eigenartigen Dokument *Hind Swaraj* auseinandersetzen, das Gandhi während seiner letzten Jahre in Südafrika geschrieben hat.

Hingegen vermag nicht einmal die überzeugendste »dynamische« Interpretation jenes Umstandes, wie ein Mensch dahin gelangt, mit dem Wissen um die Tatsache des Todes zu leben, den tiefen Geist der Religiosität voll auszuschöpfen – nämlich jenes Streben nach sittlicher Klarheit im Angesicht jener einen Tatsache, die aller Menschlichkeit eine gemeinschaftliche Identität verleiht und dennoch von jeder ihrer einzelnen Arten in eigentümlicher Weise verleugnet wird. Religiosität ist das Bewußtsein des Todes, die Liebe aller Menschen als gleichermaßen Sterblichen, und die barmherzige Einsicht, daß Menschen gegenüber anderen Menschen »tödlichen« Haß empfinden in der Hoffnung, ein Gefühl der Unsterblichkeit aus der Dünkelhaftigkeit des Besonderen ihrer Pseudo-Spezies zu gewinnen. Aus diesem Grund muß der wahrhaft religiöse Mensch allen Versuchungen zur Eitelkeit aus dem Wege gehen oder sie zumindest als solche erkennen lernen, einschließlich derjenigen der Elternschaft. Der Verlauf des menschlichen Lebens als solcher scheint vorzuschreiben, daß der Mensch zwischen dem Stadium eines entweder romantischen oder heroischen oder morbiden Todesbewußtseins während des Jugendalters – wenn er vor der Frage steht: Sein oder Nichtsein (der ich das Wort »selbst« einfügen möchte) – und der schmerzhaft deutlichen Todesgewißheit des Alters, an jener wechselseitigen Konsolidierung von Identitäten und Solidaritäten, Fähigkeiten und Gelegenheiten teilhaben muß, die von den Hindus »Haushälterschaft« genannt wird. Solche Konsolidierung bietet geradezu die Grundlage für die Pseudo-Spezies, denn sie »traditionalisiert« die Illusion, daß besondere Lebensstile und besondere Kasten oder Klassen, Nationen oder Kirchen eine Gewißheit, Sicherheit und Lebenswirklichkeit von höherer Ordnung gewährleisten, die über die Tatsache des Todes erhaben sind. Dieses Sicherheitsgefühl, das durch die Beweiskraft der menschlichen Fortpflanzung und Produktivität seine machtvolle Bestätigung erfährt, kann und muß in mancherlei Hinsicht sogar zu einem kollektiven Narzißmus und insbesondere auch zu einem übersteigerten Glauben an die utopischen Potentiale der eigenen Kinder führen, die durch ihr bloßes Wachstum und ihre Entfaltung das Unsterblichkeitsgefühl der Eltern bewahrheiten helfen. Das religiöse Ritual unternimmt es gewissermaßen, das Verstricktsein in diese Welt zu heiligen, indem es in regelmäßigen Intervallen zeremonielle Konfrontationen mit »letzten Dingen« und Anliegen offeriert, die durch das Medium formalisierter Dogmen die Tatsache des Todes sowohl offenbaren wie zugleich verhüllen; und Religionen versuchen stets, diejenigen, die von religiösem Gefühl getrieben und geeignet sind, als die im Rituellen Kundigen und das Ritual Vollziehenden zu dienen, in Priesterschaften und mönchischen Gemeinschaften zusammenzuziehen. Diese beschließen meist schon im Jugendalter, arm und keusch zu bleiben, um denen dienstbar zu sein, die mit der »Bewahrung des Lebens« beschäftigt sind – als lebende Brücken zu einer möglichen Klarheit der Existenz oder zumindest zu einem Gefühl der Versöhnung, das es möglich macht, ohne düstere Verzweiflung zu produzieren, zu erschaffen und zu dienen. Der Kundige, Wissende hat allerdings in sich die Tendenz, zum Allwissenden zu werden, und Ritualisierung und Konsolidierung führen dann schließlich zu Unerbittlichkeit, Heuchelei und Eitelkeit. Dies wiederum wird mit tiefem Widerwillen und leidenschaftlicher Betroffenheit von jenen Menschen empfunden, die die wahrhaften Homines religiosi ihrer Zeit sind.

Gandhi fühlte sich, wie wir gesehen haben, durch seine frühe Heirat um die Möglichkeit der Wahl gebracht, die es ihm gestattet hätte, sein Leben mönchischen oder jedenfalls ausschließlich geistigen Aufgaben zu widmen. Ich glaube allerdings, um die Wahrheit zu sagen, daß Mohan, gleich Luther, als Mönch *ohne*

Politik ein Versager geblieben wäre, genauso wie er als Rechtsanwalt ein Versager war, solange ihn nicht reformatorischer Eifer beseelte. Wir haben die graduelle Konsolidierung seiner beruflichen, wirtschaftlichen und politischen Fähigkeiten zu einer alle drei Momente umfassenden Identität des Dienens skizziert (mehr war aus Platzgründen nicht möglich). Er hätte sich selbst so manche bittere Qual ersparen können, wenn er nur eben zum Missionar für eine beliebige Sache geworden wäre. Doch all seine eigenen Schilderungen seiner stets um wieder einiges tieferen Verstrickungen enthüllen, daß er niemals versucht hat, das Schicksal zu betrügen, indem er sich nicht hineinverwickeln ließ in das, wozu er sich gedrängt fühlte, ob ihn dies gleich zu aktiver Affirmation oder zu einer harten, unnachgiebigen Negation führen mochte. Wenn ein solcher Mann zu der unumstößlichen Überzeugung gelangt, daß nur derjenige, der sich weder fortpflanzt noch tötet, die Klarheit des Todes und die daraus sich ergebenden Verantwortlichkeiten für das Leben begreifen kann, dann allerdings, so fühlt man, hat er sich seinen Rang auf die härteste Weise »verdient«. Und jedenfalls wird die seltene Wirkung, die ein solcher Mann auf andere macht, unmittelbar überzeugend die Echtheit und Unantastbarkeit seiner Stellung bestätigen.

Wie stets in Gandhis Leben war es jedoch wieder die dringende politische Aktualität, die Gandhis geistigen Entschließungen den letzten Anstoß gab. Während er sich noch an der Zulu-Front befand, erfuhr Gandhi über die Vorlage des »Black-Law« (»Schwarzes Gesetz«), und seine unmittelbare Reaktion darauf lautete, daß es weitaus besser sei zu sterben, als sich einem solchen Gesetz zu unterwerfen:

»Doch wie sollen wir sterben? Was sollen wir wagen und *so* anfangen, daß wir nichts anderes mehr vor uns zu stehen haben als die Wahl zwischen Sieg und Tod? Ein undurchdringlicher Wall tat sich vor mir auf, und ich war außerstande, einen Weg zu sehen, wie ich ihn überwinden sollte.«[77]

Der Name »Schwarzes Gesetz« verrät den phantastischen Doppelsinn im Begriffsinhalt der Farbe Schwarz. In der Autobiographie gehen zwei Kapitel mit der Überschrift »Die Schwarze Pest« dem Bericht über seine Auseinandersetzungen mit dem »Asiatischen Amt« voraus: Hier wird »Schwarz« dem Tod gleichgesetzt. Während der Zeit des Zulu-Aufstandes gebrauchte Gandhi das Wort »Schwarzer« – sich selbst mit einschließend –

für alle Nicht-Weißen, wie es jetzt in Amerika zur stolzen und unerschrockenen Sitte geworden ist. Und dennoch ist die Vorstellung, daß helle Haut sauber und schwarze Haut schmutzig sei, tief in der psychogenetischen Evolution der Menschheit verwurzelt. Dasjenige, was dunkler und haariger ist, wird zum Symbol für das, wodurch man sowohl versucht, als auch erniedrigt wird und das somit zu einer Bedrohung aller höheren Aspirationen wie des Lebens selbst wird. Man wird jetzt ermessen, warum Gandhi bei all seiner nimmermüden Beschäftigung mit Sexualität und Schmutz, mit Rassen und Armut nach und nach zu der Erkenntnis der Tatsache kam, daß der zivilisierte Mensch seinen Stolz in seine Pseudo-Spezies nur überwinden kann, wenn er vernunftgemäß und verständniswillig unterscheiden lernt zwischen Angelegenheiten unhygienischer Kontamination und solchen einer bloß symbolischen Unsauberkeit – ein sehr modernes Unterscheidungsvermögen, das nicht länger gestatten würde, Indiens Kasten von Unberührbaren unter die Verworfenen zu rechnen, auf die jahrhundertelang alles Schmutzige rituell projiziert worden war. Doch er sah zugleich auch, daß »Sauberkeit«, wenn sie erst einmal zum Gegenstand eines frommen Zwanges gemacht worden ist, genauso schmutzig wie ihr Gegenteil sein kann und daß ein heuchlerischer Moralismus nicht weniger unmoralisch als die Sünde selbst zu sein vermag. Daher mag eine zwanghafte Waschung in schmutzigem Wasser jemandem das Gefühl vermitteln, tugendhaft und sauber zu sein, selbst wenn heutzutage Hygiene durch Waschmittel eben jenes Wasser verunreinigen kann, von dem angenommen wird, daß es ein ungetrübter Quell der Gesundheit sei: denn die Menschheit verkennt, was es wirklich bedeutet, sauber zu sein, und zwar wegen ihrer eitlen Genugtuung darüber, »sauber« und rein *gehandelt* zu haben. Es war für ihn demnach von ebenso großer Wichtigkeit, wissenschaftlich und furchtlos vorzugehen, wenn er sich ohne Widerwillen mit ekelhaftem Abfall und Lepra befaßte, wie daß er sich von jedem Rassenvorurteil frei machte – gegen Schwarz gleichermaßen wie gegen Weiß. Wir werden noch Gelegenheit haben, in mehr als nur einem Zusammenhang auf diesen Fragenkomplex zurückzukommen, und wollen ihn dann abschließend in Verbindung mit dem Ausbrechen der Pest in Ahmedabad erörtern. Die »Black Act« war »schwarz«, weil gemäß den in ihr genannten Vorschriften sich alle Inder in Transvaal, Männer oder Frauen, und selbst

Kinder, die älter als acht Jahre waren, zur Registrierung einfinden und ihnen die Fingerabdrücke abgenommen werden sollten. Sie waren verpflichtet, das Papier, das die Registrierung ihrer Person auswies, jederzeit bei sich zu führen und auf Verlangen vorzuzeigen, andernfalls sie mit Geldstrafen, Gefängnis oder Deportation zu rechnen hatten. Es ist ohne weiteres klar, daß dieses Gesetz den Zweck verfolgte, den Zustrom illegaler Einwanderer zu unterbrechen, aber es war offensichtlich, daß es die Inder, und nur Inder, als potentielle Kriminelle behandelte. Es muß hinzugefügt werden, daß die indischen Moslems durch diese Maßnahme in ganz besonderer Weise aufgebracht waren, und zwar wegen des möglichen Eindringens – durch Polizeiinspektionen – in die durch ihre Religion geheiligten Bereiche weiblicher Abschließung. Aus diesem Anlaß waren sie bereit, zu töten – und Gandhis Aufgabe bestand nun darin, sie davon zu überzeugen, daß es relativ leicht sei, zu töten oder getötet zu werden: zu wissen, wie man sterben könne, ohne zu töten und den eigenen Tod zu etwas zu machen, das für die Lebenden zählte und Wert für sie gewann – das war hier die Frage. Aus diesem steinigen, felsigen Grund rassischer Entwürdigung also sollte, Schritt für Schritt, Satyagraha hervorgehen.

Gandhi, der Anwalt des Volkes, war jetzt weithin bekannt, und die gefühlsbetonte, verehrungsvolle Anrede, mit der man sich an ihn wandte, lautete »Gandhibhai«, was ungefähr soviel heißen soll wie »Bruder Gandhi« – ein Ehrentitel, der ihm wesentlich besser entspricht als die spätere Überhöhung zum Mahatma.

3. Instrument des Friedens

Satyagraha ist eine Wortverbindung aus dem Sanskrit, die Gandhi später zur Benennung für seine Weise, zu leben und zu handeln, wählen sollte – in wörtlicher Übersetzung »Wahrheit« und »Kraft«. Allerdings gebrauchte Gandhi lange Zeit diesen Begriff in einem Sinne, der in seiner Wiedergabe durch das Englische wohl am unpassendsten für dasjenige war, was er bezeichnen sollte, nämlich als »passive resistance«, passiver Widerstand. Dieses Dilemma ist nie gelöst worden: »Wahrheitskraft« als Begriff würde nirgendwo im Westen auch nur annähernd die Macht eines Slogans gewinnen. »Militante Gewaltlosigkeit« (ein Begriff, der, so glaube ich, von Martin Luther

King bevorzugt wurde) kann wohl noch am ehesten zur Beschreibung der Haltung und des Handelns der Satyagrahi verwendet werden, doch er versagt darin, den geistigen Ursprung des gewaltlosen Mutes, der in Gandhis »Wahrheit« verborgen ist, hervorzuheben. Ich werde von der »Hebelkraft der Wahrheit« sprechen, wenn ich in Hinzufügung zu »Wahrheit« und »Kraft« den geschickten Gebrauch eines empfindlichen Instrumentes verdeutlichen will. Denn es ist offenbar, daß unsere Generation dazu herausgefordert ist, zu verstehen – soweit uns dies durch psychologische Annahmen gestattet ist –, was Gandhi »Wahrheit« als wirkliche Kraft im geistigen Leben genannt hat, die imstande ist, »Berge zu versetzen«. Ein Hebel, ich will es gern zugeben, stellt in unserem elektronischen Zeitalter eine hoffnungslos primitive Analogie her. Doch was wir auch immer angesichts der zukünftigen Konstellationen darunter verstehen mögen – Satyagraha hatte seinen Ursprung in einer technologischen Vorstellungswelt, in der der Körper noch immer Bestandteil des Werkzeugs war, und man wird sehen, daß auch heute noch die direkteren Anwendungsformen von Satyagraha stets den Körper und das Aufeinandertreffen oder die Begegnung von Körpern mit einschließen: Wo man dem Gegner »Auge in Auge« gegenübersteht; das Unterhaken der Arme in einer defensiven, zurückweichenden oder vorwärtsschreitenden Phalanx; der Körper »auf der Grenzlinie«: all diese Konfrontationen symbolisieren die Überzeugung, daß die Solidarität waffenloser Leiber noch immer sowohl Hebel wie Verteidigungsmittel gegen die kalte und mechanisierte Apparatur des modernen Staates geblieben ist.
Am Beginn eines Zeitalters also, in dem der Mensch willens zu sein scheint, das dreifache Instrumentarium, mit dem er versehen ist, nämlich seinen Körper, seinen Geist und seine Seele, an die klug verflochtene Komplexität seiner eigenen Erfindungen preiszugeben, strebte Gandhi, wie wir sehen werden, nach der unvermischten Klarheit aller drei. Wie er dies zu gegebenen Augenblicken getan hat, kann ich nur in einer Reihe von Szenen zu illustrieren versuchen, in denen wesentliche Teile des neuen Instruments geschaffen wurden, so daß wir dann später, bei der Beschreibung des Ereignisses von Ahmedabad, imstande sein werden, bewußt die Bedeutung jeder einzelnen Handlung zu ermessen, so trivial sie auch scheinen mag und so einfach sie auch, wie es der Natur der Sache entsprach, sein mußte.

11. September 1906: Das Empire Theatre in Johannesburg, im Volksmund als das »jüdische Theater« bekannt, war bis zum Bersten mit indischen Delegierten aus allen Landesteilen Transvaals besetzt. Ein alter und ehrwürdiger Führer der Geschäftswelt, ein Moslem, hatte den Vorsitz inne; Gandhi saß wie gewöhnlich im Hintergrund. Er wartete auf die Verlesung der vierten Entschließung, deren Verfasser er war, und auf die anschließende Diskussion. Die Resolution forderte alle Anwesenden auf, darüber *abzustimmen*, ob sie lieber alle nur erdenklichen Strafen auf sich nehmen wollten, als sich der »Black Act« zu unterwerfen. Gandhi behauptet, daß er selbst nicht ganz jede einzelne Konsequenz dieser Entschließung abzusehen vermochte, obgleich er »von jedem Gesicht die Erwartung ablesen konnte, daß etwas gänzliches Unerwartetes getan oder geschehen würde«. Dies ist ein geradezu vollkommenes Arrangement für eine Improvisation im Stile Gandhis: er wußte noch nicht ganz genau, was er tun würde, doch hatte er bereits eine gespannte Erwartung geschaffen, die ihm die Stichworte geben würde. Sein Augenblick war gekommen, als ein gewisser Hadschi Habib mit Gandhis Worten »den Namen Gottes in die Resolution« einbrachte. Die »Abstimmung« geriet nun in unmittelbare Gefahr, zu einem Schwur zu werden, und ein Eid – das war nun einmal Gandhis Geschäft, »da ich im Besitz großer Erfahrungen mit feierlichen Gelöbnissen bin und sie mir in mancherlei Hinsicht zustatten gekommen sind«. Er verlangte unverzüglich Zutritt zum Rednerpodium und erklärte in einer Formulierung, die an die Unabhängigkeitserklärung der Vereinigten Staaten erinnerte, »daß es in der Tat der Bedeutung der Sache entsprechen würde«, bei diesem Anlaß einen Schwur abzulegen. Doch ein Eid, so gab er zu bedenken, ließ sich nicht mit einfacher Stimmenmehrheit durchbringen: jeder einzelne muß ihn für sich ablegen, und nicht im Angesicht des Nachbarn, sondern einzig in dem seines Gottes. Auch dürfe er nicht abgelegt werden, um Macht über irgend jemand anderen zu gewinnen als allein über sich selbst, denn die Macht eines Eides wird durch dasjenige definiert, was ein einzelner Mensch versprechen kann zu tun und was er bereit ist zu erdulden: Beleidigung, Einkerkerung, Zwangsarbeit, Prügelstrafe, Geldbuße, Deportation, ja sogar den Tod. »Aber ich kann mit voller Überzeugung und Gewißheit erklären«, so fuhr er

fort, »daß es, solange es auch nur eine Handvoll Männer gibt, die treu zu ihrem Gelöbnis stehen, nur einen Ausgang in diesem Kampf geben kann, und das ist der Sieg.«[78] Gandhi sollte auch späterhin diesem unerschütterlichen Glauben zu wiederholten Malen Ausdruck geben, und es ist schwer anzunehmen, daß er zu jener Zeit nicht schon mit Thoreaus Feststellung vertraut gewesen sein sollte:

»Dessen aber bin ich mir gewiß, daß wenn nur eintausend, wenn nur einhundert, wenn nur zehn Männer, die ich namentlich nennen könnte – zehn *ehrenhafte* Männer, ganz allein auf sich gestellt – ja, wenn nur ein einziger *ehrenhafter* Mann dieses Staates Massachusetts es aufgäbe, fürderhin Sklaven zu halten, sich wirklich aus der Komplicenschaft löste und dafür ins Gefängnis gesperrt würde, daß allein damit die Abschaffung der Sklaverei in Amerika schon ins Werk gesetzt wäre. Denn es kommt nicht darauf an, wie klein und unbedeutend der Anfang erscheinen mag: was nur einmal gut getan ist, das ist für jetzt und alle Zeit gut getan.«[79]

Jedenfalls erhoben alle Anwesenden ihre Hände und taten einen Schwur, bei dem sie sich auf Gott als ihren Zeugen beriefen. Er habe gewußt, so sagte Gandhi später, daß ein »neues Prinzip geboren worden sei«, dem er zunächst den Namen »passiver Widerstand« gab. Das unmittelbare Ergebnis dieser überwältigenden Szene war ein neues und starkes Gefühl der Solidarität, das nach Erfüllung durch Aktion verlangte. Es folgte jedoch, wie so oft, eine lähmende Zeit des Abwartens: eines Wartens darauf, bis alle Mittel, die die Konstitution bot, ausgeschöpft waren, wozu sogar ein Gesuch an die Krone gehörte, ihre Zustimmung zu diesem Gesetz zu verweigern. Warten allerdings gewährt auch Zeit, einen Entschluß noch einmal zu überdenken; und bevor Gandhi eine Delegation nach England anführte, ersuchte er um eine schriftliche Bestätigung des abgelegten Eides, wobei er natürlich einen Rückgang in der Zahl der einst so leidenschaftlich und bedingungslos auf diese Sache Eingeschworenen feststellen mußte.

Das Szenenbild der Handlung wechselte nun vom Empire Theatre in Johannesburg in den Empfangssalon des Unterhauses und zu einem jener Arbeitsessen über, auf denen auch Wein serviert wurde – eine »barbarische Sitte« nach Auffassung Gandhis und etwas, das nur geeignet sein konnte, einen »faulen« Kompromiß hervorzubringen. Der Kolonialminister erklärte sich zum entschiedenen Gegner des Gesetzes, doch zugleich gab er unter der Hand der Regierung von Transvaal zu verstehen, daß sie, sobald erst einmal die Regierungsverantwortung an sie übertragen worden sei, was zum 1. Januar 1907 geschehen würde, in jeder Hinsicht – *nach* diesem Datum – von ihrer Handlungsfreiheit Gebrauch machen könne. Und in der Tat verlor das neu einberufene Parlament keine Zeit, die »Asiatic Registration Act« zu verabschieden, die sich von der »Black Act« nur durch eine einzige Konzession unterschied: daß Frauen von diesem Gesetz ausgenommen sein sollten. Die »Act« sollte am 31. Juli in Kraft treten. Jetzt war es an der Zeit zu organisieren, und die »Passive Resistance Association« (Vereinigung des Passiven Widerstandes) wurde gebildet. Der Eid wurde erneut abgelegt, »um ganz sicherzugehen«, und diesmal konnte keine Gesinnungsänderung festgestellt werden.

Gefängnis

Juli 1907: Fortan waren die Versammlungen der Satyagrahi so gut besucht, manchmal sogar von mehr als zweitausend Menschen (von insgesamt zehntausend Indern in Johannesburg und Pretoria), daß sie auf dem Gelände vor der Moschee von Pretoria abgehalten werden mußten. Dort trat an einem der Abende ein gewisser Ahmad Muhammad Kachhalia als Redner auf. Die Beschreibung dieses Mannes ist typisch für die »Volkstümlichkeit« von *Satyagraha in Südafrika:*

»Mr. Kachhalia war zutiefst bewegt. Sein Gesicht war gerötet, die Adern in seinem Nacken und an seiner Stirn waren geschwollen von dem Blut, das sie rasch durchströmte, sein Körper zitterte, und indem er die Finger seiner rechten Hand an die Kehle setzte, rief er mit Donnerstimme: ›Ich schwöre im Namen Gottes, daß ich gehängt sein will, wenn ich mich diesem Gesetz unterwerfe, und ich hoffe, daß jeder unter den Anwesenden dasselbe tun wird.‹ Nachdem er dies gesagt hatte, nahm er wieder seinen Sitz ein. Als er seine Finger an seine Kehle führte, begannen einige unter denen, die auf dem Podium saßen, zu lächeln, und ich erinnere mich, daß ich mich ihrem Lächeln anschloß.«[80]

Die Gefühlsregung, die in dieser Beschreibung durchscheint, ist auch für andere Berichte typisch, wie etwa den über die freiwilligen Streikposten (zu denen sich jeder, der über zwölf Jahre alt war, melden durfte), die später die Inder auffordern sollten, sich von den Einwohnermeldeämtern fernzuhalten, oder die (geheiligt sei Satyagraha!) die Eintragungswilligen durch die eigenen Streiklinien führten, um damit zu demonstrieren, daß es der privaten Entscheidung jedes Mannes überlassen sei, sich registrieren zu lassen oder nicht. Doch trotz häßlicher Drohungen von seiten der mehr kämpferisch gesinnten Inder und trotz des Angebotes der Regierung, daß diejenigen, die bereit waren, sich registrieren zu lassen, auch bei Nacht in Privathäusern erscheinen könnten, ließen sich am Ende doch nur alles in allem fünfhundert Männer eintragen.

Der erste Mann, der festgenommen wurde, war ein Hindu, der »ein biederes Aussehen hatte und dem ein schlagfertiges Mundwerk verliehen war. Er wußte einige Sanskrit-Verse auswendig«[81]. Dies hatte ihm unter seinen Landsleuten offenbar den »Gelehrtentitel« eines Pandit eingebracht. Die Regierung nahm diese Festnahme zur Warnung vor. Doch er wurde von einer hochgestimmten, feiernden Menge zum Gefängnis geleitet und empfing von der Gemeinde kleine Päckchen mit Leckerbissen, solange er im Gefängnis eingesperrt war. Nach seiner Entlassung wurde er gefeiert und mit Girlanden geschmückt. Die Gemeinde betrachtete ihn voller Neid, und er wurde in ganz Südafrika berühmt. Doch plötzlich war er verschwunden. Der ehemalige »Kontraktarbeiter« (so sollte es sich später herausstellen) war ein entwichener Häftling, nach dem die Strafverfolgungsbehörden fahndeten, und gerade sein Ruhm sollte einen sehr ungünstigen Stand seiner Angelegenheiten für ihn zur Folge haben.

Schließlich kam auch die Reihe an Gandhibhai. Obwohl aus Transvaal ausgewiesen, war er geblieben und mußte nun zur Anklageerhebung vor demselben Gerichtshof auf der Anklagebank erscheinen, vor dem er als makellos gekleideter Verteidiger seine Plädoyers gehalten hatte. Unter den Zuhörern saßen sowohl Standeskollegen wie Brüder seiner Gemeinschaft. Er legte nicht nur ein volles Geständnis ab, sondern schloß sich dem Plädoyer des Magistrats an und forderte für sich eine hohe Strafe als Agitator und Rädelsführer. Solch ein Akt der Höflichkeit wurde ihm jedoch nicht zuteil, sondern er wurde ganz unzeremoniös in eine gewöhnliche Zelle gesperrt. Hier verließ ihn für einen Augenblick sein Mut. Was sollte geschehen, wenn es seinen Anhängern nicht gelang, die Gefängnisse zu füllen, was die Regierung in eine unhaltbare Lage gebracht hätte? Der Bann eines heiteren Rebellentums wäre gebrochen. Doch er maßregelte sich nun auch selbst: »Wie eitel ich war! Ich, der die Menschen dazu aufgefordert hatte, die Gefängnisse als Hotels Ihrer Majestät zu betrachten!«[82] Er wurde sodann, zum ersten Mal, in Gefängniskleidung gesteckt und in eine geräumige Zelle gesperrt – im »Nigger Block«. Aber bevor ihm die Zeit lang werden konnte, begannen lachende Satyagrahi, die zu Herden zusammengetrieben worden waren, bei ihm einzutreffen – 150 an der Zahl. Die Häftlinge führten Exerzierstunden ein, die von einem Pathan geleitet wurden, einem

»unserer Landsleute mit Namen Nawabkhan, der uns alle mit seiner absonderlichen Aussprache englischer Befehlswörter zum Lachen brachte. Er machte aus ›Stand at ease‹ (stehen Sie bequem!) so etwas wie ›Sundlies‹. Wir konnten auch unter Aufbietung unseres ganzen Scharfsinnes nicht verstehen, welches Hindustani-Wort dies sein sollte, doch hinterher dämmerte (es) uns, daß dies ... nur Nawabkhani-Englisch gewesen war.«[83]

All diese Heiterkeit war Teil eines neuen und unbezwingbaren Geistes, der im ganzen Land, und von der Regierung, nicht unbemerkt blieb. Eines Tages wurde Gandhi vom Polizeichef selbst aus seiner Zelle geführt und in die Amtsräume von General Smuts gebracht. Hier arbeiteten die beiden Londoner Barrister ein »Gentleman's Agreement« aus. Smuts bot an, das Gesetz außer Kraft zu setzen, wenn die Inder zustimmten, sich einer *freiwilligen* Registrierung zu unterziehen. Gandhi gab seine Einwilligung, wurde unverzüglich entlassen und konnte, da man ihm das Fahrgeld für eine Reise nach Johannesburg gegeben hatte, gleich am nächsten Tag eine Versammlung abhalten, auf der er seine Anhängerschaft mit der Grundsatzerklärung zu beeindrucken verstand, daß ein Satyagrahi nie davor zurückscheuen dürfe, seinem Gegner zu trauen. Die Mehrheit der Inder gelobte durch Handzeichen, sich registrieren zu lassen, doch die martialischen Pathans, von denen nur insgesamt fünfzig in Transvaal lebten, waren entschlossen, die heitere Satyagraha-Disziplin einem ernsthaften Test zu unterziehen. Sie kamen, so wird man sich erinnern, aus der zerklüfteten Gebirgslandschaft des Hindukusch im Nordwesten Indiens, wo später, unter Führung des riesenhaften, bärtigen »Roten Gandhi«, Ghaffar Khan, Satyagrahi die Stadt Kabul in Besitz nahmen, britische Schützenregimenter zur Niederlegung ihrer Waffen zwangen und der Welt damit bewiesen, daß einzig kriegerische Männer womöglich die besten Satyagrahi abgeben. Aber hier waren sie in der Minderheit, und ihr angeborenes Mißtrauen ließ es ihnen als gewiß erscheinen, daß Gandhi zum Verräter geworden sei. Wie Gandhi hierzu bemerkte:

»Die Pathans sind eine arglose und leichtgläubige Rasse. Sie sind in der Tat ungemein tapfer. Sie töten – und getötet zu werden ist in ihren Augen eine ganz gewöhnliche Sache, und wenn sie sich über jemanden ärgern, dann prügeln sie ihn durch und töten ihn sogar manchmal.«[84]

Und in der Tat drohte einer der beiden anwesenden Pathans, den ersten Mann zu töten, der es wagte, sich registrieren zu lassen. Wie sich unschwer vorhersagen läßt, sollte Gandhi selbst dieser erste Mann sein.

Verbrennen von Ausweiskarten

Februar 1908: Als die Papiere für die Registrierung zur Ausfertigung bereitlagen, machte Gandhi sich von seinem Büro aus auf den Weg zum Meldeamt, das kaum eine Meile entfernt war. Die Pathans warteten schon auf ihn. Auf die Frage, wohin er gehe, bot er ihnen einen echten Bania-Handel an:

»Wenn Ihr mit mir gehen wollt, werde ich zuerst für Euch einen Ausweis besorgen und erreichen, daß ihm nur Eure beiden Daumen aufgedrückt werden, und sodann werde ich mir einen für mich selbst geben lassen, auf dem die Abdrücke aller zehn Finger zu sehen sind.«[85]

Es blieb ihm nur noch Zeit, ein gellendes *He Rama!* zu rufen, bevor ihn die Hiebe niederstreckten. Nachdem man ihn zum Hause eines Ministers, der Baptist war, gebracht und seine Wunden vernäht hatte, wurde es ihm strikt untersagt zu sprechen; doch bestand er darauf, daß ihm das Ausweispapier gebracht werde. Gandhi weigerte sich, als Zeuge aufzutreten und jemanden anzugeben, doch da der Anschlag von einigen Europäern beobachtet und bezeugt worden war, verurteilte man die Pathans zu schwerer Zwangsarbeit.

General Smuts wußte die freiwilligen Registrierungen dankbar zu würdigen: er setzte das Gesetz über die Registrierung nicht außer Kraft. Gandhi klagte ihn nicht nur an, ein gegebenes Versprechen gebrochen zu haben, sondern warf ihm seine Handlungsweise als »eines Gentleman unwürdig« vor. Die Inder übermittelten der Regierung dann das, was General Smuts ein

»Ultimatum« nannte, weil für seine Beantwortung eine bestimmte Frist gesetzt war und weil die einzige annehmbare Antwort darauf, so gaben sie klar zu verstehen, nur in der Aufhebung der »Asiatic Act« bestehen konnte – und als einzige Alternative dazu kündigten sie eine Massenverbrennung der Bescheinigungen aller freiwillig Registrierten an. Daß die Mitglieder der Transvaal Assembly »vor Wut rot sahen« und prompt »einstimmig« und »enthusiastisch« Smuts' Neufassung des Gesetzes verabschiedeten, war den Satyagrahi nur willkommen, die jetzt geschlossen eines Sinnes waren: sie wollten handeln. Und so geschah es, daß zwei Stunden nach Ablauf der gesetzten Frist der größte Kessel, der in Johannesburg aufzutreiben war, auf das Gelände der größten Moschee geschafft wurde, wo er bereitstand, zweitausend Ausweiskarten zur Verbrennung aufzunehmen. Wenn die Regierung ein Versprechen, das sie in voller Handlungsfreiheit gegeben hatte, einfach wie wertloses Papier behandeln konnte, dann durften auch die Bürger vereint ihre Zertifikate verbrennen, die sie freiwillig unterzeichnet hatten. Die zu diesem Anlaß versammelten Inder sollten nicht enttäuscht werden. Die ablehnende Antwort der Regierung, von einem Freiwilligen auf einem Fahrrad eingeholt und nun der Menge übermittelt, wurde mit lauter Begeisterung entgegengenommen. Wie Gandhi es formulierte, »die Gelegenheit, ihre Bescheinigungen zu verbrennen, wurde ihnen von niemandem aus der Hand genommen«. Dennoch scheint ihn die Frage beschäftigt zu haben, »ob es angebracht war . . . ein derartiges Gefühl der Freude« zu zeigen, denn immerhin hatte man etwas zerstören müssen, das wie ein symbolisches Verbrennen der letzten Brücke war. In ähnlicher Weise hatte das Verbrennen der päpstlichen Bulle die Reformation eingeleitet; und zumindest eine Londoner Tageszeitung verglich das Verbrennen der Ausweiskarten mit der Bostoner »Tea Party«. Es wurde gewissermaßen zu einer »Party«, und der Pathan, der versucht hatte, Gandhi zu töten, entschuldigte sich öffentlich und empfing mit einem warmen Händedruck erneut die Versicherung, daß er ihm deswegen nichts nachtrage.

»Passiver« Widerstand?

Für die aggressive Phase der ersten Aktion »passiven« Widerstandes in der Geschichte haben wir Gandhis Darstellung in *Satyagraha in Südafrika.* Zweifellos erschienen in den frühen zwanziger Jahren, als das Buch begonnen wurde, die Prinzipien von Satyagraha wesentlich schärfer ausgearbeitet, als sie es in den ersten Tagen der Improvisation gewesen waren.

Aber dennoch vermittelt Gandhis Bericht auf jeder Seite etwas von der Heiterkeit und dem Stolz eines Mannes und eines Volkes, die das echte Gefühl haben, durch Improvisieren neuer Methoden gegen eine anmaßende Regierung einer Bestimmung zu gehorchen, die ihnen durch eine göttliche Wahrheit auferlegt worden war. Gandhi scheint sich durch die Tatsache nachgerade befreit gefühlt zu haben, daß er, der »coolie«-Anwalt, physisches Unrecht erlitten hatte und von nun an beruflich übergangen und in Vergessenheit geraten würde, nur weil er einem alles vermögenden Gentleman wie Smuts vertraut hatte. Irgendwie war es ihm jetzt wieder möglich geworden, sich vom Geist des kleinen Moniya leiten zu lassen: er und seine Landsleute vermochten durch neckendes Herausfordern und Auf-die-Probe-Stellen den großen Gegner – die Regierung Transvaals, die britische Regierung, *jede* Regierung – dazu zu bewegen, die Macht der Schwachen anzuerkennen. Der Schwierigkeit, die richtige Terminologie für eine gewaltlose »Waffe« zu finden, der man in der gesamten Gandhi-Literatur begegnet, eingeschlossen die Beiträge von Autoren aus dem angelsächsischen Sprachgebiet[86], entstand genau hier und jetzt, wo die Anfänge dazu gelegt werden sollten. Gandhi selbst pflegte, ganz so, als wollte er uns zum Narren halten, in der Mitte eines Abschnittes vom Bild des »Soldaten« zu dem eines »Pilgers« überzuwechseln, während er selbst sich einmal als »General« und dann wieder als »Straßenkehrer« bezeichnete. Umgekehrt nannte er die Versuche seiner Landsleute, verbotene Grenzen zu überqueren, abwechselnd »Pilgerfahrten« und »asiatische Invasionen« – wobei der letztgenannte Begriff sich natürlich über die mächtigen Europäer lustig machte, die angesichts der Möglichkeit einer »Invasion« aus Indien so mutlos zu werden schienen, während sie selbst doch die Inder als Sklaven importierten, wenn sie sie brauchten.

Die schrittweise Einbeziehung der Massen südafrikanischer Inder in Gandhis Kampagne kann ich hier nicht einmal andeutungsweise umreißen: wir sind noch immer so weit von Ahmedabad entfernt. Ich kann nur darauf hinweisen, wie Gandhi, der stets den Ereignissen gestattete, ihn dazu zu zwingen, das zu tun, was in seiner langfristigen Strategie schon lange vorher als Plan ausgearbeitet war, nun ständig die »Schläge« einer Regierung beantwortete, die offenbar entschlossen schien, immer und immer wieder die Versprechen zu brechen, die sie zum Schein eingegangen war. Daher sicherte der Umstand, daß nun selbst jenen Indern die Bewegungsfreiheit bei Inlandsreisen beschnitten wurde, bei denen man bisher Ausnahmen gemacht hatte, weil sie imstande gewesen waren, einige spezielle Bildungstests zu bestehen, Gandhi unverzüglich die Unterstützung auch des gebildeten Teils der indischen Bevölkerung – was seine Gefolgschaft unter der privilegierten Elite abrundete.

Im Jahre 1912 besuchte Gokhale Südafrika und wurde (genauso wie es noch heute den Interessen jener Regierung entgegenzukommen scheint), als ein geachteter ausländischer Repräsentant einer im übrigen verachteten Rasse, von der südafrikanischen Regierung mit der ausgesuchtesten Höflichkeit behandelt. Unabsichtlich spielte er dabei eine Rolle, die sich in gewisser Hinsicht mit derjenigen Neville Chamberlains vergleichen läßt und die es zu zweifelhaftem Ruhm in der Formel »peace-in-our-time« gebracht hat. Aus seinen Gesprächen mit den Ministern gewann Gokhale den Eindruck, die Zusicherung erhalten zu haben, daß man die jährliche Drei-Pfund-Steuer abschaffen werde, mit der die ehemaligen Kontraktarbeiter belastet wurden. Die Regierung bestritt, ein solches Versprechen je gegeben zu haben, doch Gandhi ergriff die Gelegenheit, die Abschaffung dieses Gesetzes in seine Minimalforderungen aufzunehmen, womit er auf einen Schlag den Massen *indischer Arbeiter* ein unmittelbares Nahziel innerhalb dieser langfristigen Kampagne setzte.

Als Gokhale der Tolstoj-Farm einen Besuch abstattete, war Gandibhai, der Gastgeber, »töricht genug anzunehmen, daß Gokhale imstande sein werde ... die ungefähr anderthalb Meilen von der Bahnstation bis zur Farm zu Fuß zurückzulegen«[87]. Gandhi hatte stets über Gokhales Mangel an Bewegung und über seine Gewohnheit, sich mit Pferd und Wagen ausfahren zu lassen, gespottet. Jedenfalls regnete es und Gokhale erkältete sich. Er trug dies jedoch in bewundernswerter Haltung und lehnte dankend jeden persönlichen Liebesdienst ab. »Ich nehme gern alle möglichen Härten auf mich«, erklärte er etwas spitz, »aber ich werde Euren Stolz demütigen.«

Indem er Gokhales triumphale Rundreise durch Südafrika unterstützte und mit gespieltem Ernst seine Versicherung entgegennahm, daß die Drei-Pfund-Steuer mit Sicherheit abgeschafft werde, scheint Gandhi ein weiteres Mal die Rolle dessen gespielt zu haben, der vorgibt, nichts Nachteiliges von seinen verehrten Älteren denken zu können, und sie ungestört ihren Stil einer elitären Führerschaft zu Ende leben läßt, den er in vollem Umfang durch das zu ersetzen trachtete, was wir eine »volkstümliche Kampagne« nennen würden. Und in der Tat, bislang

»hatte Satyagraha unter den Kontraktarbeitern kaum nennenswerten Widerhall gefunden; noch weniger hatte man sie dazu ausgebildet, daran teilzunehmen. Da sie Analphabeten waren, konnten sie *Indian Opinion* oder andere Zeitungen nicht lesen. Dennoch war es mir nicht entgangen, daß dieses arme Volk die Auseinandersetzung mit wacher Aufmerksamkeit verfolgte und das Ziel der Bewegung begriffen hatte, während einige von ihnen zutiefst ihre Unfähigkeit bedauerten, sich ihr nicht anschließen zu können. Doch als die Minister der Union ihr Versprechen brachen und wir die Forderung nach Abschaffung der Drei-Pfund-Steuer in unser Programm aufnahmen, war ich mir keineswegs sicher, wer von ihnen sich unserem Kampf anschließen würde.«[88]

Massengefolgschaft und eine klare politische Stoßrichtung unterstützten nun die schrittweise Entfaltung neu improvisierter Methoden, mit denen die Satyagrahi die Regierung jetzt herausfordern konnten – Methoden, die seither auf allen Schauplätzen des Protests in der ganzen Welt vertraut geworden sind. In Südafrika bestand die aggressivste unter ihnen darin, sich durch die »Invasion« von Grenzen, die Indern verschlossen waren, festnehmen zu lassen und so die Gefängnisse zu füllen. Dies zwang die Regierung dazu, *etwas* zu tun; und ob die Regierung sich nun großer Polizeieinsätze bediente oder die Aggressoren die Grenze passieren ließ – sie verlor in jedem Fall ihr Gesicht.

Bevor wir darangehen, diese nachgerade klassisch gewordenen Ereignisse zu schildern, müssen wir uns eine schicksalhafte Frage vorlegen: worin bestanden die Brennpunkte der Forderungen der Satyagrahi – wo lagen ihre Grenzen? Für die Massen der Inder, die jetzt bereit waren, Gandhi zu folgen, war die Antwort klar: sie wollten die endgültige Regelung aller Mißstände. Gandhi hingegen wußte, daß eine Satyagraha-Kampagne, um ihre volle dynamische Wirksamkeit entfalten zu können, klar definiert sein mußte, Schritt um Schritt. Der Satyagrahi, notfalls bereit, zu sterben, muß zuerst für sich selbst und sodann seinem Gegner eindeutig klarstellen, worin das irreduzible Minimum besteht, für das er in dieser und jeder folgenden Kampagne sein Leben einzusetzen gewillt ist. Wenn er statt dessen beabsichtigt, seine Forderungen sofort höherzuschrauben, nachdem er nur etwas Boden gewonnen hat, gibt er damit seinen Widersachern die Chance, die wahrhaft elementare Natur seines Kampfes ins Zwielicht zu rücken, und er selbst bringt das eigene Leiden um seinen Sinn, macht es zu etwas Verächtlichem, Niedrigem. Nichts weniger als das Wesen des Instruments selbst steht hier zur Entscheidung, denn gewiß wird ein Werkzeug, das bereits nach ein- oder zweimaligem Gebrauch stumpf wird, kaum als zuverlässig oder dauerhaft erscheinen können.

»Satyagraha mußte bei jeder sich bietenden Gelegenheit anwendbar sein, oder sie würde unweigerlich korrumpiert werden ... Und wenn jemand sich zur Satyagraha entschließt, ohne die eigenen Kräfte vorher richtig eingeschätzt zu haben, und hinterher eine Niederlage hinnehmen muß, dann entwürdigt er nicht nur sich selbst, sondern er setzt zugleich ... Satyagraha durch seine verantwortungslose Torheit der Mißachtung aus ... Denn in der Satyagraha bedeutet das Minimum zugleich ein Maximum, und da sie das irreduzible Minimum schlechthin ist, kann sich die Frage nach einem Zurückbleiben gar nicht erst stellen, und ihre einzig mögliche Bewegungsrichtung kann nicht anders als nach vorwärts weisen ... Es ist dabei ohne Bedeutung, wie stark wir gewesen sein mögen: der Kampf muß eingestellt werden, sobald die Forderungen, für die er aufgenommen wurde, akzeptiert worden sind.«[89]

Und dennoch, ganz zu Beginn mußte Gandhi es hinnehmen, daß seine Sache bereits durch die historische Faktizität präjudiziert war. Kontraktarbeit, so wußte er, war in erster Linie ein geschichtlicher Fehler, und er hatte keineswegs Einwände dagegen, sie durch ein totales Embargo endgültig zu beseitigen. Aber ebensowenig konnte er einen Vorteil in der unbeschränkten Einwanderung von nicht durch Kontrakte gebundenen Indern erkennen, und am wenigsten war ihm an einem Zustrom gelegen, durch den schließlich ein Punkt erreicht würde, an dem sie sich zu einer aggressiven politischen Macht in Südafrika entwickeln konnten – wie es die Südafrikaner befürchteten. Hinwiederum stellte er sich entschieden gegen jede Gesetzgebung, die unvereinbar mit der Selbstachtung und der sozialen Gesundheit all derjenigen Inder war, die in dieses historische Dilemma hineingezogen worden waren – in Südafrika oder anderswo. Mit diesem Ziel vor Augen mußte jeder weitere Verfall der öffentlichen Moral um jeden Preis aufgehalten werden.

Im Jahre 1913 lieferte ein Richter am Kapstädter Obergericht weiteren Zündstoff. Er erklärte alle Ehen für ungültig, die nicht nach christlichem Ritus geschlossen oder im Heiratsregister eingetragen waren, was bisher auf die Ehen der Inder nicht zutraf. Abgesehen von der Schwierigkeit, Satyagraha gegen eine Gerichtsentscheidung zum Widerstand aufzurufen, gab dieser Affront sowohl gegen die Ehre der Frau als auch gegen das Mutterland, wie es in Indien ausgelegt wurde, Gandhi eine Gelegenheit zu erklären, daß es »von nun an gerechtfertigt« sei, auch die *indischen Frauen* an der Stelle »zu opfern«, die er als die Feuerlinie von Satyagraha bezeichnete. Es ist offensichtlich, daß ohne den Zulauf zunächst der Intellektuellen, dann später der Arbeiter und Frauen die erste Satyagraha-Kampagne wohl schwerlich zu einer Volksbewegung und zu einem volkstümlichen Instrument geworden wäre, wie sie es jetzt zweifelsohne war. Gandhi hatte in der Zwischenzeit als ein Führer gehandelt, der, als der Kopf und als Gewissen der Bewegung, sich selbst und seiner Gefolgschaft auferlegen mußte, was er die »progressive Zurückhaltung« in einer bedeutenderen Satyagraha-Kampagne bezeichnete, während er im Gegensatz hierzu seinen Vertretern, die die strategischen Sinnesorgane und die Nerven der Kampagne bildeten, die Genehmigung dazu geben mußte, durch kleinere und improvisierte Konfrontationen das Ausmaß zu testen, in dem das Volk dazu bereit war, sich in den Kampf einbeziehen zu lassen und standzuhalten.

Asiatische Invasionen

1913: Wir kommen nun zur Geschichte der anhaltenden »Invasionen«, die dazu geeignet waren, die erste Regierung zu narren und auf die Probe zu stellen, die sich mit Satyagraha auseinanderzusetzen hatte. Diese Geschichte ist zugleich die einer für ganz Indien bedeutsamen Ehrentafel neuer Helden; wir werden ihnen im Zusammenhang mit der Ahmedabad-Episode wiederbegegnen, denn dort sollte Gandhi diese Männer und Frauen den Textilarbeitern als die Verkörperung einer ganz neuen Typologie des Heroismus vor Augen führen, ja beinahe als Gestalten eines neuen religiösen Pantheons. Der erste war ein Parse namens Sorabji. Gandhi, der stets die möglichen Schwächen in jedem Typus des Mitarbeiters hervorzuheben pflegte, was er natürlich nur tat, um zu zeigen, daß Satyagraha es vermochte, aus jedem einzelnen von ihnen einen verläßlichen Helden zu machen, war sich nicht ganz gewiß, ob dieser Mann »in kritischen Zeiten bei den Waffen bleiben« würde. Dennoch wurde Sorabji ausgewählt, in der Nähe der Ortschaft Volksrust illegal das Territorium Transvaals zu betreten, d. h. als Gebildeter, dem nach den neuen Bestimmungen die Befugnis zur Einreise entzogen war.

Volksrust ist eine Kleinstadt auf dem Gebiet Transvaals an der Grenze zum benachbarten Natal, eine Stadt, »die nicht wissen konnte, wie ihr geschah, als sie Zeugin seltsamer Szenen wurde, und die nicht ahnen konnte, welche Rolle sie in der Geschichte Indiens wie in der des bürgerlichen Ungehorsams spielen sollte«. Die Regierung jedoch war einfach nicht hinreichend provoziert und entfaltete, was Gandhi eine »meisterhafte Tatenlosigkeit« nannte. Also mußten sich die Satyagrahi etwas Neues ausdenken, um ihr die Nadelstiche an der rechten Stelle zu versetzen. Eine größere Gruppe wohlhabender Händler und gebildeter Männer, unter ihnen auch Harilal Gandhi, löste die erste »Invasion« Transvaals aus. Sie wurden festgenommen, vor Gericht gestellt und wieder nach Natal abgeschoben, doch sie überquerten unmittelbar darauf wieder die Grenze, um nun auf der anderen Seite zu drei Monaten Haft bei schwerer Arbeit abgeurteilt zu werden. Die Reaktion unter den Landsleuten war folgende:

»Die Inder Transvaals waren jetzt hochgestimmt. Wenn sie nicht die Freilassung ihrer Landsleute erzwingen konnten, mußten sie unbedingt die Gefangenschaft mit ihnen teilen. Daher sahen sie sich nach geeigneten Mitteln um, die sie unfehlbar ins Gefängnis bringen würden.«[90]

Das Spiel hatte jetzt begonnen – mit gebildeten Menschen und kleinen Leuten, die ohne Lizenz hausierend durch die Straßen zogen, um ihre Festsetzung zu erreichen: einer wurde von Gandhi als jemand geschildert, »der eine Malaiin zur Frau hatte und ein Pferdefuhrwerk sein eigen nannte«, ein anderer als ein Absolvent der Universität von Cambridge, der einen Korb voller Gemüse an einer Straßenecke feilbot. Das Hausieren indessen unterlag lokalen gesetzlichen Verordnungen, und bevor die Regierung überhaupt eingreifen konnte,

»entwickelten sich die Dinge mit solcher Geschwindigkeit, daß jedermann, der es nur wollte, seine Festnahme erreichen konnte. Die Gefängnisse begannen sich zu füllen, ›Eindringlinge‹ aus Natal erhielten drei Monate, die Hausierer Transvaals so ziemlich alles, was zwischen vier Tagen und drei Monaten lag.« [91]

Auch Gandhi wurde in Haft genommen und begann enthusiastisch für seine 75 Leidensgefährten im Gefängnis von Volksrust zu kochen. Um ihn besonders zu strafen (und vielleicht auch, um die Haftgenossen vor gesundheitlicher Schädigung zu bewahren), wurde Gandhi von den anderen isoliert und in Einzelhaft gesteckt.

Eine zum Narren gemachte Regierung jedoch wird brutal, bis sie gelernt hat, mit sparsamsten Mitteln auf eine neue Waffe zu reagieren. Die ältesten Abwehrmittel sind natürlich Verhaftungen großen Stils. Darauf bediente man sich der Deportation, was zunächst bedeutet, daß man die Satyagrahi einfach über die Grenzen stieß oder sie nach Portugiesisch-Ostafrika abschob. Doch die Regierung erkannte bald, daß die Androhung der Deportation ins »Mutterland« am allerschlimmsten war, an das viele dieser Inder nicht mehr die geringsten Bindungen besaßen oder wo sie tatsächlich nie gewesen waren – wobei diese Drohung noch mit der weiteren verbunden wurde, daß man sie zwingen würde, ihre Familie, oder was immer sie sonst besitzen mochten, in Südafrika zurückzulassen.

Doch indem sie sie deportierte, brachte die südafrikanische Regierung nur die öffentliche Meinung in Indien und im gesamten Empire gegen sich auf, womit sie entgegen ihrer Absicht ein weitergestecktes Ziel in Gandhis Strategie unterstützte, und zwar dadurch, daß sie Satyagraha in Südafrika die Bedeutung eines Eröffnungsfeldzuges verlieh, der ein Überdenken der Position aller Inder in anderen Teilen des Empire zur Folge haben mußte – einschließlich in Indien selbst.

Besonders bemerkenswert aber ist, daß es Gandhi gelungen war, zur selben Zeit sowohl die Führerschaft in der Behandlung dieser sich immer mehr ausweitenden Probleme zu übernehmen, wie seine »Haushälterschaft« in einer ganz neuartigen Gemeinschaft zu kultivieren, die nun eindeutig seine eigene Familie ersetzte und in sich aufgesogen hatte. Wie bereits erwähnt wurde, war die Tolstoj-Farm von dem wohlhabenden Architekten und ehemals deutschen Juden Kallenbach[92] für die Satyagrahi gekauft und von ihnen so benannt worden, um ihre Affinität zu den Ideen des großen Russen über den grundlegenden moralischen Wert körperlicher Arbeit und natürlicher (was hier nur heißen konnte: fleischloser) Ernährungsweise zum Ausdruck zu bringen. Man mag sich fragen, inwieweit Kallenbach mit der Kibbuzbewegung vertraut war, die zu jener Zeit – nicht ohne den Einfluß Tolstojschen Gedankenguts – jüdische Niederlassungen in Palästina zu gründen begann; doch der Unterschied zwischen einem Kibbuz und diesem Modell für die zukünftigen Ashrams ist wohl am augenfälligsten durch die Tatsache bezeichnet, daß auf der Tolstoj-Farm Männer und Frauen getrennt lebten. Jedenfalls hatte Kallenbach ein Trappistenkloster in der Nähe Durbans besucht und dort das Herstellen von Sandalen erlernt – er unterrichtete Gandhi darin, der offenbar schon jetzt an eine frühe Zurückgezogenheit auf einem ländlichen Anwesen dachte, selbst dann noch, als er es lernen mußte, sich in Gefängniszellen ebenso heimisch zu fühlen wie an ministeriellen Konferenztischen.

Die Frauen hatten sich nun eine sicher gegründete Gleichstellung als Satyagrahi erworben; und zwei Gruppen, die »Tolstoj-Schwestern« und die »Phoenix-Schwestern« (Namen, die unverkennbar auf Gandhis klösterliche Bestrebungen hinweisen), versahen ihren Dienst in den neugeschaffenen Stoßtrupps, deren Auftrag darin bestand, die verbotenen Staatsgrenzen zu überschreiten. Die »Phoenix-Schwestern«, die von Natal aus nach Transvaal eindringen sollten, waren zunächst die erfolgreicheren. Die meisten von ihnen waren Gujarati, und fünf waren Gandhis – einschließlich Kasturbas, die Gandhi zu Anfang geflissentlich übergangen hatte, damit sie sich nicht einzig durch die Tatsache zum Heroismus gedrängt fühlte, daß sie seine Frau war. Auch fiel es ihm schwer, seine zwiespältigen Gefühle zu verbergen:

». . . wenn Dich im Gerichtssaal das Zittern befällt oder wenn Du von den Härten des Gefängnislebens abgeschreckt bist, kann ich daran nichts Tadelnswertes finden, aber wie würde dies für mich aussehen? Wie könnte ich Dich dann noch beschützen oder der Welt offen ins Gesicht sehen?«[93]

Sie blieb natürlich fest. Die Gruppe weigerte sich, den Grenzwachen Namen zu nennen, in der Annahme, daß die Polizei wohl kaum wissentlich eine solche Ansammlung von Gandhis festsetzen würde. Sie hatten schließlich Erfolg darin, vor Gericht gestellt und zu drei Monaten Zwangsarbeit verurteilt zu werden.

Die »Tolstoj-Schwestern«, alle geborene Madrasi, waren mit ihrer ersten »Invasion« nicht ganz so »erfolgreich« gewesen. Sie überschritten zwar die Grenzlinie nach Transvaal, doch vermutlich weil sechs von ihnen Babys auf den Armen hielten, zögerten die Grenzwachen, sie unter Arrest zu stellen. Die nächste Order lautete, wieder nach Natal zurückzukehren und, falls sie dort nicht festgenommen würden, in das Zentrum der Kohleförderung nach Newcastle weiterzuziehen und dort mit der Agitation für einen Proteststreik gegen die Beibehaltung der Drei-Pfund-Steuer zu beginnen. Das würde ihnen die Festnahme garantieren! Und in der Tat, dieser Plan lief so reibungslos ab, daß sowohl die Regierung wie das Hauptquartier der Satyagrahi sich wünschen sollten, daß die Schwestern bereits an der Grenze festgenommen worden wären: denn die Bergarbeiter erwiesen sich wider Erwarten reif für einen Streik und verließen unverzüglich zu Hunderten ihren Arbeitsplatz, schließlich sogar zu Tausenden. Es waren in der Überzahl Tamilen aus Madras, und die heimatliche Mundart der Frauen kam unvermittelt bei ihnen an. Gandhi, »nicht weniger verstört als zufrieden«, brach sofort nach Newcastle auf, ohne im mindesten eine Vorstellung davon zu haben, was er tun sollte. Nicht nur waren »die Massen« in Bewegung geraten, sondern auch die Neuigkeit über die Einkerkerung der Frauen zusammen mit gewöhnlichen Kriminellen wurde in Windeseile zu einer internationalen Nachricht. Damit wurde ihm die entscheidende Bewährungsprobe im Hinblick auf seine Führerschaft und auf seinen Handlungsstil von außen aufgezwungen. Und bei aller erbitterten Härte entwickelte sich die gesamte Angelegenheit mit einer Art franziskanischer Heiterkeit auf Massenebene. Die Bergwerksbesitzer verboten den Streikenden die Nutzung der Häuser, die Eigentum der Gesellschaft waren. Gandhi gab ihnen furchtlos den Rat, »daß der einzige Weg, den die Arbeiter einschlagen können, nun darin bestehen muß, die Quartiere ihrer Herren zu verlassen und wie Pilger weiterzuziehen«. Sie sollten ihre Habseligkeiten verkaufen, erklärte er ihnen, und nichts mit sich nehmen außer den Kleidern, die sie auf dem Körper trugen, und Decken. Doch wohin sollten sie gehen und wer sollte sie ernähren?

Gandhi wurde in Newcastle von einem Mann namens Lazarus beherbergt, einem aus Madras gebürtigen indischen Christen aus der Mittelklasse, der ein kleines Haus und ein Stückchen Land besaß. Sein winziges Grundstück wurde zu einer »Karawanserei« für einen nicht enden wollenden Strom von Pilgern, »die sich vom häuslichen Leben abgekehrt und dem hauslosen Leben zugewandt hatten«. Glücklicherweise waren die Witterungsbedingungen günstig, und die Händler von Newcastle stellten Kochtöpfe, Reisbeutel und »dal« (rote Linsen) bereit. Die Stimmung war ausgezeichnet; Gandhi und die Gesundheitsbeamten indessen betrachteten die Menschenansammlung mit wachsender Unruhe. Die Ansichten der streikenden Madrasi über Hygiene waren mit der kontraktmäßig eingetretenen Proletarisierung um nichts besser geworden, und einige von ihnen hatten sich zu harten Burschen mit erschreckenden Strafregistern entwickelt. Doch irgendwie schien jedermann »den Ernst der Situation voll zu erfassen«. Und wie es Gandhis Willen entsprach, sollte er nicht nur auf der Einhaltung hygienischer Grundregeln bestehen, sondern dieser Gruppe auch die grundlegenden sittlichen Regeln für den bevorstehenden Marsch predigen:

»Niemand durfte unterwegs irgend jemandes Eigentum antasten. Sie sollten es langmütig hinnehmen, wenn irgendein Europäer mit offiziellem oder nichtoffiziellem Status ihnen begegnete und sie beschimpfte oder gar prügelte. Sie sollten sich widerstandslos festnehmen lassen, wenn die Polizei sie für festgenommen erklärte.«[94]

Sogar noch als Mann in den Fünfzigern gibt Gandhi uns bei der Schilderung dieser Situation freimütig Rechenschaft über seine höchst gemischten Überlegungen, die zum nächsten Schritt führen sollten. Diese Tausende (er vermochte sie nicht zu zählen) von Männern, Frauen und Kindern mußten »sicher untergebracht werden – irgendwo«. Sie konnten nicht mit der Eisenbahn befördert werden, weil das Geld dafür nicht vorhanden war, und im übrigen war Gandhi außerstande, einen solchen Massentransport zu überwachen. Die Grenze nach Transvaal war sechsunddreißig Meilen entfernt: ein Zweitagemarsch. Die Bergarbeiter akzeptierten den Gedanken eines Marsches, weil sie einsichtsvoll erkannten, daß dies »eine gewisse Erleichterung für den armen Lazarus« bedeuten würde, und zudem mußte man verhindern, daß die Behörden strenge Maßnahmen zur Vorbeugung gegen eine möglicherweise ausbrechende Seuche ergreifen würden. Aber ich würde all diesen Begründungen noch die Möglichkeit hinzufügen, daß Gandhi mit dem Gedanken an einen Treck der Inder als einer heimatlich anrührenden Geste männlichen Protests spielte, die in den Herzen der Südafrikaner Widerhall finden müßte. Denn wie wir gesehen haben, war Gandhi zutiefst beeindruckt von der Tapferkeit der Buren, mit der sie ihre Heimstätten verließen und in die Freiheit des weiten Raumes aufbrachen; und es ist durchaus möglich, daß der berühmte Burentreck das heroische Vorbild für den großen Marsch und für manche Märsche, die seither bekanntgeworden sind, abgegeben hat.

Der große Marsch

Am 28. Oktober 1913 begann der große Marsch. Gandhi hatte natürlich seine Invasionsstreitmacht vor den großen Gefahren und Entbehrungen gewarnt (wie er gewissenhaft auch alle kleineren Gruppen gewarnt hatte), die ihnen bevorstehen würden, und hatte ihnen mitgeteilt, daß er jedem »Soldaten« nur anderthalb (engl.) Pfund Brot und eine Unze Zucker täglich versprechen könne. Dennoch zählte Gandhi am 6. November, dem Tag, der für die Überschreitung der Grenze festgesetzt war, 2037 Männer, 127 Frauen und 57 Kinder. Er arbeitete unterwegs verantwortungsbewußt mit den Beamten vom Gesundheitsdienst zusammen (indem er durch Reinigungsprozeduren, die er an sich selbst vollzog, seine Anhängerschaft gewissermaßen zur Sauberkeit beschämte) und hatte einer mit großer Wahrscheinlichkeit zu erwartenden Unruhe dadurch vorgebeugt, daß er persönlich die Leitung (und die Verantwortung) bei der Verteilung der Nahrungsmittel übernahm, die sich für mehr als ausreichend erweisen sollten, obwohl sie notwendigerweise schlecht gekocht waren.

Es gibt in *Satyagraha in Südafrika* eine verwirrende Passage, in der Gandhi seinen Respekt für den Geist, die Gesinnung dieser neuen Art einer Pilgerarmee zum Ausdruck bringt, indem er sie sowohl mit mythologischen wie geschichtlichen Vorbildern vergleicht:

»Die Männer und Frauen blieben in Charlestown in unerschütterlich stoischer Haltung auf dem Posten, auf den sie die Pflicht gestellt hatte. Denn es war keine Friedensmission, die uns in diesen Grenzort geführt hatte. Wenn irgend jemand Frieden

wollte, so mußte er ihn schon in seinem Inneren suchen. Draußen waren allenthalben die Worte ›es gibt hier keinen Frieden‹ wie mit großen Lettern angeschlagen. Aber es geschah inmitten eines solchen Sturmes, daß eine Gläubige wie Mirahai (eine Bhakti-Dichterin des 15. Jahrhunderts, die in ganz Gujarat verehrt wird) den Giftbecher mit heiterem Gleichmut an ihre Lippen führte, daß Sokrates in seiner dunklen und einsamen Zelle ruhig den Tod in sich aufnahm und seine Freunde wie auch uns in die geheimnisreiche Lehre einweihte, daß derjenige, der Frieden ersehnt, nur in sich selbst danach suchen muß.
Mit solchem unaussprechlichen Frieden, der über ihnen schwebte, lebten die Satyagrahi in ihrem Lager, unbekümmert darum, was der Morgen ihnen bringen würde.« [95]
Dieser Abschnitt folgte unmittelbar der Schilderung, wie zwei der »Pilger-Frauen« auf dem Weg ihre Kinder verloren, die eine, indem sie es in einen Fluß fallen ließ und hoffnungslos mit ansehen mußte, wie es von den reißenden Wassern flußabwärts getrieben wurde: aber beide Frauen weigerten sich, den Marsch abzubrechen, und gingen mit den anderen weiter. Der Frieden war wichtiger als die Nachkommen!
Dieser Abschnitt indessen spiegelt wahrscheinlich zutreffender die Stimmung des in der Erinnerung lebenden Chronisten wider als die des historischen Augenblicks. Zu jener Zeit hatte Gandhi wahrscheinlich wenig Gelegenheit zu solch ruhigem, beschaulichem Nachdenken. Er versuchte, eine Katastrophe zu verhindern, indem er schrieb, telegraphierte und sogar ein Telefongespräch mit General Smuts führte, in der Absicht, ihn davon zu überzeugen, daß als Gegenleistung für die Abschaffung der Drei-Pfund-Steuer die Bergleute an ihre Arbeit zurückkehren würden, und mit dem Versprechen, ihm die Last der Satyagraha-Kampagne von den Schultern zu nehmen. Doch während die Europäer sich ihrerseits entlang der Marschroute von allen möglichen Gewalttätigkeiten zurückhielten und gegenüber den Friedensmarschierern sogar freundlich und hilfsbereit zeigten, und dies selbst angesichts all der Belästigung, die ein solcher Marsch für sie nun einmal mit sich bringen mußte, bestand die Regierung darauf, die Angelegenheit mit Polizeimaßnahmen zu Ende zu bringen. Gandhi wurde dreimal in Haft genommen, jedesmal, wie er trocken bemerkte, von einem Beamten mit höherem Rang. Zweimal kam er gegen Kaution wieder frei und kehrte an die Spitze der vorwärts mar-

schierenden Kolonne zurück. Doch schließlich erschien der Leiter der Einwanderungsbehörde von Transvaal in eigener Person, um ihn zu verhaften. Gandhi wollte noch letzte Anweisungen hinterlassen, doch der Beamte untersagte ihm, Reden zu halten. Rückblickend bemerkte der Mahatma dazu:

»Der Beamte wußte, daß ich im Augenblick durchaus Herr der Situation war, der sich für unsere gewaltlose Haltung verbürgen konnte, während er in diesem desolaten Buschland ganz allein zweitausend Indern gegenüberstand. Ebensogut wußte er, daß ich mich von ihm widerspruchslos festnehmen lassen würde, selbst wenn er mir eine schriftliche Order, mich vorzuführen, überreicht hätte. Nach Lage der Dinge also war es kaum notwendig, mich eindringlich daran zu erinnern, daß ich ein Gefangener war.«[96]

Es wurde nun geplant, daß sich der »Pilgerzug« in Richtung der Tolstoj-Farm in Bewegung setzen sollte (ein Marsch von weiteren acht Tagen), daß man sich dort zu landwirtschaftlicher Arbeit niederlassen und Lehmhütten bauen würde, bevor die Regenzeit einsetzte. Doch in Balfour, nahe Johannesburg, warteten bereits drei Eisenbahnzüge auf die Marschierer, und in Gandhis Abwesenheit war es Mr. Polak überlassen, sie dazu zu überreden, sich ohne Widerstand in die Waggons verfrachten zu lassen. Um das wenigste zu sagen, die Metaphorik im folgenden Auszug wirkt recht zusammenhanglos:

»Es würde Soldaten schlecht anstehen zu verlangen, daß sie sich ihre Befehlshaber selbst wählen, oder darauf zu bestehen, daß sie nur einem einzigen von ihnen Gehorsam leisten wollen . . . Gefängnis war ohnehin das Ziel der Pilger, und sie sollten die Handlungsweise der Regierung würdigen, als diese sich bereit zeigte, sie unter Arrest zu stellen.«[97]

Die mangelnde Bereitwilligkeit der Arbeiter erwies sich als nur allzu gerechtfertigt. Die Regierung hatte in der Zwischenzeit das Gelände der Bergwerksgesellschaft in Newcastle in Konzentrationslager umgewandelt (ein Begriff, der zum ersten Mal während des Burenkrieges aufkam) und die europäischen Angestellten zu Wachmannschaften ernannt. Dieser (brutal ausgeführte) Versuch, dem gewaltlosen Erfindungsreichtum der Satyagrahi mit den Methoden staatlich sanktionierter Sklaverei zu begegnen, war nur ein weiteres Beispiel der oft beobachteten Tatsache, daß eine Regierung, die durch gewaltlose Opposition die Nerven verliert, unabsichtlich ihren Gegnern in die Hände spielt, denn über Nacht machte sie die »südafrikanische Frage« zum brennendsten Thema des Tages sowohl in Indien wie im gesamten Empire. In anderen Gebieten Natals brachen Streiks aus, und die darauf erfolgenden brutalen Polizeiaktionen verwickelten die Regierung nur immer tiefer und tiefer in eine Situation, in der jede weitere Eskalation staatlicher Gewalttätigkeit nur eine anschauliche Rechtfertigung von Zielen und Methoden der Satyagrahi zum Ergebnis haben konnte.

Das Ende entsprach, gleich dem Beginn, in allem der Methode Gandhis – oder vielmehr, modo negativo, in dem scheinbaren Fehlen dieses Elements. Die Regierung berief eine Kommission ein. Da in der Kommission keine Inder vertreten waren, wurde sie von den Satyagrahi boykottiert, die sogar Pläne für einen neuen Marsch auszuarbeiten begannen, der unmittelbar nach Gandhis Entlassung durchgeführt werden sollte. Doch unvermutet traten nun auch die Angestellten der Eisenbahngesellschaften in der gesamten Südafrikanischen Union aus Gründen, die ausschließlich sie selbst betrafen, in einen Streik ein, dessen Ausmaß und dessen mögliche Weiterungen so schwerwiegend waren, daß die Regierung das Land unter Kriegsrecht stellen mußte. Wenn die Eisenbahnarbeiter, in Wahrnehmung der günstigen Gelegenheit, absichtlich die mißliche Lage der Regierung auszunutzen gedachten, dann wollten die Satyagrahi hier nicht mitziehen: Gandhi unterrichtete Smuts, daß er seine Kampagne aussetzen wolle, bis es der Regierung gelungen sei, ihre Probleme an der anderen Front zu bereinigen – eine Entscheidung, die ebenso großmütig wie weise war, wenn auch aus keinem anderen Grund als dem, daß Satyagraha den Mittelpunkt der Szene unbedingt für sich allein beanspruchen mußte. Der Bericht der Kommission war, insgesamt gesehen, sehr günstig für die Sache der Inder, und die nachfolgende Debatte im Parlament der Union über eine vorgelegte »Indian Relief Bill« war »lang und verlief angenehm«, zweifellos weitgehend wegen des guten Eindrucks, den der friedliche Marsch in der Öffentlichkeit gemacht hatte. Entsprechend Gandhis zusammenfassendem Bericht erklärte ein Absatz des Gesetzes solche Ehen für gültig (obwohl auch nur *eine* pro Mann), die auch in Indien als gesetzlich anerkannt würden. In einem abschließenden Brief an General Smuts trifft Gandhi die Feststellung:

»Wie Ihnen bekannt sein wird, sind einige meiner Landsleute ... unzufrieden darüber, daß die Gesetze ... nicht in einem Umfang geändert wurden, der ihnen die uneingeschränkten Rechte der freien Wahl des Wohnortes, des Besitzes an Grund und Boden (ebenso wie) der Bewegungsfreiheit im grenzüberschreitenden Verkehr zwischen den Provinzen garantiert ... Sie haben mich darum ersucht, all die obengenannten Punkte in den Katalog der Forderungen des Satyagraha-Kampfes aufzunehmen. Ich habe mich außerstande gesehen, ihren Wünschen nachzukommen ... Ich möchte der Hoffnung Ausdruck geben, daß die Europäer Südafrikas die Tatsache zu würdigen wissen werden, daß jetzt, da die Importierung von Kontraktarbeitern aus Indien verboten ist und die »Immigrants Regulation Act« vom Vorjahr die weitere freizügige Einwanderung aus Indien in der Praxis nahezu völlig zum Stillstand gebracht hat, und fernerhin auf den Umstand hingewiesen werden kann, daß meine Landsleute keinerlei politische Ambitionen zu befriedigen gedenken – daß jetzt sie, die Europäer, durchaus die Billigkeit und in der Tat auch die Notwendigkeit erkennen werden, daß meinen Landsleuten die Rechte, auf die ich oben Bezug genommen habe, zuerkannt werden.«[98]

Im Juli 1914 verließ Gandhi Südafrika endgültig. Dort hatte er einundzwanzig »süße und bittere« Jahre verbracht, in denen ihm die »Berufung seines Lebens« zum Bewußtsein gekommen war. Im Endeffekt erwiesen sich seine Kampagnen als nichts weiter denn als Scharmützel in einem Krieg, den die Inder in Südafrika bis auf diesen Tag verloren haben. Dennoch findet sich die halsstarrige Regierung Südafrikas heute aus dem Empire ausgeschlossen; und, wie Gandhi ein halbes Jahr nach seiner Rückkehr nach Indien schrieb,

»Wir fochten, um die Theorie der britischen Verfassung zu halten, damit die Praxis ihr eines Tages so nahekommen möchte, wie dies nur möglich ist ... Passiver Widerstand ... erweist sich zum gegenwärtigen Zeitpunkt nicht als das geeignete Mittel, da seine Anwendung auf Mißstände beschränkt sein sollte, die in einer Gemeinschaft allgemein als untragbar empfunden werden und von denen man weiß, daß sie ihre Selbstachtung oder ihr Gewissen beleidigen und verletzen ... Unsere Unzufriedenheit ... kann jeden Tag dieses Stadium erreichen ... Bis es soweit kommt, können nur die allgemein üblichen Hilfsmittel wie Eingaben etc. zur

Anwendung kommen und werden gegenwärtig auch einzig angewandt.«[99]

Gandhi hatte schließlich Erfolg, innerhalb des ersten halben Jahres seiner Rückkehr nach Indien, indem er der Praxis der Kontraktarbeit ein für allemal ein Ende setzte – überall.

4. Das Manifest

Wir haben bisher einige der Hauptkomponenten jenes Instrumentes beschrieben, das Gandhi in Südafrika schmiedete. Seine weitere Anwendbarkeit sollte sich in den kommenden Jahren abzeichnen. Ähnlich erging es den Gedanken, die Gandhi in jener Periode formulierte und die, in der gedrängten Form eines knappen Manifestes, die Aufmerksamkeit Indiens wie der Welt nur allmählich auf sich ziehen konnten.

Im Jahre 1909, während seiner Rückkehr von einer überaus entmutigenden Reise nach England, wo er die Erkenntnis gewonnen hatte, daß die Regierung des britischen Weltreiches zur einen Hälfte hilflos und zur anderen Hälfte nicht gewillt war, die Selbstachtung des Inders, weder in Südafrika noch in Indien selbst, zu stärken und zu festigen, schrieb Gandhi *Hind Swaraj or Indian Home Rule*[100], ein für einen Mann des Friedens ziemlich aufrührerisches Manifest. Auf einem Ozeandampfer in weniger als einer Woche niedergeschrieben, steckte er das Terrain für eine Führerschaft ab, deren Anspruch sich von äußerst persönlichen Anliegen und lokalen Belangen auf Angelegenheiten erstreckte, die bis an die Grenzen Indiens reichten. Das Motto lautet »Home Rule« ist gleich Selbstregierung, und Selbstregierung ist gleich Selbstkontrolle. Nur derjenige, der Herr seiner selbst ist, kann Herr im eigenen Haus sein, und nur ein Volk, das die Herrschaft über sich selbst erwirbt, kann Achtung gebieten und Freiheit gewinnen. Die Arbeit ist in Frage-und-Antwort-Form geschrieben, wobei der Fragende ein »Leser« und der Antwortende ein »Herausgeber« ist und das ganze Buch im Aufbau vage an einen Sokratischen Dialog erinnert; und in der Tat ist Platons Bericht über den Tod des Sokrates eines der Werke, die in der Bibliographie aufgeführt sind, zusammen mit sechs Büchern Tolstojs und jeweils zweien von Thoreau und Ruskin. Der »Leser« ist offensichtlich eine Mischung all jener jungen Inder, denen Gandhi gerade erst in London begegnet war und die er so begierig gefunden hatte, sich westlicher Methoden des emanzipatorischen Kampfes zu bedienen, einschließlich des Terrorismus, der zumindest in der britischen Presse mit Tilaks Form des Nationalismus identifiziert wurde. In *Hind Swaraj* indessen erwähnt Gandhi Tilak nur in einer Anspielung als »einen der besten Söhne Indiens, der jetzt in der Verbannung lebt«. Es verhält sich in der Tat so, daß Gandhi die Fragen seines »Lesers« vor allem dazu benutzt, sich eine Gelegenheit zu verschaffen, die Führer Indiens – einen nach dem anderen – vernichtend zu kritisieren.

Er vermeidet natürlich jede Kritik »von oben herab«: jeder Führer wird als eine unerläßlich notwendige Stufe in der Geschichte dargestellt, die jedoch überwunden werden muß.

Zum Beispiel Gokhale:

»Wir wissen sehr wohl, daß diejenigen, die unzufrieden mit der Langsamkeit ihrer Eltern sind und ärgerlich über ihr Unvermögen, mit ihren Kindern Schritt zu halten, von ihren Eltern für respektlos angesehen werden. Gokhale vertritt für uns die Stellung dieser Eltern. Was bedeutet es schon, wenn er nicht mit uns Schritt halten kann? . . . Seine Ergebenheit gegenüber seinem Mutterland ist so groß, daß er, wäre es notwendig, sein Leben dafür hingeben würde. Was immer er ausspricht, ist nicht gesagt worden, um irgend jemandem zu schmeicheln, sondern weil er es für die Wahrheit hält. Wir sind daher verpflichtet, ihm unsere höchste Achtung zu zollen.

Leser: Soll dies heißen, daß wir ihm in jeder Hinsicht folgen müssen?

Herausgeber: Das habe ich niemals behauptet.«

Oder nehmen wir den gesamten Kongreß:

». . . der Kongreß gab uns einen Vorgeschmack der Selbstregierung. Ihm dieses Verdienst abzusprechen, ist nicht gerechtfertigt, und würden wir dies tun, so wären wir nicht nur undankbar, sondern wir würden die Verwirklichung unserer Sache damit nur verzögern. Den Kongreß wie eine Institution zu behandeln, die unserem Wachstum als Nation hinderlich ist, würde uns außerstande setzen, von dieser Körperschaft Gebrauch zu machen.«[101]

Dennoch scheint die Gestalt Tilaks ihren Schatten über dieses gesamte Panorama der Führerschaft zu werfen; tatsächlich war Tilak der erste, der die Autonomie zu einer nationalen Parole gemacht hatte (»Swaraj ist mein Geburtsrecht; und ich werde es mir nehmen!«), und Gandhi übernimmt sie hier nur (wie er es lebenslang mit den Gedanken anderer gemacht hat), um sie umzuwandeln. Indem er dies unternimmt, scheut er nicht davor zurück, ähnliche Töne wie Tilak anzuschlagen:

»Wir werden Tag für Tag geschwächt, was wir einzig der Anwesenheit der Engländer verdanken. Unsere Größe ist verloren; unsere Menschen sehen aus, als seien sie zutiefst verschreckt. Die Engländer in unserem Land sind wie ein böser Gifthauch, von dem wir uns mit allen Mitteln frei machen müssen.« [102]

Ebensowenig empfindet er Hemmungen dabei, zu einer Art mystischem Nationalismus aufzurufen, der geeignet sein könnte, das Moment des emotionalen Erfolges, den Tilak für sich verbuchen konnte, in eine gewaltlose Bewegung aufzunehmen und für sie nutzbar zu machen. All dies führt am Ende auf eine Schlußfolgerung: jeder indische Führer, ihn selbst ausgenommen, ist bestrebt, Indien durch unindische Methoden die Freiheit zu geben, und dies um einer unindischen Zukunft willen:

»... wir wollen die englische Herrschaftsform ohne den Engländer. Du willst die Natur des Tigers, aber nicht den Tiger selbst; das heißt also, daß du Indien englisch machen willst. Und wenn es schließlich englisch wird, wird man es nicht Hindustan, sondern *Englistan* nennen. Das ist nicht die Art Swaraj, die ich will.«[103]

Es folgen schwungvolle Verunglimpfungen des britischen Parlaments und der »freien Presse«, der Zivilisation im allgemeinen und der Eisenbahnen im besonderen, der Rechtsanwälte und Doktoren, von denen durchweg erklärt wird, daß sie das indische Volk prostituieren, infizieren, schwächen und arm machen, das einst, in glänzender Vorzeit, unter der Autonomie gelebt habe:

»Es war durchaus nicht so, daß wir nicht gewußt hätten, wie man Maschinen erfindet, sondern unsere Vorväter wußten sehr wohl, daß wir zu Sklaven würden und unseres sittlichen Charakters verlustig gingen, wenn wir unsere Herzen an solche Dinge hängen wollten. Sie entschieden daher in wohlbedachtem Ratschluß, daß wir nur tun sollten, was wir mit der Kraft unserer Hände und Füße vermögen. Sie erkannten, daß unsere wahre Glückseligkeit und Gesundheit in dem richtigen Gebrauch besteht, den wir von unseren Händen und Füßen machen. Sie erkannten ferner, daß große Städte nichts als Fallstricke und eine nutzlose Last sind, in der die Menschen nicht glücklich sein würden, daß es dort Banden von Räubern und Dieben, Prostitution und wucherndes Laster geben müsse und daß dort der arme Mann vom reichen Mann ausgeplündert würde. Sie waren es zufrieden, daß es nur kleine Dörfer gab.«[104]

»Prostitution« ist ein Wort, von dem in diesem Dokument sehr häufig Gebrauch gemacht wird, und seine klinische Beurteilung kann schwerlich die Tatsache übersehen, daß Gandhi zu dieser Zeit wieder einmal gerade erst aus der Metropole der Versuchung heimgekehrt war. Jedenfalls scheint ihn eine recht sonderbare Geistesverfassung dazu geführt zu haben, ein Dokument mit derartig irrationalen Ober- und Zwischentönen zu schreiben, daß es sehr wohl dazu dienen kann, Spuren der Konflikte Moniyas und Mohans im ideologischen Stil des Mannes sichtbar zu machen. Es gibt jedenfalls zwei Passagen in *Hind Swaraj*, die einem kritischen Leser unmittelbar in die Augen fallen müssen, der sensitiv genug ist, Einbrüchen des Irrationalen in einem intellektuellen oder ideologischen Argumentationszusammenhang auf die Spur zu kommen. Einer dieser Abschnitte gebraucht das Wort »Mutter«, der zweite das Wort »Vater«, und beide Male in abwertendem Sinne. Das britische Parlament zum Beispiel wird zunächst als die Mutter des Parlamentarismus überhaupt bezeichnet und sodann als nichts Besseres denn eine Prostituierte oder anderweitig »sterile Frau« verhöhnt. Bei dem Versuch, einen solchen Vergleich zu rechtfertigen, gebraucht der Verfasser recht sonderbare Metaphern. Das Parlament, so sagt er, ist wie eine Prostituierte – »unter der Kontrolle von Ministern, die von Zeit zu Zeit einander ablösen«. Das Wort »unter« taucht immer und immer wieder auf, und aller Wahrscheinlichkeit nach verdankt sich die Frequenz seines Auftretens keinem bewußten Wortwitz: »Heute ist es unter Mr. Asquith, morgen unter Mr. Balfour, und am Tag darauf wird es wieder jemand anderes sein.« Statt also »ständig nur unter einem Herrn zu sein«, wird das Parlament von einer Reihe von Premierministern benutzt, die diese Institution für ihre Zwecke ausbeuten, ohne sie fruchtbar zu machen, mit dem Ergebnis, daß »ihr Geschäftsgang keine Stetigkeit besitzt, sie vielmehr wie eine Prostituierte herumgestoßen wird«[105].

Man kann sich dem Eindruck nicht entziehen, daß die gesamte hier evozierte Bildersprache Phantasien von der Art in sich birgt, wie sie gewöhnlich in Träumen durchbrechen, und man fragt sich, ob nicht die Seereise diesen eigentümlichen Bewußtseinszustand im Schreibenden hervorgebracht hat. Auf jeden Fall beschäftigt sich die Phantasie hier mit einer Mutter, der man einst vertraute, die von vielen als »die Mutter von uns allen« verehrt wurde, sich dann indessen selbst erniedrigte, indem sie sich gebrauchen und »herumstoßen« ließ. Und wenn dieser Ausbruch »Mutter« und »Prostituierte« in einem Bild zusammenbringt, so verbindet wenige Seiten später eine ähnlich überraschende Passage das Wort »Vater« mit »Dieb«. Gandhi legt seinem imaginären Fragesteller die Frage in den Mund, wie man gewaltlos mit einem Dieb umgehen solle, auf den man im eigenen Hause trifft. Er antwortet:

»Ich stimme mit dir nicht darin überein, daß der Dieb mit allen Mitteln aus dem Hause getrieben werden müsse. Wenn es sich um meinen Vater handelt, der gekommen ist, um zu stehlen, dann werde ich ihm mit einem Mittel besonderer Art begegnen. Handelt es sich um einen Bekannten, so werde ich von einem anderen Gebrauch machen. Und im Falle von völlig Fremden werde ich ein drittes verwenden. Wenn es ein weißer Mann ist, dann wirst du vielleicht sagen, daß du Mittel gebrauchen würdest, die sich von denen unterscheiden, die du im Falle eines indischen Diebes anwenden würdest. Handelt es sich um einen Schwächling, werden sich die Mittel von denjenigen unterscheiden, die du gegen denjenigen gebrauchen würdest, der dir an Körperkraft gleich ist; und wenn der Dieb bis an die Zähne bewaffnet ist, dann werde ich mich einfach ganz still verhalten. Demnach gibt es also eine Verschiedenheit von Mitteln, die gegen den Vater und gegen den bewaffneten Mann zur Anwendung kommen müssen.«

Zunächst also scheint der Vater nur ein ganz zufällig gewähltes Beispiel zu sein, oder vielmehr eine Gestalt, die den größten Kontrast zu einem voll bewaffneten Mann zum Ausdruck bringt. Doch Gandhi verstrickt sich tiefer und tiefer in etwas, das sich nachgerade wie ein Tagtraum zu lesen beginnt:

»Ich stelle mir wiederum vor, daß ich zu schlafen vorgebe, ob es sich nun bei dem Dieb um meinen Vater handelt oder um jenen waffenstarrenden Mann. Der Grund dafür ist der, daß ja auch mein Vater bewaffnet wäre und ich mich der Stärke, über die beide verfügen, zu unterwerfen hätte und es zulassen müßte, daß meine Dinge gestohlen werden. Die Stärke meines Vaters würde mich weinen machen vor Mitleid; die Stärke des bewaffneten

Mannes würde Zorn in mir erregen, und wir müßten zu Feinden werden. Das wäre hier das Eigenartige der Situation. Aus diesen Beispielen könnte hervorgehen, daß wir hinsichtlich des Mittels nicht übereinzustimmen vermöchten, welches in jedem der einzelnen Fälle angewendet werden sollte.«[106]
Der Satz »Die Stärke meines Vaters würde mich weinen machen vor Mitleid« muß hier ganz besonders mysteriös erscheinen; und nicht weniger mystifizierend ist die Erwähnung der Methode, deren Anwendung gegen den Räuber Gandhi nach geschehener Tat empfiehlt.
»Statt Zorn gegen ihn zu empfinden, fühlst du Mitleid mit ihm. Du sagst dir, daß seine Gewohnheit zu stehlen eine Krankheit sein müsse, von der er befallen ist. Demgemäß wirst du hinfort deine Türen und Fenster offenhalten, deine Schlafstelle wechseln und deine Sachen in einer Weise auslegen, daß er leicht Zugang zu ihnen hat. Der Räuber kommt wieder und ist verwirrt, weil all dies ihm vollkommen neu sein muß; nichtsdestoweniger nimmt er dir deine Sachen. Doch sein Geist ist aufgewühlt. Er fragt im Dorf nach dir, er erfährt von deinem weiten und liebevollen Herzen, er bereut, er bittet dich um Verzeihung, bringt dir deine Sachen zurück und bricht fortan mit der Gewohnheit zu stehlen. Er wird dein Diener, und du findest für ihn eine ehrenvolle Beschäftigung. Dies ist die zweite Methode.«[107]
Dies ist demzufolge die Antwort auf die Frage, was ein Satyagrahi zu tun habe, wenn er beraubt wird; doch man wird zugeben, daß der Weg von der Frage zur Antwort in der Tat umschweifig genug ist, indem die Figur des Vaters ins Spiel gebracht wird, obwohl sie das Argument in keiner Beziehung voranbringt. Dies dient wieder einmal der Unterscheidung der Tatsache, daß in Gandhis Vorstellungswelt Vater, Sohn und Diebstahl in einem während seines ganzen Lebens anklingenden Motiv ineinander verschränkt sind, wie wir dies in einer seiner wichtigsten Kindheitserinnerungen erkennen konnten – in dem gegenüber seinem Vater abgelegten Geständnis eines Diebstahls – und wie wir ihm erneut auf der Höhe der Ereignisse von Ahmedabad wiederbegegnen werden, wenn Gandhi seinem jüngsten Sohn von einem analogen Traum berichtet. In einem psycho-historischen Kontext scheint es wichtig zu sein, sich an das Diktum zu halten, daß eine derartige Wiederkehr oder ein solches Einbrechen der Vergangenheit in die Gegenwart stets von zwei Fakto-

ren abhängig ist, und zwar zum einen von der ungebrochenen Aktualität dieser Vergangenheit (in diesem Fall dem Vater-Sohn-Dieb-Motiv) und ferner von einem »etwas« in der gegenwärtigen Wirklichkeit, das jene Vergangenheit »buchstäblich heraufruft« zu einer echten Konvergenz infantiler Motive mit solchen des Erwachsenenlebens. Die Konvergenz besteht hier, wie ich glaube, in der sich abzeichnenden Möglichkeit, die politische Macht zu usurpieren, die einen Mann von Angesicht zu Angesicht jenen gegenüberstellt, die er kaltzustellen, zu ersetzen und in der Wirklichkeit der Existenz als Erwachsener zu überbieten hat, und vermittels deren in ihm daher die Bilderwelt wiederaufleben muß, die die ersten Machtkämpfe des Kindes begleiteten – nämlich diejenigen mit Mutter und Vater –, sowie ferner die daraus sich ergebende Identifizierung mit der einen oder dem anderen oder mit beiden. In des Mahatma Wiedergabe seines Kindheitsgeständnisses erkannten wir eine Tendenz, sich dem Vater geistig überlegen zu zeigen, dem er ganz offen in einer Demutshaltung gegenübertrat; und wir haben bereits angedeutet, daß Mohan, um den nötigen Mut aufbringen zu können, seinen Vater, den Premierminister, zu übertreffen, danach streben mußte, eine neuartige Führerschaft in sich hervorzubringen, in der die Identifikation sowohl mit dem Vater wie mit der Mutter ineins zusammenfällt. Die Bildlichkeit, die in *Hind Swaraj* bemüht wird, legt nachdrücklich die vollzogene Abwendung von allen männlichen Vorbildern nahe: neben der wohlmeinenden Kritik indischer Führer als immerhin respektablen Überresten des Vergangenen findet sich die wesentlich reizbarere Kritik bestimmter Berufe, wie solchen von Ministerpräsidenten, Rechtsanwälten und Doktoren (und hier bestätigt Gandhi wiederum, daß er einst selbst den Wunsch gehabt hatte, Arzt zu werden).
Doch es gibt noch einen anderen Aspekt; wie Gandhi später in einem Brief an Maganlal Gandhi schrieb: »Seelenadel besteht in der Erkenntnis, daß Du selbst Indien bist. Deine Emanzipation ist die Emanzipation Indiens. Alles andere ist Gerede.«[108] Man muß demnach zu der Einsicht kommen, daß eine Bildlichkeit, die die Mutter des Parlamentarismus als eine Prostituierte in der Dienstbarkeit einander ablösender Premierminister hinstellt, nicht nur von jenen infantilen Gefühlen Zeugnis ablegt, in denen er die Mutter zugleich als das sexuelle Opfer wie als Mitverschworene seines mehrfach verheirateten Vaters erlebte; ebenso-

sehr spricht er von der inneren und äußeren Verfassung all der Söhne eines kolonisierten Landes. Denn offensichtlich wird hier eine naheliegende Vermutung ausgesprochen: wenn die englische Regierung das Parlament zu prostituieren vermag – den Wächter des englischen Konstitutionalismus –, was wird sie dann erst Indien antun? Daher mobilisiert das Bild der Mutter Indien, der immer wieder nachrückenden, wechselnden Eindringlingen zum Opfer Gefallenen, ihrer Reichtümer und Schätze – unter dem Vorwand, ihr die »Zivilisation« zu bringen –, Beraubten und Ausgebeuteten, nicht nur die emotionalen Reserven des Führers, sondern zugleich etwas im emotionalen Kern der ruhelosen Massen wie gleichermaßen der rebellischen Eliten. Gandhi zieht diesen Vergleich mit aller Deutlichkeit:

»Wenn dies so verstanden und gläubig aufgenommen wird, muß es die Pflicht eines jeden sein, der Indien liebt, an der alten indischen Zivilisation festzuhalten, wie ein Kind sich an die Mutterbrust klammert.«[109]

Im Vorbeigehen sollte man nicht unerwähnt lassen, daß eine derartige sexuelle Bildlichkeit keineswegs eine Besonderheit bei Gandhi allein ist: sie bricht ebenso bei anderen Nationalisten hervor, wenngleich jeweils seiner Ideologie und seinem Führungsstil ebenso wie seiner Persönlichkeit entsprechend. Tilak zum Beispiel hob, wie nicht anders zu erwarten ist, gewöhnlich den mannhaften Stolz und die Vorrechte der Hindus hervor. Daher konnte er, als leidenschaftlicher Gegner jeder Art von Gesetzgebung, die das heiratsfähige Alter der Hindu-Mädchen heraufzusetzen trachtete, so daß viele von ihnen auch weiterhin in sehr frühem Alter zu Opfern rücksichtsloser sexueller Ausbeutung gemacht werden durften, mit Emphase ausrufen:

»... sie veröffentlichen eine Verlautbarung, in der unser ganzes Land verdammt wird, nur weil einige wenige Beispiele für an kleinen Mädchen begangene Vergewaltigungen bekanntgeworden sind, und sie fordern uns auf, eine Eingabe an die Regierung zu machen, damit das Gesetz geändert werde. Welchen besseren Beweis gibt es noch für unsere Entmannung?«[110]

In dem Bestreben, die Prärogativen des Hindu-Mannes zu erhalten, gibt er dem seine volle Zustimmung, was er »Gewohnheitsrecht« nennt,

»denn danach findet der Geschlechtsverkehr erst in derselben Nacht statt, in der sie ihre erste Menstruation hat, und nachdem das *homa*-Opfer dargebracht worden ist. Diese Sitte ist mindestens 2500 Jahre lang, seit dem Zeitalter des *Sutra*, praktiziert worden.«

Der zivilisierte Gokhale dagegen gestattete zumindest einmal einem sexuellen Thema von propagandistischem Wert, ihn aus seiner sonst durchaus verläßlichen Zurückhaltung zu reißen. Nachdem ihm im Jahre 1897 das offizielle London bescheinigt hatte, daß es in ihm einen wahrhaften indischen Gentleman gefunden habe, war er plötzlich nicht davon abzubringen, daß zwei indische Frauen Selbstmord begangen hätten, nachdem sie von englischen Soldaten mißbraucht worden seien. Dies scheint an sich nichts Ungewöhnliches gewesen zu sein; wohl aber war es seine Reaktion auf die Tatsache, daß man ihm nachweisen konnte, daß (jedenfalls in diesem Falle) seine Anschuldigung unzutreffend sei, und er sich daher gezwungen fühlte, sich zu entschuldigen. Nichts vermochte ihn in den Augen der Anhängerschaft Tilaks mehr zu erniedrigen als diese Entschuldigung. Wolpert berichtet darüber:

»Er fiel in tiefe Depression und gestand kurz nach seiner Heimkehr, daß ›nicht weit zurückliegende Ereignisse . . . mich so aus der Fassung gebracht haben, daß meine Verstandeskräfte zum gegenwärtigen Zeitpunkt davon nicht unbeeinträchtigt geblieben sind‹.«[111]

Die einzige Schlußfolgerung hieraus ist, daß sowohl seine Behauptung wie die folgende Entschuldigung ebenso persönliche wie politische Bedeutung hatte.

Es gibt demgemäß eine offenbar sehr enge und oft qualvolle Verbindung zwischen den traditionellen, den persönlichen und den infantilen Bedeutungen der propagandistischen Bildersprache eines Mannes und ihrer Resonanz in der Öffentlichkeit. Eine Leidenschaft, die Reinheit der Mütter gegen lüsterne Eindringlinge aus dem Ausland wie dem Inland zu verteidigen, mag eine emotionale Vorbedingung für viele zukünftige Befreier gewesen sein (von Bolivar bis Hitler). Doch Zeit und Ort, die Macht und die Methode des Befreiertums verlangen einen geschärften Sinn für Wirklichkeiten, und vor allem die simultane Mobilisierung der emotionalen Reserven des Führers nicht weniger als der Geführten. Und womit Gandhi einsetzte, sowohl persönlich als auch propagandistisch, war der Ehrgeiz, ein gereinigtes Indien zu personifizieren und mit den Mitteln von Satyagraha alle diebischen

Ministerpräsidenten zu überwinden – ohne daß er, wie wir hinzufügen müssen, jemals versucht hätte, sie in all ihrer so definierten Autorität zu ersetzen. Gleich anderen charismatischen Führern seiner Zeit, die es – im Gegensatz zu Napoleon – vermieden, die Rolle entweder von Königen oder von Präsidenten zu usurpieren, wäre ein Gandhi an der Macht nie durch den Pomp einer traditionellen Amtswürde vom Volk getrennt gewesen. Mehr noch: Gandhi bestand darauf, die Mission, sein Land zu befreien, erst nach der Erfüllung einer Reihe von Ansprüchen, die er an sich selbst stellte, anzunehmen, worin seine einzigartige Verbindung von politischer Führerschaft mit Selbstlosigkeit und sogar Geschlechtslosigkeit zum Ausdruck kommt. Wie er auf der »Kildonan Castle« schrieb:

»Wenn zwei Ehegatten ihre Leidenschaften befriedigen, dann ist dies, auch unter solchen Voraussetzungen, nichts anderes als animalische Begierde. Eine solche Befriedigung ist, ausgenommen sie diente dem Fortbestand der Gattung, streng verboten. Wer sich dem passiven Widerstand verschrieben hat, muß sich selbst ein auf diese seltene Gelegenheit beschränktes Nachgeben gegenüber seiner Begierde verbieten, denn er kann nicht den Wunsch haben, sich fortzupflanzen . . .

Nach reichen Erfahrungen, die ich gemacht habe, scheint es mir, daß diejenigen, die Kämpfer des passiven Widerstandes im Dienste ihres Landes werden wollen, vollkommene Keuschheit beachten, in Armut leben, der Wahrheit folgen und sich zur Furchtlosigkeit erziehen müssen. Wahre Selbstregierung ist nur möglich, wo passiver Widerstand die einzige Kraft ist, die das Volk in allem leitet. Jede andere Herrschaft ist Fremdherrschaft.«[112]

Unglücklicherweise (wie manche glauben) ging Gandhis militante Schwenkung von englischen hinüber zu indischen Idealen mit einer alles hinwegfegenden Verdammung des Maschinenzeitalters einher. Er beschließt ein Kapitel mit den Worten:

»In unserer eigenen Zivilisation wird es natürlich Fortschritt, Rückgang, Reform und Reaktion geben; aber eine Anstrengung ist unabdingbares Erfordernis, und das ist die Austreibung westlicher Zivilisation. Alles andere ergibt sich von selber.«

Und ein anderes Kapitel beginnt:

»Die Maschinen haben begonnen, Europa zu verwüsten. Der Ruin klopft bereits an die Tore Englands. Maschinen sind das vorherrschende Symbol der modernen Zivilisation; ich bin überzeugt, daß sie eine große Sünde darstellen.«[113]

Und da wir nun kurz davor stehen, Gandhi auf seinem Weg in die Stadt der Textilfabriken, Ahmedabad, zu folgen, müssen wir der hieran anknüpfenden programmatischen Erklärung unsere besondere Aufmerksamkeit schenken:

»Wir können die Besitzer der Textilfabriken nicht verdammen; wir können sie nur bemitleiden. Es wäre zuviel, von ihnen zu erwarten, ihre Fabriken aufzugeben, aber wir können sie anflehen, sie nicht zu erweitern. Sie sind in der Lage, in Tausenden von Haushalten die heiligen Handwebstühle aus früher Zeit wieder einzuführen, und sie könnten das Tuch aufkaufen, das nach alter Art gewebt wird. Ob die Fabrikbesitzer dazu bereit sind oder nicht, das Volk könnte auch seinerseits davon abgehen, maschinell gefertigte Waren zu verwenden.«[114]

Doch gerade heute, angesichts des Atomzeitalters, auf dessen Schwelle wir stehen, muß Gandhis scheinbar naive Beschreibung des Menschen als des bewaffneten Tieres mit neuer Sorgfalt gelesen werden:

»Wenn Menschen in früheren Tagen miteinander kämpfen wollten, maßen sie ihre Körperkraft aneinander; heute ist es möglich, daß ein einzelner Mann, der von einem Hügel aus eine Kanone bedient, Tausende von Menschen hinwegraffen kann. Unsere Probleme sind von uns selbst geschaffen worden. Dem Fortbewegungsdrang des Menschen setzte Gott in der Konstruktion des menschlichen Körpers natürliche Grenzen. Der Mensch ging unverzüglich daran, Mittel zu erfinden, diese Grenzen zu überschreiten. Was aber glaubst du? Was erfordert wirklichen Mut – daß man andere, hinter einer Kanone postiert, in Stücke zerfetzen kann oder daß man lächelnden Gesichts auf eine Kanone zugeht und sich in Stücke zerfetzen läßt? Wer ist der wahre Krieger – derjenige, dem der Tod stets wie ein naher Freund ist, oder derjenige, der die Macht und Entscheidung über den Tod anderer Menschen hat? Glaubt mir, daß ein Mann, dem es an Mut und Mannhaftigkeit gebricht, niemals ein Kämpfer im passiven Widerstand sein könnte.«[115]

Hier war also der Mann, der darangehen sollte, ein neues »Gewissen des Handelns« zu formulieren oder vielmehr ein sehr altes zu erneuern:

»Kein Mensch kann für sich beanspruchen, absolut im Recht zu sein, oder daß eine bestimmte Sache falsch sei, weil er sie dafür hält, sondern sie ist nur für ihn falsch, solange er sie in freier Entscheidung als unrichtig beurteilt. Es steht demnach fest, daß er nichts tun darf, wovon er weiß, daß es unrecht ist, und daß er für die Folgen einstehen muß, worin immer sie bestehen mögen. Das ist der Schlüssel zur Anwendung der Seelenkraft ... Passiver Widerstand ehrt denjenigen, der von ihm Gebrauch macht, und auch den, gegen den er angewendet wird.«[116]

Zum Schluß eine Botschaft an die Engländer:

»Nur unter der Bedingung, daß unsere Forderungen voll und ganz erfüllt werden, dürft Ihr in Indien bleiben; und wenn Ihr unter diesen Bedingungen hierbleibt, werden wir einiges von Euch lernen und werdet Ihr sehr viel von uns zu lernen haben. Wenn wir es so anfangen, werden wir beide und die ganze Welt Nutzen davon haben. Das kann allerdings nur geschehen, wenn die Wurzel unseres Verhältnisses in religiösen Boden eingesenkt ist ... Wenn es auch nur einen einzigen solchen Inder gibt, wird er so, wie es oben geschrieben steht, zu den Engländern sprechen, und die Engländer werden auf ihn hören müssen.«[117]

III. Teil
Das Ereignis

I. Kapitel
Ein persönliches Wort

Mahatmaji,
Soweit ich es überblicken kann, habe ich dieses Buch jetzt etwa zur Hälfte abgeschlossen, und ich bin genauso begierig wie jeder meiner Leser, Dir nach Indien zu folgen und jenen Zeitraum mit zu durchleben, den meine Zeugen mit Dir geteilt haben. Doch zunächst bleibt noch ein Wort über Deinen zusammenfassenden Bericht für die Periode zu sagen, die wir nun hinter uns lassen. Ich werde meine Kritik in Worte fassen, von denen ich nur hoffen kann, daß ich den Mut gehabt hätte, sie an Dich zu richten, wärest Du noch unter den Lebenden. Meine Rechtfertigung dafür, Dir so nahe zu treten, liegt in der Überzeugung, daß – in einer seltsamen Verkehrung der traditionellen Rollen des Ostens und des Westens – psychoanalytische Einblicke als Komplement zu Deiner Art der Wahrheit dienen können: denn Du bist gegenwärtig ein Vorbild des Aktivismus in unserer Kultur, während westliches Denken eine neue Technik der Introspektion entwickelt hat.
Du hast mir in einem Abschnitt der Autobiographie eine vollkommene Einsatzstelle geboten, die ich jetzt, beim nochmaligen Lesen, *sehr* persönlich nehmen muß. In einem Kapitel mit der Überschrift »Vertraute europäische Kontakte«[1], etwa gegen Mitte Deines Buches, unterbrichst Du Dich plötzlich selbst, wohl weil Du eher einer anderen kritischen Stimme eingedenk bist als Deiner eigenen »inneren Stimme«:
»Was ich hinsichtlich der englischen Freunde, über die zu schreiben ich mich anschicke, erwähnen und was ich auslassen sollte, stellt mich vor ein ernstes Problem. Wenn Dinge, die bedeutsam sind, weggelassen werden, wird die Wahreit getrübt. Und es ist schwer, ohne Zögern die Entscheidung zu treffen, was wichtig ist, solange ich nicht einmal mit Gewißheit sagen kann, ob das Niederschreiben dieses Berichtes überhaupt von Bedeutung ist.
Ich verstehe heute mit größerer Klarheit, was ich vor langer Zeit über die Unangemessenheit aller Autobiographie als Beitrag zur Geschichtsschreibung gelesen habe. Ich weiß, daß ich in diesem Bericht nicht alles zu Papier bringe, woran ich mich erinnere. Wer kann sagen, wieviel ich im Interesse der Wahreit mitteilen

und wieviel ich zurückhalten muß? Und wie würde in einer Gerichtsverhandlung der unzureichende Ex-parte-Beweis bewertet werden, den ich für gewisse Vorkommnisse in meinen Zeilen einzig anzubieten habe?«

Und dann wendest Du Dich an einen imaginären Leser (das ist genau die Stelle, an der ich mich angesprochen fühle):

»Wenn jemand, der sich in alles mischt, mich über die bereits niedergeschriebenen Kapitel einem Kreuzverhör unterziehen wollte, dann könnte er über einiges vielleicht mehr Licht verbreiten; und wenn es sich um ein Kreuzverhör durch einen feindseligen Kritiker handelte, so dürfte er sich sogar schmeicheln [könnte er die Welt zum Lachen bringen, indem er enthüllt] ›die Hohlheit vieler meiner prätentiösen Sprüche‹ dargetan zu haben.«

Doch dieser Ausfall gegen ungebetene Interpreten scheint Dich von tiefwurzelnden Zweifeln gegen Dich selbst nicht entlastet zu haben:

»Ich frage mich daher in diesem Augenblick, ob es nicht angemessener wäre, mit dem Schreiben dieser Kapitel aufzuhören. Aber solange meine innere Stimme kein Verbot dagegen ausspricht, muß ich zu schreiben fortfahren. Ich muß der weisen Maxime folgen, daß nichts, was einmal begonnen ward, aufgegeben werden darf, solange es sich nicht als moralisch verderblich erweist.«

Und dann sagst Du etwas über Deine Methode des Schreibens, was einem Psychoanalytiker unversehens ein Gefühl der Vertrautheit vermittelt, weil es der Methode der »freien Assoziation« ähnlich zu sein scheint, die wir anwenden, um die verdeckten autobiographischen Neigungen unserer Patienten freizusetzen:

»Ich schreibe nieder, wozu mich der Geist treibt, wenn ich mich zum Schreiben hinsetze. Ich behaupte nicht, genau zu wissen, daß all mein bewußtes Denken und Tun vom Geist geleitet ist. Doch bei einer Überprüfung der bedeutsamsten Schritte, die ich in meinem Leben getan habe, und auch jener, die als die unbedeutendsten angesehen werden könnten, wird es wohl nicht allzu unbescheiden oder unangemessen sein, von ihnen zu sagen, daß sie vom Geist geleitet waren.«

Wenn ich nicht einiges davon glaubte, würde ich dieses Buch nicht schreiben können. Aber ich muß jetzt bekennen, daß ich so manches Mal in Deinem Werk (und oftmals auch in der Literatur, die durch Dich inspiriert worden ist) an Abschnitte geraten [auf Passagen gestoßen] bin, die *mich* beinahe an den Punkt gebracht hätten, von dem aus ich nicht mehr imstande gewesen wäre, mit dem Schreiben *dieses* Buches fortzufahren, weil ich gerade in der leidenschaftlichsten Berufung auf die Wahrheit die Gegenwart einer nicht greifbaren Art von Unwahrheit zu verspüren glaubte, von etwas Unreinem, wo alle Worte von etwas Unwirklich-Reinem zu sprechen vorgeben; und vor allem von verdrängter Gewalttätigkeit, wo angeblich Gewaltlosigkeit das einzige Thema sein will.

So weit bin ich Dir durch die Heiterkeit und Einsamkeit Deiner Kindheit gefolgt, und durch die Experimente und Skrupel Deiner Jugend. Ich habe meinen Glauben an Dein unablässiges Streben bekannt, Dich selbst zu vervollkommnen – zu einem Mann, der das Gefühl haben darf, der einzige zu sein, der Indiens Schicksal wenden kann. Du hast experimentiert mit demjenigen, was für Dich abtötende Versuchungen waren, und Du hast Kraft und Geschmeidigkeit aus den Siegen gewonnen, die Du über Dich selbst errungen hast. Deine Identität konnte keine geringere sein als die eines universellen Menschen, wenngleich Du notwendig und vorrangig zu einem Inder werden mußtest – einem solchen, der ein enges Verhältnis zu den Massen hat. Dein Beruf konnte einzig der eines Anwalts für die Massen sein: Dein »Haus« konnte nur eine Herberge für Gläubige werden, Deine Familie nur ein improvisierter religiöser Orden und Deine »Stadt« nur das gesamte Empire, solange es versprach, den Wirt für eine allgemein-menschliche Identität zu spielen.

Aus eben diesen Gründen jedoch weigere ich mich, die Art und Weise zu akzeptieren, in der Du, gewiß halb im Scherz, Deinen Augenblick des Zweifels bewältigst:

»Ich schreibe die Autobiographie nicht, um Kritikern damit ein Vergnügen zu bereiten [sie zu befriedigen]. Sie zu schreiben ist für sich selbst eines der Experimente mit der Wahrheit. Gewiß besteht eines ihrer Anliegen darin, meinen Mitarbeitern etwas Anregung und Stoff zum Nachdenken zu geben. In der Tat habe ich nur ihren Wünschen entsprochen, als ich zu schreiben anfing... Wenn es also nicht richtig war, die Autobiographie zu schreiben, müssen sie ihr Teil an den Vorwürfen tragen.«

Nein, Mahatmaji, Du konntest nicht für die Getreuen allein schreiben. Aber ebensowenig kann ich – wie mir jetzt aufgegangen ist – nur für jene Deine Selbstenthüllungen interpretieren, die bereits mein klinisches Vokabular in sich aufgenommen haben. Meine Aufgabe in diesem Buch besteht darin, die geistige Wahrheit, wie Du sie formuliert und vorgelebt hast, mit der psychologischen Wahrheit zu konfrontieren, die ich gelernt und praktiziert habe. Diese Wahrheit, so glaube ich, muß Dein Werk ergänzen, da es sich, in mancher unvorhergesehenen Weise, über Indien hinaus, verbreitet hat und in die Zukunft fortwirkt. Damit mir dies gelingen kann, werde ich zunächst klinische Einsichten auf Dein Werk anwenden und sodann Deine Art der Einsicht mit der unseren vergleichen – eine Aufgabe, die ich erst am Schluß dieses Buches zu Ende führen kann. Zuerst also die Stelle, an der Du Dich selbst unterbrichst. Einen solchen Augenblick zu erleben ist eines, ihn zu beschreiben und zu veröffentlichen ein anderes. In einem autobiographischen Bericht wird es zu einem Bekenntnis für den Leser, ein Testament in der Form eines Fragezeichens, das zukünftige Generationen zu Rückfragen bewegen mag. Und ein Leser aus meiner Generation und mit meiner Schulung kann nicht die Tatsache übersehen, daß der Unterbrechung Deiner autobiographischen Anstrengung ein Kapitel folgt, das die Überschrift trägt »Eine geheiligte Erinnerung und Buße« und in dem einiges von den Verdrießlichkeiten mitgeteilt wird, mit denen Deine Frau auf Deine Entschlossenheit reagierte, Dein Haus den Fremden (einschließlich Europäern) zu öffnen, die mit Deiner Sache sympathisierten. In diesem Kapitel erklärst Du, daß es von Deiner Seite keines besonderen Aufwandes an Toleranz bedurfte, Männer und Frauen aller Rassen und Bekenntnisse als Teil Deiner »Familie« in Durban aufzunehmen. Doch es fiel Deiner Frau schwer, ihr Haus für alle Welt offenzuhalten – und »alle Welt« heißt, hier wie überall sonst, ein buntgemischtes Bündel hergelaufener Individuen, aus denen nur Du die Menschen machen konntest, die sie schließlich geworden sind, und eine Vielfalt verschrobener Gedanken, aus denen nur Du allein die Wahrheit schmieden konntest. Jedenfalls steht Dein ganzer Zweifel darüber, was Du über Deine europäischen Freunde enthüllen dürftest und dann schließlich auch mitteilen solltest, zuinnerst mit der Frage in Verbindung, wessen Haus Dein Haus gewesen ist. Deines *und* Kasturbas?

Und das »geheiligte« Bekenntnis ist ein Bericht darüber, wie Du Deiner Frau buchstäblich die Tür gewiesen hast. Natürlich war dies eine alte Gewohnheit aus Euren ersten Ehejahren als Kinder in Indien, doch dort hatte sie Eltern, zu denen sie gehen konnte, und zudem gab es dafür die Entschuldigung einer althergebrachten Sitte, die es ihr gestattete, sich über ausgedehnte Zeiträume wieder mit der gesamten Sippschaft zu vereinen und mit ihr zu leben. Ich gebe diese Geschichte nicht wieder, um daraus die unsinnige Schlußfolgerung zu ziehen, die von unseren Intellektuellen stets mit freudiger Zustimmung begrüßt wird: daß Kasturba eine »größere Heilige« war, als Du es gewesen seist – denn was wissen Intellektuelle schon über Heilige? Doch ich möchte diese Geschichte richtigstellen. Wenn ich mich recht erinnere, war Euer Haus in Durban mit Nachttöpfen ausgestattet; Du hattest den Wunsch, mit allen Rudimenten des herkömmlichen indischen Systems aufzuräumen, darunter eines, das die Beseitigung menschlicher Ausscheidungen als eine Angelegenheit nur für Unberührbare betrachtete; Du sagst, daß fast jeder in Deiner Familie dies richtig »aufgenommen« habe und daß er folglich die Beseitigung der Ausscheidungen selbst besorgte, daß jedoch im Falle einiger uneingeweihter Neuhinzugekommener Du und Deine Frau Euch in diese Aufgabe teilen mußtet; und daß Deine Frau dies gewöhnlich hingenommen habe, obwohl es ihr »gegen den Strich ging« – und gegen die Tradition verstieß. Bei dieser Gelegenheit jedoch waren die Exkremente, die beseitigt werden mußten, nicht nur die eines Christen (dem Bekenntnis nach), sondern zugleich die eines Unberührbaren (hinsichtlich seiner Kastenzugehörigkeit); und sie zog ein Gesicht, womit sie andeuten wollte, daß *diese* Kombination zuviel für sie sei, während Du von ihr verlangtest, sie solle diese häusliche Verrichtung *heiteren Sinnes* tun. Und als sie, mit beinahe biblischen Worten, ausrief: »Bestelle dein Haus selbst und laß mich gehen!«, hast Du ihr die Tür gewiesen, und sie brach in Verzweiflung und gerechtem Zorn zusammen.

Du wendest Dich von diesem Vorkommnis mit einer jener verhaltenen Feststellungen ab, in denen Du oft wahrhafte Zärtlichkeit zum Ausdruck bringst:

»Wenn meine Frau mich nicht verlassen konnte, so konnte ebensowenig ich sie verlassen. Wir haben uns unzählige Male gestritten, doch das Ende war immer eine Versöhnung zwischen uns. Die Frau, mit ihrer unvergleichlichen Duldsamkeit und Leidensfähigkeit, ist stets Siegerin geblieben.«[2]

Eine solche Feststellung kommt ohne das Wort »Liebe« aus, weil sie davon erfüllt ist.
Doch es gibt Anlässe, wo es dem Betrachter so scheinen kann, als gebrauchtest Du das Wort *Liebe*, um damit ganz andere Strebungen zu verdecken. Ich werde mich daher nur dort mit Dir auseinandersetzen, wo ich einen falschen pädagogischen Zungenschlag wahrnehme, der jene Art apologetischer Feststellung durchdringt, zu der Du gewöhnlich greifst, um – zum Beispiel – Deine Versuche zu erklären, Deiner Kindfrau Lesen und Schreiben beizubringen:
»Doch ich war ein grausam-liebevoller Gatte. Ich betrachtete mich als ihren Lehrer und quälte sie folglich aus meiner blinden Liebe für sie.«
Es ist diese grausame Liebe, über die wir uns Klarheit verschaffen müssen. Wie Tendulkar berichtet, erzähltest Du einst auf einer theosophischen Zusammenkunft in Johannesburg, daß,
»wenn sie ihre Gedanken gründlich analysierten, sie herausfinden würden, daß sie nur wenig Grund haben, von anderen schlecht zu denken, und daß sie vielmehr anfangen würden, schlecht von sich selbst zu denken; denn sie würden entdecken, daß sie in ihrem Inneren Räuber und Mörder beherbergen – Bezeichnungen, die ihnen in Beziehung auf andere so leicht von den Lippen gehen«.
Aber es ist nicht genug, solcher Selbsttäuschung mit der moralischen Ermahnung zu begegnen, schlecht über sich selbst zu denken, denn es gibt, wie wir jetzt wissen, eine deutlich erkennbare Verbindung zwischen dem mörderischen Furor, mit dem der Gerechte seinen Feind bekämpft, und der Grausamkeit, mit der der Moralist sich selbst betrachtet. In der Tat, nur allzu lange hat der Mensch seine Grausamkeit gegenüber anderen damit entschuldigt, daß er sich selbst nicht ausnehme.
Hier, so möchte ich behaupten, steht die Zukunft von Satyagraha zur Entscheidung, und dies nicht, weil Du vorgibst, einer *Liebe* zu gehorchen, die Du nicht empfindest, sondern vielmehr weil Du Dir entweder einer Ambivalenz nicht bewußt zu sein scheinst – oder aus einem Wunschdenken heraus übersiehst oder durch Gebet auszutreiben suchst –, einer Koexistenz von Liebe und Haß, die jenen zu Bewußtsein kommen muß, die für den Frieden arbeiten. Oftmals bricht Dein Sadismus in Äußerungen durch, in denen sich Dein Abscheu gegen die Sinnlichkeit schlechthin,

beispielsweise gegen die Frau als die Quelle des Bösen, kehrt, gegen Nahrungsaufnahme, die eigentlich nichts anderes sei als Defäkation, und sogar gegen Milch als einer »gefährlichen Substanz«. Wenn Du (einem meiner Freunde gegenüber) die Äußerung getan hast, daß man einer schönen Frau aus dem Wege gehen müsse, wie ein Kutscher einer Dreckpfütze aus dem Wege gehe, dann mag die »Assoziation« zwischen einer Frau und einer Dreckpfütze indirekt gewesen sein. Und wenn Du eine bekannte Mitarbeiterin damit empfiehlst, daß Du lobend die Tatsache erwähnst, daß sie nicht mehr in dem Alter sei, Kinder zu empfangen, so wolltest Du damit offenbar eine hohe Ehrung aussprechen. Doch für die Zukunft ist es wichtig, unzweideutig klarzustellen, daß dasjenige, was Du Satyagraha nennst, nicht auf asketische Männer und Frauen beschränkt sein darf, die in dem Glauben leben, sie könnten die Gewalt nur durch sexuelle (Selbst-)Abrüstung überwinden. Denn die Gefahr eines Wiederaufflackerns von Gewalttätigkeit bleibt stets, zumindest latent, erhalten, wenn es uns nicht gelingt, wesentliche Alltagserfahrungen in das alltägliche Leben eines Satyagrahi einzubetten. Denn vorwiegend im täglichen Leben und vor allem im Leben des Kindes wird der Grundstein für den menschlichen Hang zur Gewalttätigkeit gelegt. Und wir beginnen heute zu argwöhnen, daß vieles von jenem Überschuß an Gewalttätigkeit, der den Menschen vom Tier unterscheidet, in ihm durch jene Methoden der Kindeserziehung gebildet wird, die seine eine Hälfte antagonistisch gegen die andere Hälfte seiner Persönlichkeit setzen.

Es genügt nicht mehr – nicht mehr nach dem Erscheinen Deines Zeitgenossen aus dem Westen, Freud –, ein scharf beobachtender Moralist zu sein. Denn wir besitzen jetzt detaillierten Einblick in unsere inneren Ambiguitäten, Ambivalenzen und instinktuellen Konflikte, und nur eine zusätzliche »Hebelkraft der Wahrheit«, die auf einem Wissen um uns selbst beruht, verspricht uns, Freiheit im Lichte eines taghellen Bewußtseins zu geben, während in der Vergangenheit moralistischer Terrorismus nur dadurch so erfolgreich sein konnte, unsere schlimmsten Neigungen ins Unterschwellige abzudrängen, um sich dort zu erhalten, bis radikal veränderte Bedingungen der Unsicherheit oder des Chaos ihnen gestatteten, mit verdoppelter Gewalt hervorzubrechen.

Wovon Du argwöhnst, daß ein Übereifriger wie ich es als eitle

»Prätentionen« bezeichnen könnte, betrachten wir indessen einfach als unvermeidliche und weitgehend unbewußte »Ambivalenzen«, zu denen der Mensch – als Teil dessen, womit er ausgestattet ist – die Tendenz in sich trägt. Ambivalenz bedeutet natürlich, daß eine Handlung, die scheinbar von einem bewußten Gefühl begleitet ist, zugleich unbewußt durch das entgegengesetzte Gefühl mitdeterminiert wurde: eine Handlung der Liebe durch Haß, ein Akt der Großmut durch Rachsucht. Die Ambivalenz in solchen frommen Phrasen wie »grausam-liebevoll« und »blinde Liebe«, mit denen Du die lange Geschichte charakterisierst, die Dich zum ewig frustrierten Lehrer im eigenen Hause machte, ist heute leicht erkennbar; und sie als solche einfach hinzunehmen, beinahe allzu bequem. Doch um der Satyagraha willen müssen wir uns sehr eingehend jene Formulierung ansehen, mit der Du die Geschichte über Kasturba als Deine Schülerin und ihr Versagen beschließt:

»Doch ich bin nicht mehr ein blind vernarrter Ehemann. Ich bin nicht mehr der Lehrer meiner Frau. Kasturba kann, wenn sie will, heute zu mir so unfreundlich sein, wie ich es früher zu ihr zu sein pflegte. Wir sind bewährte Freunde, von denen der eine den anderen nicht länger als Lustobjekt ansieht ... Der geschilderte Vorfall ereignete sich 1898, als ich noch keine Vorstellung von *brahmacharya* hatte [›keine Beherrschung über‹ im Original]. Es gab eine Zeit, in der ich annahm, die Frau sei einzig Lustobjekt des Mannes und geboren, ihm auf sein Geheiß zu willfahren, statt daß sie vielmehr Helferin, Kameradin und Partnerin der Freuden und Sorgen ihres Mannes sein könne.«[4]

Diese Feststellung scheint die dogmatische Überzeugung zu besiegeln, daß eine Frau »Helferin, Kameradin und Partner« der Freuden und Sorgen ihres Mannes nur dann zu sein vermöge, solange sie zu ihm keine sexuellen Beziehungen unterhält. Und in der Tat mag ein Zweifler es für eine sonderbare Frucht asketischer Kameradschaftlichkeit ansehen, wenn Du Dich zu dem Bekenntnis gedrängt fühlst:

»Es ist sehr wahrscheinlich, daß ihr manches, was ich tue, auch heute noch mißfällt. Wir diskutieren allerdings nie darüber, ich sehe keinen Sinn in derartigen Diskussionen. Denn sie wurde weder von ihren Eltern noch durch mich erzogen, nicht zu einer Zeit jedenfalls, als ich dies hätte tun sollen.«

Macht dies nicht überdeutlich klar, daß Du Dich an ihr für ihr

Analphabetentum gerächt hast, indem Du einseitig die Entscheidung darüber trafest, worüber sie mit Dir zu diskutieren fähig sei und worüber nicht? Zweifellos verbirgt diese bekenntnishafte Feststellung eine gegenüber Kasturba keineswegs selten zu beobachtende Rachsucht, weil sie Dir »intellektuell« nicht gleichrangig werden wollte. Aber repräsentierte sie nicht auch zugleich (wie sogar noch Dein abtrünniger Sohn Harilal) einen wichtigen Teil Deiner selbst, nämlich den Mangel an Bereitschaft, von *irgend jemandem auch nur das mindeste* zu lernen oder anzunehmen, es sei denn, daß die »innere Stimme« ihre Zustimmung gab?
Mit dem Satz indessen, daß »der eine den anderen nicht länger als Lustobjekt« ansieht, gewinnst Du wieder einiges zurück: denn solange jemand den anderen als ein bloßes »Objekt« für irgend etwas betrachtet, ist natürlich Wahrheit in jedem Sinne von diesem Verhältnis ausgeschlossen. Und hier genau liegt der Punkt: Nicht ein einziges Mal in all Deinen Schriften machst Du das Zugeständnis, daß eine sexuelle Beziehung auch durch dasjenige gekennzeichnet sein kann, was wir »Wechselseitigkeit« nennen. Das ist durchaus keine Fähigkeit, die sich leicht ohne Selbstkontrolle und ohne daß man gewisse Opfer bringt, entwickeln oder erhalten ließe, doch als Annäherung an ein Ziel beschreibt sie die einzige Art eines sexuellen Verhältnisses, in dem die andere Person nicht zum bloßen Objekt entweder sexueller oder aggressiver Strebungen wird. Ich sage »bloßes Objekt«, denn ich bin keineswegs so verblendet anzunehmen, daß es irgendein gesundes sexuelles Verhältnis gäbe, in dem nicht auch ein reziproker Sadismus wirksam wäre, der dazu dient, solche Bedürfnisse »an«einander zu befriedigen, die gewöhnlich in jenen Wörtern mit nur wenigen Buchstaben ausgedrückt werden; noch gibt es eine gesunde Sexualität, die nicht *auch* ein gewisses Vergnügen an den der Sexualfunktion benachbarten Ausscheidungsorganen und deren Verrichtungsweise nähme. Der entscheidende Punkt dabei ist, daß wechselseitige Zustimmung und kunstreiches Zusammenspiel wirklich entwaffnen, was an Erniedrigung und Gewalttätigkeit in der bloßen gegenseitigen sexuellen Besitznahme enthalten ist. Ebensowenig leugne ich, daß in den höchsten Formen gemeinschaftlichen Beteiligtseins im Dienst an der Öffentlichkeit – ganz zu schweigen von solchen religiöser Art – unter gewissen Bedingungen ein begeistertes, aufgeklärtes Paar dazu geführt werden mag, zugunsten einer anderen Form wechselseitiger Be-

stätigung und Kommunikation die sexuellen Beziehungen aufzugeben. In Deiner Feststellung ist ein sehr altes Prinzip enthalten, das nicht leicht ausfindig zu machen war:
»Ich bin der Überzeugung, daß diejenigen Gläubigen, die denselben Gott in anderen erkennen wollen, den sie in sich selbst erkennen, dazu fähig sein müssen, mit ausreichendem Abstand inmitten all jener anderen zu leben.«
Doch ich möchte einwenden, daß »ausreichender« Abstand auf beiden Seiten nur dort möglich ist, wo der Verzicht von beiden gleichberechtigt gewählt worden ist – und ihm nicht die rachsüchtige Unnachgiebigkeit des einen Partners zugrunde liegt. Drei extreme Umstände kamen in Deinem Leben offenbar zusammen: Dein – vorzeitig – gewecktes Geschlechtsleben in Verbindung mit Deiner moralischen Skrupelhaftigkeit konnte jene sadistischen Regungen Deiner Sexualität nicht eindämmen und verarbeiten, vielmehr verschärfte es sie nur noch mehr. Deine hohen Erwartungen und Deine Begabungen (gefördert durch die historische Situation) führten Dich dazu, ein Leben des Dienstes an der Menschheit auf einer Ebene ins Auge zu fassen, das eine Selbstdisziplin von seltenem Anspruch erforderlich machte. Und letztlich war es Kasturbas Kraft zum Verzicht, die sich als beständiger denn Deine eigene erweisen sollte. In Deinem *eigenen* Leben war es demnach in höchstem Maße sinnvoll, daß Du die Lösung Deiner sexuellen Konflikte ausschließlich zu einer Sache des Willens, besiegelt durch Gelübde, gemacht hast, so daß Du niemals eine Dir feindlich gesinnte Person mit Waffen zu attackieren fähig sein würdest, so wenig wie Du einen geliebten Menschen mit Deinem phallischen Bedürfnis angreifen wolltest; und daß Du nicht Ursache für die Geburt neuer Lebewesen sein wolltest, wo Du Dich dazu entschlossen hattest, die Verantwortlichkeit einer ihrer selbst bewußten Existenz auf Dich zu nehmen.
Kasturba war eine Erwachsene, die durchaus für sich selbst sorgen und entscheiden konnte, und Dein Verhältnis zu ihr ist nur deshalb zu einer modernen Saga geworden, weil Du nicht gezögert hast, auch die Weise zu enthüllen, in der überbewertete kleinere Angelegenheiten sich zu tragikomischen Streitfällen im Alltag Eurer Ehe ausgewachsen haben. Ich mußte mich also Dir gegenüber nur deshalb schriftlich über Deine Ehe aussprechen, weil Du selbst auf jene »geheiligte Erinnerung« genau im Zu-

sammenhang mit Deinen plötzlich auftretenden Zweifeln Bezug nimmst.

Ein zweites Vorkommnis, von dem Du berichtest, ist kein Zwischenfall *auf dem Wege* zur Satyagraha, sondern etwas, das während eines Zeitraumes von Dir begangen wurde (ich finde kein anderes Wort dafür), von dem Du Dich zu erinnern weißt, daß Dein Glaube und Dein Mut seinerzeit ihren Gipfel erreicht hätten – ich meine jene Zeit, in der die Tolstoj-Farm gegründet wurde. Und dieses Vorkommnis betrifft sehr junge Menschen. Ich muß Dich hier in vollem Wortlaut zitieren:

»Das war mein Experiment. Ich schickte die Knaben, die mir als mutwillig benannt worden waren, und die unschuldigen jungen Mädchen gemeinsam zu einer Stelle, wo sie zusammen baden sollten. Ich hatte den Kindern die Pflicht zur Selbstzucht in aller Klarheit auseinandergesetzt, sie waren sämtlich mit meiner Satyagraha-Lehre vertraut. Ich wußte, und die Kinder wußten es auch, daß ich sie mit der Liebe einer Mutter liebte. Der Leser wird sich noch an die Quelle erinnern, die sich in einiger Entfernung von der Küche befand. War es Torheit, die Kinder dort zusammentreffen zu lassen und dennoch von ihnen zu erwarten, daß sie unschuldig bleiben würden? Mein Auge folgte stets den Mädchen, wie das Auge einer Mutter auf ihrer Tochter ruhen würde. Die Zeit war festgelegt worden, zu der all die Mädchen und Knaben gemeinschaftlich zum Baden gingen. Ein Element der Sicherheit war durch die Tatsache gewährleistet, daß sie in einer geschlossenen Gruppe gingen. Alleinsein wurde stets vermieden. Im allgemeinen war es so, daß ich mich zur selben Zeit an der Quelle einfand ... Eines Tages erlaubte sich einer der jungen Burschen einen Scherz mit zweien der Mädchen, und die Mädchen selbst oder irgendeines der Kinder machten mir davon Mitteilung. Die Nachricht machte mich zittern. Ich stellte Nachforschungen an und fand heraus, daß der Bericht der Wahrheit entsprach. Ich machte den jungen Männern ernsthafte Vorhaltungen, doch das war nicht genug. Ich wünschte mir unbedingt, daß die beiden Mädchen irgendein Zeichen an ihrem Körper trügen, das jedem jungen Mann zur Warnung dienen sollte, jemals wieder einen scheelen oder sündigen Blick auf sie zu werfen, und das als eine gründliche Lektion für jedes einzelne Mädchen gedacht war, daß niemand es wagen dürfte, einen Anschlag auf ihre Reinheit zu verüben. Der leidenschaftlich entflammte Ravana vermochte nicht, Sita mit seinen niedrigen Absichten auch nur nahezukommen, während Rama Tausende von Meilen entfernt war. Welches Zeichen sollten die Mädchen tragen, damit ihnen ein Gefühl der Sicherheit gegeben werden könnte und zugleich das Auge des Sünders sterilisiert würde? Diese Frage hielt mich die ganze Nacht wach. Am nächsten Morgen schlug ich den Mädchen in aller Zartheit vor, daß sie mir erlaubten, ihr langes Haar abzuschneiden. Auf der Farm pflegten wir uns gegenseitig zu rasieren und einander die Haare zu schneiden, weswegen Scheren und Haarschneidemaschinen stets zur Hand waren. Anfänglich wollten die Mädchen nicht auf mich hören. Ich hatte den älteren Frauen die Situation bereits geschildert, die es nicht ertragen konnten, an meinen Vorschlag auch nur zu denken, aber meine Motive sehr wohl begriffen und schließlich doch darin übereinkamen, mich zu unterstützen.«

Und nachdem Du vom Schneiden gesprochen hast, ziehst Du die Schlußfolgerung:

»Diese meine Handlung blieb nicht ohne Wirkung auf das gesamte Leben der Siedler dieser Farm. Da wir beabsichtigt hatten, die Ausgaben radikal auf das äußerste Minimum zu reduzieren*, änderten wir nun auch unsere Kleidung.«[5]

Nenne mich meinetwegen einen Übereifrigen, aber ich vermag nicht über diese Sequenz von »abschneiden« und »herunterschneiden« (s. o.) hinwegzusehen; denn auszureißen, was einen ärgert – und zumal, es bei *anderen* auszureißen –, ist nur allzu oft der Impuls eines verzweifelnden Moralismus. Doch die »edlen Mädchen«, so fährst Du fort, »besannen sich schließlich doch eines Besseren« und, wie Du es so überaus selbstbewußt ausdrückst, »unverzüglich machte sich dieselbe Hand, die diesen Vorfall niederschreibt, daran, ihr Haar abzuschneiden«. Nachdem Du sodann Deine Handlungsweise den Kindern nahegebracht hast, berichtest Du, daß Dir »niemals danach wieder ein Scherz zu Ohren gekommen sei«. Wer wollte das wohl nicht glauben?

Es bedarf keiner großen Anstrengung, Mahatmaji, das Gewalttätige in diesem Zusammenhang zu erkennen. Doch ich möchte zu erklären versuchen, warum ich glaube, daß Du hier, in einer kurzen Episode, etwas illustriert, was ein existentieller Konflikt, wenn nicht zeitweilig gar ein Fluch, in all Deinen Unternehmun-

* Im Original: »To cut down expenses« – die Ausgaben »herunterschneiden« (A. d. Ü.).

gen gewesen ist. Er betrifft das Verhältnis zwischen irdischer Zeugung und göttlicher Wahrheit – immerwährend ein zentrales Motiv in aller Religion, doch potenziert in einem Leben wie dem Deinen, in dem pädagogische und politische Anliegen direkt und unvermittelt mit religiöser Transzendenz verbunden gewesen sind. Daß Deine Worte (von »wie das Auge einer Mutter auf ihrer Tochter ruht« bis zu »dieselbe Hand, die diesen Vorfall niederschreibt«) einen gewissen prätentiösen Gestus verraten, mag zum Teil der Übersetzung zuzuschreiben sein. Und es ist nicht meine Aufgabe, die Prätention aufzuspießen, sondern vielmehr zu fragen, warum sie überhaupt notwendig gewesen ist. Gestatte mir also, einiges von dem Mitgeteilten kritisch durchzugehen, denn es gibt gute Gründe für die Annahme, daß die Motive dieser Geschichte weitergewirkt und Dich bis zum bitteren Ende Deines langen Lebens heimgesucht haben, wie sie Dein Bild in den Augen vieler, selbst der nachsichtigsten Kritiker, unauslöschlich zeichneten.

Daß ein Erzieher seinen Schülern in wechselnder Kombination sowohl Vater wie Mutter werden muß, hält durchaus der Vernunft stand. Indessen ist dies so selbstverständlich, wenn sie vorhanden ist, und so kompliziert, wo sie fehlt, daß eine Willensanstrengung oder Buße sie nicht zu erzwingen vermag. Wie es einem Mann gelingen kann, jungen Mädchen beim Hinabsteigen zu einer Quelle mit ausschließlich »mütterlichem« Auge zu folgen, dies scheint – zumindest für einen Mann aus dem Westen – schwer glaubhaft, und nebenher bemerkt, ist es ziemlich überflüssig, dies vorzugeben. Tust Du es aus dem Gefühl heraus, daß ein Vater sich möglicherweise der Anziehungskraft seiner Tochter als eines weiblichen Wesens bewußt sein könnte? Wäre nicht der Vater oder Lehrer, der die jungen Rundungen wahrnimmt und sich die Entwicklung der Persönlichkeit zur Aufgabe macht, besser dazu geeignet, seine Töchter anzuleiten und zu schützen, als derjenige, der seine eigenen Augen zuallererst »sterilisieren« muß?

Der gesamte erste Teil der Geschichte kann den modernen Leser allenfalls durch die Wahrscheinlichkeit beeindrucken, daß hier ein Wächter den »mutwilligen« Knaben und den »unschuldigen jungen Mädchen« in der geheimen Hoffnung des Moralisten zur Quelle folgte, *daß* sie etwas von jenem Interesse zeigen würden, das des Wächters ausgehungerte Neugier erweckt hatte. Und

tatsächlich, einige nicht näher gekennzeichnete Knaben erlaubten sich wirklich »einen Scherz« mit zweien der Mädchen, die fortan zum Brennpunkt der rastlosen Skrupel und Pläne des Wächters werden sollten, obgleich sie als die bloßen Opfer des knabenhaften Streiches beschrieben werden. Die Neuigkeiten machen den Wächter zittern – wovor? Wut? Angst? Instinktspannung? Worin immer dieses Gemisch von Emotionen bestanden haben mag, es bringt jetzt allerdings einen höchst erstaunlichen Wunsch hervor, der keineswegs näher erklärt wird:
»Ich wünschte mir unbedingt, daß die beiden Mädchen irgendein Zeichen an ihrem Körper trügen, das jedem jungen Mann zur Warnung dienen sollte, jemals wieder einen scheelen oder sündigen Blick auf sie zu werfen, und das als eine Lektion für jedes einzelne Mädchen gedacht war, daß niemand es wagen dürfte, einen Anschlag auf ihre Reinheit zu verüben.«
Die Frage also, die ihn die ganze Nacht über wachhielt, lautete: »Welches Zeichen sollten die Mädchen tragen, damit ... des Sünders Augen sterilisiert« würden? Aber vielleicht bemerkst Du selbst, daß es nurmehr das Auge *eines* Sünders ist, das »sterilisiert« werden muß – ein Wort mit einer Unzahl von Bedeutungen, nicht zuletzt auch der, die Fortpflanzung zu verhindern. So machtest Du also Deinen Vorschlag in aller »Zartheit« und sprachst mit Beharrlichkeit die Bitte aus, daß die Haare der Mädchen von »derselben Hand« geschnitten würden, die hier, zwanzig Jahre später bei der Niederschrift, ein eigenartiges Gefühl vermittelt und nahezu entpersönlicht erscheint, wie das Werkzeug von etwas Entsetzlichem oder Heiligem oder beidem.
»Experimente, wie ich sie hier berichtet habe«, so beeilst Du Dich nun zu erklären, »sind nicht zur Nachahmung gedacht.« Man möchte Gott dafür danken, handelte es sich bei dem Abschneiden der Haare nicht auch um ein jahrtausendealtes Ritual, das seine eigentliche Bedeutung aus der »Imitation« bezieht – d. h. Nachahmung innerhalb eines rituellen Kontextes. Durch die Geschichte hindurch verfolgt, mag dieser Kontext als ein juristischer erscheinen, und das Entblößen von allen Kopfhaaren konnte eine Bestrafung bedeuten, die durch irgendeine Form von Ritual oder den Spruch »durch Volkes Stimme« geboten war – wie dies zum Beispiel für Mädchen gelten konnte, die mit den Soldaten des Feindes gesündigt hatten. Oder der Kontext mochte ein religiöser sein, in welchem Falle eine ganze Klasse von

Frauen, nachdem sie ihre durchs Gebet besiegelte Zustimmung gegeben haben, von den Vertretern einer Kirche oder eines Dogmas geschoren werden, so daß, was immer an individueller Perversität in der Handlung des Schneidens oder Geschnittenwerdens enthalten sein mag, durch ihre Ausführung in der Gemeinschaft zurückgedrängt ist und der Handlung als solcher eine symbolische Bedeutung unterlegt wird. So schnitt der hl. Franziskus das Haar der hl. Klara ab, eine symbolische Handlung, die eine Geistesfreundschaft besiegelte. Deine Handlung war demgemäß nicht nur persönlich idiosynkratisch, sondern sie war zugleich eine austreibende, mönchische Ritualisierung: denn Du, Mahatmaji, hast stets versucht, und dies oft verzweifelt, die losen Enden Deines in Dir Unterdrückten und Zwanghaften in einer Form der Gemeinschaft zusammenzubinden, die die neue Form eines »Ordens« annehmen sollte. In diesem Deinem Versuch scheinst Du in den Augen eines Beobachters aus dem Westen oft willkürlich und bruchstückhaft vorgegangen zu sein; er sollte jedoch stets der Tatsache eingedenk sein, daß Deine religiöse Tradition immer eine verwirrende Mannigfaltigkeit von als solchen kaum wahrnehmbaren Regeln und kleinen Ritualen zugelassen hat. Doch Dein eigenes, persönliches Kriterium für die moralische Vernünftigkeit Deiner Edikte wurde stets zu einem gemeinschaftlichen: Du warst im Recht, wo immer Du Deinen willkürlichen Entschlüssen eine alles durchwaltende Bedeutung geben konntest, durch die Satyagraha erhöht und andere mit Dir und untereinander in eine klar erkannte und selbstgewählte Wechselseitigkeit einbezogen wurden, und Du warst in einer gefährlichen Weise im Unrecht, wo Du Dich einer perversen Willkürlichkeit überlassen hast. Und hier erhebt sich die entscheidende pädagogische Frage, ob eine Handlung wie die soeben beschriebene, auf weite Sicht gesehen, aus jungen Menschen bessere Satyagrahi machte oder ob sie vielmehr dazu dienen mochte, sie zu der selbstgerechten Dummheit jener zu überzeugen, die die geistige Macht usurpieren.

Das Geschehnis als solches ist zudem in sich nicht schlüssig. Du sagst nicht, Mahatmaji, wer die älteren Frauen waren, die Deiner Absicht schließlich doch zustimmten: war Kasturba eine von ihnen? Und ebenso wie Du mit jenen Burschen sehr schnell fertig bist, übergehst Du auch die Männer, obwohl Männer in Deiner Gemeinschaft in der erdrückenden Überzahl gewesen sind und, da sie schließlich Satyagrahi waren, bereit, Leiden zu ertragen, hätten sie doch hinsichtlich der Wahl der Methode, wie die männlichen Augen »sterilisiert« werden sollten, auch eine Stimme haben müssen? Ebensowenig machst Du Dir Gedanken darüber, was die Eltern der Mädchen dazu gesagt haben mögen. Allerdings hast Du Dir Dein ganzes Leben hindurch anderer Leute Kinder bedingungslos für Deine Lebensweise angeeignet, mit einer wahrhaft diktatorischen Kombination aus Maternalismus und Paternalismus. Dennoch deutest Du nirgendwo an, daß Du etwas darum gegeben hättest, zu wissen, was Deine Usurpation der Mutterschaft für die Kinder bedeutet haben mag – oder insbesondere für die Mütter selbst. Ich weiß nicht, was später aus den jungen Menschen geworden ist, die Du aufgezogen hast, und ich weiß sehr wohl, daß *ein* Erlebnis allein nahezu niemals bleibenden Schaden zufügt, es sei denn, daß es prototypisch für wiederholte Traumata ist. Junge Menschen akzeptieren in der Regel überaus tolerant den Geist, aus dem heraus von den Eltern ein Fehler begangen wurde, oder sie vermögen sogar souverän Ausnahmesituationen zu vergeben und zu vergessen, in denen die Eltern völlig die Selbstbeherrschung verlieren. Nicht zuletzt ist Gott mit ihnen. So bleibt einzig die Frage zu klären, worin die in die Zukunft weisende Bedeutung des hier veröffentlichten Vorfalls bestanden haben soll. Du erinnerst Dich seiner, Mahatmaji, und Du hast ihn geschildert; vor allem Du müßtest Dir darüber Gedanken gemacht haben.

»Wahrheit«, so hast Du einstmals gesagt, »schließt den Gebrauch von Gewalt aus, weil der Mensch nicht fähig ist, die absolute Wahrheit zu kennen, und er daher nicht das Recht hat zu strafen.« Das ist die Crux von Satyagraha, in der schon das Alltagsleben zu einem »Experiment mit der Wahrheit« wird. Denn was Du den relativen Charakter der Wahrheit nennst oder was ich, als ein Post-Einsteinianer und Post-Freudianer, die *Relativität der Wahrheit* nennen würde, offenbart sich selbst von Generation zu Generation vor allem anderen in der Begegnung von Erwachsenem und Kind, von Lehrer und Schüler – beides Treuhänderschaften, wie Du es nennen würdest. Doch Treuhänderschaft bedeutet eine Wechselseitigkeit zwischen Führer und Geführten, in der der Führer sich von der lebendigen Wirklichkeit der Geführten leiten läßt. Ich kann in Deinem Beispiel, wenn überhaupt etwas, nur wenig von jener Wechselseitigkeit erkennen, die aus wahrer Überzeugung wohl hervorgegangen wäre – aber gewiß nicht aus »selbstgewähltem« Leiden.

Demonstratives eigenes Leiden von seiten Erwachsener ist stets eine zweifelhafte Waffe im Gebrauch gegen Kinder gewesen, und Deine eigene Mutter mag damit sehr wohl bis an die äußerste Grenze gegangen sein. Du hast ihm größere Dignität in jenen Beispielen verleihen wollen, wo Du Dich mit Übertretungen der jüngeren Generation durch eigenes Fasten auseinandergesetzt hast: einmal bei einer späteren Gelegenheit in Phönix, während eines Fastens, das eine Woche dauerte, brachtest Du den drei Sündern (einem Mädchen und zwei Jungen) zur Kenntnis, wie sehr Du gelitten hättest und wie tief sie gefallen seien. Das Mädchen fastete mit Dir und hatte sich das Haar abschneiden lassen (nicht von Dir, wie es scheint). Doch sie war zwanzig Jahre alt. Bei einer anderen Gelegenheit war Dein zwanzigjähriger Sohn von einer »verheirateten Frau geschändet« worden (so die absonderliche Formulierung Fischers)[6]. Hier fastetest Du zwei Wochen lang, und wieder wurde der Frau das Haar abgeschnitten. Was Wohlverhalten und Pädagogik anbetrifft, machtest Du Vorkommnisse dieser Art und alles, was junge Menschen betraf, oder die gesamte Gemeinschaft, zu Deiner ureigensten Angelegenheit. Doch muß die hierin möglicherweise angelegte Dynamik mit berücksichtigt werden: solche Handlungen konnten eine Ambivalenz in sich bergen, so ausgedehnt und versumpft wie der »Great Run of Kutch« (um Dir hier, in verändertem Zusammenhang, mit Deinem eigenen Hinweis auf Deine »Himalajische Fehlkalkulation« zu antworten). Die Ambivalenz könnte sich aus der Möglichkeit herleiten, daß hier das eigene Leiden, die Selbstbestrafung, nur den Despotismus eines grausamen (wenn auch »grausam-liebevollen«) Vaters verhüllen mag, der sich durch das selbst auferlegte Leiden nur um so verletzender rächt, und dies unermeßlich nachhaltiger, als es ein ergrimmter und aufgebrachter Vater vermöchte; das Kind wird sich daraufhin bestraft fühlen, wenn nicht gar »gebrochen« – aber keineswegs überzeugt.

Daß die lebende Nachkommenschaft stets mit dem Fluch der Fortzeugung behaftet sei – diese Gedankenverbindung schlägt in vielen Deiner Äußerungen durch. In demselben Jahr, als Du Dein Brahmacharya-Gelübde ablegtest, hast Du in einem Brief an Deinen Bruder geschrieben, daß Du es »jedenfalls vorläufig aufgegeben« hättest, »an Harilal als an meinen Sohn« zu denken, und dies einzig deshalb, weil Harilal sich zu verheiraten wünschte[7]. Harilal war zu diesem Zeitpunkt in Indien, und Du hattest damit gerechnet, daß ihm Deine Drohung zu Ohren kommen würde, aber wie kann ein Sohn aufhören, Sohn zu sein, »jedenfalls vorläufig«? Um bei diesem Gegenstand zu bleiben: in demselben Brief beziehst Du Dich – nicht eben untypisch für Dich – auf den Sohn von jemand anderem als einen, »der im Geiste Prahlad gleicht. Er steht mir daher näher als einer, der durch den Zufall der Geburt als mein Sohn gilt.« Und hier wieder, wie so oft, nimmt die Gestalt Prahlads eine zentrale symbolische Stelsung ein. Mahatmaji, Du liebst die Geschichte dieses Prinzenknaben, der sich weigert, der Versuchung seines Vaters, des Dämonenkönigs, nachzugeben und nach größerer Macht zu streben, als selbst Gott sie besitzt, und selbst dann noch fest bleibt, als er für seine Weigerung entsetzlichen Martern ausgesetzt wird. Zuletzt wird er gezwungen, einen rotglühenden Metallpfeiler zu umarmen; doch plötzlich entsteigt diesem zu allerlei Vermutungen Anlaß gebenden Objekt Gott selbst, von Gestalt halb Löwe und halb Mensch, und zerreißt den König in Stücke. Du nennst diesen Prinzen den ersten Satyagrahi. Sein oft zur Ermahnung vorgehaltenes Beispiel, so will es scheinen, brachte Deine Söhne in eine furchtbare Lage, weil Du (da Dir weder ihre natürliche Ambivalenz noch Deine eigene bewußt war) sie ermahntest, stets so wahrhaftig wie Prahlad zu sein, doch ihnen zugleich wiederholt damit gedroht hast, sie zu verfluchen und zu enterben, sobald die Wahrheit sich Dir als pure Rebellion darstellte. Ist es zu weit gegriffen, zu sagen, daß das, was sich in solchen Augenblicken des Zorns in Dir regte und (vielleicht nur dunkel) von den Jungen gleicherweise wahrgenommen wurde, nicht geradezu ein Faksimile eben jenes Dämonenkönigs war, dem Prahlad widerstanden hatte? Einige Deiner Ausbrüche sind natürlich nichts weiter als mehr oder weniger schlimme patriarchalische Entgleisungen. Sie zeugen lediglich davon, wie sehr Du dazu neigtest, diejenigen, die Dir nahestanden, als Besitz und als Deinen persönlichen Schandpfahl anzusehen. Diejenigen unter uns, die selbst in einem patriarchalischen Zeitalter zu Vätern geworden sind, das erst jetzt in ein Übergangsstadium mit allgemein hervorbrechender Unruhe, Ablehnung und Gewalt eingetreten ist, haben ein Recht dazu, nur diejenigen Deiner Handlungen herauszugreifen, die Du mit ambivalenten Phrasen und Prinzipien zu rationalisieren versuchst. Und selbst dann noch müssen wir einräumen, daß Du schwerlich von der Macht jener Ambivalenz gewußt haben kannst, die wir selbst erst heute in Fallgeschichten und Lebensgeschichten verstehen gelernt haben – und dies in der Tat erst durch die schmerzhafte Analyse unseres eigenen, symptomatischen Verhaltens als Eltern, nachdem wir solchen Einsichten in unsere Schuld so lange, so unlogisch und so kleinlich wie möglich widerstanden haben. Es geschieht daher nicht ohne mitfühlendes Verständnis, wenn ich hervorheben muß, daß Dein lebenslanges, unbeirrbares Bestehen auf der »Unschuld« (was bei Dir heißt: Geschlechtslosigkeit) der Kinder seinesgleichen nur in Deiner Unfähigkeit findet, den Dämonenkönig in Dir selbst zu erkennen. Und dies muß hervorgehoben werden, weil die Dämonen in allen versteckten und maskierten Ambivalenzen ihre Triumphe feiern: wo, wann und wie immer wir unsere Kinder enttäuschen, werden wir zu ihren Dämonen. Wenn wir daher, um die Wahrheit zu ergründen, stets des Potentials an Liebe in allem Haß eingedenk sein müssen, dann sind wir zugleich auch dazu verpflichtet, den Haß zu erkennen, der in aller Liebe ist. Nur wenn wir das Vorhandensein der Ambivalenz auch in den liebevollsten menschlichen Begegnungen anerkennen, wird Wahrheit zu demjenigen, was sie Dir bedeutete, nämlich dasjenige, was die sich entfaltende Humanität noch in den Antagonismen entzweiter, getrennter Funktion hilfreich befördert, sei es im Kontext von Ungleichheiten der Größe, des Alters, des Geschlechts oder der Macht. Angesichts all dieser Ungleichheiten erbitte Dir vielmehr bewußte Einsicht, statt daß Du moralistische Repression heraufbeschwörst. An dieser Stelle, so empfinde ich es jedenfalls, ergänzen Deine Versuche, die menschliche Bewußtheit zu erweitern, durchaus diejenigen Freuds.

Sigmund Freud war in unserer Zeit wohl der einzige Mann, der der lesenden Welt ebenso freimütige Schilderungen kleiner Ereignisse aus seinem Leben bot, wie Du sie über das Deine enthüllt hast, und dies nicht in der jetzt zur Mode gewordenen Form literarischer Selbstentblößung, sondern ausschließlich zum Nutzen einer Theorie und Technik der Wahrhaftigkeit. In meiner Erörterung des pädagogischen Zwischenfalles auf der Tolstoj-Farm habe ich das, was ich von ihm gelernt habe, auf eines Deiner frei erzählten Bekenntnisse angewendet. Ich möchte nun in aller

Kürze erläutern, warum ich glaube, daß die psychoanalytische Methode selbst, vermöge ihrer Besonderheit, stets Selbstanalyse zu sein, und dies gepaart mit dem Versuch, die inneren Konflikte eines anderen Menschen zu verstehen, ein Gegenstück Deiner Satyagraha ist, weil sie dem *inneren* Feind gewaltlos entgegentritt. Sowohl Du als auch Freud wußten (gleich anderen großen Bekennern, die die Bewußtheit des Menschen erweiterten), daß menschliche Erkenntnis mit dem eigenen Selbst anzufangen habe: und wie Du in Deinen Experimenten Deine eigenen Motivationen prüftest, begann Freud damit, die eigenen Träume wie diejenigen seiner Patienten »wissenschaftlich« zu bearbeiten.
Beim Studium Deiner Methode der Satyagraha bin ich in immer stärkerem Maße zu der Überzeugung gelangt, daß die Psychoanalyse, solange man sie nicht nach ihrer physikalistischen Terminologie und Theorie beurteilt, sondern sie so versteht, wie sie gemäß den Regeln und Intentionen ihres Begründers praktiziert und gelebt werden muß, einer *Methode der Wahrheit* gleichkommt, mit all den Implikationen, die das Wort Wahrheit in der Satyagraha hat. Dies, so möchte ich festhalten, ist mehr als nur eine vage Analogie; es ist vielmehr eine Übereinstimmung in der Methode und eine Konvergenz menschlicher Werte, die sehr wohl von historischer, wenn nicht gar entwicklungsgeschichtlicher Bedeutung ist.
Laß mich Dir kurz erzählen, was der Wiener Doktor sich weigerte, seinen Patienten anzutun, und was er statt dessen zu tun wählte. Dr. Freud näherte sich seinen mittleren Lebensjahren, als er betroffen der Wahrscheinlichkeit innewurde, daß seine hysterischen Patienten, weit davon entfernt, Degenerierte zu sein, wie seine Kollegen glaubten, vielmehr an den Folgen einer tyrannischen Erziehung und einer davon herrührenden Verdrängung nach innen litten: sie hatten in dem Bemühen, die Befehle ihrer viktorianischen Eltern zu internalisieren, ein verhängnisvolles Vorurteil gegen sich selbst entwickelt. Doch er ging noch weiter und gelangte zu der Schlußfolgerung, daß gerade die Doktoren, die diese Patienten von ihren inneren Verdrängungen befreien sollten, zu ihrer Unfreiheit nur noch beitrugen, indem sie autoritative Forderungen an sie richteten, die ihnen oft unter künstlich induzierten Bedingungen der Abhängigkeit oder unter Hypnose gestellt wurden. Dies, so erkannte Freud, tat dem Gewalt an, was einen Menschen einzig von innerem Zwang zu be-

freien vermag, nämlich der bewußten Anerkennung gewisser Wahrheiten über sich selbst wie über andere. Und dieser Doktor traf in seinem Sprechzimmer eine Entscheidung analog derjenigen, zu der Du auf Deinem südafrikanischen Experimentierfeld geführt wurdest: daß das Instrument der Aufklärung, das von ihm geschliffen werden sollte, die Selbstanalyse miteinschließen müsse, d. h. die Anerkennung seiner selbst als einer Person, die mit ihren Patienten den inneren Mechanismus gemeinsam hatte: die Wahrheit vermochte den Patienten nur insofern zu heilen, als der Doktor der entsprechenden Wahrheit im eigenen Inneren gegenübergestellt wurde.

Er entschloß sich sodann zu einer Methode, die dem Patienten gestattete, seinen Widerstand gegenüber seinen eigenen Gedanken und Gefühlen aufzugeben und zu lernen, seine verdrängten Gedanken und Affekte zu Wort kommen zu lassen, anstatt sie zu zensieren. Zugleich sollte der Doktor lernen, sowohl seine ablehnende Haltung gegenüber dem Patienten wie seine gefühlsmäßige Mißbilligung aufzugeben, die durch die »freien Assoziationen« des Patienten in ihm ausgelöst werden mochten. Indem er dies aber tat, ersetzte er moralischen Zwang durch den Glauben, daß in der Wahrheit Kraft genug liege, den Patienten dazu zu bewegen, zu enthüllen, was er einst verdrängt hatte, und daß dies wiederum dem Arzt gestatten würde, zu erkennen und zu interpretieren, was der Patient nicht selbst einzusehen imstande war.

Freud forderte demnach eine strikte Gleichheit zwischen Patient und Arzt, mit jenem Diktum, daß nur so lange, wie diese gewaltlose Gleichheit gewahrt bleibe, sich Wahrheit einstellen könne. Wenn die Wahrscheinlichkeit gegeben ist, daß der Patient sich an die Übereinkunft zur Wahrhaftigkeit gebunden fühlt, wird der Arzt ihn vor Selbstbezichtigungen wie jenen, daß er »minderwertig« und »unaufrichtig« sei, beschützen und sich aller inneren Hemmungen im Prozeß der Wahrheitsfindung annehmen und sie als »natürliche« Widerstände behandeln, die erklärt, nicht verurteilt werden müssen. Doch die dem Patienten auferlegte »Grundregel«, alles zu sagen, was ihm in den Sinn kommt, ohne es zu zensieren, verlangt zugleich ein beträchtliches Maß an disziplinierter Langmut von seiten des Therapeuten, der dabei selbst einiges zu durchleiden hat.

Um Dir ein Beispiel dafür zu geben, wie wir uns ein Recht *ver-*

dienen, uns in das Leben anderer Menschen einzumischen, laß mich im Vorbeigehen nur darauf hinweisen, daß die Widerstände der Patienten oft die Form von Beschuldigungen und Verdächtigungen annehmen, die gegen den Arzt gerichtet sind, der dazu verpflichtet ist, sie ohne Verärgerung und Widerspruch zu akzeptieren und zu erklären. Er muß sie sogar zur Verbalisierung ermuntern, sobald sie den Patienten in den Sinn kommen – eine Ermutigung, die sich jeden traditionellen Schutzes durch die gewohnten Schranken des Anstandes begibt. Zum überwiegenden Teil sind solche Angriffe natürlich durchsichtig genug, irrational – Ablagerungen von Ambivalenzen aus einer dunklen Vergangenheit, die sie sind, können und müssen sie unbedingt als die hauptsächliche »Ursache« der Pathologie des Patienten erkannt werden. Dennoch gibt es selbst bei den am schwersten beeinträchtigten Patienten eine überaus beunruhigende Neigung, gelegentlich mit geradezu niederträchtigem Scharfsinn in ihren Arzt hineinzusehen und bloßzulegen, was er schwerlich zuvor selbst in sich vermutet hatte und was er nun kaum noch ableugnen kann. Dennoch enden hier keineswegs schon die Leiden, denen der Arzt ausgesetzt wird. Derselbe Patient kann ihn an anderen Tagen leidenschaftlich bewundern und glorifizieren; dem Arzt wird jedoch nicht gestattet, daraufhin anzunehmen, daß diese schmeichelhafte Darstellung seiner selbst eine Wahrheit über ihn enthüllt, die lauterer und richtiger wäre als die frühere, kritischere Sicht seiner Persönlichkeit. Denn die Wahrheit, auf die es hier einzig ankommt, ist der unbewußte Ursprung und die Bedeutung der Affekte, Symptome und Störungen des Patienten. Vielleicht wird dies Dich davon überzeugen, daß der Arzt sich seine Zulassung vollauf verdient hat – und, innerhalb vernünftiger Grenzen, auch sein Honorar.

Es gab in den frühen Tagen der Psychoanalyse sogar ein Element von *Brahmacharya* in ihrer Methode. Freud glaubte zuerst, daß die psychoanalytische Behandlung am besten unter Bedingungen durchgeführt werden könne, in denen völlige sexuelle Abstinenz beobachtet würde – um sich der Patienten und in gewisser Weise auch des Arztes zu versichern; denn was immer durch die Therapie an sexueller Spannung verschärft wurde, was immer an sexuellen Phantasien und Versuchungen in allen Einzelheiten ans Licht kam – der Arzt mußte darauf vorbereitet sein zu verstehen, statt auf seine eigene Reaktion einzuwirken, ob sie nun in ungehemmter Entrüstung, einer unfreiwillig sexuellen Reaktion oder in mysteriösem Schuldgefühl bestand.

Es ist interessant, daß in den ersten Würdigungen der Psychoanalyse wie gleichermaßen auch von Satyagraha vor allem die *passiven* Aspekte am stärksten hervorgehoben worden sind; und verglichen mit den patriarchalischen Methoden der Kliniker von heute sah die psychoanalytische Technik fürwahr eher nach morbider Ko-Meditation als nach einer mannhaften Berufstätigkeit aus. Die Lehranalyse, in der dem Therapeuten ein Vorgeschmack der Situation des Patienten gegeben wurde, schien ein seltsam masochistisches Unternehmen zu sein, insbesondere wenn man die Tatsache berücksichtigt, daß es den Arzt darin schulte, sich mit seinen eigenen ungelösten Konflikten zu befassen und sie zu verstehen, und dies gerade bei seiner Arbeit – die doch gewöhnlich das Reservat des Mannes und Zuflucht vor seinen privaten Schwächen bedeutet. Kein Wunder also, daß die Psychoanalyse als eine wissenschaftliche Underground-Bewegung begann und jahrzehntelang im Schatten der Schulmedizin blühte.

Doch all dies kann nur andeutungsweise das Wesen des psychoanalytischen Prozesses verständlich machen. Erst die gesamte Geschichte eines psychotherapeutischen Ereignisses – die sich so weit ins Detail einlassen müßte wie diese psycho-historische Untersuchung eines historischen Ereignisses – könnte einen Begriff davon vermitteln, wie eine Interpretation als die gemeinschaftliche Erfahrung einer Wahrheit entsteht, die, indem sie aufhellt, befreiend wirkt und heilt, und wie die Wahrheit, die in dieser Weise aufgedeckt wird, nur hervorgehen konnte aus einer gemeinschaftlichen Anstrengung und nur durch sie bewältigt zu werden vermag, eine Anstrengung, die gekennzeichnet ist durch eine neuartige asketische Disziplin – asketisch nicht in der Ableugnung der erotischen Tatsachen des Lebens, sondern im unnachgiebigen Bestehen auf rigoroser Wahrhaftigkeit gegenüber diesen Tatsachen. Damit sind wir alle – und dies ist mein wichtigster Gesichtspunkt – gewissermaßen in eine universale »Therapie« einbezogen, verpflichtet dem hippokratischen Prinzip, daß man die Wahrheit (oder die heilende Kraft, die in einer krankhaften Situation enthalten ist) nur durch eine Handlung prüfen kann, die vor Leiden bewahrt – oder besser, durch eine Handlung, die die Wechselseitigkeit vergrößert und die Gewalt verringert, die durch einseitigen Zwang und durch Drohung verursacht wird.

Bei manchen Gelegenheiten, in Krankheit und Verzweiflung, hast auch Du, Mahatmaji, Dich unwissentlich den Freudianern angeschlossen, und zwar durch die Einsicht, daß Du damit aufhören solltest, Dich zu terrorisieren, und Du Deinem eigenen Leib mit Gewaltlosigkeit begegnen müßtest. In der Tat bist Du in mancher Hinsicht stets sehr undogmatisch, ja geradezu antidogmatisch in Deiner Beurteilung verschiedener Moralismen gewesen; das Alte Testament mit seinem gewalttätigen, »eifersüchtigen« Gott hat Dir durchaus nicht zugesagt. Bis zu einem gewissen Punkt (jenem Punkt nämlich, an dem Dein eigener Moralismus obsiegte) war Dir bewußt geworden, daß Dogmatismus den fanatischen Religiösen dahin zu führen vermag, sich selbst aufzuspalten in einen grausamen Richter und einen heillosen Sünder, und der daraus für sich die Berechtigung herzuleiten bestrebt sein wird, andere so zu betrachten und zu behandeln, als wären sie um nichts besser als das Schlechteste in ihm selbst – ob diese anderen nun seine eigenen Kinder sind oder solche Klassen abhängiger Männer und Frauen, die er als »nichts Besseres denn Kinder« beurteilt. Ich habe demgemäß Deine pädagogischen Beispiele und unsere Einsichten einander gegenübergestellt, weil wir gelernt haben, in der Begegnung zwischen Erwachsenem und Kind die schreckliche Herausforderung an jedermann zu erkennen, der den Menschen von aller Gewalt, die in ihm ist, heilen will. Bei dieser Heilung ist es wesentlich – in Deinem Kontext wie in dem unseren –, daß der moralisch Erwachsene, der nur zu leicht moralistischer Rachsucht verfällt, es lernen sollte, ohne Gewalt zu erziehen, d. h. unter Anerkennung der Unverletzlichkeit seines Gegenüber, selbst – und insbesondere dann – wenn jenes Gegenüber ein Kind ist. Doch das bloße Vermeiden physischer Grausamkeit ist nicht genug; es kann durchaus, unter dem Vorwand, alle Macht geopfert zu haben, zu einer elterlichen Gehemmtheit und Scheu führen, die jeder Äußerung von Mißbilligung enträt: was nur ein geringer Fortschritt ist, wie wir erkannt haben. Wir tun den Kindern auch damit Gewalt an und erzeugen in ihnen Wut, wann immer wir ihnen das notwendige Maß an Anleitung vorenthalten, ohne die sie sich nicht voll entwickeln können – oder wir zwingen Ihnen Entscheidungen auf, für die sie noch nicht reif sind. Keine Lebensgeschichte hat jemals diesen Sachverhalt besser illustriert als Deine eigene, denn Deine frühe Heirat hat Dir Gewalt angetan. Doch Du, Mahatmaji, bist einer

der seltenen Menschen gewesen, der die ohnmächtige Gegengewalt, die in Dir geweckt wurde, zu überwinden vermochte, indem Du Tradition und persönliches Schicksal, Religion und Politik zu einer Methode kombiniert hast, die in überaus gewissenhafter Weise – und dies gelegentlich unter äußersten Schwierigkeiten – gewaltlos gewesen ist.
Als Pädagoge sollte ich noch hinzufügen, daß *ahimsa* auch – über die Zusicherung der physischen Unverletzlichkeit des anderen hinaus – den Schutz des Wesens eines anderen, als einer sich entwickelnden Persönlichkeit, in sich schließen muß. So ist es dann möglich, daß man momentane besitzergreifende Impulse oder Phantasien opfert, nicht weil der Impuls oder die Phantasie sündhaft oder verboten wären, sondern weil man den anderen wegen der in seiner Person angelegten Möglichkeiten liebt. Nur in einer solchen Weise kann Selbstverleugnung zur Selbstbestätigung und zu einem Werkzeug der Wahrheit statt zu einer Waffe der Rachsucht werden. Ich weiß wohl, daß dies hochtönende Worte von der Art sind, die man nicht gebrauchen sollte, es sei denn, man hat solche Phänomene in der Sittlichkeit des Alltagslebens sich ereignen sehen, ist ihnen gleichsam wort- und begriffslos begegnet – wie ich es von mir behaupten kann. Nur dann wird man auch wissen können, wieviel von dem, was wir den Ränken des Teufels oder den unerbittlichen Forderungen des ES zuzuschreiben gewohnt waren, toleriert werden kann, wenn es mit Liebe aufgenommen statt durch gewaltsamen Moralismus vernichtet wird.

Irgendwo, Mahatmaji, berichtest Du unvermittelt und übergangslos, daß Dich ein protestantischer Minister einst gefragt habe, ob Du an die Erbsünde glaubtest, und Du geantwortet hättest: »Ja, gewiß.« Auf eine solche Frage würde ich dieselbe Antwort geben, gesetzt den unwahrscheinlichen Fall, daß sich jemand die Mühe machte, mir eine derartige Frage vorzulegen. Doch als Psychologe würde ich hinzufügen »Ja, so bedauerlich ich es auch finde«, denn ich glaube, daß es zum Fluch des Menschen gehört, nicht umhinzukönnen, diese Annahme zu machen. Aus demselben Grund indessen würde ich meinerseits den Frager unverzüglich fragen, an wen und an was er dabei insbesondere denke. Denn wenige Menschen sind imstande, dem Problem in all seiner existentiellen Ungeheuerlichkeit über längere Zeit ins Auge zu

sehen. Die meisten Leute glauben (mehr oder weniger bewußt), daß alle Menschen einen Teil der Erbsünde tragen müssen, daß jedoch andere mehr tragen, als sie selbst zu tragen haben. Daher auch konnte Mr. Krüger, Präsident von Transvaal, ohne zu zögern einer Abordnung Deiner Freunde erklären:
»Sie sind die Nachkommen Ismaels und deshalb von Geburt her dazu bestimmt, für die Nachkommen Esaus Sklavenarbeit zu verrichten.«[8]
Es ist demnach offenkundig, daß man auch dieser Frage in all ihren psychologischen wie religiösen Dimensionen nachgehen muß, denn auch dieses Problem macht uns, solange es nicht aufgehellt wird und in uns ungelöst bleibt, zu Mördern. In der Verfolgung einer »gerechten Sache« die Sünder zu töten, ein Held zu werden, indem man das Wagnis eingeht, beim Töten anderer selbst getötet zu werden, und solchem Heroismus als einem absoluten in den Augen Gottes zu huldigen – all dies befreit uns von der allgemein-menschlichen Last, in Schuld und mit der Erfahrung der Absurdität zu leben. Und dennoch können wir nicht *eine*, alles umfassende Gattung werden, ohne gemeinsam diese Last auf uns zu nehmen. Klinisch, sozusagen, gibt es wenig Zweifel daran, daß der Gedanke der Erbsünde durch persönliches Schicksal und die historischen Umstände nachhaltigere Wirkung übt und ihm selten existentiell begegnet wird. Ich habe darauf hingewiesen (»in aller Bescheidenheit«, wie Du sagen würdest), daß dies zeitweilig bei Dir der Fall gewesen ist. Daß moralischer Absolutismus, von dem Du manchmal angenommen hast, daß er eine unerläßliche Waffe gegen die eigene Instinktualität sei, Dich dazu führte, einen unaufhebbaren Fluch in jedem Nachgeben gegen alles Instinktive zu sehen. Folgerichtig zögerst Du nicht, auch solche Dinge als »Quellen« des Bösen zu bezeichnen, die nur vermöge einer gedankenlosen Ausbeutung durch den Menschen »böse« werden; ebensowenig zögerst Du zu behaupten – mit deutlichem Hinweis auf Deinen ältesten Sohn –, daß über ein Kind allein schon deshalb Verderben verhängt sein könne, weil es in einer Umarmung empfangen wurde, in der »es« nicht bewußt intendiert worden ist. Um Dir Gerechtigkeit geschehen zu lassen, möchte ich hinzufügen, daß diese Denkungsart so verbreitet ist, daß wir auch in der klinischen Arbeit stets Mittel und Wege finden, einen »Fluch« in der Frühkindheit – wenn nicht gar eine konstitutionsbedingte »Ursache« – für neurotische Beein-

trächtigungen des Menschen verantwortlich zu machen. Dennoch besitzt niemand von uns ein Recht, dasjenige als böse, krank oder vom Schicksal verhängt abzuschreiben, dem wir uns nicht im radikalen Geist des Risikos und des Experiments selbst gestellt haben: dafür hast gerade Du uns für einige Lebensbereiche Satyagraha als Vorbild gewiesen, wie Freud uns wieder für andere die Psychoanalyse bereitgestellt hat. Und dennoch verrät die düstere Strenge, die Du oft in Briefen an Deine Kinder entfaltest, ein bestürzendes Gefühl der Schicksalsverfallenheit, als hätten sie, da sie Hervorbringungen Deiner Sünde sind, keine Hoffnung auf Erlösung, es sei denn, daß sie an Deiner Entsagung teilhaben. Hier allerdings muß ich zugeben, daß wir Kliniker uns dadurch einem ähnlichen Fluch ausgesetzt haben, daß unser »genetisches« Vorgehen uns dahin geführt hat, die Entwicklung eines Kindes so zu rekonstruieren, als sei es nichts anderes als das Produkt der Tugenden und Laster seiner Eltern. Doch ich glaube durchaus, daß auch wir sowohl wahrhafter wie in stärkerem Maße hilfreich sein könnten, wenn wir zugeben wollten, daß jedes Kind ebensosehr potentiell eine völlig neue, eigene Persönlichkeit ist wie zugleich das Produkt anderer und daß wir nicht das Recht haben, ihm die unsägliche Bürde eines abstrakten Fluches aufzuerlegen, solange die klinischen Befunde nicht eindeutig auf einen konkreten pathogenen Prozeß hindeuten. Im Hinblick auf den Zeugungsakt indessen besteht die entscheidende Frage darin, ob Satyagraha unlösbar an solch asketische Idiosynkrasien gefesselt bleiben wird oder ob sich ihre Gültigkeit aufs neue für eine Zukunft beweisen kann, in der eine gründlichere Kenntnis der Rolle der Sexualität und der sinnlichen Genußfähigkeit für den Energiehaushalt von Mann und Frau (und dies in Verbindung mit einer fortgeschrittenen Technologie geplanter Elternschaft) möglicherweise eine größere Zahl von Menschen zu wahrhafter Friedfertigkeit geneigter macht. Ob es in ihnen auch die Bereitschaft dazu weckt, in der Verteidigung des Anrechtes anderer Menschen auf ein lebenswertes Leben Leiden auf sich zu nehmen – dies, so muß ich zugeben, weiß ich nicht zu sagen.

Wenn Du, Mahatmaji, eine Erwiderung hierauf zu geben imstande wärest, könntest Du mich allerdings an einige sexuelle und hedonistische Exzesse erinnern, die sich in einigen der zivilisiertesten Teile der westlichen Welt ausgebreitet haben, oftmals im Namen Freuds. Ich muß dies zugeben; und es geschieht nicht in der Absicht, Dir in barer Münze heimzuzahlen – zudem nicht angesichts solcher tragischen Vorkommnisse –, wenn ich Dich an die blutigen Unruhen erinnere, die auf Deine gewaltlosen Kampagnen folgten, wenn auch nur ganz entfernt in Deinem Namen. Was ich klarzustellen versuche, ist, daß Ausschreitungen und Aufstände unmittelbar auf Verdrängung und Unterdrückung folgen, sobald die moralischen Beschränkungen aufgehoben sind, und zwar genau wegen der autokratischen und blinden Natur dieser Beschränkungen. Auch hier kann ich nur mein anfangs vorgebrachtes Argument wiederholen: Gewaltlosigkeit, nach innen oder außen gerichtet, kann nur da zu einer wahrhaften Kraft werden, wo Ethik an die Stelle des Moralismus tritt. Und Ethik ist, in meiner Auffassung, gekennzeichnet durch einsichtsvolle Zustimmung zu menschlichen Werten, während Moralismus nichts anderes als blinder Gehorsam ist; und Ethik wird vermittelt durch wissende Überzeugung, statt mit absoluten Verboten erzwungen. Ob die wachsende Zahl der Menschen jemals eine solche ethische Haltung zu entwickeln oder weiterzugeben vermag, weiß ich nicht; ich bin mir jedoch gewiß, daß wir dazu verpflichtet sind und daß die Jungen unsere Unterstützung dabei erwarten, wenn sie es versuchen.

Satyagraha wird angesichts sozialer Konflikte, wie wir mit aller Überzeugung aussprechen können, nur eine sehr geringe Chance haben, sich als allgemein relevantes Mittel zu empfehlen, solange wir es nicht lernen, sie auch auf dasjenige in uns anzuwenden, was wir als »böse« empfinden und was uns Angst vor der Befriedigung unserer instinktuellen Bedürfnisse eingibt, ohne die der Mensch nicht nur als Geschlechtswesen ausgelöscht würde, sondern auch zu einem doppelt zerstörerischen Geschöpf werden müßte. Denn der Mensch vermag das, was diese Existenz an Frieden zu bieten hat, nur in jenen Augenblicken zu finden, wo seine sinnlichen, logischen und ethischen Vermögen einander die Waage halten: all dies haben die Kulturen in ihrer Hochblüte zu erreichen gestrebt, und dies ist es, was eine weltumspannende technologische Kultur allgemein zu machen hilfreich sein muß oder zumindest als ein Ideal ins Augen fassen sollte, dem man sich in einem Geist gläubigen Vertrauens und des Realismus annähern muß. Es kann keinen Zweifel daran geben, daß wir in der Welt von heute einem ernsten Ungleichgewicht der sinnlichen, logischen und ethischen Erfahrung ausgeliefert sind.

Doch indem wir Dir jetzt, im Jahre 1914, auf Deinem Weg zurück nach Indien folgen, kann ich mit einer Frage nicht zurückhalten, die Dir ähnlich, und zwar in unversöhnlicher und nachtragender Weise, von einigen Deiner Landsleute vorgehalten worden ist. Gehörte es nicht zum Besten des Hinduismus, daß er ziemlich frei war von kalvinistischem Sündenbewußtsein? Und bot er nicht aus genau diesem Grunde eine Logik des Lebenszyklus, die eine graduelle Loslösung *nach* allseitigem Einbezogensein in die verschiedensten Lebensbereiche gestattete? Wenn »Gleichgültigkeit« gegenüber den Früchten der Handlung das zentrale Thema der Bhagavad Gita ist, war es dann nicht auch eng mit jenem anderen Thema verwandt, das davon sprach, daß die Früchte selbst erst ausreifen müßten? Als Krishna Arjuna davon überzeugte, daß er das *dharma* des Kriegers zu Ende leben müsse, kam es Arjuna nicht in den Sinn, einige aggressive Impulse »auszuleben«: er war ein erfahrener Krieger und ein Mann. Ist es nicht vielmehr so, daß in demselben Ausmaß, in dem Menschen unerfahren und unvollkommen in irgendeinem ihrer Lebensstadien bleiben, oder in dem Können wie der Geschicklichkeit, die zu ihrer technologischen Identität gehören – daß sie in demselben Maße sich der Chance zur »Loslösung« und zu existentieller Freiheit begeben? Ich mag dies selbst nicht ganz in all seinen möglichen Weiterungen verstehen; aber wird ein Mensch ohne diese Art der Erfüllung nicht gewissermaßen rachsüchtig den Fluch seiner ungelebten Möglichkeiten an die kommenden Generationen weitergeben? Hier scheint die Frage von allergrößter Bedeutsamkeit zu sein, ob Du nicht bei Deinem Versuch, sowohl spirituell wie politisch, von allem abgelöst und zugleich Aktivist zu sein, ein unmögliches Dilemma mit Deiner allenthalben anklingenden Herabwürdigung der Fortpflanzung geschaffen hast? Denn ohne ein Bündnis mit dem *Dasein* der Frauen als den Hüterinnen einer irdischen Ordnung, die sich optimale, gastliche Lebensbedingungen für eine geplante Nachkommenschaft zur Aufgabe machen, würde der Mensch Satyagraha immer wieder neu erschaffen müssen, nämlich wieder und wieder aus Konflikten heraus, die so krankhaft (weil heillos männlich) wären, daß einzig Verbrechen, Aufruhr und Krieg von dem unerträglichen Druck befreien könnten. Und weil ich in meiner klinischen Arbeit den Versuch gemacht habe, in den Leiden der Jungen den Abstand zu erkennen, der ihre Eltern von der Wahrheit trennt, kann ich nicht umhin, die Schlußfolgerung auszusprechen (von der ich weiß, daß Du sie später selbst gezogen hast), daß solche leidenschaftlichen und selbstmörderischen Dulder wie Dein Sohn Harilal – um hier ein Beispiel aus der mythologischen Welt umzukehren in eine Welt der Generationenfolge – in der Tat die Prahlads ihrer Eltern sind.

Deine aufrichtigen Enthüllungen über Deine Launenhaftigkeit im Verhältnis zu Deiner Frau und zu Deinen Kindern bringen schließlich nur überaus konkret und unverdeckt eine Ambiguität zum Ausdruck, die jedem Genie eignet, und vielleicht in ganz besonderem Maße dem religiösen Genie. Denn ein religiöses Genie sieht sich nicht nur in stärkerem Maße als andere schöpferische Menschen dem Problem gegenüber, wessen Sohn, sondern zugleich auch dem, wessen Vater er ist. Denn gleichermaßen wie er von einem irdischen Mann gezeugt und aus dem Schoß einer Frau an einem bestimmten Ort und in eine bestimmte Zeit hinein geboren ist, und wie er außerstande ist, zu handeln, ohne daß er die Lebenswirklichkeit durch sein Tun entweder bereichert oder zerstört – seine Seele wird unumgänglich stets eifersüchtig auf der Suche nach *dem* Vater und *dem* Sohn sein, der die Ungeheuerlichkeit der Existenz bewältigt. Inzwischen beweist Dein Eingreifen und Verstricktsein in das Leben der Dir am nächsten Stehenden, daß Du, indem Du »Namenlosigkeit« für Dich beanspruchst, zum Namen wirst, der in aller Munde ist; daß Du in dem Bemühen, »nichts« zu sein, zugleich bestrebt bist, für jedermann *alles* zu sein; daß Du gleichermaßen in dem Versuch, Dich von allen Familienbanden loszusagen, sowohl Mutterschaft wie Vaterschaft für Dich usurpierst.

Doch all dies, Gott sei mein Zeuge, soll keineswegs eine Anklage oder auch nur eine klinische Beurteilung sein. Ich kann nur unter inneren Qualen einem Menschen zusehen, der (indem er sich selbst in stärkerem Maße transparent macht, als jemals irgendeiner der Erlöser oder Heiligen aus der mythologischen Vergangenheit) jeden Schritt auf der Suche nach dem Heiligenleben improvisiert hat – Nacktheit, Armut, Schweigen, Keuschheit und Barmherzigkeit –, ohne daß er je irgendeine Form traditioneller Investitur erlebt hätte oder in einen Orden aufgenommen worden wäre; und der es versuchte, die Macht dieser seiner Stellung in jeder wachen Minute auf das Hier und Jetzt, wie es von der Masse der Menschen gelebt wurde, anzuwenden. Die Opfer, die Du Dir selbst und anderen auferlegtest, die sich dem »Dienst an der Nation« verpflichtet hatten, machten Dich bei Deiner Rückkehr nach Indien in einer Weise für die Massen bereit und geeignet, wie dies in der Geschichte vor Dir niemand gewesen und seither beispiellos geblieben ist. So kann ich dem nur demütig beipflichten, was Du auf Deiner Rückreise an Mr. Lazarus, Deinen und der Bergleute langmütigen Wirt in Newcastle, geschrieben hast:

»Spiele . . . mögen wohl unter gewissen Umständen am Platze sein. Doch ich bin mir gewiß, daß es für uns, die wir einen so tiefen Sturz getan haben, dafür keinen Raum geben kann.«[9]

Nachdem ich Dir all dies vorgetragen habe, kann ich nun darangehen, ohne weitere Einwände oder Auseinandersetzungen schlicht von den Jahren Deines Aufstiegs zu jenem »Posten« des Propheten im eigenen Lande zu erzählen. Und ich kann diesen Brief nun mit größerer Aufrichtigkeit beschließen: mit verehrungsvoller und tiefempfundener Hochachtung, Dir wie immer ergeben.

II. Kapitel
Prophet im eigenen Lande

Warum Ahmedabad?

Von jenem Augenblick im Jahre 1915 an, als Gandhi seinen Fuß auf einen Pier setzte, der für wichtige Persönlichkeiten reserviert war, die in Bombay an Land gingen, trat er wie ein Mann auf, der über das Wesen und über das Ausmaß der indischen Kalamität ebenso unterrichtet war wie über die Schwierigkeiten, die sich seiner eigenen, grundlegenden Mission in den Weg stellen würden. Ein reifer Mann in mittleren Jahren hat nicht nur für sich entschieden, welche bestimmten Lebensbereiche ihm gleichgültig sein werden, sondern er hat zugleich feste Vorstellungen darüber, *wessen* er sich annehmen *wird* und wozu er befähigt ist. Der Ausgangspunkt besteht für ihn in demjenigen, was er unabänderlich *ist*, und er greift nach demjenigen, was nur er tun kann und demgemäß tun *muß*. Wir werden nun zeigen, wie Gandhi sich anschickte, seine Position in jedem dieser Aufgabengebiete zu festigen. Ohne längeres Zögern bestand er darauf, inmitten des »verwirrenden Glanzes« des Empfanges, mit dem seine Landsleute ihn zu ehren trachteten, in der einfachen Kleidung eines »bäurischen Kathiawadi« aufzutreten, d. h. eines Bewohners seiner Heimatprovinz. Indem er so unverzüglich zur Schau stellte »was man Satyagraha im kleinen nennen könnte«, sprach er zu den Honoratioren dieser öffentlichen Handlung in seinem heimatlichen Idiom, Gujarati. Seine Rede war eine brüske Zurechtweisung, und dies in einer so spöttischen Form, wie sie des kleinen Moniya würdig gewesen wäre, doch mit dem leisen, eindringlichen Ernst eines Mannes, der nicht nur jedes Wort so verstanden wissen wollte, wie er es aussprach, sondern ankündigte, daß ihm Taten folgen würden – oder Scheitern und Untergang. Und ihre Aufnahme in der Öffentlichkeit »stimmte mich zuversichtlich und überzeugte mich davon, daß es mir nicht schwerfallen würde, meinen Landsleuten die neuen, doch bereits bewährten Ideen nahezubringen«. Gehorsam, wenngleich halb scherzhaft, ließ er sich auf Gokhales Rat ein, in politischen Angelegenheiten vorerst kurzzutreten, doch zögerte er niemals, sich in einer Weise verständlich zu machen, die *sein* Programm für eine Reform nach indischem Muster mit methodischer Folgerichtigkeit entwickelte.

Doch zunächst galt es klarzustellen, wer er war. Als man ihm am zweiten Tag nach seiner Ankunft eine Empfangsadresse vorlegte, die in einem silbernen Kästchen verwahrt wurde, das mit goldenen Ketten kunstvoll verschlossen war, beschrieb er diese Präsente

»als ziemlich ungeeignet für eine Person, die weder ein Dach über dem Kopf noch verschließbare Türen zu seinem Haus hat. Ketten, seien sie nun aus Gold oder Eisen, waren für ihn dasselbe, denn sie waren schlechthin Ketten. Ein Zeremoniell wie dasjenige, das für ihn abgehalten wurde, so sagte er, sei seiner nicht angemessen ...«[10]

Der Elite Bombays gegenüber, von der bei einem Empfang sechshundert Abgesandte erschienen waren, bekannte er, daß er und seine Frau

»während der drei Tage, die sie bisher in Bombay verbrachten, die Empfindung gehabt hätten – wobei er davon ausgehe, daß er damit auch den Gefühlen seiner Frau Ausdruck gebe –, daß sie sich inmitten jener indischen Kontraktarbeiter, die die wahren Helden Indiens seien, weitaus heimischer fühlen durften«[11].

Und als die Menschen in Rajkot ihn mit einer Versammlung unter Vorsitz des Dewan begrüßten, gestand er ihnen ein, daß es durch die Teilnahme an derartigen Massenzusammenkünften mit seinem Gesundheitszustand »bergab« gehe; er hoffe einzig, daß ihre Liebe, die sie ihm jetzt bewiesen, sich ihm auch über jenen Tag hinaus erhalten möge, an dem sie ihn »an der Arbeit« und vielleicht auch scheitern sehen würden. Den Empfang, den seine Kastengemeinschaft ihm bereitete, betrachtete er als eine große Wohltat, doch erst wenn die »Zeit der Bewährung« herangekommen sei, werde er wissen können, ob ihre Liebe aufrichtig sei oder ob sie sich nur »blind, wie so viele Schafe«[12] versammelt hätten.

Ohne Zeit zu verlieren, lenkte Gandhi sodann aller Blicke auf eine ungewisse Zukunft. Doch als Sohn eines agrarischen Zeitalters ging er zunächst mit gleicher Hingabe daran, sich »niederzulassen«, bleibende Wurzeln im Heimatboden zu schlagen, bevor er sich über alle Landesteile Indiens auszubreiten und auf die unmittelbaren Gefahren und Verheißungen der gegenwärtigen

Situation einzulassen begann. Bald schon fand er den geeigneten Ort für eine Neugründung der »Phönix-Familie« nahe Ahmedabad am Sabarmati-Fluß. Die Geschichte also, die es jetzt zu erzählen gilt, muß uns Auskunft darüber geben, wie es dazu kam – nachdem er sich in dieser Stadt niedergelassen und in alle vier Himmelsrichtungen Indiens auf Erkundungsfahrt gegangen war –, daß er Ahmedabad zum Schauplatz für dasjenige auswählte, was wir als den ersten vollgültigen Anwendungsfall von Satyagraha als Instrument bezeichnen wollen.

Es gab und (wie wir nicht umhinkönnen festzustellen) es gibt noch immer viele Inder, die es Gandhi in erster Linie nie vergeben konnten, daß er ein Bania war, und sodann unverzeihlich fanden, daß er sich von Gujarat aus »ins Geschäft brachte«. Doch am unverzeihlichsten war es in ihren Augen, daß er sich mit den Besitzern der Textilfabriken in Ahmedabad anlegte. Und selbst unter jenen, die bereit sind einzuräumen, daß Gandhi – trotz all seiner Absonderlichkeiten – ein machtvolles Werkzeug, wenngleich keineswegs die treibende Kraft in der Unabhängigkeitsbewegung gewesen sei, gibt es viele, die mutmaßen, daß seine in vielerlei Hinsicht sich bestätigende Bania-Natur ihn für die Mächtigkeit gewisser Elemente und Bestrebungen blind gemacht habe, die unaufhaltsam im Entstehen waren: die einzigartige Größe des Hinduismus und die mannhafte Ideologie seiner Kriegerkasten, das politische Potential der intellektuellen und künstlerischen Renaissance in Bengalen, das nationale Erwachen Maharashtras und nicht zuletzt das wahrhaft revolutionäre Potential des bäuerlichen indischen Proletariats. Und weil schließlich, wie wir gesehen haben, seine Autobiographie die Episode von Ahmedabad herunterspielt, muß unser Interesse vor allem darauf gerichtet sein zu verstehen, warum er einen Flecken jenseits des Sabarmati-Flusses für sein Satyagraha-Ashram wählte und wie er dazu kam, sein erstes Fasten für eine allgemeine Sache gerade in einem Kampf gegen die Textilindustrie einzusetzen.

Sich »niederzulassen« blieb für Gandhi natürlich stets eine Angelegenheit, die in Anführungszeichen gesetzt werden muß, und die Jahre zwischen seiner Rückkehr nach Indien und dem E r e i g n i s vergingen ihm zur Hälfte in dem Bestreben, ein »Heim« für seine »Familie« zu gründen, und in einer beinahe panischen Hast, mit der er den Subkontinent per Eisenbahn durchquerte. Und wenn seine Niederlassung dem Gebet und seinem Reformwerk geweiht war, so wurde sie doch zugleich auch zu einem Hauptquartier einer nationalen Kampagne; und während sein Umherreisen ihm einmal dabei dienlich war, Informationen der unterschiedlichsten Art aus erster Hand zusammenzutragen, wurde es ihm gleichzeitig zum Hilfsmittel für eine möglichst breitgestreute Propaganda. Er hielt sich an das Gokhale gegebene Versprechen und erklärte überall, daß er als Politiker seine »Probezeit« durchmache. Indem er seine ursprüngliche Berühmtheit als »wahrer Freund der Armen« ausbeutete, wurde er zum Pilger im Lendentuch, doch ein Pilger auf Eisenbahnschienen, der etwa jede vierte Nacht im Zug verbrachte – dritter Klasse, wie sich das von selbst versteht. Welche Szene, würdig eines modernen Giotto: der schmächtige »Bauer aus Kathiawar«, beinahe am Einschlafen, während er sich schwankend in einem ratternden Eisenbahnabteil aufrecht zu halten versucht, weil er nicht gewillt ist, sich zwischen die schamlosen Fahrgäste zu zwängen, die sich auf den Sitzbänken und auf dem Fußboden breitgemacht haben. »Wie können Sie das nur aushalten«, ruft jemand aus, »und übrigens: wie war doch gleich Ihr Name?« »Mein Name ist Mohandas Gandhi« – und unverzüglich, wie durch ein Zauberwort, ist alles auf den Beinen. Bald auch folgte ihm die Geheimpolizei auf Schritt und Tritt, und die Fahrgäste sollten mit Abscheu bemerken, wie sie den »armen Sadhu« unaufhörlich damit belästigte, seine Ausweispapiere einsehen zu wollen. Und wieder sollten ihn die Fahrgäste ungeduldig-teilnahmsvoll fragen, warum er »dies hinnehme« und wer er denn eigentlich sei? Dies war volkstümlicher Ruhm, obschon auf einer sehr niederen und sehr breiten Ebene. Doch bevor wir über die grundlegend neue Art einer nationalen Kampagne berichten werden, die überall Wellen schlug, wo er dem Zug entstieg, wollen wir uns mit der Frage beschäftigen: warum von allen Orten gerade Ahmedabad, warum das »Manchester Indiens«?

Ich glaube es zu wissen; denn schließlich ist Ahmedabad die einzige Stadt Indiens, mit der ich einigermaßen vertraut bin, weil ich dort vorübergehend eine Aufgabe zu erfüllen hatte: das Seminar. Man hat stets unvergleichliche, einzigartige Empfindungen für eine Stadt, der man sich »funktional« anzupassen hat, und man lernt binnen kürzester Frist zu erfassen, was man in einem länger währenden und weniger herausfordernden Kontakt unmöglich wahrzunehmen imstande gewesen wäre. Doch man nimmt zugleich Vorurteile in sich auf, die die Vorstellung, die man von einer solchen Stadt in sich trägt, bis in alle Zukunft bestimmen. Mein vorgefaßtes Urteil bestand darin, daß ich zufällig in eine Stadt von genau der richtigen Größe und Struktur gekommen sei, um die Funktion, die sie jahrhundertelang erfüllt hatte, verstehen zu können, wenngleich sie weder um einen Palast noch um einen Hafen herumgebaut war. Sie war ganz einfach – und ist dies auch stets in meiner Erinnerung geblieben – eine echte Stadt. Man atmete, wenn man so sagen darf, die Logik merkantilen Lebens, denn ihre Industrie war aus einheimischen Handwerksbetrieben über kleine Unternehmen bis zur Großindustrie in einem derart ineinandergreifenden, einheitlichen, ununterbrochenen Prozeß gewachsen, daß man wahrhaftig von einer in ihr korporierten Identität sprechen mochte. Dies gab ihr einen ebenso soliden wie begrenzten, starken und in sich verwachsenen, lebensvollen und zugleich isolierten Charakter, vermittels dessen es ihr möglich gewesen war, jahrhundertelang mit einer bemerkenswerten Energie hauszuhalten, die sich nun in den Persönlichkeiten meiner Gastgeber sowie in den Institutionen der Forschung, des Managements und der Erziehung kraftvoll erneuerte. Womit nicht geleugnet werden soll, daß Ahmedabad zusätzlich zu dem Elend, wie es für alle indischen Städte typisch ist, den Lärm und die Abgase einer kompakten Industrie aufweist, die nicht nur aus Fabriken besteht, sondern auch aus den Anlagen für Verarbeitungsprozesse aller Art, für Drucken, Verpackung und Versand. Doch eine derart einseitig auf einen Produktionszweig ausgerichtete Industrie bedeutet zugleich eine allseitige Orientierung und eine umfassende Lebensanschauung für Hunderttausende von Menschen. Diesen Menschen gelang es darüber hinaus, sich ein ethnisches Gemeinschaftsleben zu bewahren und lebendigen Kontakt zu den umliegenden Dörfern wie zugleich zu den weiter entfernten Heimstätten ihrer Vorfahren aufrechtzuerhalten. Rückblickend stellt der Mahatma schlicht fest:

»Ich besaß eine Vorliebe für Ahmedabad. Selbst geborener Gujarati, dachte ich mir, daß es mir gelingen sollte, dem Land den größten Dienst dadurch zu erweisen, daß ich mich meiner eigenen Sprache, des Gujarati, bediente. Und dann war schließlich Ahmedabad seit alters das Zentrum der Handweberei, so daß es wahrscheinlich der geeignete Ort für die Wiederbelebung der Heimarbeit, der Herstellung handgewebten Tuches werden mochte. Ferner bestand auch Hoffnung, daß hier, in der Hauptstadt Gujarats, finanzielle Unterstützung von seiten wohlhabender Bürger eher zu erwarten war als anderswo.«

Gandhi nennt demnach vor allem anderen die *Sprache* als ausschlaggebenden Faktor. Die Gujarati sprechende Bevölkerung umfaßte nicht mehr als ein Zehntel aller Inder, doch schließlich waren es die Menschen seiner Heimat. Und eine der obersten Bedingungen dafür, ein freier Mann zu sein, bestand seiner Überzeugung nach in der Fähigkeit, sich in der Sprache seiner Kindheit ausdrücken zu können. Wenn Gandhi später unannehmbare und unwirksame Vorschläge zur Lösung des wahrhaft abgründigen Sprachenproblems in Indien machte, dann ist offensichtlich, daß er im Prinzip durchaus recht hatte und daß Indien heute nur deshalb um so ärmer dasteht, weil unter denen, die ihn in der Führerschaft ablösten, keiner genügend Weitblick und Autorität besessen hat, das Sprachendilemma mit ähnlich propagandistischem Eifer und gleicher Energie anzugehen. Alles, was der Apostel der Wahrheit zu tun vermochte, war demnach, sein Volk auf ein nationales Unglück aufmerksam zu machen. Denn Wahrheit wird in der Tat zu einer verwaschenen Angelegenheit, wo die meisten öffentlichen Geschäfte und der überwiegende Teil der Verkehrsformen im Alltagsleben eines Volkes entweder in gestelztem und oft gebrochenem Englisch oder in einer Vielfalt von Idiomen abgewickelt werden, die kaum mehr bieten als eine Annäherung an den beabsichtigten Sinn des Gesprochenen. Und weil diese Tatsache es, auf lange Sicht gesehen, sowohl unmöglich wie unnötig macht auszusprechen, was man »eigentlich« meint, begünstigt sie eine Form der gewohnheitsmäßigen Halbwahrheit, die die Engländer bei allen Indern für »angeboren« hielten.

Als Gandhi sich Ahmedabad erwählte, war es noch immer die Stadt, in der ein offizielles Gujarati gesprochen, studiert und im Handel und auf den Hochschulen gepflegt wurde; und nicht zuletzt war es von alters her der Sitz der *Handweberei*. Denn neben dem unheilbaren Riß zwischen den Nationalsprachen machte Gandhi den Niedergang und die Zerstörung des einheimischen Handwerks für den Zerfall der Identität Indiens verantwortlich. Bald sollte er das Spinnrad zu neuer Bedeutung erheben: als eine wirtschaftliche Notwendigkeit, als religiöses Ritual und als nationales Symbol. Es ist sozusagen ein typisch

Gandhisches Paradoxon, daß von allen indischen Städten gerade Ahmedabad zum Sitz einer Industrie geworden war, in der die fortgeschrittensten und modernsten Spinn- und Webmethoden angewendet wurden. Wir werden sehen, daß Gandhi auch in Beziehung auf die indische Textilproduktion Lösungsvorschläge machte, die auf breiter Ebene nur für eine begrenzte Periode wirksam waren, weswegen man ihn später beschuldigen sollte, ein Maschinenstürmer und Romantiker des einfachen Handwerks gewesen zu sein. Aber auch hier wiederum hatte er im Prinzip durchaus recht; und während es nicht wenige gab, die sich über die Auswirkungen besorgt zeigten, die die Konkurrenz von Millionen privater Spinnräder auf die Zukunft der Textilindustrie haben mochte, habe ich nicht einen einzigen indischen Industriellen getroffen, der nicht vielmehr einen wechselseitigen Ansporn statt vernichtender Konkurrenz in dem Nebeneinander einer leistungsstarken Textilindustrie und einer wiedergeborenen Handweberei in den Dörfern erblickt hätte. Jedenfalls wollte sich Gandhi dort niederlassen, wo ihm und seinen Getreuen sowohl Tradition wie verfügbares Material gestatten würde, eine Gemeinschaft aufzubauen, in deren Zentrum die Pflege des Spinnens und Webens stehen sollte. Und er hatte (bis zu einem gewissen Punkt) damit recht, daß einige der wohlhabenden Jain-Kaufherren und Industriellen nicht zögern würden, ihren »Konkurrenten« zu finanzieren.

Denn die Tradition des Webens bedeutete in Indien weitaus mehr als eine einheimische Form der Warenproduktion; bodenständiges Handwerk war tief eingebettet in das gesamte System, innerhalb dessen gewöhnlich eine enge Interdependenz zwischen *Zunft*, *Kaste* und *Religion* geschaffen wird. Und in Ahmedabad hatten die verschiedenartigen Gemeinschaften, die für die Finanzierung, die Herstellung und den Vertrieb der Textilien verantwortlich waren, seit Jahrhunderten in wechselseitiger Abhängigkeit und gegenseitiger Anpassung gelebt: in Ahmedabad hatte die Kastenstruktur buchstäblich »gearbeitet« und war durch den Einfluß englischer Lebensweisen kaum spürbar ausgehöhlt worden. Gandhi sah sich einem echten dialektischen Problem gegenüber, das von westlichen Ideologen nur allzu leicht verkleinert wird, die von ihm um jeden Preis Folgerichtigkeit verlangen. Er hingegen mußte sich eine rasche Modernisierung der Bewußtheit und des Erwartungshorizonts zur Forderung machen und zugleich auch jene Aspekte der überkommenen Sozialstruktur anerkennen und sogar erhalten, die allein geeignet waren, unersetzliche Elemente einer traditionalen Identität zu bewahren. Gandhi konnte demgemäß gar nichts Besseres tun, als sich an einem modernen Ort niederzulassen, in dem einige alte Strukturen unversehrt geblieben waren und von wo aus er reisen und das erforschen konnte, was er später den »vierfachen Ruin« der indischen Identität nennen sollte.

Und Ahmedabad muß vor allem am Horizont der Welt Moniyas und Mohandas' als ein Wunder an Macht aufgegangen sein, das es für viele Generationen seiner Vorfahren gewesen war. Jahrhunderte bevor Moniya geboren wurde, hatte Ahmedabad in der Welt der Handelsstraßen und Schiffahrtswege einen klingenden Namen gehabt. Das frühe Ahmedabad[13] war darüber hinaus – was uns Heutigen unglaubhaft erscheinen mag – berühmt wegen seiner breiten Straßen und hohen Bäume sowie wegen der Lustgärten, die von den Nachfahren des Sultans Ahmed in den Außenbezirken der Stadt angelegt worden waren (zweifellos Vorbilder für jene Art von »Landsitz«, wie ihn sich Ambalal erbauen ließ). Was jedoch mit aller Wahrscheinlichkeit die Besucher aus Kathiawar wie aus ganz Gujarat beeindruckt haben mag, waren – angesichts ihrer Neigung zu einer beinahe »protestantischen« Verbindung von religiösem Geist und Geschäftssinn – Ahmedabads alte Zünfte, die eine feste und dennoch flexible Basis für die Privilegien und Pflichten abgaben, die mit Kaste, Klasse und Religion zusammenhingen. Dies war zweifellos eine ausgearbeitete, urbane Version des althergebrachten Jajmani-Systems, das in den Dörfern weitgehend dominierte. Das Oberhaupt der einflußreichsten Zunft, nämlich der Händler und Finanziers, war traditionsgemäß zugleich das Oberhaupt der Jain-Gemeinde und »Bürgermeister« der Stadt; während das Oberhaupt der Tuchhändler zugleich Oberhaupt der Vaishnava-Sekte und Alleinherrscher auf dem Markt war. Weite Bereiche der Stadt waren unterteilt in »pools«, d. h. in von Mauern umgebene Gruppen von Häusern, deren jede um ein freigelassenes Rechteck und einen Tempel herumgebaut war: hier lebten die Kasten in enger Gemeinschaft, und hier bestanden die Wohlhabenden über lange Zeit darauf, unter ihresgleichen zu wohnen und Verantwortung für die Bedürftigen zu tragen. Ihr Wohlstand entfaltete sich anläßlich jener periodischen Kastenfeste, die zur rituellen Verpflichtung der Reichen gehören, »nach innen«, und findet sich weniger kurzlebig manifestiert in den sorgfältig gearbeiteten Schnitzereien ihrer Häuser, auf denen die übliche Mannigfaltigkeit intimer und gelegentlich sogar erotischer Szenen abgebildet ist. Eine solche Kasten-Territorialität hielt wachsende Familien (und Vermögen) innerhalb der Stadtmauern und resultierte zunächst in einer Art Implosion jedes einzelnen »pool« in den noch verfügbaren Innenraum und schließlich in einer Explosion nach außen auf die Straße. Die Konsequenzen dieses Prozesses werden am besten durch die amtliche Verfügung illustriert, die die Engländer später für notwendig hielten, um die Baugesetze zu vereinheitlichen und ein Verkehrsrecht einführen zu können: die Dächer des Obergeschosses, die sich nun in die einstmals von Bäumen gesäumten Avenuen vorgeschoben hatten, mußten mindestens acht Fuß* voneinander Abstand haben! So sehr war eine Stadt zum architektonischen Ausdruck und zum lebenden Symbol einer mit ihr verwachsenen Tradition geworden.

Bevor die Engländer im Jahre 1817 ihre Herrschaft auf Ahmedabad ausdehnten, gab es ein nicht allzu lange währendes »dunkles Zeitalter«, in dem die Widerstandskraft des sozialen Netzwerkes von Ahmedabad auf die Probe gestellt werden sollte. Das städtische Leben war unter der sorglosen Herrschaft von Eroberern in Verfall geraten, und die Bevölkerung war durch Hunger und Seuchen dezimiert worden. Doch es sollte sich bald zeigen, daß die führenden Familien und ihr Kapital lediglich in den Untergrund gegangen waren, denn Ahmedabad gewann schon sehr bald seine merkantile Vitalität und seine Bedeutung zurück, und dies insbesondere deshalb, weil die englische Herrschaft dem Handel neuen Auftrieb gegeben hatte: Opium. Einige der angesehensten Finanziers scheinen sich unter eindrucksvollen Opfern und Einbußen geweigert zu haben, daran teilzuhaben; doch man erzählt sich, daß Ahmedabads Jain-Tempel, das imposanteste Bauwerk aus jüngerer Zeit (das ältere und kunstreichere architektonische Meisterwerk stammt aus mohammedanischer Zeit) mit Opium-Geld erbaut worden sei. Jedenfalls blieben im 19. Jahrhundert, als die Konkurrenz mit den Textilfabriken Lancashires die Einführung moderner Produktionsmethoden und neuer Impulse zum notwendigen Erfordernis machte, die alte Gesinnung und der Geist dieser Stadt erhalten, und Ahmedabads

* Ca. 2,5 m (A. d. Ü.)

Einzigartigkeit in Indien vermochte auf der Grundlage seiner traditionellen urbanen Einrichtungen weiterzubestehen – dem Kontraktsystem zwischen Finanz, Manufaktur und Handel und zusammen hiermit einem besonderen Stil kommerzieller Interdependenz und monetärer Moral. Das Kunsthandwerk blühte unabhängig von fürstlicher Unterstützung, und eine in höchstem Maße verantwortungsbewußte, nahezu erbliche Plutokratie war auf das Wohl der Stadt als Ganzes ausgerichtet. Die Engländer wiederum waren zu klug und vorsichtig, sich mit einem derartigen, ihnen geistesverwandten urbanen Phänomen anzulegen; englischer Einfluß, so scheinen die Briten erkannt zu haben, konnte in einer dermaßen eng verwobenen Gemeinschaft nur eine Nebenrolle spielen, und das Militär beschränkte sich demzufolge auf seinen eigenen Machtbezirk an der Peripherie der Stadt.

Moniya mag zudem als Kind sehr wohl von der Saga der *Industrialisierung* gehört haben. Ein umsichtiger alter Mann (Ranchhodlal mit Namen) hatte sich etwa um das Jahr 1860 dazu entschlossen, eine Spinnerei zu errichten, um die Weber in der Stadt mit Garn versorgen zu können, doch das Schiff, das die gesamte Ausrüstung geladen hatte, verbrannte und sank bei dem Versuch, das Kap zu umfahren. Eine neue Anlage wurde bestellt und zu guter Letzt in Cambay ausgeladen, um von dort, zerlegt und verpackt, auf Ochsenkarren nach Ahmedabad transportiert zu werden. Der englische Ingenieur, der der Ausrüstung vorausgereist war, war jedoch inzwischen an Pocken gestorben, so daß der Zusammenbau der Maschinen zu einem schlechthin gewagten Unternehmen wurde. Dennoch konnte die Fabrikationsanlage montiert werden, und sie funktionierte. Die Industrialisierung setzte zunächst noch langsam, dann jedoch explosionsartig ein (insbesondere nach Eröffnung der Eisenbahnstrecke, die die Stadt mit Bombay verband) – obgleich der Aufstieg der indischen Textilfabrikation eigentlich erst mit dem Freihandels-Abkommen von 1882 endgültig gesichert war, das den unglaublich hohen Schutzzöllen ein Ende machte, durch die sowohl England wie auch Indien vor indischen Textilien »geschützt« wurden. Hinzu kam, daß die Textilfabrikanten Ahmedabads auf einen stetigen Nachschub an Arbeitskräften sowohl aus der Stadt als auch aus den benachbarten ländlichen Gebieten rechnen konnten: es gab eine kleine Hindu-»Aristokratie« von Webern; dann gab es die Handweber, zumeist Moslems, die mit Webrahmen arbeiteten;

und aus dem Hinterland eine Masse landloser Arbeiter, deren Tätigkeit (da sie Unberührbare waren) auf die Spinnereien beschränkt blieb. Diese günstige Situation der Arbeitskräftebeschaffung und die einheimische Elite der Finanzmanager wurden zur treibenden Kraft in der Textilindustrie Ahmedabads und zur Stütze in dem ehrgeizigen Bestreben der Stadt, mit Bombay und seinem Hafen zu konkurrieren. Wenn Swaraj für ganz Indien Gandhis Hauptziel war und wenn mit Swaraj in der Heimatregion der Anfang gemacht werden sollte, dann gab es in der gesamten indischen Geschichte schwerlich ein besseres Beispiel für eine potentiell moderne, urbane Gemeinschaft, die zugleich auf eine ungebrochene Tradition der Selbstregierung zurückblicken konnte.

Während Gandhi in England und Südafrika zu seiner Berufung fand, hatte Ahmedabad seinen eigenen Stil als Industriestadt entwickelt. Was die Eigentumsverhältnisse anbetrifft, so wurden die Textilfabriken nach dem System der »Treuhänderschaft« geleitet, das typisch für weite Bereiche der indischen Industrie ist. Dies bedeutet, daß einzelne oder Gruppen gegen Provision die Geschäfte des Unternehmens in Vertretung der »Eigentümer« führen; und eine derartige Eigentümerschaft im weitverzweigten System wechselseitiger Abhängigkeiten, wie es für Ahmedabad charakteristisch war, mußte nicht nur gleichbedeutend damit sein, daß die Vermögensanteile unendlich breit unter zahllosen Aktienbesitzern gestreut waren, sondern sie waren zugleich auch unter viele kleine »Anleger« verteilt, die oft 85 % des gesamten Kapitals eines Unternehmens hielten; da jedoch einige Treuhänder und ihre Familien in der Lage waren, sowohl die Aktien aufzukaufen wie die kleinen Anleger abzufinden und auszukaufen, wurden sie faktisch sowohl zu Empfängern von Dividenden als auch der Provisionen und erwarben sich den Namen »Fabrikbesitzer« – das ist der Grund dafür, weswegen wir diese Bezeichnung auf Ambalal Sarabhai angewendet haben, dessen Großvater sich im Jahre 1880 das Recht erkauft hatte, die Kattun-Fabriken als Treuhänder zu verwalten.

Zu der Zeit, als sich Gandhi jenseits des Flusses an einem abgelegenen Flecken niederließ, war Ahmedabad die sechstgrößte Stadt Indiens (nach Kalkutta, Bombay, Madras, Haiderabad und Delhi) – und seine Bevölkerung von 250 000 Menschen umfaßte annähernd 100 000 Textilarbeiter und ihre Angehörigen. Die erste

Textilfabrik verfügte bei ihrer Gründung über 2500 Spindeln und 63 Beschäftigte. Jetzt gab es annähernd 100 000 Spindeln und 20 000 Webstühle. Mehr als die Hälfte der Arbeitskräfte war in der Stadt geboren, und ein weiteres Viertel stammte aus benachbarten Regionen, unter ihnen auch aus Gandhis Heimat Kathiawar. Zum besseren Verständnis seiner späteren Beziehungen sowohl zu den Fabrikherren wie zu den Arbeitern mag es angebracht sein, nur ein Blatt aus der Volkszählung von 1924 [14] heranzuziehen (d. h. aus einem Jahr, dem die verfügbaren statistischen Angaben der Situation von 1918 noch am nächsten kommen):

Bevölkerung Ahmedabads im Jahre 1921

Bevölkerungsanteil		Anteil der Les- und Schreibkundigen in jeder Gruppe	
		Englisch	Andere Sprachen
Hindus	72,5 %	weniger als 5 %	22 %
Moslems	19,6 %	1 %	15 %
Jains	6,3 %	10 %	55 %
Christen	0,9 %	25 %	50 %
Anhänger des Zarathustra	0,6 %	40 %	80 %

Daraus scheint eindeutig hervorzugehen, daß Gandhi unter den jainistischen Textilfabrikanten einer überaus gebildeten, wenngleich keineswegs anglisierten Gruppe begegnete, während er sich innerhalb der Arbeiterschaft an einen nahezu vollständig analphabetischen und fast ausschließlich Gujarati sprechenden Bevölkerungsteil wenden mußte.

Die ökonomische und kulturelle Situation der Arbeiter soll zu einem späteren Zeitpunkt erörtert werden, und zwar im Zusammenhang mit den eingehenden Untersuchungen, deren Durchführung Gandhi sich zur Aufgabe gemacht hatte. Inzwischen hat es den Anschein, als hätte die Arbeiterschaft Ahmedabads von der Tatsache profitiert, daß zu der Zeit, als die Fabriken Maschinen und technisches Personal aus England einführten, die englische Industrie bereits einiges über erhöhte Sicherheit am Arbeitsplatz und bessere Arbeitsbedingungen gelernt hatte. Darüber hinaus konnten es sich die indischen Fabriken leisten, an jeder einzelnen Maschine mehr Arbeitskräfte einzusetzen, die sie bedienten. Dennoch wurde im Jahre 1916, kurz vor Ausbruch der

Pest, die Sterblichkeit in Ahmedabad für außergewöhnlich hoch angesehen, vor allem wegen der Kombination folgender Faktoren: Staub, der vom Flußbett herüberzog, Kohlenstaub, Rauch aus den Schloten der Fabrikanlagen und eine völlig unzulängliche Wasserversorgung. Während also Ahmedabad im Vergleich zu anderen indischen Städten einzigartig gut organisiert war, teilte es mit dem Rest des Landes und mit der gesamten kolonialen Welt gewisse Notstände, deren Untersuchung sich Gandhi nun in ganzer Breite und Tiefe zuwenden sollte.

2. *Der vierfache Ruin*

Im Januar 1930 legte der Indian National Congress der Welt eine Unabhängigkeitserklärung vor, die den Satz enthält: »Wir halten es für eine Sünde vor den Menschen und vor Gott, uns noch länger einer Herrschaft zu unterwerfen, die dieses vierfache Unheil über unser Land gebracht hat.«[15] Ich zitiere dies hier, weil sowohl das Wort »Sünde«, als auch die Wendung »vierfaches Unheil« offensichtlich von Gandhi herrühren. Diese Formulierung bezeichnet zudem eindeutig den Unterschied zur amerikanischen Unabhängigkeitserklärung, die eine de facto bereits vollzogene Abtrennung von England nur noch bestätigte – und zwar vollzogen an den Küsten eines gewaltigen und dennoch leeren Kontinents. Im Gegensatz dazu war das von Menschen überquellende Indien im Jahre 1930 noch immer von einer fremden Nation besetzt, die trotz all ihrer Aufgeklärtheit und ihrer hohen Ideale den indischen Subkontinent ausgebeutet und ausgesogen hatte, und dies, wie die Nationalisten anklagend feststellten, in vier Bereichen des nationalen Lebens: wirtschaftlich und politisch, kulturell und geistig. Daß diese Koordinaten sämtlich in der Psychologie des Menschen zusammentreffen, wurde von Jawaharlal Nehru – Gandhis politischem Erben und dem intellektuell wohl brillantesten Staatsmann unserer Zeit – in aller Klarheit erkannt. Er erklärte einst, daß dasjenige, was Gandhi für Indien erreicht habe, »ein psychologischer Wandel« gewesen sei, »beinahe so, als habe ein Kenner psychoanalytischer Methoden die Vergangenheit des Patienten gründlich durchforscht, die Ursachen seiner Komplexe aufgedeckt, sie ihm vor Augen gestellt und ihn dadurch von jener Last befreit«[16]. Und wenn Nehru hinzufügte, daß Gandhi Indien seine »Identität« wiedergegeben habe, so gebrauchte er diesen Begriff keineswegs in der leichtfertigen Weise, die heutzutage nur allzu üblich geworden ist. Denn Identität ist (oder so habe ich es jedenfalls behauptet) »ein Prozeß, der *im Wesenskern des Individuums lokalisiert ist*, und zugleich auch *im Kern seiner Kulturgemeinschaft*, ein Prozeß, der in Wahrheit die Identität dieser beiden Identitäten herstellt«[17]. Großen Führergestalten ist diese Definition instinktiv bewußt, da sie sich diese Größe erworben haben und Führer genau deswegen geworden sind, weil sie den Kampf ihres Volkes um Identität in einer sowohl überaus persönlichen wie höchst repräsentativen Weise in sich selbst ausgetragen haben. Wenn ich im folgenden den »vierfachen Ruin« kurz zusammenfasse, dann deshalb, weil ich sehr wohl weiß, daß mir eine historische Beweisführung nicht obliegt, die zudem einzig mit einer »objektiven« Kritik am britischen Raj (Vizekönig) aufwarten könnte: im Gegensatz hierzu möchte ich vielmehr dasjenige anschaulich hervorzuheben versuchen, worin Gandhi eine nahezu unumkehrbare Beschädigung der Identität eines Volkes erblicken sollte, die von seinen Kolonialherren bis zur Unkenntlichkeit verzerrt wurde, welche zudem oft noch aus dem Bedürfnis der Rechtfertigung heraus das Gefühl hatten (und haben), daß sie die von ihnen abhängigen Völker in einer bedeutsamen Weise »vorangebracht« hätten. Doch ist gerade dies das Schicksal kolonialistischer Ausbeuter, daß sie eben jenes Volk, dessen Identität sie zerstören, bis zu einem Punkt voranbringen, wo einzelne Führer dieses Volkes die dauerhafte Schädigung, die ihnen zugefügt wird, nicht nur dunkel empfinden, sondern klar erkennen und diagnostizieren.

Für einige Leser mag es ein quälender Aspekt in Gandhis öffentlicher und privater Rolle sein, daß er den Dienst für Indien mit dem Dienst an seinem Gott gleichsetzte – und demzufolge jede Mißachtung Indiens als eine Sünde betrachtete. Solche nationalistischen Ansprüche haben nur allzu oft zum Vorwand für die Ausbeutung und Auslöschung anderer Völker gedient, und dies stets *in majorem Dei gloriam.* Dennoch bin ich der Auffassung, daß Gandhi in dieser Vereinigung einer politischen und existentiellen Aufgabe zu einer religiösen Sendung sowohl auf festem psychologischem wie (soweit ich dies zu beurteilen vermag) auch geistigem Grund gestanden hat. Denn Zugehörigkeit zu einer Nation, einer Klasse oder einer Kaste ist eines jener Elemente der Identität eines Individums, in dem genau das Minimum alles dessen zusammengefaßt ist, *was man niemals nicht ist*, wie dies etwa bei der Zugehörigkeit zu einem der beiden Geschlechter oder zu einer vorgegebenen Rasse der Fall ist. Was man niemals *nicht* zu sein vermag, bestimmt den Lebensraum, innerhalb dessen man Hoffnung haben kann, einzigartig und unzerstörbar gültig zu werden, was man ist – so daß man schließlich jene Einzigartigkeit in einer reicheren, umfassenderen Humanität aufzuheben fähig wird. In diesem Sinne war Jesus Jude. Gandhi, in seiner gesamten Entwicklung und in seinem Emporkommen zu nationalem Führertum, illustriert einprägsam – eben weil er jeden einzelnen Schritt durchlebte –, daß jeder Mensch, als Führer wie als Anhänger, irgendwie die unumkehrbaren Tatsachen seiner Entwicklung zu einer bestimmten Person – innerhalb einer gegebenen Gemeinschaft, an einem besonderen Ort, in einem bestimmten historischen Zeitraum – integrieren muß, um die Möglichkeiten seiner Existenz zu manifestieren. Angesichts einer Menschheit, die noch keiner alle Menschen umfassenden Identität fähig ist, kann dies natürlich nur bedeuten, daß jeder Mensch – in der Gemeinschafts-Dimension seiner Identität – zugleich in einer Verfassung ist, in der er versucht sein wird, andere auszubeuten, wie er sich der Ausbeutung durch andere ausgesetzt sieht: denn jede Pseudo-Gattung wird, abgesehen von ihrem Kampf um Territorien und Subsistenzmittel, stets auch eine dominierende Identität zu erkämpfen versuchen, die es ihr gestattet, sich selbst als das Elite-Volk des gesamten Weltkreises zu betrachten. Ohne ein derartiges Gefühl scheint sich der Mensch seinesgleichen und den wilden Tieren unterlegen zu fühlen. Doch dann erscheint, in einer seltenen historischen Stunde, ein Mensch, der die Nacktheit und Sterblichkeit *aller* Menschen auf sich nimmt und erträgt, ohne seiner eigenen, historischen Identität auszuweichen.

Während das britische Empire den Indern und anderen Völkern das Versprechen einer weiteren, umfassenderen Identität gegeben haben mag, die von einer englischen Elite beaufsichtigt wird, die die Auswahl und Schulung besorgt, hat es zugleich die Pflege jener Komponenten vernachlässigt (was ähnlich Amerika dem amerikanischen Neger vorenthalten hat), ohne die weder eine bestimmte Gruppe noch ein Individuum zu sein vermag – und dies ist in der Tat eine »kriminelle« Mißachtung. Es muß Aufgabe jeder antikolonialistischen Revolution sein, daß eine solche Verfassung des Menschen so umgewertet wird, daß Elemente der Identität, die sich trotzdem entwickelt haben und die zur Zeit ihrer Entstehung mehr oder weniger zufällig, dekorativ oder entbehrlich erschienen sein mögen, in Insignien von solcher allesbeherrschenden Dominanz verkehrt werden, daß ihre Mißachtung zu einer Sünde angesichts der Existenz selber würde. Der Fall Indien – oder besser: der Fall England und Indien – ist demnach nur die extremste Illustration jener historischen Tendenz, die als Kolonialismus bekannt ist: extrem hinsichtlich der gewaltigen Zahl von Menschen, die hineinverwickelt sind; hinsichtlich des Abstandes zwischen vorgeblichem Ideal und historischer Wirklichkeit; hinsichtlich der Divergenz zwischen erzieltem Erfolg und angerichtetem Unheil; und vor allem hinsichtlich der perversen Diskrepanz zwischen glanzvollen öffentlichen Veranstaltungen und entwürdigender Armut.

Nehru schrieb seiner jungen Tochter und späteren Nachfolgerin in einem Brief aus dem Gefängnis:

»Es gibt kaum einen Anblick, der trauriger stimmt als die eingesunkenen Augen unserer *kisans* (Bauern), ihren gehetzten, hoffnungslosen Blick. Welche Last hat unsere Bauernschaft während all dieser Jahre getragen! Und laß uns nicht vergessen, daß wir, denen es inzwischen etwas besser erging, auch noch ein Teil dieser Last gewesen sind. Wir alle, Fremde und Inder, sind bestrebt gewesen, jenen leidensgewohnten *kisan* auszubeuten, und wir haben uns noch auf seinen Rücken gesetzt. Kann es da überraschen, daß ihm das Rückgrat gebrochen ist?«[18]

Ich zitiere diese Worte, anstatt mich über nur allzu Offenkundiges zu verbreiten – daß nämlich die Geschichte jenes vierfachen Verfalls »Ursachen« enthüllt, die sich sowohl in der Psychologie der Kolonisierten wie in derjenigen ihrer Kolonisatoren aufweisen lassen, und daß diese Geschichte uns Veranlassung gibt, die »Schuld« unter den verschiedenen Fraktionen jeder Nation aufzuteilen, die miteinander und gegeneinander konspiriert haben, um einen jener transitorischen Triumphe menschlicher Macht und der Erfindungsgabe auszubeuten, für die immer einige bezahlen müssen. Nur hatten in diesem Falle mehr Menschen weitaus teurer bezahlen müssen, mit einer Entwürdigung, die sowohl tiefer wie bleibender war als jemals zuvor in der Geschichte. Wir müssen daher in der Begrifflichkeit unserer Zeit verstehen lernen, wovon Gandhi überzeugt war, daß er es als das Grundproblem seiner Zeit verstanden habe.

Um es also in ökonomischen Begriffen auszudrücken: als die Abenteurer des britischen Handels ihre europäischen Konkurrenten in Indien aus dem Feld schlugen, war das alte Mogulreich bereits in sein Verfallstadium eingetreten, und dies unter dem Druck derselben Kräfte, die dem Feudalismus auch andernorts ein Ende bereitet hatten. Doch als die Diener im Sold der East India Company sowohl den Titel und das Kapital wie auch die Regierung dieses Reiches übernahmen, ersetzten sie nicht auch zugleich die alte Ordnung durch eine neue; ihre ursprünglichen Absichten hatten nur indirekt politische Implikationen. Zunächst nistete sich die Company wie ein parasitärer Fremdkörper in einem Organismus ein, der bereits geschwächt und am Zerfallen war. Denn die ökonomischen Eroberer übernahmen, wie Nehru und andere nationalistische Historiker hervorgehoben haben, überall, wohin sie auch kamen, die heikle, kritische Rolle des Vermittlers und Agenten, indem sie die Bildung jener neuen Klasse nicht nur nicht duldeten, sondern sogar mit allen Mitteln zu verhindern trachteten, die in anderen Zivilisationen den Feudalismus ablöste: der breiten Mittelschichten, die eine festgefügte merkantile Identität aus der gewaltigen neuen Macht des Handels bezogen.

Als ich zum ersten Mal des Titels »Collector« ansichtig wurde, der die Dienstvilla des ranghöchsten englischen Beamten in Ahmedabad schmückte, war ich zunächst über seine Unverblümtheit erstaunt, da er zum Ausdruck zu bringen schien, daß dieser Mann nicht hier sei, um zu beraten, sondern vielmehr, um einzutreiben und das Zusammengeraffte in die Heimat zu transferieren. Und in der Tat war der erste Titel, den die East India Company 1765 vom Herrscher des Mogulreiches entlehnte und der der englischen Besetzung so etwas wie eine fiktive Legalität verlieh, der eines »revenue farmer« * in Gebieten, wo die Männer des Herrschers es unmöglich gefunden hatten, Abgaben einzutreiben. Bereits zehn Jahre später warnte Adam Smith in seinem

* Ind. zamindars = englische Landlords und indische Grundbesitzer, die von den Engländern mit Land »belehnt« wurden, Abgaben eintreiben mußten und persönlich für die Steuerdisziplin der Bauern hafteten; sie waren Grundbesitzer, Verwalter und Eintreiber der Pachtzinsen kleinbäuerlicher »Pächter« in Personalunion; dasselbe System war von den Engländern z. B. auch in Irland eingeführt worden. (A. d. Ü.)

Buch *Wealth of Nations* vor jener Anomalität, die zur ökonomischen Grundlage für den großen Zusammenbruch werden sollte: »Die Regierung durch eine ausschließlich aus Händlern bestehende Gesellschaft ist womöglich die schlechteste, die sich – gleichgültig für welches Land – nur erdenken läßt ... Es liegt im Interesse der East India Company, insofern man sie als den Herrscher des Landes betrachtet, daß die aus Europa in ihr Herrschaftsgebiet eingeführten Waren so billig wie möglich verkauft werden und daß die indischen Waren, die herübergebracht werden, hier so teuer wie möglich verkauft werden. Doch genau das Gegenteil davon ist das Interesse der Händler. Als Herrscher wäre ihr Interesse genau mit demjenigen des Landes identisch, das sie beherrschen. Als Händler ist ihr Interesse jenem Interesse direkt entgegengesetzt.« [19]

Denn während die Company dem »Kaiser« gab, was immer des Kaisers war, eigneten sie sich einiges von seiner Macht an, jedoch nicht, um zu regieren, sondern um zu plündern, indem sie sich wahrhaft verantwortlich nur gegenüber den Händlern und Aktienbesitzern in der Heimat fühlten. Hierfür waren sie in der Tat hervorragend geeignet, und angesichts des moralischen Vakuums im Kolonialismus des 19. Jahrhunderts können wir sogar sagen, daß sie das Gefühl haben durften, daß das, was sie taten, richtig *und* »britisch« sei. Doch ihre nationale und berufliche Identität war die einer Aufzucht von »middlemen«, Maklern, deren Gesichtskreis nicht über das hinausging, was für den Markt im Augenblick tragbar war; für die Mehrzahl gilt, daß ihnen nichts von jener instinktiven Zurückhaltung eigen war, die die Handlungsweise einer neuen Klasse beherrschen mag, die auch noch morgen leben möchte, und zwar im Wohlstand. Es war eine rücksichtslose und planlose Ausbeutung.

Wir können hier noch hinzufügen, daß drei von jenen vorhin genannten fünf Städten, deren Einwohnerzahl heute diejenige Ahmedabads übertrifft, nämlich Kalkutta, Bombay und Madras, sämtlich von den Engländern gegründet wurden, während die vierte, Delhi, ihr Leben und ihre Größe voll und ganz den administrativen Erfordernissen des Raj verdankte. Durch diese drei Seehäfen floß der nationale Reichtum des Landes ab; während dasjenige, dessen Einfuhr genehmigt war, es vergiftete und systematisch unterhöhlte. Wie Nehru in seiner aus dem Gefängnis mit Indira geführten Korrespondenz berichtet:

»Der Strom, der von Indien wegfloß, indische Güter in fremde Länder trug und Gold und Silber zurückbrachte, nahm jetzt die umgekehrte Richtung. Von nun an kamen ausländische Waren nach Indien, und Gold und Silber verließen es.
Die indische Textilindustrie war die erste, die unter diesem Ansturm zusammenbrach. Als die Maschinenindustrie sich in England zu entwickeln begann, folgten weitere indische Industrien der Textilindustrie nach. Gewöhnlich ist es die Pflicht der Regierung eines Landes, die einheimischen Industrien zu schützen und zu fördern. Doch weit davon entfernt, zu schützen und zu fördern, zerstörte die East India Company jede Industrie, die in Konflikt mit der englischen Industrie geriet. Der Schiffbau in Indien mußte eingestellt werden, die Metallarbeiter verloren ihre Beschäftigung, und auch die Glas- und Papiermanufaktur verfielen zusehends.
Zuerst erreichten ausländische Waren die Hafenstädte und die unmittelbar angrenzenden Gebiete des Landesinneren. Als Straßen und Eisenbahnen gebaut wurden, drangen ausländische Waren tiefer und tiefer ins Hinterland vor und vertrieben nun auch den Handwerker aus dem Dorf. Der Durchstich des Suezkanals brachte England noch näher an Indien heran, und der Export in unser Land verbilligte sich. So kamen mehr und mehr von Maschinen produzierte Waren ins Land und gelangten selbst noch in die abgelegensten Dörfer. Dieser Prozeß hielt das ganze 19. Jahrhundert über an, und faktisch ist er auch heute noch nicht abgeschlossen.« [20]

Hierbei ist es wesentlich, zu erkennen, daß die Händler, ihre Söldner und ihre Verwaltung zunächst nicht an Rohstoffen interessiert waren – ein Interesse, das sie dazu geführt hätte, zu investieren, zu bauen und für Millionen neue Arbeitsmöglichkeiten zu schaffen –, sondern daß sie hinter Gütern her waren, die vom vergangenen und zeitgenössischen Kunsthandwerk gestaltet waren, Gütern, die sowohl das traditionelle Leben Indiens wie seine Identität in den Augen des Auslands symbolisiert hatten. Insbesondere Textilien, die in Millionen bäuerlicher Haushalte und von Zehntausenden kleinstädtischer Industrien gewebt waren, hatten durch die Jahrhunderte nicht nur die Agrarproduktion ergänzt, sondern waren zu einem gewaltigen Exportzweig geworden. Nicht daß jenes System, das hier seiner Früchte beraubt wurde, nicht bereits durch verhängnisvolle Einflüsse auf heimischem Boden angegriffen gewesen wäre: zweifellos besorgten einheimische Händler ebenso wie die fremden »revenue farmer« dieses Auspressen, wo immer die Umstände dies erlaubten und der Zoll keine Beschränkungen auferlegte. Der Punkt ist der, daß unter der ersten englischen Besetzung alle Zollschranken zu versagen begannen und mit ihnen auch alle Hemmungen in der Ausbeutung des bodenständigen Handwerks und der Landwirtschaft fielen. Damit verloren die identitätsbildenden Prozesse, die im voraufgegangenen Sozialsystem wirksam gewesen waren, ihre ursprüngliche Kraft: denn die Fertigkeiten und das handwerkliche Können zur Herstellung außergewöhnlich schöner Gegenstände sind eine Hauptquelle der Identität nur in dem Ausmaß, in dem das wirtschaftliche und das Rechtssystem Belohnungen, Status und Wahlmöglichkeiten garantieren. Nicht nur wurden die Handwerker dazu gepreßt, auf Bestellung zu arbeiten, sondern sie mußten darüber hinaus den Agenten der Company eine Monopolstellung einräumen und Lieferung zu Festpreisen garantieren. Jede nicht-kontraktgebundene Tätigkeit wurde gesetzlich verboten, und dieses Gesetz zudem noch verschärft durch das Verbot allein schon des Besitzes von Rohmaterialien und Werkzeugen, die zur außergesetzlichen Herstellung solcher kunstreichen Arbeiten notwendig gewesen wären; dieses Verbot wurde wiederum von gewissenlosen Agenten durchgesetzt, die die Genehmigung hatten, Häuser und ganze Dörfer zu durchsuchen. »Bis auf diesen Tag«, so berichtet Pyarelal, »wird der Anblick eines herrenlosen, verirrten Bündels Baumwolle, das vor der Tür einer Kate herumliegt, in Südindien von den Dorfbewohnern für ein unheilbringendes Zeichen angesehen.«[21] Zu dieser erzwungenen Produktion und deren Ausverkauf trat ein Konsumzwang bei Waren, die im Ausland hergestellt waren, und all dies stets unter dem unausgesprochenen Verbot gegen die Ersetzung der alten Kunsthandwerker-Identität durch jene neuen Identitäten, die potentiell in den neuartigen Produktionsmethoden angelegt waren. Vom entlegensten Dorf bis zu den Regierungssitzen wurden die Inder mehr als entmutigt, sich mit ihrem Eroberer zu identifizieren, selbst wenn sie den Wunsch dazu hatten und willens waren, die notwendigen Fertigkeiten zu erlernen: wir haben es in Gandhis eigenem Fall gesehen, wie verzweifelt sie sich zuweilen darum bemühten.

Wenn Ahmedabad (wie man nun wohl bereit sein wird, vorbehaltlos einzuräumen) zu einer der wenigen Hochburgen einer nachfeudalistischen merkantilen Mittelklasse in Indien wurde, die den Übergang von herkömmlichen Produktionsmethoden zu industrieller Weberei und Spinnerei mit einem minimalen Verlust an Identität bewältigt hatte, dann zerstörte überall sonst die Proletarisierung der Handwerker sowohl den Lebensraum wie die Identität der Ausübenden jener bodenständigen Berufe. Denn stellungslose Handwerker wurden in derartig überwältigenden Massen zu landlosen Arbeitern, daß weder das Land noch das Wirtschaftssystem sie zu erhalten vermochte. Wie Nehru sich im Gefängnis erinnerte:

»... Man sagt, der englische Generalgouverneur von Indien habe 1843 in einem Bericht festgestellt, daß das ›Elend in der Geschichte des Handels kaum seine Parallele findet. Die Gebeine der Baumwollweber bleichen auf den indischen Feldern‹.«[22]

Denn der Überschuß der landwirtschaftlichen Erträge, der über den allernotwendigsten Eigenbedarf hinausging, wurde noch exportiert, ferner mußten weiterhin Steuern aufgebracht werden, ganz gleich, wer verhungerte oder wie viele der berüchtigten Hungersnöte einander ablösen mochten. Diese Proletarisierung der Handwerker und Landwirte war, wie Nehru hervorhebt, »die Grundlage und die Ausgangsbasis des indischen Armutsproblems. Diese Politik hat viele der heutigen Übelstände zur Folge gehabt ...

Das wenige Land, das jeder bäuerliche Haushalt besaß, war zu klein, um seine ausreichende Versorgung zu gewährleisten. Auch in glücklicheren Tagen sahen sie sich stets Armut und Unterernährung ausgesetzt. Und oft genug waren die Zeiten alles andere als gut. Sie waren auf Gnade und Ungnade den Jahreszeiten, den Naturgewalten und den Monsunen ausgeliefert. Und Hungersnöte kamen, und schreckliche Seuchen breiteten sich aus, die Millionen dahinrafften. Sie gingen zum *bania* – dem Geldverleiher des Dorfes – und liehen sich Geld, und ihre Schulden wuchsen schneller und schneller, alle Hoffnung, alle Möglichkeiten der Rückzahlung schwanden, und das Leben wurde zur Last, zu schwer, um noch länger getragen werden zu können. Solcherart waren die Lebensbedingungen der großen Mehrheit der indischen Bevölkerung unter britischer Herrschaft im 19. Jahrhundert.«[23]

Wenn Gandhi indessen von einem vierfachen Ruin spricht, dann diagnostiziert er Prozesse, die einander verschärften und in ihrem

Zusammenwirken die Übel verschlimmerten; und in meinen Ausführungen über die die Identität aushöhlenden Aspekte ökonomischen Verfalls habe ich bereits angedeutet, daß auch dasjenige, was hier psychologisch untergraben wurde, gerade das Wesen des Gemeinschaftslebens ausmachte. Und daß das Gemeinschaftsleben, das denen so unbegreiflich und unlenkbar erscheint, die die Einführung und Durchführung neuer Planungen wünschen, dennoch weiterblühen konnte (was auch noch für die Gegenwart gilt); wenngleich zweifellos Engstirnigkeit, Faktionalismus und Aberglaube bereits damals die hergebrachten Gewohnheitsschemata des Handels und der Regierung von innen her unter ihren Einfluß gebracht hatten, wodurch kulturelle und geistige Erneuerung zum überfälligen, dringlichen Erfordernis wurde. Aber ob nun gleich das traditionale Leben die notwendige Elastizität zu weiterem Wandel besaß oder nicht, das hergebrachte System war alles, was vorhanden war, um neue Sitten und Gewohnheiten darauf zu errichten, ganz gleich um welchen Preis. Nehru beschreibt das Rechtssystem der Hindus:

»Das Hindu-Recht ist weitgehend Sitte und Gewohnheit, und beides unterliegt Veränderung und Wachstum. Diese Elastizität des Hindu-Rechts ging unter englischer Herrschaft verloren und machte rigiden Gesetzesvorschriften Platz, die nach Empfehlungen und unter Mitberatung der orthodoxesten Leute erlassen wurden. So wurde dem Wachstum der Hindu-Gesellschaft, so langsam es vorher auch gewesen war, nun vollständig ein Ende gemacht. Die Moslems empfanden gegenüber den neuen Verhältnissen noch größere Verbitterung und zogen sich vollends in ihre Schneckenhäuser zurück.«[24]

Damit, wie wir in therapeutischer Redeweise sagen würden, wurde alles, was an adaptiver Elastizität vorhanden gewesen war, nun defensiv, und diese Defensivhaltung nahm Formen einer entweder übertrieben bereitwilligen Komplicenschaft mit – oder vollkommenen Mißtrauens gegenüber jenen an, die mit überlegenen Machtmitteln dem alten System neue, fremdartige Lebensgewohnheiten aufzwangen. Wie Pyarelal es beschreibt:

»Vor der englischen Herrschaft galt Land in Indien nicht als Ware. Es konnten keine Hypotheken aufgenommen werden, es gab weder Beschlagnahme noch Versteigerung bei Zahlungsunfähigkeit mit Beziehung auf fällig gewordene Forderungen oder Verschuldung. Ein Landwirt, der sich außerstande sah, seinen

Verpflichtungen nachzukommen, mochte ins Gefängnis geworfen, gefoltert oder anderweitig von einem willkürlichen Herrscher unter Druck gesetzt werden, doch er und seine Kinder konnten nicht der Quelle ihres Lebensunterhalts, die das Land für sie bedeutete, enteignet und beraubt werden ... Die Einführung der englischen Konzeption des Grundbesitzes durch britische Regenten, die selbst überwiegend ihrer sozialen Herkunft nach der landbesitzenden Klasse zugerechnet werden müssen, in Verbindung mit der Realisierung der Grundrente als eines festgelegten Betrags in Barmitteln anstelle eines prozentualen Anteils am Erzeugnis, veränderten das gesamte Bild. Zum ersten Mal wurde nun Land zu einer Ware, die mit einer Hypothek belastet oder beschlagnahmt werden konnte. Das Auftauchen des Grundbesitzes, um Jawaharlal Nehru zu zitieren ›... resultierte in dem Zusammenbruch des Gemeinschaftslebens und des korporativen Charakters der Gemeinde, und das korporative System der Dienstleistungen und Funktionen begann graduell zu verschwinden‹.«[25]

Wir wissen es jetzt besser zu würdigen, warum Gandhi glaubte, daß die Wiedereinführung des Spinnrades – als Werkzeug wie als Symbol – in Gemeinden, die sich niemals zu seiner Aufgabe bereit gefunden hatten, sowohl die Antwort auf ein dringendes ökonomisches Erfordernis sein konnte, wie auch als das Symbol für eine verlorene und wiedergefundene Identität zu dienen vermochte. Später, als Indien der Erringung seiner politischen Freiheit nähergekommen war und England sich dazu entschloß, eine neuerstehende indische Industrie zu unterstützen und in sie zu investieren, symbolisierte das Rad statt dessen ökonomische Reaktion. Doch als Gandhi zum ersten Mal seinen Einfluß geltend machen konnte, waren die indischen Massen »so tief gesunken« (und hiermit kommen wir auf Nehrus Brief an seine Tochter zurück), daß Millionen von Eltern Tag für Tag ihren hungernden Kindern die Nahrung vorenthalten und sie in den jahraus, jahrein wiederkehrenden Hungersnöten sterben *lassen* mußten. Nicht selten waren sie gezwungen, ihre Kinder zu verkaufen, um Schulden bezahlen zu können.[26] Wo dies geschehen kann, ist weder Mann noch Frau die Basis einer Identität gelassen. Und die Hungersnöte, so lernen wir, entstanden nicht zwangsläufig durch den Mangel an notwendigsten Nahrungsmitteln, denn selbst wenn in einigen Regionen der Regen ausblieb, hätte ein elastisches System zu irgendeiner wirksamen Form der Redistribution führen können, wäre dem nicht die Tatsache im Wege gewesen, daß aus vielen Gebieten der gesamte Überschuß laut vertraglichen Verbindlichkeiten ausgeführt werden mußte, selbst wenn in benachbarten Provinzen Millionen Hungers starben. Es scheint nicht den geringsten Zweifel daran zu geben, daß sowohl die Häufigkeit der auftretenden Hungersnöte als auch die Zahl der Opfer unter einem fremden Herrschaftssystem mit unbegrenzten organisatorischen Machtmitteln eher eine gewaltige Zunahme erfahren als zurückgehen.

Aber natürlich gab es Tausende von Städten und viele Gebiete in Indien, die abgelegen genug waren, um den schlimmsten Auswirkungen der Katastrophe auf dem landwirtschaftlichen Sektor wie in der Manufaktur zu entrinnen – Städte und Regionen, die imstande waren, unter dem Feudalsystem durchaus noch geraume Zeit weiterzuleben (wie etwa die siebenhundert Fürstentümer), das inmitten des historischen Verfalls solcher feudalistischen Gesellschaften dem Land von den Engländern aufgepfropft wurde: in einem solchen Kleinstadtfrieden wuchs auch Gandhi auf. Wie er jedoch in seiner Jugend herausfinden sollte, vermag ein bloßes Aufpfropfen keine alte Identität am Leben zu erhalten, die ihren »natürlichen« Rückhalt in politischen und geistigen Institutionen verloren hat. Wir dürfen daher nicht nur jene in die Augen springenden Desaster und kriminellen Handlungen hervorheben, in denen das kolonialistische Regime überdeutlich sichtbar von nationalistischen Historikern zu einer »Kurzgeschichte« komprimiert worden ist, sondern dürfen auch nicht die stillen, beinahe behutsamen Methoden übersehen, mit denen die kulturelle und geistige Elastizität traditioneller Institutionen durch legalistische Maßnahmen und systematische Umerziehung unterminiert wurde, wobei diese Maßnahmen oft zweifellos von Engländern durchgeführt worden sind, die sowohl Sympathiegefühle wie auch einiges Verständnis für Indien aufbrachten.[27] Selbst Gandhi (wie mit ihm Zehntausende gleichermaßen ernsthafter und ehrgeiziger indischer Jugendlicher) nährte anfangs die Hoffnung, daß das Empire zumindest einer anglisierten Oberklasse das Recht und die Gelegenheit gewähren würde, in Administration, Recht und Erziehung einflußreiche Positionen einzunehmen.

Hinsichtlich des Rechtsbegriffes und der Wahrheit vor dem Gesetz – stets Schlüsselelemente jeder nationalen Identität und notwendiger Rahmen der individuellen Identität – bemerkt Sir William Sleeman, Resident in Lucknow, zur völlig willkürlichen Übertragung des allgemeinen englischen Rechts auf Probleme der Dorfgemeinschaft: »Unsere juristischen Methoden haben mehr Schaden angerichtet als alle sonstigen unheilvollen Einrichtungen zusammengenommen.«[28] Und Sir Thomas Munro, Gouverneur von Madras im frühen 19. Jahrhundert, legte eines jener überwältigend ehrlichen Bekenntnisse ab, die einem die Engländer, wegen eben dieser Fähigkeit, in einer *derart* artikulierten und zivilisierten, selbstkritischen Haltung Schaden zu verursachen, beinahe liebenswert machen. »Unser System«, so schrieb er, »erzeugt jene Neigung zu Rechtsstreitigkeiten, die wir grundlos dem Charakter des (indischen) Volkes zur Last legen.«[29] Was er damit andeuten will, ist, daß ein Rechtssystem, das einem in völlig verschiedenen Begriffen der Realität und Wirklichkeit aufgewachsenen Volk aufgenötigt wird, auch die Aufrechtesten und Gewissenhaftesten zu Lügnern machen muß, insbesondere wenn ihre Sprache in der Übersetzung eben diejenigen Tatsachen zu verleugnen scheint, die sie mit größter Genauigkeit wiederzugeben versuchen. Wie Pyarelal es formuliert:

»Alles deutet darauf hin, daß das *panchayat*-Recht zügig, wirkungsvoll und billig war. Es förderte die Gerechtigkeitsliebe, das Einhalten der Regeln des Fairplay und ermutigte zur Wahrhaftigkeit. Die Rechtsmaschinerie, die von den Engländern eingeführt wurde, war unangemessen, ›obskur, kompliziert und pedantisch‹ ... Richter und Geschworene waren ausschließlich Europäer. Sie verstanden weder die Sprache noch die Sitten und Gefühle des Volkes. Die Vereidigung vor Gericht war eine Sache, die kein Inder, der Selbstachtung besaß, verdauen konnte, und dies so wenig, daß Frederic Shore nach langer juristischer Erfahrung zu der Schlußfolgerung gelangte, daß jeder ehrenhafte Hindu, der seine Aussage vor einem britischen Gerichtshof machte, ›vermutlich Zeugnis gegen die Ehrenhaftigkeit seines Charakters ablegte‹.«[30]

Wir haben zudem das Zeugnis von Sir William Sleeman, der 1848 erklärte, daß es kaum ein Volk gebe, von dem es leichter sei, wahrheitsgemäße Aussagen in ihren eigenen Dorfgemeinschaften zu bekommen, wo sie sie vor ihren Verwandten, den Ältesten und den Nachbarn ablegten, deren Achtung für ihr persönliches Glück notwendig ist und die sie nur erlangen können, wenn sie sich an die Wahrheit halten.[31] Dennoch mußte er zugeben, daß die Aussagen derselben Menschen vor einem englischen Gericht »phantastisch unzuverlässig« waren. Doch zu jener Zeit wurde nicht ein einziger Inder als zuverlässiger Richter über die Ehrlichkeit seines eigenen Volkes angesehen, und folglich waren Richter und Geschworene in Britisch-Indien durchweg Engländer.

Hier erhebt sich die Frage nach der Bewahrung oder Schaffung einer nationalen Identität in einem Volk, dem man das Recht abgesprochen hatte, über sich selbst Recht zu sprechen oder das Wesen der Tatsachen oder der Wahrheit in der eigenen, heimatlichen Sprache zu definieren. Und man wird die gebildetsten und gewissenhaftesten Exekutoren jeder kolonialen Macht fragen müssen, ob sie nicht vielmehr, indem sie ihr Rechtssystem und die Logik ihrer Sprache einem anderen Volk auferlegen, in Wirklichkeit den Wunsch damit verbinden, jene auszuschließen, die verzweifelt danach streben, so wie sie selbst zu sein, statt daß sie ihnen damit einen Weg zeigen wollen, an dessen Ende Aufnahme und Integration stehen. An keinem anderen Falle als am Beispiel Indiens manifestiert diese Frage die in ihr enthaltene Zweideutigkeit mit größerer Ungeheuerlichkeit als an dem des Bildungswesens. Bereits sehr früh wurden Vorschläge unterbreitet, englische Lehrer nach Indien zu schicken, obschon ein nur allzu vorausschauender Gouverneur die Ansicht ausgesprochen hatte, daß im Falle eines durchschlagenden Erfolges bei der Erziehung der Inder »wir kaum länger als drei Monate in diesem Land werden bleiben können«. Andererseits schrieb Mounstuart Elphinstone, einer der ersten Gouverneure Bombays, bereits im Jahre 1824, daß man, um gerecht zu sein, wohl zugeben müsse, daß die Regierung

»... alle Brunnen des Talents der Eingeborenen zum Versiegen gebracht hat und daß durch das Wesen unserer Eroberung nicht nur jede Initiative zur Erweiterung der Kenntnisse im Keim erstickt wurde, sondern daß selbst der gegenwärtige Bildungsstand der Nation höchstwahrscheinlich verlorengeht und die früheren Hervorbringungen des Genies in Vergessenheit geraten werden.«[32]

Der ungeheuer einflußreiche Macaulay indessen läßt in seinem »Entwurf über die indische Erziehung« kaum Zweifel an seiner grundsätzlichen Einstellung:

»... ein einziges Regal aus einer guten europäischen Bibliothek wiegt die gesamte einheimische Literatur sowohl Indiens wie Arabiens auf ... Ich glaube, man kann ohne Übertreibung sagen, daß alle historischen Kenntnisse, zusammengetragen in der Gesamtheit der Bücher, die in Sanskrit geschrieben sind, weniger nützen können als selbst die dürftigsten Zusammenfassungen, die in englischen Grundschulen verwendet werden ...
... Es steht für mich fest ... daß das Sanskrit wie das Arabische weder als Sprachen des Rechts noch als Sprachen der Religion einen Anspruch auf unser Interesse verdienen; daß es durchaus möglich ist, aus Eingeborenen dieses Landes gründliche, gute, englische Schüler zu machen, und daß unsere Anstrengungen auf dieses Ziel ausgerichtet sein müssen ... Wir müssen gegenwärtig unser Bestes tun, eine Klasse heranzubilden, die Dolmetscher zwischen uns und den Millionen, die wir regieren, sein können; eine Klasse von Menschen, indischen Blutes und Farbe, doch englisch in ihrem Geschmack, ihren Ansichten, in ihrer Moral und dem Verstande nach.«[33]

Doch das Fehlen oder die Verächtlichmachung einheimischer Schulen ist nur eine der Weisen, den Kindern eines kolonisierten Volkes oder einer ausgebeuteten Rasse das Recht zu verweigern, die Elemente ihrer historischen Identität zu einem Weltbild zusammenzusetzen, in dem Fertigkeiten, Tatsachen und Ideen zur Einheit gebracht sind. Eine andere ist die noch im kleinsten Kind anzutreffende, sich Schritt für Schritt durch Kindheit und Jugend bis zur Überschärfe entwickelnde Wahrnehmung und Erkenntnis der Tatsache, daß seinen Eltern das Vertrauen in die Zukunft fehlt. Schlimmer noch, die Ehrgeizigen und Begabteren unter den Jugendlichen (und es sind stets die Begabten und Ehrgeizigen jeder Nation, die die Hauptlast einer Identitätskrise zu tragen haben) können voller Erwartung nur dann der Zukunft entgegensehen, wenn sie eine die ihrige überlagernde Identität anzunehmen bereit sind. Wie der mit historischem Sinn begabte Gouverneur von Bengalen es ausdrückte:

»Um die Mitte des 19. Jahrhunderts hatte eine Periode intellektueller Anarchie eingesetzt, die die heranwachsende Generation vor sich her trieb wie ein Schiff, das sich von seinen Vertäuungen losgerissen hat. Westliche Lebens- und Denkungsart wurde zur Mode des Tages – und Westlichkeit verlangte von denen, die sich ihr verschrieben hatten, daß sie die Zivilisation ihres eigenen

Landes in Grund und Boden verdammten. Je heißer ihre Bewunderung für alles Westliche wurde, desto vehementer mußte ihre Ablehnung alles Östlichen werden; das Studium der Alten war der Verachtung ausgesetzt; alte Sitte und Tradition wurden beiseite gefegt; die überkommene Religion war als ausgetretener Aberglaube verschrien. Die alten Fundamente, auf denen sämtliche Strukturen der Hindu-Gesellschaft errichtet waren, wurden untergraben; und die neue Generation der Ikonoklasten fand nur wenig, womit sie das Gebäude abstützen konnten, das sie so ungestüm seiner eigenen Fundamente beraubt hatten.«[34]

Der Angriff auf die Kultur war von einer missionarischen Offensive begleitet, die wir hier nicht näher beschreiben müssen. Gandhi hat allem Anschein nach versucht, all dasjenige aufzunehmen, was die christliche Lehre dem aufgeklärten Hindu zu bieten hatte, während er sich selbst und die indische Jugend gegen ein »Christentum ohne Christus« verteidigte.

Die indische Renaissance in Bengalen und anderswo gestattete Familien wie den Tagores und Nehrus den Traum von einer Identität, die auf der Anerkennung der indischen Kultur innerhalb eines aufgeklärten Empire beruhte. Doch der durchschnittliche indische Jugendliche hatte keine Aussichten, Zutritt zum Kreis der Regierenden im eigenen Lande zu finden. Bis hinein in die zweite Hälfte des 19. Jahrhunderts war der »Indian Civil Service« (I. C. S.) ausschließlich mit Engländern besetzt, deren Bestreben auf nichts anderes gerichtet war als darauf, sofort nach Beendigung ihrer Dienstzeit nach Hause zurückzukehren. Nehru beschreibt die Diener des Empire folgendermaßen:

»Sie waren ein sonderbarer Menschenschlag. In mancher Hinsicht konnten sie durchaus als leistungsfähig gelten. Sie organisierten die Regierungsgewalt, stärkten die englische Herrschaft und profitierten nebenher ganz beträchtlich. Alle Ämter der Regierung, die bei der Konsolidierung der britischen Herrschaft halfen oder die Erhebung und Eintreibung von Steuern zur Aufgabe hatten, waren mit einem Höchstmaß an Effizienz organisiert. Die anderen Ämter wurden vernachlässigt. Weder vom Volk berufen noch dem Volk verantwortlich, schenkte der I. C. S. jenen anderen Ämtern wenig Aufmerksamkeit, die das Volk am meisten betrafen.

... Die Engländer besetzten alle hohen Posten, doch offensichtlich waren sie nicht imstande, auch kleine Amtsstellen und Schreiberposten mit eigenen Leuten zu besetzen. Schreiber wurden gesucht, und so war das Bestreben, Schreiber zu produzieren, der Zweck, zu dem von Anbeginn Schulen und Colleges von den Engländern eingerichtet wurden. Niemals ist seither etwas anderes das Hauptanliegen des Bildungswesens in Indien gewesen; und die Überzahl derer, die von ihm hervorgebracht wurden, sind zu nichts anderem fähig, als Schreiber zu sein.«[35]

Damit war der Punkt erreicht, bis zu dem die überwältigende Mehrheit der jungen Inder dem Ziel näherzukommen hoffen durfte, Verantwortung für sich selbst und für ihr Land zu übernehmen, als Gandhi daranging, ihnen den vierfachen Ruin darzulegen. Und es sollte inzwischen klargeworden sein, warum Wahrheit für Gandhi als wesentliches Moment der Identität erscheinen mußte, und Identität als Voraussetzung der Selbstregierung.

3. Konfrontation

Jede Äußerung Gandhis aus den Jahren, die seinen Aufstieg zur Führerschaft einleiteten, ist charakterisiert durch eine allseitige Bezugnahme auf die apokalyptische Kombination der Verhängnisse – wie durch eine direkte, liebend-teilnahmsvolle und zugleich aufrüttelnde Anwendung des soeben skizzierten Themenbereichs in jeder seiner Ansprachen, ganz gleich, welche Zuhörerschaft er im jeweiligen Augenblick vor sich haben mochte. Seine weitreichenden Adressen lassen sich durchaus den Paulinischen Briefen und Luthers frühen Schriften vergleichen. Gewiß waren Paulus und Luther größere Schriftsteller und Redner. Paulus' Botschaften mußten per Schiff von Küste zu Küste getragen werden, und ihre Wirkungskraft sollte sich auf Jahre hinaus durch das Versprechen des nächsten Besuches erhalten, oder durch Erinnerung an die zuletzt ergangenen Worte. Luthers Schriften, in all ihrer großartigen Förmlichkeit, konnten auf rasche Vervielfältigung und Verbreitung, wie alles gedruckte Wort, rechnen – frisch aus der Druckerpresse. Doch Gandhi vertraute sich den Eisenbahnen an, und während er sich laut über die elenden Bedingungen einer Reise dritter Klasse beklagte, gelang ihm das Herstellen der Verbindung zu den Massen vor allem in Bewegung, auf Bahnhöfen, und insbesondere in Zugabteilen, wo sie unterschiedslos zusammengepfercht waren, oftmals weit von zu

Hause entfernt und dennoch gewiß, dorthin zurückzukehren oder neue Ortschaften mit jener Art von Nachrichten zu erreichen, wie sie von Bahnknotenpunkten aus via Ochsenkarren und auf Kamelrücken in die Dörfer getragen werden. Und dann hielt Gandhi an, verweilte und sprach, ein ruhiger, beinahe sanfter Rhetor, doch ein Mensch von überaus intensiv empfundener und überzeugender Gegenwärtigkeit, und ein Redner, dem es gelang, zu jeder besonderen Zuhörerschaft sehr schnell intimen Kontakt herzustellen. Doch man muß Auszüge aus seinen Reden hören, wie sie von ihm selbst niedergeschrieben worden sind oder von jenen berichtet werden, die noch ganz unter ihrem Eindruck standen, um ermessen zu können, wie sehr die Fähigkeit zu spotten inzwischen in ihm gereift war zu einer erbarmungslosen Geschicklichkeit, seine Zuhörerschaft mit Worten herauszufordern, die so furchtlos waren, wie sie oft milde-humorvoll sein konnten.

Wir haben gehört, was er zu sagen hatte, als er zu den alten, ihm vertrauten Orten im Westen Indiens heimkehrte. Im April 1915 wandte er sich, das ganze Land bis ans andere Ende durchquerend, an die Mitglieder des Jahresessens der Madras Bar Association (des Rechtsanwaltskollegiums von Madras) – einer aufwendig-zeremoniösen Veranstaltung der ortsansässigen Mitglieder seines alten Berufes. Um einen Begriff davon zu bekommen, durch welch dramatische Kontraste er seinen neuartigen Stil der Führerschaft einer ganzen Stadt aufzuprägen vermochte, muß man sich seine Ankunft in Madras nach drei durchstandenen Reisenächten anschaulich machen. Eine begierige Menschenmenge, die zu seinem Empfang erschienen war, suchte nach ihm die Abteile erster und zweiter Klasse ab und war schon nahe daran aufzugeben, als jemand Gandhi und Kasturba schließlich in einem Wagen dritter Klasse entdeckte. Ein zerdrücktes Hemd, schmutzig von vier Tagen ununterbrochener Bahnfahrt, bedeckte seinen schmächtigen Körper, und ein Paar Hosen bedeckte seine Beine. Beim Anblick der wartenden Menge verneigte sich Gandhi. Die Studenten von Madras, die mit Pferd und Wagen auf ihn gewartet hatten, wurden durch seine Erscheinung spontan dazu bewegt, das Pferd auszuspannen und den Wagen selbst zu ziehen.

Das *Law Dinner* fand »unter freiem Himmel, bei Mondschein ... auf ausgedehnten Ländereien« statt. Gandhi saß zur Linken des ehrenwerten Advocate-General, und wurde, siehe da, aufgefordert, einen Toast auf das Britische Empire auszubringen. Hier eine Kostprobe von dem, was er seinen Zuhörern zusammen mit ihrem Wein hinunterzuschlucken zumutete:

»... Ich weiß, daß jemand, der sich dem passiven Widerstand verschrieben hat, diesen Anspruch dadurch einlösen muß, daß er, ganz gleich unter welchen Umständen er sich befindet, passiv widersteht, und ich habe die Entdeckung gemacht, daß das britische Empire gewisse Ideale hat, in die ich mich verliebt habe (›Hört, hört‹), und eines dieser Ideale hat zum Inhalt, daß jeder Untertan des britischen Empire freien Raum zur Entfaltung seiner Energien und seiner Bestrebungen besitzt und daß er bei allem, was er äußert, nur seinem Gewissen verantwortlich ist. Ich glaube, daß dies, soweit es das britische Empire anbetrifft, wahr ist, ebenso wie daß es für keine andere Regierung, wohin man auch blicken mag, für wahr gelten kann ... General Beyers, der zuverlässige Befehlshaber einer der Streitkräfte des britischen Empire, erhob sich in offener Rebellion gegen das Empire. Dies war ihm einzig unter jenem Empire möglich, und nur dieses Empire garantierte ihm, daß er nicht erschossen wurde, sobald er nur in Sichtweite kam. General Smuts schrieb ihm in einem denkwürdigen Brief, daß er selbst vor gewissen Zeiten ein Rebell gewesen sei. Er schrieb an General Beyers, daß es ihm einzig unter dem britischen Empire möglich gewesen sei, sein Leben zu retten. Soviel zu meiner Loyalität gegenüber dem britischen Empire.«[36]

Der Toast, so berichteten die Zeitungen, »fand enthusiastische Zustimmung«.

In Kalkutta wiederum sprach er vor einer »gewaltigen Menschenansammlung« zu den militantesten *Studenten* Bengalens vor dem Studentenhaus auf dem College Square. Er sprach »Über anarchistisches Verbrechen«. Er sehe keinen Grund, so sagte er, warum Studenten nicht studieren *und* zugleich an der Politik teilnehmen sollten. Er erklärte,

»daß er diejenige Regierung für die beste ansehe, die am wenigsten regiere. Doch worin immer seine politischen Ansichten bestehen mögen, müsse er doch sagen, daß ein mißgeleiteter Eifer, der zu Raub und Attentaten seine Zuflucht nehme, keineswegs Gutes hervorzubringen geeignet sei. Solche Raubüberfälle und Attentate seien etwas absolut Fremdwüchsiges und hätten in Indien keinen Platz. Sie ... könnten hier nicht zu einer dauerhaften Einrichtung werden.«[37]

Und abschließend sagte er:

»Wenn sie zu sterben bereit seien, dann sei auch (er) bereit, mit ihnen zu sterben. Er sei gewillt, sich ihrer Führung anzuvertrauen. Doch wenn sie das Land terrorisieren wollten, dann werde er öffentlich gegen sie aufstehen.«

Zur Abwechslung nach Ahmedabad heimgekehrt, wurde Gandhi gebeten, anläßlich eines kleinen Dinners eine Rede zu halten, das zu Ehren eines Freundes gegeben wurde, der in den Indian Civil Service aufgenommen worden war, dessen Mitglieder landesüblich *Civilians* genannt und auch dementsprechend angeredet wurden. Man könne sich fragen, so sagte er,

»ob ich mit Ansichten, wie ich sie habe, an einer Zusammenkunft wie dieser teilnehmen sollte; noch mehr ist fraglich, ob ich sie zum Ausdruck bringen sollte.

(Dem Mann, der hier geehrt werden soll) ist es gelungen, Aufnahme in den Indian Civil Service zu finden . . . Er verdient es, für seine harte Arbeit geehrt zu werden . . . Dennoch würde ich es ungern sehen, wenn andere Studenten seinem Beispiel folgten und in den Zivildienst einträten... (Sein) Vater brachte 30 000 Rs. auf, um einen ›Civilian‹ aus ihm zu machen; ich glaube, daß er dieses Geld statt dessen einem besseren Verwendungszweck hätte zuführen können . . . ›Civilians‹ sind in großer Zahl nach Indien gekommen, und es werden ihnen viele weitere folgen; doch es sieht nicht so aus, als seien sie dem Lande besonders nützlich gewesen.«[38]

Einigen Bauern wiederum, die sich auf einem Dorfplatz versammelt hatten, mußte er folgendes sagen:

»Als ich in einem von Ochsen gezogenen Karren von Kathor aufbrach, war ich in großer Eile, und da ich den Wunsch hatte, aus Gründen größerer Bequemlichkeit möglichst früh hier einzutreffen, hatte ich keine Einwendungen dagegen, daß die Ochsen mit einem Stachelstock geschlagen wurden . . . Ich werde mich dafür vor dem Gerichtshof des Allmächtigen verantworten müssen. Wenn ich wieder hierher zurückkomme, wird es mich glücklich machen zu sehen, daß die Stöcke nicht länger mit Stacheln gespickt sind. Wenn sich herausstellen sollte, daß Ihr dies nicht befolgt habt, werde ich es vorziehen, zu Fuß zu gehen, anstatt im Ochsenwagen gefahren zu werden.«[39]

Eine Versammlung von Wirtschaftsfachleuten in Ahmedabad wiederum sah sich einer Vorlesung ausgesetzt (»vielleicht behan-

deln Sie mein Eindringen als eine willkommene Abweichung von ausgetretenen Pfaden«) – über Jesus:
»›Es ist leichter für ein Kamel, durch ein Nadelöhr zu gehen, als es für einen Reichen ist, ins Reich Gottes zu gelangen!‹ Hier haben Sie eine ewige Lebensregel vor sich, in den edelsten Worten niedergelegt, die die englische Sprache hervorzubringen imstande ist. Doch die Jünger schüttelten ungläubig die Köpfe, wie wir es bis auf diesen Tag zu tun pflegen . . . Und Jesus sagte: ›Wahrlich, es ist kein Mann, der sein Haus oder Brüder und Schwestern, Vater und Mutter, Weib und Kinder oder sein Land um meinet- und um der Apostel willen aufgegeben hat, dem nicht hundertfach zurückgegeben würde‹ . . . Ich bin der Meinung, daß der wirtschaftliche Fortschritt . . . in einem antagonistischen Verhältnis zum wirklichen Fortschritt steht. Darum ist es in alten Zeiten das Ideal gewesen, solche Handlungen einzuschränken, die den Wohlstand über alles Maß befördern. Dies setzt dem materiellen Ehrgeiz jedoch kein Ende. Wir haben, wie wir es stets hatten, noch immer Menschen in unserer Mitte, die die Jagd nach Wohlstand zu ihrem Lebensziel machen. Doch wir haben immer erkannt, daß dies ein Abfall vom Ideal ist. Es ist eine schöne Sache, darum zu wissen, daß die Wohlhabendsten unter uns oft gefühlt haben, daß sie in einem höheren, verdienstvolleren Zustand lebten, wenn sie freiwillig arm geblieben wären . . . Ich habe viele unter unseren Landsleuten sagen hören, daß wir amerikanischen Wohlstand erreichen werden, doch gewiß die Methoden, dahin zu gelangen, vermeiden können. Ich wage zu behaupten, daß ein solcher Versuch, wenn er unternommen würde, zum Scheitern verurteilt ist. Wir können nicht zur selben Zeit ›weise, maßvoll und ungestüm‹ sein.«[40]
Bei einer anderen Gelegenheit war Gandhi als Redner der ersten politischen Versammlung vorgesehen, die jemals in Gujarat für *Kleinhändler* und *kleine Landbesitzer* abgehalten wurde. Man erwartete den mächtigen »Lokamanya« Tilak, der den Vorsitz führen sollte, sich jedoch verspätete. Gandhi eröffnete seine Rede (»Liebe Brüder und Schwestern«) mit der Bemerkung: »Wenn es einem nicht darauf ankommt, eine dreiviertel Stunde zu spät auf einer Konferenz zu erscheinen, die zu diesem Zweck einberufen wurde, dann sollte es einem auch nichts ausmachen, wenn *swaraj* entsprechend länger auf sich warten läßt.«[41] Und er nahm die Gelegenheit einer Sozialkonferenz in einer *Gemeinde der*

niederen Kasten wahr, um seinen Standpunkt hinsichtlich der »Unberührbarkeit« unzweideutig klarzustellen, ohne im mindesten herablassend zu ihnen zu sprechen:

»Wo liegt der Unterschied zwischen uns und dieser Gemeinschaft? Da ist dasselbe Herz, dieselbe Nase, dieselbe Zunge, dasselbe Gefühl – in allem sind wir gleich ... Ich weiß nicht, ob Gott auf jener politischen Konferenz anwesend war (von deren Teilnahme die Unberührbaren ausgeschlossen waren), doch ich weiß, daß er heute mit uns ist.«[42]

Doch dann, wie von einem Agenten der Sicherheitspolizei berichtet wurde,

»erbat ein junger *Dhed* die Erlaubnis zu sprechen. Er begann sehr nervös. Er sagte, daß er kein gebildeter Mann sei. Er war der Sohn eines *Dhed* ... Nach und nach gewann er mehr Selbstvertrauen und unternahm es schließlich, die Forderung seiner Gemeinschaft nachdrücklich zu unterstützen, daß man ihre Zugehörigkeit zu den obersten Schichten der Rajput-Rasse anerkennen solle.

Mr. Gandhi erhob sich unverzüglich, um ihm diese Illusion zu nehmen, und gab ihm den wohlmeinenden Rat, derartigen Lügengeschichten über seine Abkunft keinen Glauben zu schenken. Er ermahnte die *Dhed*, sich mit ihrer Abstammung zufriedenzugeben und durch eigene Anstrengungen aufzusteigen, nachdem ihnen jetzt die oberen Klassen eine hilfreiche Hand entgegengestreckt hätten.«

Doch der berühmteste von ihm begangene Affront, der schließlich mit einem öffentlichen Skandal endete, war der Eröffnungsfeier der Hindu-Universität von Benares am 6. Februar 1916 vorbehalten. Einer glanzvollen Zuhörerschaft gegenübergestellt, der neben Mitgliedern der akademischen Welt Aristokraten und Würdenträger beider Nationen angehörten, wandte sich Gandhi hauptsächlich an die Studentenschaft.[43] Nach der großartigen Förmlichkeit, mit der die Versammlung bisher abgelaufen war, sorgte Gandhi nun für Entspannung:

»... Ich möchte an diesem Abend laut denken. Ich habe nicht den Wunsch, eine Rede zu halten, und wenn Sie an diesem Abend den Eindruck gewinnen sollten, daß ich ohne jede Zurückhaltung spreche, nun, dann nehmen Sie einfach an, daß Sie nur die Gedanken eines Mannes mitgeteilt bekommen, der sich darauf einläßt, laut zu denken, und wenn Sie der Auffassung sein sollten, daß ich die Grenzen zu überschreiten scheine, die die Höflichkeit mir auferlegt, dann verzeihen Sie mir die Freiheit, die ich mir herausnehmen mag.«

Damit er seinen Gedankengang sowohl verständlich machen wie ihm Gehör verschaffen konnte, mußte Gandhi allerdings laut *auf englisch* denken! Dies sei, wie er sagte, für ihn eine Angelegenheit tiefster Demütigung und der Scham:

»Unsere Sprache ist die Widerspiegelung unserer selbst, und wenn Sie mir erklären wollen, daß unsere Sprachen zu armselig seien, das Beste eines Gedankens zum Ausdruck zu bringen, dann sage ich, daß es für uns nur um so besser sein kann, je früher wir in unserer Existenz ausgelöscht werden ... Es wird gegen uns vorgebracht, daß wir keine Initiative besäßen. Wie aber sollten wir sie denn besitzen, wenn wir die kostbarsten Jahre unseres Lebens der Beherrschung einer fremden Sprache widmen müssen? Auch noch bei diesem Versuch versagen wir. War es irgendeinem der gestrigen oder der Redner des heutigen Tages möglich, seine Zuhörerschaft so zu beeindrucken, wie es Mr. Higginbotham gelungen ist?«

Seine schweifenden Grübeleien wenden sich nun der heiligen Stadt zu, die er soeben durchquert hat, und seine Sprache wird zunehmend militanter:

»... In jeder Stadt gibt es zwei Teile, die Schlafquartiere und die eigentliche Innenstadt. Die Innenstadt ist meistens ein stinkendes Loch. Doch wir können das lässige, bequeme Dörflerleben nicht länger fortführen ... Wenn nicht einmal unsere Tempel Vorbilder der Geräumigkeit und Sauberkeit sind, was soll dann erst unsere Selbstregierung sein? Sollten unsere Tempel nicht vielmehr Wohnstätte des Heiligen, der Sauberkeit und des Friedens sein, sobald die Engländer sich aus Indien zurückgezogen haben, entweder, weil es ihnen selbst so gefiel, oder von uns mit Sack und Pack vertrieben?«

Als wäre ihm dies noch nicht militant genug, zielt er nun auf die Anwesenden:

»... Ich führe Sie nun auf einen anderen Schauplatz. Seine Hoheit der Maharadscha, der gestern über unsere Ratsversammlung den Vorsitz führte, sprach über die Armut Indiens. Auch andere Redner haben großen Nachdruck darauf gelegt ... Ich vergleiche mit den reichgeschmückten Adligen [auf dem Rednerpodium hinter ihm] das Millionenheer der Armen. Und es drängt mich etwas, diesen ehrenwerten Männern zuzurufen: ›Es gibt keine Erlösung für Indien, solange ihr euch nicht dieser Juwelen entkleidet und sie zu treuen Händen für eure Landsleute in Indien verwaltet.‹ ... Unsere Rettung kann nur vom einfachen Bauern kommen. Weder die Rechtsanwälte noch die Ärzte noch die Gutsbesitzer werden sie uns bringen können.«

Es ist sehr gut möglich, ja sogar wahrscheinlich, daß Gandhi, als er diese und ähnliche Bemerkungen machte, sich dessen nicht voll bewußt war, was Mrs. Besant später die »Pulverfaß«-Stimmung unter seiner jungen Zuhörerschaft nennen sollte, die bei dem Gedanken an die für diesen besonderen Tag über einige ihrer Kommilitonen verhängte Vorbeugehaft »vor Erbitterung kochte«. Doch es ist ebensogut möglich und sogar wahrscheinlich, daß sein lautes »Denken« eine Reaktion auf die Stimmung unter seinen Zuhörern war. Begierig, die nationalistische Jugend mitzureißen und zu reformieren, konnte er zudem wahrscheinlich auf versteckte Gewalttätigkeit im eigenen Inneren zurückgreifen. Um dies plausibel zu machen, werden wir diese bemerkenswerte Szene mit verlangsamter Geschwindigkeit vor uns ablaufen lassen.

Er begann damit, sich über das Thema revolutionärer Gewalttätigkeiten zu verbreiten, zweifellos in der Absicht, sich gegen alle Gewalt auszusprechen, nachdem er seine eigene revolutionäre Gesinnung zum Ausdruck gebracht hatte. »Ich bin selbst Anarchist, doch von anderem Typus«, das war die Trumpfkarte, die er auszuspielen gedachte, doch sowohl die studentische Zuhörerschaft und ihre anwesenden Führer waren so gespannt und führten sich derart geräuschvoll auf, daß er im entscheidenden Augenblick mißverstanden wurde. Er hatte gerade auf die überreichliche Zahl von Polizeibeamten Bezug genommen, die überall in den Straßen von Benares postiert waren, um das Leben des Vizekönigs vor bombenwerfenden Anarchisten zu schützen. Niemand wird behaupten wollen, daß er in seiner Wortwahl sehr glücklich war, als er hinzufügte:

»... Wir mußten uns fragen: Warum dieses Mißtrauen? Ist es dann nicht besser, daß selbst Lord Hardinge stürbe, denn als lebendig Toter zu leben? Doch der Repräsentant eines mächtigen Souveräns mag dies nicht wollen. Er mag es notwendig finden, sogar als lebender Leichnam zu leben.«[44]

Gandhi erklärte später, daß lediglich seine Sympathie für einen der »edelsten Vizekönige, den geehrten Gast dieser heiligen Stadt«, ihm diese Worte eingegeben habe; nichtsdestoweniger kontrapunktierten sie überflüssigerweise einen »lebendig Toten« mit dem Tod durch Attentat. Man kann sich gut vorstellen, daß einer unübersehbar großen und gespannten Zuhörerschaft die feineren Einzelheiten einer solchen Darbietung entgingen und sie nur hörte, was sie hören wollte oder zu hören fürchtete, als Gandhi fortfuhr:

»Wenn wir Gott vertrauen und fürchten, haben wir niemanden mehr zu fürchten, keine Maharadschas, keine Vizekönige, nicht die Detektive, nicht einmal King George. Ich ehre den Anarchisten für die Liebe zu seinem Land; doch ich frage ihn: ist es ehrenhaft, zu töten? ... Mir ist gesagt worden: ›Hätten wir dies nicht getan, hätten einige Leute nicht mit Bomben geworfen, so hätten wir nie erreicht, was wir schließlich erlangt haben.‹«[45]

An dieser Stelle rief Mrs. Besant aus: »Bitte, hören Sie auf!« Wie sie späterhin erklärte, war dies als Aufforderung an den Vorsitzenden gedacht, Gandhi zu unterbrechen, doch Gandhi dachte, sie wolle ihn zum Schweigen bringen. Er unterbrach seine Rede, wandte sich zum Vorsitzenden um, dem Maharadscha von Darbhangha, und verkündete, daß er Anweisungen von *ihm* erwarte. Viele aus der Zuhörerschaft riefen ihm zu »weitermachen«, und der Vorsitzende, der fühlte, daß Gandhi mißverstanden worden war, bat ihn, sein »Anliegen vorzubringen«. Dies tat Gandhi schließlich auch, indem er stereotyp der Hoffnung Ausdruck verlieh, daß das Empire »auf gegenseitige Liebe und gegenseitiges Vertrauen« gegründet sein möge, um dann jedoch mit einem Mal hinzuzufügen:

»... Ist es nicht besser, wenn wir uns unter dem Schirm dieses Kollegiums aussprechen, als wenn wir in unseren Heimstätten unverantwortliche Reden führen? ... Ich weiß, daß es nichts gibt, worüber die Studenten nicht diskutierten. Es gibt nichts, was die Studenten nicht wüßten. Ich richte die Scheinwerfer daher auf uns selbst.«

Nachdem er somit die Redeerlaubnis zurückgewonnen hatte, fiel er nun wieder in seinen früheren Tonfall zurück und wandte sich wiederum einer anderen Gruppe zu, nämlich den anwesenden »Civilians«:

»... Ja, viele der Mitglieder des Indian Civil Service sind ganz entschieden anmaßend, sie sind tyrannisch, manchmal gedanken-

los. Viele andere Adjektiva mögen hier ebenso angebracht sein ... Doch worauf deutet dies hin? Sie waren Gentlemen, bevor sie hierher kamen, und wenn sie etwas von ihrer moralischen Gesinnung eingebüßt haben, so ist dies nicht minder dem Einfluß zuzuschreiben, den wir auf sie üben. (Zwischenrufe: »Nein!«) Denken Sie selbst darüber nach: wenn ein Mann, der gestern noch gut war, sich zum Schlechten gewandelt hat, nachdem er mit mir in Berührung gekommen ist, ist er dann dafür verantwortlich, daß er verdorben ward, oder bin nicht vielleicht ich es?«[46]
Und dann begann er, in gutgläubiger Überschätzung des historischen Unterscheidungsvermögens seiner überforderten Zuhörerschaft, von allen möglichen Themen, die er hätte herausgreifen können, gerade vom Burenaufstand zu sprechen!
An diesem Punkt erhoben sich mehrere Fürsten, der Vorsitzende verließ das Podium, und die Versammlung löste sich auf. Gandhi gab später dem Verhalten von Mrs. Besant die Schuld am Ausgang dieser ganzen Veranstaltung, obgleich sie es später damit zu erklären versuchte, daß ihr bekannt gewesen sei, daß ein Spitzel der Geheimpolizei jedes Wort mitschreiben würde, und sie deshalb um Gandhis persönliche Sicherheit gefürchtet habe. Sie habe ihn keineswegs mißverstanden, da sie überzeugt gewesen sei, »daß Mr. Gandhi sich lieber töten lassen würde, als selbst zu töten«.
Es ist allerdings bemerkenswert, daß man den Gründer von Satyagraha in der Öffentlichkeit als Anarchisten und Anwalt der Gewalt mißverstehen konnte. Doch ich glaube, daß die Anwesenden einiges in seinem Ton und in seiner Wortwahl nur allzu gut verstanden hatten. Er war der Tatsache feinfühlig eingedenk, daß seine Rede derjenigen von »Mutter Besant« unmittelbar folgte, der Advokatin einer strikt verfassungsmäßigen Veränderung der Stellung Indiens im Empire, und zugleich war ihm nicht entgangen, daß sie inmitten all der prunkvollen Maharadschas saß. Mag sein, daß nur für einen Augenblick Gandhis Herz ganz auf seiten der mutmaßlichen jungen Revolutionäre vor ihm stand und er den Wunsch empfand, ihre »heiße Ergebenheit« auf sich zu ziehen (und dies zweifellos auch, um sie Tilak abwendig zu machen), damit er sie für seine eigenen Zwecke einsetzen könne, nämlich die Etablierung eines neuen, gewaltlosen Stils indischer Führerschaft. Doch ist es nicht unwahrscheinlich, daß er sich mit ihnen identifizierte und eine gewisse Ungeduld mit elterlicher

Autorität in ihm durchgebrochen sein mag. Jedenfalls zog er jede erreichbare Vaterfigur in die Debatte, von »cops« über einheimische Fürsten bis hin zu King George. Und in der Tat, wenn er der einzige war, der die Arbeit vollbringen konnte, bei der die ältere Generation der Führer versagt hatte (wie er dies unmißverständlich in *Hind Swaraj* angedeutet hatte), dann war jetzt die Zeit gekommen, »sich offen zu erklären«: denn Gokhale lebte nicht mehr, die »Probezeit« war zu Ende.

In seiner Autobiographie läßt Gandhi Benares unerwähnt – das zweifellos sein Kirchenportal zu Wittenberg wurde. Bis zu diesem Zeitpunkt hatte er Gokhales Rat befolgt, obschon der Moniya und der Propagandist in ihm es sich nicht versagen konnten, Zuhörerschaft auf Zuhörerschaft zu erzählen, daß er auf Grund eines feierlichen Versprechens, das er Gokhale gegeben habe, noch seine »Probezeit« durchmache – nicht unähnlich der Weise, in der der junge Gandhi in England Freunden und Fremden gleichermaßen anzuvertrauen pflegte, daß er unter einem Gelübde stehe, das er seiner Mutter gegenüber abgelegt habe. Was die Vaterfigur Gokhale anbelangt, so haben wir bereits in Südafrika deutliche Anzeichen einer ambivalenten Einstellung Gandhis ihm gegenüber bemerken können. Und in der Tat wird das Motiv der Krankheit als einer Folge von Selbstvernachlässigung bis zum Schluß immer wieder angerührt. In seiner Autobiographie erzählt der Mahatma über sein letztes Zusammentreffen mit Gokhale und berichtet, wie der bereits damals schon sehr kranke, alte Mann, der sich selbst dazu überwunden hatte, an einem Empfang zu Ehren Gandhis teilzunehmen, plötzlich einen seiner in letzter Zeit nicht eben seltenen Ohnmachtsanfälle erlitt und hinausgetragen werden mußte. Der Mahatma schließt: »Doch die Ohnmacht sollte in meinem Leben nicht zu einem gewohnten Ereignis werden«,[47] und man müßte hier wahrscheinlich das Wort »meinem« in kursiven Lettern setzen. Wurden durch Gokhales Ohnmachtsanfälle Mohandas' komplexe Gefühle gegenüber seinem Vater wiedererweckt, dessen Gestalt er an Bedeutung übertreffen sollte und dessen Schwächen und Läßlichkeiten er so entschlossen war zu vermeiden?

Gandhi erfuhr von Gokhales Tod, als er in Shantiniketan, Rabindranath Tagores Allerheiligstem, war. Auch hier verhielt sich Gandhi sehr ehrerbietig, doch zugleich versuchte er, selbst dem berühmten Poeten in dessen eigener Schulgemeinde eine Lektion

zu erteilen. Er sprach von Shankiniketan als von einem Heiligtum der »Schlichtheit, der Kunst und der Liebe«, doch verlor er keine Zeit dabei, es unverzüglich in einen »geschäftigen Bienenschwarm« zu verwandeln. Er organisierte die Knaben zu Gruppen, die das Gemüse schnitten, das Getreide reinigten und die Küche und benachbarte Institutionen hygienisch sauber hielten – was der majestätische »gurudev« selbst alles in gefaßter Geduld über sich ergehen ließ (und es nicht verhinderte, daß nach Gandhis Abreise alles wieder ins gewohnte Gleis zurückfiel).
Noch unter dem unmittelbaren Eindruck der Nachricht vom Tode Gokhales stehend, hatte Gandhi in einer seiner allzu ergebenen Stimmungen zu C. F. Andrews gesagt: »Ich nehme nicht an, daß es vor Ablauf von fünf Jahren eine Gelegenheit für Satyagraha geben wird.« Später, in seiner Autobiographie, kann der Mahatma nicht von seiner Erschütterung beim Vernehmen der Nachricht über Gokhales Tod berichten, ohne noch einmal zu erzählen, daß sogar der wohlmeinende Vater Gokhale »über einige meiner Ideen zu lachen pflegte . . . und sagte: ›Nachdem sie erst einmal ein Jahr in Indien verbracht haben werden, berichtigen sich Ihre Anschauungen schon von selber.‹«[48]
Benares folgte genau ein Jahr auf Gokhales Tod, und es schien nun an der Zeit, mit allen Mitteln Einhalt zu gebieten. Wenn schon die einstweilige Verfügung seines väterlichen Freundes Gandhis aktivistische Natur ungeduldig und verdrießlich gemacht hatte, können wir uns leicht vorstellen, wie Mutter Besants »Hören Sie auf!«, das er zwangsläufig als den direkten Befehl, erteilt von einer älteren Frau, aufnehmen mußte, in ihm nur die Erinnerung an eine lang währende Frustration vertiefen konnte. Hierin sehe ich den emotionalen Hintergrund für die Tatsache, daß Gandhi in Benares mit seinen doppelsinnigen Reden fortfuhr und man allgemein der Auffassung sein konnte, daß er die militanten Jugendlichen und Anarchisten unterstütze. Danach kamen seine und Annie Besants Beschuldigungen und Gegenbeschuldigungen einem Familienstreit lächerlich nahe, und schließlich berichtete einer der Spitzel der Geheimpolizei (die Art Mensch, vor der Mrs. Besant Gandhi zu schützen gedachte) nach Delhi, daß Mrs. Besant offensichtlich auf den kleinen Mann im Lendenschurz nachgerade eifersüchtig zu werden beginne. Wenn Gandhi, jedenfalls in Benares, seine leichte Hand eingebüßt zu haben schien und den mehr sadistischen Tendenzen in ihm freien

Lauf ließ, die Spott in Verhöhnung verkehren, so gingen doch die Studenten »voll und ganz mit«.

Soviel über die Weise, in der Ghandhi Freunde und Gegner mit den Notständen konfrontierte, die nach seiner Überzeugung den vierfachen Ruin noch verschlimmerten. Wir müssen nun seine Bezugnahme auf gewisse Themenbereiche mit einschließen, die Gandhi ganz Indien in einer gewöhnlich bei weitem weniger dramatischen Form nahezubringen versuchte und ohne Zweifel oft in einer Mischung aus Vortrag und Predigt zu Gehör brachte. Nehmen wir zum Beispiel das Thema der *Sprache*. Anläßlich der Eröffnung der »Jain Students' Library« in Surat sagte er:

»... Studenten, die Reden auf englisch halten, sehen gewöhnlich nicht, ob ihre Zuhörerschaft dem folgen kann, was sie sagen. Noch machen sie sich Gedanken darüber, ob diejenigen, die Englisch verstehen, sich von ihrem gebrochenen, inkorrekten Englisch gelangweilt fühlen oder interessiert zuhören ... Sie sollten in Erwägung ziehen, ob man der neuen Ära näherkommt oder noch weiter zurückfällt, wenn sie in einer Sprache daherreden, die ihre Eltern nicht kennen, die ihre Brüder und Schwestern nicht kennen und der ihre Diener, Frauen, Kinder und Kindeskinder nicht zu folgen vermögen.«[49]

Und bei einer anderen Gelegenheit (auf einer Konferenz über eine Gemeinschaftssprache und Einheitsschrift für ganz Indien in Lucknow) konnte er sich auf ein nur allzu bekanntes Vorbild berufen:

»... Gentlemen, Sie sehen, wie die ›Christian Literary Depot and Bible Society‹ sich über die ganze Welt ausgebreitet hat. Überall verstreut sie ihre Bücher. Sie läßt sie in alle Sprachen übersetzen und dann an den richtigen Orten verteilen. Selbst die Eingeborenen und arbeitenden Menschen Afrikas versieht sie mit der Bibel, jeweils in den Landessprachen. Sie gibt mehrere Zehnmillionen Rupien für dieses Unternehmen aus. Sie halten nicht einfach nur Konferenzen ab, wie wir dies tun.«[50]

Doch nur ein weiteres Zitat macht offenkundig, daß es zumindest einer ganzen Monographie bedürfte, um allein diese eine Frage des Sprachenproblems gründlich zu behandeln, oder vielmehr um zu zeigen, warum sie bis heute nicht entschieden ist. Was hier allein zählt, ist der Geist, in dem Gandhi sein Volk dazu aufruft, das entscheidendste und möglicherweise verhängnisvollste ihrer Probleme zu erkennen:

»... Die Zahl derer, die Hindi sprechen, beträgt annähernd 65 Millionen. Wenn wir diejenigen Sprachen mit einbeziehen, die dem Hindi verwandt sind ... beläuft sich diese Zahl nahezu auf 220 Millionen. Wie aber kann dann das Englische, das nicht einmal hunderttausend Inder korrekt zu sprechen verstehen, erfolgreich mit einer Sprache konkurrieren, die eine so große Verbreitung hat? Daß wir bis auf diesen Tag noch nicht einmal damit begonnen haben, unsere nationalen Geschäfte in Hindi zu führen, liegt einzig an unserer Feigheit, dem Mangel an Selbstvertrauen und unserer Unkenntnis der Bedeutung der Hindi- Sprache ... Der Anfang sollte in den Provinzen gemacht werden. Wenn dabei einige Schwierigkeiten auftreten mögen, dann wohl vor allem für Menschen, die Drawida-Sprachen, wie etwa Tamil, sprechen ... Hindi sprechende Männer, die tatkräftig, mutig, voller Selbstachtung und energisch sind, sollten nach Madras und in andere Provinzen gehen und dort ohne Bezahlung Hindi lehren.«[51]

Ein weiteres, sehr komplexes Thema – das der *Kaste* – wurde von Gandhi mit äußerster Ehrlichkeit und Energie aufgegriffen. Doch schon wenige Auszüge zeigen die Vielschichtigkeit seiner Einstellung, die zugleich geradlinig in der Bekämpfung des Vorurteils war und doch andererseits wiederum vorsichtig bestrebt, die alten Fundamente intakt zu lassen, zu denen er keine unmittelbaren revolutionären Alternativen anzubieten hatte – behaftet mit den Vorurteilen seines Moralismus, wie er es war, und mit seiner Furcht vor dem Hedonismus, der mit der Lockerung traditioneller Beschränkungen möglicherweise einhergehen mochte. Demgemäß war er bereit, das traditionelle Verbot gegen das Zusichnehmen von Nahrung in einer Gemeinschaft mit gemischten Kastenzugehörigkeiten zu bestätigen, indem er behauptete, daß ohnehin eine Tendenz dazu vorhanden sei, die Bedeutung des Essens zu übertreiben.

»... Der Prozeß des Essens ist genauso unrein wie die Entleerung, wobei der einzige Unterschied darin besteht, daß der Entleerung ein Gefühl der Erleichterung folgt, während das Essen, wenn man seinen Gaumen nicht im Zaum hält, Beschwerlichkeiten mit sich bringt. Nicht anders also, als wir die Entleerung etc. in privater Abgeschlossenheit verrichten, sollten wir ähnlich auch das Essen und andere Handlungen, die wir mit den Tieren gemeinsam haben, in der Abgeschiedenheit des Privaten erledigen.«[52]

Er war demnach nicht aus Prinzip für Gleichheit, wenn sie so weit getrieben wurde, daß sie dem nahekam, was er als Libertinismus betrachtete; er trat für Selbstkontrolle ein. Im Falle des Essens in der

»Gesellschaft eines *Bhangi*, wobei es, von meinem Standpunkt aus betrachtet, dazu durchaus größerer Selbstkontrolle bedarf, sollte die Gemeinschaft nichts mit einer solchen Angelegenheit zu schaffen haben. Oder, wenn es mir nicht gelingt, in meiner eigenen Gemeinschaft eine mir genehme Braut zu finden, und ich für den Fall der Nichtheirat dazu versucht sein könnte, lasterhafte Gewohnheiten anzunehmen, wird es angesichts solcher Umstände ein Akt der Selbstzucht sein, ein Mädchen meiner Wahl aus irgendeiner anderen Gemeinschaft zu heiraten, und sodann wird meine Handlungsweise keine Verletzung des fundamentalen Prinzips des Kastensystems sein. Ich hätte damit unter Beweis gestellt, daß mein einziger Zweck dabei, unter Mißachtung der allgemeinen Regel einen derartigen Schritt zu tun, nur in der Disziplinierung meines Fleisches bestanden hat, und mein ganzes späteres Verhalten würde sodann für mich zeugen müssen. Andererseits jedoch sollte ich es niemandem verargen, wenn mir die üblichen Privilegien vorenthalten werden, die mit der Zugehörigkeit zu einer Gemeinschaft verbunden sind, sondern sollte darin fortfahren, meine Pflicht zu tun.«[53]

Dies sind keine Angelegenheiten, über die man leichthin, von Gefühl und Meinungen beeinflußt, urteilen sollte, zumal nicht mit solchen aus einer anderen Zeit und aus einer unterschiedlichen Weltgegend. Denn sobald es wirklich darauf ankam, sollte er trotz all der Vielschichtigkeit seines Standpunktes keinen Augenblick zögern, die in jeder Hinsicht revolutionäre Handlung zu begehen, eine Familie von Unberührbaren in sein Ashram aufzunehmen, als er sich am Sabarmati niederließ. Bei allen Problemen also, die er anschnitt, unternahm er nur solche exemplarischen Handlungen, die er in dem sicheren Gefühl beginnen konnte, daß er imstande sein würde, ihre Konsequenzen zu übersehen und mit ihnen fertig zu werden. Dieser Standpunkt kommt besonders klar in einem Brief an Esther Fearing vom 3. August 1917 zum Ausdruck, in dem er über die Bereitschaft Indiens schreibt, sich der Satyagraha zuzuwenden:

»Die bleibende Frage für Sie wie für mich lautet, worin unsere Pflicht als Individuen besteht. Ich bin dabei zu folgender, soweit

es mich angeht durchführbaren Entschließung gekommen: Ich werde niemanden, ganz gleich aus welchem Grund, töten, sondern werde mich von ihm töten lassen, wenn der Widerstand seines Willens es notwendig macht, mich zu töten. Einen gleichlautenden Rat würde ich jedermann geben. Doch wo ich weiß, daß Willenskraft als solche erforderlich ist, werde ich ihm den Rat geben, von seinem Willen Gebrauch zu machen und zu kämpfen. In Indien gibt es weder echte Liebe noch echten Haß – aus Kraftlosigkeit. Es ist das stärkste Bedürfnis vorhanden, zu kämpfen und zu töten, Seite an Seite, bei gleichzeitiger Hilflosigkeit. Dieses Bedürfnis muß befriedigt werden, indem man die Bereitschaft zu kämpfen wiederherstellt. Dann kommt die Wahl.
Ja, gerade der Akt der Vergebung und der Liebe beweist die Überlegenheit dessen, der so handelt. Diese Weise, einen Satz aufzustellen, birgt jedoch die Frage in sich: wer kann lieben? Eine Maus, als Maus, kann keine Katze lieben. Man wird der Maus schwerlich sagen können, daß sie sich dessen enthalten sollte, der Katze Schmerz zuzufügen. Man kann nicht lieben, wen man fürchten muß. Sobald man aber aufhört, sich zu fürchten, ist man bereit, seine Wahl zu treffen – zuzuschlagen oder sich zurückzuhalten. Dieses Sich-Zurückhalten ist der Beweis für das Erwachen der Seele im Menschen; zu schlagen ist Beweis der Leibes-Kraft, Gewalt. Die Fähigkeit zum Schlagen muß vorhanden sein, wenn die Macht der Seele demonstriert werden soll. Das bedeutet allerdings nicht, daß wir dem Gegner körperlich überlegen sein müssen.«[54]
Viele seiner Ansichten aus dieser Zeit waren notwendigerweise zwingender in ihrem Geist diagnostischer Kühnheit als in der Schärfe ihrer Beschreibungen oder der Genauigkeit der gestellten Prognosen. Doch Gandhi wußte, daß er sich als Reformator einer Nation auf Experimente einlassen mußte, die ihn und die Nation in Handlungen auf stetig sich ausweitender Ebene hineinreißen würden. Als er das Gebiet für solche Aktionen absteckte, nahm er das tägliche Leben des Ashram zum Mittelpunkt, während die Peripherie auf solche akuten Mißstände hin systematisch abgesucht und geprüft werden mußte, die es ihm gestatten würden, klar umschriebene Segmente der gewaltigen Bevölkerung Indiens – jeweils eines zu seiner Zeit – in getrennte Satyagraha-Kampagnen einzubeziehen, die sich begrenzte, doch repräsentative Ziele setzten.

Der Name, den Gandhi seinem Ashram in Ahmedabad gab, machte es eindeutig zum Hauptquartier jeder zukünftigen Kampagne:

»... Ich wollte Indien mit der Methode vertraut machen, die ich in Südafrika anzuwenden versucht hatte, und ich hatte den Wunsch, das Ausmaß zu testen, in dem ihre Anwendung möglich sein würde. Also wählten meine Begleiter und ich den Namen »Satyagraha-Ashram«, der sowohl unser Ziel wie die Methode, ihm zu dienen, vermittelte.«[55]

Es erforderte, durchaus nicht überraschend, viel weniger als »etwa fünf Jahre«, um einen geeigneten Schauplatz für seinen ersten Versuch einer Satyagraha-Kampagne in Indien ausfindig zu machen: Bihar und seine Indigo anbauenden Bauern am Fuße des Himalaja. Der gewählte Ort konnte kaum weiter von Ahmedabad entfernt und dennoch innerhalb Indiens gelegen sein, denn er befindet sich nahe der Grenze nach Nepal, südlich des Mount Everest. Wenn man von Ahmedabad aus dieselbe Entfernung (d. h. etwa 800 Meilen, 1280 km) in nördlicher Richtung zurücklegte, gelangte man nach Kaschmir, noch über Shrinagar hinaus; oder nach Süden irgendwohin nahe Madras. Demzufolge war Ahmedabad also ein nahezu idealer geometrischer Ausgangspunkt und zugleich Rückzugsgebiet für einen charismatischen Reisenden. Wenn eine solche geographische Strategie verwunderlich erscheinen mag bei einem Mann, der stets behauptete, einzig von seiner inneren Stimme geleitet zu sein, dann braucht man sich nur daran zu erinnern, daß später, als der Mahatma gewissermaßen das ganze Land erobert hatte, er sich zum »Wohnsitz« eine armselige Stadt in einem armen Distrikt genau im Zentrum Indiens auswählte, beinahe gleich weit entfernt von Delhi und Kalkutta, von Kathiawar und von Madras. Dann mußten die Führenden des Landes, um ihn zu sehen, im Herzen Indiens zusammenkommen. Doch jetzt mußte er erst einmal die Grenzen des Landes erreichen – und auf diejenigen der Unabhängigkeitsbewegung stoßen: denn bisher

»... kannte mich niemand in Champaran. Die Bauern waren sämtlich unwissend. Champaran, den Ganges aufwärts, weit nördlich gelegen und direkt am Fuße des Himalaja, ... war vom übrigen Indien abgeschnitten. Der Kongreß war in diesen Landesteilen praktisch unbekannt. Selbst jene, die den Namen »Kongreß« wohl gehört hatten, scheuten davor zurück, ihm beizutreten oder ihn auch nur zu erwähnen.«[56]

Seine Biographen und sogar der Herausgeber der *Collected Works* behaupten, daß Gandhi »mehr oder weniger zufällig« auf den Schauplatz seines ersten Geplänkels gezogen wurde. Er selbst erfindet eine moderne Parabel, indem er behauptet, daß ein Bauer, der »allgegenwärtige Rajkumar«, in dieser ganzen Angelegenheit die Alleinverantwortung trage. Rajkumar war nur einer jener vielen Kleinbauern, die unter dem »thinkathia«-System Bihars zu leiden hatten, wonach die Bauern gesetzlich dazu verpflichtet waren, »auf dreien von jeweils zwanzig Teilen« ihres besten Landes Indigo anzubauen, der zu Festpreisen an ihre Landlords abgeliefert werden mußte. Dies war natürlich nur das Kernstück eines ganzen Systems von Übelständen; und Rajkumar Shukla, keineswegs zufrieden mit dem, was der weit entfernte Kongreß für Männer wie ihn tun konnte, verfolgte Gandhi von Lucknow nach Ahmedabad und zurück nach Kalkutta, bis Gandhi schließlich einwilligte, mit ihm zu gehen. »Ein Tag wird genügen«, sagte Rajkumar, und er behielt recht, denn Gandhi war sogleich von dem Problem fasziniert, und gerade die vielen Hindernisse, die seinem ersten Versuch, sich zu orientieren, im Wege standen, müssen ihn zu Hartnäckigkeit und zäher Unnachgiebigkeit gereizt haben. In der Unterkunft, in die Shukla ihn mitnahm (der präsumtive Gastgeber befand sich außerhalb der Stadt), hielten die Diener Gandhi für eine Art Bettler, verboten ihm, Wasser aus dem Ziehbrunnen zu holen oder die Toilette im Inneren des Hauses zu benutzen, da sein Auftreten und sein Erscheinungsbild keineswegs die Zugehörigkeit zu seiner Kaste verrieten. Gandhi setzte sich sehr bald schon mit einigen der Bauern zusammen, um sich über die Situation ein Bild zu machen, und wandte sich sodann an die Professoren und Rechtsanwälte des Bezirks, die ihn natürlich kannten.

»Ich werde kaum Verwendung für Ihre juristischen Kenntnisse haben«, sagte ich ihnen. »Was ich brauche, ist die Hilfe von Sekretären und Dolmetschern. Es könnte notwendig werden, sich mit dem Gedanken an Gefängnishaft vertraut zu machen, doch so gern ich es sähe, wenn Sie dieses Risiko einzugehen bereit wären, sollen sie immer nur so weit gehen, wie sie sich zu gehen fähig fühlen. Allein schon Ihre Verwandlung in Sekretäre und die Aufgabe Ihres Berufes auf unbestimmte Zeit sind keine geringe Sache ... Wir haben nicht die Mittel, diese Arbeit zu bezahlen. Alles muß aus Liebe und dem Geist des Dienens heraus getan werden.«[57]

So also wurden, veranlaßt durch eine Angelegenheit von minderer Bedeutung und in den Randzonen eines Imperiums, eine ganze Anzahl nationaler Aktivisten rekrutiert; und einer der ortsansässigen Anwälte, der zum »Sekretär und Dolmetscher« wurde, sollte dreißig Jahre später Indiens erster Präsident werden: Rajendra Prasad.

Die Lokalbehörden und die Pflanzer, die noch nicht wußten, wem sie gegenüberstanden (und was ihnen noch bevorstehen sollte), versuchten unverzüglich, von allerlei Verfügungen Gebrauch zu machen und ihn durch die Androhung seiner Festnahme und Inhaftierung zum Rückzug zu bewegen. Indem sie dies taten, schufen sie für Gandhi einen geradezu idealen Schauplatz und gestatteten ihm, die vertraute Rolle dessen wieder anzunehmen, der sich selbst anklagt und für schuldig plädiert. Darauf bestehend, daß es seiner »bescheidenen Meinung« nach einen »Unterschied der Auffassungen« zwischen der Bezirksbehörde und ihm selber gebe, traf er vor Gericht die Feststellung:

»Ich habe das Land in der Absicht betreten, ihm einen humanitären und nationalen Dienst zu erweisen. Ich habe dies in Beantwortung einer dringlichen Einladung getan ... um den Bauern zu helfen, die nachdrücklich erklären, daß ihnen durch die Plantagenbesitzer Unrecht geschehe. Ich konnte keine Hilfe anbieten, ohne das Problem eingehend studiert zu haben. Ich bin daher hierhergekommen, es – sofern dies möglich ist – unter Mithilfe der Verwaltung und der Plantagenbesitzer, zu tun. Ich habe kein anderes Motiv und kann nicht glauben, daß mein Kommen in irgendeiner Weise den öffentlichen Frieden stören oder den Verlust von Menschenleben verursachen könnte. Ich möchte für mich behaupten, daß ich in solchen Angelegenheiten große Erfahrung besitze.«[58]

Mit anderen Worten: der Eindringling, der Satyagrahi, stellt sich mit der rechtmäßigen Regierung auf eine Stufe und erbittet sodann ihre Unterstützung, um die notwendigen Tatsachen zusammenzubringen, mit deren Hilfe er dann gegen sie vorgehen kann. Und was ihre Macht angeht, ihn in Haft zu nehmen oder auszuweisen:

»Es ist mein fester Glaube, daß angesichts der komplexen, vielgestaltigen Umstände, unter denen wir leben, der einzig sichere und ehrenhafte Weg, den ein Mann mit Selbstachtung unter Verhältnissen, wie ich mich ihnen gegenübersehe, einschlagen kann, nur darin bestehen kann, zu tun, was ich mich zu tun entschlossen habe, d. h. mich der Strafe, die auf Ungehorsam steht, ohne Protest zu unterwerfen. Ich wage es, diese Erklärung abzugeben, nicht um eine Milderung der gegen mich zu verhängenden Strafe zu erwirken, sondern um zu zeigen, daß ich die gegen mich ergangene Verfügung mißachtet habe, und dies wiederum nicht in dem Wunsch, mir den Respekt einer die Gesetze achtenden Autorität zu erwerben, sondern im Gehorsam gegenüber dem höheren Gesetz unseres Seins – der Stimme des Gewissens.«[59]

Dies, so behauptete der Mahatma später, war der erste Anwendungsfall, in dem seinem Land die erste Lektion in zivilem Ungehorsam erteilt wurde. Und die Lektion hatte Erfolg:

»Eine Art Wohlwollen entstand zwischen den Beamten – Bezirksvorsteher, Friedensrichter, Polizeidirektor – und mir. Ich hätte rechtlich die Möglichkeit gehabt, gegen die mir gemachten Auflagen Einspruch zu erheben. Statt dessen nahm ich sie allesamt an, und mein Verhalten gegenüber den Beamten war korrekt. Sie sahen also, daß ich sie nicht persönlich kränken wollte, wohl aber ihren Weisungen zivilen Ungehorsam entgegenzusetzen beabsichtigte. Auf diese Weise wurden sie beschwichtigt, und anstatt mich zu plagen, bedienten sie sich dankbar meiner und meiner Mitarbeiter Mitwirkung bei der Lenkung der Massen. Für mich indessen war es eine demonstratio ad oculos der Tatsache, daß ihre Autorität erschüttert war. Das Volk hatte für den Augenblick alle Furcht vor Bestrafung verloren und folgte der Liebeskraft, die sein neuer Freund ausübte.«[60]

Doch die Dinge nahmen gewissermaßen einen allzu einfachen Verlauf, indem nicht nur die Anklage gegen ihn zurückgezogen wurde, sondern bei der Untersuchung die volle Unterstützung der Regierung zugesagt wurde. In der Zwischenzeit erfreute sich Gandhi »einer Art Zurückgezogenheit. Das Haus ist gar nicht so übel. Es gibt Bademöglichkeiten, so daß für die Körperpflege hinreichend gesorgt ist. Was das Selbst anbetrifft, trägt all dies zu seinem Wachstum bei.«[61] Und er bereitete sich erwartungsfroh auf seine Festnahme vor, wie er an Maganlal schrieb:

»Schick bitte mit eingeschriebener Post dem Privatsekretär Seiner

Exzellenz des Vizekönigs, Simla, meine Goldmedaille zu. Eine Anweisung, den Distrikt zu verlassen, ist bereits an mich ergangen, und ich habe mich widersetzt, ihr nachzukommen. Es ist wahrscheinlich, daß jeden Augenblick ein Haftbefehl gegen mich erlassen wird ... Niemand von uns hätte sich träumen lassen, daß ich in Bihar ins Gefängnis gesteckt werde, einer Provinz, die geheiligt ist durch die Schritte, die Ramachandra, Bharata, Janaka und Sitaj* auf ihren Boden gesetzt haben.«[62]

Nach Südafrika berichtete er umgehend, wenngleich etwas voreilig:

»... Ich lebe in der Erinnerung an die besten Tage in Südafrika. Und sie dort zu durchleben, wo Rama und Janaka gewirkt haben! Die Menschen hier geben mir ihre volle Unterstützung. Wir werden hier sehr bald unsere Naidoos und Sorabjis und Imams finden. Ich kann mir nicht denken, daß wir auch über einen Cachalia stolpern sollten.«[63]

So versucht ein Mann stets aufs neue, den ersten Kampf zu wiederholen, in dem er sich auf heimischem Boden fühlte. Diesmal allerdings waren keine Helden wie die bereits mythologisch gewordenen südafrikanischen Satyagrahi erforderlich, weil der Vizekönig intervenierte; für ihn war der Besucher im fernen Bihar kein Unbekannter, den man unterschätzen durfte. So wurde Champaran ein anschaulicher Musterfall für die Weise, in der eine lokale Kampagne bürgerlichen Ungehorsams zum Ausgangspunkt weiterer zu werden vermag, die auf Themen von *nationaler* Tragweite übergreifen können. »Champaran ist mir nun zum Domizil geworden«, schrieb Gandhi nach daheim, und während der kommenden sechs Monate sollte er selbst mit Bezug auf seine wiederholten Rückreisen in die Heimat als von Fahrten »aus Champaran heraus« sprechen. In dieser Hinsicht wurde ihm jeder Ort zur Heimat, wo er beschloß, sich als Satyagrahi einzugraben; und dies bedeutete, daß er sich auf ein mühselig ins Detail gehendes und unparteiisches Studium der Fakten einlassen mußte, die dann in einer freimütigen und großzügigen Weise auf öffentlichen Versammlungen vorgelegt wurden, daß ferner Minimalforderungen formuliert werden mußten, denen die Drohung Nachdruck verlieh, im Weigerungsfall auf Satyagraha zurückzugreifen. Diese Drohung wiederum beruhte stets auf der Erwartung, daß sie Rückhalt in der Unterstützung durch die

* Gestalten aus der Ramayana (A. d. Ü.).

Ärmsten innerhalb der einheimischen Bevölkerung finden werde, *und* nicht zuletzt auch in der Hoffnung auf Publizität in ganz Indien. Damit gewann Gandhi gleich zu Beginn seinen wichtigsten Punkt, daß nämlich ein Mann, der es auf sich nimmt, selbst an einem von der eigenen »Heimat« weit abgelegenen Ort gegen lokale Mißstände und Ungerechtigkeiten aufzutreten, wenn er sich den Opfern dieses Unrechts gegenüber nur als ein willkommener Helfer erweist, sich dort durchaus als Einheimischen betrachten darf, vorausgesetzt allerdings, daß er bereit ist, die Leiden auf sich zu nehmen, die er damit heraufbeschwört, und das Spiel mit jener Fairneß zu Ende zu spielen, die eine bedeutend mehr umschließende Identität ihm diktiert. Die Sache war besiegelt, als Gandhi zum Vollmitglied eines amtlichen Untersuchungsausschusses ernannt wurde, der im Oktober 1917 einen einstimmig gebilligten Bericht verfaßte, in dem die Abschaffung des »tinkathia«-Systems empfohlen wurde. Selbst wenn dies angesichts des Preisverfalls für Indigo auf dem Weltmarkt so etwas wie ein leerer Sieg war, ist Gandhi dennoch darin erfolgreich gewesen, in einer Landesgegend und in einem Problembereich seiner eigenen Wahl die Anwendbarkeit jenes Instruments in jedem Teil Indiens zu demonstrieren, das er in Südafrika geschaffen hatte.

Gandhi machte sich unverzüglich an die nächste und abschließende Phase jeder seiner Kampagnen: die Umerziehung. Er zog ein enges Netz von Schulen für die Bauernkinder Bihars auf, dessen Lehrkörper aus Freiwilligen bestand (unter ihnen Kasturba), die aus den unterschiedlichsten Landesteilen und Berufen importiert worden waren. Auch dieses Unternehmen war nur von kurzer Lebensdauer; doch das Prinzip blieb machtvoll erhalten, über Gandhis eigene Kampagnen hinaus.

Für die einheimischen Pflanzer blieb das ganze Ereignis natürlich so etwas wie ein wüster, närrischer Alptraum, und sie ließen nichts unversucht, die Gandhis zu verleumden. Und da wir (von dem Wunsch nach Anschaulichkeit dazu verführt) in manchem Kapitel dem Stilwandel in den Kleidungsgewohnheiten, der für Gandhis Verwandlungen der Identität und den Wechsel der Beschäftigung so überaus charakteristisch ist, verschiedentlich unsere Aufmerksamkeit geschenkt haben, wollen wir dieses Kapitel mit einem Brief beschließen, den Gandhi als Antwort auf Bemerkungen über seine Erscheinung, die ein gewisser Mr. Irwin (den

Gandhi übrigens dabei überrascht hatte, wie er einen seiner Bauern auspeitschte) über ihn gemacht hatte, an die Presse schrieb. Gandhi selbst rechtfertigt unser Interesse an dieser Angelegenheit, da er seine Freunde drängte, alle Zeitungsausschnitte von diesem Brief wohl aufzubewahren, da er »sich als wirksamer erweist, als es eine ganze Anzahl von Reden gewesen wäre«: »... Mr. Irwins Brief unterstellt, daß ich vor den Bauern in einer Aufmachung erscheine, die ich mir vorübergehend und einzig zu diesem Anlaß zugelegt habe, um Eindruck auf sie zu machen ... (Es verhält sich jedoch so) daß meine Vertrautheit mit den kleineren Annehmlichkeiten der westlichen Zivilisation mich meine Nationaltracht achten gelehrt hat, und es mag Mr. Irwin interessieren zu erfahren, daß die Kleidung, die ich in Champaran trage, genau dieselbe ist, die ich in Indien stets getragen habe, mit Ausnahme einer nur sehr kurzen Zeit als ich in Indien zusammen mit vielen meiner Landsleute ein Opfer der Gewohnheit wurde, semi-europäische Kleidung vor Gericht und anderswo außerhalb Kathiawars zu tragen ... Wir begehen eine nationale Sünde, indem wir eine Kleidung zurückweisen, die den klimatischen Gegebenheiten Indiens am besten angepaßt ist und die wegen ihrer Schlichtheit, ihrer kunstvollen Art und der geringen Kosten, die sie erfordert, vor den Augen der Welt nicht verächtlich gemacht werden darf; zudem entspricht sie hygienischen Erfordernissen. Wären nicht ihr falscher Stolz und ihre gleichermaßen falschen Begriffe von Prestige, dann hätten auch die Engländer längst die indische Tracht übernommen.«[64]

III. Kapitel

Gefährten und Gegenspieler

1. Die Sarabhais

Während Gandhi noch tief in die Angelegenheiten von Champaran verwickelt war, erhielt er beunruhigende Nachrichten über die Arbeitsverhältnisse in Ahmedabad. Hinzu kam, daß Anasuyaben Sarabhai an Gandhi über ihre immer eingehendere Beschäftigung mit Problemen der Textilarbeiter geschrieben und sich von ihm Rat und Zuspruch erbeten hatte. Am 21. Dezember 1917 schrieb Gandhi an Ambalal folgendes:

Verehrter Bhai Ambalalji,
ich möchte mich keineswegs in Ihre geschäftlichen Angelegenheiten mischen. Indessen bleibt mir ... keine andere Wahl, als an Sie zu schreiben. Ich bin der Ansicht, daß Sie jedenfalls um Shrimati Anasuyabens willen den Forderungen der Weber nachkommen sollten. Es gibt keinen Grund zu der Annahme, daß weitere erhoben werden, wenn Sie diese erst erfüllt haben. Selbst wenn dies geschehen sollte, hätten Sie sodann völlig freie Hand, zu tun, was Sie für angebracht halten. Warum sollten sich nicht die Besitzer der Fabriken glücklich fühlen, wenn sie ihren Arbeitern ein wenig mehr zahlen? Wie kann ein Bruder Ursache dafür sein, daß seine Schwester leidet? – und dies bei einer Schwester wie Anasuyaben? Ich habe in ihr jemanden gefunden, dessen Seele von absoluter Reinheit ist. Es wäre daran durchaus nichts Sonderbares, wenn Sie sich ihr Wort zum Gesetz machten.
Sie stehen also unter einer doppelten Verpflichtung: die Arbeiter zufriedenzustellen und sich den Segen einer Schwester zu verdienen. Auch meine Vermessenheit wiegt doppelt schwer: in einem einzigen Brief habe ich mich in Ihr Geschäft wie in Ihre Familienangelegenheiten gemischt. Vergeben Sie mir.

Vandemataram, Ihr Mohandas Gandhi

Dieser Brief ist nur *ein* Beispiel für Gandhis gewinnende und einfühlende Art, sich einzumischen – und zugleich vorzugeben, sich nicht einmischen zu wollen – in die Angelegenheiten seiner Freunde im allgemeinen und ihre Familienverhältnisse im besonderen. Bevor ich mich daher jenen Entwicklungen zuwende, die sehr bald schon Gandhi nach Ahmedabad zurückbringen sollten, um ihn, diesmal schicksalhaft, in die dortigen Umstände zu verstricken, will ich mich über die jeweiligen Formen des Verhältnisses in seinen Freundschaften mit seinem hauptsächlichen Widersacher und zu seinen wichtigsten Mitstreitern um jenes Ereignis etwas näher auslassen. Dies muß für uns Heutige von besonderem Interesse sein, denn diese Männer und Frauen waren, als sie Gandhi begegneten, im Alter zwischen zwanzig und dreißig Jahren, sie waren zudem aus einer Generation junger Inder hervorgegangen, die man mit Recht entfremdet nennen konnte und die, als Inder, oft zwischen religiöser Abschließung und aktivistischer Teilnahme hin und her gerissen wurden. Über die unmittelbaren Probleme hinaus müssen wir demnach die besondere Anziehungskraft zu verstehen versuchen, die ein Mann am Anfang seiner nationalen Karriere ausübt, sodann, wie er das Gefolge seiner Mitarbeiter auswählt und schult – und nicht zuletzt auch, wie er sich um jene bemüht, in denen er vielversprechende Widersacher erkennt.

Wir haben bereits gehört, wie Ambalal, scheu, doch entscheidend als jener »anonyme Gentleman« in Gandhis Leben eingegriffen hatte, der mit einem Geldpaket bis ans Tor seines Ashram vorgefahren kam, gerade als Gandhi so knapp an Geldmitteln war, daß er schon daran gedacht hatte, das ganze Unternehmen aufzugeben und in die Quartiere der Unberührbaren zu ziehen. Gandhi berichtet, daß er diesem Mann nur ein einziges Mal vorher begegnet sei, wobei es sich, soweit ich feststellen konnte, um eine Zusammenkunft gehandelt haben muß, auf der in Ambalals Haus die Gründung des Ashram diskutiert wurde – worin sie zweifellos ein Gegenstück zu vielen ähnlichen Versammlungen philanthropischer Natur gewesen ist. Ambalal, der damals etwa in der zweiten Hälfte der Zwanzig stand, hatte bereits seinen Mut unter Beweis gestellt, als er in vielerlei Hinsicht mit den Vorurteilen seiner Zeit und seiner Gemeinschaft gebrochen hatte; und sein Mut prädestinierte ihn, wie sich bei späterer Überlegung nun bewahrheitet, für seine Rolle als einer der aufrechtesten Freunde Gandhis im allgemeinen und als einer seiner entschiedensten Widersacher in unserem Ereignis. Ambalal hatte seinerzeit gerade sein eigenes Haus und seine Familie auf ein Prinzip der Wahlfreiheit gegründet, das aus seinen Kindern selbstdenkende, verantwortliche und unabhängige Männer und Frauen machen sollte. Wie ungewöhnlich jedoch seine Verheiratung mit Saraladevi im Jahre 1913 gewesen ist, kann nur voll ermessen, wer die Rigidität und gelegentliche Grausamkeit der Heiratsvereinbarungen von Hindus und Jains kennt. Zum einen gehörten seine und Saraladevis Familien nicht derselben Kaste an. Doch noch erbitternder mußte die Art und Weise erscheinen, in der der junge Mann seine persönliche Neigung über die Wahl seiner Braut entscheiden ließ, statt sich dem Willen seiner Eltern zu fügen. Es gibt mehrere unterschiedliche Versionen dieser Geschichte; im wesentlichen jedoch (ich kann hier allerdings mit nichts anderem als mit einem lokalen Mythos aufwarten) scheint es darum gegangen zu sein, daß seine Familie und diejenige Saraladevis bereits lange vorher vereinbart hatten, daß er ihre ältere Schwester heiraten solle, von der man berichtet, daß sie »hellhäutiger« gewesen sei. Doch anläßlich eines Besuches im Hause seiner zukünftigen Schwiegereltern und Schwäger bemerkte Ambalal die jüngere Schwester, die scheue und dunkle Saraladevi, und war augenblicklich von ihr fasziniert. Stets bereit, sich von starken und »echten«, »richtigen« Gefühlen leiten zu lassen, bat er seinen zukünftigen Schwiegervater (einen Richter), ihm zu erlauben, diese Schwester auf eine Ausfahrt in seinem Wagen mitzunehmen, und unterwegs fragte er sie hie und da mehrmals, ob sie sich dazu entschließen könne, ihn zu heiraten. Sie fuhren zurück nach Haus, waren einander versprochen, und die Bedingungen wurden festgelegt. Als schließlich, nach der Hochzeit der beiden Brautleute von unterschiedlicher Kastenherkunft, beide auf dem Weg in ihr neues Heim waren, wurden sie dazu gezwungen, einen Umweg zu machen und die Straßen, durch die sie fahren würden, geheimzuhalten, um nicht von der Bevölkerung gesteinigt zu werden – das erste, doch keineswegs letzte Vorkommnis, bei dem Ambalals unabhängige Handlungsweise ihre persönliche Sicherheit gefährdete. Ambalal fuhr darin fort, seine Frau als eine sozial vollkommen Gleichgestellte zu betrachten, und – worüber er mir mit einigem Stolz berichtete – bestand darauf, sie auf Gesellschaften mitzunehmen, lange bevor allgemeiner Brauch zur Duldung dieser unkonventionellen Gewohnheit führte. Er gestattete auch seinen Kindern, sobald sie Vergnügen daran fanden und Nutzen für sich daraus ziehen konnten, voll am gesellschaftlichen Leben der Familie teilzunehmen. Wie ich bereits früher angedeutet habe, stand sein Haus stets Reisenden aus dem politischen und geistigen Leben offen; so wurden seine Kinder früh daran gewöhnt, solchen regulären Gästen wie Motilal Nehru oder Tagore, den Polaks oder C. F. Andrews zuzuhören oder mit ihnen zu sprechen – und zuletzt kam dann noch Gandhi hinzu.

Zugleich aber auch waren die um sein Haus gezogenen Mauern Symbol für die Sorge, die er auf das Innere beschränkte und für die Verschlossenheit, die er nach außen wahrte, wodurch sowohl sein Privatleben wie seine philanthropischen Entscheidungen geschützt wurden. Es handelt sich demnach um einen außergewöhnlichen jungen Mann Ende der Zwanzig, der Teilhaber an jenem Ereignis werden sollte – einen Mann, den ich alles in allem einen Renaissancemenschen nach indischem Stil nennen würde. Denn ganz gleich, wen er sich alles zum Feinde machte und wozu seine Konflikte und Widersprüchlichkeiten am Ende führen mochten, die Seele seiner gesamten Orientierung bestand in einer voluntaristischen und individualistischen Auslegung von *dharma*, ungeachtet aller priesterlichen Prädestination, gesellschaftlichen Konvention – und psychologischen Interpretation. Doch jede angeeignete Freiheit ist begleitet von der ihr eigenen, schicksalhaften Angst; und späterhin scheint der Verlust des ältesten seiner Söhne in der Blüte seiner Jahre in diesem Mann die Unruhe immer mehr vertieft zu haben.

Doch was führte einen solchen Mann Gandhi zu und was eigentlich machte ihn Gandhi so anziehend? Um es in aller Kürze zu sagen, ich glaube, daß Ambalal Gandhi aus einem Gefühl der Kameradschaft und Seelenverwandtschaft mit einem *mannhaften Voluntaristen* höchsten Ranges und einem *mütterlich besorgten* Mann von universellen Dimensionen Geld angeboten hat. Als ich Ambalal befragte, erklärte er, daß die Grundlage seiner Freundschaft mit Gandhi vor allem in ihrer gemeinschaftlichen Leidenschaft für die Abschaffung des Kastenwesens und anderer Ungleichheiten innerhalb der indischen Gesellschaft und in einem gemeinsamen Interesse an der Beendigung der englischen Vorherrschaft bestanden habe. Und zudem gab es den Umstand, daß Ambalals Frau Gandhis Interessen bis zur Faszination durch das Gemeinschaftsleben im Ashram teilte – gegen das Ambalal die entschiedenste Abneigung empfand. Es gibt eine Geschichte, derzufolge Saraladevi in den frühen Tagen des pri-

mitiven Ashram-Lebens anläßlich einer Gebetsversammlung, Gandhi zur Seite, auf dem Fußboden gesessen haben soll. »Sie werden Ihren wundervollen Sari beschmutzen«, sagte er lächelnd zu ihr; woraufhin sie, wie behauptet wird, fortan nur noch den Khadi getragen haben soll – wie die Schwester des Textilfabrikanten und seine älteste Tochter, wenngleich niemand von ihnen jemals im Ashram selbst gelebt hat.
Gandhi hatte Vergnügen daran, Ambalal damit zu necken, daß seine Frau ein »um so vieles besserer Mensch« sei als er, und Ambalal lachte belustigt darüber. Auch dies ist wiederum typisch: einige Männer, deren Freundschaft mit Gandhi seine anfänglichen Versuche (und Fehlschläge) überlebte, ihr häusliches Leben und ihre privaten Gewohnheiten zu beeinflussen, erinnern sich seiner humorvoll-rachsüchtigen Bemerkungen, als seien sie durch seine Worte zu Rittern geschlagen worden; und man hat das Gefühl, als habe Gandhi diese Männer immerwährend wegen ihrer Fähigkeit respektiert, Gegenspieler geblieben zu sein, anstatt sich seiner treuen Gefolgschaft einzureihen. Es gab demnach ein Gefühl der Gleichheit zwischen beiden Männern, ungeachtet der Tatsache, daß der eine von ihnen zum Mahatma werden sollte. Und stets sollte Gandhi humorvoll jeden Versuch vereiteln, ihn als ein menschliches Wesen besonderer Art zu behandeln. »Wenn ich zugeben würde, daß ich ein Mahatma, eine Große Seele bin«, so pflegte er zu sagen, »würde ich damit auch zugeben, daß andere nur kleine Seelen sind. Doch eine *kleine Seele* – das ist ein Widerspruch in sich selbst!«
Ich werde später noch mehr über den »Mutterkomplex« zu sagen haben, den die Mehrzahl der Männer gemeinsam hatte, die Gandhi nahegestanden haben. Als *Industrieller* war Ambalals Verhältnis zu Gandhi stets überaus herzlich und offen, »Mann zu Mann«, und dennoch von entschlossener Unnachgiebigkeit, sobald ihre ökonomischen Rollen miteinander in Konflikt gerieten. Indem Gandhi sich zum Anwalt eines nationalen Boykotts englischer Textilien machte, wurde er am Ende zwangsläufig zum Verbündeten der indischen Industriellen – bis er darauf bestand, daß auch sie entsprechende Opfer bringen müßten, indem sie den Preis für indische Waren niedrig hielten, sobald die Bevölkerung Importen aus England ablehnend gegenüberstand. Ambalal muß demgemäß als ein Gegenspieler angesehen werden, in dessen Gegenwart Gandhi mütterlich-ermahnend oder väter-

lich-scharf sein mochte, wobei er jedoch nie bereit war, das Vergnügen eines derart reizvollen Mann-zu-Mann-Verhältnisses zu opfern. Solche Gegenspieler waren gewöhnlich Männer, die man – bis zu einem gewissen Punkt – politische oder philosophische Anhänger Gandhis nennen könnte, während sie jedoch niemals zu professionellen Getreuen Gandhis in dem Sinne wurden, daß sie sich seiner alltäglichen Lebensweise anschlossen.

Anasuyas Leben ist par excellence ein Leben jungfräulicher Mütterlichkeit gewesen. Heutigentags die »Mutter der Labour Union« genannt, erinnert sie sich ihrer eigenen Mutter als einer sehr schönen und in ihren Gebeten zu einer Muttergottheit hingegeben verehrungsvollen Frau. Ihre Mutter war erst siebenundzwanzig Jahre alt, als sie starb und den siebenjährigen Ambalal in der Obhut seiner zehnjährigen Schwester zurückließ. Anasuya war bereits zur Ehe versprochen, und als der Zeitpunkt für ihre Verheiratung gekommen war, d. h. als sie die Pubertät erreichte, weigerte sich ihr Vormund, ein Onkel, das feierliche Versprechen rückgängig zu machen, das ihre Eltern gegeben hatten. So wurde sie dem Knaben der elterlichen Wahl angetraut, der nur ein Jahr älter war als sie – verheiratet mit derselben Mischung aus verschwenderischem festlichem Glanz und einsamer Furcht, die wir am Beispiel der Hochzeit Gandhis beschrieben haben.

Anasuya, ein überaus intelligentes Mädchen, mußte die Schule verlassen, weil ihr Ehemann in seinen Studien versagt hatte und man keiner Hindu-Frau gestatten durfte, ihren Gatten an Wissen zu übertreffen. So also saß sie in einer Ecke und hörte dem Unterricht Ambalals durch seinen Hauslehrer zu, denn sie weigerte sich über lange Zeit, mit ihrem Ehemann in dessen Haus zusammenzuleben (wir haben gesehen, daß auch Kasturba lange Zeit im Elternhaus verbrachte). Dies jedoch konnte sie nicht auf ewig schützen, während eine Scheidung, wie man sagte, sowohl die Familie wie die Kaste entehrt haben würde. Schließlich erklärte sie ihrem Ehemann, daß sie ihm freistelle, mit seinem Leben anzufangen, was ihm beliebe, doch werde sie dem ehelichen Leben für alle Zeiten entsagen. Als ihr Gatte daraufhin beleidigend wurde, und dies in einer Weise, wie sie damals durchaus geheiligter Sitte entsprach, ging Ambalal, sie zurückzuholen – wiederum eine überaus ungewöhnliche Tat gesellschaftlicher Couragiertheit. Sie übernahm die Pflege seines Haushaltes bis zu seiner Verheiratung und ging dann nach England, um dort Medizin zu studieren. Indessen genügte schon der Anblick eines Kälberkopfes, der in der Auslage eines Schlächterladens hing, sie davon zu überzeugen, daß ein blutiger Beruf für sie nicht das Geeignete sei (auch Gandhi, wie wir uns erinnern werden, gab den Gedanken, Arzt zu werden, wegen derselben blutigen Aspekte der Medizin auf). Anasuya übertrug sodann ihre therapeutischen Ambitionen und ihren Wunsch, persönlich und fühlbar dienen zu können, auf das Studium der Sozialarbeit. Der Aufstieg der Frauen in die Sozialarbeit stand zu jener Zeit mit der Frauenbewegung in Verbindung, die überaus militant von den Suffragetten und höchst intelligent von den Fabiern angeführt wurde. Wenn man geneigt sein möchte, bei Anasuya ein gewisses Zurückscheuen vor körperlichen Prozessen festzustellen (damals bei den Mädchen der Oberklassen in aller Welt durchaus nichts Ungewöhnliches), müßte man allerdings zugleich auch bemerken, daß sie ihre Zurückhaltung resolut überwinden konnte, wo es galt, sich verdreckter Behausungen, schmutziger Kinder, Patienten, um die niemand sich kümmerte, und vernachlässigter, verkommener Individuen aller Art anzunehmen.

Seit ihrer Rückkehr nach Indien beschritt sie einen Weg, der langsam, aber sicher zu einer Position führen mußte, die zu derjenigen ihres Bruders im Widerspruch stand – der sie einst gegen ihren Ehemann geschützt hatte und auch jetzt, selbst dort, wo sie sich in die Arbeitsprobleme seiner eigenen Industrie mischte, wiederum gewillt war, ihr beizustehen, trotz seiner eigenen Rechte als Oberhaupt der Familie, die ihm gestattet hätten, ihr eine ihm genehme Lebensführung zu diktieren.

Nachdem sie unter dem Unrecht einer ungewollten Ehe in solch frühem Alter gelitten hatte, entschloß sich Anasuya, für die Rechte der Frauen einzutreten, insbesondere für jene der Arbeiterfrauen, deren Los noch niederdrückender war als das der Männer. Sie verdienten weniger und arbeiteten schwerer als die Männer, denn sie mußten bereits um vier Uhr morgens aufstehen, um ihre Familien zu versorgen und den Haushalt zu versehen, bevor sie zur Arbeit gingen, und hinzu kam die Pflicht, nach ihrer Rückkehr von der Arbeit das Abendessen zu kochen. Und es gab in jenen Tagen keine Busse! Anasuya eröffnete bereits im März 1914 eine Schule für Arbeiterkinder. Zwei Unterrichtsschichten (von 8 bis 10 Uhr morgens und von 14 bis 18 Uhr nachmittags) dienten den Kindern, die zu jung waren, um arbeiten zu gehen, und Abendunterricht wurde für diejenigen Kinder organisiert, die in den Fabriken arbeiteten. Aber auch Nachtunterricht wurde den erwachsenen Arbeitern erteilt. Ein solches Schulprogramm schloß natürlich auch die Anleitung zu Sauberkeit und Hygiene mit ein und stellte ärztliche Versorgung sicher, wo sie erforderlich wurde. Die völlig unhygienischen und amoralischen Verhältnisse am Arbeitsplatz, die selbst noch nach der Verabschiedung eines allgemeinen Fabrikgesetzes durch die Regierung in Delhi anhielten, waren offenkundig himmelschreiend. Gemäß der »aufgeklärten« Arbeitsgesetzgebung war Kinderarbeit bis zum Alter von neun Jahren verboten, und Kinder im Alter zwischen neun und zwölf Jahren durften nur einen halben Tag arbeiten, doch (abgesehen von der Unmenschlichkeit, die implizit durch derartige »Schutzgesetze« sanktioniert wurde) machte Anasuya die Entdeckung, daß viele von ihnen unter wechselnden Namen während verschiedener Schichten in den Fabriken arbeiteten. Die Erwachsenen (d. h. alle Arbeiter, die älter als zwölf Jahre waren) arbeiteten ein »humanes« Maximum von zwölf Stunden am Tag, und einige Weber arbeiteten sogar durchgehend sechsunddreißig Stunden mit nur wenigen kurzen Unterbrechungen. Anasuya erinnert sich, daß ihre Augen ständig blutunterlaufen waren und sie sich elend und krank fühlten. Für eine Frau mit Anasuyabens Charakter und Ausbildung war es demgemäß unmöglich, sich der »Sozialarbeit« zu widmen, ohne zugleich – und dies ganz einfach aus mütterlicher Sorge und wütender Erbitterung – eine »Arbeiterführerin« zu werden, der weder die Arbeitsbedingungen noch das brutale und gelegentlich schändliche Verhalten des Aufsichtsstabes entgehen konnten. Was Anasuya am meisten erschütterte, war der Anblick der inmitten der Maschinen schlafenden Babys, die die stauberfüllte Luft und Baumwollflocken einatmeten. Und mehr als einmal sollte Anasuya in dem Wunsch, eine direkte Beschwerde beim Fabrikinspektor der Regierung vorzubringen, diesen in der Gesellschaft eines der Fabrikbesitzer antreffen, von dem er sich glänzend unterhalten und bewirten ließ. So also hatte Anasuya schon seit langem mit allem Ernst die Rolle einer »Mutter« der Arbeiter übernommen und sich direkt um jeden Aspekt der Arbeits- und Lebensbedingungen gekümmert. Ihr Bruder, so will es scheinen, der »hart« war, solange er die von ihm erwartete, vorgeschriebene Rolle spielte, und weich nur dann, wenn die durch sein *dharma* sanktionierte Rangstellung durch Vatergefühle gemildert wurde, hatte volles Verständnis für die Sorgen seiner Schwester und unterstützte sie nach Kräften. Sie war, so darf man abschließend sagen, wahrhaftig sein »alter ego«.

Als Gandhi sich im Jahre 1915 nahe Ahmedabad niederließ, war es nur natürlich, daß er von Anasuyas lokalem Ruhm hören mußte und daß sie ihn besuchte, um ihn um Rat zu bitten. Demnach war sie diejenige, die ihm vor allen anderen Zeugen am besten bekannt war. Doch erst 1917 – während Gandhi sich in Champaran aufhielt – wurde Anasuya zur ersten Arbeiterführerin Ahmedabads.

Nachdem wir nun einiges über Ambalals und Anasuyas Lebensgeschichte und ihren gemeinsamen Hintergrund wissen, können wir voll das diplomatische Geschick ermessen, mit dem Gandhi ans Werk ging. Anasuya, so haben wir früher berichtet, hatte ihm über den Streik geschrieben und um seinen Segen gebeten, und wir erkennen nun seine glänzende Intuition in seinem Vorgehen: sich an einen jüngeren und früh zur Waise gewordenen Bruder zu wenden und ihn aufzufordern, sich seiner älteren Schwester anzunehmen. Doch Ambalal erwies sich als ein Widersacher von überlegenem Format, als ein Mann mit der Fähigkeit, sich vorzubehalten, was ungeteilt sein *dharma* war, und dennoch, in Übereinstimmung mit ihm, sich zu geben – seiner Schwester, dem Unternehmen, den Arbeitern und einem Mahatma.

2. Shankerlal Banker

Einzelheiten aus Shankerlals Lebensgeschichte werden deutlich sichtbar werden lassen, wie sehr er »bereit« war für Gandhi, der in ihm sogleich einen potentiellen Satyagrahi mit besonderen praktischen Begabungen erkannte. Shankerlal wurde 1889 in Bombay in eine konservative und überaus religiöse Familie hineingeboren – Angehörige einer Unterkaste der Vaishnava, die etwa hundert Familien umfaßte. Mit seinen eigenen Worten: »Jeder von uns brachte Gott tagaus, tagein nach seinem täglichen Bad seine Verehrung dar, und nachdem wir uns verneigt hatten, pflegten wir seinen Namen unter Zuhilfenahme einer Perlenschnur unablässig zu wiederholen.« Sein Vater arbeitete in einer größeren Bank, und die Familie lebte in bequemen Verhältnissen. Doch der kleine Junge hatte mit einem einzigartigen Lebensproblem fertig zu werden: es gab außer ihm noch sieben ältere Schwestern! Indessen wurde er liebevoll von seinem Vater dazu ermutigt – was bei dem einzigen und jüngsten Sohn nicht eben ungewöhnlich war –, sich seinen Schwestern gegenüber als ihr Herr aufzuspielen und seinen Zorn an ihnen auszulassen, solange er damit durchkam. Allmorgendlich, nach den Morgengebeten, begehrte der Vater das Gesicht seines Sohnes vor dem aller anderen zu sehen; denn wenn der älteste Sohn jedes Hindu-Vaters das Verbindungsglied zur Ewigkeit ist, dann war dieser eine lange und sehnsuchtsvoll erwartet worden. Dies gab dem Sohn eine besondere Kraft ein und zugleich auch – nur allzu verständlich – seine besonderen Konflikte mit, vor allem wenn er die Wirkung der traditionellen Heiratsarrangements auf die Geistesverfassung einiger seiner Schwestern mitansehen mußte.

Nach dem Tode seines Vaters wurde ein befreundeter Arzt Shankerlals Vormund. Der eigenwillige Knabe, stets darauf bedacht, starrköpfig eigene Wege zu gehen, ging mit sechzehn Jahren auf das (von schottischen Presbyterianern geleitete) Wilson College und wurde unverzüglich in die »Unruhe« verwickelt, die von den Studenten ganz Indiens nach jenem Schlag ins Gesicht, der Teilung Bengalens im Jahre 1905, Besitz ergriffen hatte. Tilak, der militante Märtyrer, wurde zu seinem Helden; und während Shankerlal früher ein tiefes Interesse an spirituellen Werken der Literatur (wie denjenigen des Swami Vivekananda) bewiesen hatte, kehrte er sich nun ab von der »Götzenanbetung« seiner Familie und wandte sich voller Enthusiasmus der Politik zu. Von hier an weist seine Geschichte sehr viele Entsprechungen zu denen einiger unserer Studenten von heute auf:

»Als Lokamanya zu sechs Jahren Gefängnis verurteilt wurde, traten die Studenten des College, angeführt von (dem späteren Acharya) Kripalani, in Streik und begannen, sich für Politik zu interessieren und den Extremisten Gehör zu schenken ... Die Teilung Bengalens führte zur Boykottbewegung gegen importierte britische Waren. Studenten unseres College machten den Anfang damit, indische Stoffe und indischen Zucker zu verwenden ... Doch es war schwierig, indische Mützen zu bekommen. Die Studenten jener Zeit pflegten Mützen zu tragen, die als »Ungarische« oder »Bangalore«-Mützen bekannt und aus Filz gemacht waren. Sie wechselten nun über zu Mützen, die aus indischem Stoff hergestellt waren, der über Pappe, nach Art der

Sanitian-Figuren zugeschnitten, gespannt wurde . . . Sie brachten Lokamanya Tilak große Verehrung entgegen und sympathisierten in gewisser Hinsicht mit den mehr gewalttätigen Aktivitäten.

Ich fühlte mich persönlich nicht von dieser Bewegung angezogen, da meine Neigungen konstruktiver Arbeit zugewandt waren.«[66]

Im Kontext der indischen Politik bedeutet »konstruktiv« nicht nur nicht-destruktive Aktivität, sondern zugleich restitutive »Sozialarbeit«. Durch einen Kommilitonen wurde er für die »Depressed Classes Mission« gewonnen, eine Organisation, die sich die »Hebung« der »rückständigen« Klassen, insbesondere der Unberührbaren, zum Ziel gesetzt hatte. Er zögerte nicht, sie in ihren Vierteln aufzusuchen:

». . . Meine Mutter pflegte Einwände gegen das Interesse zu machen, das ich an den rückständigen Gemeinschaften nahm. Ich erzählte ihr sodann vom Elend und von der Not, in der diese Menschen lebten, und sie antwortete darauf für gewöhnlich, daß mir für diese Art Arbeit jeder erwünschte Geldbetrag zur Verfügung stehe und ich lediglich Abstand davon nehmen solle, in die Viertel der Unberührbaren zu gehen. Wenn ich jedoch darauf bestehe, sollte ich bei meiner Rückkehr wenigstens ein Bad nehmen. Ich fuhr damit fort, die sogenannten Unberührbaren-Quartiere aufzusuchen, doch um die Gefühle meiner Mutter zu schonen, badete ich jedesmal, wenn ich nach Hause zurückkehrte . . . Mein Vormund wiederum war besorgt wegen meiner Studien, doch bei der Prüfung gelang es mir, recht gute Ergebnisse zu erzielen . . .«

Sein Vormund legte Shankerlal nahe, sich eine Beschäftigung »in einem geeigneten Zweig der Geschäftswelt« auszusuchen, und stellte ihn wichtigen Persönlichkeiten des Geschäftslebens und der Universitätsverwaltung vor. Doch Shankerlal blieb unnachgiebig fest in seinem Interesse an der Sozialarbeit. Ein hochgestellter Berater machte Gebrauch von der Logik der Prädestination, um ihn davon abzubringen: »Wenn wir die Lage der Unberührbaren verbessern, wer soll dann die Latrinen reinigen?« Ein anderer versuchte es mit Weitblick und Mitgefühl: »Wenn wir diesen Kindern mehr und immer mehr Bildung zukommen lassen, was sollen sie dann später damit beginnen?« Doch fügte er hier einen konstruktiven Nachsatz hinzu: »Die Lage dieser Menschen wird sich nur bessern, wenn ihre traditionellen Arbeiten, wie Gerben und Sattlerei, industriell entwickelt werden können.« Dieser Gedanke faszinierte Shankerlal fortan ungemein und brachte ihn dazu, darüber nachzudenken, in welcher Weise er sich auf diese Aufgabe vorbereiten könne. Er kehrte ans Xavier College zurück, um Chemie zu studieren, erlangte 1911 seinen M. A., arbeitete im Tata Institute von Bangalore (und ferner während der Sommermonate in einer Lederfabrik) und ging schließlich im März 1914 nach England, um sein Studium am Leatherseller's College fortzusetzen, wo er sehr bald in die breiteren Strömungen des Denkens der Fabier hineingezogen wurde. Er hatte jedenfalls versucht, einen Kompromiß zu finden zwischen dem unnachgiebigen Bestehen des Vormunds auf seiner Ausbildung in einem Beruf, der eine Karriere im Geschäftsleben eröffnete, und seiner eigenen Entschlossenheit, den Unterprivilegierten zu dienen; und jetzt, da sich einige Ansätze zu sozialphilosophischem Denken mit seinen Kenntnissen der Naturwissenschaften verbanden und einige organisatorische Prinzipien seiner Leidenschaft zu dienen hinzugefügt waren, fühlte er sich weitaus besser ausgestattet, persönlich eine Lösung für den indischen Konflikt zwischen maskulinen, heroischen Bestrebungen und einer zutiefst maternalistischen Identifikation zu finden. Doch sein Bedürfnis nach einem Guru ganz neuer Art war bisher unerfüllt geblieben.

Derart beharrlich war dieser Mann auf der Suche nach seinem eigenen Weg, daß er das Schicksal nicht erkannte, als sich seine und Gandhis Schritte zum erstenmal für einen kurzen Augenblick kreuzten, und zwar im Jahre 1914, als Gandhi England besuchte, um den Briten in ihren Kriegsanstrengungen seine Samariterdienste anzubieten. Allerdings war Shankerlal alles andere als beeindruckt: die Rolle dessen, der Inder für das British Ambulance Corps rekrutierte, sagte ihm nicht sonderlich zu. Und in der Tat war er Gandhi gerade in der ersten Phase eines späten – seines vorletzten – Konflikts zwischen seiner Satyagraha-Philosophie und seiner Besorgnis um das Empire, das nun von außen her bedroht war, zwischen Gandhis Wunsch nach einem konstruktiven Programm auf breitester Ebene und dem, was er für die Pflicht des Bürgers in einem Weltreich betrachtete, begegnet – all dies kam unzweifelhaft 1914 noch einmal zum Ausdruck, in einer letzten und wenig überzeugenden Entfaltung der Umgangsformen eines englischen Rechtsanwalts und Dieners des Raj.

Im März 1915, bei seiner Rückkehr nach Bombay und in den Bungalow seiner Mutter, machte Shankerlal die Bekanntschaft sowohl eines neuen Mieters im Erdgeschoß wie einer neuen ideologischen Richtung. Jamnadas Dwarkadas war Vorsitzender der Autonomie-Bewegung, die von Mrs. Besant ins Leben gerufen worden war. Shankerlal widerstand zunächst auch ihm, doch als er sich ihm schließlich 1916, nunmehr im Alter von siebenundzwanzig Jahren anschloß, erwies er sich sogleich als ein leistungsfähiger und militanter Organisator, dem es gelang, 50 000 Menschen zu einer Versammlung für die Home Rule League auf die Beine zu bringen, die selbst nicht mehr als tausend eingeschriebene Mitglieder hatte.
Shankerlal war demzufolge ein bereits erfolgreicher Organisator für die Home Rule League, als Mrs. Besant verhaftet wurde. Er suchte Gandhi auf, der sich seinerzeit in Bombay aufhielt, um ihn zu bitten, auf einer großen Protestversammlung zu sprechen. Er hatte Gandhi in England ein einziges Mal zu Gesicht bekommen und war von seiner anglophilen Kleidung nicht gerade angetan gewesen; nun aber trug Shankerlal selbst seinen besten englischen Anzug, den eines City Gentleman, und war überaus verblüfft von Gandhis einfacher Bauernkleidung. Er setzte sich vor Gandhi nieder und sagte: »Wir würden es gern sehen, wenn Sie auf einer Massenversammlung zur Freilassung von Mrs. Besant sprechen würden.« Gandhi antwortete ruhig und bestimmt: »Das kann ich nicht.« Shankerlal erwiderte, in einer etwas vorschnellen Auslegung der Gründe für diese Weigerung: »Ich weiß, daß einige Unstimmigkeiten durch die Weise entstanden sind, in der Mrs. Besant Sie in Benares behandelt hat, doch wir sollten uns immer dessen erinnern, was sie für Indien geleistet hat. *Man muß vergeben können!«* Gandhi nahm diesen Affront vollkommen ruhig auf und sagte: »Das war es nicht, woran ich gedacht habe, aber fragen Sie sich einmal selbst, was sie dadurch erreichen wollen, indem Sie Mutter Besant helfen. Um nur den geringsten Fortschritt zu erzielen, dürfen wir keine Reden führen und Massenversammlungen organisieren, sondern *wir müssen vorbereitet sein auf Berge des Leidens.«* Als mir Shankerlal dies erzählte, empfand ich deutlich, daß Gandhi hier mit wenigen Worten eine Saite in Shankerlals leidenschaftlichem Identitätskonflikt angeschlagen hatte, nämlich ein religiöses Bedürfnis nach Einfühlung, ohne daß er dabei mannhafte Gesinnung und männliche

Fähigkeiten aufopfern müßte. Von nun an war es nur noch eine Frage der Zeit, wann Shankerlal seine Zugehörigkeit – und seine Kleidung – wechseln würde.

Während des ganzen Gesprächs befand sich eine junge Frau in Gandhis Gegenwart: Anasuya Sarabhai. Sie stand unter dem Eindruck, daß der forsche junge Mann ein Moslem sei – sie bot ihm sogar einen Stuhl an! Sie war betroffen von Shankerlals Auftreten; doch als Shankerlal sich erhob, um zu gehen, sagte Gandhi (stets darauf bedacht, Menschen zusammenzubringen, die einander hilfreich sein mochten – und ihm dienen konnten) zu ihm: »Sie haben einen Wagen. Warum fahren Sie Anasuya nicht nach Hause?« Damit begann eine lebenslange Freundschaft.

Es rief einige Überraschung in der Home Rule League hervor, als Shankerlal Gandhis Vorschlag unterbreitete, eine Satyagraha-Kampagne mit dem Ziel der Freilassung Mrs. Besants zu beginnen. Anasuya trat freiwillig der Bewegung bei und unterzeichnete die Satyagraha-Verpflichtung. Eine Zweigstelle der Liga wurde nun in Ahmedabad gebildet, was wiederum Shankerlal dorthin brachte. Er machte sich mit Anasuyabens Aktivitäten unter den Arbeitern vertraut, einschließlich ihrer Weber-Organisation, die gerade im Entstehen war. Da er die Lage der Arbeiter von Bombay her bereits sehr gut kannte, war Shankerlal für Gandhi der geeignete Mann, als er Vergleichsmaterial über die Textilarbeiter benötigte, um seinen Entschluß darüber treffen zu können, ob er dem heraufziehenden Streik der Weber seine Unterstützung geben solle oder nicht.

Unnötig zu sagen, daß hiermit zugleich Shankerlals Indoktrination begann. Er leistete zunächst Widerstand, seine englischen Kleidungsgewohnheiten aufzugeben und indische Stoffe zu tragen. Auch war er ein gelegentlicher Fleischesser. Eines Tages erhielt er einen Brief aus Gandhis Satyagraha-Lager bei Nadiad: »Anasuya hat mir berichtet, daß Du Fleisch ißt, und der Gedanke hat für mich etwas Verletzendes, daß Du mir nie davon erzählt hast. Ich wäre glücklich darüber gewesen, Dir in unserem Lager nicht-vegetarische Kost anbieten zu können. Bin ich denn nicht Dein Bruder, dem Du unbefangen die Wahrheit sagen kannst?« Man muß eine größere Anzahl solcher Rekrutierungen durch Gandhi näher untersuchen, um zu erkennen, wie typisch dieser scheinbar so beiläufige Spott ist, und wie dennoch überaus gut der Zeitpunkt dafür stets von ihm gewählt wurde. Erinnern wir uns daran, daß seine Ermahnung an Saraladevi, ihren eleganten Sari nicht auf dem Fußboden des Ashram schmutzig zu machen, schließlich zum Ergebnis hatte, daß sie fortan stets einen Khadi tragen sollte. Shankerlal aß nie wieder »nicht-vegetarische« Speisen.

Und dann machte sich Gandhi auch fortwährend Gedanken über das Verhältnis seiner zukünftigen Anhänger zu ihren Eltern oder zu ihrem Vormund. Zu jener Zeit hatte Shankerlal sich von der Lebensweise seiner Mutter abgekehrt und aufgehört, noch weiterhin die geweihte Perlenschnur seiner Kaste zu tragen. Seine Mutter wandte sich an Gandhi, der Shankerlal zu sich rufen ließ und ihm die Geschichte von der Ratte und dem Pfau ins Gedächtnis rief. Die beiden Söhne des Gottes Shiva, Ganesha – dessen Transportmittel eine Ratte war – und Kartika – der einen Pfau ritt, beanspruchten jeder eine bestimmte Frucht für sich. Der Gott, an den sie sich um Rat wandten, hatte entschieden, daß demjenigen die Frucht zufallen sollte, der am schnellsten den Erdkreis umrunden könne. Kartika bestieg eilends seinen Pfau, um auf ihm um die Welt zu jagen. Ganesh aber verneigte sich nur still vor seiner Mutter, Parvati, und führte gemächlich seine Ratte im Kreis um sie herum. Ihm wurde die Frucht zuerkannt. Shankerlal legte wieder die Perlenschnur an und war dankbar dafür, es getan zu haben, als seine Mutter nur ein Jahr darauf starb.

Da Shankerlal organisatorische und geschäftliche Kompetenz mit dem glühenden Wunsch verband, für die Ärmsten zu arbeiten, zog Gandhi ihn sich zum Sekretär der Khadi-Bewegung heran d. h. beauftragte ihn mit der Wiedereinführung des Spinnrades und des Webrahmens in die Dörfer und Städte Indiens. Und es gelang ihm, Shankerlals Mutter noch kurz vor ihrem Tode mit der Aufgabe zu betrauen, andere Frauen im Spinnen zu unterrichten.

Anasuya wiederum wurde für Shankerlal zum Verbindungsglied mit den Arbeitern. Er war demnach zur Stelle – am rechten Ort und zur rechten Zeit, mit den »richtigen« Konflikten und den richtigen Interessen und Begabungen, als Gandhi sich dazu entschloß, in der Angelegenheit der Arbeitsverhältnisse im Ahmedabad etwas zu unternehmen.

Inzwischen hatte Gandhi für Shankerlal ein kurzes Dokument

persönlich niedergeschrieben und gedruckt, das wahrscheinlich als seine bündigste Darlegung von Satyagraha bis zu jener Zeit betrachtet werden kann; und es läßt sich gut verstehen, daß eine solche Anstrengung von seiten eines Meisters gegenüber einem neuaufgenommenen Sohn einen Bund fürs Leben zu schmieden vermag. Wir wollen aus diesem Dokument einige Auszüge zitieren, die uns auf neu zu beschreitende Wege für Satyagraha hinzudeuten scheinen:

»Satyagraha und Waffen sind beide seit undenklichen Zeiten als Mittel eingesetzt worden ... Diese zwei Formen der Kraft sind der Schwäche vorzuziehen, dem also, was uns unter dem ziemlich deutlichen, doch weitaus zutreffenderen Wort »Feigheit« bekannt ist. Ohne eines von beiden ist weder *swaraj* noch eine echte Erweckung des Volkes möglich. *Swaraj,* anders erworben als durch ein Zurückgreifen auf das eine oder das andere, wird kein wahrhaftes *swaraj* sein können. Ein derartiges *swaraj* vermag keine Wirkung auf das Volk auszuüben. Eine Erweckung des Volkes läßt sich nicht ohne Kraft, ohne Mannhaftigkeit bewerkstelligen ... Wir können, mit Hilfe von Satyagraha, jene jungen Männer für uns gewinnen, die in Verzweiflung und Zorn getrieben wurden durch das, was sie für die Tyrannei der Regierung halten, und wir können ihren Mut und ihren feurigen Geist, ihre Leidensfähigkeit dabei gebrauchen, Satyagraha zu stärken.«

3. Mahadev

Der zukünftige Chronist des Ereignisses, Mahadev Desai, hatte sich Gandhi in Champaran angeschlossen. Er sollte viele Jahre später, wie ein eigener Sohn betrauert, sterben, als er mit dem Mahatma Kerkerhaft teilte. Vom Anfang bis an sein Ende verließ ihn nicht die Gewohnheit, unverzüglich alles niederzuschreiben, was ihm widerfuhr – eine Gewohnheit, der wir den einzig vollständigen Bericht über das Ereignis verdanken. Auch er war in den Zwanzigern, als er Gandhi begegnete, und man braucht nur zu lesen, was Mahadevs Freunde über ihn gesagt haben, um zu wissen, wie sehr er dafür reif war, sich Gandhi anzuschließen.[68]

In einem Dorf aus demselben Sprachraum geboren, aus dem Gandhis Familie hergekommen war (und ihm durch dieselbe Liebe zur Muttersprache verbunden), wurde Mahadev von seinen

Eltern das Gefühl eingegeben, daß er ihnen das Kostbarste unter all ihren Kindern sei, denn sie hatten seine drei Brüder verloren, als diese noch im frühesten Kindesalter standen. Seine Mutter starb, als er sieben Jahre alt war, und sein Vater (der immer in beschränkten Verhältnissen gelebt hatte) machte sich bis ans Lebensende Sorgen um die Gesundheit und über die Zukunft des kleinen Jungen – bis in die Zeit hinein, als Gandhi Mahadevs geistige Entwicklung überwachte. Seinen Vater niemals zu enttäuschen, wurde zum Hauptanliegen der stets von Gewissenszweifeln geplagten Natur des Jungen. Er war außergewöhnlich lerneifrig und nahm kein Interesse an außerschulischen Aktivitäten, obwohl er in unverbrüchlichem Angedenken an seine Mutter, die ihn immer »wie einen Prinzen« behandelt hatte, einen irgendwie unsteten, ziellosen und oft nur allzu gutgläubigen, überschwenglichen Enthusiasmus an den Tag legen konnte. Jeder scheint ihn geliebt zu haben – ausgenommen natürlich einige seiner Rivalen um Gandhis Gunst und literarische Sachwalterschaft, deren gelegentliches Mißtrauen hinsichtlich der Art und Weise, in der er Gandhis Äußerungen wiedergegeben hat, ich allerdings teilen muß: wir werden gleich ein einschlägiges, fragwürdiges Beispiel zu Gesicht bekommen.

Auch Mahadev wurde mit dreizehn Jahren verheiratet, und wie in Gandhis Fall scheint die vorzeitige sexuelle Aktivität sein empfindsames Bedürfnis nach Intimität gestört zu haben. Mahadevs Krise ereignete sich in seiner Jugend, als er für einige Zeit, auf sich gestellt, in Bombay lebte. In der Nacht vor seinem juristischen Examen, so berichtet er, schlüpfte eine verliebte Frau zu ihm ins Bett und war nur mit einiger Schwierigkeit dazu zu bewegen, ihre Seele zu retten, indem sie ihn verließ. Am darauffolgenden Tag geschah es, daß Mahadev, dem es »ein leichtes gewesen wäre, die Prüfung zu bestehen . . . wenn er lediglich niedergeschrieben hätte, was er wußte«, laut weinend aus dem Prüfungsraum lief. Da er sich damals noch niemandem anzuvertrauen pflegte, »wurde er krank« und wechselte die Umgebung, indem er »in eine mir besser zusagende Gegend« zog. Dies war indessen nur die schicksalsschwerste in einer ganzen Reihe ähnlicher Krisen: wann immer er allein, ohne Begleitung seiner Frau, reiste, scheinen andere Frauen stets so sehr von dem jungen Mann angezogen worden zu sein, daß sie dem Wunsch nachgeben mußten, seine edle Ritterlichkeit und zarte Empfindsamkeit auszubeuten. Jedenfalls wird berichtet, daß dieselbe Gefahr, verführt zu werden, in Gestalt von mindestens zwei indischen und zwei europäischen Frauen wieder aufgetreten ist; doch es gelang ihm stets, »die Reinheit seines Leibes zu bewahren«.

Nun, Mahadev wurde zu einem überaus leistungsfähigen Arbeiter als Übersetzer, Anwalt und schließlich als Inspektor von Agrargenossenschaften. Er gewann großen Einblick in die Bedürfnisse der Landbevölkerung und ihre Gewohnheiten, wenngleich er seinen Arbeitgebern ein wenig übereifrig in seinem Bemühen erschien, die moralische »Schwachheit« der Genossenschaftsbauern anzuprangern. Es war derselbe Eifer, der ihn und seinen Freund (und späteren Biographen) Narahati Parikh dazu bewog, in der ersten Hälfte des Jahres 1917 einen Brief an Gandhi zu schreiben, in dem sie davor warnten, daß die Verpflichtung zum Zölibat im Ashram »eine ganze Anzahl von Unannehmlichkeiten« heraufbeschwören könne. Gandhi freute sich wahrscheinlich mehr über den Brief selbst als über das in ihm angeschnittene Thema, denn er lud die beiden jungen Männer ins Ashram ein und begann sogleich, sie zu necken und ihnen auf den Zahn zu fühlen:

»Gandhiji: Womit beschäftigen Sie sich?

Wir: Wir arbeiten als Anwälte.

Gandhiji: Haben Sie die letzte Ausgabe des *Indian Year Book* zur Hand? Ich möchte darin etwas nachschlagen.

Ich: Ich habe eines vom letzten Jahr. Ich könnte Ihnen allerdings die letzte Ausgabe besorgen.

Gandhiji: Ist das die Weise, in der Sie praktizieren? Als ich mich zu rasieren pflegte, benutzte ich gewöhnlich das neueste Rasierzeug.« [69]

Mag diese letzte Bemerkung auch sehr untypisch für Gandhi scheinen, so gibt es doch eine überlebensgroße Photographie des Mahatma, wie er sich, genau im Vorraum zur Bibliothek des Ashram, rasiert – ein unbedeutender Umstand, der es dennoch wert ist, erwähnt zu werden, weil er sowohl Gandhis lebenslange Sorgfalt hinsichtlich seines Äußeren wie zugleich die gelegentliche, heitere Intimität illustriert, die Gandhis Verhältnis zu denjenigen kennzeichnet, die ihm nahestanden.

Und Mahadev blieb mit Gandhi in Verbindung. Eines Tages ergriff er die Gelegenheit, ihn nach seiner Meinung über einen Brief zu fragen, den er einem prominenten Engländer geschrieben hatte. Nicht nur las Gandhi ihn sorgfältig durch und übte an manchen Stellen Kritik, sondern er diktierte ihm sogar, was er nach seiner Auffassung hätte schreiben sollen. So übte sich der nichtsahnende Mahadev bereits in seiner Rolle als zukünftiger Sekretär, als sich die entscheidende Begebenheit abspielte, wie sie in der zweifellos etwas romantisierenden Schilderung dargestellt ist, die er Parikh im Alter von fünfundzwanzig Jahren gab.

»... Am Morgen des 31. August riefen einige Worte Bapujis in mir einen Gefühlssturm hervor, in dem Liebe, Bestürzung und Freude einander mischten. Ich werde nun versuchen, in diesem Brief mein kurzes Gespräch, das ich an jenem Tag mit ihm hatte, wiederzugeben, obschon es sich nur schwer in Worte fassen läßt. Bapuji sagte:

Es ist nicht ohne Grund geschehen, daß ich Sie gebeten habe, mich hier jeden Tag zu besuchen. Ich möchte, daß Sie hierherkommen und bei mir wohnen. Ich habe während der letzten drei Tage Ihre Fähigkeiten erkannt. In Ihnen ist mir gerade jener Typ eines jungen Mannes begegnet, nach dem ich in den letzten zwei Jahren gesucht habe, den ich mir gewünscht habe – *den Mann, dem ich eines Tages zuversichtlich und gelassen die Arbeit meines ganzen Lebens überantworten und auf den ich mich voller Vertrauen verlassen kann!* Sie müssen zu mir kommen. Ich habe, wie ich es in diesem Augenblick tue, vorher nur zu drei anderen Menschen gesprochen, zu *Mr. Polak*, zu *Miß Schlesin* und Shri Maganlal.«[70]

Gandhi erzählte Mahadev sodann, wie er seine Mitarbeiter in Südafrika angeworben habe, entschlossen, etwas aus ihnen zu machen, wenngleich, wie er sich über Polak aussprach, »äußerlich nichts Ungewöhnliches« an ihm zu bemerken gewesen sei. Und Gandhi setzte hinzu: »Lassen wir einmal Maganlal beiseite. Die Intelligenz, die ich bei Ihnen festgestellt habe, konnte ich in ihm nicht finden. Ich bin zuversichtlich, daß Sie mir auf Grund Ihrer vielversprechenden Fähigkeiten in vielerlei Hinsicht nützlich sein werden.«

Eine derart unumwundene persönliche Annäherung und ein dermaßen offenes Eingeständnis persönlichen Interesses werden natürlich »objektiviert« durch das Angebot, für eine allgemeine Sache zu arbeiten; und unter dem Eindruck einer solchen Mannigfaltigkeit von Ansprüchen an ihn begann der Empfänger wie ein ins Netz gegangener Vogel zu flattern:

»Ich hörte mir all dies voller Überraschung und Scheu an, ohne nur ein einziges Wort zu sagen. Ich unterbrach ihn sodann mit der Bemerkung: »Ich habe Ihnen doch nie etwas von dem gezeigt, was ich bisher geleistet habe«, worauf er mir folgendes antwortete: »Woher wollen Sie das wissen? Ich kann Menschen innerhalb sehr kurzer Zeit beurteilen. Ich hatte mir von Mr. Polak bereits nach fünf Tagen ein Bild gemacht. Er las mir den Brief vor, den ich in einer Zeitung veröffentlicht hatte, und er schrieb mir einen Brief. Darauf kam er, mich zu besuchen, und sogleich erkannte ich, wer er war, und von Stund an wurde er zu meinem Mann.«

Was »mein Mann« hier bedeutet, wird aus der Tatsache ersichtlich, daß das Oberhaupt der Anwerber nun dem Kandidaten erzählte, wie *er* jenen Mann an eine Frau zur Verehelichung »vergeben« habe – d. h. daß er nicht zögerte (nicht einmal in Südafrika und nicht einmal im Leben eines Mannes mit Namen Polak), eine Vaterfunktion von einzigartiger Bedeutung im traditionellen Leben des Inders zu übernehmen. Und stets sollte dies die erklärte Absicht Gandhis bleiben, die Verehelichung eines seiner Getreuen in seine Einflußsphäre hinüberzuziehen – wenn er sie schon nicht verhindern konnte. Und unverzüglich bemächtigte er sich Vorrechten, die im Leben jedes neuen Anhängers überaus folgenreich waren. Hier noch einiges mehr aus dem Bericht Mahadevs über das, was Gandhi ihm über seine Rekrutierung Polaks zu erzählen hatte:

»... Ich sagte ihm unverblümt: ›Du gehörst mir fortan ganz, und die Verantwortung, für dich und deine Kinder zu sorgen, trage ich allein, nicht du. Ich werde dich verheiraten, denn ich sehe keine Einwände gegen deine Verehelichung.‹ Seine Hochzeit wurde in meiner Wohnung gefeiert. Doch wechseln wir das Gesprächsthema. Ich gebe Dir den Rat, jeden Gedanken an die Home Rule League oder an Jamnadas aufzugeben. Geh nach Haiderabad. Lebe dort etwa ein Jahr lang ganz so, wie es Dir gefällt. Erfreue Dich der Genüsse des Lebens nach Herzenslust. In dem Augenblick aber, in dem Du das Gefühl hast, Dich zu verlieren, lasse dort alles liegen und komm zu mir.«

Wenn ich nicht schon ähnliche Geschichten gehört hätte und wenn ich mich nicht genötigt fühlte, ihre seltene klinische Logik zu bewundern, würde ich diese Erzählung für irgendwie erfunden halten. Gandhi konnte sich natürlich sehr sicher dabei fühlen, diesen besonderen jungen Mann zu drängen, die Genüsse dieser Welt zu schmecken, bis er davon gesättigt sei. Denn er hatte bereits die Tatsache diagnostiziert, daß Erfahrungen vorzeitigen intimen Verkehrs die ungefestigte Identität des jungen Mannes gefährdeten, während *Bramacharya*, in Verbindung mit absoluter Hingabe an den Dienst, seine Zielbewußtheit und Entschlußkraft wiederherstellen würde. Wer wollte daran zweifeln, daß der junge Mann wenig Neigung hatte, sich »auf etwa ein Jahr« der Erlangung von *kama* zu verschreiben? Natürlich erklärte ihm Mahadev, daß er bereit sei, sich »ihm sogar jetzt schon«, in diesem Augenblick, anzuschließen. Gandhi jedoch, der nicht übereifrig erscheinen wollte, sagte zu ihm: »Ich weiß, daß Du bereit bist, aber ich möchte, daß Du ein bißchen mehr vom Leben zu sehen bekommst und Dich vergnügst. Auch brauche ich dringend Deine Kenntnisse über die Genossenschaftsbewegung. Sei nicht zaghaft und kehre zu mir zurück, nachdem Du das Leben noch etwas länger genossen hast.« Jetzt erst geht uns auf, daß Gandhi Haiderabad nicht gerade deshalb ausgewählt hatte, weil diese vornehme Hauptstadt den Weg zu *kama* eröffnete, sondern vielmehr wegen der dort bereits weit fortgeschrittenen Genossenschaftsbewegung, deren nähere Kenntnis die Nützlichkeit Mahadevs nur erhöhen konnte. Und ganz gleich, welche libidinösen Strebungen durch ihn ermutigt worden sein mochten – ihre Übertragung auf den Führer (der in der Zwischenzeit »sich behelfen muß, so gut es eben geht«) blieb letzten Endes strenge Forderung: »Ich brauche Dich nicht für die Ashram-Schule oder für andere Arbeiten, sondern ganz für mich persönlich.[71] Ich werde mich eben auf ein Jahr oder für sechs Monate behelfen müssen, die Du fort sein wirst.«

Solch eine neue, derart totale Bindung muß die Frage aufwerfen, was aus den bereits bestehenden Verpflichtungen werden sollte, wie etwa dem Versprechen an Shankerlal, ihn mit Arbeit zu betrauen, das sich inzwischen allerdings sehr glücklich hatte einlösen lassen. Doch Mahadev beschließt seinen Brief mit einer Überlegung, die auch viele neu hinzugekommene Konvertiten sehr bedrückt hat:

»Ich habe weder meinem Vater noch sonst irgend jemandem die Gründe dafür genannt, warum ich meine Entscheidung, der Home Rule League beizutreten, geändert habe. Es wäre töricht, von solchen Dingen in Briefen zu schreiben. Mir wäre es angenehm, diesen Brief bei einer passenden Gelegenheit meinem Vater und meiner Frau vorzulesen.«

Diese Frau sollte von allem also erst dann unterrichtet werden, wenn es bereits zu einer nicht mehr rückgängig zu machenden Tatsache geworden war. In einem Postskriptum zu diesem langen Brief hören wir schließlich von der allgemeinen Stimmung, die Mahadev in jenem Augenblick so empfänglich und bereit machte, seine Energien in einer totalen und folgenschweren Verpflichtung seiner selbst dem einen Manne zu verschreiben, der ihm so unerwartet »Halt« gegeben hatte:

»P. S. Ich bin so manches Mal des Lebens überdrüssig gewesen und betrachtete es als sinnlos, doch nun habe ich genug Selbstvertrauen in mir entwickelt, das Leben für lebenswert zu erachten. Obgleich Bapu mir all diese netten Dinge über mich erzählte und mich damit vollkommen verwirrt machte, bin ich selbst jetzt noch nicht in der Lage, der Wertschätzung, die er für mich empfindet, beizupflichten. Was sich einzig mit Sicherheit sagen läßt, ist, daß mir niemals im Leben ein solches Zeugnis ausgestellt worden ist oder jemals wieder ausgestellt werden wird. Vielleicht werde ich zu einem Werkzeug, durch das im Leben etwas vollbracht wird, wofür die Welt mich später preisen wird; doch jene Äußerungen, die Bapus Herzen entströmt sind, werde ich stets als einen lebenslangen Schatz in mir bewahren.«

Wie sich erwarten läßt, hatte Mahadevs Vater Einwände gegen ein Leben im Ashram, das er für zu anstrengend hielt; jedenfalls sollte ein guter Hindu nur in jungen Jahren weiter nichts als Schüler sein – oder erst wieder, nachdem er sich einen »Ehrenplatz in der Gesellschaft« erworben hat. Sein Sohn schrieb ihm:

»Ich gehe zu Gandhi nicht mit dem Ehrgeiz, Erfolge zu erringen. Ich möchte vielmehr als sein Schatten leben, der stets um ihn ist, Schulung durch ihn erhalten und mir mehr und mehr Wissen aneignen. Ich hätte Deinen Einspruch erwartet, wenn ich mich dazu entschlossen hätte, Führer zu werden. Was diese Ehre anbelangt, so besitzt Gandhiji sie bereits. Warum sollte ich mir dann darüber Gedanken machen?«[72]

Hierauf läuft nun, ganz nach Gandhis Herzen, eine Folge von tragikomischen Ereignissen ab. Mahadev telegraphierte Gandhi nach Champaran, daß er und seine Frau kommen würden, um sich ihm in der Indigo-Kampagne anzuschließen. Parikh berichtet:

»Ich ging zum Bahnhof, um sie zu empfangen, doch sie erschienen nicht. Als ich vom Bahnhof zurückkehrte, zeigte mir Gandhiji ein weiteres Telegramm von Mahadev, in dem dieser ankündigte, daß es ihm trotz seines brennenden Wunsches nicht möglich sei, sich Gandhi anzuschließen, da sein Vater sich allzu sehr grämen würde, wenn er dies täte ... (Aber) sein Vater konnte die Seelenqualen, die Mahadev in der Folgezeit ausstehen mußte, nicht länger ertragen. Er gab ihm also schließlich seinen Segen und die Erlaubnis, sich Gandhiji anzuschließen. Am dritten Tag erhielten wir wiederum ein Telegramm von Mahadev, worin er uns mitteilte, daß er nun auf dem Weg zu uns sei, da er vom Vater seinen Segen erhalten habe. Als ich mich zum Bahnhof aufmachte, sagte Gandhiji zu mir: ›Wie lustig wäre es doch, wenn wir jetzt ein weiteres Telegramm erhielten, aus dem hervorginge, daß Mahadev nicht kommt.‹ Darauf erwiderte ich, daß er ganz sicher an diesem Tag kommen werde. Und tatsächlich reiste Mahadev an diesem Tag an, begleitet von seiner Frau. Von diesem Tag an bis hin zu seinem Tode blieb er nun bei Gandhi, mit dem er vollkommen verschmolz.«[73]

Das Verschmelzen dieses Schattens und Sekretärs war so vollständig, daß keiner der anderen am Ereignis Beteiligten sich an Mahadevs Gegenwart auch nur zu erinnern vermochte. Dennoch, seine Bemerkung: »Sehr wenige nur, außer denen, die an jenen Versammlungen teilgenommen haben, können wissen, welche historischen Ereignisse sich unter dem Babul-Baum zugetragen haben« [74], scheint seinen Status als Kronzeuge zu bestätigen. Die Versammlungen unter jenem Baum werden uns gleich beschäftigen. In der Zwischenzeit schrieb Gandhi an Polak: »Mr. Desai ... hat sein ganzes Gewicht bei der Arbeit mit mir in die Waagschale geworfen. Er ist ein fähiger Helfer, und sein Ehrgeiz besteht darin, Sie zu ersetzen. Es ist ein Heldenstück. Er unternimmt den Versuch.«[75] Würde Gandhi jemals zugeben können, daß irgendeiner unter seiner Gefolgschaft – oder unter seinen Söhnen – mehr zu tun vermochte, als nur einen gewaltigen Versuch zu unternehmen?

4. *Söhne und Gefolgschaft*

Wir erkennen nunmehr, daß das Bekenntnis, mit dem Gandhi seinen Brief an Ambalal beendete – »ich habe mich nun in Ihr

Geschäft und in Ihre Familienangelegenheiten eingemischt« –, in all seiner aggressiven Aufrichtigkeit eine zutreffende Diagnose dessen gibt, was ihm schon zur Gewohnheit geworden ist: er hat seine eigene chirurgische Technik, Familienbande mit einem geschickten Schnitt zu durchtrennen, unter Belassung eines Optimums an Heilungsaussichten. Tatsächlich ist es meine Überzeugung, daß das seltene Zusammenfallen eines wirtschaftlichen und eines familiären Konflikts innerhalb der Sarabhai-Familie ihn unwiderstehlich gereizt hat – wie ein entsprechender politischer und ein Sohneskonflikt, der später in Nehrus Familie auftrat, ihn anziehen mußte. Daß Bruder und Schwester in dieser Weise hineinverwoben waren, mag sehr wohl ein Schlüsselfaktor gewesen sein, der ihn dazu bewog, sich für die erste Satyagraha gerade Ahmedabad auszusuchen – und dabei in einer ganz spezifischen Weise zu scheitern.

Wie wir gesehen haben, erhob alles, was Ahmedabad zu seiner Stadt und das Ashram zu seiner Familie machte, zugleich auch Gujarat zum Zentrum seines Heimatlandes. Was er aus sich selbst gemacht hatte, indem er dem Ehrgeiz seines Bruders widerstand und die Hoffnungen seiner Familie auf lokal begrenztes Ansehen opferte, sollte nun genau auf heimischem Boden hinsichtlich seiner Echtheit und Reinheit einer Bewährungsprobe ausgesetzt werden. Daß hier, in Ahmedabad, ein junger Bruder und seine Schwester ihre *dharmas* zu wechselseitiger Bewährung in offener Auseinandersetzung gegeneinander richteten – das muß einige seiner eigenen inneren Konflikte sehr stark angesprochen haben. Gerade dieser Aspekt einer »häuslichen Auseinandersetzung« war es demnach, der für Gandhi symbolische Bedeutung annahm, denn in dieser Satyagraha (wie in der darauffolgenden in Kheda, weniger als 80 Kilometer von der Stadt entfernt) sollte er sich als Prophet im eigenen Lande zeigen. Und da es sprichwörtlich schwer für einen Propheten ist, im Land seiner Herkunft Gehör zu finden, mag es ihm eine entsprechende innere Schwierigkeit mühselig gemacht haben, das Maß seiner gereiften Persönlichkeit in einem Land zu bestimmen, in dem vieles mit Reminiszenzen an die Dimensionen der Kindheit erfüllt war. Wir haben gesehen, welche Schwierigkeiten der junge Gandhi anläßlich seiner früheren Besuche in Indien, »fern von Südafrika«, dabei empfand, eine Rede zu halten. Gewiß war dies jetzt Vergangenheit geworden. Wir hatten Grund, dieses frühere

Versagen mit seiner Verwirrung über die Tatsache in Verbindung zu bringen, im biologischen Sinne Vater zu werden; und es scheint nun ganz so, als wären im Augenblick seiner endgültigen Festlegung auf seine eigene Methode, und dies hier, auf heimischem Gebiet, einige seiner alten Skrupel wiederauferstanden, die mit Vaterschaft und Sohnschaft zusammenhängen. Wir verdanken den *Collected Works* eine Reihe vertraulicher Briefe, kulminierend in einem Traumbericht an seinen Sohn, der uns zunächst einmal gestatten wird, einen Führer dabei zu beobachten, der eine Lebenskrise an zwei Fronten zugleich auszutragen versucht: seinen Kampf um die Vorherrschaft in der historischen Wirklichkeit und seinen Konflikt mit der persönlichen Vergangenheit, die jeden Menschen als ein bestimmtes Glied in der Generationenkette markieren. Wie Gandhi es in einem Brief an »mein Kind« formuliert:

»Das Leben würde für mich alles Interesse verlieren, wenn ich erkennen müßte, daß mir vollkommene Liebe auf Erden unerreichbar ist. Was jedoch zuletzt einzig zählt, ist, daß unsere Liebesfähigkeit sich beständig ausweitet.«[76]

Daß eine noch ungesichtete Anzahl vertraulicher Briefe aus dieser Periode auf uns gekommen ist, mag zum Teil dem Chronisten Mahadev zu verdanken sein, der die Entwürfe zu Briefen aufzubewahren pflegte, die Gandhi ihm diktierte. In Hinzufügung hierzu bemerkt der Herausgeber der *Collected Works* – der angesichts der wechselvollen Natur des erreichbaren Materials ein sehr feines Unterscheidungsvermögen besessen haben muß –, daß in der Zeit anstrengendster politischer Kontakte Gandhis »Bemühungen um einzelne Männer und Frauen sich immer mehr vertieft zu haben scheinen und sich aktiver entfalteten«[77]: es muß hervorgehoben werden, daß dieses Bemühen vornehmlich seine Söhne und engsten Anverwandten mit einschließt. Auf dem Höhepunkt der Anstrengung, zum Vater einer Nation zu werden, hat er durchaus nicht (wie man ihn oftmals beschuldigt hat) seine Söhne vergessen, wenngleich die Weise, in der er sich ihrer erinnerte, nicht ohne tragische Zwischentöne und Konsequenzen gewesen ist. Und es ist wahr, daß er auf der Suche nach Gefolgschaft, Helfern und seiner würdigen Gegnern gerade ihnen – mit beinahe schmerzhafter Bewußtheit – alles zugewendet hat, was der Sorge eines Vaters – und einer Mutter – gleichkommt.

Bevor wir einige der Briefe aus der Zeit unmittelbar vor dem

Streik untersuchen, sollten wir uns indessen zweier unverkennbar indischen Themen erinnern. Das eine ist dasjenige der Vater- und Sohnschaft, erweitert durch die Einbeziehung sowohl des Onkelverhältnisses gegenüber Neffen und Nichten wie desjenigen des Guru zu seinen Schülern; und das andere ist das lebenslange Motiv von *Moksha*, oder der Erlösung. Wir wissen, daß Gandhis Söhne ihm oft zur lebenden Mahnung an seine frühere Haltlosigkeit und Unkeuschheit geworden sind; und er mußte nun, wie es scheint, seinen eigenen Fluch »heilen«, indem er sie dazu brachte, ihre Existenz als solche zu bereuen. Als Kasturba einmal ausrief: »Du willst meine Söhne zu heiligen Männern machen, ehe sie überhaupt Männer sind!«, faßte sie in diesem Satz die ganze Tragödie der ungeduldigen Bestrebungen Gandhis zusammen: doch, wie er es sehen mußte, konnte Indien nicht warten, und der Dienst an Indien war gleichbedeutend mit unmittelbarer Heiligung, sei sie auch von sehr eigenwilliger, selbstgefertigter Art.

Gandhis Glückwünsche zu Divali 1917, dem Neujahrstag der Gujarati, an seinen ältesten Sohn Harilal (der zu dieser Zeit dreißig Jahre alt war) sind beinahe förmlich in ihrer ständigen Wiederholung des Wunsches, daß sein Sohn, der »vom Streben nach Geld Besessene«, erkennen möge, daß allein Reichtum des Charakters der Verehrung wert sei; während er für seinen Neffen und erwählten Sohn Maganlal das gesamte dreizehnte Kapitel des ersten Korintherbriefes ins Gujarati übersetzte! Und einen Monat vor dem Ereignis, im Januar 1918, schrieb er an seinen Neffen Jamnadas:

»Wenn ich von Anbeginn ein armer Mann mit keinem anderen Interesse als dem gewesen wäre, meinem Land zu dienen, hätte man von mir nichts weiter erwartet. Ich hätte dann meine Kinder entsprechend meinen Idealen aufziehen können, und sie wären ihrerseits frei gewesen, im Heranwachsen Wege zu beschreiten, die von dem meinen abwichen. In diesem Falle hätten sie von mir nicht anderes erwartet, als daß ich ihnen dabei meinen Segen gebe. Wäre ich stets ein armer Mann gewesen, hätte ich dieses Recht für mich beanspruchen können; ich würde es selbst noch jetzt verlangen können. Eltern mögen ihre Ideale wechseln; wenn sie dies tun, dann sollten die Kinder ihnen entweder folgen oder aufhören, weiterhin mit ihnen Gemeinschaft zu haben. Nur wenn dies geschieht, vermag sich jedermann der *swaraj* zu erfreuen.«[78]

Dem fügte er eine Mitteilung an Meva, Jamnadas Frau, hinzu:
»Wenn Du den Mut aufbringst, ganz auf Dich selbst gestellt bei mir zu wohnen, dann komm. Ich werde zur Besserung Deines Gesundheitszustandes beitragen, und Du magst versuchen, mir eine Tochter zu sein, und mir vergessen helfen, daß ich mir immer eine gewünscht habe.«[79]

Am 31. Januar, kurz vor seinem Aufbruch von Champaran nach Bombay, wo er sich mit Ambalal treffen wollte und von diesem über die bevorstehende Aussperrung in Ahmedabad in Kenntnis gesetzt werden sollte, schrieb er seinem Sohn Manilal, der in Südafrika lebte und sich dort verlassen fühlte:
»Ich höre von Devibehn, daß Du Dich in Gegenwart von Sam unglücklich darüber gezeigt hast, unverheiratet zu sein. Bitte, laß es nicht zu, daß irgend etwas zwischen uns steht, was Dich daran hindert, mir mitzuteilen, was immer Du denkst. Du bist nicht mein Gefangener, sondern mein Freund. Ich werde Dir aufrichtig Rat erteilen; denk darüber nach, was ich Dir zu sagen habe, und handle dann so, wie es Dir am richtigsten erscheint. Ich möchte nicht, daß Du mir oder anderen gegenüber vor Ehrfurcht erstarrst.«

Und schließlich, in seiner rührenden Unfähigkeit, nicht doch das Unmögliche zu fordern:
»Sieh zu, daß Du nicht Deinen heiteren Sinn verlierst; und überlasse Dich keinen Tagträumen.«[80]

Und während der Satyagraha-Kampf in Ahmedabad schon unmittelbar bevorsteht (»Ich habe hier mit einer überaus gefährlichen Situation fertig zu werden und bereite mich darauf vor, einer noch weitaus gefährlicheren gegenüberzutreten«), begibt er sich erneut auf seine leidenschaftliche Suche nach Söhnen, die ihm würdige Schüler sind, und nach Schülern, die ihm ideale Söhne zu sein vermöchten. Er schreibt an Vinoba Bhave, der übrigens heute von vielen als der wahre Erbe Gandhis angesehen wird:
»Ich weiß nicht, womit ich mein Lob zum Ausdruck bringen soll. Deine Liebe und Dein Charakter faszinieren mich genauso wie Deine gewissenhafte Selbstprüfung. Ich bin außerstande, Deinen Wert zu ermessen. Ich akzeptiere Deine Selbsteinschätzung und nehme von nun an Dir gegenüber die Stelle eines Vaters ein. Es scheint mir, daß mir mit Dir ein lange gehegter Wunsch leibhaftig gegenübergetreten ist. Nach meiner Ansicht ist ein Vater

erst dann wirklich Vater, wenn er einen Sohn besitzt, der ihn an Tugend übertrifft. Ein wahrhafter Sohn wiederum ist der, der verbessert und vollbringt, was der Vater begonnen hat; wenn der Vater aufrichtig, fest in seinem Denken und mitleidsvoll ist, dann wird der Sohn alles dies in erhöhtem Maße sein. Das ist es, wozu Du Dich selbst gemacht hast. Ich kann nicht behaupten, daß Du das, was Du für Dich selbst erreicht hast, einer Anstrengung verdanken müßtest, die ich für Dich unternommen hätte. Ich nehme hinfort die Rolle an, die Du mir als Liebesgabe dargebracht hast. Ich werde bestrebt sein, mich ihrer würdig zu erweisen; und sollte ich jemals ein zweiter Hiranyakashipu werden, widersetze Dich mit allem Respekt, wie Pralad, der Gott liebte, jenem den Gehorsam verweigerte.«[81]

Hier, wo er so souverän einen potentiell machtvollen Anhänger dazu auffordert, sein Sohn zu sein, wenngleich dies bedeuten mag, daß ihm in diesem Getreuen ein Prahlad ersteht, der seinem Führer bis auf den Tod widerstand – hier vermag er sogar einzugestehen, daß in ihm selbst ein Dämon schlummern könnte.

Doch zu seiner Schwester ist er wieder sehr kalt:

»Ich bete nur immer, daß Du, sofern noch etwas Erbarmen in Dir ist, hierher kommst, mit mir lebst und Dich meiner Arbeit anschließt. Du wirst dann nicht mehr das Gefühl haben müssen, das Du vielleicht gegenwärtig hegst, ohne Bruder zu sein, und wirst hier nicht nur einem, sondern vielen Brüdern begegnen und vielen Kindern eine Mutter sein. Dies ist das wahre *Vaishnava dharma.* Und solange Du dies nicht einsehen kannst, gibt es für uns nicht anderes als ein Leben in Trennung.«[82]

Und als die Belastung zunahm (»im gegenwärtigen Augenblick versuche ich, eine kurz bevorstehende Aktion passiven Widerstandes unter Kontrolle zu behalten«), wurden seine Anforderungen gegenüber anderen nur um so strenger. »Ihre Pflicht«, so schrieb er einem Mann, der das Ashram-Gelübde abgelegt hatte, doch unvermutet davon abgefallen war, »bestand darin, es zu achten und zu ehren, selbst wenn Ihre Familie als Folge davon verhungert wäre. Nur Persönlichkeiten von solcher Prägung können eine Nation formen. Die anderen kann man eben nicht als Männer ansehen.«[83]

Das ganze Ausmaß seines inneren Gefühlssturmes jedoch scheint sich in einem Traum verdichtet zu haben. Um die Februarmitte, als er sich entschlossen hatte, nicht nach Bihar zurückzukehren,

schrieb Gandhi seinem jüngsten Sohn, Devadas: »Ich kam nur auf einen Tag hierher, doch es scheint nun ganz so, als müßte ich etwa einen Monat lang hierbleiben. Wenn ich mich jetzt zurückzöge, würden Tausende einem schweren Verlust ausgesetzt sein. Die Menschen wären sich selbst überlassen und zutiefst entmutigt.« Dann erzählt er ihm von einem Traum, der uns zumindest eine Ahnung von dem vermitteln kann, was wir nun versuchen wollen, in der »Tiefe seiner Seele« zu erkennen:
»Ich muß die ganze Zeit an Dich denken. Ich weiß, daß Dein Eifer groß ist und daß Du an allem Interesse zu nehmen verstehst. Wärest Du hier gewesen, dann hättest Du in jedem einzelnen Augenblick das einzigartige Wunder und die Macht der Wahrheit beobachten können. Das ist das einzige Vermächtnis, das ich Dir hinterlassen kann. Wie ich glaube, ist es ein unerschöpflich reiches Vermächtnis. Für den, der seinen Wert kennt, ist es unbezahlbar. Ein solcher Mensch würde kein anderes Vermächtnis erbitten oder begehren. Ich glaube, daß Du seinen Wert ermessen hast und mit Liebe an ihm festhalten wirst. Letzte Nacht träumte mir, daß Du mein Vertrauen in mich betrogen hättest, indem Du Geldnoten aus einem Safe stahlst und sie wechseln gingst. Den ganzen Betrag gabst Du für das Laster aus. Ich erhielt davon Kenntnis. Ich war entsetzt; fühlte mich sehr elend. Doch dann erwachte ich, und mir kam zu Bewußtsein, daß alles nur ein Traum war. Dieser Traum spricht für meine Zuneigung zu Dir. Natürlich erwartest Du sie von mir. Du brauchst nicht zu befürchten, daß sie während dieses gegenwärtigen Lebens jemals endgültig schwinden wird. Ich mache die größten Anstrengungen, gleiche Liebe gegenüber allen zu empfinden, doch von Dir erhoffe ich mir doch etwas mehr.«[84]
Dies ist gewiß ein sehr kurzer Traum, doch gelingt es ihm nichtsdestoweniger, Betrug, Diebstahl und Laster in sich zusammenzudrängen, ebenso wie Entsetzen und Elend. Darüber hinaus steht er unzweifelhaft in Beziehung zu jener Kindheitserinnerung, der der Mahatma, wie wir gesehen haben, in seiner Autobiographie so große Bedeutung beimißt: seines und seines Bruders Diebstahl, um dem Laster des Rauchens frönen zu können, und dem Geständnis, das ihn zu einem wahren Prahlad und einem jugendlichen Satyagrahi in *seiner* Auseinandersetzung mit *seinem* Vater machte. Wenn Gandhi jetzt seinem Sohn schreibt, daß der Traum beredtes Zeugnis für seine väterliche Liebe ablege, da er

im Erwachen voller Glück erkannt habe, daß der Traum nicht Wirklichkeit sei, könnte sich der Sohn sehr wohl fragen, warum der Vater überhaupt von ihm als einem lasterhaften Betrüger und Dieb geträumt habe. Zusammen mit der irgendwie unmotivierten Versicherung, daß seine väterliche Liebe niemals »endgültig« verschwinden werde, und der etwas dunklen Anspielung auf jenes »etwas mehr«, das er von seinem Sohn fordere, verlangt Gandhi das Höchste und erwartet das Schlimmste – d. h. er bringt seine Söhne mit demjenigen in Verbindung, was in ihm selbst das Schlimmste ist. Daß Devadas Gandhis jüngster Sohn war, wie Gandhi seines eigenen Vaters Jüngster gewesen ist, und daß er noch ein Heranwachsender war, wie Gandhi es zum Zeitpunkt *seines* Diebstahls gewesen ist, unterstreicht nur noch die traumhafte Identifizierung mit seinem Sohn. Genau in dem Augenblick also (so möchte ich schlußfolgern), zu dem Gandhi als Prophet der Gewaltlosigkeit im eigenen Lande auf die Probe gestellt werden sollte, wurden die kindlichen Vorläufer dieser Waffe in einer Stärke reaktiviert, die hinreichend war, jene alte Erinnerung im Traum zu wiederholen: wie er sich dem Laster hingegeben hatte und vor dem gelähmten Vater sein Geständnis ablegte, und er durch die Art seines Bekenntnisses seinen gewalttätigen Vater durch die Wahrheit zu entwaffnen vermochte. Wenn dies in seiner Lebensgeschichte die jugendliche Vorform von Satyagraha gewesen ist, dann schickte er sich jetzt an, sie auf einer gewaltig erweiterten Ebene zu erproben, um damit zu beweisen, daß er sowohl dem Wesen nach wie in der Wirkung ein größerer Führer sei, als es der Vater gewesen war. Er ging demnach daran, nun erst recht zu werden, was sein Vater – der einstmals fürstlichem Despotismus mit passivem Widerstand begegnete – in kleinerem Maßstab gewesen war, er identifizierte sich genugsam auch mit ihm, um von sich selbst als dem schmählich betrogenen Vater zu träumen.

Es wird denen, die sich mit dieser Materie befaßt haben, nicht allzu weit hergeholt erscheinen (und vor allem nicht den Vätern unter ihnen), wenn ich hinzufüge, daß Gandhis Verhalten gegenüber seinen Söhnen, ganz gewiß aber der Ton, in dem seine Briefe gehalten waren, eine unbewußte Provokation darstellten. Mancher Leser, ob aus dem Osten oder dem Westen, muß mein Gefühl geteilt haben, daß solche Briefe von unseren Vätern das Schlechteste in uns hervorgekehrt haben würden, und sei es auch nur in Form einer unter höchsten Kosten und Anstrengungen entrichteten Verdrängung dieses Schlechtesten. Und hinter solcher Provokation, so scheint der Traum nachdrücklich zu belegen, kann einzig ein tiefer Wunsch nach Selbstbestrafung stehen – daß die Söhne ihm antun möchten, was er seinem Vater angetan hat, und daß er dadurch von ihnen gekreuzigt werde wegen seiner Sehnsucht, ein Sohn zu sein, erhoben über alle Söhne, und keinem Sohn ein Vater.

Mit seltener Klarheit also kommt in diesen Briefen das Vater-Sohn-Motiv zur Sprache, das sich in kritischen Momenten im Leben aller großen Erneuerer als innerster Bestandteil ihrer inneren Wandlung wiederfinden läßt. Dieses Thema läßt sich, gleichsam zwischen den Zeilen, noch in Gandhis öffentliche Auftritte und Verlautbarungen während des Ereignisses hineinverfolgen, und es wird sich noch einmal, genau am Ende des Kampfes, tragisch manifestieren.

IV. Kapitel
Bericht über das Ereignis

Nach allgemeiner Auffassung wurde das Ereignis von Ahmedabad durch eine Zusammenkunft zwischen Ambalal und Gandhi in Bombay, amläßlich einer der Blitzreisen Gandhis »fort von Champaran« initiiert. Es wäre dies eine passende Einleitung für eine Parabel: Es war einmal ein reicher Mann, ein mächtiger Textilfabrikant aus Ahmedabad, der nach Bombay reiste, um dort Gandhiji aufzusuchen: »Meister«, sagte er zu ihm, »kehre nicht um nach Bihar, komm zurück und sorge dich um Ahmedabad, unsere Stadt.« Dies wäre dann ein gelungenes Gegenstück zu der Parabel über Champaran – wie Gandhi schließlich dem armen Bauern nachgab, der ihm von Stadt zu Stadt gefolgt war, bis Ghandi schließlich einwilligte, mit ihm in die Vorgebirge des Himalaja zu gehen. Tatsache ist, daß Gandhi in jenen Jahren nach sorgfältigen, wissenschaftlich durchgeführten Voruntersuchungen eine Reihe von Situationen gedanklich durchspielte, wie eindeutig aus einem Brief (wenn nicht auch aus weiteren Anhaltspunkten) hervorgeht, den er einem eingeweihten Freund schrieb, um ihn um eine Aufstellung der Mißstände zu bitten, die sich in ganz Indien ausgebreitet hatten. Und wie aus der Autobiographie ersichtlich wird, hatte er gleichzeitig damit begonnen, sorgfältig jene auszusuchen, die er seine unverbrüchlichen Gefährten nennen konnte.

Gandhi war über die Verhältnisse in Ahmedabad auf dem laufenden. Er hatte seinem Ashram von Champaran aus zweimal einen Besuch abgestattet und sich bei einer dieser Gelegenheiten in einer Rede über den beklagenswerten Zustand der Wasserversorgung in der Stadt ausgesprochen. Im Juli 1917 hatte er zudem ein langes Memorandum über Maßnahmen eingereicht, mit denen man der akuten Gefahr einer Pestepidemie begegnen könne.

Die Lage war verzweifelt[85]. Man muß die Slums in Indien gesehen haben, um sich den Schaden vorstellen zu können, den ein ungewöhnlich heftiger Monsun den überfüllten, dichtgedrängten, ebenerdigen Hütten zuzufügen vermag, ganz zu schweigen von den Bodenverhältnissen ringsum und der Versorgung mit Frischwasser – wenn überhaupt vorhanden. Die Monsunregen von 1917 waren außergewöhnlich heftig gewesen und hatten die ganze Kette von Ursachen in Gang gesetzt, die in eine Pestepidemie münden. Die Pest war seit 1896 im Regierungsbezirk Bombay endemisch gewesen, doch war Ahmedabad bisher von schweren Ausbrüchen der Seuche verschont geblieben. Doch seit Juli 1917 stieg die Zahl der Todesfälle der von der Pest Befallenen in der Stadt stetig an und erreichte in der Novembermitte mit 600 Neuerkrankungen und 550 Todesfällen ihren Höhepunkt. Dieser Prozentsatz von etwa 10% Geheilten blieb offenbar während der gesamten Dauer der Epidemie unverändert. Und die Stadtverwaltung war nahezu machtlos. Sie konnte weder die Versorgung mit sauberem Wasser, das benötigt wurde, sicherstellen, noch das faulige Wasser fernhalten, das man fürchtete: tückischerweise zeigte der saubere Oberabschnitt des Sabarmati-Flusses eine Tendenz, »vor den Rändern der großen Versorgungsbecken zurückzuweichen«, während in dem Bereich, wo das Wasser am stärksten verschmutzt war, der Fluß über die Ufer trat und sich ein Ableiten durch Pumpen als unwirksam erwies. »Was wir brauchen«, so erklärte die Stadtverwaltung, »sind die technischen Kenntnisse von Wasserbauingenieuren.« Was die Situation noch verschlimmerte: viele der in der Stadt Beschäftigten verließen fluchtartig ihre Wohngebiete, zusammen mit all denen, die in den benachbarten Gebieten Verwandte hatten. Die Gesundheitsbeamten leisteten heroische Arbeit bei dem Versuch, eine Schutzimpfung unter der zurückbleibenden Bevölkerung durchzuführen und verlassene Wohnquartiere mit Rohöl, Paraffinemulsion und Naphthalinpulver zu desinfizieren. Doch Katastrophen verstärken stets vorhandenen Aberglauben, was in Indien Furcht vor Verunreinigung bedeutet – nicht etwa durch schmutziges Wasser, bewahre!, noch durch Ratten oder Rattenflöhe – nein, sie fürchteten vor allem die Gesundheitsplaner, die die öffentliche Hygiene über Kasten-Apartheid stellen mochten.

Nur etwa 30 000 Menschen ließen sich zur Schutzimpfung bewegen. Und die Abteilung des Stadtkrankenhauses für Infektionsfälle konnte genau für sechsundzwanzig Patienten Bettenplätze bereitstellen. Ambalal stellte seine geräumige Villa in Mirzapur einem Arzt, Dr. Tankariwalla, zur Verfügung – unter einer Bedingung: jeden erforderlichen Geldbetrag aufzuwenden, um jedermann Hilfe zu bringen, der sie benötigte. Dies war eine Arbeit, bei der es bergauf zu kämpfen galt; und Ambalal bestand darauf, daß das Krankenhaus »integriert« sei. Obgleich einigen Hindus der Oberklasse gewisse Vergünstigungen eingeräumt werden mußten, da sie in normalen Zeiten Krankenhäuser mieden (ich hätte beinahe gesagt: wie die Pest) und es andernfalls vorgezogen haben würden, durch »natürliche« Verunreinigung zu sterben, wurden sowohl Jains wie Christen aufgenommen, Banias und Mohammedaner, Brahmanen und Unberührbare. Wie es scheint, waren in diesem Hospital nie mehr als hundert Patienten, doch erzielte es einen Prozentsatz von 50% Genesungsfällen, womit es die Wirksamkeit der Beachtung gewisser hygienischer Grundregeln unter Beweis stellte und zumindest einige der potentiell gefährlichsten Patienten isolieren konnte.

Abgesehen von den beiden europäischen Oberinnen, Krankenschwestern, die aus Baroda herbeigeholt worden waren, und einigen gewissenhaften Krankenpflegern und Ambulanzhelfern, konnte Dr. Tankariwalla sich auf die unerwartete Hilfe einer »heroischen Kolonne« von Tragbahrenträgern aus Rajputane stützen. Ich will diese Geschichte kurz zu Ehren jener unter unseren jungen Menschen von heute erzählen, die freiwillig Aufbauarbeit im Friedenskorps oder in der Heimat leisten. Die »Kolonne« bestand aus sieben jungen Männern, gebildeten Hindus hoher Kastenabkunft und Klassenzugehörigkeit. Sie tauchten plötzlich in Ahmedabad auf und fragten, ob sie helfen könnten. Als man sie an das Sarala-Devi-Hospital verwies, boten sie an, die schmutzigsten und gefährlichsten Arbeiten zu übernehmen, ohne einen Unterschied zwischen den Kasten zu machen. Sie akzeptierten Tagesrationen an Nahrungsmitteln, lehnten jedoch jede Bezahlung ab, und als nach zehn Wochen die Seuche zurückging, verschwanden sie, ohne ihren Namen genannt zu haben – sehr zu Ambalals Verdruß.

Schulen, Colleges und die Mehrzahl der öffentlichen Institutionen waren natürlich geschlossen worden. Die Textilfabriken indessen hatten beschlossen, die Arbeit weitergehen zu lassen, und den Arbeitern eine besondere Vergütung angeboten, damit sie nicht die Stadt verließen, sondern zum Bleiben bewogen wurden. Viele von ihnen, so muß hinzugefügt werden, schreckten davor zurück, die Stadt zu verlassen, da sie befürchten mußten, daß man in ihrer Abwesenheit ihre kärglichen Besitztümer stehlen würde. Dies also ist der »Seuchenzuschlag«, der zum zentralen Streitpunkt des Streiks wurde, der nun folgen sollte.

Inmitten dieser finsteren Geschichte von verseuchtem Wasser und Rattenflöhen, über das Versagen der städtischen Behörden und todbringenden Aberglauben findet man die Bürgergesinnung eines Ambalal und die Humanität der Tragbahrenträger aus Rajputane. Doch zugleich kann man folgendes Vorkommnis herausgreifen, das für die geographische und psychologische Isolation der städtischen elitären Kreise charakteristisch ist. Während einer Woche der ersten Septemberhälfte, in der 400 Stadtbewohner von der Pest befallen wurden und 350 starben, berichtete der Theaterkritiker des *Praja Bandhu* auch von einer szenischen Darstellung der Alliierten des Ersten Weltkrieges (»Allies Tableau« – die Alliierten in lebenden Bildern), aufgeführt von einigen Damen der Gesellschaft, um für die Kriegsanstrengungen der Engländer zu sammeln:

»Das ›Allies Tableau‹ wird sich unweigerlich großer Beliebtheit erfreuen. Das Herz jedes patriotisch Gesinnten wird vor Erregung höher schlagen angesichts der Szene, die zur Aufführung gelangen wird. Jede der alliierten Nationen soll durch eine junge Dame dargestellt werden. Sie werden das unterdrückte, aber in seiner Würde ungebrochene Belgien zu sehen bekommen – hoffnungsvoll in die Zukunft blickend. Sie werden des getretenen, doch unverzagten Serbien ansichtig werden – ungebrochenen Geistes. Natürlich werden Sie England und all seine tapferen Freunde mit lautem Hallo begrüßen – und es wird ein machtvoller Begeisterungssturm sein. Aber man wird ihnen sogar erlauben, das Dach des Theaters durch Ihre Ausrufe zum Einsturz zu bringen, wenn Sie Indien zu Gesicht bekommen (dargestellt von einer jungen Parsi-Dame), wie es stolz in der Prozession der Nationen einhermarschiert. Die anderen Szenenbilder werden nicht weniger reizvoll sein. Es wird ein szenisches Zwischenspiel geben, das vor allem die Hindus mit Wohlgefallen begrüßen werden; die Darstellung des Hoflebens von Jehangir und Noorjahan wird Sie durch ihre Prachtentfaltung in Erstaunen setzen; und es wird Ihnen die geschichtliche Vergangenheit unserer Stadt nahegebracht werden in einer Szene, die König Ahmedshah in seinem wundervollen Garten zeigt.«

Inzwischen war Unzufriedenheit unter den Arbeitern ausgebrochen, und dies angesichts der Tatsache, daß den fünfhundert Webern in den Textilfabriken – Brahmanen, Banias und Moslems –, nur weil sie unter den Arbeitern eine relativ besser bezahlte Elite darstellten und sich in ihren Stadtwohnungen zu gut eingerichtet hatten und seßhaft geworden waren, um in Versuchung zu geraten, aus der Stadt zu fliehen, keine Seuchenzulage angeboten worden war und sie jetzt eine 25prozentige »Treueprämie« verlangten. Anasuya wußte von ihrer Arbeit her, die sie unter diesen Menschen geleistet hatte, daß dies eine durchaus gerechtfertigte Forderung war, und fand sich plötzlich (wie wir schon berichtet haben) durch Akklamation einer kleinen Gruppe organisierter Arbeiter zur Anführerin erhoben, während die Textilfabrikanten sich zu ihrer Verblüffung einer Streikdrohung gegenübersahen, die den Namen Sarabhai trug! Sie zerrissen sie verächtlich und forderten Ambalal auf, seiner aufrührerischen Schwester Disziplin beizubringen. Er brachte jedoch dagegen vor, daß ihr, wäre sie nicht seine Schwester, sondern vielmehr ein Bruder gewesen, die Hälfte des väterlichen Besitzes zugefallen wäre; warum sollte sie ihrer Rechte beraubt sein, nur weil sie eine Frau war? »Ich habe kein Recht, sie davon abzuhalten, ihre Pflicht zu tun.«

Es war die nämliche Situation, über die Anasuya, verschreckt durch die ihr unerwartet zugefallene Rolle, an Gandhi geschrieben hatte, um seinen Segen in dieser Angelegenheit einzuholen. Paradoxerweise jedoch erhob sich ein weitaus schwierigeres Problem, als nun die Seuche langsam zurückging. Die Fabrikbesitzer taten ihre Absicht kund, schlankweg die Zulage zu streichen (die bis zu 75 % des Lohns betragen hatte), die den Arbeitern bewilligt worden war, solange die Pest wütete.

Bei einem Zusammentreffen in Bombay also nahm Ambalal Gandhi auf die Seite, um ihm von der sich verschlechternden Situation in Ahmedabad zu berichten – d. h. von seiner und seiner Freunde Entschlossenheit Mitteilung zu machen, die Seuchenzulage zu kassieren –, und flehte ihn an, in seinem und in Anasuyas Namen zu intervenieren. Doch Gandhi hatte bereits vorher ernstlich erwogen, Ahmedabad und alles, was diese Stadt repräsentierte, zum Testfall für eine echte Satyagraha auf dem Gebiet der Arbeitsverhältnisse zu machen. Er hatte Anfang Januar ein Gespräch mit den Eigentümern und den Arbeitern in Ahmedabad geführt; und hier hatte er zweifelsohne die Tatsache erkannt, die eindeutig am Verhalten der Arbeiter ablesbar war, daß Anasuyaben in ihrer schlichten, weiblichen Art Satyagraha bereits in die Arbeiterbewegung aufgenommen hatte, als sie den streikenden Webern eine friedfertige Haltung abverlangt hatte.

Er wußte, daß die unmittelbare Macht, die diese leidenschaftlich empfindende Schwester eines der Bosse über die analphabetischen Arbeiter errungen hatte, kaum überschätzt werden konnte.

Indessen war Gandhi, wie wir gesehen haben, von inneren Zweifeln ebenso wie von der Mehrdeutigkeit der Situation beunruhigt, und er ließ nichts unversucht, den Zeitpunkt hinauszuschieben, der ihn zum Handeln und zur Entscheidung drängen würde – und dies, weil er ganz genau wußte, daß er jetzt notwendig eine Gelegenheit brauchte, um seine Prinzipien »bis auf den Tod« zu demonstrieren. Am 8. Februar, in seiner ersten Ansprache an die Arbeiter (seine Gespräche, die er mit den streikenden Bergarbeitern in Newcastle hier und da geführt hatte, bezogen sich weniger auf die Lage der Arbeiter als auf die nationale Diskriminierung), ermahnte er sie, zuallererst für sich selbst klarzustellen, welche Forderungen sie zu Recht erheben konnten. Auch wenn die Eigentümer Zuschläge bis zu 80% während der Pestepidemie angeboten hätten, würde man ihnen eine abschlägige Antwort nur allzu leicht machen, wenn man jetzt die Forderung nach einer 50- bis 60prozentigen Lohnerhöhung erheben wollte, da weder die Öffentlichkeit noch die Presse damit sympathisieren würde. Erst wenn man sich auf eine billige Forderung einige, dürfe man mit einer Schlichtung rechnen. In der Zwischenzeit, so erklärte er, könnten sie stets auf Anasuyaben (»sie lebt einzig für euch«) und auf ihn selbst rechnen. Es war eine Tatsache, daß Anasuya damals noch den Arbeitern besser bekannt war als er selbst, weswegen alle früheren Vorschläge und Verlautbarungen in ihrem Namen vorgebracht worden waren. Und als unermüdlicher Moralist konnte er es sich nicht versagen hinzuzusetzen, daß er hoffe, wenn sie schon eine Verbesserung ihrer Einkommenssituation forderten, sie zugleich auch bereitwillig lernen würden, sich sauber zu halten, sich von verschiedenen Süchten frei zu machen (worunter ohne Zweifel auch die »schädliche Gewohnheit des Teetrinkens« gerechnet werden muß) und Anstrengungen zu machen, ihren Kindern eine bessere Erziehung zu bieten.

Inzwischen meldete Shankerlal aus Bombay, daß die Löhne dort bereits um 25 Prozent höher lägen als in Ahmedabad. Dem konnten die Textilfabrikanten jedoch leicht entgegenhalten, daß Bombay schließlich ein Hafen sei, während Ahmedabad sich gezwungen sehe, Kohle zu importieren und Fertigwaren per Eisenbahn zu exportieren.

Am 11. Februar schrieb der Collector* an Gandhi, daß die Fabrikbesitzer eine Aussperrung planten und daß »mir Mitteilung davon gemacht worden ist, daß die Fabrikanten, wenn sie überhaupt auf jemanden hören, nur von Ihnen Ratschläge annehmen werden. Sie sympathisieren mit ihnen, und Sie sind der einzige Mensch, der mir ihren Fall auseinandersetzen kann.«[86] Schatten von Durban: die einzig verfügbare Person! Doch hier bezog sich der Collector wahrscheinlich auch auf Gandhis Freundschaft zu Ambalal. Und Ambalal wurde immer mehr zur Schlüsselfigur, weil der Präsident der Vereinigung der Textilfabrikanten, Sheth Mangaldas Parekh, der nichts mit Aussperrung oder Streik zu tun haben wollte, gewillt war, den Seuchenzuschlag in seinen eigenen Fabriken auch weiterhin zu zahlen, und keinen Grund zu einer Schließung seiner Betriebe sah. Von diesem Augenblick an waren die »Fabrikbesitzer« gleichbedeutend mit einer Majorität unnachgiebig harter Manager und Treuhänder, die sich aus diesem Anlaß zu einer Kampfvereinigung unter Führung Ambalals zusammenschlossen. Zweifellos waren alle möglichen politischen wie ökonomischen Probleme für das Zerwürfnis unter den Textilfabrikanten verantwortlich. Die indischen Textilunternehmen machten riesige Profite, solange der Krieg englische Textilien von afrikanischen und asiatischen Häfen fernhielt, die den indischen Schiffen erreichbar waren; und die sparsamen Ahmedabader hatten vorausschauend ihre Profite für künftige Einkäufe britischer und amerikanischer Maschinen zurückgelegt, die während der Kriegsjahre nicht erhältlich waren. Eine verläßliche, bis aufs Blut ausgebeutete Arbeiterschaft bildete demzufolge die einzige Gewähr dafür, daß die Produktion der vorhandenen, meist veralteten Anlagen noch mit der Nachfrage Schritt zu halten vermochte. Und eine nicht fluktuierende Arbeiterschaft bei nur geringfügigem Arbeitsausfall war damals wie auch späterhin Ahmedabads Hauptvorteil gegenüber den größeren Industriezentren. So mochte es weise erscheinen, hier und da sich des Nutzens und Nachteils von Schlichtungsverfahren zu bedienen – und dies mit Gandhis beschwichtigender Hilfe. Wie aus britischen Geheimdienstquellen hervorgeht, ließ es die kriegsbedingte Verknappung von Kohle und Transportmitteln den Textilfabrikanten durchaus geraten erscheinen, die Betriebe für gewisse Zeit stillzulegen und in der

* Oberster britischer Verwaltungsbeamter eines indischen Bezirks. (A. d. Ü.)

Zwischenzeit Machtfragen zu entscheiden, die weit über die Frage der Bewilligung einer Zulage hinausgingen.
Ambalals Beurteilung der Situation war wie gewöhnlich weitaus vielschichtiger. Als Führer der Textilfabrikanten war er entschlossen, die Sache hart anzupacken, obgleich er in dem Erfolg seiner Schwester erste Anzeichen eines entstehenden Klassenbewußtseins unter der Arbeiterschaft durchaus nicht verkannte und genau wußte, daß gewerkschaftliche Organisierung nicht nur unvermeidlich, sondern auch wünschenswert war. Er schätzte sich glücklich, mit einem Mann wie Gandhi zu tun zu haben, von dem er wußte, daß er Gewalttätigkeiten auf ein Minimum begrenzen würde, wenngleich er wirklich gewünscht hätte, daß dieser Mann »auf der anderen Seite des Flusses« geblieben wäre, sich herausgehalten und allein dem geistigen und nationalen Aufschwung gewidmet hätte, den Ambalal nur allzu bereitwillig war zu finanzieren. Er war ziemlich entschlossen, dem ökonomischen Einfluß seiner Schwester in der Gemeinschaft entgegenzutreten, doch zugleich war er erleichtert und glücklich, sie von Gandhijis führender Hand geleitet zu sehen; auf jeden Fall aber zeigte er sich nach wie vor grundsätzlich nicht gewillt, von ihrer Handlungsweise abzurücken oder ihr autoritativ Hindernisse in den Weg zu legen. Was Ambalal jedoch nicht akzeptieren konnte, war die Einmischung jenes Agitators aus Bombay, der in der letzten Zeit im Haus seiner Schwester wohnte – auf seinem Grund und Boden. Für ihn und *seine* Verlautbarungen im Stil Gandhis hob sich Ambalal seine beißendsten Bemerkungen auf:
»Die Gesichtspunkte, die Mr. Banker vorbringt, gehen von völlig falschen Voraussetzungen aus. Er nimmt an, daß die Textilfabriken einzig aus reiner Menschlichkeit unterhalten würden und philanthropische Einrichtungen seien, daß ihr Ziel darin bestehe, die Lebensverhältnisse der Arbeiter auf das Niveau ihrer Arbeitgeber zu heben. Wir wagen zu behaupten, daß seine Sicht der Verhältnisse falsch ist ... Arbeiter werden einzig mit diesem Ziel (Profit) vor Augen beschäftigt, und demzufolge sind die Einstellung von Arbeitskräften sowie die Arbeitsbedingungen einzig auf der Grundlage von Angebot und Nachfrage wie nach dem Gesichtspunkt ihrer Wirksamkeit geregelt ... Mr. Bankers Auffassung ist unmöglich, undurchführbar, visionär und utopisch.«[87]
Eine Schlichtungskommission wurde berufen, und in ihr spiegel-

ten sich deutlich die Fronten wider, die sich nun abzuzeichnen begannen: Ambalal und zwei Textilfabrikanten auf der einen Seite, und für die Arbeiterschaft Gandhi, Shankerlal und Vallabhbhai Patel, ein bislang noch unbekannter Rechtsanwalt aus Ahmedabad. Der Collector war der »Unparteiische«. Doch für die aufgebrachten Arbeiter war dies nur ein weiteres Manöver, das ihnen unverständlich bleiben mußte und in dem sie wieder einmal keine aktive Rolle spielten. So kam es, daß in einigen der Textilfabriken einige kleinere Gruppen dennoch streikten. Gandhi kam aus Kheda herbeigeeilt, hielt den Arbeitern eine Strafpredigt, entschuldigte sich bei den Fabrikanten und schrieb an den Sekretär des Unternehmerverbandes der Textilfabrikanten:

»Ich bin überzeugt, daß das Prinzip der Schlichtung von weitreichender Bedeutung ist und daß es keinesfalls wünschenswert sein kann, wenn die Fabrikarbeiter ihr Vertrauen darin verlieren ... Banker hat Unterlagen darüber zusammengetragen, was die Textilunternehmer in Bombay bezahlen. Ich wäre Ihnen sehr verbunden, wenn Sie mir unverzüglich eine Aufstellung über die Löhne zugehen ließen, die von den einheimischen Fabriken gezahlt werden ... Ich bin nicht in besonderem Maße geneigt, die Arbeiter als Arbeiter zu begünstigen; ich bin allein auf seiten des Rechts, von dem sich allerdings oftmals herausgestellt hat, daß es auf der Seite der Arbeiter gestanden hat. Soviel zu der allgemein vertretenen Auffassung, ich sei ganz auf ihrer Seite. Es ist für mich undenkbar, daß ich jemals der großartigen Industrie Ahmedabads Schaden zufügen könnte.«[88]

Doch es war bereits zu spät. Die Textilfabriken schlossen ihre Tore, und die erste Phase des Ereignisses, die Aussperrung, hatte begonnen: nur diejenigen Arbeiter, so verkündeten die Unternehmer, die in eine 20prozentige Lohnerhöhung einwilligten, würden aufgefordert werden, an ihren Arbeitsplatz zurückzukehren. Sie weigerten sich nun, Gandhi weiteres Material für seine »Untersuchung« zur Verfügung zu stellen. Er war inzwischen zu der Überzeugung gelangt, daß 35 Prozent Lohnzulage für die Arbeiter notwendig seien, tragbar für die Industrie, ein würdiger Fall für die Öffentlichkeit – und auf der Mitte zwischen 20 und 50 Prozent. Und wie sich nun anhand der Spalte mit Korrespondentenberichten im *Bombay Chronicle* aufzeigen läßt, begann die Öffentlichkeit jetzt, sich für die Angelegenheit zu interessieren. Der Ahmedabader Korrespondent des *Chronicle* legte seinem Artikel zwar verzerrtes Tatsachenmaterial und falsche Zahlenangaben zugrunde, doch immerhin schien er angesichts der Haltung der Abtrünnigen unter den Fabrikeigentümern überaus erregt:[89]

»Das Hauptziel der Abweichler besteht also nicht darin, wie deutlich aus allem hervorgeht, die Interessen der Arbeiter zu schützen, sondern ihr Anliegen ist einzig, sich durch die Aufrechterhaltung des Betriebes in ihren Fabriken den Löwenanteil zu sichern, indem sie für den Augenblick die Seuchenzulage weiterbezahlen und diese Frage später im Sinne jener Vereinbarung regeln werden, zu der man schließlich gelangen wird, wenn die Streiks und Aussperrungen in den anderen Fabriken vorüber sind.«

Wenige Tage später nur vermerkt der *Chronicle* den Umstand, daß der Collector im Ashram bei Gandhi vorgesprochen und man sich zur Schlichtung der Angelegenheit entschlossen habe.

»Die Bereitschaft, mit der der Collector sich Mr. Gandhis Auffassung angeschlossen hat, ist ebenfalls ermutigend und zeigt zudem, daß dann, wenn Beamte den aufrichtigen Wunsch haben, mit den anerkannten Führern des Volkes zu kooperieren – und sie nicht zu bevormunden –, manch beachtlich Gutes zum Wohle der Gemeinschaft vollbracht werden kann.«[90]

Der Korrespondent schließt mit der Frage, ob wohl »irgend jemand dazu imstande ist, einen Plan vorzulegen, durch den diese Schwierigkeiten überwunden werden können«. Wieder einige Tage darauf warnt ein anderer Aktienbesitzer vor der Gefahr, daß die ausgesperrten Arbeiter anderswo Arbeit finden könnten.

All diese Briefe aus Ahmedabad allerdings fanden sich nur auf den letzten Seiten des *Chronicle*. Die ganze Angelegenheit besaß keinen Nachrichtenwert, und »Mr. M. K. Gandhi« wurde für nicht mehr angesehen als für einen bewundernswerten Wohltäter – weit fort in Südafrika oder weit draußen im abgelegenen Bihar.

In der Zwischenzeit bewegten sich Gandhi und seine Mitarbeiter in aller Stille unter der Arbeiterschaft. Mahadev schreibt:

»Gandhiji vertraute auf ein ruhiges Arbeiten und war sorgfältig darauf bedacht zu verhindern, daß in den Zeitungen grell gefärbte Schilderungen über seine Aktivitäten erschienen. Das ist der Grund dafür, warum jene, die ihre Informationen nur aus Zeitungen beziehen, absolut nichts über die einzelnen Schritte wissen, die Gandhi in Champaran tat, um das Innenleben der Menschen zu verwandeln, und nichts über die Ergebnisse, die er dabei erzielte; die Leute wissen einzig über die Befragungen und Untersuchungen, die er dort durchgeführt hat. Ähnlich wurden in Ahmedabad Berichte über die Reden zurückgehalten, die er während des Kampfes der Textilarbeiter gehalten hat, und absichtlich nicht an die Tageszeitungen weitergegeben.«[91]

Anasuya, Shankerlal und Gandhis Neffe Chhaganlal, ein »Veteran« aus Südafrika, verbrachten jeden Morgen und Abend in den Wohnvierteln der Arbeiter, indem sie Fragen stellten und Rat erteilten, ärztliche Hilfe brachten oder kurzfristige Beschäftigung empfahlen und Gandhi sodann einen Tagesbericht über Notfälle und Gerüchte erstatteten, über die Bereitschaft, weiter durchzuhalten, und über die sporadisch auftretende Neigung, aufzugeben. An den Abenden stand noch oft bis nach Mitternacht Anasuyabens Haus jedem Arbeiter offen, der ein besonderes Anliegen vorbringen wollte.

Gandhi schien in der Zwischenzeit bereit, eine Anzahl neuer Rituale zu schaffen, die den Erfordernissen dieser besonderen Satyagraha angepaßt waren. Zum einen gab er im Namen Anasuyas täglich Flugblätter heraus, die so hervorragend gedruckt sind, daß sie bis auf den heutigen Tag noch klar lesbar und sauber in den Ordnern des Ashram eingesehen werden können. Ferner pflegte Gandhi jeden Abend die Arbeiter unter jenem berühmten Babul-Baum an den Ufern des Sabarmati außerhalb des Shahpur-Tores zu versammeln.

Ich hatte natürlich den Wunsch, den Baum zu finden. Doch eine starke Flutwelle hat ihn fortgespült. Das Shahpur-Tor wiederum ist erst in jüngster Zeit niedergerissen worden, weil es als Schleuse für den Verkehr der Fahrzeuge und Tiere nicht durchlässig genug war, der an diesem Punkt zusammenläuft, um sich dann in die Innenstadt zu ergießen, hin zu den Anlegestellen am Fluß und über die Brücke, die die Stadt mit einer blühenden Vorortsiedlung verbindet. Und wo einst dieser monumentale Baum gestanden hat, die Sandbänke überragend, breiten sich heute die übelsten Slums verfallender Hütten in ganz Ahmedabad aus, in denen, wie man sagt, Angehörige der einstmaligen »kriminellen« Stämme hausen.

Jeden Nachmittag erschien Gandhi in Begleitung seiner Mitarbeiter in Anasuyas Overland Roadster, Modell 1915, von der damals einzig vorhandenen Brücke flußabwärts herkommend. Sie wurden dann für gewöhnlich bereits von der Menge der Arbeiter, deren Zahl selten weniger als 5000 betrug und sich oftmals eher der 10 000 näherte, erwartet; einige waren zwei oder drei Meilen weit zu Fuß hierhergekommen und hatten sich nun niedergesetzt, um den kleinen Mann im Lendentuch beim Sprechen zu sehen – denn nur sehr wenige konnten ihn hören. Was er sagte, so wußten sie, würden nur Ausführungen zum Inhalt der Flugblätter sein, die die wenigen des Lesens kundigen Arbeiter in den verschiedenen Stadtvierteln oder aber in den umliegenden Dörfern laut verlesen hatten. Selten nur, wenn überhaupt jemals, hatte irgendein Mensch sich direkter an sie gewandt, und dies ohne die geringste Spur von Herablassung. Und niemals zuvor oder seither ist Satyagraha mit größerer Klarheit dargelegt worden, in einem »Schulbeispiel« in Fortsetzungen, gedruckt oder gesprochen, und jedes Wort ging allen Beteiligten an der sich zuspitzenden Auseinandersetzung unmittelbar ein.

Wenn Gandhi in seiner stillen Art darauf bestand, dieses Ereignis in eine religiöse Erfahrung umzuwandeln, dann waren jedenfalls einige der Arbeiter darauf eingestimmt. Als sie ausgesperrt wurden, hatten sie feierlich ihren Webrahmen Lebewohl gesagt, die Hindus, indem sie Kokosnüsse auf die Maschinen legten, die Moslems, indem sie ihnen ihr »Salaam« entboten und gemeinsam versprachen, daß sie zu ihnen zurückkehren wollten. Und da Gandhi sich täglich an die Arbeiter wandte, schien demjenigen Dauer beschieden zu sein, was Shankerlal als »Gefühl der Gehobenheit« beschrieben hat, jedenfalls für geraume Zeit. Die Polizei war auf das Schlimmste vorbereitet worden, und bewaffnete Polizisten hatten begonnen, in allen Straßen zu patrouillieren, insbesondere von dem Punkt an, als die Streikenden anfingen, auf den Straßen zu marschieren und *»Ek tek!«* – »Haltet zu eurem Versprechen« zu rufen – und improvisierte Gesänge anzustimmen. Nach Ablauf zweier Tage jedoch war der Polizeichef davon überzeugt, daß Gandhi die Situation fest in der Hand habe. Er postierte einige Pferdefuhrwerke voller Polizisten zwei weitere Tage lang an strategisch wichtigen Straßenkreuzungen und zog schließlich die Sondereinheiten ganz ab.

Erstes Flugblatt

Bei seiner und Anasuyas Annahme der Führung hatte Gandhi den Arbeitern als Vorbedingung ein feierliches Gelübde abgenommen, das sie durch Nachsprechen der Eidesformel besiegelten. Das erste Flugblatt vom 26. Februar, dem fünften Tag der Aussperrung, bestätigte noch einmal, daß die Forderungen der Arbeiter gemäßigt seien:

»Nachdem sowohl die Interessen der Textilfabrikanten als auch diejenigen der Arbeiter und alle anderen Nebenumstände noch einmal gründlich überdacht worden sind, ist (von den Schlichtern) entschieden worden, daß eine Lohnerhöhung von 35 Prozent gerechtfertigt sei, und dementsprechend wurden auch die Arbeiter beraten ... Die Arbeitgeber haben ihre Ansichten zu dieser Angelegenheit bisher nicht vorgetragen. Die Arbeiter, die zunächst eine Erhöhung um 50 Prozent gefordert hatten, haben inzwischen diese Forderung zurückgezogen und beschlossen, eine Erhöhung um 35 Prozent zu verlangen.«[92]

Dann folgte das Gelöbnis der Arbeiter:

»Die Arbeiter haben beschlossen:

1. daß sie die Arbeit nicht wiederaufnehmen werden, bis ihnen eine 35prozentige Erhöhung ihres Lohnes vom Juli (1917) an gewährleistet wird;
2. daß sie während des Zeitraumes der Aussperrung keine Störaktionen durchführen, sich nicht der Gewalt bedienen oder Plünderungen begehen, noch Eigentum der Arbeitgeber beschädigen oder irgend jemanden körperlich mißhandeln werden, sondern friedfertig bleiben wollen.

Wie die Arbeiter mit ihrer Forderung Erfolg haben können, wird im nächsten Flugblatt erörtert werden.

Wenn die Arbeiter mir (Anasuyaben) Mitteilungen machen wollen, sind sie willkommen, mich zu jeder Tageszeit in meinem Haus aufzusuchen.«

Unter dem Babul-Baum setzte Gandhi hinzu:

»Heute ist der fünfte Tag der Aussperrung. Einige von euch glauben wahrscheinlich, daß nach einer oder zwei Wochen des Leidens alles wieder in Ordnung sein wird. Ich muß wiederholen, daß wir, obwohl wir darauf hoffen möchten, daß unser Kampf frühzeitig beendet werde, festbleiben müssen, selbst wenn sich jene Hoffnung nicht erfüllen sollte, und daß wir die Arbeit nicht wiederaufnehmen dürfen, auch wenn wir sterben müssen.

Arbeiter haben kein Geld, doch sie besitzen einen Reichtum, der über das Geld obsiegt – sie haben ihre Hände, ihren Mut und ihre Gottesfurcht. Sollte eine Zeit kommen, in der ihr Hunger leidet, so habt Vertrauen, daß wir nicht essen werden, bevor wir euch nicht gespeist haben. Wir werden nicht zulassen, daß ihr Hungers sterben müßt.«[93]

Gandhi fuhr gewöhnlich mit Anasuya auf Ambalals Grundbesitz zurück und nahm an ihrer Teestunde teil. Auch das Komitee der Textilfabrikanten traf in den Nachmittagsstunden mit Ambalal zusammen, und anschließend gesellte sich Ambalal oft zu den anderen im Haus seiner Schwester. Er hatte Gandhis Vorschlag zugestimmt, täglich über die neuesten Entwicklungen Gespräche zu führen; und er sollte tatsächlich oft gegen Mittag zum Ashram hinausfahren, um mit Gandhi und Anasuya zusammen eine Mahlzeit einzunehmen. Bei solchen Anlässen pflegte Gandhi, nicht ohne ein leises Lachen, darauf zu bestehen, daß Anasuya ihrem Bruder aufwarte; er war entzückt, die »häusliche Auseinandersetzung« noch häuslicher zu gestalten.

Dank Mahadevs Notizen besitzen wir – in drei Serien – tägliche Verlautbarungen, die einander ergänzen: morgens pflegte Gandhi sich gewöhnlich in seiner vertraulichen und freimütigen Weise an die tägliche Gebetsversammlung des Ashram zu wenden, nach der er in der Regel einen Spaziergang unternahm (was für ihn zugleich angeregtes Gespräch bedeutete), sich dann seiner Korrespondenz und Besuchern zuwandte, um schließlich mit seinen Mitarbeitern zu »dinieren« – und wenn sich Gelegenheit dazu ergab, auch mit Ambalal. Irgendwann im Laufe des Tages oder Abends formulierte er sodann das *Flugblatt* für den nächsten Tag; und am Nachmittag wurde er gewöhnlich von Shankerlal und Anasuya in ihrem Overland abgeholt, damit sie pünktlich um fünf Uhr unter dem Babul-Baum eintreffen konnten. Ich traue Mahadevs Notizen keineswegs unbesehen – es gibt interessante Zwischenfälle, bei denen Gandhi Mahadevs geschriebener Version seines Diktats widerspricht –, doch alles in allem wird Gandhis Stil doch deutlich erkennbar. Ich werde die Serie der Flugblätter zum chronologischen Leitfaden nehmen, weil alle anderen Einzelheiten notwendigerweise weniger systematisch und weniger komplex sind.

Zweites Flugblatt

Am Tag des zweiten Flugblattes (27. Februar) erklärte Gandhi vor der Gebetsversammlung:

»Ich fühle mich gedrängt, euch zu wiederholen, was mir der Collector gestern mitgeteilt hat, etwas, das ich bisher gegenüber niemandem erwähnt habe. Ich glaube, daß ich es euch, die ihr hier im Ashram seid, erzählen kann. Für den Collector war es durchaus keine bloße Formalität; er sagte, was er wirklich dachte. Zum ersten Male in seinem Leben, so erklärte er mir, sehe er hier eine Auseinandersetzung zwischen Arbeitern und Textilfabrikanten, die in gegenseitiger Achtung geführt werde. Auch ich glaube nicht, daß ich jemals so gute Beziehungen beobachtet habe, wie sie hier zwischen beiden Parteien bestehen. Wie ihr seht, steht Shri Ambalal in diesem Kampf auf der anderen Seite, doch noch gestern speiste er mit uns. Als ich ihm sagte, daß er es auch heute wieder tun solle, verstand er, was ich damit sagen wollte. Er erkannte, warum ich dem Wunsch Ausdruck gab, mit ihm zu essen, und stimmte augenblicklich zu.« [94]

Im zweiten Flugblatt sprach Gandhi sich, wie er im ersten versprochen hatte, über die innerliche Kraft aus, mit der die Arbeiter ihrem feierlichen Versprechen noch festeren Halt geben könnten:

»Wenn Arbeiter auch kein Geld besitzen, so haben sie doch Hände und Füße, mit denen sie arbeiten können, und es gibt keinen Ort auf der Welt, der die Arbeiter entbehren könnte. Sobald er dies erst einmal erkannt hat, hält der Arbeiter den Schlüssel zu dieser Situation in seiner Hand. Ohne ihn läßt sich kein Wohlstand erlangen. Wenn er sich dessen bewußt bleibt, wird ihm der Erfolg sicher sein.«[95]

Diesem Absatz ließ Gandhi moralische Ermahnungen folgen, die man als bloße Moralpredigten lesen (oder übergehen) könnte, wäre in ihnen nicht das allgemeine Problem des inneren Mangels an Disziplin angesprochen, den man in kolonialisierten Völkern und ausgebeuteten Massen anzutreffen erwarten muß – ein Mangel, der sehr wohl zu impulsiven Aufständen führen mag, sobald sie sich zum ersten Mal ihrer potentiellen Macht bewußt werden. Wenn also die Arbeiter ermahnt werden, *wahrhaftig* zu sein, dann handelt es sich hierbei nicht so sehr um ein Erzählen von sachlich Unrichtigem, wovor gewarnt wird, sondern um ein Mahnen vor dem Verbreiten und der Leichtgläubigkeit beim Anhören von Gerüchten, durch die eine undisziplinierte Gruppe sehr schnell in einen verblendeten, irregeführten Mob verwandelt werden kann. Wenn ihnen gesagt wird, daß sie standhaft und *tapfer* sein sollen, geschieht dies, weil ihr vorheriger Zustand – der einer Halbsklaverei – sie stets der Furcht ausgesetzt hatte, sie könnten vollkommen aufgegeben und fallengelassen werden, wenn sie bei ihren »Herren« Zorn erregten, und dies bis zu einem Maße, indem sie sie für entbehrlich halten könnten: auch hier kann Panik sinnlose Gewalt auslösen – oder entmutigtes Aufgeben zur Folge haben. An diesem Punkt führt Gandhi eine scheinbare paradoxe Satyagraha-Maxime ein:

»Gegenwärtig sind (die Unternehmer) verärgert. Auch argwöhnen sie, daß sie selbst dann, wenn sie den augenblicklichen Forderungen der Arbeiter nachkommen, mit immer neuen belästigt werden. Um diesen Verdacht zu beseitigen, sollten wir unser Äußerstes tun, damit die Arbeitgeber aus unserer Gesinnung die Versicherung unseres Wohlverhaltens entnehmen können. Das erste, was wir zu diesem Zweck tun können, ist, keinen Groll gegen sie zu hegen.«[96]

Daß die Arbeiter einen solchen Vorschlag nicht einfach mit Gelächter quittierten, kann dem eingewurzelten Respekt vor der *ahimsa* zugeschrieben werden, oder vielmehr einem kindlichen Vertrauen in heiligengleiche Führer. Doch es muß hier daran erinnert werden, daß die überwältigende Mehrheit dieser Arbeiter Moslems waren, die unzweifelhaft leicht zu fanatischen Gesten und impulsiven Aktionen zu erregen waren. Indessen hatte Gandhi in Südafrika erkennen können, daß eine Beherrschung ihres Zornes diejenigen weniger wesensfremd anmutet, die gelernt haben, Zorn in traditionell bewährten und disziplinierten Weisen zum Ausdruck zu bringen. Nebenher sei gesagt, daß ein aktives Aufsichnehmen der Verantwortung für sinnloses Leiden durch absichtliches Erwählen der Möglichkeit, sinnvolles Leiden heraufzubeschwören, durchaus als eine unbefangene, heitere Meisterung des Schicksals innerhalb einer neuen Ritualisierung[97], wie der Satyagraha, erfahren werden kann:

»Einem Erleiden, dem man sich freiwillig gefügt hat, folgt ein Gefühl des Glücks. Es bedeutet Leiden für den Arbeiter, daß ihm ein Lohn verweigert wird, der ausreichend wäre, ihm die Bestreitung seines Lebensunterhalts zu ermöglichen. Wegen unserer Unwissenheit jedoch dulden wir es und gelingt es uns irgendwie, weiterzuleben. Als wir ein Heilmittel gegen dieses Leiden herbeisehnten, haben wir den Arbeitgebern erklärt, daß es nicht länger möglich sei, uns ohne die geforderte Lohnerhöhung am Leben zu erhalten, und daß wir dann, wenn sie uns nicht zugesichert wird und wir vor dem langsamen, schleichenden Verhungern bewahrt werden, lieber sofort Hungers sterben wollen.«[98]

Doch es ist eine unermeßlich schwere Aufgabe, eine Masse von Arbeitern, die weder lesen noch schreiben können, von der Macht des »Selbstleidens« zu überzeugen, insbesondere dann, wenn Gegenflugschriften von den Arbeitgebern verbreitet werden (von denen, soweit mir bekannt, keine einzige erhalten ist), in denen man sich über ihre Führer und die mahnenden Worte dieser Führer lustig macht, während man den starrsinnigen Arbeitern und ihren Familien als sicheres Ergebnis ihrer Anstrengungen nur das eine garantiert: sinnloses Hungern. Infolgedessen stellte Gandhi an jenem Nachmittag unter dem Babul-Baum diese »häusliche Affäre« in den weitestmöglichen Zusammenhang, so weit, wie ihn sich die Arbeiter von Ahmedabad gewiß niemals anschaulich gemacht hatten:

»Wenn Ihr euch von Anfang an mit einer Niederlage abgefunden hättet, wäre ich nicht zu euch gekommen, so wenig wie Anasuyaben; doch ihr habt euch entschlossen, den Kampf aufzunehmen! Die Nachricht hat sich über ganz Indien verbreitet. Nach und nach wird auch die Welt erfahren, daß die Arbeiter von Ahmedabad ein feierliches Versprechen abgelegt haben, bei dem Gott ihr Zeuge war: daß sie ihre Arbeit nicht wiederaufnehmen werden, bis sie nicht ihr Ziel erreicht haben. Zukünftig werden eure Kinder auf diesen Baum sehen und sagen, daß ihre Väter unter ihm ein Gelübde getan haben, bei dem Gott ihr Zeuge war. Wenn ihr dieses Versprechen nicht erfüllt, was werden dann eure Kinder von euch denken? Die Zukunft eurer Nachkommen hängt von euch ab.«[99]

Man erkennt leicht die Analogien zum Kampf in Südafrika, in dem wenigen tausend Indern das Gefühl vermittelt wurde, daß nicht nur Mutter Indien, sondern die Prinzipien des britischen Empire von ihnen abhingen. Und Gandhi scheiterte nicht bei dem Versuch, die Arbeiter geschärfte Aufmerksamkeit und eine ihnen bisher unbekannte innere Sammlung zu lehren:

»Erinnert euch jedes Wortes in diesen Flugblättern und bewahrt das Gelübde gewissenhaft in euch. Es wäre wenig sinnvoll, sie mechanisch auswendig zu wissen. Viele vermögen papageiengleich den Heiligen Koran oder die *Gita* wiederzugeben: einige können sowohl die *Gita* wie das Tulsi-*Ramayana* rezitieren. Es ist jedoch nicht genug, sie aus dem Kopf hersagen zu können. Wenn ihr, nachdem ihr sie auswendig gelernt habt, die Lehre in die Praxis umzusetzen fähig seid, dann erst dürft ihr versichert sein, daß niemand euch von euren 35 Prozent auch nur das Viertel eines Prozents abzuhandeln vermag.«[100]

Doch selbst noch als Gandhi schon die Verantwortung für einige tausend Arbeiter zu fühlen begann – nun bis zum Tod –, die er an sich gezogen und gebunden hatte, indem er sich auf den machtvollen Namen dessen berief, der nicht ungestraft mißbraucht werden darf, schrieb er den zärtlichsten Brief an seinen zwanzigjährigen Sohn Ramdas, der bei einem Schneider in Johannesburg arbeitete:

»Ich mache mir in diesen Tagen über Dich Sorgen. Ich entdecke einen Anflug von Mutlosigkeit in Deinen Briefen. Es scheint mir, daß Du das Bedürfnis nach Bildung empfindest. Auch fühlst Du wohl, daß sich bei Dir noch nichts endgültig entschieden hat. Wenn Du nur bei mir wärst, ich würde Dich auf meinen Schoß nehmen und Dich besänftigen. In dem Maße, in dem es mir nicht gelungen ist, Dich glücklich zu machen, muß auch mir, so denke ich, etwas abgehen. In meiner Liebe muß irgend etwas fehlen. Bitte, sieh alles, was ich falsch gemacht haben mag, als so nicht beabsichtigt an und vergib mir. Kinder dürfen so vieles von ihren Eltern fordern, da doch ihr Verhältnis zu ihnen nichts als Unterwerfung ist. Ein Fehler auf seiten der Eltern würde ihr Leben zerstören. Unsere heiligen Schriften stellen die Eltern auf eine Ebene mit Gott. Nicht immer sind Eltern in dieser Welt dazu gemacht, eine solche Verantwortung zu tragen. Indem sie nichts als irdische Wesen sind, übergeben sie ihr Erbe an ihre Kinder, und so kommen von Generation zu Generation immer mehr Verkörperungen der Selbstsucht auf die Welt. Warum solltest Du von Dir denken, daß Du ein unwürdiger Sohn seiest? Wenn Du es bist, kannst Du dann nicht sehen, daß es nichts anderes beweist, als daß auch ich unwürdig war? Ich möchte nicht, daß man meiner als eines Unwürdigen gedenkt; wie kannst Du dies dann wollen?

Du brauchst nicht meine Vergebung zu erbitten. Du hast mir keine Veranlassung gegeben, unglücklich zu sein. Ich möchte, daß Du hierher zu mir kommst, wenn Du dort Deine Experimente beendet hast. Ich werde mein Teil dabei tun, Dich verheiratet zu sehen. Wenn Du zu studieren wünschst, werde ich Dir helfen. Wenn Du nur Deinen Körper beständig übst, damit Du hart wie Stahl wirst, werden wir uns schon um das übrige kümmern. Im Augenblick sind wir in alle Gegenden verstreut. Du dort, Manilal in Phönix, Deva in Badharwa, Ba in Bhitiharwa, Harilal in Kalkutta und ich selbst in ständiger Bewegung von Ort zu Ort. Mag sein, daß in dieser Trennung Dienst an der Nation und der Weg zu geistiger Hebung liegt. Ob dem nun so ist oder nicht, laß uns heiteren Sinnes tragen, was uns aufgebürdet worden ist.«[101]

Drittes Flugblatt

Das dritte Flugblatt (vom 28. Februar) greift die Frage von der Würde *aller* Arbeit auf, im Gegensatz zu jeder besonderen Art der Arbeit, insbesondere solchen, die durch Kaste und Tradition sanktioniert sind. Dies ist ein grundlegendes Problem, dem sich jede Zivilisation früher oder später gegenübergestellt sieht. Luther hat sich mit ihm ausführlich auseinandergesetzt; und natürlich war die Revolution der Bauern und Arbeiter in Rußland zur Zeit der Aussperrung in Ahmedabad in vollstem Gange. In einer Zivilisation, in der jemandes Kasten-Stellung in diesem Leben ebenso wie sein ewiges *karma* nicht nur mit der Art von Arbeit verbunden ist, die man tut, sondern auch mit den Arbeitsarten, die man um jeden Preis vermeiden muß, war es keine kleine Sache, sich mit den folgenden Worten an die Arbeiter zu wenden:

»In Indien hält es ein Mensch, der einer bestimmten Beschäftigung nachgeht, für unter seiner Würde, irgendeine andere aufzunehmen. Hinzu kommt, daß einige Beschäftigungen für niedrig und entwürdigend angesehen werden. Es gibt jedoch keine Frage der Unterlegenheit oder der Überlegenheit, wo es sich um Beschäftigungen handelt, die für die menschliche Existenz wesentlich sind. Auch sollten wir keine Scham dabei empfinden, eine andere Beschäftigung aufzunehmen als die, die wir gewohnt sind. Wir glauben, daß das Weben von Stoffen, das Herausbrechen von Steinen, das Sägen oder Spalten von Holz, das Arbeiten auf einem Bauernhof sämtlich notwendige und ehrenvolle Tätigkeiten sind. Wir hoffen daher, daß die Arbeiter, statt ihre Zeit mit Nichtstun zu vergeuden, sie in der Verrichtung der einen oder anderen dieser Arbeiten nutzbringend anwenden.«[102]

Damit verbanden sich ins einzelne gehende Ratschläge: Vergeudet eure Zeit nicht mit Spielen, Schlafen, Geschwätz und Teetrinken; lungert nicht in der Nähe der Fabriken herum. Welch gute Gelegenheit bietet sich euch, jetzt eure Häuser zu reinigen und instand zu setzen; zu lesen, wenn ihr könnt; zusätzliche Fertigkeiten oder eine Nebenbeschäftigung zu erlernen – also kommt und laßt euch von uns Anregungen geben! Doch all diese Ratschläge beinhalten hinsichtlich des wirklichen Kerns des Problems, vor das sich die Arbeiter gestellt sahen, ein beträchtliches Risiko: was würde, nachdem sie nun vorübergehend ihre Stellungen verloren hatten, geschehen, wenn sie jetzt ihre Identität als Arbeiter vollständig verlören? Veränderte Bedingungen lassen sowohl in Amerika wie in Rußland ähnliche Fragen im Hinblick auf den symbolischen Wert entstehen, der gewöhnlichen und notwendigen Haushaltspflichten beigelegt wird. Würde ein amerikanischer Einwanderer oder Farmer oder ein russischer Bauer seiner Frau beim Anrichten der Speisen helfen? In anderen Kulturen mag dies eine Angelegenheit von durch Geschlecht oder Klasse definierten Rollen sein, doch in Indien konnte der Umstand, daß man sich unversehens in der »falschen« Arbeitsrolle wiederfand (was in einigen Gegenden noch immer der Fall ist), einen geradezu metaphysischen Schauder hervorrufen: man ist nicht mehr mit dem Gang des Universums im Einklang. Gandhi, der sich selbst nie von einer Neubestimmung ausnahm, versprach, im vierten Flugblatt seine eigenen Pflichten als Führer zu definieren.

Inzwischen zögerte er nicht, dem höchsten britischen Würdenträger in der Stadt auseinanderzusetzen, was nach seiner Meinung *seine* Pflicht war. Er und Polizeichef Pratt führten am 27. Februar ein Gespräch über die Kheda-Situation, und – wie dies für Gandhi typisch war – irgend etwas im Tonfall der Äußerungen machte ihm unangenehm zu schaffen. Also verschickte er unverzüglich einen sehr offenherzigen Brief, geschrieben mit der Wortgewalt eines Propheten, der genau wußte, daß er die Veränderungen herbeiführen werde, die er vorhergesagt hatte:

»Eine neue Ordnung der Dinge wird die alte ersetzen. Sie kann mit friedlichen Mitteln herbeigeführt werden, oder es müssen ihr einige schmerzvolle Erschütterungen vorausgehen. Was geschehen wird, liegt weitgehend in den Händen von Civil Servants, wie

Sie einer sind, weit mehr jedenfalls als in den Händen der Stellvertreter des Königs an der Spitze. Sie haben das Bedürfnis, Gutes zu vollbringen, doch herrschen sie nicht aus dem Recht der Liebe, sondern mit der Gewalt der Furcht. Die Summe der Energie des Civil Service repräsentiert in den Augen des Volkes die britische Verfassung. Sie haben darin versagt, wahrscheinlich nicht einmal durch eigenes Verschulden, sie dem Volk so nahezubringen, wie sie es hätten tun sollen . . . Ich bin so vermessen zu glauben, daß ich in die Bresche springen und möglicherweise Erfolg dabei haben könnte, leidvolle Zwischenfälle auf unserem Weg zu einem neuen Zustand der Dinge zu unterbinden . . . Ich kann dies nur dann, wenn ich den Menschen einen besseren und zweckmäßigeren Weg zu zeigen vermag, die Dinge ins Lot zu bringen . . . Die einzig würdevolle, wahrhaft loyale und erhebende Weise, dabei vorzugehen, liegt für sie darin, ihre Ablehnung dadurch zu zeigen, daß sie Ihren Anweisungen nicht Folge leisten, die sie für ungerecht halten, und indem sie mit vollem Bewußtsein und in duldsamer Haltung die Strafe auf sich nehmen, die auf ihren Rechtsbruch steht.«[103]

Viertes Flugblatt

Das vierte Flugblatt (vom 1. März) war der Rolle des *Ratgebers* gewidmet. Als wolle man unerfüllbare Versprechungen vermeiden, stellt es zunächst fest, »was wir nicht tun können«: zum Beispiel die Arbeiter bei unbedachten Handlungen unterstützen, wie es etwa das Aufstellen unverantwortlicher Forderungen oder das Begehen von Gewalttätigkeiten wäre. Fernerhin können die Führer die Interessen der Arbeiter nur durchsetzen, »indem sie die Unternehmer schützen«.

Andererseits enthielt die Bestimmung der Interessen des Arbeiters erheblich mehr als die 35 Prozent Erhöhung, auf die sich die Führer noch einmal festlegten:

»Wir werden den Arbeitern zeigen, wie sie ihre wirtschaftliche Lage verbessern können; wir werden bestrebt sein, ihre sittliche Gesinnung zu heben; wir werden Mittel und Wege ausfindig machen, sie zu lehren, in Sauberkeit zu leben, und wir werden uns der intellektuellen Fortbildung derer annehmen, die in Unwissenheit leben.«[104]

Und dann ein schicksalsschweres Versprechen:

»Wir werden selbst nicht essen oder uns kleiden, ohne daß wir diejenigen unter den Arbeitern mit Nahrungsmitteln und Kleidung versorgt haben, die während der Dauer dieses Kampfes Mangel leiden.«

Bevor er diese Erklärung abgab, hatte Gandhi in seiner Toleranz, die gleichermaßen Wohlhabenden wie Armen galt, durch nichts zu erkennen gegeben, daß er voll und ganz begriffen hatte, welche Klassenunterschiede die Arbeiter aus dem schlicht alltäglichen Umstand herleiten würden, daß ihre Führer, während für sie nun der Hunger begann, in einem Wagen amerikanischer Bauart vorfuhren, nachdem sie – soweit die Arbeiter wußten oder sich vorstellen konnten – in Anasuyas wohlversehenem Haus eine reichhaltige Mahlzeit zu sich genommen hatten. Im Augenblick lag ihm mehr daran, die Arbeiter zum Kommen zu ermutigen, sie dazu zu bewegen, ihren Ratgebern entgegenzutreten, sie zu kritisieren, »wann immer ihr uns dabei ertappt, daß wir Fehler begehen oder in unseren Anstrengungen nachlassen, euer Versprechen durchzusetzen«.

Und dennoch, ganz so, als wolle er den gewichtigen Nachdruck ausgleichen, den dieses Flugblatt darauf gelegt hatte, was die Ratgeber und die Unternehmer noch zu lernen hätten, hatte Gandhi noch an jenem Morgen an Ambalal geschrieben:

»Wenn Sie Erfolg haben, werden die Armen, bereits Unterdrückten noch mehr unterdrückt sein, werden noch tiefer stehen als jemals zuvor, und man würde dies als Bestätigung der Auffassung werten, daß Geld jedermann niederzuhalten vermag. Wenn die Arbeiter, trotz Ihrer Gegenanstrengungen, erfolgreich dabei sind, die Lohnerhöhung sicherzustellen, dann werden Sie und andere mit Ihnen dies Ergebnis als Ihr eigenes Versagen auslegen. Kann ich Ihnen, soweit es jenes erste Resultat angeht, Rechtens Erfolg wünschen? Ist es Ihr Wunsch, daß der Hochmut des Geldes noch gesteigert wird? Oder daß die Arbeiter bedingungslose Unterwerfung hinnehmen sollen? Ist Ihre Haltung ihnen gegenüber derart unfreundlich, daß Sie nicht auch den Erfolg für sich selbst darin erkennen können, wenn jene erhalten, was ihnen zusteht, vielleicht nur wenige Pfennige mehr? Können Sie nicht sehen, daß in Ihrem Scheitern zugleich Ihr Erfolg läge, daß Ihr Erfolg schwere Gefahren für Sie selbst in sich bergen würde?

... Meinen Erfolg würde jedermann als Erfolg betrachten. Auch mein Scheitern würde niemandem Schaden zufügen, es würde lediglich beweisen, daß die Arbeiter nicht darauf vorbereitet waren, weiter zu gehen, als sie gegangen sind. Eine Anstrengung wie die meine ist Satyagraha. Sehen Sie Ihrem Herzen bis auf den Grund, hören Sie auf die ruhige, leise Stimme des Innern und gehorchen Sie ihr, so bitte ich Sie. Wollen Sie mit mir essen?«[105]

Fünftes Flugblatt

Das fünfte Flugblatt (vom 2. März) erklärt den Arbeitern, was die *Unternehmer* fürchten. Ihre Abneigung richte sich, so Gandhi, gegen zwei Dinge: daß die Arbeiter, nachdem erst einmal ihre Forderungen erfüllt seien, das Übergewicht bekommen und immer mehr fordern würden; und daß der Einfluß der Ratgeber auf die Arbeiter permanent werden könne. Der ersten dieser Befürchtungen begegnete Gandhi, indem er erklärte, daß eine sehr viel größere Gefahr darin liege, daß eine lang anhaltend unterdrückte Arbeiterschaft immer rachsüchtiger werden müsse. Was die Ratgeber angehe, so stimme er mit den Unternehmern darin überein, daß es ihnen niemals gelingen werde, Berater und Arbeiterschaft zu spalten – doch er ließ durchblicken, daß *großzügige* Unternehmer stets auf die Hilfe der Ratgeber rechnen könnten, wenn die Arbeiter sich jemals weigern sollten, ihre Pflicht gegenüber den Unternehmern zu erfüllen[106].

So weit, so gut. Doch an dieser Stelle wich der selbstgewisse Ton plötzlich einem etwas, das beinahe einer Verwünschung gleichkam. Wurde Gandhi nun seinerseits besorgt, daß die Unternehmer ein betrügerisches Spiel gegen seine Form der reinen Gerechtigkeit spielen könnten? Er schloß das Flugblatt mit den Worten: »Die Unternehmer haben den westlichen, oder vielmehr modernen, satanischen Begriff der Gerechtigkeit übernommen« – eine Verurteilung, die unterschiedslos die kapitalistische und die kommunistische Konzeption eines Arbeitsstreites zu einer einzigen, teuflischen, westlichen, modernen Tendenz zusammenwirft: Klassenkampf.

Sechstes Flugblatt

Die ersten Worte des sechsten Flugblattes lauteten: »Reine Gerechtigkeit.« Und es scheint verständlich, daß Gandhi das Bedürfnis fühlte, diesen Begriff zu erklären, der die westlichen Methoden den angestammten indischen Systemen der Gerechtigkeit entgegensetzt:

»Es gab Zeiten in Indien, als noch die Diener, vom Vater auf den Sohn übergehend, in derselben Familie generationenlang dienten. Sie wurden als Mitglieder der Familie angesehen und wie solche behandelt. Sie durchlitten mit ihren Arbeitgebern das Unglück, das diesen widerfuhr, und auch sie teilten die Freuden und Leiden ihrer Diener. In jenen Tagen stand Indien in dem Ruf, eine Sozialordnung ohne Reibungsflächen zu besitzen, und diese Ordnung überdauerte auf dieser Grundlage Tausende von Jahren. Selbst heute noch ist dieses Gefühl der Mitmenschlichkeit in unserem Land nicht ganz geschwunden. Wo eine solche Einrichtung vorhanden ist, gibt es schwerlich das Bedürfnis nach einer dritten Partei oder nach einem Schlichter. Streitigkeiten zwischen einem Herrn und einem Diener werden freundschaftlich untereinander geregelt. Es gab in dieser Übereinkunft keinen Platz für die Frage nach einer Erhöhung oder Beschneidung der Löhne gemäß den wechselnden Bedürfnissen, die beiden Parteien ihre Forderungen diktiert hätten.«

Es ist offensichtlich, daß diese (möglicherweise stark vereinfachte) Version des guten, alten *jajman-kamin*-Systems in dem Versuch angeboten wurde, auch in einer neuen, industrialisierten Welt zu bewahren, was an traditionellen Werten auf beiden Seiten vorhanden war. Das Flugblatt verhehlte nicht ein Gefühl der Enttäuschung:

»Wir haben vertrauensvoll darauf gehofft, daß die Jain- und *Vaishnava*-Unternehmer in der Hauptstadt des ehrwürdigen Landes Gujarat es niemals für einen Sieg ansehen würden, die Arbeiter niederzukämpfen oder ihnen mit voller Absicht weniger zu geben, als ihnen zusteht.« [107]

Diejenigen, die bereit sind, rücksichtslos über einen solchen »Feudalismus« hinwegzugehen, sollten sich daran erinnern, daß Gandhi ausgezeichnet zu beurteilen verstand, welche Werte für diese ehemals bäuerlichen Arbeiter ihre Aktualität behalten hatten und welche Art solcher Aktualität sich dazu eignete, ein vorhandenes Identitätsgefühl zu bestärken – auf beiden Seiten. Denn während ich einerseits annehme (und Ambalal hat mir darin beigepflichtet), daß die Textilfabrikanten, in die Defensive gedrängt, nicht zögerten, von sämtlichen Tricks aus dem Arsenal des Eigentümers Gebrauch zu machen, bin ich mir zugleich auch gewiß, daß selbst noch bis auf den heutigen Tag die ältere Generation der Besitzenden größte Abneigung davor empfinden würde, eine gewissermaßen paternalistische Rolle aufzugeben, die natürlich bei Sozialisten und Progressisten verschrien ist. Diesen einheimischen Feudalismus kontrastierte Gandhi mit dem, was nach damaliger Auffassung eine durchaus populäre Version des Sozialdarwinismus war:

»Im gegenwärtigen europäischen Krieg ... wird kein Mittel für verwerflich angesehen, wenn man damit nur seinen Feind zu besiegen vermag. Gewiß sind auch in der Vergangenheit Kriege ausgetragen worden, doch die breiten Massen des Volkes wurden nicht in sie hineingezogen. Wir würden gut daran tun, wenn wir diesen verabscheuenswerten Gedanken der Gerechtigkeit in Indien nicht Fuß fassen ließen. Wenn die Arbeiter eine Forderung erheben, bloß weil sie sich gerade für stark genug halten, dies zu tun, und ungeachtet der Situation des Unternehmers, dann sind sie der modernen, satanischen Idee von Gerechtigkeit zum Opfer geworden. Die Unternehmer jedoch, indem sie es ablehnen, die Forderungen der Arbeiter in Erwägung zu ziehen, haben dieses satanische Prinzip vielleicht nur unabsichtlich oder aus Unwissenheit übernommen. Wenn die Unternehmer sich gegen die Arbeiter zusammenschließen, dann ist dies, als würde eine Armee von Elefanten gegen Ameisen aufgeboten. Wenn sie sich auch nur im mindesten *dharma* verpflichtet fühlten, würden die Unternehmer zögern, sich gegen die Arbeiter zu stellen. Ihr werdet im alten Indien niemals finden, daß eine Situation, in der die Arbeiter am Verhungern waren, als ein glücklicher Umstand für die Arbeitgeber angesehen wurde. *Jene Handlung allein ist gerecht, die keine der beiden Seiten zum Streit aufreizt.*«[108]

Ich habe den letzten Satz herausgehoben, weil er die Seele eines jeden Satyagraha-Kampfes zum Ausdruck bringt. Es ist wohl gerechtfertigt, anzunehmen, daß die Beziehungen zwischen Gandhi und Ambalal zu diesem Zeitpunkt recht gespannt waren; denn es ist nahezu eine Regel, daß machtvolle Gegner in ihrer starrsinnigen Verärgerung darüber, sich dieser neuartigen, gewaltlosen Art des Kämpfens gegenübergestellt zu sehen, noch rücksichtsloser werden. Daß diese aufgebrachte Stimmung sie dazu veranlaßt, Mittel zu gebrauchen, die mit ihren traditionalen und persönlichen Wertvorstellungen nicht ganz in Einklang zu bringen sind, bedeutet ein entscheidendes Moment in jedem Satyagraha-Kampf, da es die moralische Schwäche der Mächtigen bloßlegt.

Inzwischen gelang es Gandhi, den Versammlungen unter dem Babul-Baum die Form eines größeren Rituals zu geben, das sich sehr bald schon in vielen kleineren fortsetzen sollte. Die Schilderungen stimmen sämtlich darin überein: eine nach Tausenden zählende Menge pflegte stundenlang zu warten und schließlich Gandhi und seiner Begleitung Platz zu machen. Vollkommenes Schweigen herrschte während der lauten Verlesung des Flugblattes zum Tage und während Gandhi seine Erläuterungen dazu gab. Tag um Tag kamen mehr und mehr Außenseiter, um Zeugen des eigenartigen Zeremoniells mit seinem abschließenden Massenbekenntnis zum ursprünglichen, feierlichen Gelöbnis zu werden, dem ein freundschaftlicher Wettbewerb verschiedener Gruppen folgte, die zu diesem Anlaß neue Lieder komponiert hatten. Einige von diesen waren unbeholfen und holprig, erfreuten sich jedoch lautstarker Zustimmung; andere zeigten deutlich an, daß sich eine Übertragung traditioneller religiöser Gefühle auf diese neue Art der Gemeinschaftserfahrung vorbereitete. Wenn sich zu Gandhis anfänglichem Entsetzen vieles von diesem religiösen Gefühl auf ihn als eine charismatische Gestalt vereinte, dann läßt sich dazu nur sagen, daß er es besser hätte wissen müssen: denn dies war nur der Beginn seiner unvermeidlichen Mahatmaschaft. Am Ende der Versammlung, nachdem er sich mit seinem Gefolge zurückgezogen hatte, bildeten die Arbeiter kleine Prozessionszüge, um unter Absingen ihrer improvisierten Lieder durch die Stadt zu ziehen. Wenn man sie ihrer Heiterkeit, des Improvisatorischen und des Rhythmus, in dem sie angestimmt wurden, entkleidet, erscheinen sie uns heute banal. Nichtsdestoweniger wollen wir hier einige Beispiele aus Mahadevs Büchlein und aus Shankerlals Notizbuch geben:
»Fürchtet euch nicht, denn wir haben einen göttlichen Helfer. Wenn wir Hungers sterben müssen, dann laßt uns sterben, aber wir tun recht daran, wenn wir unsere Entschlossenheit nicht aufgeben.
Möge Gott dem weichherzigen Gandhi großen Glanz und Ruhm geben. Endlich hat er uns aus dem Traum der Unwissenheit erweckt. Wir glauben, daß wir in ihm einen Gefährten in unserer Verlassenheit gefunden haben.
Der hochherzige Gandhi und unsere Schwester Anasuya. Möge der Welt ihr Name erhalten bleiben bis zum Tag der Auferstehung.«
Es gab vermutlich auch andere Arten von Liedern (man möchte

es beinahe hoffen), die ein echter Getreuer Gandhis sich sträuben würde, für die Nachwelt festzuhalten. Gandhi spielte gegen Ende des Streiks auf diese Entwicklung an, indem er andeutete, daß er auch auf diese neue Art der Poesie ein Auge haben werde. »Es schickt sich nicht«, so unterbrach er einst einen lustigen Sänger, der enthusiastischen Applaus bekommen hatte,

»daß du dich über die Maschinen lustig machst und sie ›leere Schaukästen‹ nennst. Diese unbeseelten Maschinen haben dir nichts getan. Ihr habt von eben diesen Maschinen eure Löhne erhalten. Ich muß unseren Dichtern den Rat geben, keine bitteren Worte zu gebrauchen; wir dürfen keine Schmähungen gegen die Unternehmer richten. Es führt zu nichts, wenn man sagt, die Reichen führen in Automobilen, nur weil sie uns haben. Indem wir das sagen, büßen wir unsere eigene Selbstachtung ein. Ich könnte ebensogut sagen, daß sogar König Georg V. nur herrsche, weil es uns gibt, doch so etwas zu sagen, gereicht uns nicht zur Ehre. Daß wir gut sind, beweisen wir nicht dadurch, daß wir andere schlecht nennen. Gott allein, der über uns allen ist, kann sehen, wer Böses tut. Er straft ihn. Wer sind wir, daß wir uns ein Urteil anmaßen dürfen? Wir sagen einzig, daß die Unternehmer nicht gut daran tun, uns nicht die 35prozentige Lohnerhöhung zu geben.«[109]

Doch der Streitpunkt der 35prozentigen Erhöhung war nun, wie Gandhi nur zu gut wußte, von einem Kampf aufgesogen worden, der eine dynamische Eigengesetzlichkeit besaß. Er wußte, daß Arbeiter, die nicht inspiriert und verstandesmäßig von einer neuen wirtschaftlichen Ideologie überzeugt worden sind, die nackte Tatsache des Hungers nicht ohne irgendeine religiöse Überzeugung hinzunehmen fähig sind. Und sie *waren* hungrig. Die Hilfe, die einige von ihren Verwandten aus dem Dorf oder von glücklicheren Arbeitskollegen erhalten hatten, begann zu versiegen.

Bisher waren die Arbeiter davon zurückgehalten worden, sich nach anderer Beschäftigung umzusehen: solange Hoffnung bestand, daß die Textilfabrikanten vorzeitig nachgeben würden, mußte jede Handlung unterbleiben, die den Eindruck erwecken konnte, als betrachteten sich die Arbeiter selbst als eine potentiell fluktuierende Gruppe statt als einheimische, bodenständige Arbeitskräfte, die einen organischen Bestandteil der Textilindustrie darstellten.

»Es scheint recht wahrscheinlich, daß bei einer Fortdauer der Aussperrung um weitere zwei Wochen oder noch länger eine große Zahl von Arbeitern, die gegenwärtig noch gewillt sind, die Arbeit wiederaufzunehmen und die Zulage anzunehmen, auf die sich die Gruppe der Textilfabrikanten möglicherweise einigen wird, Mittel und Wege finden könnten, sich anderswo niederzulassen, so daß genau dann, wenn eine Vereinbarung erreicht sein wird und die Webereien wieder zu arbeiten beginnen, sich eine ungewöhnliche Verknappung an Arbeitskräften fühlbar machen wird.«[110]

Es mag diese drohende Gefahr, verbunden mit dem Wunsch, Gandhis »reine Gerechtigkeit« zu unterstützen, gewesen sein, was eine Anzahl von Außenseitern dazu bewogen haben mag, den Arbeitern finanzielle Hilfe anzubieten. Einer der Freunde Shankerlals aus Bombay bot eine hohe Summe an, und Gandhi mußte einräumen, daß er ähnliche Angebote auch von Freunden aus Ahmedabad erhalten habe. Doch unerbittlich lehnte er jede Hilfe ab, indem er die nun schon gewohnte Kombination aus ideologischen und praktischen Gründen für diese Weigerung gab: »Ein Kampf, der durch öffentliche Wohltätigkeit unterstützt wird, ist nicht Satyagraha.« Darüber hinaus könnten die Textilfabrikanten bei ihren bevorstehenden Entscheidungen einen solchen von außen herangetragenen und künstlichen Faktor in Rechnung stellen: »Alles, was sie dabei zu tun brauchen, ist nur, sich auszurechnen, wie lange eine solche Unterstützung dauern würde.« Doch von nun an wurden Ausweichbeschäftigungen vorgeschlagen, und Gandhi selbst setzte ein Beispiel, indem er Beschäftigungsmöglichkeiten im Ashram anbot.

Siebtes Flugblatt

Das siebte Flugblatt (vom 4. März) beginnt mit einer Überraschung: »Südafrika ist eine ausgedehnte britische Kolonie.« Gandhi schickte sich nun an, den Arbeitern eine historische (oder handelt es sich nicht vielmehr um eine mythologische?) Perspektive der Heraufkunft von Satyagraha in Südafrika zu vermitteln. Doch stets darauf bedacht, ein neu angeschlagenes Thema mit der Aktualität des Tages in Verbindung zu bringen, begann er mit dem allerletzten Satz aus dem südafrikanischen Kampf als einem Beispielfall für »reine Gerechtigkeit«. So erzählte er den streikenden Textilarbeitern in einer beinahe perversen Manier über die Zeit, als Satyagraha abgebrochen wurde, weil die europäischen Eisenbahnarbeiter in den Ausstand getreten waren:

»Als der Eisenbahnerstreik angezettelt wurde, hatte bereits ein anderer Streik begonnen, der 20 000 indische Arbeiter betraf. Wir bekämpften die Regierung jenes Landes, um uns Gerechtigkeit zu verschaffen, schlicht und einfach. Die Waffe, die unsere Arbeiter anwendeten, war Satyagraha. Sie hatten nicht den Wunsch, die Regierung verächtlich zu machen, noch wünschten sie ihr Schlechtes. Sie hatten kein Verlangen, sie zu stürzen. Die europäischen Arbeiter versuchten, den Streik der Inder auszubeuten. Unsere Arbeiter weigerten sich, ausgebeutet zu werden. Sie sagten: ›Unser ist der Satyagraha-Kampf. Wir wollen der Regierung keine Schwierigkeiten machen. Wir werden daher unseren Kampf so lange aussetzen, wie ihr zu kämpfen habt.‹ Wie angekündigt, brachen sie ihren Streik ab.«[111]

Man mag sich im Vorbeigehen die Frage vorlegen, wo bei jener Gelegenheit die Solidarität der Arbeiterklasse geblieben sei, d. h. die zwischen Eisenbahn- und Industriearbeitern. Der Leser wird sich jedoch erinnern, daß die Arbeiterklasse Südafrikas damals wie heute eine solche Solidarität nicht auf »farbige« Menschen auszudehnen bereit war und in ihrem Rassismus gehässiger gewesen ist als die Mittelklasse, die durch eingewanderte Arbeiter weniger gefährdet wurde. Jedenfalls legte er hiermit ein neues Evangelium vor, das der semi-religiösen Stimmung der Arbeiter entgegenkam.

Achtes Flugblatt

Aus Flugblatt acht (5. März):

»Laßt uns aus diesem Anlaß daran denken, was andere Menschen wie nun wir selbst getan haben. Ein solcher Satyagrahi war auch Hurbatsingh. Er war ein alter Mann von 75 Jahren. Er war durch Kontrakt auf fünf Jahre nach Südafrika gekommen, um in einem landwirtschaftlichen Betrieb für einen Monatslohn von sieben Rupien zu arbeiten. Als der Streik der 20 000 Inder, der im letzten Flugblatt erwähnt worden ist, begann, schloß auch er sich ihm an. Einige der Streikenden wurden ins Gefängnis geworfen, unter ihnen auch Hurbatsingh. Seine Kameraden schalten ihn und sagten: ›Du hast es nicht nötig, in dieses Meer der Leiden einzutauchen. Das Gefängnis ist kein Ort für dich. Niemand wird es dir verübeln, wenn du an einem solchen Streik nicht teil-

nimmst.‹ Hurbatsingh aber erwiderte: ›Wenn ihr alle so Schweres für unsere Ehre erduldet, was habe ich dann noch zu tun, wenn ich mich fernhalte? Was liegt schon daran, wenn ich im Gefängnis sterbe?‹ Und wahrhaftig, Hurbatsingh starb im Gefängnis und erwarb sich unsterblichen Ruhm . . . und Hunderte von Indern schlossen sich dem Leichenzug an.«[112]
Noch war dies eine Angelegenheit der sozialen Klasse:
»Wie Hurbatsingh war auch der Geschäftsmann aus Transvaal, Ahmed Mahomed Cachalia. Dank der Gnade Gottes ist er noch am Leben und lebt in Südafrika, wo er sich um die indische Gemeinschaft kümmert und ihre Ehre schützt. Während des Kampfes, in dem Hurbatsingh sein Leben opferte, ging Cachalia mehrere Male ins Gefängnis. Er ließ es zu, daß sein Geschäft ruiniert wurde, und obgleich er jetzt in Armut lebt, wird er überall geachtet. Er rettete seine Ehre, obwohl er bitter dafür bezahlen mußte.«
Auch sollte das Alter kein trennender Faktor sein:
»In dem nämlichen Geist, in dem ein alter Arbeiter und ein angesehener Geschäftsmann in mittlerem Alter zu ihrem Wort standen und litten, starb auch ein Mädchen von siebzehn Jahren. Ihr Name war Valliamah. Auch sie ging während desselben Kampfes für die Ehre der Gemeinschaft ins Gefängnis. Sie hatte an Fieberanfällen gelitten, als man sie einkerkerte. Im Gefängnis wurde das Fieber schlimmer. Der Gefangenenaufseher gab ihr den Rat, das Gefängnis zu verlassen, doch Valliamah weigerte sich und beendete ungebrochenen Geistes die ihr auferlegte Haftzeit. Sie starb am vierten oder fünften Tag nach ihrer Entlassung aus dem Gefängnis.«
Unter dem Babul-Baum zog Gandhiji daraus die moralische Lehre:
»Diese begehrten nichts für sich selbst. Diese unsere Brüder und Schwestern brauchten die Steuer nicht zu entrichten. Cachalia war ein bedeutender Kaufmann und brauchte sie nicht zu bezahlen. Hurbatsingh war von uns gegangen, bevor uns die Steuer auferlegt wurde, also brauchte er sie nicht zu bezahlen. Das Gesetz, das die Steuer einführte, war in dem Ort, in dem Valliamah lebte, noch nicht in Kraft getreten. Und dennoch schlossen sie sich alle dem Kampf an . . . Euer Kampf dagegen ist zu eurem eigenen Guten. Es sollte daher für euch leichter sein, fest zu bleiben.«[113]
Und was die wenigen Wochen der Beschwernis anbetraf:

»Der Streit war nicht etwa schon innerhalb von zwölf Stunden beigelegt. Der gesamte Kampf dauerte sieben Jahre lang, und während dieses Zeitraumes lebten Hunderte von Menschen in schwerer Ungewißheit und Angst, und dennoch hielten sie sich an den einmal gefaßten Beschluß. Zwanzigtausend Arbeiter lebten drei Monate lang ohne Heim und ohne Lohn. Viele verkauften, was sie an Gütern besaßen. Sie verließen ihre Hütten, verkauften ihre Betten, ihre Matratzen und ihr Vieh und begaben sich auf den Marsch. Hunderte von ihnen marschierten mehrere Tage hindurch 20 Meilen täglich, während jeder von ihnen nur ein dreiviertel Pfund Mehl und eine Unze Zucker erhielt. Es waren sowohl Moslems wie Hindus unter ihnen.«[114]

An diesem Tag frohlockte er in einem Brief nach Südafrika, »daß Satyagraha sich in jedem Winkel des Lebens voll auszuwirken beginnt.«[115]

Aber es ist auch Erbitterung spürbar:

»Ambalal . . . ist bei diesem Streik der starrsinnigste Gegner.«

Neuntes Flugblatt, Zehntes Flugblatt

Am Abschluß des neunten Flugblattes findet Gandhi es notwendig, auf die Taktiken der Unternehmer Bezug zu nehmen; er bezeichnet sie als »unwürdig«, »erbittert«, »verschlagen«.

Das zehnte Flugblatt (vom 7. März) mußte einer unmittelbaren Gefahr entgegenwirken: Um ihre Situation zu erleichtern, versuchten die Arbeiter Geld zu phantastischen Wucherzinsen aufzunehmen. Und dennoch hatte es keinen Zweck, die Notlage zu leugnen:

»Es sind jetzt zwei Wochen, seit die Aussperrung begann, und dennoch sagen einige schon, daß sie keine Nahrungsmittel mehr haben, andere, daß sie ihre Miete nicht mehr bezahlen können . . . Solche extreme Armut ist in der Tat eine schmerzliche Angelegenheit. Doch eine Lohnerhöhung von 35 Prozent wird allein nicht ausreichen, sie zu heilen. Selbst wenn die Löhne verdoppelt würden, wäre damit die tiefste Armut nach aller Wahrscheinlichkeit noch nicht beseitigt, bevor nicht auch andere Maßnahmen ergriffen werden.«

Im Wissen darum, daß ohne ein langfristiges Leitbild eine nur zeitweilige Linderung kaum mehr als trivial wäre, versprach er Hilfe über den gegenwärtigen Notfall hinaus – ein Versprechen, das gehalten werden sollte:

»Wenn – als Teil unseres gegenwärtigen Kampfes – alle Arbeiter einen Eid ablegen, keine solchen Wucherzinsen zu zahlen, wird eine untragbare Last von ihnen genommen sein. Niemand sollte einen Zinssatz zahlen, der höher liegt als zwölf Prozent. Einige mögen erwidern: ›Das mag zwar für die Zukunft richtig sein, aber wie sollen wir zurückzahlen, was wir bereits auf Zinsen geliehen haben? Diese Sache wird uns nun unser Leben lang anhängen.‹ Der beste Ausweg aus dieser Situation ist die Gründung einer kooperativen Kreditgesellschaft der Arbeiter.«[116]
Währenddessen beuteten die Textilfabrikanten die Notlage der Arbeiter auf ihre eigene Weise aus. Sie versprachen jedem Arbeiter eine Geldprämie, dem es gelang, fünf andere Arbeiter dazu zu überreden, mit ihm in die Fabrik zurückzugehen. Fernerhin verbreiteten sie Gerüchte, wonach die Aussperrung schon jeden Tag aufgehoben würde – möglicherweise sogar bereits am 12. März – für jene Arbeiter, die gewillt waren, einer Lohnerhöhung um zwanzig Prozent zuzustimmen. Im Vergleich zu dem vollständigen Lohnausfall mußten zwanzig Prozent natürlich schon als sehr viel erscheinen und nur um ein weniges geringer als die scheinbar unerreichbaren fünfunddreißig. Zusätzlich wurde damit gewinkt, daß schon sehr bald nach Wiederaufnahme der Arbeit 15 Prozent zugelegt würden oder diese den Arbeitern indirekt durch eine Verteilung von Getreide und Nahrungsmitteln ausgezahlt werden könnten. Die Stadt begann mit solchen Versprechungen zu sympathisieren, und viele empfanden es als lächerlich, daß hungrige Arbeiter, und zumal noch *irgendein* indischer Arbeiter, zu wissen vorgeben konnten, wie sie ohne die diktatorische Gegenwart eines Mahatma ein Gelübde ablegen, geschweige denn halten könnten. Und tatsächlich wußte Gandhi nur allzu gut (und sollte es ihnen schließlich am Ende auch sagen), daß er, als Fachmann im Ablegen von Gelübden, eigenhändig das moralische Streben der Arbeiter auf ein Niveau gehoben hatte, das sich auf lange Sicht nur durch einen grundlegenden Wandel ihrer gesamten Lage aufrechterhalten ließ; während auch noch die geringste Chance für solch einen Wandel auf lange Zeit zunichte gemacht würde, wenn die augenblickliche Bewußtheit der Arbeiter jetzt verlorengehen sollte. Inzwischen konnte natürlich eine überstürzte Rückkehr in die Fabriken sehr leicht von denjenigen Arbeitern begonnen werden, die das feierliche Versprechen nicht abgelegt hatten, einschließlich auch jener, die

nicht erst vor kurzem aus den Dörfern in die Stadt zurückgekehrt waren.

Elftes Flugblatt

Am 11. März erklärte Gandhi daher den Arbeitern unvermittelt (und kündigte ihnen dies im elften Flugblatt an), daß die Versammlung unter dem Babul-Baum für den folgenden Tag für *7.30 Uhr morgens* angesetzt sei – zu genau demselben Zeitpunkt, zu dem die Fabriksirenen möglicherweise plötzlich verkünden würden, daß die Fabriken wieder geöffnet seien:
»Ihr solltet auch diejenigen Arbeiter ausfindig machen, die aus anderen Landesteilen kommen und hier als Fremde unter euch leben und bisher noch nicht an unseren Versammlungen teilgenommen haben; bewegt sie zur Teilnahme! Jetzt, wo ihr euch einer starken Versuchung gegenüberseht, werden euch alle möglichen Gedanken durch den Kopf gehen. Es ist eine elende Sache für einen Arbeiter, wenn er ohne Beschäftigung ist. Die Versammlungen werden die Geduld aller Arbeiter stärken, die so empfinden. Für diejenigen unter euch, die ihre Stärke kennen, kann es keine erzwungene Arbeitslosigkeit geben.«[117]
Der entscheidende Augenblick war nun offenbar gekommen. In den frühen Stunden des 12. März diktierte Gandhi Briefe an einflußreiche Männer, die ihn gedrängt hatten, den Kampf angesichts der jammervollen Lage in den Arbeitervierteln aufzugeben. An Sheth Mangaldas, den Präsidenten des Verbandes der Textilfabrikanten, der sich der Aussperrung nicht angeschlossen hatte, schrieb er: »Warum greifen Sie nicht aktiv ein? Es steht Ihnen schlecht zu Gesicht, diesem großen Kampf nur unbeteiligt zuzusehen?«[118]
Doch es war bereits zu spät. Die Aussperrung wurde am 12. März für aufgehoben erklärt, ein Abschluß, den Gandhi in einen Neubeginn verwandeln sollte: »Heute beginnt ein neues Kapitel.« Es wurde eingeleitet durch einen Brief Ambalals, den Gandhi vernichtete, unmittelbar nachdem er ihn gelesen hatte und ohne daß Mahadev noch Gelegenheit hatte, ihn zu kopieren. Doch aus Gandhis Antwort (die er Mahadev gleichfalls verbot, im vollen Wortlaut aufzubewahren) geht hervor, daß Ambalal sich über unfairen Druck, der auf die Arbeiter ausgeübt worden sei, beklagt hatte, aber dessenungeachtet, indem er Gandhijis »Wollen Sie mit mir essen?« eine Gegeneinladung in der Erwartung an-

fügte, daß der Streik noch am selben Tag beigelegt werden könnte, hatte er Gandhi in *sein* Haus gebeten. Mahadev rekonstruierte die folgenden Abschnitte aus dem Gedächtnis:
»Ich habe durchaus nicht den Wunsch, einen Arbeiter gegen seinen Willen dazu zu zwingen, (den Textilfabriken) fernzubleiben. Ich bin sogar bereit, jeden Arbeiter, der erklärt, daß er die Arbeit in der Fabrik wiederaufnehmen wolle, in eigener Person zu eskortieren. Meine Haltung hinsichtlich der Frage, ob ein Arbeiter sich anschließt oder nicht anschließt, ist dabei völlig indifferent.
Angesichts der Aufgabe, vor die Sie mich gestellt haben, muß ich fragen, wie ich wohl das Vergnügen annehmen könnte, Ihnen einen Besuch zu machen? Ich würde sehr gern Ihre Kinder wiedersehen. Wie aber sollte dies zum gegenwärtigen Augenblick möglich sein? Überlassen wir es der Zukunft.«[119]

Zwölftes Flugblatt

Jedenfalls kam es fortan zu einem neuen Spiel der Kräfte: »Heute«, so verkündete das zwölfte Flugblatt, »ist die Aussperrung durch die Unternehmer beendet worden – ein Streik der Arbeiter hat begonnen.« Gandhi wagte nun ein hohes Spiel. »Die Arbeiter«, so schrieb er, »können sich aus ihrer gegenwärtigen Lage nur befreien, wenn sie keinen anderen Weg zur Verbesserung dieser Situation einschlagen als den, zu ihrem feierlichen Eid zu stehen, und es ist unsere Überzeugung, daß es – wenn die Unternehmer dies nur einsehen wollten – durchaus zum Wohl der Arbeiter geschähe, wenn sie zu ihrem Eid stünden. Am Ende werden selbst die Unternehmer nicht dabei gewinnen, Arbeit von denjenigen Arbeitern zu nehmen, die zu schwach sind, zu ihrem Eid zu halten. Eine religiös gesinnte Person wird sich niemals glücklich dabei fühlen können, wenn sie einen Menschen dazu zwingt, sein einmal gegebenes Versprechen zu brechen, oder sich an einem Versuch dazu beteiligt. Wir haben indessen keine Zeit mehr, uns über die Pflicht der Unternehmer Gedanken zu machen. Sie kennen sie sehr wohl selbst am besten. Wir können nur eine dringende Bitte aussprechen. Doch die Arbeiter müssen ernsthaft darüber nachdenken, worin jetzt allein ihre Pflicht bestehen kann. Niemals wieder wird sich ihnen eine Gelegenheit bieten wie die gegenwärtige.«[120]
Angesichts der unmittelbaren Gefahr, diese möglicherweise un-

widerbringliche Gelegenheit zu verlieren, stimmte Gandhiji schließlich dem zu, wogegen er bisher stets seine Stimme erhoben hatte, nämlich einem Appell an die Solidarität der indischen Arbeiter:

»Es ist möglich, daß die Arbeiter außerhalb Gujarats über diesen Kampf nicht gut unterrichtet sind. In der öffentlichen Arbeit dürfen wir – und es ist dies auch nicht unser Bestreben – keinen Unterschied machen zwischen Hindus, Moslems, Gujaratis, Madrasis, Panjabis etc. Wir sind alle eins oder haben den Wunsch, einig zu sein. Wir sollten uns demzufolge voller Verständnis an diese Arbeiter wenden, sie über diesen Kampf aufklären und sie zu der Einsicht bringen, daß es auch zu ihrem Vorteil ist, wenn sie sich mit uns identifizieren.«

Dreizehntes Flugblatt

Zugleich konnte es (und er mag gezögert haben, die breite Öffentlichkeit davon zu unterrichten, bevor es nicht unzweideutig feststand) an der Identität des Kampfes als einer Satyagraha keinen Zweifel mehr geben. Und genauso wie er jetzt in Übereinstimmung mit der von ihm in Südafrika geübten Praxis angeboten hatte, in eigener Person eingeschüchterte Streikbrecher durch die drohend aufmarschierten Reihen der Streikposten zu geleiten, bestand er jetzt auch im dreizehnten Flugblatt darauf, daß die Streikenden niemanden am Betreten der Fabriken hindern dürften; sie sollten sich vielmehr von den Fabriktoren fernhalten und sich nach Gelegenheiten umsehen, anderswo Arbeit zu finden. Doch dies war von den Arbeitern zuviel verlangt. Ausgesperrt zu sein ist eine passive Angelegenheit, und das eigene Ehrgefühl verlangte, daß man sich nicht um die Tore drängte und sein Unerwünschtsein damit noch dramatisierte. Jedoch zu streiken, während eine Fabrik bereitwilligen Arbeitern offensteht, ist eine aggressive Handlung, und es ist mehr als schwer, sich der Gelegenheit zu entschlagen, sowohl die eigene Weigerung wie die Macht, Streikbrechern den Zutritt zu verweigern, zu dramatisieren und zu demonstrieren. Die Lieder der Streikenden wurden nun aggressiver, und als Gandhi nicht aufhörte, abzuwiegeln und zur Mäßigung zu ermahnen, verlor die Bewegung viel von dem Geist, der ihr vorher innegewohnt hatte. Eine zweite Krise stand unmittelbar bevor.

Ganz so, als sollte nun auch noch die relative nationale Isolierung dieser »häuslichen Affäre« klargestellt werden, kam gerade in diesem kritischen Augenblick Annie Besant in die Stadt, um zwei Vorlesungen an diesem Tag zu halten, die eine über »Nationale Erziehung«, die andere über »Swaraj«. Gandhiji hatte bei dieser Versammlung den Vorsitz und sprach mit unnachahmlicher Galanterie die einführenden Worte: »Wenn sie gleich Hunderte von Fehlern begeht, werden wir ihr doch Ehre erweisen.« Der Streik wurde jedoch nicht erwähnt. Aber auf einem Empfang, der dieser Abendversammlung voraufging, sagte Gandhi, auf Ambalal weisend: »Diese Menschen sind dazu entschlossen, die Textilarbeiter zu vernichten.« Worauf Ambalal erwiderte: »Und diese hier wollen den Textilunternehmern dasselbe antun.« Mrs. Besant, die stets bereit war, solche Angelegenheiten in die Hand zu nehmen, fragte unverzüglich, ob sie die Obrigkeit bitten solle einzugreifen – genau dieselbe Geste, die wir bereits von Benares her kennen! Doch Gandhi erklärte nur, daß dazu kaum die Notwendigkeit bestehe: »Wir können durchaus für uns selbst Sorge tragen.« Woraufhin Mrs. Besant bemerkte, daß sie dies sehr ungewöhnlich finde.

Über den 14. März gibt es keinen Bericht: mag sein, daß Anni Besants Anwesenheit in der Stadt Gandhis Zeit voll ausfüllte. Der Stab der Getreuen indessen machte weiterhin Besuche in den Arbeitervierteln und kehrte mit Nachrichten zurück, aus denen allgemeine Desillusionierung erkennbar wurde. Als Chhaganlal die Bewohner von Jugaldas Chawl aufsuchte, einem der ärmsten »Chawls« überhaupt (sofern man angesichts derartiger Bedingungen noch von Abstufungen der Armut sprechen kann), wurde er mit Hohngelächter empfangen: »Was haben schon Anasuyaben und Gandhiji auszustehen? Sie kommen und gehen in ihrem Auto, sie nehmen erlesene Nahrung zu sich, während wir im Todeskampf liegen. An Versammlungen teilzunehmen, bewahrt uns nicht vor dem Verhungern.« Und in der Tat: Am Morgen des 15. März, als er sich unter dem Babul-Baum niedersetzte, sah Gandhi nur

»eintausend niedergeschlagene Gesichter, von denen deutlich die Enttäuschung ablesbar war, statt fünftausend oder mehr, von denen unbeugsame Entschlossenheit ausging.«[121]

Vierzehntes Flugblatt

Ein vierzehntes Flugblatt wurde fertiggestellt, das die Arbeiter nochmals ermahnte, nicht untätig zu sein: »Es ist unsere Pflicht, uns zu erhalten, indem wir einige Arbeit tun. Wenn ein Arbeiter nicht arbeitet, ist er wie Zucker, der seine Süße verloren hat. Wenn das Meerwasser sein Salz einbüßte, woher sollten wir dann unser Salz nehmen? Wenn der Arbeiter nicht arbeitete, würde die Welt stillstehen.«[122] Und abschließend sagte er: »Auch wenn nur ein einziger Mensch durchhält, werden wir ihn nie im Stich lassen.«

Doch die Zeit für Flugblätter, selbst für solche mit einem Anflug biblischer Verkündigung, ging nun vorüber. Gandhiji wußte offenbar bereits, daß er zu jenem »einzigen Menschen« werden müßte, der durchhielte und sich nicht aufgeben würde. Er hörte sich plötzlich sagen: »Ich kann nicht einen Augenblick lang dulden, daß ihr euer Versprechen brecht. Ich werde keine Nahrung mehr zu mir nehmen, noch ein Automobil benutzen, bis ihr nicht eure 35prozentige Zulage erhaltet oder alle dabei zugrunde geht, sie euch zu erkämpfen.«

Dieses Fasten, begonnen am 15. März 1918, war das erste von siebzehn Fasten »bis zum Tode«, die Gandhi während seines Lebens begann. In späteren Jahren sollte ganz Indien den Atem anhalten, während der Mahatma fastete, und ganze Städte pflegten kein einziges Licht zu entzünden, um ihm in der Dunkelheit nahesein zu können. Und seither sind viele andere dem Beispiel des Mahatma gefolgt, obgleich ihre Gründe oft impulsiv, rachsüchtiger Natur oder grillenhaft gewesen sind. Es ist daher besonders wichtig, zu verstehen, was Gandhijis Entschluß bei diesem ersten Anlaß motivierte und warum er ihn, als seiner Sache nicht ganz würdig, später bedauern sollte. Doch es sollte klar sein, daß es niemals wirklich einen »in aller Reinheit« gefaßten Entschluß geben kann, den Hungertod zu sterben, denn eine derartige Entschlossenheit kann nur aus der paradoxen Verbindung eines leidenschaftlichen Glaubens an die absolute Bedeutung gewisser bestehender Lebensprobleme und dem entschiedenen Wollen, dafür zu sterben, hervorgehen: so also »lebt« man ein Prinzip, indem man dafür stirbt. Auch ein Märtyrer fordert den Tod heraus, doch schließlich zwingt er andere dazu, als seine Exekutoren zu handeln. Der Entschluß allerdings, sich selbst sterben zu lassen, fällt in eine unterschiedliche und zugegebenermaßen weitaus undurchsichtigere Kategorie.

Zweifellos war dieses Fasten improvisiert, doch ebensowenig kann es einen Zweifel daran geben, daß ein Fasten als letzte Zuflucht vom führenden Satyagrahi schon vorher in Erwägung gezogen worden sein muß. Diejenigen, die auf dem Schauplatz gegenwärtig gewesen sind, muß es dennoch wie eine Art metaphysischer Schock getroffen haben.

Erregbare Moslems sorgten sogleich für ein Drama. Als Anasuyaben erklärte, daß sie sich selbstverständlich Gandhi anschließen werde, brachen viele Arbeiter in Tränen aus und schworen hier und jetzt, ein gleiches zu tun oder sich selbst zu töten, wenn sie schon zum Sterben verurteilt sein sollten. Ein entflammter Moslem wurde zum Helden und Opfer der Erregung, und sein Name ist uns erhalten geblieben: Banuma – ein Weber, der stets makellos gekleidet ging, einen rosa Turban trug, auf seine vier Webrahmen stolz war und seine zwei Frauen liebte. Er zog plötzlich ein großes Messer und war drauf und dran, sich zu erstechen, als Gandhi ihm selbst in den Arm fiel und ihn entwaffnete. Es ist bezeichnend für die gesamte Atmosphäre gestauter Gewalttätigkeit, von der Situationen dramatischen Leidenswillens erfüllt sind, daß Augenzeugen den Eindruck gewinnen konnten, Banuma wolle mit seinem großen Messer den Textilunternehmern Rache drohen – und tatsächlich fand der Mann niemals wieder in einer der Textilfabriken Arbeit. Nachdem der erste Schock langsam verebbt war, verbot Gandhi kurzerhand Anasuya und anderen, mit ihm zu fasten: »Überlaßt dies mir«, sagte er. »Fasten ist *mein* Geschäft.« Die breite Öffentlichkeit wußte noch nicht, was ein Fasten bedeuten sollte, wenn es von Gandhi begonnen wurde, und ignorierte es als ein weiteres Beispiel für mystisches Abenteurertum.

Da der Overland nun als Symbol kapitalistischer Läßlichkeit verworfen worden war, mußte Gandhi jetzt zum Ashram zurücklaufen, wobei er Hunderten von Arbeitern über den Sabarmati vorauswatete, der im März gewöhnlich bis auf eine Anzahl kleiner Rinnsale versickert ist. Unter jenen, die ihm folgten, befanden sich nicht wenige aus dem Jugaldas Chawl, denn sie schlossen aus dem Inhalt von Gandhis Gelübde, daß ihre Bemerkungen seinen Entschluß »verursacht« hätten. Sie fühlten sich äußerst schuldig und schworen, ihr Versprechen zu halten und Gelegenheitsarbeiten anzunehmen, seien sie auch noch so verachtet. Die Fabrikanten wiederum versammelten sich in Ambalals Haus. Die

alte Garde der Textilunternehmer empfand eine Mischung aus Triumph und Unbehagen – Triumph deswegen, weil sie Gandhi gelehrt hatten, wie es sei, wenn man scheitere, und Unbehagen darüber, daß ein Fanatiker es tatsächlich darauf ankommen lassen könnte. Einige dieser Jains haben Gandhis Fasten nie als etwas anderes anerkannt denn als letztes Mittel, zu dem er stets dann gerissen seine Zuflucht nahm, wenn ein Geschäft sich schlecht anließ. Ambalals Gefühle dagegen waren, wie gewöhnlich, weitaus vielschichtiger. Er fühlte sich in stärkerem Maße persönlich betroffen und machte sich auf den Weg zu ihm, um sich neben Gandhi zu setzen, der sich auf seiner Matte ausgestreckt hatte, damit er seine Kräfte schone. Auch Ambalal empfand Ärger. Das Fasten, wie er es auffaßte, sei ein »schmutziger Trick«. »Sehen Sie«, so soll er dem Vernehmen nach zu Gandhiji im wesentlichen gesagt haben, »Sie verändern die Prämissen dieser ganzen Angelegenheit von Grund auf. Hier handelt es sich allein um eine Sache zwischen Unternehmern und Arbeitern – was hat *Ihr Leben* damit zu schaffen? Es ist uns unmöglich, uns mit einer Situation abzufinden, in der ein Außenseiter die Arbeiter darin anleitet, uns zu bekämpfen. Was nun, wenn sie damit weitermachen? Und warum sollten wir einen Schlichter akzeptieren? Wir würden nur unser Prestige verlieren.« Es war vermutlich nicht schon am ersten, sondern erst am zweiten Tag, daß er das Angebot machte, den Satz von 35 Prozent zu akzeptieren, vorausgesetzt daß Gandhi das Versprechen gab, sich für immer aus Arbeitskämpfen in Ahmedabad herauszuhalten.
Jedenfalls brachte Ambalal das 35-Prozent-Übereinkommen mit einer solchen Betonung darauf vor, daß es nur »für dieses eine Mal« geschehe und nur »um Ihretwillen«, daß es für Gandhi schlechthin unannehmbar war. Zugleich war Ambalal gerissen genug zu spüren, daß, wenn er dem Fasten nur die Bedeutung eines erpresserischen Manövers gäbe, das in erster Linie gegen ihn selbst gerichtet sei, um ihn, Ambalal, zur Aufgabe zu zwingen, statt die Arbeiter zum Durchhalten zu ermuntern, der Kampf bereits zur Hälfte gewonnen wäre. Demgemäß bestand er nun darauf, daß auch die Textilfabrikanten ein unter Gentlemen abgemachtes Versprechen zu halten hätten: 20 Prozent und kein einziges Prozent mehr.
Inzwischen strömten die Arbeiter in Scharen zum Ashram, und niemals zuvor oder später ist dort binnen weniger Tage eine

größere Zahl von Arbeiten beschafft und vergeben worden. Eines der Flugblätter, so wird man sich erinnern, hatte die Würde der Arbeit als solcher verkündet, und die Arbeiter wußten oder spürten, daß der »innere Fortschritt«, den Gandhi von ihnen verlangte, in der Überzeugung bestehen müsse, daß es wichtiger sei, ein heiliges Versprechen zu halten und dafür zu leiden, als an überkommenen Vorstellungen von Schicklichkeit festzuhalten und sich an alte Gebote hinsichtlich dessen zu klammern, was unbedingt zu meiden sei. So kamen jetzt viele herbei und belebten den Schauplatz mit demonstrativer Geschäftigkeit; und es wird berichtet, daß die beiden Kinder der Bourgeoisie, Shankerlal und Anasuya, der Gelegenheit beraubt, wie sie es waren, mit Gandhi zu fasten, nun dazu übergingen, mit Sand gefüllte Körbe auf dem Kopf zu tragen, neben den Arbeitern in praller Sonne einherschreitend.

Am Spätnachmittag des ersten Fasttages watete Gandhi zurück zum Babul-Baum, wo Tausende von Verhungernden, doch neu Begeisterten seiner harrten. Einleitend versicherte er den Männern und Frauen von Jugaldas Chawl, daß er ihnen nicht zürne. Im Gegenteil, er und die anderen zukünftigen Diener Indiens könnten von der Kritik der Arbeiter nur lernen. Das zentrale Problem sei das Versprechen und die Bereitschaft, dem Hunger zu begegnen, indem man andere sich bietende Beschäftigungen ergreife:

»Doch was soll ich tun, euch davon zu überzeugen, daß ihr euch durch eurer Hände Arbeit erhalten müßt. Ich kann handwerkliche Arbeiten verrichten, ich habe sie früher getan, und ich würde sie selbst jetzt wieder tun, doch erhalte ich dazu keine Gelegenheit. Es gibt für mich eine ganze Anzahl von Dingen, denen ich mich widmen muß, und ich kann daher handwerkliche Arbeit kaum anders als zur Übung tun. Wäret ihr dazu bereit, mir zu erzählen, daß ihr wohl am Webrahmen gearbeitet habt, jedoch keine andere physische Arbeit auszuführen fähig seid? . . . Als mir eure bittere Kritik an mir bekannt wurde, empfand ich deutlich, daß ich, wenn ich euch auf dem Pfad halten, euch den Wert eines Eides und den Nutzen der Arbeit zeigen wollte, ein konkretes Beispiel setzen müsse. Wir stehen nicht hier, um auf eure Kosten Spaß zu haben oder um ein Schauspiel aufzuführen. Wie kann ich euch beweisen, daß wir bereit sind, auch auszuführen, was immer wir euch erzählen? . . . Ich bin es gewohnt, solche feierlichen Versprechen abzulegen. In der Befürchtung, daß die Menschen mich fälschlich imitieren könnten, wäre es mir lieber, wenn ich es ganz und gar unterlassen hätte. Doch ich habe es mit Hunderttausenden von Arbeitern zu tun. Ich muß daher darauf achten, daß mein Gewissen rein ist. Ich wollte euch beweisen, daß ich nicht mit euch spiele.«[123]

Nach dieser Versammlung ließ sich Gandhiji von Anasuya dazu überreden, in ihrem Haus zu bleiben, damit ihm weitere Überquerungen des Flußbettes erspart blieben und er seine Kräfte schonen könne. Am nächsten Tag, dem 16. März, hielt er sich offenbar dort auf und wandte sich sogleich weiteren Eisen zu, die bereits im Feuer lagen. Er schrieb einen Brief an den Gouverneur von Bombay des Wortlauts, daß er, falls seine Aufrufe hinsichtlich der Kheda-Situation mißachtet würden, den Bauern »in aller Offenheit« empfehlen werde, keine Pacht mehr zu entrichten. Er sei dem Gouverneur diese Mitteilung schuldig, so fügte er hinzu, da er ihm versprochen habe, ihn zu warnen, wann immer er einen »extremen Schritt« in Erwägung ziehe. Und er bot sogar an, zu kommen und ihn unverzüglich aufzusuchen, falls er dies wünsche!

Fünfzehntes Flugblatt

Er verfaßte auch das fünfzehnte Flugblatt, das wiederum, der Konsequenz zuliebe, mit Anasuyas Namen unterzeichnet war und demgemäß auf ihn selbst nur in der dritten Person Bezug nahm. Er erzählte nun den Arbeitern von dem »Makel«, der seinem Fasten anhafte:

»Es ist notwendig, das Motiv und die Bedeutung des Fastengelübdes zu verstehen, das Gandhiji abgelegt hat. Das erste, woran erinnert werden muß, ist die Tatsache, daß es nicht dazu gedacht ist, die Unternehmer zu beeinflussen . . . Wir würden ausgelacht werden, wenn wir 35 Prozent annähmen, die aus Mitleid für Gandhiji bewilligt worden sind . . . Selbst wenn fünfzig Personen sich entschließen sollten, wegen der prinzipiellen Weigerung der Arbeitgeber den Hungertod zu sterben, wie könnten die Unternehmer dann, einzig aus diesem Grund, den Arbeitern eine Erhöhung um 35 Prozent gewähren, wenn sie doch kein Recht dazu hätten? Wenn dies zu einem gewohnheitsmäßig angewandten Mittel würde, um Rechte durchzusetzen, könnte es nachgerade unmöglich werden, die Geschäfte der Gesellschaft

noch weiterzuführen ... Gandhi fühlte, daß er, wenn er fastete, dadurch zeigen würde, wie hoch er selbst den Wert eines gegebenen Versprechens veranschlagt. Die Arbeiter haben darüber hinaus vom Verhungern gesprochen. ›Hungert, doch haltet zu Eurem Eid‹, so lautete Gandhis Botschaft an sie. Er mußte unbedingt danach leben. Dies aber konnte er nur tun, wenn er selbst bereit war, fastend zu sterben ... Doch sie müssen ihrer eigenen Kraft zu kämpfen vertrauen. Nur sie allein können sich retten.«[124]
Doch dann befiel Gandhi Heimweh nach dem Ashram und *seiner* »Familie«, und am 16. März watete er wieder auf die andere Seite des Flusses zurück. Es gibt allen Grund zu der Annahme, daß er die Gebetsversammlung des Ashram als Szene für eine unbefangene Einschätzung der Situation brauchte. Denn während der Tage seines Fastens unterlag er extremen Stimmungsschwankungen, die ihm in einem Augenblick gestatteten, sein Fasten als einen notwendigen Schritt auf dem Weg zu einer gesamt-indischen Führerschaft zu sehen, und es ihm in einem anderen wiederum als einen Verrat an Satyagraha erscheinen ließen. Wie ich zu Beginn dieses Buches hervorgehoben habe, und zwar dort, wo ich mein Interesse am Ereignis zu rechtfertigen versuche, will die Intensität dieser Gefühle nur schlecht mit dem Zögern zusammenstimmen, mit dem diese gesamte Episode sowohl in der Autobiographie wie auch von einigen seiner Biographen behandelt wird. Der Grund für diese Darstellungsweise ist, wie wir jetzt sehen können, identisch mit dem Paradoxon selbst, das zuinnerst dem Ereignis eigentümlich war. In dem Versuch, seine engere Heimat als Plattform zu gebrauchen, von der aus er zu nationaler Führerschaft aufsteigen könnte, mußte er nun argwöhnen, daß er in die Niederungen des Bania-Feilschens abgesunken sei.
Am 17. März, frühmorgens, intensivierte ein wenig Musik offenbar sein Bedürfnis und seine Bereitschaft, seiner »Familie« gegenüber ein Geständnis abzulegen: und hier die heroische Version des Ereignisses:
»Es würde mich sehr unglücklich machen, wenn ich die Morgen- und Abendgebete im Ashram missen müßte ... deshalb habe ich, wenngleich Anasuyaben gestern den ausdrücklichen Wunsch geäußert hat, daß ich dort bliebe, darauf bestanden, hierher zum Ashram zurückzukommen. In einer Zeit wie dieser übt die Musik hier einen besänftigenden Einfluß auf mich aus. Dies ist in der Tat die beste Gelegenheit, eine Last von meiner Seele zu nehmen ...«

Es folgt sodann eine Würdigung der gegenwärtigen Führer Indiens, ähnlich der zusammenfassenden Beurteilung, die er ihnen in *Hind Swaraj* zugedacht hatte, aber dennoch, so fühlt man, hier weitaus leidenschaftlicher gehalten ist; und diesmal bezieht er sich auch auf Rußland:

»Aus der alten Kultur Indiens ist mir eine Wahrheit aufgegangen, die, auch wenn sie augenblicklich nur von wenigen Menschen hier bei uns beherzigt wird, diesen wenigen Herrschaft über die ganze Welt geben könnte. Bevor ich euch jedoch davon erzähle, möchte ich euch noch etwas anderes sagen. Gegenwärtig gibt es nur einen Menschen in Indien, über den Millionen in verrückte Begeisterung geraten und dem Millionen unter unseren Landsleuten ihr Leben zum Pfand geben würden. Dieser Mensch ist Tilak Maharaj. Ich habe oft das Empfinden, daß hierin sein großer Vorteil liegt, daß es sein großer Schatz ist. Er hat über die innere Bedeutung der Gita geschrieben. Doch ich habe immer das Gefühl gehabt, daß er den jahrtausendealten Geist Indiens nicht verstanden hat, seine Seele ihm verschlossen geblieben ist, und dies ist der Grund dafür, daß die Nation auf diese Bahn geraten ist. In der Tiefe seines Herzens wünscht er, daß wir alle so seien, wie die Europäer sind. Da Europa, wie es scheint, im Augenblick an der Spitze steht, d. h. in den Augen derer, deren Verstand in europäischen Begriffen befangen ist – er jedenfalls möchte Indien in derselben Position sehen. Er mußte eine sechsjährige Internierung durchstehen, wobei er jedoch lediglich einen Mut europäischer Spielart an den Tag legte, mit dem Hintergedanken, daß diese Menschen, die uns gegenwärtig tyrannisieren, erkennen möchten, daß auch wir, wenn es dazu kommen sollte, eine ähnlich lange Zeit der Internierung auszuhalten imstande sind, seien es nun fünf oder fünfundzwanzig Jahre. In den Gefängnissen Sibiriens haben viele große Männer Rußlands ihr ganzes Leben vertan, doch diese Menschen gingen nicht im Gehorsam gegenüber irgendeiner geistigen Erleuchtung ins Gefängnis. Dermaßen verschwenderisch mit seinem Leben zu verfahren, kann nur bedeuten, unseren höchsten Schatz ohne jeden Sinn hinzugeben. Wenn Tilakji die Leiden der Internierung mit einem geistigen Motiv auf sich genommen hätte, wären die Dinge anders, als sie augenblicklich sind, und die Resultate seiner Gefängnishaft würden ebenfalls grundverschiedene sein. Das ist es, was ich ihm gern auseinandersetzen würde . . . Um ihm davon einen Eindruck aus erster Hand zu vermitteln, muß ich ein lebendiges Beispiel setzen ... Indirekt habe ich oft genug zu ihm gesprochen, doch sollte ich die Gelegenheit erhalten, ihm eine direkte Demonstration zu bieten, würde ich sie nicht auslassen, und hier ist nun eine solche.

Eine andere Person dieser Art ist Madan Mohan Malaviya ... Doch obgleich er ein so heiliges Leben führt und sich über Probleme des *dharma* ausnehmend gut informiert zeigt, hat er dennoch nicht, wie mir scheinen will, die Seele Indiens in all ihrer Großartigkeit verstanden. Ich fürchte, daß ich bereits zuviel gesagt habe. Wenn ihm dies zu Gehör käme, würde Malaviyaji vermutlich ärgerlich mit mir werden, mich sogar für einen aufgeblasenen Menschen halten ... Ich nehme diese Gelegenheit wahr, nun auch ihm eine direkte Demonstration zu bieten. Ich bin es beiden schuldig, nun zu beweisen, worin die Seele Indiens besteht ...

Wenn ein einmal abgelegtes Versprechen, wie ich es beispielhaft gegeben habe, leichtfertig gebrochen werden sollte und dadurch das Gottvertrauen erschüttert würde, müßte die sichere Vernichtung von *dharma* die Folge sein ... wenn in zehntausend Textilarbeitern das Selbstvertrauen zerbräche, würde dies den Ruin einer ganzen Nation mit sich bringen. Es wäre niemals wieder möglich, die Forderungen der Arbeiter zur Sprache zu bringen. Bei jedem Versuch, zu dem sie sich aufrafften, würden sie dies als Beispielfall heranziehen und sagen, daß zehntausend Textilarbeiter zwanzig Tage lang schweres Leiden ausgestanden haben, mit einem Mann wie Gandhi als Führer, und daß sie dennoch nicht gewinnen konnten. Um also diese zehntausend Männer vor einem Fall zu bewahren, habe ich mich zu diesem Schritt entschlossen. Das war es, weswegen ich das Gelübde abgelegt habe, und seine Auswirkung war elektrisierend. Ich habe das so niemals erwartet. Den Zehntausenden von Menschen, die anwesend waren, traten Tränen in die Augen. Sie erwachten zur Wirklichkeit ihrer Seele, ein neues Gewissen regte sich in ihnen, und sie schöpften Kraft daraus, zu ihrem Versprechen zu stehen. Ich war augenblicklich überzeugt, daß *dharma* in Indien noch nicht geschwunden ist, daß die Menschen von einem Appell an ihre Seele gepackt zu werden vermögen. Wenn Tilak Maharaj und Malaviyaj dies nur gesehen hätten, könnten in Indien große Dinge vollbracht werden.«[125]

Genau am selben Tag ließ Gandhi, mit der gleichen Offenherzigkeit, die unheroische Version des *Ereignisses* zu Wort kommen: ». . . (Doch ich bin mir zugleich) gewiß, daß (dieses Gelöbnis) mit einem Makel behaftet ist. Es ist nicht auszuschließen, daß die Textilfabrikanten – wegen meines Gelübdes – durch Erwägungen, die mich betreffen, dazu bewogen werden könnten, den Arbeitern (ihrer Forderung entsprechend) eine fünfunddreißigprozentige Erhöhung zu bewilligen ... Sie würden dies aus Barmherzigkeit tun, und insofern kann ich angesichts meines Gelübdes nicht umhin, Scham zu empfinden. Ich habe jedoch beide Dinge sorgfältig gegeneinander abgewogen: mein Gefühl der Scham und das feierliche Versprechen der Textilarbeiter. Das Gewicht neigte sich zugunsten der letzteren, und ich beschloß, um der Textilarbeiter willen auf meine Scham keinen weiteren Gedanken zu verschwenden. Wo sich jemand in der öffentlichen Arbeit engagiert, muß der Mensch auch darauf vorbereitet sein, solchen Gesichtsverlust hinzunehmen.«[126]

Es muß genau an diesem Tag geschehen sein, daß Ambalal ihm eine Kompromißformel vorlegte. Gandhiji antwortete, indem er in ihn drang, sein Fasten völlig außer Betracht zu lassen: »Es bereitet mir unendlichen Genuß und sollte in niemandem schmerzliche Gefühle hervorrufen.« Er nannte die Formel »etwas Törichtes, um damit nur unser Gewissen oder unseren Stolz zu befriedigen« und etwas, das in den Augen der schlicht denkenden Arbeiter lediglich als »kalkulierte Täuschung« angesehen werden würde. Doch zugleich wußte er, daß er keine Wahl hatte.

»Ich würde daher einen anderen Weg vorziehen, wenn wir einen finden könnten. *Wenn Sie es wünschen, daß ich dies annehme, so will ich es tun, doch ich kann nicht zulassen, daß Sie Ihre Entscheidung in dieser Angelegenheit übereilt treffen.* Lassen Sie uns mit dem Schlichter zusammentreffen und sofort zu einer Entschließung kommen, und lassen Sie uns verkünden, daß der Lohn von ihm festgelegt worden sei, d. h. 35 Prozent am ersten Tag, 20 am zweiten und am dritten soviel, wie der Schlichter entscheidet. Selbst darin liegt Torheit, aber zumindest wird in dieser Angelegenheit kein Zweifel mehr gelassen. Der Lohn für den dritten Tag sollte noch an diesem Tag verkündet werden.«[127]

Es ist klar, daß die 35 Prozent des ersten Tages den Arbeitern das Empfinden nehmen sollten, ihr Versprechen gebrochen zu haben; und zwanzig Prozent am zweiten Tag sollten in ähnlicher Weise den Unternehmern die Versicherung geben, zu ihrem Wort gestanden zu haben. Doch wie sollte man die Arbeiter durch den Engpaß zwischen »täuschender Torheit« und »religiösem Festhalten an der Ehrenhaftigkeit« hindurchführen?

Sechzehntes Flugblatt

Während Gandhi sowohl sein Fasten wie seinen lähmenden Konflikt durchlitt, wurde das sechzehnte Flugblatt von Shankerlal Banker geschrieben und gezeichnet. Seine einleitenden Sätze verraten den Mann, der hinter ihnen stand:

»Dies ist das erste Flugblatt, das ich für Euch schreibe. Ich möchte daher zuallererst feststellen, daß mein Recht, Euch zu beraten, nur nominell besteht. Ich habe keine handwerkliche Arbeit geleistet. Ich habe nicht die Not leiden müssen, der die Arbeiter ausgesetzt sind, noch kann ich selbst irgend etwas unternehmen, diese Not zu beheben. Daher zögere ich, Euch in dieser Angelegenheit zu beraten. Doch wenngleich ich in der Vergangenheit nichts für Euch getan habe, ist es mein brennendster Wunsch, das zu tun, was ich fortan entsprechend meinen Fähigkeiten zu leisten vermag. Ich schreibe dies aus diesem Wunsch heraus nieder.«[128]

Im übrigen wiederholt er sodann nochmals, was bereits in den anderen Flugblättern dargelegt wurde, wobei er lediglich das Prinzip des Verhandelns hervorhebt, für das er sich einsetzen zu können hoffe, auch über die Beendigung dieses Streiks hinaus. Und er sollte auch zu seinem Wort stehen.

Auf der Gebetsversammlung vom 18. März verkündet ein müder, niedergeschlagener und schamerfüllter Gandhi die bevorstehende »Lösung«. »Mein entkräfteter Zustand ließ den Textilfabrikanten keine Wahl«, sagte er, nicht ohne seiner Zuhörerschaft das einfachste Prinzip der Gerechtigkeit in Erinnerung zu rufen – daß nämlich niemand gezwungen werden dürfe, durch Nötigung seine Unterschrift unter irgendein Papier zu setzen. Sie wären mit Sicherheit den Forderungen der Arbeiter voll und ganz nachgekommen, wenn er darauf bestanden hätte, aber:

»Wenn ich (etwas) dergleichen getan hätte, würde ich das Gefühl gehabt haben, mein Fasten zu brechen, indem ich etwas höchst Widerwärtiges hinunterschluckte; wie könnte ich, der ich nicht einmal *amrit* zu mir nahm (einen Göttertrank, von dem angenommen wird, daß er Unsterblichkeit verleihe), eine solche Sache schlucken, es sei denn zur gegebenen Stunde?«[129]

Das Anklingen eines oralen Motivs mag dazu dienen, nun auf eine in tiefer Depression gehaltene Aussprache überzuleiten. Er versuchte, sich von dem inneren Druck durch eine etwas vergröbernde Ausdrucksweise zu befreien: »Wenn ein ehrlicher Mann sich von allen Seiten her von Gaunern umgeben sieht, sollte er ihnen entweder den Rücken kehren oder genauso werden, wie sie es sind.« Doch dann wandte sich sein Geist heiligen Dingen zu, dem Himalaja-Gebirge, den Bergen der Vindhya – und Thoreau, dessen poetische Reden er stets als Ausfluß eines wirklich geführten heroischen Lebens mißdeutete:

»Wenn ich meine Verfassung mit derjenigen dieser erleuchteten Seelen vergleiche, dann bin ich gegen sie ein solcher Pygmäe, daß ich nicht mehr weiß, was ich sagen soll. Allerdings ist es durchaus nicht so, daß ich nicht meine Kraft richtig einzuschätzen in der Lage gewesen wäre. Doch draußen in der Welt wird sie als weitaus größer veranschlagt, als man es tun sollte. Jeden Tag entdecke ich von neuem, wieviel Heuchelei in der Welt ist, so daß ich oftmals das Gefühl habe, als könne ich in ihr nicht länger verweilen. In Phönix habe ich euch oft gesagt, daß ihr nicht überrascht sein solltet, mich eines Tages nicht mehr unter euch zu finden. Wenn dieses Gefühl über mich kommt, werde ich dorthin gehen, wo ihr mich niemals auffinden könnt. In einer solchen Stunde dürft ihr nicht voller Bestürzung sein, sondern ihr müßt weiterhin euren Aufgaben nachgehen, als wäre ich die ganze Zeit mit euch.«[130]

Es war dieser Gandhi, der, zutiefst traurig, am selben Nachmittag, zu Fuß marschierend und watend, ein letztes Mal zum Babul-Baum ging. Einer über das Ende ihrer Not vor Freude jubelnden Menge – einer Menge, der sich viele prominente Bürger Ahmedabads, darunter auch der Hochkommissar, angeschlossen hatten, mochte er nichts als eine die Stimmung dämpfende und zaghaft-vorsichtige Ansprache bieten. Die Vereinbarung, so sagte er, erhalte lediglich (und er meinte offenbar: kaum) das feierliche Versprechen der Arbeiter aufrecht: zumindest aber zwinge es die Fabrikbesitzer, das Prinzip der Schlichtung zu akzeptieren. Doch wenn der Bericht der Lokalzeitung von Gujarat zutreffend ist, fügte er noch hinzu: »Es wird mir gelingen, vom Schlichter die Zusage von 35 Prozent zu erhalten« – eine etwas sonderbare Weise, das »Prinzip der Schlichtung« zu akzeptieren. Hier ist der Handel, der schließlich zustande kam:

»Am ersten Tag wird eine Erhöung von 35 Prozent gewährt, die mit unserem feierlichen Versprechen im Einklang steht; am zweiten Tag erhalten wir 20 Prozent, womit demjenigen der Textilfabrikanten Genüge getan wird. Vom dritten Tag an bis zum Zeitpunkt des Schiedsspruches durch den Schlichter wird eine Lohnzulage von 27½ Prozent gezahlt werden, und in der Folgezeit, vorausgesetzt daß der Schlichter sich für 35 Prozent entscheiden sollte, werden uns weitere 7½ Prozent zugelegt werden, und wenn er sich für 20 Prozent entscheidet, werden wir 7½ Prozent rückerstatten müssen.«[131].

Angesichts derartiger Verhältnisse vermag man nur mit äußerstem Widerwillen an den Mechanismus einer Rückzahlung denken, und man schließt sich unversehens für einen kurzen Augenblick jenen gewohnheitsmäßigen Anti-Banias an, die ein angewidertes Schaudern befällt, sobald sie der Logik jener Formel ansichtig werden, die im letzten Flugblatt vom 19. März entfaltet wird:

»Wir haben für einen Tag freiwillig 35 Prozent akzeptiert, da es unter den gegebenen Umständen das Beste ist. Wir werden die Arbeit nicht wiederaufnehmen, bevor man uns nicht eine Erhöhung um 35 Prozent zugesichert hat; das kann das eine von zwei Dingen bedeuten: einmal, daß wir zu keiner Zeit weniger als 35 Prozent Erhöhung akzeptieren wollen, und zum zweiten, daß wir für eine 35prozentige Erhöhung die Arbeit wiederaufnehmen, auch wenn sie uns nur einen Tag lang gewährt wird.«[132]

Es wird nun voll und ganz verständlich, warum Gandhiji an jenem Tag seine Rede an die Textilarbeiter mit einer Bemerkung abschloß, in der sowohl Niedergeschlagenheit wie eine herbe Zurechtweisung zum Ausdruck kam:

»Was ich euch gebracht habe, ist genug, um den Buchstaben des Versprechens zu erfüllen, aber nicht seinen Geist. Der Geist bedeutet uns nicht viel, also müssen wir uns mit dem Buchstaben zufriedengeben.«[133]

Und dann formulierte er eine Warnung, deren Echo weit in die späteren Jahre hinüberreichte, als sich in Gandhi das Gefühl bilden sollte, daß man bei demjenigen, was die Massen zu gewissen Zeiten für ihn zu tun bereit waren, nicht darauf rechnen könne, daß sie es auch für sich selbst zu tun imstande sein würden:

»Nach zwanzigjähriger Erfahrung darf ich wohl von mir behaupten, daß ich dazu fähig bin, ein Gelübde abzulegen; ich erkenne jetzt, daß ihr noch nicht so befähigt seid. Legt demgemäß keinen Eid ab, bevor ihr nicht die Ältesten um ihren Rat ersucht habt. Falls der Anlaß einen solchen erforderlich machen sollte, kommt zu uns, vorausgesetzt, daß wir dazu bereit sind, für euch zu sterben, wie wir es jetzt sind. Doch seid immer eingedenk, daß wir euch nur hinsichtlich eines Versprechens Hilfe gewähren werden, für das ihr unser Einverständnis eingeholt habt. Ein Gelübde, das unüberlegt und leichtfertig abgelegt wird, darf mit gutem Recht mißachtet werden. Ihr habt noch zu lernen, wie und wann ihr ein Gelübde ablegen müßt.«[134]

Damit brach Gandhi vor der verstummten Menge sein Fasten ab. Andere Redner folgten. Selbst der Hochkommissar, der bereits in der Kheda-Situation Gandhis Hauptgegner war, gratulierte jedermann und erklärte den Arbeitern, daß es ihnen, solange sie nur dem Rat Gandhi Sahibs folgten und tun würden, was er ihnen empfahl, wohlergehen werde und sie zu ihrem Recht kommen würden. Als er dies sagte, hoffte er zweifellos, daß die Bauern in Kheda ihn nicht hören konnten. Aber wahrscheinlich hörten an dieser Stelle die Arbeiter auch kaum noch hin, denn jedermann empfand nun, daß eine Parade angebracht sei: Gandhiji wurde zusammen mit Anasuya und Ambalal auf einen Wagen gehoben, der bei diesem Anlaß sogar von den Arbeitern selbst gezogen worden sein mag, obwohl Gandhi diese Art der Huldigung nicht angenehm war. Anasuya wurde von den Arbeitern ein roter Seidensari überreicht.

Als der Umzug an die Stelle zurückkehrte, die nun den Namen Ek-Tek-Baum erhalten hatte, waren inzwischen von den Textilfabrikanten gewaltige Wagenladungen mit Süßigkeiten unter die ausladenden Äste dieses Baumes herangefahren worden. Doch dies sollte sich als unklug erweisen. Als müßte einer Situation durch einen wüsten Kehraus Erleichterung geschaffen werden, die bis dahin mit wohlmeinenden Worten überfrachtet gewesen war, endete der Abend in einem wirren Durcheinander, da die Bettler Ahmedabads die Feier der Unternehmer und Arbeiter sprengten, indem sie sich gierig über das reichhaltige Angebot an Süßigkeiten hermachten, von denen viele unter den Füßen zertrampelt wurden. Dies verursachte für einen kritischen Augenblick bestürzte Spannung, denn einige Außenseiter nahmen unverzüglich an, daß die Arbeiter selbst sich in einer derart würdelosen Weise aufgeführt hätten; als indessen die Eindringlinge klar als Bettler identifiziert waren, konnte die Ehre der Arbeiterschaft als wiederhergestellt gelten, und die Arbeiter wurden nun, diesmal zu einer erleseneren Zusammenkunft, auf Ambalals Besitz eingeladen, wohin man die geretteten Süßigkeiten gebracht hatte. Tief bewegt vom Vertrauen der Textilarbeiter, hielt Gandhi nun eine weitere Rede, in der er allen die Tatsache zum Bewußtsein brachte, daß dies alles in allem doch ein höchst bemerkenswerter Kampf gewesen sei:

»Ich habe niemals Ähnliches erlebt. Ich habe Erfahrungen mit vielen solcher Konflikte gemacht und von ihnen gehört, doch ist mir niemals einer bekannt geworden, in dem es so wenig Übelwollen oder Bitterkeit gegeben hat wie in diesem. Ich hoffe, daß Sie stets in derselben Art und Weise den Frieden wahren werden, wie Sie es während dieses Streikes getan haben.«[135]

Gandhi beschloß seine Rede damit, daß ganz Indien Grund habe, auf die Arbeiter Ahmedabads stolz zu sein.

Das Land hatte bis zu einem gewissen Grade von diesem Fasten Kenntnis genommen. Doch wie eine Durchsicht der größeren Zeitungen aus jenen Tagen zeigte, wurde es nirgendwo für berichtenswert gehalten. Es ist wahr, Annie Besant hatte an die Textilfabrikanten gekabelt: »Opfern Sie nicht einen großen Mann einer geringen Sache«, eine Formulierung, mit der sie ihre Beliebtheit bei ihnen wahrscheinlich nicht gerade steigerte; und in den Kreisen der Eingeweihten waren viele Kommentare zu hören, in denen sein Fasten abwechselnd entweder »dumm« und »feige« oder, wie Gandhi selbst sagt, »weit Schlimmeres« genannt wurde. Jenen Kritikern wie zugleich all denjenigen Lesern zuliebe, die weder von dem Streik noch von seinem Fasten gehört hatten, schickte Gandhi eine eingehende Zusammenfassung der Auseinandersetzung allen führenden Zeitungen in den größten Städten Indiens zu. Wie ich zu Anfang dieses Buches berichtet habe, wurde dieser Brief in die Spalte »Leserbriefe an den Herausgeber« auf Seite 12 des *Bombay Chronicle* vom 27. März verbannt. Es tut zweifellos dem Wert jedes späteren Versuchs, sogar denen des Mahatma selbst, Abbruch, wenn das Ereignis herabgesetzt und totgeschwiegen wird, denn er sagt hier selbst: »Vielleicht schulde ich der Öffentlichkeit im Hinblick auf ein kürzliches Fasten eine Erklärung.« Und der Brief ist zudem (und vor allem) ein Dokument, das in Gandhis Englisch geschrieben oder zumindest korrigiert worden ist.

»Ich fühlte, daß es ein geheiligter Augenblick für mich war, mein Glaube war einer Bewährungsprobe ausgesetzt, und ich erhob mich ohne Zögern und erklärte den Männern, daß ich einen Bruch ihres so feierlich geschworenen Eides nicht ertragen würde und daß ich keine Nahrung zu mir nehmen wolle, bis sie ihre 35prozentige Erhöhung erhalten hätten oder bis sie sich moralisch selbst aufgeben würden. Eine Versammlung, die bis hierher, im Gegensatz zu früheren Versammlungen, völlig unempfänglich geblieben war, erwachte plötzlich wie durch Magie.«[136]
Er beschreibt sodann die Zweideutigkeiten seines Entschlusses, gelangt jedoch am Ende zu der Schlußfolgerung:
»Wie immer das Urteil der Freunde lauten mag, soweit ich gegenwärtig zu denken vermag, würde ich bei gegebenem Anlaß auch zukünftig nicht zögern, das demütige Schauspiel zu wiederholen, von dem zu berichten ich mir in dieser Mitteilung die Freiheit genommen habe.«[137]
Und er schließt mit der Charakterisierung Ambalals und Anasuyas, die ich zu Beginn dieses Buches zitiert habe:
»Ich habe niemals von einem Kampf erfahren, der mit so wenig Erbitterung und einer solchen Höflichkeit auf beiden Seiten ausgetragen worden ist. Dieses glückliche Ergebnis verdankt sich dem Anteil, den Mr. Ambalal Sarabhai und Anasuya daran hatten.«
Man erkennt indessen sehr gut, daß nur wenige Menschen, selbst unter Gandhis Freunden, zu jener Zeit imstande waren, die Prinzipien eines gewaltlosen Kampfes in einer »häuslichen Affäre« zu begreifen, die wegen ihrer offenkundigen persönlichen wie ökonomischen Zweideutigkeiten unpopulär geblieben ist. Und dennoch können große Bewegungen sehr wohl mit kleinen Vorgeplänkeln beginnen, und wenn sich auch nicht sagen läßt, daß Gandhi mit dieser dreiwöchigen Kampagne eine tiefe Bresche in die nationalen Angelegenheiten Indiens geschlagen hätte, kam er damit doch seinem Volk um einen Schritt näher, indem sein Name nun mit jener Art von Saga identifiziert wurde, die sich von Mund zu Mund verbreitet und den gewaltigen Zuhörerkreis der indischen Massen erreichte, die in jenen Tagen nahezu völlig unberührt blieben von den Nachrichten, die die Presse für druckenswert hielt. Vielleicht ist es in der geschichtlichen Wirklichkeit der wichtigste Ansatzpunkt, wenn man ein Aufeinandertreffen, das man herbeiführt, zu etwas zu machen versteht, wor-

auf es wirklich ankommt, ganz gleich, ob es nun im Augenblick groß oder klein erscheinen mag.
Doch zu der Zeit, als dieser Brief in der Presse erschien, hatte ein völlig wiederhergestellter Gandhi in Ahmedabad bereits wieder in einer Versammlung den Vorsitz geführt, die sich mit der Situation der Kontraktarbeiter auf den Fidschi-Inseln befaßte, hatte am 22. März die Kheda-Satyagraha ins Leben gerufen, indem er in Nadiad vor 5000 Bauern einen Aufruf erlassen hatte, und er war nach Delhi gereist, um mit dem Privatsekretär des Vizekönigs zusammenzutreffen und über die Freilassung der Ali-Brüder, zweier prominenter Moslem-Rebellen, zu verhandeln. Dies also ist der Unterschied zwischen einer Fallgeschichte und einer Lebensgeschichte: Patienten, seien sie groß oder klein, werden zunehmend von ihren inneren Konflikten geschwächt, doch in der geschichtlichen Wirklichkeit fügt ein innerer Konflikt aller übermenschlichen Anstrengung lediglich ein unentbehrliches Moment hinzu.

V. Kapitel
Nachlese

1. Satyagrahi und Soldat

Ich muß nun von einer ruhmlosen Nachlese berichten. Nicht daß das Ereignis selbst sich durch einen rühmlichen Hergang auszeichnete: da in ihm ausschließlich Bürger Ahmedabads, zu zwei Kampfblöcken formiert, einander gegenübergestellt waren, blieb es weitgehend ein lokales Schauspiel, wie eine Theaterprobe vor provinziellem Publikum. Dies wird besonders klar, wenn wir von der ersten, die gesamte Nation erfassenden Satyagraha genau ein Jahr später, an den Iden des März 1919, auf Ahmedabad zurückblicken. Hier waren Hunderttausende von Indern aller Religionen und aus allen Landesteilen im Aufbruch; das britische Empire selbst sollte dann der Hauptgegner sein und die Weltöffentlichkeit zum aufgewühlten Zuschauer werden. Doch zumindest wird sich Ahmedabad als eine echte, gekonnte Probe herausstellen, trotz der wenigen verheerenden Unzulänglichkeiten, wie sie eine ernste Probenarbeit nun einmal ans Licht bringt.

Die Satyagraha, in die die Bauern von Kheda verwickelt waren, wurde bereits vorbereitet, während Gandhi noch die Arbeiter von Ahmedabad führte. Und nur wenige Tage nach dem Fasten, in einer Hast, die kennzeichnend für eine lange hinausgeschobene Verpflichtung und wahrscheinlich auch für die Hoffnung ist, den Zweideutigkeiten der Ahmedabader Situation zu entrinnen, übernahm Gandhi in Kheda die Führung. Auf den wenigen uns zur Verfügung stehenden Seiten können wir diese neue Kampagne nur als eine Nachlese zu Ahmedabad behandeln, denn nichts weniger als ein gesondertes Buch könnte jeder der Kampagnen Gandhis vollauf gerecht werden. Zu Beginn einer jeden durchlitt er, was er selbst mit Geburtswehen verglich, und am Ende der meisten von ihnen war er sich nicht sicher – ebensowenig wie er sich nie seiner Kinder gewiß war –, ob er ein würdiges Vorbild für dasjenige gesetzt habe, was ein solches Unterfangen sein sollte und sein konnte. Das ursprüngliche Problem in Kheda war klar und einfach genug: auch dort hatte, im Jahre 1917, ein außer-

gewöhnlich heftiger Monsunregen geherrscht, der in weiten Gebieten Mißernten verursachte, und das in einer Region, die in normalen Zeiten in dem Ruf stand, wohlhabend zu sein.
Das Gesetz enthielt die Zusicherung, daß die Zahlung der Landpacht in solchen Jahren aufgeschoben oder ausgesetzt werden könne, in denen die Ernte 25 Prozent unter der gewöhnlichen Norm lag, und Gandhi hatte sich selbst davon überzeugt, daß dies 1917 durchaus der Fall gewesen war. Als Präsident des Gujarat Sabha, einer Körperschaft, die gebildet worden war, die periodisch auftretenden Notlagen der Bauern zu untersuchen und der Regierung zur Kenntnis zu bringen, hatte er im Januar 1918 die Bevölkerung Khedas aufgefordert, die Zahlung auszusetzen, bis die Regierung die Angelegenheit gründlich untersucht habe. Die Regierung, die sich auf Gandhi und seine Freunde ausschließlich als auf »Agitatoren von außen« bezog, weigerte sich, ihr Ermittlungsergebnis hinsichtlich des Ernteaufkommenes zu akzeptieren und bestand auf der Zahlung von Steuern in diesem »reichen und fruchtbaren Bezirk«, insbesondere, seit sie gute Gründe dafür hatte, einige der Preiserhöhungen Kornschiebern und Kriegsgewinnlern zuzuschreiben. Tatsache war, daß viele der wohlhabenderen Bauern es sich durchaus leisten konnten zu bezahlen, während andere dazu entschieden nicht in der Lage waren, und Gandhi erblickte in dieser Situation eine Gelegenheit für die Besitzenden und Gebildeten, ihre Solidarität mit den Getretenen und Niedergehaltenen zu demonstrieren und ihnen dabei zu helfen, ihre Furcht vor einer Amtsgewalt zu überwinden, die nicht zögerte, Land und Vieh derer einzuziehen und zu verkaufen, die in Zahlungsrückstand geraten waren. Am 22. März wurde also die Kheda-Satyagraha mit einem feierlichen Versprechen aller Beteiligten ins Leben gerufen, lieber jede möglicherweise sich ergebende Konsequenz zu tragen, als die gesamte Pacht oder einen Teil davon zu bezahlen und dies alles natürlich in gewaltloser Zurückhaltung durchzustehen.
Die Angelegenheit zog sich beinahe über drei Monate hin, und erst am 6. Juni konnte Gandhi die Beendigung des Kampfes verkünden – ein »Ende ohne Ehre«, wie er es damals nannte und wie er es in seiner Autobiographie wiederholte, denn »eine Satyagraha-Kampagne kann nur dann als würdig bezeichnet werden, wenn sie die Satyagrahi stärker und begeisterter daraus hervorgehen läßt, als sie zu Beginn gewesen sind.«[138] Doch es ist klar,

daß er ein solches den Geist hebendes Ereignis weniger bei den Bauern als bei der Regierung vermißte. Für die Bauern, so war er überzeugt, markierte die Kampagne, was stets bedeutsamer ist als begrenzte Erfolge, nämlich »den Beginn eines Erwachens ... den Anfang einer wahrhaft politischen Erziehung«. Doch die Regierung »gewährte« überheblich und ohne jede Großzügigkeit im Ton oder im Geist, was so leicht zuzugestehen war, nämlich jenen unbedeutenden Prozentsatz der Pacht, der von den Ärmsten erhoben werden sollte, während sie sich über den weitaus höheren Betrag eine verbindliche Zusage geben ließ, den die wohlhabenden Bauern nun mühelos zusichern konnten. Gandhi vermochte darüber keinen Enthusiasmus zu empfinden, wenngleich die Bauern natürlich entzückt waren, wenigstens ein einziges Mal ihren Forderungen Ausdruck gegeben und straflos widerstanden zu haben.

Es gibt allen Grund zu der Annahme, daß Gandhi, nachdem er derart die Anwendbarkeit von Satyagraha sowohl unter Arbeitern wie unter den Bauern im heimatlichen Gujarat demonstriert hatte, begierig größeren Aufgaben entgegensah: »Wir wollen die Rechte von Engländern, und wir streben danach, in demselben Maße Partner innerhalb des Empire zu sein wie die überseeischen Dominions. Wir sehen hoffnungsvoll der Zeit entgegen, in der wir das Amt des Vizeregenten besetzen können.«[139] Während er sich seinen lokalen Verpflichtungen mit größter Hingabe im einzelnen wie dem Geiste nach widmete, scheinen seine Einbildungskraft und sein Tatendrang plötzlich zu den nationalen Problemen befreit worden zu sein – befreit vielleicht auch von den letzten Beschränkungen, die ihm Gokhales Rat auferlegt hatte. Doch als er nun mit vollen Segeln auf Ziele von nationaler Relevanz zusteuerte, wurde er noch einmal in jene sonderbare Vielschichtigkeit von Emotionen und Ideen hineingezogen, die für frühere Konfrontationen kennzeichnend gewesen war, die die Notwendigkeit, den britischen Giganten zu bekämpfen, mit sich gebracht hatten: zuvörderst mußte er der Elterninstanz Hilfe und Beistand anbieten, solange sie sich in Gefahr befand. Bei dieser Geste leugnete er zunächst nicht, von einem eindeutig in die Zukunft zielenden Beweggrund bestimmt gewesen zu sein.

Wie er dem Vizekönig schrieb[140], nachdem er im April eine Einladung zu einer Kriegskonferenz in Delhi erhalten hatte, während die Angelegenheit in Kheda noch immer nicht bereinigt war:

»Ich erkenne, daß wir in der Stunde der Gefahr – wie wir entschlossen sind zu tun – dem Empire ohne Murren unsere volle Unterstützung leisten müssen, von dem wir uns erwarten, in naher Zukunft in derselben Weise zu Partnern gemacht zu werden wie die überseeischen Dominions. Doch die einfache Wahrheit ist, daß unsere Reaktion von der Erwartung abhängt, daß unser Ziel dadurch nur um so schneller erreicht wird – so wie die Erfüllung einer Pflicht automatisch ein entsprechendes Recht verleiht. Die Menschen sind berechtigt, davon überzeugt zu sein, daß die bevorstehenden Reformen, die in Ihrer Rede angedeutet sind, die hauptsächlichen, allgemeinen Prinzipien des Entwurfs der Congress-League zum Inhalt haben sollten, und ich bin sicher, daß es dieses Vertrauen gewesen ist, das es vielen Teilnehmern der Konferenz möglich gemacht hat, der Regierung aus ganzem Herzen ihre Mitarbeit zur Verfügung zu stellen.«

Im Congress-League-Entwurf wurde vorgeschlagen, durchgreifende politische Reformen ins Werk zu setzen, die sowohl vom Indian National Congress wie von der Muslim League im Jahre 1916 gutgeheißen worden waren, mit der Erwartung, daß Indien auf die Selbstregierung vorbereitet und es sodann zum integralen Bestandteil des Empire gemacht werde, »zu einem nicht allzu fernen Zeitpunkt – in voller Übereinstimmung mit der englischen Geschichte und Politik«. Doch man kann über die Weise, in der Gandhi sich dieser prekären Situation annahm, nicht lesen, ohne zu der Beurteilung zu gelangen, daß er emotional in einer gewissermaßen irrationalen Manier darein verstrickt gewesen sein muß. Sowohl seine Gefährten wie seine Gegenspieler machten sich zu jener Zeit Gedanken darüber, was mit ihm geschehen sein mochte, und nicht wenige stellten in Frage, was für ihn über allen Zweifel erhaben zu sein schien, nämlich seine Konsequenz und seine Wahrhaftigkeit. Gandhis *Collected Works* gestatten uns wiederum, seine akuten Konflikte in ihren vielfältigen Dimensionen zu ermessen – seine Verhältnisse gegenüber Freunden und Söhnen ebenso wie das zum Vizekönig; seinen geistigen und physischen Zustand ebenso wie seine Reden und Aktionen. Und in jedem dieser Belange trifft es uns nicht unerwartet, einige Spannungen und Beängstigungen als typisch wiederzuerkennen, die ihn auf seiner Suche nach der Wahrheit lebenslang heimgesucht haben, vom Sterbebett seines Vaters bis hin zu seinem eigenen Tod.

Wie Gandhi dem Vizekönig schrieb: »In Furcht und Zittern habe ich mich aus Pflichtgefühl dazu entschlossen, an der Konferenz teilzunehmen.« Der Vizekönig ließ ihn in einem diktierten Brief wissen, daß ihm solcherart »Furcht und Zittern« weder verständlich noch glaubwürdig erscheine. »Ebensowenig wie mir«, setzte der Sekretär des Vizekönigs überflüssigerweise hinzu. Doch Gandhi fuhr darin fort, eine halb besorgte und halb herausfordernde Haltung an den Tag zu legen, und in der Versammlung schuf er einen Präzedenzfall, indem er in Hindi sagte: »In dem Vollgefühl meiner Verantwortung gebe ich der Resolution meine Zustimung« – der Resolution, die die Einberufung von 500 000 Indern in die britische Armee forderte. Dies war das erste Mal, so sagen manche, daß ein Inder in Gegenwart eines Repräsentanten der englischen Krone einen indischen Satz gesprochen hatte! Doch sein Inhalt zeigt Gandhi als einen übereifrigen Untertan; und er konnte niemals gehorchen, ohne sich in unterwürfigen und utopischen Sentiments zu ergehen:

»Wenn ich meine Landsleute dazu bewegen könnte, die von ihnen unternommenen Schritte einer Prüfung zu unterziehen, würde ich sie dazu bringen, alle Kongreß-Resolutionen zurückzuziehen und nicht, solange der Krieg in der Schwebe ist, ›Selbstregierung‹ und ›Regierungsverantwortung‹ zu flüstern. Ich würde Indien dazu bringen, all seine kriegsdiensttauglichen Söhne dem Empire in seiner schwersten Stunde zu opfern; und ich weiß, daß Indien durch eine solche Handlungsweise zum meistgeliebten und begünstigten Partner des Empire würde und daß Rassenunterschiede fortan der Vergangenheit angehören würden.«

Andererseits zögerte er nicht, seine eigenen Aktionen in Champaran und Kaira zu reinterpretieren, die, wie man mit Sicherheit annehmen darf, dem Vizekönig wenig Kopfzerbrechen bereitet haben werden: »Die Angelegenheiten von Kheda und Champaran sind mein direkter, unwiderruflicher und besonderer Beitrag zu den Kriegsanstrengungen. Fordert mich auf, meine in diese Richtung weisenden Aktivitäten aufzugeben, und Ihr werdet von mir fordern müssen, mein Leben aufzugeben.«[141] Doch er machte sich unverzüglich daran, seine Bedingungen zu nennen. Zunächst nahm er sich selbst vom Geschäft des Rekrutierens, d. h. der Musterung, aus, denn: »Ich persönlich werde niemanden verletzen oder töten, weder Freund noch Feind.« Und sodann verpflichtete er seine Mit-Satyagrahi – zu einem gewissen Preis – zu dem, wovon er sich selbst ausgenommen hatte: »Entlastung hinsichtlich der Sorgen in Kaira . . . werden mich imstande sehen, zu Kriegszwecken auf meine Mitarbeiter in Kaira zurückzugreifen, und es mag mir sogar gelingen, in diesem Distrikt Rekruten zu werben.«[142] Doch so sehr warf sich der unaufhaltsam aufsteigende Mahatma als uniformierter Untertan Seiner Majestät in Positur, daß er dem Sekretär des Vizekönigs unaufgefordert seine »in der Vergangenheit geleisteten Dienste« vorlegte – womit seine Verdienste beim Militär gemeint waren!

»Ich hatte während des Burenfeldzuges den Befehl über das Indian Ambulance Corps, das aus 1100 Mann bestand, und habe an den Schlachten von Bolenso, Spionkop und Vaalkranz teilgenommen. Es ist meiner in den Kriegsberichten General Bullers besonders Erwähnung getan worden. Zur Zeit des Zulufeldzuges im Jahr 1906 hatte ich den Befehl über ein ähnliches Korps von 90 Indern, und mir wurde von der damaligen Regierung von Natal ein besonderer Dank ausgesprochen. Zuletzt berief ich in London ein Ambulanzkorps, das bei Ausbruch des gegenwärtigen Krieges nahezu 100 Studenten umfaßte, und ich kehrte im Jahre 1915 nur deshalb nach Indien zurück, weil ich an einer bösartigen Rippenfellentzündung litt, die ich mir während der Grundausbildung zugezogen hatte.«[143]

Und endlich schrieb er noch am selben Tag dem Sekretär des Vizekönigs einen Brief von nahezu pervers liebedienerischem Charakter:

»Ich möchte etwas tun, was Lord Chelmsford als echte Kriegsarbeit ansehen würde. Ich vermute, daß ich, wenn ich zu Ihrem Chefagenten bei der Rekrutierung ernannt würde, Männer in Scharen für Sie ausheben könnte. Entschuldigen Sie meine Zudringlichkeit. Der Vizekönig sah gestern bleich aus. Mein Herz wandte sich ihm vorbehaltlos zu, als ich ihn gestern den Reden lauschen hörte. Möge Gott über ihn wachen und ihn wie auch Sie beschützen, seinen treuen und ergebenen Sekretär. Ich fühle deutlich, daß Sie ihm mehr sind als nur Sekretär.«[144]

Der letzte, schmeichelnde Satz verstärkt den Eindruck, daß es sich hier um ein Durchbrechen irrationaler, sohnhafter Devotion handelt – ein Eindruck, der zuerst in dem von Gandhi ausgesprochenen Wunsch hervortritt, dem Empire alle kriegsdiensttauglichen Söhne Indiens zu opfern. Offensichtlich ist er nahe

daran, sich mit dem Vorschlag seiner Ernennung zum Chefagenten der Rekrutierung für das von Gefahren umringte Empire als den »einzig Verfügbaren« anzubieten; während er beinahe den Sekretär um die Gelegenheit zu beneiden scheint, dem bleich aussehenden Vizekönig mehr als nur ein Sekretär sein zu können – und was mochte dies anderes sein als ein pflegender Sohn.
Inzwischen hatte das Vater-Sohn-Motiv in der legitimen Sphäre seiner eigenen Familie eine Verschärfung erlebt – tatsächlich mag eine katastrophische Wandlung in Harilals Verhältnis zu seinem Vater mit der sehr persönlichen Wendung in Gandhis Brief an den Sekretär des Vizekönigs zusammengefallen sein. Jedenfalls schrieb Gandhi genau am darauffolgenden Tag einen Brief an Harilal, mit all der abgründigen und dennoch offenbar unbewußten Ambivalenz, die wir nachgerade für gegeben hinnehmen. Daß Harilal wiederum alles daransetzte, mit seinem moralistischen Vater abzurechnen, wird jetzt nur allzu deutlich. Der Brief bezieht sich auf ein Schwindelgeschäft, durch das Harilal offenbar sich selbst und einen Geschäftspartner mit dem Gesetz in Schwierigkeiten gebracht hatte. Was uns daran interessieren muß, sind die Motive, die Gandhi, der sich ihrer rachsüchtigen Wirkung zweifellos nicht bewußt war, in seinem Brief anklingen läßt: »Jedermann handelt seiner Natur gemäß« – eine Thema, das Harilal das Zeugnis ausstellt, seinem Wesen nach ein Dieb zu sein, wie es ihn zugleich wieder zum Opfer der Sünden des Vaters verdammt. Harilal wird sodann davon in Kenntnis gesetzt, daß sein Vater »in Delhi Großes vollbracht hat«, eine grausame Hervorhebung zu einem Zeitpunkt, da der Sohn etwas recht Niedriges begangen hat. Doch der Vater läßt den Sohn im unklaren darüber, worin diese große Sache besteht – *das* mag der Sohn in den Zeitungen lesen oder von Mahadev erfahren, vorausgesetzt, daß der Sekretär Zeit findet, ihm zu schreiben. Mahadev (so fügt der Vater hinzu)

»hat Deine Stelle eingenommen, doch der Wunsch, daß Du es gewesen sein mögest, weigert sich zu sterben. Ich wäre schon an gebrochenem Herzen gestorben, wenn ich keine anderen Söhne hätte. Selbst jetzt noch, wenn Du mir ein verständnisvoller Sohn sein wolltest und *niemanden verdrängtest, der sich mir dazu gemacht hat,* wäre Dir ein Platz sicher.« [145]

Dies war am 1. Mai. Zwei Wochen später hatte Gandhi noch keine offizielle Ermunterung erhalten, seine Sohnesgabe an das

Empire durch die Tat zu bewähren; der Sekretär des Vizeregenten hatte allerdings die gesamte haarsträubende Korrespondenz an Lord Willingdon, den Gouverneur von Bombay, weitergegeben. Zwischendurch unternahm Gandhi eine Blitzreise nach Bihar. Dem Wortlaut eines Geheimberichtes der Sicherheitspolizei zufolge »verflüchtigte« sich dort der anfängliche Enthusiasmus von 8000 Zuhörern in Patna, »je weiter er in seiner Rede kam«. Sich als ergebenen Vermittler der Regierung und gleichzeitig als einen Führer präsentierend, empfahl er seiner Zuhörerschaft, eine republikanische Armee aufzustellen und »vertrauensvoll zu folgen, wohin er und die Regierung sie auch führen mögen«. Eine große Anzahl von Menschen »entfernte sich stillschweigend«. Am 30. Mai, vier Wochen nach seinem Angebot, schrieb Gandhi nochmals an Willingdons Sekretär und erhielt unumwunden zur Antwort, daß keinerlei Bedingungen, von denen er seinen Beitrag zu den Kriegsanstrengungen abhängig mache, annehmbar seien. Auf eine scharfe Erwiderung Gandhis vom 11. Juni bezeichnete es der Sekretär als fraglich, ob es »angängig sei, daß man sich auf eine streitbare politische Auseinandersetzung im Zusammenhang einer Resolution einlasse, in der Loyalität gegenüber Seiner Majestät, dem König, zum Ausdruck gebracht wurde«, und er erinnerte Gandhi fernerhin an sein bedingungslos gegebenes Versprechen, wobei er sich auf ähnlich bedingte Zugeständnisse (wie dasjenige Tilaks) bezog, die »sich von einer offenen Weigerung zur Zusammenarbeit nur durch ihren Mangel an Aufrichtigkeit unterscheiden« [146]. Gandhi schluckte die Beleidigung und forderte um einiges später sowohl von Annie Besant wie von Jinnah eine »emphatische Deklaration ... zugunsten einer bedingungslosen Rekrutierung«. In dem Brief an Jinnah ist ein Anflug von schwarzem Humor zu bemerken, wenn er empfiehlt, den Leuten der Home Rule League zu erklären: »Bewerbt euch erst einmal um Aufnahme ins ›Recruiting Office‹, alles weitere wird euch dann schon von selbst zufallen.« [147]

Dies ist im wesentlichen auch die Botschaft, die Gandhi als Musterungs-Heiland nun den Bauern nahezubringen versuchte, die er nur wenige Monate vorher dazu aufgerufen hatte, der Regierung Widerstand zu leisten. So sahen also innerhalb Monatsfrist dieselben Bauern in Kheda, die er ermahnt hatte, sich selbst gegenüber den brutalsten britischen Beamten gewaltlos und gentlemanlike zu verhalten, den Mahatma wieder ihres Weges kommen – diesmal mit der Bitte, zu den Waffen zu eilen und britische Soldaten zu werden. Sie waren sprachlos. »Wir haben dich groß gemacht!« schrien sie ihrem Führer entgegen (wie Shankerlal sich erinnert), »wir haben dir geholfen, Satyagraha zum Erfolg zu führen! – und sieh einmal an, was du jetzt von uns verlangst.« Sie weigerten sich nicht nur, sich um ihn zu versammeln und ihm zuzuhören; sie verweigerten ihm zudem Transport und Nahrungsmittel, so daß sein Versuch zu einem Fehlschlag wurde und er am Ende einen physischen und geistigen Zusammenbruch erlitt. Aber es war nicht nur er allein, der seinen »Zauber« verloren hatte: sowohl Vallabhbhai Patel und Indulal Yagnik waren auf dem »Rekrutierungs-Flugblatt No. 1« als seine Mitarbeiter aufgeführt, das von der schrecklichen Logik aller Aushebungs-Pläne Gebrauch macht, die eine feststehende Anzahl von Menschen dem Gemeinwohl aufopfern:

»Es gibt 600 Dörfer im Kheda-Distrikt. Jedes Dorf hat im Schnitt eine Bevölkerung von 1000. Wenn jedes Dorf wenigstens 20 Männer stellen würde, wäre der Kheda-Distrikt in der Lage, eine Armee von 12 000 Mann auf die Beine zu bringen. Die Bevölkerung des gesamten Distrikts beträgt sieben ›lakhs‹ (= 700 000), und jene Zahl würde etwa 1,7 Prozent davon ausmachen, einen Prozentsatz, der niedriger liegt als die Sterberate.«[148]

Es ist offensichtlich, daß Gandhi in einer ganz bezeichnenden Weise nicht mehr »bei Sinnen war«, zu weit gegangen war, um irgend jemandes »Nein« als Antwort hinzunehmen. Selbst noch als er einem Freund nach dem anderen Woche für Woche schreiben mußte, daß »ich mir bisher keine einzige Rekrutierung zuschreiben kann«, arbeitete er nun um so verzweifelter, bis er schließlich tatsächlich »bis zum Schwachsinn rekrutierte. Ich tue nichts anderes, denke an nichts anderes, spreche von nichts anderem.«[149]

Noch am selben Tag, an dem er dieses klare Eingeständnis darüber, daß er völlig die Kontrolle über sich verloren habe, niederschrieb, erkrankte Gandhi an einer äußerst qualvollen Ruhr und hohem Fieber; und innerhalb weniger Tage diktierte er (denn er sollte auf Monate hinaus nicht in der Lage sein, zu schreiben oder zu gehen), daß er augenblicklich die schwerste Krankheit seines Lebens durchmache. Es lag etwas, was man nur eine verhaltene Wut über diese Krankheit nennen kann, in all seiner außergewöhnlichen Schwäche und demonstrativen Sanftmut; denn es war keineswegs eindeutig festzustellen, ob er aus natürlichen Ursachen dem Sterben nahe war oder einzig wegen seiner Weigerung, andere Heilmittel als seine eigenen anzunehmen Erst nachdem Ambalal und Saraladevi gegen Ende August in einem bequemen Wagen gekommen waren, ihn in ihre Villa abzuholen, und ihn einen Monat später, auf sein Drängen hin, zum Ashram hinübergefahren hatten; und erst nachdem er zeremoniös seine Sterbestunde unter den gläubigen Ashram-Bewohnern festgesetzt und alles vorbereitet hatte, bestand schließlich Anasuya darauf, einen »wirklichen« Arzt rufen zu lassen. Der Doktor erklärte Gandhi unumwunden, daß sein Puls völlig normal sei und daß er an einem »Nervenzusammenbruch« leide, der – wie alle Nervenzusammenbrüche in jenen Tagen – einer totalen Erschöpfung zuzuschreiben sei. Diese Diagnose wurde vom Mahatma selbst in aller Offenheit bestätigt, wenngleich selbst heute noch die offiziellen *Collected Works* es vorziehen, zu behaupten, daß er »vor der Pforte des Todes« gestanden habe. Doch was uns heute interessiert, ist nicht, ob er sich nur einbildete, todkrank zu sein, oder ob er es wirklich war. Die Frage ist allein, was diesen Mann in diesem geschichtlichen Augenblick dazu bewogen hat, das lebende und leidende Zentrum eines Konflikts zwischen zwei Alternativen zu werden, die seit jeher im menschlichen Geist existiert haben: nach Ruhm und Unsterblichkeit zu streben, indem man in Verteidigung eines Territoriums oder einer Weltanschauung, die sich in tödlicher Gefahr befanden, tötete und getötet wurde – und seine Seele zu retten auf die Gefahr hin, sein Leben zu verlieren in dem Bestreben, selbst noch auf den Feind den Glauben an die Menschenseele auszudehnen. Wie Gandhi nun mit Entsetzen und Abscheu bemerken mußte, weigerte sich nicht einer seiner Satyagrahi, in den Krieg zu ziehen, weil es ihm widerstrebt hätte zu töten: es war klar, daß sie ganz einfach nicht bereit waren zu sterben.

Es lag lange zurück, daß Gandhi die schicksalhaften Worte ausgesprochen hatte:

»Was wir für *dharma* gehalten haben, ist nicht *dharma*. Wir begehen Gewalttätigkeit in großem Maßstab im Namen der Gewaltlosigkeit. In der Furcht, Blut zu vergießen, quälen wir täglich Menschen und sehen sie ungerührt verbluten. *Ein Bania kann niemals Gewaltlosigkeit praktizieren.*«[150]

Man empfindet Ehrfurcht angesichts solcher plötzlich durchbrechenden Einsichten, insbesondere wenn man gerade versucht hat zu verstehen, warum der Prophet sich im eigenen Lande Gehör verschaffen *mußte*.

Muß er nun auch noch lernen, was an seiner Botschaft falsch sein mag? Gandhi sah jetzt jene Menschen mit neuen Augen, die sich von den Banias unterscheiden – Engländer, Maharashtrias, Kshatriyas –, und erkannte nun etwas im Grunde seines eigenen Wesens und seiner Herkunft, was womöglich seine Hinwendung zu Satyagraha zu einer nurmehr relativen Tugend machte. Wie er an C. F. Andrews schrieb:

»Als mir Freunde hier erzählten, daß die Menschen sich passiven Widerstandes als einer Waffe der Schwachen bedienten, lachte ich über diese Verunglimpfung, wie ich es damals nannte. Doch sie waren im Recht, und ich hatte unrecht. Einzig bei mir und einigen wenigen unter meinen Mitarbeitern war es aus der Kraft hervorgegangen und als Satyagraha beschrieben worden, doch für die Mehrheit war es schlicht und einfach passiver Widerstand, zu dem sie ihre Zuflucht nahmen, weil sie zu schwach waren, sich gewaltsamer Methoden zu bedienen. Diese Entdeckung drängte sich mir wiederholt in Kaira auf.« [151]

Sobald er dies erst einmal wahrgenommen hatte, erkannte er es in »seiner ganzen Tiefe«. *Ahimsa*, so ging ihm auf, war nicht von schwachen oder wehrlosen Menschen erfunden worden, gleich wie in der westlichen Zivilisation der Puritanismus nicht die Lebensweise »unterdrückter« Menschen war, sondern jener, die ihrem Wesen nach wollüstig gewesen sind: »*Ahimsa* wurde dem Menschen gepredigt, als er voller Lebenskraft und fähig war, seinen Feinden gerade ins Gesicht zu sehen.« Es ist bewegend, Gandhi zuzuhören, wie er, nachdem er erst einmal das Gefühl der Anziehungskraft kriegerischer Werte gekostet hat, sich von derart markigen Gedanken hinreißen läßt, wie sie in diesem Ausbruch gegen die Ärzteschaft sich ausleben, als er an einen Patienten schreibt, der ihn um seinen Rat gebeten hatte:

»Doch sie dürfen nichts anderes als konzessionierte Morde von diesem am stärksten empirischen unter allen Berufen erwarten. Wann immer ich von ihrer Krankheit höre, treibt es mich, den einen oder anderen Doktor zu erschießen, doch mein *ahimsa* stellt sich mir in den Weg.« [152]

Oder er sollte, wobei ihm die alltagsgewohnten, lustvollen Ausrufe der Wäscher am Fluß das Stichwort gaben, nun zumindest eine der instinktiven Grundlagen aller Aggression anerkennen: »Beim Waschen der Kleider schlagen wir sie, doch fühlen wir uns dabei glücklich, weil wir wissen, daß sie davon sauber werden.«[153] In der Tat ist die Vermutung nicht abzuweisen, daß Gandhi durchaus einer gefühlsmäßigen Anerkennung der Gewalt am nächsten dort zu kommen vermochte, wo er den Gedanken äußert, daß man sich gewaltsam von demjenigen befreien müsse, was hoffnungslos unrein sei. In derselben Woche schrieb er an Devadas, daß seine Abneigung gegen Schmutz nur immer größer statt kleiner werde. Und dieselbe Ungeduld mit den Depravierten und Feigen – oder mit der *negativen Identität* der schlechthin Wehrlosen – wird erkennbar auch in den Worten, die einige Zeit früher, am 21. Juni in Nadiad, genau anläßlich der Verkündung seiner Rekrutierungs-Kampagne, von ihm gesprochen wurden – vor einer Versammlung, die von etwa tausend Menschen besucht worden war:

»Es ist wesentlich, daß das Land mit seiner eigenen Verteidigung betraut werde, daß es dazu fähig werde, sein eigenes Volk zu verteidigen. Wir sind so lange nicht reif zur Swaraj, wie wir uns nicht die Fähigkeit erworben haben, uns selbst zu verteidigen. Daß Indien sich zu seiner Verteidigung stets von den Engländern abhängig gemacht hat – das ist seine Hilflosigkeit. Mit ihr zu brechen, ist eine heilige Pflicht, die wir zuerst zu erfüllen haben.«[154]

Von dieser emotionalen Grundlinie aus begann also Gandhi die Wahrheit zu erkennen und zu verbreiten, wie sie sich ihm jetzt darstellte:

»Mit dieser feigen Furcht in uns, wie können wir da den Engländern gleich werden? Wenn ich einen *Dhed* (Unberührbaren) sehe und ihn auffordere, sich neben mich zu setzen, und ich ihm zu Essen anbiete, wird er von Furcht geschüttelt. Er wird mir nur dann gleich sein wollen, wenn er sich selbst innerlich stark genug fühlt, keine Furcht mehr vor mir zu empfinden. Ihn als einen Gleichen hinzustellen (wenn er dieser Stärke ermangelt), ist so, als würde man der Kränkung noch ein Unrecht hinzufügen.«

Er gelangte zu dem Schluß, daß das Problem der »Unberührbarkeit«, das in Indien allgegenwärtig ist, sich auf der Ebene des Empire wiederholte, wobei Indien im ganzen die Rolle des Unberührbaren zufiel. »Nebenbei sei angemerkt«, so fügte er mit jener Offenherzigkeit hinzu, die sowohl einsichtig als auch verwegen sein mag, solange man gewillt ist, alles auf den Glauben zu setzen,

»daß wir auch militärische Disziplin lernen können, indem wir dem Empire helfen, daß wir uns dadurch militärische Erfahrung erwerben und die Stärke erlangen, uns selbst zu verteidigen. Mit dieser Stärke könnten wir sogar gegen das Empire kämpfen, sollte es mit uns ein böses Spiel treiben.«

Und in Beantwortung angstvoller Befragung durch Esther Fearing (typisch für die Besorgnis seiner Freunde über seinen Mangel an Folgerichtigkeit) beleuchtet er nun die Angelegenheit vom Standpunkt des Satyagrahi aus:

»Was soll ich einem Manne raten zu tun, der den Wunsch hat zu töten, sich dazu jedoch nicht in der Lage sieht, da er verkrüppelt ist? Bevor ich ihm das Gefühl des Tugendhaften nahebringen kann, das darin liegt, nicht zu töten, muß ich ihm zuerst den Arm wiedergeben, den er verloren hat... Eine Nation, die außerstande ist zu kämpfen, kann nicht aus Erfahrung die Tugend beweisen, die darin liegt, nicht zu kämpfen. Doch ich sage mit aller Deutlichkeit, daß Indien wissen muß, wie es zu kämpfen hat.«[155]

Ich erkenne wohl, daß ich mehr zitiere, als dem sprichwörtlich geduldigen Papier oder dem geneigten Leser zugemutet werden kann: doch keine Umschreibungen vermöchten die überwältigende Klarheit der neugewonnenen und überraschenden Einsichten Gandhis besser zu vermitteln – Einsichten, die für die Geschichte der militanten Gewaltlosigkeit unentbehrlich sind:

»Ich bin zu der Erkenntnis gelangt, die ich vorher nie in ähnlicher Klarheit begriffen habe, daß Gewalt auch in der Gewaltlosigkeit ist. Dies ist die große Wandlung, die eingetreten ist. Ich war mir der Pflicht nicht voll bewußt, daß man einen Trunkenbold davon abhalten müsse, Böses zu tun, daß man einen Hund, der im Todeskampf liegt oder von Tollwut besessen ist, töten muß. In all diesen Beispielen ist Gewalt in Wahrheit Gewaltlosigkeit. Gewalt ist eine Körperfunktion. *Brahmacharya* besteht in der Enthaltung von geschlechtlicher Wollust, doch wir ziehen unsere Kinder nicht groß, damit sie impotent seien. Sie werden *brahmacharya* nur dann befolgt haben, wenn sie – obgleich von höchster Virilität besessen – den physischen Trieb beherrschen können. Gleichermaßen stark an Körperkraft muß auch unsere Nachkom-

menschaft sein. Wenn sie den Trieb zur Gewalt nicht vollständig in sich zurückdrängen können, mögen wir ihnen gestatten, Gewalt zu üben, ihre Kraft im Kampf zu gebrauchen, damit sie hierdurch schließlich zur Gewaltlosigkeit geführt werden. Gewaltlosigkeit wurde einem Kshatriya von einem Kshatriya gelehrt.« [156]
Und C. F. Andrews gegenüber machte er das Eingeständnis, daß »der Krieg stets mit uns sein wird. Es scheint keine Möglichkeit zu geben, die gesamte menschliche Natur umzuwandeln«[157].
Und dennoch wurde dies nicht nur vor Beginn des Atomzeitalters, sondern zugleich in einer post-darwinistischen Ära geschrieben und muß daher in die richtige Perspektive gerückt werden, wie ich in meinem Schlußwort zu tun versuchen will. Eher normativ ist die Einsicht aufzufassen, daß ein Mensch auch für das Territorium kämpft, das er sich selbst abgesteckt hat, für seinen Platz auf der Erde, und für seine Nachkommenschaft:
»*Moksha* und *ahimsa* soll der einzelne versuchen zu erlangen. Eine vorbehaltlose Ausübung von *ahimsa* verträgt sich nicht mit dem Besitz von Reichtümern, Land, dem Großziehen von Kindern. Es ist echte *ahimsa*, Weib und Kind selbst auf die Gefahr hin zu verteidigen, den Übeltäter niederzustrecken. Es ist vollkommene *ahimsa*, ihn nicht zu schlagen, sondern zu verhindern, seine Schläge hinnehmen zu müssen.« [158]
Wenn diese Einsicht Gandhi dabei hilfreich war, seine Rolle klarer zu erkennen, wies sie ihm auch mit größerer Klarheit seine Rolle in der indischen Kultur zu – einer Kultur, die kriegerische Tugenden ausschließlich in bestimmten Kriegerkasten und -stämmen kultiviert hatte. In einem Kastensystem sind es jene »Professionellen«, deren *dharma* und Ausbildung eine Ganzheit in der Disziplin und in der Ethik organisierter Kriegführung begründen, die einzig jene weiteren Bereiche der Gemeinschaft beschützen können, die sich selbst der friedlichen »Erhaltung der Welt« verschrieben haben – einer Welt, die daher um so sinnenfroher und nachsichtiger zu sein vermag. Doch in einer Nation prinzipiell gleicher Bürger, die nicht bereit sind, ihre Verteidigung einer fremden Macht abzutreten, müßte die jeweilige Funktion der verschiedenen *dharmas* unterschiedlich aufgeteilt werden; und die Chancen für eine volkstümliche Satyagraha könnten nur so groß sein, wie es die Furchtlosigkeit eines repräsentativen Ausschnittes – allerdings nicht einer ausgewählten Elite – aus der Bürgerschaft wäre.

Wir im Westen haben, so glaube ich, Erfahrungen mit einem analogen Problem gemacht, nämlich dem der in alle Weltteile zerstreuten Nachkommenschaft der jüdischen Nation, die in der Verfolgung merkantiler und intellektueller Ziele im Laufe der Zeit sich derart einseitig ausrichtete und spezialisierte, daß sie auf Jahrhunderte hinaus ihre eigene Verteidigung den Kriegern ihrer Gastländer überlassen mußte, die sich ihrerseits oft in sadistischem Abscheu gegen diejenigen wandten, die sich nicht selbst verteidigen wollten oder konnten. Der bloße Verdacht, daß die Juden – die sich von ihrem Gott ein Unterpfand in Gestalt der Vorhaut ihrer Männlichkeit abfordern ließen – nicht kämpfen wollten, weil sie es nicht könnten, ist zweifellos ein starker Faktor im vulgären Antisemitismus gewesen, der seinen Tiefstand erreichte, als eine aufgeblasene und eitle Brut militaristischer Krimineller in verzweifelter Angst um die eigene Haut die Macht in einer besiegten Nation an sich riß. Angesichts der Werte, die man den Juden der Diaspora inzwischen zuzuschreiben gewohnt war und für die sie einstanden, mag der verspätete Beweis, daß die Juden durchaus einen nationalen Krieg führen *können*, viele als ein historischer Anachronismus beeindruckt haben. Und in der Tat ist der Triumph des israelischen Soldatentums merklich gedämpft, hat zum Gegengewicht eine gewisse Trauer über die Notwendigkeit, wieder in die geschichtliche Wirklichkeit vermöge militärischer Methoden einzutreten, die nicht von den Juden erfunden worden sind und doch in so großartiger Weise von ihnen angewendet werden. Ich würde noch weiter gehen: ist es nicht durchaus möglich, daß ein solcher historischer Beweis des militärischen Potentials die friedliebenden Juden in aller Welt zu besseren potentiellen Satyagrahis zu machen vermag? Und ist es nicht auch offenkundig, daß die Advokaten der Black Power überall mehr oder weniger fanatisch in ihren Lehren die Annahme niedergelegt haben, daß nur die Erfahrung disziplinierter Wut die Grundlage einer wahrhaften Selbstkontrolle gewährleistet? Auch sie (ebenso wie ihre gewaltlosen Brüder) finden eine Stütze an diesem Aspekt der Botschaft Gandhis:

»Es ist schwierig, sie zu lehren, sich selbst zu verteidigen und dennoch nicht zu solchen zu werden, die überwältigen und unterdrücken. Bislang pflegten wir sie zu lehren, den Kampf nicht aufzunehmen, wenn sie von jemandem geschlagen wurden. Können wir jetzt noch damit fortfahren? Was wird die Wirkung solcher Lehren auf ein Kind sein? Wird es in seiner Jugend zu einem großmütig vergebenden oder zu einem furchtsamen Menschen werden? Meine Denkkraft versagt mir angesichts solcher Fragen. Gebraucht eure eigene. Dieser neue Aspekt der Gewaltlosigkeit, der sich mir offenbarte, hat mich in unabsehbare Probleme gestürzt. Ich habe nicht den Schlüssel zu all diesen Rätseln gefunden, doch er muß gefunden werden. Sollen wir unsere Knaben lehren, wie sie auf einen Schlag zwei zurückgeben, oder einen Schlag von jemandem hinzunehmen, der schwächer ist, als sie selbst es sind, jedoch zurückzuschlagen, sobald sie von einem Stärkeren angegriffen werden, um dann die Prügel hinzunehmen, die daraufhin folgen mögen? Was sollte man tun, wenn man von einem Regierungsbeamten eine Beleidigung erfährt? Soll der Knabe sich für den Augenblick den Schlägen unterwerfen und dann unseren Rat einholen, oder soll er tun, was ihm unter den gegebenen Umständen am besten geeignet erscheint, und die Konsequenzen tragen? Dies sind die Probleme, denen wir uns gegenübersehen, wenn wir jenen Königsweg verlassen, der uns dahin führte, die andere Wange hinzuhalten ..... Man kann den Himalaja nicht auf geradem Wege erklimmen. Könnte es sein, daß in ähnlicher Weise auch der Pfad zur Gewaltlosigkeit schwierig ist? Möge Gott uns schützen, möge Er es in Wahrheit.«[159]

Umgekehrt könnte es für jede Friedensbewegung verhängnisvoll werden, sich gehässigen Angriffen (oder Gleichgültigkeit) gegenüber jenen hinzugeben, die jetzt noch ihrem militärischen Eid Gehorsam leisten und die Pflicht ehren, für die er stellvertretend ist. Und in der Tat endet jener Band der *Collected Works*, der Gandhis Briefe, Reden und Randbemerkungen aus dieser Periode enthält, mit einer rätselhaften und prophetischen Bemerkung: sobald es einmal für eindeutig geklärt galt, daß die Tugenden disziplinierter Gewalt nicht übergangen werden konnten, mußte die Zukunft eines Volkes wie der Inder, deren Mehrheit nicht die Identität sich anzunehmen gelernt hatte, die in organisierter Kriegführung gründet, stets der Gefahr ausgesetzt sein, daß es in desorganisierte Gewalttätigkeit ausbrach – oder in disziplinlose Gewaltlosigkeit:

»Heutzutage entdecke ich allenthalben, daß jeder den Wunsch hegt zu töten, doch die meisten fürchten sich davor oder sind zu machtlos, es zu tun. Worin immer das Ergebnis bestehen muß,

ich bin mir unbedingt gewiß, daß die Macht in Indien wiederhergestellt werden muß. Ein Blutbad mag daraus resultieren. Dann aber muß Indien hindurch. Der gegenwärtige Zustand ist untragbar.«[160]
Ob der Mahatma nun diese Einsichten jemals in seine grundlegenden Überzeugungen integrierte oder nicht, jedenfalls hat er nicht aufgehört, die Intellektuellen und Politiker zu erheitern, die verlangen, daß er in seinen Äußerungen Folgerichtigkeit beweise. Doch wie wir gesehen haben und nochmals zu erkennen Gelegenheit haben werden, konnte sich ihm eine solche Wahrheit nur im Handeln und im Konflikt enthüllen, nicht aber in Lehrbüchern. Und am Ende sollten die kriegerischen Pathans, die einzigen Inder, die ihn jemals körperlich angegriffen haben (bis ihn dann der Attentäter hinstreckte), zu demjenigen Volk werden, das ihm dieses Problem klären half, als ihnen im Jahre 1930 die gewaltlose Besetzung Peshawars und die moralische Entwaffnung einer der Elitetruppen des Empire gelang. Im übrigen bestand Gandhis Folgerichtigkeit in der Fortführung des »Experiments«: obwohl er »unterwegs« manche scheinbar vollkommene Gelegenheit ausließ oder sich verdarb, verkehrte er doch zugleich auch manche völlig hoffnungslos erscheinende Situation in einen ungeahnten, nie dagewesenen Erfolg. Innerhalb nur weniger Monate, kaum daß er ganz genesen war (oder erst daran genesen sollte), stürzte er sich in eine Aktion von nationalen Dimensionen, vermittelte den Massen seiner Landsleute eine Art Kollektiverfahrung, und zwar in einem Triumph der Nicht-Kooperation. Auch hier wieder sollte ihm die Gefahr desorganisierter Gewalttat in einem Volk wiederbegegnen, das weder auf Gewalt noch auf Gewaltlosigkeit vorbereitet war. Indessen zeigen die Äußerungen aus dieser Periode, wie schlecht beraten jene beiläufige Kritik ist, mit der selbst die Gebildetsten unter uns Gandhi für dermaßen einseitig und visionär erklären, daß er schlechthin irrelevant sei; oder daß er nicht imstande gewesen sei, die Aufstände vorherzusehen, die dann tatsächlich am Ende dem Gesicht des unabhängigen Indien häßliche Narben zugefügt haben. Was würde er, so fragen sie, in der Frage der – oder gegen die – Invasion durch chinesische Horden unternommen haben? *Allerdings* sah er desorganisierte Gewalt für Indien und in anderen Teilen der Welt voraus; und was die Chinesen betrifft, so kann niemand zu wissen vorgeben, was ein Mann

von solcher Vielschichtigkeit wirklich gesagt oder getan haben *würde*.

Doch es ist gleichermaßen wichtig, zur Kenntnis zu nehmen, daß er sich keineswegs einen möglichen Triumph von Satyagraha in nationalem oder internationalem Maßstab durch naive »friedfertige Gesinnung« erwartete, oder ohne die ernsten Symptome innerer Konflikte. Dies zu leugnen, indem man ihm physische Erschöpfung attestiert, wie dies seine Anhängerschaft tut, würde dem Format dieses Mannes schweres Unrecht tun. Er selbst findet nichts dabei, als einen »Nervenzusammenbruch« zu bezeichnen, woraus andere einen krisenhaften physischen Zustand im Gefolge seiner Rekonvaleszenz gemacht haben. Gewiß war es all dies; doch ist es nicht höchste Zeit, mit derartig kategorischen Konstruktionen wie dem Gerede von einer »rein physischen, geistigen oder seelischen« Störung aufzuräumen, wenn wir von den inneren Kämpfen eines der »ganzheitlichsten« und in einer höchst wunderbaren Weise energievollen Männer sprechen – am energischsten vor allem dann, wenn er durch die Macht der Genesung von temporärem Selbstzweifel und vorübergehender Lähmung seiner Tatkraft inspiriert wurde?

2. *Patient und Mahatma*

Indem wir noch einmal zum August des Jahres 1918 zurückkehren, wollen wir Gandhis subjektiver Auffassung über seine Krankheit nachgehen, bevor wir den Hergang seiner Genesung skizzieren. Es muß einen Kliniker interessieren, daß Gandhi in all seiner Besessenheit von Hygiene genauso obstinat und töricht sein konnte wie jeder andere Patient – oder auch mancher Arzt –, der sich im Besitz einer medizinischen Formel für seinen eigenen Zustand glaubt:

»Heute bin ich zu schwach, um aufzustehen oder zu gehen. Ich muß beinahe kriechen, um die Toilette zu erreichen, und ich empfinde dort derart qualvollen Schmerz, daß es mich schreien machen könnte. Obgleich ich solche Schmerzen auszustehen habe, fühle ich mich dabei doch durchaus sehr glücklich. Ich empfange eine lebhafte Vorstellung davon, was eine wohlverdiente, unverzügliche Strafe sein kann. Ich bin sicher, daß der Schmerz viertel vor sechs nachlassen wird ... In drei oder vier Tagen werde ich vollkommen wiederhergestellt sein.« [161]

Wie es das Schicksal wollte, wurde ihm in diesem Augenblick der körperlichen Schwäche die vom Schlichter im Lohnkampf von Ahmedabad, Professor Dhruva, getroffene Entscheidung ausgehändigt. Natürlich waren es 35 Prozent – und Ghandhi widmet der Empfangsbestätigung einige Zeilen: »Ich habe Ihre Zusage gelesen. Die Arbeiter haben darauf gewartet, wie die Menschen den Regen herbeisehnen, und jetzt werden sie Frieden haben. Auch ich habe darauf gewartet. Obwohl sie die 35 Prozent [ohnehin] schon erhalten haben, will ich annehmen, daß Ihre Entscheidung ihre Position erheblich stärken wird.«[162] Dieses Zur-Kenntnis-Nehmen allerdings verschwindet nahezu zwischen zwei langen Abschnitten, die der Diagnose seiner Krankheit gewidmet sind. Der erste beginnt mit dem Satz: »Hier ist eine genaue Beschreibung dessen, was ich durchgemacht habe«, der zweite mit den Worten: »Ich muß Ihnen von der Ursache meiner Unpäßlichkeit erzählen.« Man muß sich hier Gandhis fortwirkender Leidenschaft für die Krankenpflege erinnern. Nur wenige Tage vor dem Ausbrechen seiner Krankheit hatte er einem anderen Patienten, C. F. Andrews, geschrieben:

»Wenn Sie schon keinen Pfleger wie mich haben können, der Sie liebevoll umsorgt, doch gleichzeitig strengsten Gehorsam gegenüber den Anweisungen des Doktors durchsetzt, brauchen Sie eine Frau, die sich darum kümmert, daß Ihnen Ihre Nahrung ordentlich bereitet wird, die darauf sieht, daß Sie niemals ohne Bauchbinde ausgehen, und die es nicht zuläßt, daß Sie sich über schlechte Nachrichten hinsichtlich der Erkrankung von Verwandten übermäßige Sorgen machen. Doch zur Heirat ist es wahrscheinlich zu spät. Und da ich nicht imstande bin, Sie eigenhändig zu pflegen, kann ich mich nur grämen.«[163]

Einem solchen Mann wird es nicht leicht, einzugestehen, daß er möglicherweise selbst nicht weiß, was ihn peinigt, und der so über Wochen und Monate hinaus seinen eigenen pathologischen Befund mit einer immer gleichen klinischen Rechthaberei wiederholen muß. Wie bereits klargeworden sein muß, basiert die Korrektheit seiner Selbst-Diagnose auf einer moralisch-medizinischen Pathologie und legt moralische Heilung für ein medizinisches Problem nahe. Die Ruhr ist Bestrafung, und Heilung ist deren volle Anerkennung und heitere Hinnahme. Doch, wie man sich so oft im Falle eines schmerzgequälten Moralisten fragen muß: Bestrafung für wen? Man darf hier auch nicht außer Betracht lassen, daß ein kranker Mann (oder eine Frau) in Indien niemals allein ist. Kann man ermessen, welch ambivalente Bestrafung Gandhi für Kasturba bereithielt, indem er *sie* dazu brachte, sich zu grämen, während er von unerträglichen Schmerzen gemartert wurde und vor Schwäche völlig hilflos war? Denn eindeutig machte er sie für die Krankheit verantwortlich und sogar für die Unmoral des Krankwerdens; ein Jahrzehnt später erinnert er sich in seiner Autobiographie der Einzelheiten:

»An diesem Tag war irgendein Fest, und obwohl ich Kasturbai gesagt hatte, daß ich zu Mittag nichts essen wolle, führte sie mich in Versuchung, und ich unterlag. Da mir mein Gelübde auferlegte, keine Milch oder Milchprodukte zu mir zu nehmen, hatte sie extra für mich einen süßen Weizenbrei hergerichtet, mit einem Zusatz von Öl statt von *ghi*. Außerdem hatte sie für mich eine Schale voll *mung* aufgehoben. Ich war auf diese Dinge versessen und ließ sie mir bereitwillig vorsetzen, in der Hoffnung, ich könne, ohne mir dabei zu schaden, gerade so viel essen, um Kasturbai eine Freude zu machen und meinen Geschmacksnerven genugzutun. Doch der Teufel hatte nur auf eine Gelegenheit gewartet. Statt nur ganz wenig zu essen, verspeiste ich die ganze Mahlzeit. Dies genügte vollauf als Einladung an den Todesengel. Binnen einer Stunde trat in akuter Form Durchfall auf.«[164]

Es war also wieder Kasturba gewesen, die seinen Gaumen verführt hatte, sein Gaumen hatte den Teufel eingeladen, und der Teufel hatte dem Todesengel die Tür geöffnet. Man wird schwerlich erwarten können, daß Kasturba glücklich ausgesehen habe, aber Gandhi beschreibt ihre Miene mit ambivalenter Umständlichkeit:

»Ich konnte es einfach nicht ertragen, Ba ins Gesicht zu sehen. Der Ausdruck darin ähnelt oft der Miene, die eine kränkelnde Kuh zeigt, und sie gibt einem das Gefühl ein, wie es bei einer Kuh gelegentlich der Fall ist, daß sie auf ihre stumme Weise etwas sagen möchte. Ich erkenne auch, daß in diesem ihrem Leiden Eigensucht liegt; dennoch überwältigt mich ihre Freundlichkeit, und ich fühle mich geneigt, in alledem nachzugeben und mich zu entspannen, worin mir dies nur möglich sein mag.«[165]

Die ganze Zeit über jedoch arbeitete es wütend in Kasturbas »stummem« Geist, im Namen aller milchspendenden Kreaturen dieser Erde, und siehe da!, nicht lange darauf sollte sie genau die

passende Lösung finden, die das selbstmörderische Gelübde eines großen Mannes ins Feld schlagen kann.
Inzwischen aber gestattete seine rechthaberische Kombination aus diagnostischer Formel und moralischer Pose dem Patienten eine Selbstzufriedenheit, die für jene nur um so verwirrender war (schließlich konnten sie nicht rundheraus zugeben, daß sie sie gewaltig aufbrachte), die ihn in so überaus miserabler Verfassung sahen. »Mein Geist«, so sollte er erklären und wieder und wieder diktieren, »mein Geist ist friedevoll«, und auf Wochen der Qual und Schwäche rückblickend: »Mein Geist war niemals unruhig.« Die Selbstbezogenheit in diesen Auslassungen tritt noch einmal überdeutlich in einem Brief an Harilal hervor, etwa um die Zeit geschrieben, als er seine Krankheit ungefähr zur Hälfte durchgestanden hatte. Wie um all seine Sorgen noch zu vergrößern, war Harilals Frau gestorben, und ihn und seine Familie beschäftigte unablässig die Frage, was nun mit den Kindern geschehen solle. Doch sein Vater ist einzig erfüllt vom Lob auf seine eigene Art von innerem Frieden:
»Was mich einzig zuinnerst befriedigt, ist die beständige Beschäftigung mit einem Handeln von äußerster Reinheit. Es ist keine Übertreibung, wenn ich sage, daß ich Welle auf Welle der Freude erlebe, die aus der Beobachtung der Enthaltsamkeit herrührt, die eine derartige Arbeit erfordert. Wahre Glückseligkeit findet man in dem Maße, in dem man sich dies begreiflich macht und dementsprechend danach lebt. Wenn dieses Unglück Dich in eine Geistesverfassung versetzt, in der Du Dich solchen Glücks versichern könntest, mag man es sogar willkommen heißen.«[166]
Doch dann gibt irgend etwas in ihm nach. Und es ist wieder in einem Brief an denselben Sohn, Harilal[167], daß der Vater einen Monat später zum erstenmal seine Verzweiflung einzugestehen vermag:
»Man kann Gott nicht in einem Geist des Stolzes um Hilfe bitten, sondern einzig wenn man bekennt, selbst völlig hilflos zu sein ... Wie ich hier im Bett liege ... erfüllt mich Scham über die Unwürdigkeit meines Geistes. So manches Mal gerate ich in Verzweiflung über die Aufmerksamkeit, die mein Körper erheischt, und ich wünschte mir, daß er vergehen solle. Von meiner Verfassung her wird mir nun auch sehr gut diejenige vieler anderer verständlich. Ich werde Dir meine Erfahrungen in vollem Umfang zugute kommen lassen; nimm Dir davon an, soviel Du eben kannst.«

Und er drängt ihn zu kommen, indem er hinzufügt:
»Wenn Du Deinen Gefühlen vor mir nicht freien Lauf lassen kannst, vor wem sonst solltest Du es dann können? Ich werde Dir ein wahrer Freund sein. Was würde es schon ausmachen, wenn es Meinungsverschiedenheiten über irgendeinen Deiner Pläne gäbe? Wir werden uns ruhig darüber aussprechen. Die endgültige Entscheidung wird dann Dir überlassen sein.«
Hier also sieht man Satyagraha auf häuslicher Ebene am Werk; und Professor Swaminathan, Herausgeber der *Collected Works*, hebt den bedeutsamen Umstand hervor, daß diese Krankheit den Mahatma auch lehrte, Satyagraha gegenüber seinem eigenen Körper als einer »autonomen Ganzheit« zu praktizieren. Geschieht es stets nur dann, wenn er lernen muß, Gewaltlosigkeit gegenüber dem eigenen Körper zu üben, daß es dem Mahatma gelingt, gewaltlos gegenüber dem Sohn zu sein, der ungeliebten Hervorbringung jener oft geschmähten »autonomen Ganzheit«? Sei dem, wie es sei; im Vorübergehen sollten wir bemerken, daß selbst ein großer Mann nur so groß zu sein vermag, wie es das Ausmaß seiner Verzweiflung ist, der er sich überlassen darf – und die er wenigen anderen zugesteht.
Und wieder kommen wir zurück auf das überaus zweideutige Verteidigungsmittel dieses eigenartig ambivalenten Mannes und auf die Waffe, die gegen ihn selbst gekehrt ist: seine Gelübde. Mit »wieder« meine ich, daß wir ihm als Jugendlichem durch einen in der Fremde verbrachten Zeitabschnitt gefolgt sind, als ihm ein dreifaches Gelübde (um hier eine Metapher etwas zu überdehnen): zur geistigen Nabelschnur dienen mußte, die ihn mit mütterlicher Kraft ausstattete, doch zugleich auch volle Autonomie verhinderte. Einige Zeit später wiederum mußte er das Wesen seiner Bindung an die Vaishnavas durch ein Gelübde retten: er versagte es sich, Milch zu trinken, und zwar wegen jener an Kühen verübten Grausamkeiten, wenn ihnen noch der letzte Tropfen Milch abgemolken wird. Wie er während seiner Krankheit einem besorgten, ärztlichen Rat erteilenden Freund schrieb:
»Das Milch-Problem stellt sich mir nicht ganz so einfach dar, wie Sie es hingestellt haben. Es ist nicht die Sorge um das Kalb, die mich in meiner Krankheit davon abhält, Milch zu mir zu nehmen, sondern ich habe ein unwiderrufliches *Gelübde* abgelegt, selbst im Krankheitsfall keine Milch oder ihre Produkte aufzunehmen, und ich fühle, daß es besser ist, zu sterben, als ein

Gelübde zu brechen, das man freiwillig und bei vollem Bewußtsein abgelegt hat. Jede Konsequenz, die ich heute hinnehme, stand mir vor Augen, als ich das Gelübde ablegte.« [168]

Doch jetzt hatte die mütterliche Frau mit den »stummen« Kuhaugen einen erleuchteten Augenblick femininen Genies. Zur Jahreswende 1919 wurde Gandhi zur Operation seiner qualvollen Furunkel in ein Krankenhaus nach Bombay überführt – dasselbe Symptom, das auch seinen Vater gepeinigt hatte. Sei es, daß ihn der besorgte Chirurg nach der wirklichen Natur seines Gelübdes befragte oder daß Kasturba nicht an sich halten konnte und in Gegenwart des Chirurgen diesen Punkt zur Sprache brachte, jedenfalls setzte sie hinzu, daß er ihres Wissens niemals geschworen habe, keine *Ziegen*milch zu trinken; und sofort erkannte er seine Chance, jedermann zufriedenzustellen und dennoch seinem Gelübde die Treue zu halten, denn in der Tat waren ihm bei der Ablegung seines Gelübdes Ziegen nicht in den Sinn gekommen, noch hatten sie ihm »vor Augen« gestanden. Er zögerte, und seine Erklärung enthüllt erneut den Willen zur Macht, der seit je das mehr oder weniger bewußte Gegenstück seiner Selbstverleugnung gewesen war:

»Mein Gewissen hört keinen Moment auf, mir die Frage vorzulegen: ›Warum nur all diese Mühe?‹ ›Was würdest du mit dem Leben beginnen?‹ ›Was ist es, das du so überaus bestrebt bist zu erneuern?‹ Wenn ich an die schwere Not des deutschen Kaisers denke, dann ist mir, als spielte ein übermächtiges Wesen mit uns wie mit Kaurimuscheln.« [169]

Doch nach Ablauf von 24 Stunden nahm er etwas Ziegenmilch zu sich, und gleich darauf wurden zwei Ziegen zur Verfügung gehalten, die man unter seinem väterlichen Auge sanft molk. Seine jungen Schüler fragten sich verwundert, warum er ein Gelübde nicht einfach über Bord werfen könne, und sein »liebes Kind« Esther stellte in ihrer lutherischen Schlichtheit Mutmaßungen darüber an, ob Gott gegen die Aufgabe eines solchen Gelübdes mehr Einwände haben könnte, als es IHM widerstrebt haben mochte, überhaupt zum Teilhaber in dieser Angelegenheit gemacht worden zu sein. Doch der Mahatma fühlte sich gerechtfertigt darin, seine Ziegenmilch zu trinken und zugleich sein Gelübde eingehalten zu haben – ausgenommen daß jetzt zwei gänzlich neuartige und noch vor kurzem undenkbare Wörter in Verbindung mit »Gelübde« auftraten, nämlich »liberal« und

»Auslegung«. Er würde sogar so weit gehen, schrieb er, »daran festzuhalten, daß das unleugbare Vorhandensein von großen Schlupflöchern, die in meinen zwei Gelübden gelassen worden sind, zum Beweis ihrer unbedingten Ernsthaftigkeit dienen kann ... Mit Beziehung auf das Gelübde, das die Milch betrifft, hat sich mir die Ziege als eine Mutter erwiesen. Es gibt in unseren heiligen Schriften zahllose Beispiele dafür, wie Gelübde gehalten worden sind, wenngleich sie in einschränkendem Sinne ausgelegt wurden. Ich verstehe die Bedeutung dieser Beispiele jetzt wesentlich besser.«[170]

Die Entbindung vom Gelübde zusammen mit einer unverzüglich sich einstellenden Besserung sowohl der lokalen Beschwerden wie seines Allgemeinbefindens scheint bei Gandhi eine nahezu manische Verzückung hervorgerufen zu haben. Er hatte von seiner vierbeinigen Freundin bereits als von »Mutter Ziege« gesprochen. Nun verlieh er den Namen »Bruder Milch« einem Naturheilkundigen, den er die ganze Zeit über als Ratgeber um sich geduldet hatte, da er »wie ich, ein Kauz ist«. Wieder machte er Späße über die »bissige Laune«, die bei der siegreichen Ba binnen kurzem wieder die Oberhand gewann. Und er schrieb einen reizenden Brief an Harilal, in dem er ihm schilderte, wie er seinen halbverwaisten Kindern die Mutter spielte und wie sie um ihn her und auf seinem Bett herumtollten. Er fügte hinzu: »Die Szene erinnert mich an Deine Kindheit.«

Am 24. Februar 1919, beinahe zum Jahrestag der Kampagne von Ahmedabad, formulierte Gandhi ein neues, feierliches Versprechen. Es richtete sich gegen ein Gesetz, das (gleich dem Gesetz, das in Südafrika auf seinen Widerstand gestoßen war) unter dem Namen »Black Act« bekannt werden sollte, und wieder behauptet er, daß er zufällig »durch die Zeitungen« davon Kenntnis erhalten habe. Dies war das Anti-Aufruhr-Gesetz, die »Rowlatt Act«, die jenen, die als Rebellen verurteilt wurden oder der Rebellion verdächtig waren, die Bürgerrechte aberkannte. Die Vereidigung wurde von nur wenigen Freunden aus Ahmedabad, die sich gerade in seiner Umgebung befanden (unter ihnen Vallabhbhai Patel und Anasuya) unterzeichnet und wie gewöhnlich den bedeutenderen Tageszeitungen zugeschickt. Shankerlal Banker, so berichtet der Mahatma, »übernahm mit ganzem Ernst die Agitation, und zum erstenmal erhielt ich einen Eindruck davon, über welch wunderbares organisatorisches Geschick er verfügt und wie ausdauernd er in seiner Arbeit ist«[171]. Und das feierliche Versprechen traf, zu ihrer aller Überraschung »*die religiöse Einbildungskraft eines erzürnten Volkes,* wie der Mahatma später an Lord Montagu schrieb. Gandhi erholte sich nun rapide. Doch noch auf Jahre hinaus sollte er die Unfähigkeit zurückbehalten, aufrecht stehend sein Wort an eine Massenversammlung zu richten. Wie er es vor Jahren getan hatte, klagte er – in Wendungen, die wieder eine Reminiszenz an Arjunas Panik enthalten – über schwere Erschütterungen, die durch seinen ganzen Körper gingen. Nichtsdestoweniger befand sich Gandhi zwei Wochen später auf seinem Weg nach Madras, um sich auch der Unterstützung seiner dortigen Freunde zu versichern; und dort wurde in ihm – in einem Halbtraum, wie er sagt – der Gedanke einer die ganze Nation erfassenden Demonstration geboren, der die Ära Gandhi, wie man jetzt sagen kann, in der indischen Geschichte nun mit vollem Ernst einleitete. Eines Abends, nachdem er die Gesetzesvorlage mit seinem Freund und Gastgeber, dem Madrasi Rajagopalachari (einem einstmals prominenten Führer des Kongresses) diskutiert hatte, fiel Gandhi unter brütenden, ungehaltenen Gedanken in Schlaf: und als er, um einiges früher als gewohnt, erwachte (was in der Tat sehr früh gewesen sein muß), »brach .... in einem Zwischenzustand zwischen Schlaf und Bewußtheit« der Gedanke »in mir durch .... wie in einem Traum«, daß das gesamte Land einen *hartal* veranstalten sollte (d. h. eine Schließung aller Geschäfte und Arbeitsstätten), an einem Tag, den die Menschen »mit Fasten und Gebet verbringen müßten«[172]. Als Datum hierfür wurde der 30. März festgesetzt, der dann jedoch auf den 6. April abgeändert wurde. Dies drang nicht planmäßig bis nach Delhi durch, das schon am 30. März fastete und demonstrierte, nicht ohne daß es dabei zu blutigen Zwischenfällen kam, was als Warnung vor dem hätte dienen können, was dann später überall geschehen sollte. Es spricht für Gandhis plötzliche Macht, daß er einen päpstlichen Dispens über Fernschreiber erlassen konnte, des Wortlauts »daß es nicht notwendig sein wird, daß Delhi am nächsten Sonntag nochmals fastet«. Dieser Tag jedoch wurde in ganz Indien der »Schwarze Sonntag« genannt, und der Mahatma frohlockt noch später: »Doch wer weiß, wie sich das alles zugetragen hat? Ganz Indien, von einem Ende bis ans andere, Städte wie Dörfer, hielt an diesem Tag einen vollständigen *hartal* ab. Es war ein höchst wunderbares Schauspiel.«[173]

So traumhaft sich all dies auch in der Autobiographie ausnehmen mag, die grundlegende Strategie von Satyagraha, wie sie in Ahmedabad erstmals festgelegt worden war, entfaltete sich nun in nationalem Maßstab. Wieder gab es *ein feierliches Versprechen:* »Nachdem wir durch gewissenhafte Prüfung zu der Auffassung gelangt sind, daß die Gesetzesnovelle No. 1 zum Indischen Strafrecht von 1919 und der Notstandserlaß No. 2 zum Strafrecht von 1919 ungerecht sind, im Widerspruch zu den Prinzipien der Freiheit und des Rechts stehen und von zerstörerischer Wirkung auf die Grundrechte des Individuums sind, auf denen die Sicherheit Indiens im gesamten und des Staates beruht, erklären wir feierlich, daß wir im Falle des Inkrafttretens dieses Gesetzes und sofern es nicht zurückgezogen wird, von unserem Bürgerrecht Gebrauch machen und uns weigern werden, diesen Gesetzen und solchen anderen, die das zu diesem Zweck einberufene Komitee sich vorbehalten wird, dazu für geeignet zu befinden, den Gehorsam verweigern müssen, und wir erklären ferner, daß wir in unserem Kampf getreu der Wahrheit folgen und uns von Gewalttaten gegen Leben, Personen oder Eigentum zurückhalten werden.«[174]

Die Auswahl und Vorbereitung der Satyagrahi hatte nach dem Grundsatz des religiösen Gewissens und der Tradition zu erfolgen: diejenigen, die am echten bürgerlichen Widerstand teilnehmen wollten, mußten die Versicherung leisten, daß sie sich durch ein 24stündiges Fasten gereinigt hatten. Dem Vizekönig wurde ein klares *Ultimatum* übergeben; es sollte wirksam werden, sobald und insofern das Gesetz rechtskräftig werden sollte. Die geplante und später durchgeführte Bürgerrechtsaktion wurde umschrieben als eine Schließung aller Geschäfte – ein Ereignis, das in Ländern wie Indien den Charakter des Alltagslebens radikal verändert und das soziale Leben zum Erliegen bringt, das sich in und vor Geschäften, auf Märkten, an Ständen und vor den Karren der Händler abspielt. Und Sonntag, so muß man sich vor Augen halten, war weder für Hindus noch für Moslems ein Tag, an dem die Geschäfte geschlossen blieben. Der *hartal* wurde verkündet, um einen Vorgeschmack von den Widerstandsmaßnahmen zu geben, die vorerst einzig gegen die Rowlatt Bill vorgesehen waren; doch ein Aktionskomitee besaß die Befugnis, andere und weniger einschneidende Gesetze auszuwählen, denen unverzüglich der Gehorsam verweigert werden konnte, wie etwa das Salzsteuer-Gesetz und vor allem anderen Verordnungen gegen verbotenes Schrifttum. Eine Zeitung mit Namen *Satyagrahi* wurde von Gandhi und Banker ohne Lizenz herausgegeben. Bücher wurden gesetzwidrig an Straßenecken verkauft; sie umfaßten das Leben Kemal Paschas, Gandhis Adaptation von Ruskins *Unto This Last* ebenso wie *Die Geschichte eines Satyagrahi* (Gandhis Paraphrase zu Platons »Tod des Sokrates«, Phaidon) und ausgedehnte Auszüge aus *The Duty of Civil Disobedience* (Die Pflicht zum bürgerlichen Widerstand) von einem gewissen Henry Thoreau, »Schulmeister aus Massachusetts.«[175]

Der Mahatma – wie er nun auf Flugblättern genannt wurde, die von ihm durchgesehen wurden – nahm an der Demonstration in Bombay teil, und der *Bombay Chronicle* ließ keinen Zweifel mehr daran aufkommen, was er damit erreichen werde, wenn er sich noch tiefer darauf einlasse:

»Lange vor Sonnenaufgang summte und brodelte es an der Küste von Black Bay vor Leben, denn sie war voller Menschen. Seit den frühen Morgenstunden waren Menschen nach Chowpatty gekommen, um in der See zu baden .... Es war ein Black Sunday, und das Tagesprogramm hatte mit einem reinigenden Bad in der See begonnen .... Mr. M. K. Gandhi war zusammen mit einigen Freiwilligen unter den ersten Ankömmlingen in Chowpatty, und gegen 6.30 Uhr morgens oder noch früher hatte er auf einer der Steinbänke Platz genommen, mit ihm etwa hundert Satyagrahi, die sich um ihn gesammelt hatten ... Als der Tag voranschritt, strömten weitere Menschenmassen der Küste zu. Alle neu Hinzugekommenen nahmen zuerst ein Bad in der See und setzten sich dann in einem Kreis um Mr. Gandhi. Auf diese Weise schwoll die Menge immer mehr an, bis sie zu einer einzigen gewaltigen Menschenmasse angewachsen war. Als die Zeit für die Versammlung am Chowpatty-Strand näherrückte, setzte sich Mr. Gandhi in dieser Richtung in Bewegung, wobei sich ihm für kurze Zeit Mrs. Sarojini Naidu, Mr. Jamnadas Dwarkadas, Mr. Horniman und andere anschlossen. Es waren auch ungefähr fünfundzwanzig Damen unter den Anwesenden. Es war zu dieser Tageszeit ein großartiger Anblick, denn die gesamte Sandhurst Bridge wimmelte von Menschen, es müssen insgesamt annähernd anderthalb *lakh* (150 000) gewesen sein .... Alle Gemeinschaften waren vertreten – Mohammedaner, Hindus, Parsis etc. und ein Engländer.«[176]

Die Rede des Mahatma begann mit der Willenserklärung, daß er so wenig wie möglich sagen wolle bei diesem »Anlaß .... der für die meisten von uns vielleicht der ernsteste und schwerwiegendste ihres Lebens ist .... und dessen Wirkung um so beredter, vielsagender sein wird, je mehr wir uns langer Reden enthalten«. Dennoch war seine Rede weit ausholend und diente der Verteidigung. Denn der Zwischenfall anläßlich der vorzeitigen Delhi-Demonstration (ob sie nun durch schlampige Nachrichtenübermittlung oder eigenmächtige Eingriffe von seiten der Bosse in Delhi verschuldet war, läßt sich nicht mit Sicherheit feststellen) war ein Beweis für die Tatsache, daß, selbst wenn es dem Mahatma gelingen mochte, den jetzt gewaltig angewachsenen Kern seiner Gefolgschaft zurückzuhalten, er keinen Einfluß auf den Mob am Rande ausüben konnte, ebensowenig wie auf die panikartige Rücksichtslosigkeit der aufgescheuchten Obrigkeit, die sich einer unberechenbaren Massenstimmung gegenübersah. Der Vorschlag des Mahatma, daß die Regierungsbeamten bestrebt sein sollten, die Masse besser der Lenkung ihrer eigenen Führer zu überlassen, als die Menschen durch einen Einsatz von Gurkhas mit angelegtem Gewehr und blanken Messern einzuschüchtern, war genau eine jener auf der Hand liegenden Forderungen, für die kaum ein Machthabender je Verständnis aufbringt.

Der Mahatma verbrachte die Zeit in einer Art ruhiger Zwiesprache, indem er, auf einer der Steinbänke sitzend, der Menge von jenem Polizeichef in Durban erzählte, der, umgeben von nur einer Handvoll Polizeibeamter, im Jahre 1897 friedfertig (und arglistig) eine Menge von 6000 Europäern zerstreut hatte, die entschlossen waren, »jemanden zu lynchen, der ihnen, soweit ich weiß, keine Ursache dazu gegeben hatte«. Doch bald schon leitete seine Kritik über von der Polizei Delhis zur eigenen Anhängerschaft, die geräuschvoll gegen die Festnahme der ersten Satyagrahi protestiert hatte.

»Festnahme und Gefängnis sind es, was wir durch bürgerlichen Ungehorsam anstreben. Es steht uns daher nicht an, uns beidem zu widersetzen. Außerdem war es falsch, daß wir nicht auseinandergegangen sind. In dieser Bewegung steht es den Satyagrahi nur frei, einzig denjenigen Gesetzen den Gehorsam schuldig zu bleiben, die zu diesem Zweck durch das Komitee ausgewählt werden, wie es in unserer Eingabe in Erwägung gezogen wurde.

Wenn wir es erst gewohnt sind, Disziplin und Selbstkontrolle anzunehmen, Führungsqualitäten und Tugenden des Gehorsams sich herausbilden, werden wir besser dazu imstande sein, bürgerlichen Ungehorsam zu entbieten, doch bevor wir diese Eigenschaften nicht entwickelt haben, konnte ich keinen anderen Rat geben als den, daß wir zum Ungehorsam uns nur solche Gesetze aussuchen sollten, denen einzelne den Gehorsam versagen können ..... Und wenn wir dann den notwendigen Wissensstand und das erforderliche Maß an Disziplin erlangt haben, werden wir entdecken können, daß selbst Maschinengewehre und alle anderen Waffen, einschließlich der Seuche moderner Flugzeuge, aufgehört haben werden, uns zu beunruhigen.«[177]

Einige Resolutionen wurden durch Akklamation verabschiedet, darunter auch

»die schlichte, inständige Bitte an den indischen Innenminister, daß es ihm gefallen möge, Seine Majestät den König zu beraten, das Gesetz gegen revolutionäre und anarchistische Verbrechen nicht passieren zu lassen, und ein ähnlich einfaches Ersuchen an Seine Hoheit den Vizekönig, daß es ihm gefallen möge, Rowlatt Bill Nr. 1 zurückzuziehen«.

Darauf wurde ein Prozessionszug gebildet, der sich auf den Madhav Baug Tempel zubewegte, wo ein Gebet gesprochen werden sollte. Die Freiwilligen mußten einen Kordon um ihre Führer bilden (dies war die erste und keineswegs letzte Gelegenheit, bei der der Mahatma in Gefahr geraten sollte, von einer stürmisch-verehrungsvollen Menge zu Tode gedrückt zu werden), und die gewaltigen Massen setzten sich langsam in Bewegung, von der Küste in Richtung auf das Gelände des Tempels zu. Dort sprach der Mahatma Gebete und forderte die Menge auf, sich in aller Ruhe zu zerstreuen – was sie auch taten. In den Abendstunden jenes Tages begann eine Armee von Freiwilligen, verbotene Literatur in den Straßen zu verkaufen; der Mahatma selbst erinnerte sich später voller Stolz, daß er eines seiner eigenen Bücher zu fünfzig Rupien verhökert habe. Wieder können wir in dem Brief, den Ghandi dem Polizeichef schickte, Spuren des kleinen Moniya entdecken:

Laburnum Road, Gamdevi, Bombay,
am 7. April 1919

Dear Mr. Griffith,
Darf ich Ihnen ein Exemplar der genehmigungslosen Zeitung von heute überreichen, für die ich als Herausgeber zeichne?

Hochachtungsvoll
M. K. Gandhi [178]

Doch bis jetzt hatte Gandhi noch allen Grund zu frohlocken: anfängliche Berichte über Zusammenstöße in Kalkutta wurden in einem Fernschreiben dementiert, das nun statt dessen berichtete, daß am Satyagraha-Sonntag alle Geschäfte und Märkte geschlossen seien und daß eine Menge von 200 00c Menschen demonstriert und sich danach friedlich aufgelöst habe – mit nur ganz wenigen, unbedeutenderen Zwischenfällen.
Am 8. April jedoch begab sich Gandhi nach Delhi und in den Pandjab, und jetzt folgte ihm stehenden Fußes ein Crescendo von Zwischenfällen. Es sollte eine Friedensmission werden, doch die Amtsgewalt fühlte sich nun hinreichend provoziert, ihn festzunehmen, noch ehe er in Delhi angelangt war, und ihn zu zwingen, nach Bombay zurückzukehren, wo man ihn freilassen werde, wenn er einwilligte, sich im Stadtbereich aufzuhalten. Sich der möglichen Konsequenzen nicht ganz bewußt, war er, wie üblich, begeistert, festgenommen worden zu sein. Er fühlte sich niemals glücklich darüber, anderen das Leben schwerer zu machen, solange er nicht Gelegenheit zu einer Demonstration des »Selbstleidens« erhielt. Auf der Bahnfahrt zurück nach Bombay und unter Bewachung schrieb er an Esther Fearing:
»Heute bin ich vielleicht der glücklichste Mensch auf Erden. Während dieser letzten beiden Monate habe ich schrankenlose Liebe erfahren. Und nun finde ich mich als Verhafteten wieder, obwohl ich niemandem übel will und obgleich ich der einzige Mann bin, der heutzutage Indien den Frieden zu erhalten vermag wie sonst wohl kein anderer Mensch. Meine Gefangenschaft wird daher den Übeltäter in all seiner Nacktheit überführen. Und er kann mir kein Leid zufügen, denn mein Geist bleibt ruhig und gelassen.« [179]
Die Wendung »ich bin der einzige Mann, der ..« spricht wieder einmal deutlicher denn je für die Hybris des Erlöser-Politikers, für die er auch diesmal teuer bezahlen sollte. Denn gerade die

Nachricht von seiner Verhaftung verursachte schwere, sich ausbreitende Unruhen; und insbesondere das (unzutreffende) Gerücht von der Festnahme Anasuyas verleitete die Arbeiterschaft Ahmedabads zum Aufstand.
Davon hatte der Mahatma bislang noch keine Kenntnis. Vielmehr erwartete er es so wenig, daß er sich, als er dem Polizeichef in Bombay vorgeführt wurde, geradezu noch für die Ahmedabader verbürgte. Der Polizeichef, der bereits im Besitz der ersten Berichte war, versuchte, ihm die Warnung zugehen zu lassen, daß die Polizeioffiziere wohl besser dazu in der Lage seien als der Mahatma, die Wirkung seiner Lehren auf die Massen zu beurteilen. »Sie werden ihrem natürlichen Instinkt folgen«, sagte er. Gandhi erwiderte stolz, daß er ebenso überrascht wie schmerzlich berührt sein würde, sollten irgendwo Unruhen ausbrechen, und von allen Orten gerade in Ahmedabad. Doch es war geschehen; und Gandhi eilte zurück in seine Heimatstadt, die er bereits im harten Griff des Kriegsrechts fand. Ein britischer Offizier (außer Dienst) war brutal ermordet worden, und die Bevölkerung hatte sich »blindwütigem Aufruhr« überlassen, der auf die eine oder andere Weise den Tod von nahezu fünfzig Menschen, zumeist Indern, zur Folge hatte. Gandhi kam um die Erlaubnis ein, eine Massenversammlung im Ashram abzuhalten, wo er sogar noch die Schuld des zügellosen Mobs auf sich nahm:
»Nun bleibt mir, anstatt nach Delhi gehen zu können, hier die Pflicht zu tun, Satyagraha gegen unser Volk zu kehren, und sosehr es mein fester Entschluß ist, Satyagraha selbst um den Preis des Todes einzusetzen, um die Zurückziehung der Rowlatt-Gesetzgebung sicherzustellen, halte ich jetzt den Zeitpunkt für gekommen, zu dem sich Satyagraha gegen uns selbst richten sollte, und zwar wegen der Gewalttaten, die sich ereignet haben. Und ich werde meinen Leib dabei als Opfer einsetzen, solange wir nicht vollkommenen Frieden wahren und von Gewalt gegenüber Person und Eigentum Abstand nehmen.«[180]
Er begann ein dreitägiges Fasten und forderte jeden Einwohner Ahmedabads dazu auf, zu einem Fonds für die Familien derjenigen Engländer beizutragen, die getötet oder verwundet worden waren. Es gab keine weiteren Unruhen mehr, doch erwog Gandhi, der jetzt im Besitz ähnlicher Nachrichten aus anderen Gegenden war, die gesamte Kampagne »vorübergehend« auszusetzen. Am 19. April 1919 tat er es dann auch. Noch immer

fühlte er sich zu der Überzeugung berechtigt, daß die Gewalttätigkeiten nicht als direktes Resultat seiner disziplinierten Satyagraha ausgebrochen waren, sondern im Gefolge des Zusammenstoßes zwischen nervöser Polizei und dem Mob am Rande aufgetreten sein müßten. Dennoch erkannte er an, daß die Satyagraha-Bewegung eines härteren und disziplinierteren Kerns erfahrener Freiwilliger bedürfe: dies, so sagte er, sei seine »himalajische Fehlrechnung« gewesen.

War nun die Kampagne ein »Fehlschlag« und ging die Initiative *wirklich* »an die Opposition über«, was dem Führer einer Satyagraha niemals passieren durfte? Nicht, wenn man es, wie ich glaube von einem längerfristigen Standpunkt her betrachtet. Denn gerade durch diese zeitweilige Suspendierung behielt sich der Mahatma die Initiative vor und demonstrierte damit seine Fähigkeit, eine nationale Bewegung von nie dagewesener Großartigkeit allererst zu mobilisieren und ihr sodann Einhalt zu gebieten. Im Gegenteil, es war vielmehr die Regierung, die durch ihre nervöse Handlungsweise und die von ihr bewiesene nackte Gewalt unwiederbringlich das Gesicht verlor und Hilfestellung bei der Herbeiführung von Ereignissen leistete, die dem Kolonialismus in Indien ein endgültiges Schicksal bereiteten. Und wie das zentrale Problem eines Zeitalters oft ziemlich unbeabsichtigt schlaglichtartig durch einen Zeloten beleuchtet wird, der einen »ismus« schafft, in dem es in nun nicht mehr auszulöschender Niedertracht fortlebt (wie dies in unserer Zeit durch Senator Joseph P. McCarthy geschehen ist), so erschien plötzlich in Person eines britischen Brigadegenerals der »Dyerismus« auf der Szene.

In zehn Minuten dichtester, gedrängtester Geschichte schuf er ein Modell für kaltblütigen militärischen Mord, der den Kolonialismus auf dem Gipfel seiner Brutalität zeigte.

Am 13. April 1919 hatte General Dyer den Bürgern von Amritsar, der heiligen Stadt der Sikhs im Pandjab, die Abhaltung einer öffentlichen Versammlung verboten. Einige wenige Tausend, darunter viele in Unkenntnis der ergangenen Verordnung, hatten sich, wie vorher geplant war, unbewaffnet auf dem verwahrlosten Gelände eines öffentlichen Gartens versammelt, der Jallianwalla Bagh genannt wurde und rings von hohen Mauern umgeben war, die Zugang und Ausgang nur durch wenige enge Tore gestatteten. Der General hatte seinen Männern Befehl gegeben, »auf den Mob zu feuern«. All dies ist berüchtigt geworden als das »Massaker von Jallianwalla Bagh«. Doch das Wort »Massaker« vermittelt die Vorstellung eines »heißen« Blutbades durch eine Horde zügelloser Soldateska oder einen Mob. Es vermittelt keine Anschauung von der Kaltblütigkeit dieses Ereignisses, das seiner Natur nach eher mit mechanisiertem Totschlag verglichen werden kann. Die Soldaten standen auf leicht ansteigendem Gelände, nur etwa 150 Meter von der ersten Reihe einer völlig unbewaffneten Menge von 10000 Menschen entfernt, die in einer Ecke des mauerumgebenden Grundstücks zusammengedrängt waren. Fünfundzwanzig von den Soldaten des Generals waren mit Gewehren ausgerüstet; der General befahl ihnen, ohne Vorwarnung das Feuer zu eröffnen, und die Männer feuerten 1600 Schuß in zehn Minuten ab, durch die 379 Personen getötet und 1137 verwundet wurden. Somit vergeudeten sie auf diesem Schießstand weniger als ein Zehntel ihrer Munition.

Ich führe diese wohlbekannten Einzelheiten hier an, weil man versuchen muß, sich vor Augen zu halten, was aus dem Menschen mit militärischem, oder vielleicht sollte ich besser sagen, Polizei-Verstand geworden ist, der sich im Besitz mechanischer Waffen weiß. Nicht, daß man sich in Gedanken eine Gesellschaft ausmalen könnte, die schlechthin ohne Polizei wäre, oder daß man nun der Sitte anheimfallen sollte, Polizisten als eine besondere Gattung, wie Handlanger, zu behandeln. Sie sind nicht mehr als bereitwillige Marionetten, die einem überwältigenden Hang der menschlichen Natur dienstbar sind, nämlich brutaler Selbstgerechtigkeit. Ich kann diesen Punkt nicht stärker hervorheben, als indem ich dem Leser meinen offenen Brief an den Mahatma in Erinnerung rufe, als ich Grund hatte, auch ihn der impliziten Gewalttätigkeit in seinem Gebrauch von Polizeitechnik und wegen seiner Aburteilung der badenden Kinder in Südafrika anzuklagen. Denn wir sind alle dem Polizei-Verstand anheimgefallen; und sobald wir erst einmal gelernt haben, »den anderen« – *jedes* lebende menschliche Wesen am falschen Ort, in der falschen Kategorie, oder in der falschen Uniform – auf einen schmutzigen Flecken in unserem moralischen Gesichtsfeld zu reduzieren und einzuengen, ihn potentiell zu einer bloßen Zielscheibe im Visier unseres Gewehres (oder dem unserer Soldaten) zu machen, befinden wir uns auf dem verhängnisvollen Weg der Mißachtung und Vergewaltigung des menschlichen Wesens, wenn nicht gar auf dem zur Auslöschung menschlichen Lebens.

Was also kann der Polizeichef von Bombay damit gemeint haben, als er vom »Instinkt« der Massen sprach? Und welche Art Instinktverirrung erklärt den Polizei-Verstand, der im Bewußtsein des Rechts sowohl wie mit Akkuratesse ein Massaker veranstaltet? Die Erörterung dieses Problems müssen wir den Schlußfolgerungen am Ende des Buches vorbehalten. Vorläufig können wir feststellen, daß das Kennzeichen der Tat des Mahatma von 1919 darin besteht, der Menschheit mit Gewaltlosigkeit als der Alternative zu diesen Aberrationen begegnet zu sein. In einer Periode, als stolzgeschwellte Staatsmänner von einem »Krieg« sprechen konnten »... der allem Krieg ein Ende macht«; als die Superpolizisten von Versailles sich im Ruhm eines Friedens baden durften, »der die Welt der Sicherheit der Demokratie überantworten« sollte; als die Revolutionäre in Rußland sich dem Glauben hingeben konnten, daß Terror der Beginn für ein endgültiges »Absterben des Staates« sei – während derselben Periode konfrontierte *ein* Mann in Indien die Welt mit dem eindringlichen Hinweis auf ein neues politisches Instrument, das – ausgestattet mit einer neuen Art religiöser Inbrunst – womöglich der Menschheit noch eine Wahl läßt.

Ein Querschnitt durch die indische und die überseeische Presse der Jahrgänge 1918 und 1919 bietet ein faszinierendes Spektakel hinsichtlich der Art und Weise, in der Gandhis Name, der jetzt zunehmend zum Synonym für »Mahatma« wurde, der Beachtung einer nach Charisma hungernden Welt zur Kenntnis gebracht wurde; doch dies wäre schon wieder Gegenstand für ein weiteres Buch. Vielleicht am prophetischsten war Gilbert Murrays Bezugnahme im Londoner *Hibbert Journal* vom Juni 1918 auf »eine Schlacht zwischen einer Seele und einer Regierung«. Gandhi, so sagte er voraus, würde zu einem »gefährlichen und unbequemen Gegner werden, weil sein Körper, den man jederzeit besiegen könnte, ein so einflußloses Machtmittel gegen seine Seele darstellt«.

In einer Sitzung des Indian National Congress im Delhi des Jahres 1918 hatte der Präsident, Pandit Malaviya, eine Ruhmesliste eindrucksvoller Namen von Wissenschaftlern, Dichtern, Rechtsanwälten, Richtern, Patrioten und Männern des öffentlichen Leben abgelesen, bevor er hinzufügte »und eines Dieners der Menschheit wie Mr. M. K. Gandhi sowie der Soldaten wollen wir noch eingedenk sein, die eine gute Vorstellung ihrer selbst in allen Theatern des Krieges gegeben haben«[181]. Als ein Jahr später der damalige Präsident des Kongresses, Nehru der Ältere, ein erstes Mal Gandhis als des »Mahatmaji«[182] Erwähnung tat, gab er nur die amtliche Bestätigung der Tatsache, daß Gandhi und seine Bewegung tiefe und bleibende Wurzeln in die indischen Massen gesenkt hatten. Im Jahre 1920 schließlich übernahm der Mahatma die politische Führerschaft. Bis dahin hatte er in einer beinahe spöttischen Art darauf bestanden, sich nur hinsichtlich gewisser untergeordneter Ersatzbeschäftigungen, wie Geldsammlungen und Entwerfen von Resolutionen, als einen professionellen politischen Experten auszugeben; doch jetzt verlieh ihm der Kongreß das Mandat, die gesamte Organisation zu revidieren, angefangen mit der Gründung von Parteizellen auf den Dörfern bis zu einer Neubestimmung der Funktion von Hauptversammlungen. Denn er war nun wahrhaftig »der einzig Verfügbare« bei der politischen Aufgabe, die Unabhängigkeitsbewegung im Geist der indischen Massen zu verankern. Und er vermochte jetzt als ganzer Mann zu leben und Aufgaben zu erfüllen: als geistiger Führer ebenso wie als scharfsinniger Rechtsanwalt und sachkundiger Politiker, und dies nicht in dem Streben nach den Insignien der Macht, sondern nach einer Stellung, die über alle bestimmten Berufe hinausliegt – eine Stellung, die ihm gestatten sollte, *caritas* mit »rational effizientem politischem Verhalten«[183] zu verbinden.

Vierter Teil

Die Hebelkraft der Wahrheit

I. Kapitel
Homo religiosus

Zum Zeitpunkt des Streiks von Ahmedabad war Gandhi achtundvierzig Jahre alt: in der Tat, ein Mahatma in mittleren Jahren. Daß er schon im darauffolgenden Jahr zum Landesvater aufstieg, verleiht der Tatsache nur noch größere Bedeutung, daß die mittlere Lebensspanne unter der Dominanz jenes allgemein-menschlichen Bedürfnisses und der Kraft steht, die ich unter den Begriff der *Generativität*, der zeugenden Fähigkeit subsumiert habe. Ich habe gesagt, daß in diesem Stadium ein Mann und eine Frau für sich selbst definiert haben müssen, was und wer für sie von Belang ist, was sie bestrebt sind, mit Kompetenz zu leisten, und wie sie es planen, sich weiterhin um dasjenige zu sorgen, was sie begonnen und geschaffen haben. Doch es ist klar, daß der große Führer für sich selbst wie für viele andere neue Möglichkeiten der Wahl eröffnet und neue Anliegen setzt. Diese bezieht er aus einem machtvollen Getriebensein, aus einer intensiven und dennoch biegsamen Energie, einer schockierenden Originalität und einer Fähigkeit, seiner Zeit aufzuprägen, was ihn am tiefsten bewegt – was er in einer derart überzeugenden Weise vollbringt, daß seine Zeit zu dem Glauben gelangt, daß dieses sein Anliegen, dies ihn Bewegende »natürlich«, aus reifen Notwendigkeiten hervorgegangen sei. Und Historiker müssen mir hierin zustimmen, denn sie sind lediglich imstande, das Zusammenfließen zu demjenigen zu studieren, was zum Vergangenen geworden ist und berichtet werden soll – es sei denn, natürlich, sie sind zu der Schlußfolgerung gelangt (dies gilt für nicht eben wenige unter ihnen), daß Indien heute, wenn nicht gar wesentlich besser, so doch kaum um vieles schlechter dastehen würde, wenn dieser Mann niemals gelebt hätte. Und in der Tat, verglichen mit den charismatischen Männern seiner Zeit, erscheinen Gandhi und seine »innere Stimme« mehr stimmungshaft-persönlich, mehr mystisch-religiös und ideologisch gestaltloser als jeder andere von ihnen. Es gibt nichts weniger Folgerichtiges in den Ansichten der Kritiker Gandhis als den Vorwurf mangelnder Konsequenz: das eine Mal wird er beschuldigt, sich wie ein Sozialist anzuhören, das andere Mal, daß er ein verträumter Konservativer sei; oder aber ein Pazifist und wütender Militarist; ein Nationalist und ein »Kommunist«, ein Anarchist und jemand, der der Tradition hingegeben sei; ein westlicher Aktivist und ein östlicher Mystizist; ein total religiöser Mensch und dennoch so liberal, daß er sagen konnte, er erkenne Gott selbst noch im Atheismus des Atheisten. Hatte dieser polymorphe Mann ein festes, unverrückbares Zentrum?

Wenn ich, um das Spiel noch weiter mitzumachen, seiner einzigartigen Präsenz einen Namen geben sollte, der meinen Ansichten entspricht, dann würde ich ihn einen *religiösen Aktualisten* nennen. Meine klinischen Überlegungen haben mich dahin geführt, die Notwendigkeit einer Aufspaltung dessen zu erkennen, was wir mit dem Wort »real« meinen, und zwar einmal in dasjenige, was gewußt werden kann, weil es nachweisbar richtig ist (faktische Realität), und in dasjenige, was im Handeln, in der Aktion, im Vollzug als effektiv wahr empfunden wird (Aktualität)[1]. Gandhi nahm aus der indischen Kultur einen Wahrheitsbegriff *(sat)* auf, den er in allen Bereichen des menschlichen Lebens und durch alle Stadien sich erhaltend, die seinen Verlauf ausmachen, zu aktualisieren versuchte. Ich werde im nächsten Abschnitt mit allem Nachdruck die Behauptung vertreten, daß der Mahatma (trotz seiner Feindschaft gegenüber allem Erotischen) mit Bezug auf seine körperliche Verfassung ein überaus eindrucksvolles Exemplar gewesen ist – was durch Filme attestiert wird, die ihn wesentlich agiler und aus »einem Guß« zeigen, als die meisten Menschen zu sein scheinen.

Zugleich war er ein so echter Inder, wie sich nur einer denken läßt, sich stets der Tatsache bewußt, daß die gewaltige Bevölkerung seines Landes nur durch eine alte Kultur zusammengehalten wurde, die, wenngleich im Zerfallen, alles war, worauf Indien angesichts der unumkehrbaren Modernisierung zurückgreifen konnte. Als Inder war er geborener Bania, und als Bania und Gujarati beschritt er den schicksalhaften Pfad zu einer gesamtindischen Mahatmaschaft. Doch während er lernte, sachkundig von demjenigen Gebrauch zu machen, worin seine erste professionelle Identität bestanden hatte, und zwar in der eines Barristers nach englischem Muster, und während er späterhin zum machtvollen Politiker indischen Stils wurde, blieb er stets unbeirrbar bestrebt, sich dem »Geschäft« religiöser Menschen zu widmen, nämlich seine Augen offenzuhalten für die allesbedeutende Tatsache, daß jeder einzelne von uns mit einem einzigartigen Gewissen und einer Eigenverantwortlichkeit existiert, die ihn sich gleichzeitig als Nichts erfahren lassen und als einen, der alles ist, als ein Zentrum absoluter Stille und einen Wirbel apokalyptischer Partizipation. Ein Mann, der die historische Parade von Kulturen und Zivilisationen, Stilen und -ismen durchmustert, die den meisten von uns ein sieghaftes und dennoch zugleich zerbrechliches Gefühl unsterblicher Identität, seines so und nicht anders bestimmten Status und kollektiver Grandeur vermitteln, wird auch der zentralen Wahrheit unserer Nichtigkeit ansichtig – und gewinnt daraus, *mirabile dictu*, für sich Stärke.

Gandhis Aktualismus also bestand vor allem in seinem Wissen darum – und der Fähigkeit dazu, daraus Kraft zu schöpfen –, daß nichts in der Welt mächtiger ist als bewußt erlebte Nichtigkeit, sofern sie mit der Gabe gepaart ist, Wirklichkeit zu geben und zu empfangen. Es liegt nicht bei mir zu sagen, was diese Macht *ist;* dennoch erfordert sie offenkundig den wendigsten Verstand und ein überaus erfahrenes Herz, denn sonst würde sie unausweichlich zwischen Größenwahn und Selbstzerstörung zerdrückt. Was die übrige Menschheit betrifft, so habe ich eine Ahnung, daß ein solcher Mensch von dem Bedürfnis aller Menschen gehalten wird, jene wenigen zu finden, die glaubwürdig auf sich nehmen – und demjenigen Bedeutung zu verleihen scheinen –, was andere immerfort verleugnen müssen und dennoch keinen Augenblick vergessen können. Freud könnte, in einer seiner »ökonomischen« Stimmungen, durchaus gesagt haben, daß, psychologisch gesprochen, solche Menschen die anderen nicht so sehr vor ihren Sünden retten (Freud würde kaum für sich beanspruchen, darum zu wissen), sondern sie vor der phantastischen Anstrengung bewahren, die offenkundigste aller Tatsachen *nicht* sehen zu wollen: daß das Leben von Nicht-Leben umgeben ist[2].

Die indische Kultur hat (gleich allen anderen) aus dieser besonderen Sendung heiliger Männer eine allgemeine und oftmals ausgesprochen korrupte Einrichtung gemacht, und Ghandhi war sich stets der Tatsache bewußt, daß er durch die Mahatmaschaft bis an die Grenze der Un-Wirklichkeit typisiert werden könnte. Um so mehr erachtete er es für seine Pflicht, seine spirituelle Macht in politischen Realitäten wirksam werden zu lassen – wofür er sowohl eine besondere Begabung mitbrachte, als auch, wie wir gesehen haben, vorteilhafte Identifikationen. Ich denke, daß jener Mann recht hatte, der sagte, daß Gandhi jedesmal, wenn er seiner inneren Stimme lauschte, die laute Klage des Volkes hörte. Es mag gerade diese Allianz zwischen der inneren Stimme und der Stimme der Menschheit sein, die einen solchen Menschen zuweilen empfindungslos gegenüber jenen machen muß, die ihm durch Familienbande nahestehen.

Swaraj im Sinne von »Home-rule« *und* Selbstregierung entsprach voll und ganz Gandhis »Art«: wenn die Mächtigkeit des Wirklichen – wie wir jetzt hinzufügen können – in einer wechselseitigen Steigerung zu einer sowohl größeren wie auch vertieften Einheit unter den Menschen besteht, dann muß jeder einzelne damit beginnen, wirklich zu werden, indem er dasjenige miteinander verbindet, was in seiner individuellen Entwicklung und in seiner geschichtlichen Zeit gegeben ist. Ghandi, so denke ich mir, würde sich jene Aussprüche Luthers zu eigen machen, die ich einst als diejenigen ausgewählt habe, die das Wesen des religiösen Aktualismus ausmachen: *Quotidianus Christi adventus* – Christus naht sich heute; *via dei est qua nos ambulare facit* – es ist Gottes Weg, der uns gehen macht; *semper oportet nasci, novari, generari* – wir müssen stets wiedergeboren, erneuert, umgeschaffen werden; *proficere est nihil aliud nisi semper incipere* – genug zu tun heißt nichts anderes, als stets von neuem beginnen. Damit geht aus der Hinnahme der Nichtigkeit hervor, was die eine, zentrale und zugleich am meisten in sich schließende, zeitlose und wirkliche, bewußte und aktive Stellung im menschlichen Universum ist. Wir haben gesehen, daß sich Gandhi niemals zu stolz dafür dünkte, eine allgemeine Bedeutung in kleinsten Begebenheiten zu finden, denn er wußte, daß man so lange auf den Werten der Kindheit aufbauen muß, wie sie durch Erfahrung bewahrheitet werden, bis man dann eine weitere Bereiche deckende Wahrheit erkennt, die jene andere relativ oder obsolet macht. Daher konnte Gandhi ein Jain sein und es auch bleiben – eine Religion, die natürlich rituelle Wahlmöglichkeiten in einer Mannigfaltigkeit von Vorstellungen und Werten bereitstellt – und dennoch zugleich einiges vom Wesen anderer, aller anderen Religionen in sich aufnehmen. In derselben Weise vermochte er in Symbiose mit der Technologie seiner Zeit zu leben und dennoch die Tatsache zu begreifen und auszunutzen, daß ein symbolischer und pragmatischer Gegenstand wie das Spinnrad in Hunderttausenden von Ortschaften dramatisch in Gang setzen konnte, was zu jener Zeit keineswegs schon zur Industrialisierung reif war.

Hier wie in so vielen anderen Aspekten seines Lebens ist das Auftauchen einer Inkonsequenz einzig Funktion mangelnden Unterscheidungsvermögens seiner Kritiker im Hinblick auf sich der genauen Definition entziehende Zwecke und sich selbst verwirklichende Mittel. Denn es vollzieht sich in der Sphäre der alltäglichen Mittel, daß *dharma*, das Praktische, und Ethik zusammenfallen, weswegen derjenige, dem das Summen des *charkha* ein Verehrungsvolles ist, von der Wirklichkeit nicht weiter entfernt ist als jener, der sich vom Pulsschlag industrieller Aktivität belebt fühlt. Insofern jeder einzelne Arbeiter in gesammelter Aufmerksamkeit sich die Grundgestimmtheit und den Stil seiner Tätigkeit erhält und solange diese Aktivität ihn über sonst brachliegende oder sich zurückbildende Potentiale hinaushebt, hält er sich an das Gandhische Diktum, daß die Mittel »Zwecke im Entstehen« oder »Zwecke im Prozeß«[3] sind. Ein »wahrer« Mensch wird demgemäß weder auf Mittel noch auf Zwecke nur um ihrer selbst willen fixiert bleiben. Er wird weder sich selbst noch anderen gestatten, üble Mittel mit der illusorischen Rechtfertigung zu gebrauchen, daß ihr »nur über kurze Zeit« fortgeführter Einsatz eine utopische Zukunft zum Ziel haben werde, in der die Wahrheit endlich zum allgemeinen Mittel wird – so daß fortan die Welt auf ewig befreit sei zur Demokratie oder frei für den Kommunismus, frei für eine Gesellschaft ohne Staat oder dergleichen mehr. Was heute wahr ist, wird, wenn es nicht ergriffen wird, niemals wieder wahr sein; und was jetzt unwahr ist, wird niemals, durch keinen Trick, jemals später zur Wahrheit werden. Demgemäß würde ich die Wahrheitskraft des religiösen Aktualisten folgendermaßen interpretieren und in aller Bescheidenheit und Demut auslegen: Bereit zu sein, für dasjenige zu sterben, das wahr ist, bedeutet, die einzige Chance zu ergreifen, ein erfülltes Leben hinzubringen.

Der religiöse Aktualist indessen wird unvermeidlich ein religiöser Erneuerer, denn gerade seine Leidenschaft und Macht werden ihm den Wunsch eingeben, aktuell auch für andere zu machen, was ihn »aktualisiert«. Das kann bedeuten die Schaffung oder Umgestaltung von Institutionen, oder es kann den Versuch bedeuten, die Nichtigkeit zu institutionalisieren. Die Konzeption der Hindus vom Lebenszyklus gewährt, wie wir gesehen haben, in der Jugend Zeit für das Erlernen ewiger Dinge, und gegen Ende des Lebens die Erfahrung, beinahe zur Nichtigkeit ausgelöscht zu sein, während der Lebensmitte eine Zeit vorbehalten ist, in der man sich der »Bewahrung und Erhaltung des Lebens« widmet, d. i. Zeit für eine überaus intensive Verwirklichung des Erotischen, der zeugenden Fähigkeit und der Gemeinschaftsbindungen: in diesem Lebensabschnitt muß der erwachsene Mensch den Tod um des neugeborenen Individuums und der kommenden Generationen willen vergessen. Doch diejenigen mittleren Alters bedürfen um so mehr des Ausnahme-Menschen, der es sich leisten kann, seiner eingedenk zu sein, und sie werden regelmäßig und über weite Entfernungen reisen, um an seiner unnennbaren Macht teilzuhaben. Wir haben gesehen, wie sehr es Gandhi zuweilen darauf ankam, ein Haushälter zu werden, denn wäre er durch seine Kindheirat nicht auf einen normalen Lebenslauf festgelegt worden, so hätte er ebensosehr ein mönchischer Heiliger werden können und nicht der, zu dem er schließlich wurde: Politiker und Reformator mit einer Heiligkeit ehrenhalber. Denn die wahren Heiligen sind jene, die den Zustand der Haushälterschaft in das Haus Gottes überführen, indem sie Vater und Mutter, Bruder und Schwester, Sohn und Tochter aller Schöpfung werden, eher noch als für ihre eigene Nachkommenschaft. Doch sie vollbringen dies in einer festgelegten »Ordnung«, und sie sind Schöpfer von oder Teilhabende an Ritualen, die jene umschließen und ihnen Frieden geben, die in vergänglicher Wirklichkeit leben müssen.

Wirklichkeit indessen ist keineswegs bloße Negation des Nichtseins. Wie ich bereits angedeutet habe, als ich den Lebenszyklus der Hindus darlegte, ist Wirklichkeit das Komplement des Nichtseins, und daher tiefgreifend und unvermeidlich mit der instinktiven Energie und den elementaren Bestrebungen der zeugenden Fähigkeit ausgestattet. Deswegen auch wird Männern und Frauen durch Instinkt und Sitte eine Zeit »zugeteilt«, in der sie den Tod vergessen, so daß sie das Leben ihrer eigenen Art erhalten können. Hierin liegt der Ursprung der einen Form der »Größe«, der Größe von Gründungsvätern, die ein Territorium als ihr eigen abstecken und seine Eroberung sanktionieren, der Größe von Führern, die das Töten derer sanktionieren, die von wieder anderen Führern gelenkt werden; und der Größe junger Helden, die im Töten anderer selbst getötet werden. Hier auch liegt der

Ursprung all jener mutuellen Differenzierungen in Dogmen und Ismen, die große und immer größere Gemeinschaften zu Machtsphären verbinden, die erweiterte, eine größere Zahl von Elementen in sich schließende Identitäten zu bieten haben. Doch jede derart verfestigte Formation zehrt von ihrer Exklusivität und wird zum neuen Beispiel einer »Pseudospezies«.

Religiöse Präsenz jedoch hat (obwohl sie oft mit vorübergehender Herrschaft verbunden ist) eine Affinität zur Erfahrungswelt der Frauen, die in ihrem Dasein und ihrer praktischen Religiosität gemeinschaftlich in ihrem alltäglichen Pflichtenkreis dasjenige weben, was wirklich »die Welt zusammenhält«, und die – während die Helden Tod heraufbeschwören – den Tod als innersten Bestandteil eines grenzenlosen und schrankenlos sich wiedergebärenden Lebens erfahren können.

So unzulänglich solche Worte sind, mögen sie doch zumindest in angemessener Weise auf dasjenige vorbereiten, was in Gandhi am problematischsten ist. Im Sinne des hinduistischen *Brahmacharya* asketisch zu sein, bedeutet keineswegs, daß man sexuell nicht aktiv ist oder sich seiner Männlichkeit begibt; vielmehr ist es ein Heraustreten aus der alltäglichen Konsolidierung und Erhaltung dessen, was beide Geschlechter gemeinsam schaffen und worum sie Sorge tragen, vereinigt in einer Illusion, die durch jedes einzelne Kind unvermeidbar und in einer glanzvollen Weise zu einem Wirklichen gemacht wird.

Doch der Führer in mittleren Jahren ist auch mit Sorgen beladen und bürdet sie anderen auf, und zwar mit solchen, die tiefer und tragischer sind als die, die sich gewöhnlich ergeben. Die jeweils von ihm in idiosynkratischer Manier getroffene Wahl mag dabei Aufgaben und Sorgen schaffen, die größer sind, als er und seine Gefolgschaft jemals in ihrem Leben zu bewältigen glaubwürdig versprechen können. Doch er muß die Initiative einer ergebenen Anhängerschaft und einer unauflöslich geeinten Menge gutheißen: wer aber soll ihn sanktionieren, den Sanktionierer, und alles, was er geschaffen, begonnen, versprochen hat, in einer Zeit, in der sein Leben bereits mehr als zur Hälfte abgelaufen und dennoch schon eine totale Verpflichtung, bedingungslose Bindung eingegangen ist? Darum schreiben Männer wie Augustinus, Gandhi und Freud ihre großen introspektiven Werke – die *Confessiones*, *Meine Experimente mit der Wahrheit* und *Die Traumdeutung* – im mittleren Alter, auf der Schwelle zu einsamer Größe.

Wir sind in Gandhis Leben dem Vater-Sohn-Motiv nachgegangen – das diese Männer und andere wie sie mit nahezu monotonem Schuldgefühl in ihren Tagebüchern, Autobiographien und Selbstanalysen verfolgen. Wir sahen dieses Thema, gleich einem Spiel innerhalb eines Spiels, in jenem Brief hervorbrechen, in dem der Gandhi der mittleren Jahre seinem Sohn von einem Traum berichtet, in dem dieser Sohn ihm antat, was er einst selbst *seinem* leidenden Vater angetan hatte. Und wir begegneten ihm erneut in der sohnhaften Kapitulation des reifen Mannes gegenüber dem »bleichen« Vizekönig. Ohne Zweifel verhielt sich in seinen reifen Jahren der Mahatma in der Beziehung sowohl zu seinen Söhnen als auch in derjenigen gegenüber den wenigen Männern, die für ihn einen Vater vertreten mochten, höchst ambivalent. Doch solche Ambivalenz ist nicht schlechthin Ausdruck eines Gefühls der Schuld, aus der heraus dem erwachsenen Ödipus zu verstehen gegeben wird: »Ich habe dich gewarnt«; im Falle eines charismatischen Führers (wie gewiß auch in demjenigen des Königs Ödipus) ist sie zuinnerst Bestandteil der zeremoniösen Rolle, die derjenige innehat, der vom Schicksal zur Usurpation einer Stellung gezwungen wird, die ihm – mehr oder weniger gegen seinen Willen – von den nach Charisma hungernden Massen aufgedrängt wurde. Hier kann es nicht genügen, die Data so zu behandeln, als wären sie aus dem Krankenblatt eines Patienten hervorgegangen, der in seiner Wahrnehmung der Wirklichkeit wie in seiner Partizipation am wirklichen Geschehen auffällig beeinträchtigt ist. Wir müssen zusehen, was an den Konflikten eines »großen« Mannes im Kontext ihrer Wirklichkeit in jener historischen Periode symptomatisch ist, die sich ihn erwählt hat, ihn zu krönen und zu kreuzigen. Und Mahatma Gandhi vermochte mit all seinen Stimmungsschwankungen und Bekenntnissen für einen kurzen Augenblick in der Geschichte seine innere Stimme mit der Tendenz der menschlichen Geschichte und – wir werden gleich darauf zurückkommen – der Evolution der menschlichen Gattung in Einklang zu bringen.

Wer wollte also leugnen, daß Gandhi »ein Mann« war? Er war indessen ein indischer Mann, engagiert im Politischen, doch bestrebt, sich Heiligkeit zu erwerben. Wir waren imstande, den infantilen und jugendlichen Vorläufern eines tiefen Konfliktes zwischen Phallischem und Heiligem sowie dem zwischen väterlicher Macht und mütterlicher Sorge zu folgen. Doch gerade weil

Gandhi uns so freizügig mit konfliktgeladenen Erinnerungen ebenso wie mit Eingeständnissen seiner »unmännlichen« Strebungen versorgt, müssen wir mit unseren Interpretationen um so zurückhaltender sein; denn in seiner von ihm enthüllten Lebensgeschichte wetteifern Abnormes und Supernormales mit derart entwaffnender Offenheit, daß dasjenige, was wir versucht sein könnten, als seine Neurose zu diagnostizieren, schlechthin zum Bestandteil seiner persönlichen *swaraj* wird, zum Heimatboden seines Seins – und ein Mann kann nicht umhin, darauf aufzubauen.

Ich würde noch hinzufügen, daß in einem solchen Mann, und insbesondere bei einem Erneuerer, sehr viel phallische Männlichkeit von der drangvollen Geltendmachung seines Einflusses absorbiert zu sein scheint – und in einem gewissen lokomotorischen Umgetriebensein aufgegangen ist. Er mußte stets in Bewegung sein und andere in Bewegung setzen, ein oft übersteigertes Bedürfnis, das einzig kontrapunktiert – jedoch niemals gemindert – wird durch das entsprechende Bedürfnis, von einer höheren Inspiration bewegt zu werden – *qua mulier in conceptu* (gleich einer Frau im Akt der Empfängnis), wie Luther ohne Zögern sagt. »Empfangen« ist offensichtlich das alles einschließende Wort im Hinblick auf solche Stimmungen und Lebensabschnitte.

Doch frage ich mich, ob es jemals einen anderen politischen Führer gegeben hat, der beinahe seinen Stolz darein setzte, halb Mann und halb Frau zu sein, und der in so skandalöser Weise wie Gandhi danach strebte, mütterlicher zu sein als die Frauen, die zu diesem Geschäft geboren sind. Auch dies resultierte aus einem Zusammenfließen eines tiefempfundenen persönlichen Bedürfnisses mit einer nationalen Tendenz, denn eine primitive Mutterreligion bildet wahrscheinlich die tiefste, einflußreichste und am stärksten einigende Schicht der indischen Religiosität. Gandhi war in tiefem Schmerz dazu imstande, auf einen Stein, der dem Gedenken Maganlals gewidmet war, einmeißeln zu lassen, daß dessen Tod ihn »verwitwet habe; und Shankerlal hatte keine Bedenken, Gandhi, der ihn im Gefängnis dazu anhielt, in der Morgendämmerung sein Gebet zu verrichten und während des Tages stundenlang zu spinnen, den Vorwurf zu machen: »Die übelste Schwiegermutter würde nicht so unbarmherzig mit ihrer Schwiegertochter umspringen, wie du es mit mir tust.« Gandhi soll darauf zur Antwort gegeben haben (womit er lediglich Shankerlals Eindruck in bezeichnender Weise bestätigte): »Du wirst es später zu würdigen wissen.« Doch die feminine Bildlichkeit scheint sich zwanglos-natürlich eingestellt zu haben. Es hat natürlich viel Gerede über Gandhis Liebe zur Arbeit am häuslichen Spinnrad gegeben, die – ganz gleich, was sie in vergangenen Tagen gewesen sein mochte oder in den Tagen des nationalen *khadi* darstellte – traditionsgemäß Frauenarbeit war. All solchem Gerede indessen würde Gandhi mit dem schlichten Eingeständnis begegnet sein, daß er, ja gewiß, angestrebt habe, halb Frau zu sein, ganz so wie er Churchills herabsetzende Bemerkung über den nackten Fakir mit der Versicherung konterte, daß er, ja unbedingt, so nackt sein wolle wie nur möglich. Unbezweifelbar erkannte er eine Art sublimierten Maternalismus als notwendigen Bestandteil der positiven Identität eines ganzen Menschen und vor allem eines *Homo religiosus*. Doch zu dieser Zeit war ihm bereits alles unverhüllt Phallische zu einer entbehrlichen, wenn nicht gar verabscheuenswürdigen Angelegenheit geworden. Die meisten Männer betrachten es natürlich nicht nur als unnötig, sondern auch als gewissermaßen unanständig und sogar ehrfurchtslos, einem gottgegebenen Organ von dermaßen singulären Möglichkeiten abzuschwören; und sie bleiben zutiefst argwöhnisch und vermuten ein krankhaftes Element in einer solchen sexuellen Selbstabrüstung. Es erübrigt sich zu sagen, daß der Verdacht einer psychologischen Selbst-Kastration sehr leicht mit der jahrtausendealten männlichen Neigung in Verbindung gebracht werden kann, das Ablegen der Waffen für ein Aufgeben der Männlichkeit anzusehen. Auch hierin ist Gandhi womöglich prophetisch gewesen; denn in einer mechanisierten Zukunft mag die relative Entwertung des martialischen Modells von Männlichkeit sehr wohl zu einer freieren wechselseitigen Identifikation der beiden Geschlechter führen.

Dies ist das Buch eines Klinikers, und der Spekulation über das endgültige Schicksal des Gandhischen Maternalismus wie seiner unbestreitbaren Bisexualität zuliebe muß ich nun jenen Fall aus seinen letzten Lebensjahren erwähnen, über den man sich oft und begierig in Ost und West in geschwätziger Konversation hergemacht hat, und dies gewöhnlich mit verunglimpfenden Behauptungen wie der: »Sie wissen natürlich, daß Gandhi als alter Mann nackte Mädchen neben sich schlafen ließ.«[4] Die überzeugende Darstellung der Ereignisse, die zu dieser Geschichte führen, gibt Nirmal Boses Buch *My Days with Gandhi*[5], und ich hatte Gelegenheit, diese Angelegenheit mit ihm zu erörtern. Wenn man jedoch den beteiligten Personenkreis berücksichtigt, wird man bezweifeln müssen, ob die Geschichte jemals vollständig erzählt werden wird.

Soweit mir zu ermitteln möglich war, vereinigen sich in dieser Geschichte zwei Sachverhalte: zum einen hatte Kasturba auf ihrem Sterbebett ihren Mann gebeten, an einer verwaisten jungen Verwandten mit Namen Manu Mutterstelle zu vertreten; und er hatte diese Rolle ziemlich ernst genommen, indem er zum Beispiel um die körperliche Entwicklung des Mädchens Sorge trug und sie auf einer Matte am Fußende seiner eigenen Matte schlafen ließ, und später auch gelegentlich »in seinem Bett« – was immer eine solche Bezeichnung angesichts von Schlafgewohnheiten bedeuten mag, die weder Bettstatt noch Türen beinhalteten. Über das eindeutig Mütterliche dieses Verhältnisses wurde später schon im Buchtitel der Erinnerungen der jungen Frau kein Zweifel gelassen: *Bapu, My Mother*[6].

Dieses junge Mädchen hingegen scheint nicht die Zentralfigur in der größeren Krise gewesen zu sein, die eine so große Unruhe unter Gandhis Freunden hervorrief. Diese ereignete sich in der allerletzten Lebensphase Gandhis, als der Mahatma 77 und 78 Jahre alt war und in einer an König Lear gemahnenden Verzweiflung rastlos zwischen den Stürmen und Ruinen kommunaler Aufstände umherwanderte, die jeder Hoffnung auf ein geeintes Indien ein Ende zu bereiten schienen. Nachts litt er zuweilen an schweren Anfällen von Schüttelfrost; und er pflegte einige der älteren weiblichen Helferinnen zu bitten, ihn zwischen sich zu »wiegen«, damit sich ihm etwas von ihrer Körperwärme übertrage. Dies, so glaubten einige seiner Begleiter argwöhnisch, ging weit über väterliche oder mütterliche Unschuld hinaus; und tatsächlich trennten sich zwischen ihm und einigen seiner besten Freunde die Wege, als Gandhi die Angelegenheit noch dadurch maßlos verschlimmerte, indem er öffentlich behauptete, daß er dadurch, daß er nachts Frauen (manchmal auch nackt) neben sich liegen habe, seine Fähigkeit auf die Probe stelle, nicht erregt zu werden. Dies schloß natürlich ein, daß er möglicherweise erregt *werden könnte* – wenn er es sich schon derart selbst zu beweisen hatte. Diese Erklärung beruhte auf einem zutiefst indischen Vorurteil, das mit dem Verhältnis zwischen Samenenthaltung und Geisteskraft zu tun hat. Und tatsächlich, so wird berichtet, soll der Mahatma die Bemerkung getan haben: »Wenn ich dies meistern kann, dann gelingt es mir am Ende noch, Jinnah zu schlagen« – d. h. die Teilung Indiens zu verhindern. All dies legte den Grund zu der Frage, ob ein derartiges Arrangement eine senile und exzentrische Selbstprüfung, ein verspätetes Bedürfnis nach jüngeren Frauen oder die Regression auf ein infantiles Bedürfnis nach mütterlicher Wärme zum Ausdruck brachte. Es mag sehr wohl sein, daß es alles dies zugleich gewesen ist.

Mein Vergleich mit König Lear soll zum einen andeuten, welchen Zugang ich angesichts einer solchen Geschichte wählen würde: als eines Falles von Alters-Verzweiflung, die natürlich von Konflikten gekennzeichnet ist, die das Leben ungelöst gelassen hat. Lear, ein Witwer, verlangte auch Gewißheit (und diese Gewißheit wurde ihm im Übermaß zuteil, wie ihm sein jüngstes Kind sagte), daß seine Töchter ihn liebten und ehrten: damit versuchte der König, seine Unsterblichkeit als Vater und als König sicherzustellen. Denn für das Bedürfnis eines alten Mannes nach Wärme mag man sich eines anderen Königs erinnern, der »alt und von den Jahren gebeugt« und der, obwohl er des Nachts mit vielen Kleidern angetan war, »nicht warm werden« konnte:

»Da suchte man denn im ganzen Bereiche Israels; und man fand Abisag von Sunem und brachte sie zum Könige. Sie war ein Mädchen von außerordentlicher Schönheit und hatte nun den König zu bedienen und zu verpflegen; aber der König hatte keinen ehelichen Umgang mit ihr.«

I. Könige 1:3,4

Die Methode, von der hier Gebrauch gemacht wurde, besitzt sogar einen Namen: Sunamitismus; und es wird gesagt, daß sie bereits lange vorher praktiziert worden sei, weit früher noch als zu König Davids Zeiten, und zwar von den Königen Nordindiens[7]. Gandhi indessen war kein König; und es genügte in seinem Falle nicht, daß er keinen Umgang mit ihnen gehabt, sie nicht »erkannt« habe. Es genügte auch nicht eine bloße Richtigstellung, denn offenbar hatte er, bis zum letzten, zu beweisen, daß er Meister seines gesamten Trieblebens sei, und es war auch den anderen nicht genug, die bis ans bittere Ende darauf bestanden, daß er unter Beweis stelle oder nicht mehr für sich beanspruche, was *sie* Heiligkeit nannten.

Wie Bose zu jener Zeit glänzend erkannt hatte, deutete die gesamte Episode auf die beständig anhaltende Wichtigkeit des Mutterschafts-Motives in Gandhis Leben hin, sowohl im Sinne des Bedürfnisses, eine vollkommene und reine Mutter zu sein wie in demjenigen eines – weitaus weniger berücksichtigten – Bedürfnisses, gehalten und der Liebe versichert zu werden, insbesondere in der Zeit seiner endgültigen Verlassenheit. In dieser letzten Krise scheint der Mahatma beinahe angstvoll-begierig gewesen zu sein, zu erfahren, was diejenigen, die die »Philosophie« jenes Doktors in Wien studiert hatten, über ihn sagen würden[8], obwohl er vermutlich wenig mit der von einem seiner Freunde angebotenen Interpretation beginnen konnte, derzufolge sein Schüttelfrost ein Orgasmus-Ersatz sein sollte. Boses Haupteinwand gegen die gesamte Episode ist gut gewählt: den Frauen war kaum eine Wahl gelassen, nachdem sie nun unausweichlich hineingezogen worden waren, ihre Handlungsweise selbst öffentlich darzustellen, und die allgemeine, angespannte Stimmung spielte sie gegeneinander aus.

Was das öffentlich-private Leben des Mahatma angeht, ist alles, was wir dazu sagen können, daß hier ein Mann war, der sowohl unbefangen lebte als auch laut seine Gedanken aussprach, und dies mit gleicher Intensität und Tiefe hinsichtlich einer Vielgestaltigkeit von Neigungen, die andere Männer mit angestrengter Konsequenz zu verheimlichen und zu begraben trachten. Am Ende kann selbst große Verwirrung ein Zeichen der Größe sein, insbesondere wenn sie aus den unentrinnbaren Konflikten der Existenz entspringt. Gandhi, wie man aus all den Eltern-Motiven schlußfolgern darf, die wir geschildert haben, empfand den Wunsch, das Verhältnis zu seinem Vater zu reinigen, indem er ihn pflegte und mütterlich umsorgte; und er war bestrebt gewesen, eine fleckenlos reine Mutter zu sein. Doch als ihm am Ende alle Hoffnung zerging, der Gründungsvater eines geeinten Indien zu werden, mag er sehr wohl mütterlicher Tröstung bedürftig gewesen sein.

Doch wie stand es um die Gefolgschaft des Mahatma? Wie ich bereits angedeutet habe, wählte er sie mit viel Geschick zur Erfüllung besonderer Funktionen aus, wobei er oft mit psychologischem Scharfsinn die Identitäts-Konflikte unserer Zeugen diagnostizierte, die ihm in den rebellischen Tagen ihrer zwanziger Jahre begegneten und bis zu einem Punkt von ihm angezogen wurden, an dem ihr Leben, in unterschiedlichem Grade, mit dem seinen verschmolz. Der Grad, so möchte ich es beurteilen, war oft von ihrer Bereitwilligkeit abhängig, ihre sexuelle und gesellschaftliche Freiheit den Regeln der Gemeinschaft zum Opfer zu bringen. Diejenigen, die einer derartigen Verpflichtung entronnen sind, können sich heute freier über den Mahatma aussprechen als diejenigen, die es nicht vermochten, doch oft tun sie es nur, um ihre Flucht zu rationalisieren; bei den wirklichen »Insassen« wird nahezu niemals Ambivalenz erkennbar, obschon Gandhi es sich zur Gewohnheit werden ließ, sie scherzhaft in ihnen zu entdekken. Doch gewiß, so wird der Leser unterstellen, müssen sie mir direkt oder indirekt Mitteilung von den emotionalen und irrationalen Begleitumständen solcher Lehrer-Schüler-Verhältnisse gemacht haben. Und es ist wahr, daß der Psychoanalytiker in mir sich nicht so weit von dem Amateur-Historiker zurückdrängen ließ, daß ich ganz ohne Neugier hinsichtlich der Motivations-Schemata gewesen wäre, die diese Männer und Frauen gemeinsam hatten. Doch hier erhebt sich die Frage, ob man – methodologisch und ethisch betrachtet – das Recht dazu hat, Materialien auszubreiten, die auf die unbewußten Motivationen vertrauensvoller Informanten zurückgehen, die in der Rekonstruktion eines historischen Ereignisses hilfreich zu sein versucht haben. Eine ganze Anzahl von Informanten teilte mit meinen Zeugen einen gewissen Hang, mir von Erinnerungen, Träumen und Tagträumen zu berichten, von denen sie heimgesucht wurden. Dergleichen Material wurde mir gewöhnlich auf einer Autofahrt durch einen solch tumultuösen Verkehr dargeboten, daß mein »drittes Ohr« dadurch nahezu seine Aufnahmefähigkeit verlor, oder während Mahlzeiten, bei denen ich nicht nach Schreibpapier langen konnte oder wollte, und gelegentlich als vertrauliche Mitteilungen, die, in meiner Anwesenheit, meiner Frau gemacht worden sind. Ob von meiner Seite her ein gewisser professioneller Hang nachgeholfen hat, zu vertrauensvollen Mitteilungen einzuladen, weiß ich nicht zu sagen. Ich bin mir allerdings gewiß, daß das Anvertrauen solcher Tatsachen sich einer Stimmung verdankte, die im Gefolge der Bemühung auftrat, das Bild des Mahatma heraufzubeschwören, das dann wiederum Erinnerungen von komplexem emotionalen Beteiligtsein erwachen ließ. So unterschiedlich solche Augenblicke auch waren, es zeichnete sich schon sehr bald ab, daß das Mitgeteilte in zwei Motivgruppen zerfiel. Die erste kennzeichnete *eine tiefe Kränkung*, die der Informant einem Elternteil oder einem Vormund (Onkel oder Tante) zugefügt hatte, und dies in einer Weise, daß die Erinnerung daran zu einer Art Fluch geworden war; und wir haben gesehen, mit welcher Entschiedenheit Gandhi einigen der ersten aus seiner Gefolgschaft dabei half, Bande durchzutrennen, die ohnehin schon sehr fadenscheinig geworden waren. Auf die zweite Kategorie entfallen Menschen, die zutiefst besessen sind von dem Wunsch, verlassenen Menschen oder Tieren *ihre besorgte Pflege angedeihen* zu lassen, gepaart mit einem starken Gefühl der Identifizierung mit allen vater- und mutterlosen Kreaturen, die sich zu weit von ihrem Heim fortgewagt haben.

All dieses »Zufallsmaterial« verband sich mit den anderen mir zugänglichen Materialien dazu, in mir die gewisse Überzeugung zu bilden, daß all diese Informanten ein Gefühl in sich tragen (vielleicht unbewußt, vielleicht nicht-verbalisiert), als hätten sie ihre Kindheits-Loyalitäten sehr weit hinter sich gelassen, und zusammen mit diesen ihr persönliches *dharma*, und dies, indem sie einem Manne dienten, der die Macht besaß, sein eigenes *dharma* seinen Zeitgenossen aufzuprägen – eine ganz besondere Art von Guru, der radikalen und totalen Gebrauch von einer jahrtausendealten emotionalen (und einst wohlbedacht institutionalisierten) Notwendigkeit machen sollte, einen zweiten, spirituellen Vater zu finden. Und ich möchte annehmen, daß die inneren Konflikte, die eine jugendliche Persönlichkeit zu einem derart unkonventionellen Führer treiben – und vor allem dazu, ihn als solchen zu akzeptieren –, schließlich dahingehend wirksam werden müssen, daß sie gegenüber jenem Führer zugleich tiefe Ambivalenz empfindet. Wie wir gesehen haben suchte Gandhi sich seine Gefolgschaft mit einer Entschlossenheit, die nur von diplomatischer Reserviertheit gemildert wurde, und er zögerte nicht, die geistige Elternschaft im Verhältnis zu diesen jungen Menschen zu übernehmen. Gandhi wollte natürlich stets sichergehen, daß von einem Bewerber erwartet werden durfte, eine bedeutsame Angelegenheit wirklich gut zu bewältigen, doch zugleich forderte er von seinen zukünftigen Getreuen, daß sie die Voraussetzungen zu totaler Ergebenheit mitbrachten. Von einem Mann mit hohen akademischen Qualifikationen zum Beispiel verlangte er lediglich zu wissen, ob er gewillt sei, ein »Reinigungsmann« (engl. scavenger) zu werden. »Scavenging«, säubern, schloß Verrichtungen mit ein, die wir in Amerika unter das Wort »schmutzige Arbeit« subsumieren, doch es bedeutete zugleich buchstäblich das Reinigen von Latrinen. Im Namen der Arbeit und im Dienste Indiens jedoch mußten sie in dasjenige einwilligen, dem sich seine eigene Familie verpflichtet hatte, nämlich allen zu gehören – und niemandem. Diesen jungen, in verschiedenartiger Weise überaus begabten Menschen scheint durchweg ein Persönlichkeitsmerkmal eigentümlich gewesen zu sein, nämlich eine früh erworbene und angstvolle Sorge um die Verlassenen und Verfolgten, zuerst innerhalb ihrer Familien und später in einem stetig sich erweiternden Kreis von Belangen, die eine stärkere und vertiefte Teilnahme erforderten. Zugleich jedoch waren sie loyale Rebellen: loyal in ihrer Besorgnis, entschlossen in ihrer Rebellion. All dies brachten sie Gandhi dar, wobei sie den Wunsch zu dienen entfalteten, der ebensosehr durch Persönlichkeit wie durch Tradition bestimmt war. Gandhis Fähigkeit, Ambivalenz sowohl zu erregen wie zu überwinden, muß hervorragend ausgebildet gewesen sein; doch er machte diese Männer und Frauen arbeiten, indem er ihrer Fähigkeit, sich um etwas zu sorgen, die Richtung wies und in wunderbarer Weise zugleich ihre praktischen Begabungen wie ihr Talent zur Anteilnahme um ein Vielfaches steigerte.

Auch die Gefolgschaft verdient eine Formel, wie sie in Teil I für Berichterstatter und Kritiker historischer Begebnisse, oder einer Lebensgeschichte, vorgeschlagen worden ist. Welche Motivation oder welchen Konflikt die Anhänger auch gemeinsam haben mögen, wenn sie sich einem Führer anschließen[9] und von ihm vereinigt werden, muß in all seinen komplementären Momenten untersucht werden:

1. in ihrem persönlichen Leben, d. i.
   a) dem Zeitpunkt, zu dem sie dem Führer begegnen, ihrer Geistesverfassung und ihrem Lebensstadium;
   b) der Stellung jenes Augenblicks innerhalb ihrer Lebensgeschichte, insbesondere aber innerhalb der lebenslangen Motive, die auf den Führer übertragen werden;
2. mit Beziehung auf ihre Gemeinschaften, insofern diese relevant sind für ihre Suche nach einer Identität durch Partizipation, d. i.
   a) der Suche ihrer Generation nach Führerschaft;
   b) traditionalen und neu sich herausbildenden Mustern der Gefolgschaft.

Was den letztgenannten Punkt angeht, so war Gandhi, wie wir sahen, nicht nur in der Auswahl und der Gewinnung von Mitarbeitern ein Meister, sondern auch darin, ihnen alle Arten der unterschiedlichsten Aufgaben und Lebensweisen zuzudiktieren oder sie dafür zu gebrauchen – von der Stellung erwählter Söhne und Töchter in seiner asketischen Niederlassung bis zu der des revolutionären Organisators in jedem Teil Indiens und zu der von Aspiranten für höchste politische Macht, eingeschlossen das Amt des Premierministers, für das er »einen Harrow-Mann« benötigte.

Doch jede Erklärung dafür, sei sie psychologisch oder wie immer, wozu die Gefolgschaft sich im einzelnen entwickelte, die unter Beweis gestellt hatte, was sie gemeinschaftlich zu sein vermochte, ist relativ – nun ja, relativ zum jeweiligen historischen Augenblick. Der erste Satyagrahi natürlich war in der Weise seines Aufsteigens einzigartig und vergleichbar nur mit gleichermaßen einzigartigen Individuen. Seine Gefolgschaft war hauptsächlich dadurch charakterisiert, daß sie diesen besonderen, einzigartigen Mann unter ihren Zeitgenossen zu einem entscheidenden Augenblick ihres eigenen Lebens ebenso wie der Geschichte gefunden hatte – und von ihm erwählt worden war. Meine Unterlagen (es sei denn, meine Materialien sollten sich als »typisch indisch« herausstellen) mögen einen flüchtigen Blick in die wechselseitige Assimilation von Motiven gewähren, die sich in einer selbstgewählten Gruppe ereignet, die gemeinschaftlich Geschichte macht.

II. Kapitel
Das Instrument

1. Taktiken

Wir haben Gandhis Ausspruch wiedergegeben, daß Gott dir nicht als Person, sondern im Handeln erscheint. Doch bedeutet dies auch, daß das volle Maß eines Menschen – und dies schließt seine unbewußte Motivation mit ein – niemals in der Isolierung von seiner reichsten schöpferischen Aktion begriffen werden kann. Was also ist das Wesen des gesellschaftlichen Werkzeuges, das Gandhi geschaffen hat? Hier werde ich in groben Zügen Joan Bondurants unentbehrlicher Arbeit *Conquest of Violence* folgen, die sechs Satyagraha-Kampagnen in einer sowohl überaus kenntnisreichen Weise wie mit großer innerer Beteiligung analysiert hat. Wenn ich dabei weder ihrer Beweisführung noch ihren Schlußfolgerungen in allem zustimmen kann, so vor allem deswegen, weil sie als Politikwissenschaftlerin schreibt, während ich meine Schlüsse als Psychologe ziehen muß. Keiner von uns beiden (und sie würde mir darin gewiß beipflichten) darf hoffen, mehr zu leisten, als sich der Bedeutung nur anzunähern, die Satyagraha für ihren Schöpfer, seine ersten Anhänger und die indischen Massen besessen hat. Und beide müssen wir diese Bedeutungen in der Begrifflichkeit unseres jeweiligen Fachgebietes wie den Denkweisen des Westens entsprechend neu zu formulieren versuchen: die Wahrheit (so würde Gandhi, sich an jeden von uns wendend, sagen) kann nur in jener Art ihrer Ermittlung enthüllt werden, die *unser* Handeln ist. Satyagraha nimmt für sich in Anspruch, eine Strategie zu sein, die in jedem einzelnen Augenblick von der unfehlbaren Erfahrung von etwas so Ungreifbarem wie der »Wahrheit« abhängt. Ich habe nachzuzeichnen versucht, was Wahrheit im Laufe seiner Entwicklung für Gandhi beinhaltete, um besser ermessen zu können, welche Bedeutung sie für ihn in einer gegebenen Handlung angenommen haben mag; und selbst noch die Interpretation der Bedeutung, die sie für ihn besaß, ist an unsere Vorstellungsweise und Terminologie gebunden. Wenn dies zu wenig greifbar erscheint, um eine Formulierung auch nur versuchen zu können, möchte ich den Leser fragen, in wie vielen Bedeutungen er den Begriff »Wirklichkeit« im Laufe seines Lebens schon gebraucht hat, oder »Tugend«, oder »Gesundheit«, ganz zu schweigen von »Identität« – alles Begriffe, die der Charakterisierung menschlichen Seins und Handelns dienen.

Sat, so wurde uns erklärt, bedeutet »es ist«. Wir können dem, »was ist«, nur dadurch näherkommen, indem wir weiterfragen: im Vergleich, im Verhältnis wozu, wo und wann? Im Vergleich mit dem, was gewesen sein könnte oder sein sollte, oder mit dem, was nur zu sein scheint oder nur als etwas, das ist, gefühlt, empfunden wird? Demnach ist, »was ist«, offensichtlich stets relativ zum Weltbild eines Zeitalters oder den Methodologien, die bestimmen, welche Fragen für bedeutsam angesehen werden oder sinnvoll gestellt werden können. Zugleich muß, »was ist«, für jedes Individuum auch von der je persönlichen Weise abhängen, in der es dem Sein in all seiner Relativität gegenübertritt – relativ auf ein absolutes Sein, das allein die Wahrheit ist, oder relativ zum Nicht-Sein, oder relativ auf ein Werden. Gandhi verpflichtete sich selbst einzig der »relativen Wahrheit, so wie ich sie begriffen habe«, doch ebenso unverrückbar hält er an dem Diktum fest, daß nur insofern wir uns bei ausgewählten Gelegenheiten »bis auf den Tod« der Prüfung solcher Wahrheit im Handeln zu unterziehen vermögen – daß wir einzig in diesem Ausmaß, nur wenn wir so weit zu gehen bereit sind, uns selbst und anderen, d. i. der gesamten Menschheit gegenüber, treu und wahrhaftig verhalten. Das scheint nach einer schlechthin seltenen Mischung aus Distanz und Beteiligung zu verlangen und nach einem beinahe mystischen Zusammenfließen von innerer Stimme und geschichtlicher Wirklichkeit. Und ungeachtet der Tatsache, daß es jeder Gelegenheit zum Selbstbetrug und zum Mißbrauch anderer Tür und Tor öffnet, erachtete es Gandhi »in aller Bescheidenheit« für seine Mission, seine Zeitgenossen zu »experimentellem« Handeln zu führen. Wie er an C. F. Andrews schrieb:

»Ich habe die Dinge aufgenommen, wie sie mir begegnet sind, und dies stets in Furcht und Zittern. Ich habe die Möglichkeiten der Situation in Champaran, Kheda oder Ahmedabad nicht Schritt für Schritt ausgearbeitet, noch habe ich dies getan, als ich mich 1914 bedingungslos zur Verfügung gestellt habe. Ich glaube, daß ich darin Seinem Willen und dem keines anderen gefolgt bin, und Er wird mich ›in der Finsternis‹ führen.« [10]

Dennoch gibt es keinen Grund, die Tatsache in Frage zu stellen, daß die plötzliche Überzeugung, daß der Augenblick der Wahrheit nun gekommen sei, stets wie von einer inneren Stimme über ihn kam, die gesprochen hatte, noch bevor er recht auf sie gehört hatte. Gandhi erwähnte oft seine innere Stimme, die zu ihm unerwartet, in der Empfänglichkeit des Schweigens zu sprechen pflegte – doch dann mit unwiderruflicher Bestimmtheit und mit der unwiderstehlichen Forderung nach verpflichtender Bindung. Und in der Tat behauptete sogar Nietzsche, den man gewiß als philosophischen Antipoden des Mahatma ansehen darf, daß die Wahrheit sich stets »auf Taubenfüßen« nähere. Das heißt, der Augenblick der Wahrheit ist plötzlich da – ohne Vorankündigung und flüchtig in seiner Stille. Doch sie naht sich nur dem, der mit Tatsachen und Gestalten in einer solchen Weise umgegangen ist, die ihn stets bereit für eine plötzliche Synthese gemacht hat, und der nicht, in jäher Überraschung und Furcht, die Wahrheit vertreibt. Doch seiner inneren Stimme gemäß zu handeln bedeutet zugleich, andere in der Annahme mit einzubeziehen, daß auch sie bereit sind – und wenn Gandhi seiner inneren Stimme lauschte, dachte er oft, daß er auf das höre, dem die Massen zu lauschen bereit waren. Dies ist natürlich das Geheimnis aller charismatischen Führerschaft; doch wie konnte er wissen, daß es »die Wahrheit« war? Gandhis Antwort darauf würde lauten: Nur in der Bereitschaft zum Leiden wird sie sich beweisen können.

Wahrhaftiges Handeln war für Gandhi von der Bereitschaft regiert, Leiden hinzunehmen und dennoch kein Leiden zuzufügen – Handeln, das vom Prinzip der *ahimsa* geleitet war. Der Auffassung Bondurants entsprechend »hat das einzige Dogma in der Gandhischen Philosophie hier sein Zentrum: daß das einzige Verfahren, Wahrheit zu testen, nur in einer Handlung bestehen kann, die die Weigerung zur Grundlage hat, Schmerz zuzufügen«[11]. Bei allem schuldigen Respekt vor der traditionellen Übersetzung von *ahimsa* denke ich doch, daß für Gandhi zugleich darin mitgesetzt war, daß, abgesehen von der Weigerung, physischen Schmerz zuzufügen, die Entschlossenheit vorhanden sein mußte, nicht das Wesen eines anderen Menschen zu verletzen. Denn selbst da, wo man nicht in der Lage sein mag zu vermeiden, den anderen zu kränken oder zu verletzen, zu zwingen oder zu erniedrigen, sollte man dennoch stets – wann immer man ihm Zwang antun muß – versuchen, nicht sein Wesen anzutasten, denn eine solche Gewalt kann nur Gegengewalt heraufbeschwören, die schließlich in einer Art Waffenstillstand (truce) enden mag, jedoch niemals Wahrheit (truth) zum Ergebnis haben kann. Denn *ahimsa,* wie sie von Gandhi gelebt wurde, bedeutet nicht nur, daß man niemand anderen verletzt, sondern daß man auch die Wahrheit in ihm respektiert. Gandhi gemahnt uns daran, daß wir, da es uns nicht möglich ist, die absolute Wahrheit zu wissen, auch nicht »befugt sind zu strafen« – eine überaus wichtige Erinnerung, da der Mensch, sobald er zur Gewalttätigkeit versucht ist, sich dem anderen gegenüber stets als Polizist aufspielt, wobei er sich einredet, daß, ganz gleich, was er dem anderen zufügt, dieser andere »es sich schließlich selbst zuzuschreiben hat«. Wer immer aus dieser selbstgerechten Haltung heraus handelt, verfängt sich selbst in einer Mischung aus Stolz und Schuld, die seine Stellung sowohl psychologisch wie ethisch untergräbt. Gandhi behauptet, sich gegen diesen typischen Zyklus wendend, daß einzig durch freiwilliges Hinnehmen von »Selbstleiden« die in einem Konflikt – und in einem Opponenten – latent enthaltene Wahrheit enthüllt werden kann.

Vor wenigen Jahren hatte ich Gelegenheit, vor einem Abschlußseminar angehender Doktoren über medizinische Ethik zu sprechen, und sah mich vor das Problem gestellt, die »goldene Regel« im Lichte dessen zu reinterpretieren, was wir in unserer klinischen Arbeit gelernt haben, d. h. im Aufeinandertreffen zweier Individuen als »Ungleichen«, von Therapeut und Patient[12].

Ich führte aus, daß (vom ethischen Standpunkt her gesehen) ein Mensch in einer solchen Weise handeln sollte, daß sowohl in ihm selbst wie im anderen solche Kräfte aktualisiert werden, die die Bereitschaft zu einer gesteigerten Wechselseitigkeit schaffen. Nichts, was ich seither gehört oder gelesen habe, konnte mich von der Überzeugung abbringen, daß man Gandhis Wahrheit in diesen Begriffen deuten kann. In der Tat machte Gandhi eine ganz ähnliche Annahme, wenn er Satyagraha als eine Brücke zwischen der Ethik des Familienlebens und der Ethik von Gemeinschaften und Nationen ansah.

Bondurant gelangt zu der Schlußfolgerung, daß die »Wirkung« von Gandhis Formulierung darin bestanden habe, »die absolute Wahrheit des philosophischen *sat* in die relative Wahrheit eines ethischen Prinzips zu transformieren, das sich einer Prüfung dadurch unterziehen läßt, daß gewaltloses Handeln mit Selbstleiden verbunden wird«[13]. Die Wahrheit in jedem gegebenen Aufeinandertreffen hängt eng zusammen mit dem Entwicklungsstadium des Individuums und der geschichtlichen Lage seiner Gruppe: zusammen helfen sie, die Aktualität, Wirklichkeit zu bestimmen, i. e. das Potential zur Vereinigung von Handeln in einem gegebenen Augenblick. Was Bondurant »Wahrhaftigkeit« nennt, muß demnach sowohl Aktualität als auch Realität in sich schließen, d. h. sie ist abhängig sowohl von leidenschaftlichem Handeln wie von richtigem Denken; und leidenschaftliches Handeln würde einschließen, daß man dem gemäß handelt und sich von demjenigen leiten läßt, was im anderen das eigentlichste und aufrichtigste ist. Wahrheit im Sinne Gandhis weist voraus auf den nächsten Schritt in der menschlichen Realisierung des Menschen als einer allumfassenden menschlichen Gattung und mithin auf unsere einzige Chance zu transzendieren, was wir gegenwärtig sind.

Ich habe versucht, die gesamte Konstellation wirklicher Gegebenheiten zu skizzieren, die Gandhi zu der Wahl Ahmedabads als Schauplatz für das *Ereignis* veranlaßt haben: der Zwang dazu leitete sich aus der individuellen Vergangenheit und seiner kulturellen Tradition ebenso her wie aus einer situationsbedingten Anziehung, die den Personen Ambalals und Anasuyas eigen war. Gandhi hatte später Grund, die Voraussetzungen zu diesem Beginn für ungerechtfertigt anzusehen, jedoch nicht etwa, weil jeder andere Ort auf Erden geeigneter gewesen wäre als dieser; denn Ursprüngen kann man nicht entfliehen. Was die Realität der Situation angeht, so ließ Gandhi stets für einen kurzen Augenblick seine innere Stimme »den Atem verhalten«, damit sie ihm Zeit lasse, die Tatsachen zu prüfen; doch die Summe der Fakten bestand nicht nur aus Statistiken, die das Recht der Textilarbeiter bewiesen, sie schloß zugleich die politische und ökonomische Gesamtsituation mit ein, die die öffentliche Meinung regiert. Das Ziel, in Ahmedabad, waren 35 Prozent – eine Erhöhung, die beträchtlich genug war, den Arbeitern zu helfen, gemäßigt genug, um von der Industrie wie von der Öffentlichkeit getragen werden zu können, und hinlänglich als Kompromiß, um symbolisch zu wirken. Das Ziel wurde zuletzt erreicht. Doch es hätte sich wahrscheinlich auch durch weniger spektakuläre Mittel erreichen lassen, besiegelt durch nicht mehr als durch eine Ankündigung im Bulletin der Industriekammer und eine Notiz in der Lokalpresse. Doch das weiter gesteckte Ziel bestand in der Einführung einer Methode, die sich später auf andere soziale und nationale Anliegen als anwendbar erweisen sollte, wie es gleichermaßen darum ging, im lokalen Milieu die Beziehung jedes Beteiligten zu sich selbst (Ehre), zu allen anderen (Kooperation) und zu einem gemeinsamen Gott (Wahrheit) dauerhaft zu verbessern. All dies war demgemäß von stringenten Bedingungen abhängig, die Bondurant in *Regeln,* einen *Verhaltenskodex* und gewisse geordnete *Einzelschritte* zusammenfaßt. Ich muß hier einige wenige Kombinationen herausgreifen.

Wie wir gesehen haben, bestanden die wesentlichen einleitenden Schritte in jeder einzelnen von Gandhis Kampagnen zunächst in einer objektiven Untersuchung von Tatsachen, die von einem ernsthaften Versuch zur *Schlichtung* gefolgt war. Satyagraha muß als das letzte Mittel erscheinen, zu dem man in einer untragbaren Situation greift, die keine andere Lösung zuläßt und repräsentativ genug ist, eine Verpflichtung zu unbegrenztem »Selbstleiden« zu rechtfertigen. Sie erfordert daher eine gründliche *Vorbereitung* aller künftigen Beteiligten, so daß sie die Übelstände als wirklich vorhandene begreifen und in der Schlußfolgerung übereinkommen, daß das Ziel, auf das man sich geeinigt hat, sowohl gerechtfertigt als auch erreichbar ist. Doch zugleich müssen sie die Gewißheit haben, daß sie auf der Seite einer Wahrheit stehen, die alles Tatsächliche übersteigt und das wahre Grundprinzip für eine Satyagraha ist. Gandhis Helfer mußten von allen grundlegenden Voraussetzungen überzeugt sein, und dies hinreichend, so daß sie das Versprechen abzulegen vermochten, dem Kodex der Gewaltlosigkeit Gehorsam zu leisten. In Ahmedabad war sich Gandhi dessen bewußt, daß nicht nur die lokalen Textilarbeiter, sondern die Arbeiter in aller Welt sich weigern sollten, Bedingungen hinzunehmen, wie sie damals gegeben waren, ebenso wie er überzeugt gewesen ist, daß einem Mann in Ambalals Position nicht gestattet werden dürfe (weil er es sich selbst nicht gestatten durfte), auf der Niederlage der Arbeiter zu bestehen. Doch »griff« er sich Ambalal auch deshalb heraus, weil dieser, bei all seiner Intransigenz, durchaus wußte, daß Gandhi recht hatte, und weil Ambalal seine Schwester respektierte, weil sie sich für Reformen einsetzte – gegen ihn, ihren Bruder.

Doch um dem Gedanken nun eine allgemeinere Richtung zu geben: in jeder Kampagne war die breiteste Publizität oder (wenn man so will) Agitation notwendig, um die Öffentlichkeit dazu zu bewegen, entweder im vorhinein zu intervenieren, oder sich des Drucks der öffentlichen Meinung zur Unterstützung der ergriffenen Maßnahmen zu versichern. Diese Aktion mußte in allen Einzelheiten vorher *angekündigt* werden, mit einem klaren, für alle Beteiligten bindenden *Ultimatum*, wobei jedoch in jedem Stadium der sich entfaltenden Aktion Raum für ein Schlichtungsangebot gelassen werden mußte – für eine Schlichtung, die dazu führte, daß alle Beteiligten ihr Gesicht wahren konnten. Daher wurde zu diesem Zweck ein *Aktionskomitee* geschaffen, das solche *Formen der Nicht-Kooperation* auswählte – Streik, Boykott, bürgerlichen Ungehorsam –, die geeignet erschienen als ein *Minimum der zur Erreichung des gesetzten Ziels notwendigen Kraft:* kein vorschneller Triumph durfte zugelassen werden, der zur Ausweitung des Problems über dieses Ziel hinaus führen konnte, noch eine Niederlage, die seine Einengung zur Folge hatte. Die Qualität solcher Eignung indessen sollte weit über die Frage der bloßen Durchführbarkeit hinausgreifen: denn sie sollte *Probleme* umfassen, die zur selben Zeit zentral hinsichtlich des *praktischen* Lebenszusammenhanges der Gemeinschaft wie *symbolisch* im Hinblick auf ihre Zukunft waren – wie dies zum Beispiel für die die Heimstätten der Bauern in Champaran umgebenden Ländereien galt, oder für das Recht der Unberührbaren in einer gegebenen Ortschaft, auf dem Weg zur Arbeit einen Tempelweg zu überqueren, oder für das Recht aller Inder, ohne Steuern an eine Kolonialregierung entrichten zu müssen, ihrem Meer Salz zu entnehmen, Salz, das notwendig war, um ihre Nahrung genießbar und ihren Körper in der Hitze ihres Subkontinents widerstandsfähig zu machen.

Wir können aus dieser einstmals für revolutionär gehaltenen Liste ersehen, wie die Wahl von Problemen in Gandhis Indien das Rechtsbewußtsein der Menschheit im Hinblick auf Mißstände und Rechte verändert hat, die heute in vielen Teilen der Welt für selbstverständlich angesehen werden. Was die Regeln der Widerstand Leistenden angeht, so müssen sie über *Selbstvertrauen* verfügen, denn sowohl ihr Leiden wie ihr Triumph müssen ganz ihr eigen sein; aus diesem Grunde untersagte es Gandhiji seinen streikenden Arbeitern, Hilfe von außen anzunehmen. Die Bewegung muß *die Initiative behalten,* was die Bereitwilligkeit zur Wiedergutmachung der Folgen versehentlich unterlaufener Fehlkalkulationen ebenso wie die Bereitschaft zur Anerkennung eines Sinneswandels beim Gegner einschließt, sowie ferner eine Neuanpassung der bisher verfolgten Strategie und (insoweit sich darüber verhandeln läßt) auch der Ziele einer Kampagne. Und in all diesem muß der Widerständler konsequent dazu *bereit sein, zu überzeugen* und aufzuklären, ebenso wie er gewillt bleiben muß, *überzeugt und aufgeklärt zu werden.* Ferner wird er sich weder auf einen obsoleten Präzedenzfall noch auf ein rigides Prinzip berufen, sondern sich von demjenigen leiten lassen, was unter sich verändernden Bedingungen für ihn wie für seine Gefährten nach wie vor Wahrheit besitzt oder als wahr empfunden wird, d. i. *durch Handeln wahrer wird.*

Solche Wahrheit indessen durfte nicht von individuellen Eindrücken und Entscheidungen abhängig sein. Sie konnte sich nur offenbaren, solange die Aktionen des Widerstandes koordiniert blieben und von einem Kodex geleitet waren, der ebenso unumstößlich feststand, wie er flexibel zu sein hatte, um eventuelle Veränderungen zu berücksichtigen – und geänderte Anweisungen zu decken. Der Führer mußte in der Lage sein, einer Disziplin zu vertrauen, die auf der Verpflichtung des Satyagrahi beruhte, die Wut des Gegners zu ertragen, ohne selbst zornig zu werden, und sich dennoch niemals gewaltsamer Nötigung durch irgend jemanden zu beugen; sein Verhalten so sehr auf die Stellung des Gegners abzustimmen, daß er bereit sein konnte, dem Gegner auf Geheiß des Führers in einer unvorhergesehenen Situation zu Hilfe zu kommen, die ihn seiner Freiheit berauben mochte, Gegenspieler gemäß den Bedingungen, auf die man sich vorab geeinigt hatte, zu bleiben; und im Prinzip die Gesetze so weit zu achten, daß er Kooperation mit dem Gesetz oder der Exekutivgewalt *nur* in den hierfür ausgewählten oder definierten Punkten verweigerte. Innerhalb dieser Grenzen nahm er die Strafen auf sich oder verlangte sogar jene, die er durch die selbstgewählte Aktion willentlich gegen sich heraufbeschworen hatte.

Und dann gibt es noch das selbstgewählte Leiden des Führers, das unbedingt »sein Geschäft« ist, wie Gandhi in seiner sanftmütigen Grobheit gesagt haben würde. Denn es muß einen Führer geben, und in der Tat eine vorher festgelegte Nachfolge in der Führung, so daß der Führer selbst volle Freiheit besitzt, sich jeder Art von Leiden anheimzugeben, statt sich hinter dem Vorgeben zu verstecken, daß er nicht entbehrlich sei. Wie wir gesehen haben, erwies sich Gandhis Festnahme in der ersten Satyagraha als der kritische Faktor, genauso wie die Ahmedabad-Kampagne durch den nämlichen kritischen Wendepunkt, die Entscheidung Gandhis zum Fasten, ins Schwanken geriet. Sobald der Führer die Entscheidung für den »wahren« Weg gefällt hat, muß er sich die Freiheit vorbehalten, Einhalt zu gebieten wie Befehle zu erteilen, sich zurückzuziehen wie zu führen, und wenn ihm diese Freiheit von seiner Anhängerschaft versagt werden sollte, gegen sie eine Satyagraha zu verkünden. Wenn eine dermaßen unumschränkte Machtbefugnis dem Leser von heute einen Schauder verursachen sollte – indoktriniert gegen »Diktatoren«, wie er es ist –, dann muß ihm zugleich in Erinnerung gerufen werden, daß hier von den Jahren nach dem Ersten Weltkrieg die Rede ist, als eine neue Art der charismatischen Führerschaft heraufgekommen war, in einer Nation nach der anderen, die das Vakuum, das durch zusammenbrechende Monarchien, Feudalsysteme und Patriarchate entstanden war, durch die mystische Union zwischen dem Führer und den Massen auffüllte. Und von solcher Art war das Zusammenspiel zwischen Privatem und Öffentlichem, von Neurotischem und Charismatischem während jener Periode, als die Söhne des Volkes solche mystische Autorität erlangten, daß wir selbst noch die am erkennbarsten persönlich gefärbten Entscheidungen Gandhis, wie etwa sein *Fasten*, als Teil einer »indischen Führerschaft indischen Stils« betrachten müssen.

Fasten, so wollen wir im Vorübergehen anmerken, ist eine uralte rituelle Handlung, die so vielen Motivationen und Erfordernissen dienstbar gemacht werden kann, daß sie gleichermaßen korrupt wie sublim zu sein vermag. Noch im Januar 1967 hielt es Pyarelal für notwendig, in der indischen Presse die Grundregeln zu wiederholen, die Gandhi für ein öffentliches Fasten in einer Angelegenheit von öffentlichem Interesse niedergelegt hatte. Und Pyarelal stellte abschließend fest, daß man auf ein Fasten

»nicht gegenüber denjenigen zurückgreifen darf, die uns für ihre unversöhnlichen Feinde ansehen, oder auf deren Liebe wir uns nicht vermöge eines selbstlosen Dienstes ein Anrecht geschaffen haben; es darf keine Person dazu ihre Zuflucht nehmen, die sich nicht mit der Sache identifiziert oder für sie gearbeitet hat, für die sie zu fasten vorgibt; es darf nicht angewendet werden um eines selbstsüchtigen materiellen Zweckes willen, oder um die ehrenhaft vertretene Meinung anderer zu ändern, oder um einem Streitpunkt seine Unterstützung zu leihen, der nicht eindeutig, nicht durchzusetzen und nicht nachweisbar gerecht ist.... Um legitim zu sein, sollte es einem Fasten gelingen, Widerhall zu finden.«[14]

Gandhi forderte vor geraumer Zeit jeden einzelnen oder jede Autorität, »gegen« die sein Fasten sich richtete und die sein Fasten für Erpressung hielt, dazu auf, »sich zu weigern, ihm nachzugeben, selbst wenn diese Weigerung den Tod des Fastenden zur Folge haben sollte«. Offenkundig konnte eine solche Haltung denjenigen nur ehren, der in dieser Weise sein eigenes Leben zum Opfer darbrachte. Andererseits bestand Gandhi darauf, daß der Fastende bis zuletzt bereit sein müsse, selbst einen Makel in der von ihm bezogenen Position zu entdecken oder sich eines solchen überführen zu lassen. Der indische Schriftsteller Raja Rao berichtete mir auf einem Spaziergang, wie einer seiner Freunde Gandhi geschrieben habe, daß er zum Fasten entschlossen sei, um gewissen Forderungen Nachdruck zu verleihen. Gandhi schrieb umgehend zurück und schlug vor, daß der Freund zehn Forderungen schriftlich niederlegen solle, die es wert seien, daß man für sie faste, und Gandhi würde die Liste unbesehen unterschreiben. Der Freund gab sein Vorhaben auf und besann sich anderer Mittel des Protests!

Alles, was hier gesagt worden ist, sollte uns indessen überaus vorsichtig machen, angesichts des Ergebnisses eines ernstgemeinten Fastens oder Teilen einer echten Satyagraha-Kampagne von einem »Versagen« zu sprechen. Denn wie wir am Beispiel des nationalen *hartal* von 1919 gesehen haben, kann die Entscheidung zum Rückzug oder zur Aussetzung das einzige Mittel für den Führer sein, die geistige Initiative zu wahren und dadurch das Instrument zu retten – schartig geworden zwar, aber nicht zerbrochen –, bis auf den nächsten Tag. In diesem Sinne war das Nachgeben der Textilunternehmer von Ahmedabad keine »Kapitulation«; denn in einer idealen Satyagraha-Kampagne erhalten beide Seiten die Chance, das Ergebnis zu einem wechselseitig nutzbringenden und wohltätigen zu machen – wie es der Fall selbst noch bei jenem Bania-Handel von Ahmedabad gewesen ist. Und natürlich werden neue Prinzipien, jenseits von »Erfolg« oder »Fehlschlag«, mit jeder Satyagraha-Kampagne, die sich dieses Namens würdig erweist, der Imagination eines stetig sich erweiternden Publikums aufgezwungen. Jedenfalls sind bis auf diesen Tag die noch lebenden unter jenen Textilfabrikanten weit davon entfernt, in dem Gefühl zurückzublicken, »damals« nachgegeben zu haben. »Wir haben ihn gezwungen zu fasten«, sagte einer; und ein anderer: »Wir waren ohnehin bereit, so viel zuzugestehen«; während alle darin übereinstimmen, daß das *Ereignis* die Arbeitsverhältnisse in Ahmedabad wie in ganz Indien radikal veränderte.

Dies führt uns zu einem letzten Punkt bei der Schaffung von Satyagraha, der, zumindest in lokalem Rahmen, überaus folgenreich geworden ist: es handelt sich dabei um dasjenige, was in Gandhis Terminologie ein »konstruktives Programm« genannt wird. In Champaran bestand das von Gandhi eindringlich als solches empfundene Versagen (und diesmal, so glaube ich, war es tatsächlich ein Versagen in dem Sinne, daß dieses Geschehnis der letzten, wesentlichen Vollendung ermangelte) im Ausbleiben eines dauerhaften Einflusses auf das alltägliche Leben der Menschen in Bihar. In Ahmedabad hingegen, wie wir sehen konnten, bestand Gandhi sogar während der Tage des Streiks auf der Konsolidierung der von Anasuya ins Werk gesetzten Errungenschaften der Arbeiter, die in der Folge in mancher bedeutsamen Hinsicht von Ambalal und anderen Unternehmern fortgeführt worden sind – Errungenschaften im Hinblick auf den allgemeinen Begriff von der Arbeit als einer ehrenvollen Aktivität an sich; hinsichtlich der Solidarität der Arbeiter, der Verhältnisse innerhalb der Fabrik und der Wohlfahrt der Arbeiterbevölkerung.

Abschließend hierzu möchte ich die praktischen Konsequenzen des Streiks von Ahmedabad beschreiben. Die Errungenschaften wurden in einem die gesamte Industrie betreffenden Schlichtungskomitee institutionalisiert – dessen erste Mitglieder Mangaldas Girardhas (seinerzeit Präsident der Vereinigung, der keinen Augenblick in seiner Bereitwilligkeit schwankend geworden war, die Seuchenzulage weiterzuzahlen) und Gandhiji waren. Gleichzeitig wurde die »Textile Labour Association«* gegründet – eine Organisation, die in der Mehrzahl aller nicht-politischen Ver-

* T.L.A. – Textilarbeitervereinigung (A. d. Ü.)

handlungen, die die Arbeiterbewegung in Indien betreffen, in vorderster Reihe steht. Zur Zeit meines erstens Aufenthaltes in Ahmedabad sorgte die rührige Aktivität der T.L.A. für das bei weitem lebhafteste und anhaltendste »Echo« der einstigen Gegenwart Gandhis. Die spezifischen Errungenschaften auf dem Sektor der Arbeitsverhältnisse scheinen kaum über das notwendigste Minimum dessen hinauszugehen, was der post-industrielle Westen als annehmbare Arbeits- und Lebensbedingungen ansehen würde; und in der Tat, manche der Punkte, die in den Jahren nach dem Streik auf die Tagesordnung von Schlichtungsverfahren gebracht wurden, scheinen schwerlich der Beachtung solcher machtvollen Männer würdig gewesen zu sein – d. h. in jedem anderen Land außer in Indien. Doch der entscheidende Punkt ist eben, daß sich ein großer Textilunternehmer und ein Mahatma durchaus auf eine Diskussion einlassen würden, sagen wir: über das Vorhandensein von Toiletten, und der Sache nachgehen würden; *daß* sie gemeinschaftlich die Autorität besaßen, die Textilfabrikanten zu zwingen, Zugeständnisse zu machen – wenn auch voller Groll; und *daß* es ihnen gelang, die Disziplin der Textilarbeiter aufrechtzuerhalten und sie sie dazu bewegen konnten, in ihren Forderungen zurückhaltend zu sein; während sie, in Fällen unlösbarer Meinungsverschiedenheiten, in einer Position waren, die es ihnen gestattete, die besten Köpfe des Landes als Schlichter zu berufen. Jedenfalls kann man schwerlich die Veränderungen überschätzen, die die Tage nach dem Streik im Hinblick auf den Begriff der Arbeit und die Auffassung von Zusammenarbeit gehabt haben. Bei einer Gelegenheit, so berichtete uns Anasuya, blieben Moslem-Arbeiter an fünf aufeinanderfolgenden Tagen der Arbeit fern, um eine Moslem-Delegation zu begrüßen, die ihre Ankunft von einem Tag auf den anderen verschob. Gandhi bestand darauf, daß diese Arbeiter zwei Arbeitstage extra je Monat einlegen müßten, um die verlorenen sechzig Arbeitsstunden nachzuholen. Sie taten es. Anasuya setzte hinzu, daß die Arbeiter heutzutage diese Disziplin nicht aufbringen würden, jetzt, nachdem Gandhiji dahingegangen sei. Doch als ich die Gegenfrage an sie richtete, ob sie heute auch nur daran denken würden, an fünf aufeinanderfolgenden Tagen zum Bahnhof zu laufen, stimmte sie mir darin zu, daß sie (und die Vereinigung) ihre Arbeit zu sehr achten gelernt hätten, um sich darauf einzulassen.

Im Jahre 1925 war die Mitgliedschaft der T.L.A. auf 14000 angewachsen; im Jahre 1959 betrug sie 100000, und im Februar 1967 berichtete die indische Zeitschrift *The Statesman* über die Vereinigung von Ahmedabad folgendes:
»Ein Textilarbeiter in Ahmedabad ist heute im Vergleich zu seinen Kollegen überall im Lande der am besten bezahlte; sein Lohn lag 1920 um 20 Prozent unter den seinerzeit in Bombay gezahlten Löhnen, zu der Zeit also, als die Textile Labour Association ins Leben gerufen wurde. Doch heute liegt er um 10 Prozent darüber.
Dies, so behaupten die Führer der T.L.A. jedenfalls, ist einzig dem lang anhaltenden Arbeitsfrieden in Ahmedabad zuzuschreiben, der wiederum das Ergebnis des allgemein beachteten Festhaltens am Prinzip der Schlichtung zur Regelung von Arbeitskämpfen ist. In dieser Hinsicht kann die T.L.A. mit Recht für sich beanspruchen, ein Friedensstifter zu sein.
Mit ihren Rs. 12-*lakh* (1,2 Millionen *Rupien*) Jahresbudget; einem überaus leistungsstarken Sekretariat, das den Arbeitern in ihren alltäglichen Beschwerden über die Verhältnisse am Arbeitsplatz Beistand leistet; einer Bank mit einem Aufkommen an arbeitendem Kapital, das sich 1963 auf über Rs. 5,3 *crores* (53 Millionen Rupien) beläuft, im Vergleich zu nur Rs. 31 *lakhs* (3,1 Millionen Rupien) noch vor 15 Jahren; einem 200 Mann starken, gutbezahlten Kader, der sich hauptsächlich unter den Arbeitern in den Textilfabriken bewegt und als Vermittler zwischen ihnen und dem Unternehmer fungiert; und mit über 100 Genossenschaften, die unter ihrer Ägide verwaltet werden, ist die Vereinigung heute in einer Weise ausgestattet, die sie den höchstentwickelten Gewerkschaften in westlichen Ländern durchaus vergleichbar macht.« [15]
Doch die Vereinigung wurde auch zu einer Schule für nationale Führer, wie wir im Falle Shankerlal Bankers gesehen haben (der späterhin mit der nationalen Leitung der Khadi-Bewegung betraut wurde), ferner am Beispiel Gulzarilal Nandas (später Innenminister und amtierender Premierminister) und selbst an dem des alten Hitzkopfes Indulal Yagnik, der zum wortmächtigsten Gegner der Überbleibsel des »Feudalismus« wurde, von dem er und viele andere behaupten, daß er noch immer den Arbeitsfrieden Ahmedabads beherrsche. Andere Namen ließen sich nennen; doch befassen wir uns hier ausschließlich mit einem Zeit-

abschnitt und einem Ereignis, sowie mit dem Instrument, das damals erprobt und vervollkommnet wurde.

Es mag hier der geeignete Ort sein, auf die Frage zurückzukommen, warum der Mahatma über den Streik in der Weise berichtet, wie wir dies in seiner Autobiographie nachlesen können; und mehr ins einzelne gehend, warum er seinen Bericht über den Streik mit einer Erzählung über die Schlangen unterbrach, die die Umgebung des Ashram heimsuchten und sich dennoch zurückhielten, jemanden zu verletzen, solange sie nur mit respektvoller *ahimsa* behandelt wurden. Wenn jemandem daran gelegen ist, psychoanalytisch »übereifrig«, so könnte man mit der Themenfolge dieser Kapitel schon mancherlei beginnen. In der ersten von drei Fortsetzungen werden Gandhi und seine Anhänger dargestellt, wie sie von widerspenstigen Textilfabrikanten in die Zange genommen werden; in der zweiten, wie sie sich gegenüber Giftschlangen verhalten; und in der dritten sind es wieder Textilunternehmer, gegen die sie gestellt sind. Stehen demnach Schlangen »stellvertretend« für Textilunternehmer? Dies könnte einen Kliniker zu der Vermutung veranlassen, daß hier Gandhis Ärger über die Textilindustriellen durchbricht – ein Ärger, den er sich selbst wie den streikenden und hungernden Arbeitern ausdrücklich verboten hatte. Wenn man über Giftschlangen durch Liebe und Gewaltlosigkeit den Sieg davontragen kann, so mag der darin versteckte Gedankengang ausgesehen haben, dann vermag man auch die Herzen von Industriellen zu erreichen. Oder im Hintergrund mag die Empfehlung stehen, daß es nutzbringender sei, sich sanftmütig gegenüber Giftschlangen zu verhalten als gegenüber Industriellen – und an dieser Stelle erinnern wir uns, daß ein anderer *Mann des Friedens*, der sich auch einer Analogie aus dem Bestiarium bediente, einst im Scherz gesagt hat, daß ein großes, träges Kamel sich noch dort hindurchzwängen könne, wo es ein reicher Mann nicht mehr könne oder nicht wolle.

Wenn es sich so verhielte, dann würde die Unterbrechung einzig die offensichtlichste Erklärung für des Mahatmas Behandlung der Begebenheiten von Ahmedabad nachdrücklich unterstreichen, nämlich seine gemischten und widersprüchlichen Gefühle gegenüber den Textilfabrikanten, insbesondere aber mit Beziehung auf Ambalal. Unnötig zu sagen, daß die indische Arbeiterbewegung, insoweit sie dem Fahrwasser Lenins gefolgt ist (oder jedenfalls so redet, als schwimme sie darin), Gandhis Verhältnis zu den

Textilunternehmern für ausgesprochen verdächtig angesehen und niemals aufgehört hat, jenen Arbeitsfrieden von der Sorte, wie er in Ahmedabad praktiziert wird, als »feudalistisch« und »reaktionär« zu betrachten. Darin finden sie stillschweigende Unterstützung bei denjenigen Textilfabrikanten, die glauben und auch zugeben, daß sie von Gandhi zu jener Zeit tatsächlich für ihre eigenen Zwecke Gebrauch gemacht haben und die Erinnerung an ihn seither stets hierfür eingespannt haben. Für den Mahatma hingegen war dies nicht eine Angelegenheit der ideologischen Propaganda oder auch nur des ökonomischen Interesses. Denn wenn Satyagraha in sich das Zeug hatte, Gegenpart zu Lenins Befreiung der Arbeiterschaft zu sein, so konnte das einzige Kriterium für ihren Erfolg oder für ihr Mißlingen nur in ihrer inneren Reinheit bestehen. Und diese hatte ihren Mittelpunkt für den Mahatma stets in der unmittelbaren Situation und in seinem Verhältnis zu konkret beteiligten, anwesenden Männern. Ambalal hatte Gandhi während der kritischsten Phase des noch jungen Ashram Unterstützung gewährt. Einzig aus diesem Grund könnte Gandhis Schwankendwerden während seines Fastens als des führenden Satyagrahi unwürdig wie des Zieles von *Moksha* für unwert angesehen werden.

Allein schon durch die Aufteilung ihrer Kapitel verrät indessen die Autobiographie einen Konflikt noch in einer anderen Hinsicht. Zu dem Zeitpunkt, als Gandhi die Zeitungsartikel schrieb, die auf den Streik Bezug nehmen (im übrigen ziemlich spät, in der 146. Fortsetzung von insgesamt 167), hatte Gandhi in einem Streitfall Ambalals Partei ergriffen, der ebenso tiefgreifend wie weithin sichtbar die historische Notwendigkeit belegte, Satyagraha in der *ahimsa* des Hinduismus zu verankern. Im Jahre 1926 hatte Ambalal, wie er es mir schilderte, bei einem Blick durch das Bürofenster einer seiner Textilfabriken bemerkt, daß die Arbeiter und ihre Frauen es nicht wagten, sich neben einen Brunnen zu setzen, der gewöhnlich ein bevorzugter Platz während ihrer Mittagspause gewesen war, und daß sich die Frauen dem Brunnen nur näherten, nachdem sie sich mit Stöcken bewaffnet hatten. Als er Erkundigungen einholte, erfuhr er, daß eine wachsende Anzahl bösartig aussehender Hunde in der Umgebung der Spinnerei herumstreunte, von denen manche eindeutig tollwütig wirkten. Die Stadtverwaltung Ahmedabads war offenbar zu dem Entschluß gekommen, mit dem Hundeproblem fertig zu werden, ohne sich gegen das ausdrückliche Verbot gegen das Töten von Tieren vergehen zu müssen, indem sie alle streunenden Hunde einfangen und sie außerhalb der Stadtgrenzen wieder laufen ließ. Einige Arbeiter – wie es Gewohnheit von Menschen zu sein pflegt, die selber nicht genug zu essen haben – warfen den ausgemergelten Tieren einige Brocken zu, was zu einem Signal für Dutzende dieser Kreaturen wurde, sich vor dem Brunnen zu versammeln. Ambalal gab der Stadtverwaltung eine Woche Zeit, die Hunde wieder zusammenzutreiben, und forderte schließlich die Polizei dazu auf, sie zu töten. Die Kadaver wurden sodann auf Karren geladen, die (unerfindlich, aus welchem Grund) ausgerechnet durch die Altstadt gezogen wurden – und dies noch an einem Feiertag. Die Hindu-Bevölkerung war wie gelähmt, und viele Geschäfte schlossen unverzüglich aus Protest, gemäß dem uralten Brauch des *hartal* – ein Ladenbesitzer-Streik. Ambalals Leben war in Gefahr.

Unmittelbar darauf machte sich Gandhi im *Young India* zu seinem Fürsprecher, eine Tatsache, die eine derartige Flut von Leserzuschriften hervorrief, daß er sich in fünf aufeinanderfolgenden Ausgaben verteidigen mußte. Wie stets war seine Verteidigung sowohl von praktischen Rücksichten wie von spirituellen Motiven bestimmt. In einem einzigen Krankenhaus Ahmedabads waren im Jahre 1925 allein mehr als eintausend Tollwutfälle behandelt worden, und jetzt, 1926, bisher ein weiteres Tausend. »In unserer Unwissenheit«, so schrieb er, »müssen wir tollwütige Hunde töten, genauso wie wir vielleicht einen Menschen töten müßten, den wir dabei antreffen, wie er andere Menschen tötet.« Wie so oft, schien er Widersprüchen zu widersprechen, indem er neue hinzufügte, doch er zog die prophetische Schlußfolgerung:

»Sie haben mir die Gewaltlosigkeit zugeschrieben, so wie sie sie verstehen. Jetzt sehen sie, daß ich mich in einer entgegengesetzten Weise verhalte, und sie sind zornig mit mir .... Ich erkenne das Motiv an, das dahintersteht. Ich muß versuchen, mich geduldig mit ihnen auseinanderzusetzen ... es ist eine Sünde, streunende Hunde zu füttern. Es ist ein unangebrachtes Gefühl des Mitleids. Es ist eine Beleidigung für einen verhungernden Hund, ihm eine Krume zuzuwerfen. Frei herumlaufende Hunde sind kein Beweis für Zivilisation oder das Maß an Mitgefühl in einer Gesellschaft; sie verraten ganz im Gegenteil die Unwissenheit und Lethargie ihrer Mitglieder. Die tieferstehenden Tiere sind unsere Brüder. Ich schließe den Löwen und den Tiger hier mit ein. Wir wissen nicht, wie wir mit diesen fleischfressenden Bestien und giftigen Reptilien zusammenleben können, wegen unserer Unwissenheit. Wenn der Mensch bessere Kenntnisse besitzt, wird er es lernen, selbst jene sich zum Freunde zu machen. Heute weiß er noch nicht einmal, wie er Freundschaft mit einem Menschen verschiedener Religionszugehörigkeit und aus einem verschiedenen Land schließen kann.« [16]

Diese neue und höchst umstrittene Verbindung der Namen Gandhis und Ambalals komplizierte somit einen Streitfall, der nach autobiographischer Klärung im Sinne eines der »Experimente mit der Wahrheit« verlangte, was auch der Grund zu sein scheint für die bemerkenswerte Tatsache, daß Gandhi die Einleitung zu seiner Schilderung des Streikherganges – und den zusammenfassenden Bericht darüber – durch die Fortsetzung über das Ashram voneinander trennt. Diese Fortsetzung enthält eine Moral – Gandhis weitschweifige Beteuerung, daß es in seinen Ashrams nie einen »Verlust an Menschenleben durch Schlangenbisse« gegeben habe. Dieser Umstand ist sowohl von denen, die dort lebten, wie von Besuchern bestätigt worden. Ein altes Mitglied des Ashram zeigte mir den Punkt, wo, wie er sagte, Vinoba Bhave gesessen habe, als eine große Giftschlange unter seine Kleider kroch. Er bewegte sich weder, noch tat er einen überraschten Ausruf, sondern wartete geduldig auf einen Helfer, der in aller Ruhe Vinobas Kleidung zusammenrollte und das ganze Bündel zum Fluß hinuntertrug. Nun allerdings darf man den Unterschied zwischen Hunden, die von Tollwut besessen sind, und von Schlangen, die sich im wesentlichen um ihre eigenen Angelegenheiten kümmern, nicht als allzu gering veranschlagen. Auch dies wird unerläßlich Gegenstand unserer allgemeineren Schlußbemerkungen sein. Hier jedoch interessiert uns einzig die Tatsache, daß Gandhi, während er den gesamten Streikhergang berichtet, es für notwendig hält, noch einmal zu wiederholen, daß seine Einstellung gegenüber dem Töten von Tieren unverändert geblieben sei.

2. *Ritual*

Ich habe bisher versucht, einige geistige Grundeinsichten und einige praktische Schritte zusammenzufassen, die der Hebelkraft

von Satyagraha eigentümlich sind. Es bleiben zwei fundamentale Zweifel, die nicht nur unheilbaren Zynikern zu schaffen machen, sondern auch vielen Sympathisanten in Ost und West: wenn die psychische Energie, die für ein derartiges Instrument aufgebracht werden muß, von *Bramacharya* abhängig ist – und Gandhi scheint zumindest mit Beziehung auf sich selbst wie auf seine unmittelbare Gefolgschaft darauf bestanden zu haben, daß dem wirklich so sei –, inwieweit ist dann diese Wahrheit mit dem Instinktleben weniger außergewöhnlicher Menschen in Übereinstimmung zu bringen, wie ist sie zu bewältigen, und wie fremdartig ist sie in bezug auf die »instinktive« Aggression des gewöhnlichen Menschen? Mit einem Wort: wie *natürlich* ist sie?
Seinem religiösen Eifer verpflichtet, wie er es war, konnte Gandhi nicht dulden, daß Tieren absichtlich Schmerz zugefügt wurde. Intellektuell gesehen jedoch war er ein Anhänger Darwins von jener Art, wie man sie in großer Verbreitung antrifft, mit all der zugehörigen Ambivalenz, die schon in der Terminologie angelegt ist, mit der vom Menschen als dem »Abkömmling« von Lebewesen gesprochen wird, die er in instinktiver Abwehr als weit unter sich stehend empfindet. Als er aus Anlaß seines London-Besuches aufgefordert wurde, einige Worte an das amerikanische Volk zu richten, sagte Gandhi in einer Rundfunk-Ansprache: »Bis auf den heutigen Tag haben die Nationen sich nach Art wilder Tiere bekämpft.« Diese Kampfesweise bezeichnete er näher als »wütend geübte Rache«, und er nannte »das Gesetz, das die tierische Schöpfung beherrscht .... als unvereinbar mit menschlicher Würde«[17]. Heute, angesichts alles dessen, was wir seither über Tiere oder Menschen gelernt haben, können wir nicht mehr dabei bleiben zu sagen, daß der Mensch ohne Selbstkontrolle »nicht besser als ein wildes Tier ist«, vorausgesetzt, es ist in einer solchen Aussage mitenthalten, daß er – gemessen an den Verhaltensregeln der organischen Welt – viel, viel schlimmer ist. Dennoch muß man in Erinnerung behalten, daß erst in der nachdarwinschen Periode die Menschheit überhaupt damit begonnen hat, sich mit der Erkenntnis auseinanderzusetzen, daß sie möglicherweise bloß einer bestimmten Säugetierart zugerechnet werden muß.

Mit diesem Schock fertigzuwerden, war Aufgabe des Jahrhunderts, das auf Darwin folgte; und so konnte es geschehen, daß Gandhis Zeitgenosse Freud, der stolze Hunde wegen ihrer unbestechlichen Ehrlichkeit in Liebe und Haß schätzte und der eine einsichtsvolle Akzeptierung der menschlichen Sexualität befürwortete, sagen konnte: »Interessenkonflikte zwischen Mensch und Mensch werden im Prinzip durch ein Zurückgreifen auf Gewalt gelöst. Dasselbe geschieht im Tierreich, von dem uns auszunehmen wir nicht beanspruchen können.«[18] Freud gelangt von daher zu der Schlußfolgerung, daß beim Menschen »das Erschlagen eines Feindes ein instinktives Verlangen befriedigt«. Doch wenn er derart dem alten Diktum *homo hominis lupus* beipflichtet, muß man sich zumindest fragen, ob er damit meint, daß der Mensch dem Menschen, was der Wolf dem Menschen ist, oder ob er ihm das sei, was der Wolf dem Wolf ist.

Jedenfalls kann nicht geleugnet werden, daß ein solcher Post-Darwinismus wohl den niedrigsten gemeinsamen Nenner im Denken dieser beiden Männer darstellt, die zwei einander entsprechende Methoden entwickelten, sich mit unserem Instinktleben in gewaltloser Weise auseinanderzusetzen.

Konrad Lorenz' Buch *Das sogenannte Böse*[19] ist wahrscheinlich die am besten bekannte Zusammenfassung über Aggression innerhalb einer Gattung bei einigen höherentwickelten Tieren. Es gibt natürlich eine unerschöpflich vielgestaltige Entfaltung geschickt eingesetzter Gewalt auf seiten von Tieren, die jagen, darangehen, Kämpfe um ihr Territorium auszutragen, oder die sich von einem überlegenen Gegner in die Enge getrieben fühlen. Offensichtlich muß Aggressionsverhalten im Sinne von ad-gredere wie in demjenigen von de-fendere instinktiv in jedem Geschöpf vorhanden sein, das Raum beansprucht oder sich im Einklang mit seiner eigenen Gattung und in sowohl symbiotischem als auch antagonistischem Verhältnis zu anderen Gattungen darin bewegt.

Die Frage lautet: Wann und wo wird »natürliche« Aggression blindwütige Gewalt und instinktive Technik des Tötens sinnloser Mord? Die Bewohner eines indischen Dschungels leben in ihrem Gebiet von Angesicht zu Angesicht mit »wilden Tieren« zusammen; doch selbst sie betrachten einen gelegentlich unter den Tigern auftauchenden »Killer« gewissermaßen als »Gesetzlosen« und vom Normalen Abweichenden, ein Geschöpf, mit dem nicht auszukommen ist und das deshalb ausgesondert und zur Strecke gebracht werden muß. Ein normaler Löwe jedoch, der sich zum Töten anschickt (und er tötet nur, wenn er Hunger hat), verrät keine Anzeichen von Ärger oder Wut: er »geht seinem Geschäft nach« – oder so scheint es jedenfalls, wenn man Gelegenheit hat, seine Physiognomie in der Wildnis durch ein Fernglas zu studieren. Noch gibt es irgendeine durchgängige Tendenz zur Massenvernichtung im Buch der Natur – ausgenommen anscheinend bei Nagetieren wie etwa den Ratten, und hier auch wieder nur unter besonderen Bedingungen. Wölfe auf der Jagd (Dantes *bestia senza pace*) dezimieren keine gesunden Herden, sondern greifen sich die Nachzügler heraus, die zurückfallen. Untereinander sind sie zu ergebener Freundschaft fähig; und es ist berichtet worden, daß bei zwei Wölfen, die einen Kampf austragen, der Augenblick kommt, in dem der eine, der schwächer zu werden beginnt, seinem Gegner die ungeschützte Kehle zukehrt, der seinerseits instinktiv gehemmt wird, Vorteil aus dieser unvermittelt gewaltlosen Situation zu ziehen.

Eine mehr rituelle Weiterentwicklung solchen instinktiv friedfertigen Verhaltens zeigt sich bei den Geweih-Turnieren der Damhirsche. Das Turnier beginnt mit einer Parade *à deux:* die Hirsche traben nebeneinander her, wobei sie in jähen, ruckartigen Bewegungen ihre Geweihe hochwerfen und senken. Dann halten sie plötzlich, wie auf Befehl, in ihrer Spur ein, kehren sich schwungvoll in rechtem Winkel gegeneinander, senken die Köpfe, bis ihr Gehörn beinahe den Boden berührt, und lassen es dann gegeneinanderkrachen. Sollte es dabei einem der Kombattanten unterlaufen, daß er sich früher als der andere herumwirft, womit er die völlig ungeschützte Flanke seines Rivalen durch den machtvollen Schwung seiner scharfen und schweren Rüstung in Gefahr bringt, so bremst er seine vorzeitige Schwenkung sofort ab, beschleunigt seinen Trab und setzt die Parallel-Parade fort. Wenn beide jedoch kampfbereit sind, setzt die volle gegenseitige Konfrontation ein, und es beginnt ein kraftvolles, doch harmloses Ringen. Sieger ist derjenige, der am längsten durchhält, während sich der Verlierer des Turniers dadurch geschlagen gibt, daß er sich rituell aus der Umklammerung löst, was gewöhnlich die Attacke des Siegers beendet. Lorenz vermutet, daß es eine noch unbekannte Vielzahl von Pazifizierungs-Ritualen bei höherentwickelten Tieren geben müsse; doch hebt er gleichzeitig hervor, daß (überaus wichtig für uns) De-Ritualisierung an irgendeinem Punkt entfesselte Gewalt bis auf den Tod zur Folge hat. Es sind Skelette von Damhirschen gefunden worden, deren Geweihe noch im Tod ineinander verhakt gewesen sind; doch sie sind Opfer eines instinktiven Rituals geworden, das fehlgeschlagen ist.

Wir verdanken derartige Beobachtungen nicht allein neuen Techniken, unser photographisches Gesichtsfeld bis hinein ins Tierreich zu erweitern, sondern auch einer neuen Bereitschaft von seiten der Beobachter, einige Tiere in ihrem eigenen Lebensraum[20] unbehelligt wohnen zu lassen oder ins Herrschaftsgebiet der Tiere unter nicht mehr als den notwendigsten Sicherheitsvorkehrungen selbst vorzudringen – »notwendig« hier in dem Sinne, daß die Tiere, die unter Beobachtung stehen, solche Anwesenheit nicht mißdeuten und für etwas anderes halten als eine gewaltlose Annäherung. Ein Ethnologe dieser Art jedoch hat mehr aufgegeben als nur übergroße Angst. Er hat in einem Maße das Tier in ein allumfassendes Universum miteinbezogen, das über jede Frage nach Deszendenz oder Aszendenz des Menschen weit hinausliegt – ganz zu schweigen von derjenigen menschlicher Herablassung –, und hat damit klargestellt, daß einiges, was als aggressives oder angstvolles Verhalten den Tieren zugeschrieben worden ist, nur eine Reaktion auf Vorurteile, Projektionen und Abneigungen des Menschen darstellt. Wir lernen aus derartigen Beobachtungen, daß »Aggressionsverhalten« unter gegebenen *Bedingungen* ausgelöst und abgebrochen, verschoben oder ersetzt wird. Denn, wie Lorenz es so charakteristisch zum Ausdruck bringt: »Jawohl, ein Trieb kann angetrieben werden« – das heißt, durch zwingende Begleitumstände. Aus demselben Grunde kann ein Trieb auch latent bleiben und dennoch, durch die Provokation eines Augenblicks, die in ihm angelegte Verhaltensweise voll in Aktion setzen. Dies, so möchte man glauben, sollte es unnötig machen, auf tierisches Aggressionsverhalten das Freudsche Instinktmodell anzuwenden (und dies, so fürchte ich, hat Lorenz getan), das im wesentlichen aus der Sexualität abgeleitet ist – die im Menschen als allgegenwärtiger, weitaus beherrschenderer und spontanerer Trieb angetroffen wird als bei Tieren.

»Instinkt« ist zu einem beunruhigenden Begriff geworden. Biologen machen sich daran, ihn zu entschlüsseln, und noch ist er für die Psychoanalyse nicht zu entbehren. Wenn man ihn so gebraucht, daß der biologische Bedeutungsgehalt überwiegt, kann er leicht Implikationen haben, die ursprünglich im Gesagten nicht mitgemeint waren. Mit Beziehung auf Aggression gibt es etwas Instinktuelles, doch man würde zögern, die Aggression einen Instinkt zu nennen. Wenn man den Begriff überhaupt fallenläßt, vernachlässigt man wiederum den energetischen und triebhaften Aspekt im menschlichen Verhalten. Hierin liegt die Crux der gesamten Angelegenheit: Freuds *Trieb* ist etwas, dessen Bedeutung irgendwo zwischen dem englischen »drive« und »instinct« liegt. Wenn man die Ausführungen von Tierpsychologen mit denen der Psychoanalytiker vergleicht, empfiehlt es sich stets, zu fragen, ob Instinkt die Bedeutung von etwas »Instinktivem« vermitteln soll (ein angeborenes Schema der Adaptationsfähigkeit) oder die Bedeutung von etwas »Instinktuellem« mit sich führt (die Quantität eines Triebes oder Angetriebenseins, gleichgültig ob adaptiv oder nicht)[21].

Wenn wir zu Vergleichszwecken den Begriff »Instinkt« beibehalten wollen, wird es deutlich, daß die Aggressionshandlungen ebenso wie die pazifizierenden Manöver der Tiere instinktiv sind – das heißt präformierte Aktionsschemata, die unter gewissen Bedingungen ein bestimmtes Maß bereitliegender, triebhafter Energie zu einer sofortigen, kraftvollen und geschickten Freisetzung abrufen können. Dies macht es für das Tier ziemlich unnötig, sich entweder übermäßig in Erregung zu versetzen oder sich in irgendeiner individuellen oder »moralischen« Weise Hemmungen aufzuerlegen. Denn die Ritualisierung stellt in sich bereits vorab die Auswahl etwa gleich starker Gegner sicher. Solche Gegner werden gleichermaßen mit der Fähigkeit zu einer uhrwerkartigen Entfaltung einer ganzen Serie planvoller und reziproker Reaktionen ausgestattet sein, und sie werden in gleicher Weise bereit sein zur Übernahme der beiden nun endgültig festgelegten Rollen (was *wir* den Sieger und den Besiegten nennen würden), und dies ebenso überzeugend wie wirkungsvoll. Vieles im Aggressionsverhalten der Tiere ist demgemäß bereits »ritualisiert«, wie Julian Huxley es als erster genannt hat. Ich bin niemals imstande gewesen, zum Beispiel die aufgebracht klingenden Seemöwen zu beobachten, ohne bei mir zu denken, daß sie sich längst vor lauter Emotion innerlich verzehrt haben, ausgebrannt sein müßten, wäre ihr Verhalten nicht einer instinktiven »Konvention« zuzuschreiben, das mit relativ kleinen Dosen der verfügbaren triebhaften und emotionalen Energie ausgestattet ist – bis sich ein »Zwischenfall« ereignet. Man kann in einer solchen Ritualisierung, wie Konrad Lorenz dies tut, durchaus eine evolutionäre Vorform der dem Menschen angeborenen Neigung zu einer moralischen Hemmung erkennen, die unnötige Gewalt verhindert; und man könnte sehr wohl (was ich auch tun werde) noch weiter gehen und in Gandhis Satyagraha den Entwurf zu einer friedlichen Konfrontation erblicken, die nicht nur auf die menschliche Religiosität gegründet, sondern auch in instinktiven Schemata verankert ist, die einigen »Bestien« bereits gemeinsam sind.

Dennoch muß aus allem bisher Gesagten klar hervorgegangen sein, daß es sich für den Menschen keineswegs um eine bloße Rückkehr zur Natur handeln kann. Vielmehr sollte es ihm zur Veranlassung dienen, von seiner Fähigkeit Gebrauch zu machen, seine instinktuelle Vielschichtigkeit durch Inspiration, Einsicht und Überzeugung »heilen« zu lassen und auf einem menschlichen Niveau neu zu formulieren, was im Tier so unschuldig und doch so schicksalhaft gegeben ist. Darum konnte Freud sagen, daß das Tier zugrunde geht, wenn sich seine Umwelt für seine instinktive Adaptationsfähigkeit zu schnell und zu radikal verändert, während der Mensch, der große Schöpfer seiner eigenen Umwelt, »an seinen Trieben zugrunde geht« – an sinnlosen instinktuellen Bedürfnissen. Daher kann sich der Mensch zu Tode essen, trinken und rauchen, arbeiten, »lieben«, moralisieren, fluchen und sich aufopfern. Denn die instinktuellen Kräfte des Menschen sind niemals vollständig in adaptive oder vernunftgemäße Schemata eingebunden; einige sind verdrängt, verschoben, pervertiert, und kehren aus der Verdrängung oftmals wieder, um eindeutig menschliche Formen der Angst und der Wut zu erzeugen. Hier wird man konzedieren müssen, daß selbst noch Gandhis fanatische Versuche, seinen Geschmackssinn zu vereinfachen, so moralistisch sie in all ihrer peinvollen Skrupelhaftigkeit sind, eine Wahrheit enthalten, die zur selben Zeit auch der Einsicht Freuds nicht verschlossen geblieben ist. Wenn zum Beispiel der Instinkt zur Nahrungssuche das Tier dabei leitet, eine ausreichende Menge der richtigen Art von Nahrung zu finden und zu fressen, dann ist dies durchaus verschieden von der oral-inkorporierten Instinktualität, die den Menschen dazu verleiten mag, einen größeren Anteil seiner Mittel für Alkohol und Soda-pop, Tabak und Kaffee auszugeben, als er für die Ausbildung seiner Kinder aufwendet.

Das Bewußtsein Gandhis von den dysfunktionalen Trieben im

Menschen und von der Notwendigkeit, sich irgendwie davon frei zu machen – diese Bewußtheit ist wesentlich für die Zukunft des Menschen. Die Frage lautet, *was* wir mit dieser Bewußtheit anfangen werden: ob sie alte Moralismen wieder zur Geltung bringt, die, wie Gandhi in seinem eigenen Leben demonstriert hat, eine Tendenz in sich bergen, so ausschweifend zu werden wie die Triebe, die sie in Schach halten sollten; oder ob sie das Streben nach einer neuen Ethik fördert, die neue Einsichten zur Grundlage hat. Jedenfalls mag Freud lediglich beabsichtigt haben, nur eine »instinktuelle« Begierde (wenngleich er so übersetzt worden ist, als hätte er eine »instinktive« angeklagt) für die Lust des Menschen am Quälen und Töten eines Feindes anzuprangern. Auf dem Wege dahin müssen wir uns jedoch noch einmal der Tatsache stellen, um wie vieles tiefer der zivilisierte Mensch in mancher Hinsicht im Vergleich zum Tier gesunken und wahrscheinlich auch hinter seine früheren menschlichen Vorfahren zurückgefallen ist: denn es ist der zivilisierte Mensch mit all seiner Moralität und dem Drumherum, der dasjenige ist oder zu demjenigen geworden ist, was man, in Loren Eiseleys schrecklicher Formulierung, das letale Element im Universum nennen könnte. Die Frage muß dann also lauten, ob die Gewalt in ihrer totalen Form, d. h. charakterisiert durch irrationale Wut, wildes Aufbegehren oder systematische Ausrottung überhaupt auf unsere animalische Natur zurückzuführen ist – oder nicht vielmehr auf unsere primitiven Ahnen.

Der Film *Dead Birds* zeigt in großartiger ästhetischer Vollendung, wie zwei Stämme, die erst in diesem Jahrhundert im Hochland von Neuguinea entdeckt worden sind, sich zu fest geregelten Zeiten ritualisierter und dramatisierter Kriegführung hingeben, wobei sie einander im eindrucksvollen Federschmuck von Kriegern auf einem Schlachtfeld gegenüberstehen, auf das sie sich vorher geeinigt haben, und dort abwechselnd ungestüm vorrücken und sich zurückziehen. Diese Stämme verfügen über eine Vielzahl finsterer Rituale; ihre lärmende, phallische Prahlerei und die von ihnen geübte Sitte, die weiblichen Finger zu verstümmeln, können gleichzeitig Ekel erregen wie Furcht einflößen. Doch bei aller Besessenheit durch martialisches Brauchtum gibt es nicht den Versuch zu gegenseitiger Vernichtung, Unterdrückung oder Versklavung; und während gebrüllte Schmähungen Teil der spektakulären Auseinandersetzung sind, müssen sich diese Stämme seit Jahrzehnten oder über Jahrhunderte eine *Konvention der Kriegführung* bewahrt haben, der gemäß dem Feind darin vertraut werden kann, daß er sich einer gewissen Ritualisierung unterwirft, die dem kriegerischen Ethos nur eine minimale Anzahl von Menschenleben auf jeder Seite zum Opfer bringt. Hier kann man sehr wohl das Vorhandensein eines kulturellen Arrangements unterstellen, daß irgendwo zwischen dem Instinktiven und Instinktuellen sowie gleichermaßen zwischen tribalistischer Selbstbehauptung und gegenseitiger Bündnisverpflichtung der Stämme angesiedelt ist. Solche Form der Kriegführung scheint ein menschliches Potential zu typisieren; und wenn gesagt werden kann, daß die »Ritualisierung« bei Tieren den Beteiligten dazu dient- *situative Ambiguitäten* zu klären und instinktives Vertrauen wiederherzustellen, dann mag sehr wohl die Wiederherstellung des Friedens durch die periodische Bereinigung von *Ambivalenzen*, die aus der Aufspaltung der Menschheit in Pseudo-Spezies hervorgehen, eine Bürde der menschlichen Weise der Ritualisierung sein.

Wenngleich Gandhi durchaus etwas von dem rituellen Potential in traditioneller Kriegführung verspürt haben mag, als er die Notwendigkeit erkennen mußte, ein gewisses Maß an soldatischer Disziplin auch auf die militante Gewaltlosigkeit zu übertragen, so wird man doch zugeben müssen, daß es keinen Sinn ergab, Zehntausende von Indern in den mechanisierten Totschlag des Erstens Weltkrieges zu schicken und sich davon zu erwarten, daß sie dort, von allen Orten unter dem Himmel, sich die Tapferkeit und ritterliche Gesinnung erwerben könnten, die zur Satyagraha notwendig sind.

Denn dies haben wir seither gelernt und tragen es sowohl gegeneinander wie in uns selbst aus: selbst wenn die menschliche Kriegführung stets das Element eines uniformierten Rituals mit eingeschlossen hat, durch welches die Helden dem Überleben und der Unsterblichkeit idealisierter Gemeinschaften zum Opfer gebracht wurden, hat die technische Evolution der Menschheit inzwischen weit hinter sich gelassen, was die Kriege einst an adaptivem Wert besessen haben mögen. Heute wissen wir, daß sich all dies zugleich entwickelt hat und im Zusammenhang studiert werden muß: soziale Identität und der Haß auf die »Andersheit«, Moralität und selbstgerechte Gewalt, Erfindungsgeist und Massenmord. Vom Pfeil, den die Hand vom Bogen schnellte, bis zum Gefechtskopf, der auf die Interkontinentalrakete montiert ist, hat sich der Mensch, der geschickte und selbstgerechte Angreifer, in einen Techniker verkehrt, der seinen Gegner als bloßes Ziel im Visier seines Gewehres oder auf einer Landkarte ausmacht, oder als statistischen Wert in der Verurteilung ganzer Völkerschaften zum Genozid.

1954 berichtete Pyarelal in der Zeitschrift *The Statesman,* wie Gandhi wenige Stunden vor seinem Ende von einem ausländischen Journalisten die Frage vorgelegt wurde: »Wie würden Sie sich der Atombombe gegenüber verhalten .... mit Gewaltlosigkeit?« Er antwortete: »Ich werde nicht unter die Erde gehen, ich werde nicht in Deckung gehen. Ich werde hinaus ins Freie gehen und damit dem Piloten zu erkennen geben, daß ich ihm gegenüber nicht im mindesten böse Gefühle hege. Der Pilot wird unsere Gesichter aus seiner großen Höhe nicht sehen können, ich weiß. Doch jener heiße Wunsch in unseren Herzen – daß er nicht selber Schaden nehme – würde bis zu ihm hinaufreichen und ihm die Augen öffnen.« Ausgesprochene Torheit? Mag sein; und dennoch vielleicht gerade wegen der darin gelegenen Absurdität wahr. Denn Gandhis Antwort ist nur der dramatische Ausdruck einer von Grund auf gewaltlosen Haltung, die, wenngleich sie sich zugegebenermaßen in einem elektronischen und nuklearen Zeitalter neue Methoden erarbeiten muß, noch immer eine menschliche Alternative bleibt, die vom Mahatma in *seiner* Zeit und unter den waltenden Umständen als durchführbar in die Tat umgesetzt und demonstriert worden ist. Und was die Zeiten anbetrifft, die uns bevorstehen: hat nicht dieselbe Technologie, die der Menschheit die Mittel an die Hand gegeben hat, sich selbst einzuäschern, sie nicht auch mit Techniken ausgestattet, die es ihr ermöglichen, sich die eigene Gattung über unbegrenzte Entfernungen hinweg ins Blickfeld zu rücken? Und hat sich der Mensch nicht zugleich auch ein neues introspektives Instrumentarium erworben, mit dem er sich selbst zu begegnen vermag, und damit auch allen anderen in ihm selbst wie sich selbst in allen anderen?

Wenn wir hinzufügen, daß der Mensch lernen muß, sich selbst gegenüberzutreten, wie er allen andern gegenübertritt, dann ist darin auch mitgesetzt, daß er bisher in seiner gesamten Geschichte jede Anstrengung unternommen hat, *nicht* zu sehen, daß die Menschheit eine einzige Gattung ist. Wenn ich in diesem Zusammenhang von der Pseudo-Spezies-Mentalität des Menschen gesprochen habe, dann hat dieser Begriff genügt, Konrad Lorenz dazu anzuregen, mir den Begriff der Pseudo-Speziation zuzuschreiben, den ich dankbar aufnehme. Doch was, um es nochmals festzuhalten, ist damit gemeint?

»Der Begriff kennzeichnet die Tatsache, daß der Mensch, obschon ganz offensichtlich einer einzigen Gattung zugehörig, auf der Szene fortwährend zu Gruppen aufgesplittert erscheint (von Stämmen zu Nationen, von Kasten zu Klassen, von Religionen zu Ideologien), die ihren Mitgliedern das gediegene Gefühl einer deutlich abgehobenen und überlegenen Identität vermitteln – und das der Unsterblichkeit. Dies erfordert indessen, daß jede Gruppe für sich selbst einen Platz und einen Augenblick genau in der Mitte des Universums erfindet, wo und zu dem eine außerordentlich vorausschauende Gottheit zur Ursache dafür wurde, daß sie über alle anderen, die bloß Sterblichen, erhaben geschaffen wurde.«[22]

Man könnte weit in prähistorische Zeiten zurückgehen und sich eine Vorstellung von ihm bilden, dem Menschen, dem nacktesten und durch natürliche Kennmale am wenigsten identifizierbaren Tier, dem es bei allem Selbstbewußtsein der Identität eines Gattungswesens ermangelte. Er konnte sich pompös mit Federn, Fellen und Farben schmücken und seine Art zu einer mythologischen Spezies erheben, benannt nach dem, was immer ihm an Worten für »*die* Leute« zur Verfügung stand. Die noch freundlichste Bedeutung von »pseudo« besagt lediglich, daß etwas als ein solches erscheint, das zu sein vorgibt, was es nicht ist; und in der Tat vermochte der Mensch im Namen seiner Pseudo-Spezies sich selbst und seine Welt mit Werkzeugen und Waffen, Rollen und Regeln, mit Legenden, Mythen und Ritualen auszustatten, die seine Gruppe aneinander binden konnte und ihrer Existenz eine dermaßen überindividuelle Bedeutung verlieh, daß sie zu Loyalität, Heroismus und Poesie inspiriert wurde. Man kann annehmen, daß einige Stämme und Kulturen über lange Zeiträume eine derartige Existenz friedlich kultiviert haben. Was diesem »natürlichen« Prozeß hingegen eine potentielle Bösartigkeit von universellen Ausmaßen verleiht, ist die Tatsache, daß der Gedanke, als Spezies bevorrechtet zu sein, in Zeiten drohenden Wandels und plötzlichen Umbruchs durch eine fanatische Furcht und die Angst vor anderen Pseudo-Spezies machtvoll bestätigt werden

muß. Daß diese anderen daher vernichtet oder »auf ihren Platz verwiesen« werden müssen durch periodische Kriegführung oder Eroberung, durch Zwangsgesetze oder lokale Sitte – das wird zu einer periodischen und oft reziproken Besessenheit des Menschen.
Gemäß der unfreundlichsten Definition also bedeutet »pseudo«, daß jemand mit all dem Halb-Ernst der Propaganda sich selbst ebenso wie andere zu betrügen versucht; ich will zugeben, daß ich gerade diesen Begriffsinhalt zu vermitteln beabsichtige. Dieser Pseudo-Aspekt in den kollektiven Identitäten der Menschheit kann unter der Einwirkung historischer und ökonomischer Verschiebungen dominant werden, die der Selbst-Idealisierung einer Gruppe einen sowohl defensiveren als auch exklusiveren Charakter verleihen. Dieser Prozeß trägt im Menschen derart grundlegende Züge, daß – wie die neuere Geschichte beweist – die Pseudo-Mentalität sich sogar weigert, dem durch den Fortschritt erworbenen Zuwachs an Wissen und Erfahrung zu weichen. Selbst in der »fortgeschrittensten« Nation kann mystisches Befangensein durch die Mentalität der Pseudo-Spezies weiterschwelen und in der Tat überaus fanatisch zum Durchbruch kommen. Der vollständige Sieg dieser Mentalität in einer aufgeklärten modernen Nation wurde durch Hitler-Deutschland exemplifiziert.
Der erschreckendste Aspekt der Pseudo-Speziation aber besteht in der Tatsache, daß eine »Spezies«, die unter die Herrschaft einer anderen geraten ist, bereitwillig die abfällige Meinung der dominanten »Spezies« über sich in ihre eigene Selbsteinschätzung aufnimmt, d. h. zuläßt, daß sie infantilisiert wird und in sich wie gegen sich selbst eine Wut speichert, die sie nicht am Unterdrücker auszulassen und oft nicht einmal zu empfinden vermag. Dies kann zum Fluch werden, der sich von Generation zu Generation vererbt und zunächst zu gelegentlichen Gewalttätigkeiten führt, die die Unterdrückten gegeneinander verüben, bis dann schließlich all die latente Wut in einem Augenblick zu aufrührerischer Manifestation zusammenschießt, wenn die historischen Umstände zu einer Explosion herauszufordern und sie zu sanktionieren scheinen. Es darf uns nicht überraschen, daß solche aufrührerische Haltung sich ebenso kindlich-heiter wie sorglos-zerstörerisch auswirken kann: denn die Unterdrückten konnten der Unterdrückung nur standhalten, indem sie eine defensive Kindlichkeit und Kindischkeit in ihrem individuellen Leben und eine durch Fragmentarisierung ihres kulturellen Erbes entstandene

zweite Primitivität kultivierten. Es muß demnach einleuchten, daß dort, wo ein emphatisches Festhalten an der Pseudo-Spezies habituell wird – wie an vielen Beispielen aus der Kolonialgeschichte ablesbar ist –, die Entwicklung jedes betroffenen Individuums durch variierende Kombinationen von Schuld und Wut gefährdet wird, die eine wahrhafte Entwicklung verhindern, selbst dort, wo Wissen und Kenntnisse im Überfluß vorhanden sind.

Die Geschichte jedoch weist einen Weg, durch den die Pseudo-Spezies-Mentalität einander bekriegender Gruppen entwaffnet zu werden vermag, und zwar vermittels einer *erweiterten Identität.* Diese kann sich einmal durch Vereinigung von territorialen Verbänden zu Großräumen bilden: die Pax Romana umfaßte Rassen, Nationen und Klassen. Auch technologische Fortschritte im universellen »Verkehr« haben verbindende Kraft: Seefahrt, mechanisierte Fortbewegung und drahtlose Kommunikation waren je für sich hilfreich, Veränderung und Wandel zu verbreiten, die schließlich in einem Gefühl sich erweiternder Identität bewahrt wurden, das dabei hilft, ökonomische Furcht, die Angst vor kulturellem Wandel und das Entsetzen vor einem spirituellen Vakuum [23] zu überwinden.

Wir haben auch in Gandhis Entwicklung die Anziehungskraft einer solchen umfassenderen Identität feststellen können: derjenigen eines aufgeklärten Bürgers des British Empire. Indem er nicht bereit war, die entscheidenden Bindungen an die Kultur seiner Heimat aufzugeben, noch leichtfertig die Chance, sich westliche Bildung zu erwerben, ausgeschlagen hat, die am Ende zu seiner Fähigkeit beigetragen hat, die englische Hegemonie brechen zu helfen – hat Gandhi in all diesen scheinbaren Widersprüchen seine intime Vertrautheit mit den Gegebenheiten seiner Epoche bewiesen. Denn in allen Teilen der Welt steht heute der Kampf um die *antizipatorische Entwicklung umgreifenderer Identitäten* auf der Tagesordnung.

Ich unterstelle demnach, daß Gandhi mit seiner immensen Intuition für historische Aktualität und der Fähigkeit, Führerschaft im Sinne einer »Wahrheit im Handeln« zu übernehmen, vielleicht eine Ritualisierung geschaffen hat, durch die die Menschen, ausgestattet sowohl mit Realismus wie mit geistiger Stärke, einander mit einem wechselseitigen Vertrauen gegenübertreten können, das der Instinktsicherheit analog ist, die in die pazifizierenden Rituale der Tiere eingebaut ist.

Statt mich jedoch noch weiteren Spekulationen zu überlassen, will ich noch einmal zu dem von uns untersuchten E r e i g n i s zurückkehren und gewisse Konvergenzen zwischen diesem Ereignis und den Schemata der soeben beschriebenen pazifizierenden Ritualisierung skizzieren. In Ahmedabad wie bei anderen Gelegenheiten näherte sich Gandhi – keineswegs darauf wartend, bis man ihn angriffe, so daß er erst dadurch zu passivem Widerstand herausgefordert würde – seinem Gegner direkt, indem er ankündigte, über welche Mißstände geklagt werde und welche Handlungen er gegen sie zu unternehmen gedenke: *Engagement aus der Nähe,* in einem abgegrenzten Aktionsfeld, war das wesentliche Element in seinem Vorgehen. Damit räumte er seinem Gegner die maximale Gelegenheit zu einer informierten Reaktion ein, so wie er selbst seine Forderungen auf eine gründliche Untersuchung der Tatsachen gründete. Er erklärte den Arbeitern, nicht mehr zu verlangen, als was fair, gerecht und vertretbar sei, doch zugleich bereit zu sein, eher zu *sterben,* als die Forderung herunterzusetzen. Ebenso achtete er darauf, daß es sich um eine Angelegenheit *unter Gleichen* handelte, die ausgetragen werden mußte. Er legte dar, daß der Besitzstand der Textilfabrikanten (Geld und Produktionsmittel) und der Besitzstand der Arbeiter (Arbeitskraft) beide voneinander abhingen und daß sie infolgedessen hinsichtlich ihrer ökonomischen Macht und Würde *äquivalent* seien. Mit anderen Worten, sie teilten eine beide umschließende Identität, sie waren sozusagen von *einer* gemeinschaftlichen Gattung.

In diesem Sinne gestattete er es keiner Seite, die Stellung der anderen zu untergraben; selbst als die Textilunternehmer sich boshaft und drohend verhielten, verbot er seinen Arbeitern, dies mit Gegendrohungen zu beantworten. Er nahm diesen hungernden Menschen das Versprechen ab, daß sie sich aller zerstörerischen Handlungen enthielten, auch nicht den guten Namen des Gegners zuschanden machten. Damit vermied er nicht nur physische Verletzung von Maschinen oder Menschen (man erinnere sich, daß die Polizei vom dritten Tag des Streiks an unbewaffnet auftrat), sondern er weigerte sich zugleich, durch moralistische Verdammung beim Gegner Ärger zu erregen – und Schuldgefühle bei den Anklägern.

Er weigerte sich somit, jene kumulative Verschärfung aus *schlechtem Gewissen, negativer Identität* und *heuchlerischem Moralis-*

mus zuzulassen, der die Aufteilung der Menschen in Pseudo-Spezies charakterisiert. In der Tat konzedierte er den Textilfabrikanten, daß ihre Irrtümer einzig auf einer Mißdeutung ihrer eigenen wie der Arbeiter Verpflichtungen und Funktionen beruhten, und er appellierte an ihr »besseres Ich«. Nachdem er hiermit sein vollkommenes Vertrauen demonstriert hatte, war er bereit, mit täglichen Improvisationen vorzugehen, die zu einem Wechselspiel führten, in dem ein Stichwort des Gegners den nächsten Schritt festlegte, wenngleich er niemals einwilligte, irgendein plötzliches Auftreten von Schwäche auf seiten der Gegner auszubeuten. Die *Hinnahme* des Leidens und sogar des Todes, die ein so grundlegender Bestandteil seiner »Wahrheitskraft« ist, konstituiert eine *aktive Wahl ohne Unterwerfung* gegenüber niemandem: es schließt die Hinnahme von Bestrafung ein, von der man wußte, daß man sie über sich verhängte. All dies ist zugleich als eine Absichtserklärung darüber anzusehen, niemand anderem Schmerz zuzufügen und (hier wird die Parallele zu Konrad Lorenz' Damhirschen überwältigend deutlich) ein Ausdruck des Vertrauens in die Unfähigkeit des Gegners, über einen gewissen Punkt hinaus darin fortzufahren, anderen Leid anzutun, vorausgesetzt natürlich, daß der Gegner überzeugt sein kann, daß er nicht nur keiner tödlichen Gefahr ausgesetzt ist, entweder seiner Identität oder seiner rechtmäßigen Macht verlustig zu gehen, sondern daß er in die Lage versetzt wird, sich einer umfassenderen Identität und einer dauerhafteren Teilung der Macht zu versichern.

Solches Vertrauen, sollte es enttäuscht werden, kann den Verlust von allem bewirken – Macht, Gesicht, Leben –, doch der Satyagrahi würde im Prinzip lieber den Tod wählen als eine Verlängerung jener Kette ausgehandelter Kompromisse hinnehmen, die sich am Ende stets als die Ursache zukünftigen Kämpfens und Mordens herausstellen. All dies war eingefaßt in einen Stil der Präsenz und dichteste, gesammelte Aufmerksamkeit. Die Stimmung des Ereignisses war durchdrungen von dem Geist, dem Gegner den Mut zur Wandlung zu geben, ebenso wie der Herausforderer gleichermaßen bereit blieb, sich mit dem Gang der Ereignisse zu wandeln. In solchen Augenblicken seines Lebens besaß Gandhi eine franziskanisch-heitere Gelöstheit und eine Fähigkeit, Situationen auf das Wesentliche zu reduzieren, womit er anderen half, sowohl aufwendige Verteidigungsstellungen und

Weigerungen aufzugeben, als auch verborgene Potentiale guten Willens wie energischer Tatkraft freizulegen.
Dies, so möchte ich annehmen, aktualisiert etwas im Menschen, das trotz mannigfach fehlgeschlagener Anwendung nichtsdestoweniger das taktische und geistige Grundprinzip für eine *revolutionäre* Weise menschlicher Ritualisierung bereitstellt, die womöglich einiges von ihrer offensichtlichen Kraft aus einem *evolutionären* Potential schöpft, nämlich jenem, das in so dramatischer Weise durch die pazifizierenden Rituale der Tiere illustriert wird. Hier bringe ich etwas vor, das hoffnungslos komplex und doch zugleich so einfach ist, wie die besten Dinge im Leben: denn in der Tat sind es einzig Glaube und Vertrauen, die dem Menschen die Dignität der Natur zurückgeben können.
Gandhis Instrument selbst, einst von einem der seltensten Menschen unter spezifischen kulturellen und historischen Bedingungen neu geschaffen, existiert jetzt in der Vorstellungswelt, den Impulsen und Ritualisierungen vieler, die sich seiner vermöge dessen bewußt geworden sind, was man »Ritual-Diffusion« nennen könnte. Es verlangt heute nach Führern, die es anderswo nochmals neu schaffen, wobei sie zweifellos etwas von der persönlichen oder historischen Motivation mit dem ersten Führer, der ersten Gefolgschaft, den ersten Geführten gemeinsam haben müssen, jedoch diese Motivation mit völlig neuen Elementen zu kombinieren haben. Denn wenn das Instrument einstmals »die Wahrheit« gewesen ist, dann kann es und muß es unter gänzlich verschiedenartigen Konstellationen wieder wirklich werden, und zwar unter solchen, in denen sich die notwendige Ausformung des Werkzeugs in einer unterschiedlichen und dennoch analogen Tradition zu vollziehen hätte und wo diejenigen, die das Werkzeug formen, einer unterschiedlichen Berufung folgen und dennoch konvergierende Ziele gemeinsam haben. Wenn Wahrheit Wirklichkeit ist, kann sie niemals in einer bloßen Wiederholung ritualisierter Handlungen oder Haltungen bestehen. Sie verlangt nach einer Rekonstituierung durch eine neue Kombination allgemeiner Wahrhaftigkeit mit sozialer Disziplin und Gesinnung.

3. *Einsicht*

Um noch einmal auf die Entsprechungen zwischen der Methode von Satyagraha und derjenigen psychoanalytischer Einsicht zurückzukommen: es ist überaus interessant, in diesem Zusammenhang zu erwähnen, daß der Mahatma nach dem Ersten Weltkrieg das sichere Gefühl haben konnte, eine politische Alternative zu demjenigen anbieten zu können, was zu Versailles nach seiner Überzeugung heuchlerische Friedensbemühungen bei einem Manne wie Wilson gewesen sind, während Freud (wie wir heute aus seiner Einführung zu einem Buch über Wilson wissen, bei dem er und William C. Bullitt[25] angeblich Ko-Autoren gewesen sind) gleichermaßen erregt und ebenso gewiß war, daß seine Methode psychologischer Analyse erforderlich sei, um nachzuweisen, daß es sich bei einem Mann wie Wilson um einen Moralisten mit zutiefst neurotischer Veranlagung handelte. Gemeinschaftlich also erkannten diese Männer in Wilson, der für einen kurzen Augenblick in der Geschichte zur Verkörperung eines dauerhaften Friedens geworden war, statt dessen das Symbol tiefster menschlicher Heuchelei, wie sie in jener Kombination widersprüchlicher Attitüden zum Ausdruck kam, die sich, wie man wohl zugeben wird, als die größte Gefahr für den Frieden erwiesen hat: die unaufhörliche Perfektionierung der Waffen, verbunden mit jener selbstgerechten und fanatischen Art von Moralismus, was zusammen stets aufs neue Frieden in Krieg umschlagen läßt.

Wie Gandhi 1919 an C. F. Andrews schrieb:

»Die Botschaft des Westens ... kommt kurz und bündig in Präsident Wilsons Rede zum Ausdruck, die er anläßlich der Friedenskonferenz zum Zeitpunkt des Abkommens über die Einführung des Völkerbundes gehalten hat: Bewaffnete Streitkräfte stehen bei diesem Programm im Hintergrund, und wenn die moralische Kraft der Welt nicht ausreichend sein sollte, so wird es die physische Stärke der Welt ganz gewiß sein.«[26]

Doch die Freudianische Bewegung stand nicht allein in ihrem Bemühen, therapeutische Überzeugung als Heilmittel gegen menschliche Verirrungen vorzuschlagen. Die Zeitspanne, die uns hier beschäftigt, erblickte die Entwicklung eines systematischen Bemühens um »den menschlichen Geist« als eines strategischen Elements sowohl für Frieden wie für Krieg, Anpassung und Revolution. Therapie des Denkens als ein Mittel, den Verstand der Menschen von politischen Fixierungen und Regressionen zu heilen, ist uns durch die chinesische Reform des Denkens nahegebracht worden. Und es war gewissermaßen ein Schock, als

Chruschtschow einem anderen von Gandhis Zeitgenossen diese Worte zuschrieb:

»Als besondere Pflicht der Kontrollkommission wird ein tiefes, individuelles Verhältnis zu und gelegentlich sogar die Anwendung einer Art Therapie gegenüber den Vertretern der sogenannten Opposition empfohlen – jenen, die eine Art psychologischer Krise wegen des Scheiterns ihrer Karriere im Sowjet oder in der Partei durchgemacht haben. Es sollte die Anstrengung gemacht werden, sie zu beruhigen, ihnen die Angelegenheit in einer Weise darzulegen, wie sie unter Genossen üblich ist, um für sie (unter Vermeidung der Methode, Befehle zu erlassen) eine Aufgabe zu finden, für die sie psychologisch geeignet sind.«[27]

Dies, so behauptet Chruschtschow, wurde 1920 von Lenin gesagt. Woher es auch kommen mag, es bleibt eine bemerkenswerte Formulierung für therapeutische Überzeugung im Gegensatz zu politischem Terror. Unter den Revolutionären aus jüngerer Zeit scheint es, zumindest im Leben Dr. Guevaras, einen inneren Konflikt zu geben zwischen der Leidenschaft zu heilen und der Überzeugung, daß man töten müsse. Daß das Töten sogar ein notwendiger Weg zur Selbstheilung für kolonisierte Völker sei, war Dr. Frantz Fanons Botschaft, die er sorgfältig mit psychiatrischen Fallgeschichten sowohl von Folterern als auch von gefolterten Menschen dokumentiert hat. Eine implizite therapeutische Intention also scheint ein gemeinsamer Nenner in den Theorien und Ideologien der Aktion zu sein, die auf der Ebene des Handelns einander völlig auszuschließen scheinen. Was ihnen nichtsdestoweniger gemeinsam ist, ist die Intuition, daß Gewalt gegenüber dem Gegner und Gewalt gegenüber dem eigenen Ich untrennbar miteinander verbunden sind; was sie voneinander trennt, ist das Programm dafür, wie man sich mit beidem auseinanderzusetzen habe.

Der von Gandhi eingeschlagene Weg, wie wir gesehen haben, ist der einer doppelten Konversion: die haßerfüllte Person wird, indem sie ihren egoistischen Haß eindämmt und lernt, den Gegner als menschliches Wesen zu lieben, dem Gegner mit einer ihn umfassenden Technik begegnen, die ihn zwingt, oder besser: ihm gestattet, seine latente Fähigkeit zum Vertrauen und zur Liebe wiederzugewinnen. In all diesen und anderen Varianten der Konfrontation liegt der Nachdruck nicht so sehr (oder ausschließlich) auf der Macht, die erreicht wird, als vielmehr auf der Heilung eines unerträglichen inneren Zustands. Einige der Revolutionäre von heute teilen mit Gandhi die Bereitschaft, im Festhalten an ihrer Überzeugung zu leiden und zu sterben, daß es in der Verfassung des Menschen Übel gibt, die ein verantwortlicher, einsichtiger Mensch nicht tolerieren darf. Gandhi konnte mit einer stolzen und gewalttätigen Jugend sympathisieren; doch er glaubte daran, daß Gewalt von Generation zu Generation neue Gewalt gebiert und daß einzig die Kombination aus Verstehen und Disziplin in Satyagraha den Menschen wirklich zu entwaffnen vermag, oder besser: ihm eine Macht verleiht, die stärker ist als alle Waffen.

Wichtige neue Einsichten entstehen oft, wenn phantasiebegabte Männer und Frauen Verantwortung für eine Klasse von Menschen übernehmen, die vormals einfach rubriziert, verurteilt und als zur Minderwertigkeit Verdammte angesehen worden sind: die Geschichte der Psychiatrie und ihr Einfluß auf die Zivilisation begannen in ähnlicher Weise erst mit den Ensichten nachdenklich gewordener Praktiker darüber, daß gewisse Klassen geisteskranker Patienten von anderen, einschließlich ihren Ärzten, ungerecht behandelt wurden, und zwar so, als wären sie vom Bösen besessen oder genetisch Entartete – eine Gattung für sich also. Der Prozeß klinischer Konfrontation hat überdies enthüllt, wie das dem menschlichen Hang zur Pseudo-Speziation innewohnende Unwahre dem Menschen Gewalt antut.

Ich werde daher auf die Tatsache zurückkommen, die für mich einen der Gründe abgegeben hat, dieses Buch zu schreiben, nämlich daß Freud, wenn er den »freien Assoziationen« seiner verirrten und dennoch intelligenten wie angestrengt suchenden Patienten zuhörte, in ihren Enthüllungen und durch sie *sich selbst* ebenso wie *den Menschen* zu vernehmen glaubte. Indem er die Entsprechungen ihrer Phantasieproduktionen zu seinen eigenen Träumen und beider zu den Motiven in Mythologie und Literatur wahrnahm, »zapfte« er zu klinischen Zwecken buchstäblich ein Bedürfnis an, gewisse Wünsche und Vorstellungen zu verbalisieren und zu bekennen, die im Prinzip zwar universelle Themen sind, doch zu Bewußtheit und Verbalisierung nur unter einer Mannigfaltigkeit besonderer Bedingungen gelangen: von den Träumen im Schlafzustand bis zu Tagträumen und dem Inhalt schöpferischer Produktion; vom Toben der Geisteskrankheit bis zu künstlich induzierter »Bewußtseinserweiterung«, und von impulsiven Geständnissen bis zu systematischer Selbstenthüllung in Autobiographien. Sowohl Religion wie Politik haben Rituale aus dem grundlegenden menschlichen Bedürfnis gemacht, Vergangenes zu gestehen, um es zu läutern, während Psychoanalyse die Art und Weise geklärt hat, in der viele Arten von Phantasieproduktionen zugleich Konfessionen sind. Doch die Psychoanalyse hat mehr geleistet, als solche Produktionen aufzuhellen; sie hat eine kontrollierte Situation geschaffen, die ein Studium ihrer Entstehung möglich macht.

Am Ende dieser Ausführungen sollte die Schlußfolgerung nicht allzusehr schockieren, daß die Historisierung *als solche* ein Prozeß zu sein scheint, vermittels dessen der Mensch die Vergangenheit rekapituliert, um sie der Zukunft zur Beurteilung vorzulegen – oder sogar auszuliefern: ein adaptiver Prozeß. Psychoanalyse vermag dann sehr wohl praktisch wirksam zu werden bei der Heilung des historischen Prozesses von einigen seiner in ihn eingebauten Fehlentwicklungen und die bewußten Einsichten zu vermitteln, die unbewußt in allen Weisen indirekter Selbstenthüllung intendiert sind. Ich will damit sagen, daß der Mensch durch ein Verstehen der Weise, in der er historisiert, dennoch einige der stereotypen Formen von Abläufen überwinden kann, in denen die Geschichte sich wiederholt – Stereotypen, die sich der Mensch nicht länger leisten kann.

Die Konvergenz der Methoden Gandhis und Freuds wird deutlicher, wenn ich wiederhole: in beiden Formen des Begegnens kann nur militantes Erproben von entscheidenden Problemfällen durch gewaltlose Konfrontation Aufschluß darüber geben, was an Verständnisbereitschaft auf beiden Seiten vorhanden ist. Zu solchem Erproben darf man sich nur nach sorgfältigem Studium entscheiden, doch dann muß der sich entfaltenden Begegnung gestattet werden, Schritt für Schritt aufzuzeigen, was die Macht der Wahrheit zu enthüllen und in die Wirklichkeit umzusetzen vermag. Am Ende wird einzig eine Entwicklung als Wahrheit im Handeln gelten können, die beide Partner aus einer solchen Begegnung gewandelt hervorgehen läßt; und derartige Transformation ist nur möglich, wo der Mensch gelernt hat, gewaltlos gegenüber dem anderen wie sich selbst gegenüber zu sein. Schließlich kommen die Wahrheit von Satyagraha und die »Realität« der Psychoanalyse darin gewissermaßen einander näher, wenn die Annahme gemacht wird, daß die »Realitätsprüfung« des Menschen einen Versuch einschließt, nicht nur klar zu denken, sondern in ein Optimum mutueller Aktivierung mit anderen einzutreten. Doch verlangt dies nach einer Kombination zwischen klarer Einsicht in unsere zentralen Motivationen und dem Durchdrungensein von dem Glauben an die Brüderlichkeit der Menschen.

Von diesem Ausgangspunkt her gesehen, bietet die Psychoanalyse eine Methode gewaltloser Intervention gegen unser anmaßendes Gewissen wie unsere wütend aufflammenden Affekte, wodurch unsere moralische und unsere »animalische« Natur in eine respektvolle Versöhnung gezwungen werden.

Als ich dieses Buch zu schreiben begann, erwartete ich nicht, die Psychoanalyse in Begriffen wie Wahrheit, Selbstleiden und Gewaltlosigkeit wiederzuentdecken. Doch jetzt, da mir dies gelungen ist, erkenne ich besser, wovon ich hoffe, daß es der Leser inzwischen mit mir zu sehen gelernt hat, nämlich daß ich mich zu dem Ereignis von Ahmedabad nicht nur hingezogen fühlte, weil ich den Schauplatz kennengelernt hatte, und nicht nur, weil es Zeit für mich wurde, über die Verantwortlichkeiten des mittleren Alters zu schreiben, sondern auch, weil ich eine Affinität zwischen Gandhis Wahrheit und den Einsichten moderner Psychologie spürte. Jene Wahrheit und diese Einsichten sind die Erbschaft der ersten Hälfte dieses Jahrhunderts an die kommenden Jahre. Ein konkretes Ereignis diente dazu, ihre Ursprünge in aller Komplexheit der historischen Aktualität zu illustrieren. Mehr tun konnte ich nicht und habe es auch nicht versucht. Doch sobald wir mit größerer Bewußtheit historisieren, laden wir uns auch einiges von der Bürde der Tradition auf. Schon ein einziges historisches Ereignis, gesehen im Lichte einer neuen Bewußtheit, muß es schmerzhaft deutlich machen, daß der Mensch nur allzu leichtfertig verleugnet und aufgibt, was er geschaut und welche Disziplin er sich bereits erworben hatte, doch daß er damit nur um so mehr Gefahr läuft, der historischen wie der persönlichen Regression anheimzufallen.

Epilog

Marsch an die See

Im Jahre 1930, wiederum im schicksalhaften Monat März, begann der Mahatma eine neue Kampagne. Er verließ nun Ahmedabad für immer, unter Ablegung des Gelübdes, daß er nicht dorthin zurückkehren werde, bis Indien nicht die volle Unabhängigkeit erlangt habe. Der Aufbruch war einer der dramatischsten und inspiriertesten in der Geschichte, und ein kurzer Bericht hierüber ist ein passender Abschluß für dieses Buch – denn beinahe alle Männer und Frauen, und einige unter denjenigen, die mir in Ahmedabad Freunde wurden und damals noch Kinder gewesen sind, waren in der Nacht des 11. März gegenwärtig. Es war die Nacht vor dem großen Treck, 200 Meilen hinunter ans Arabische Meer, wo der Mahatma einige Salzkörner aus dem Indischen Ozean auflesen sollte.

Die zwanziger Jahre hatten Gandhi für verschiedene Reifephasen Zeit gegeben: ein Jahr unbestrittener Führung von Kongreß und Nation, zwei Jahre im Gefängnis; das »stille Jahr« und die Jahre autobiographischer Innenschau; ein weiteres Jahr der Verzweiflung und Krankheit und Jahre inneren Wiedererstarkens und rastlos umherziehender Reformtätigkeit von Dorf zu Dorf.

Jetzt fühlte sich der Mahatma bereit, alle Dinge erneut in einer nationalen Satyagraha zu wägen – der Salz-Satyagraha. Denn die Salt Act war diesmal der eminent praktische und höchst symbolische Brennpunkt dieser Kampagne bürgerlichen Ungehorsams. Ohnedies brachte dieses Gesetz nur unbedeutende 25 Millionen Pfund Reingewinn aus dem Gesamtaufkommen von achthundert Millionen Pfund Sterling, die die Engländer alljährlich aus Indien herauszogen. Doch diese Steuern waren buchstäblich dem Schweiß der Ärmsten abgepreßt, denn sie wurden auf eine Ware erhoben, die sich entlang der Tausende von Meilen indischer Meeresküste in überreichlichem Maße finden und mühelos auflesen ließ. Eine kleine Stadt, Dandi, nahe Jalapur am Zugang zum Golf von Cambay gelegen, sollte zum Schauplatz für diese Geste der Freiheit werden – und für die blutigsten Vergeltungsmaßnahmen.

Wieder war ein Brief an den Vizekönig gesandt worden: »Lieber Freund ....« Doch diesmal wurden keine Umschweife gemacht: »Ich halte die englische Herrschaft für einen Fluch.« Dennoch:

»Ich beabsichtige nicht, auch nur einem einzigen Engländer ein Leid zuzufügen oder ihn in einem legitimen Interesse zu beeinträchtigen, das er hier in Indien verfolgen mag.« Er hatte den Vizekönig »auf Knien« gebeten, auf die Abschaffung der Salt Act hinzuwirken, wobei er dem Vertreter des Königs mit der bei ihm gewohnten Militanz ad hominem zu verstehen gab, daß sein Einkommen das Fünftausendfache des indischen Durchschnittseinkommens betrage. Er schloß mit den Worten:

»Mein Ehrgeiz besteht in nichts Geringerem als darin, das englische Volk durch Gewaltlosigkeit zu bekehren und zu der Erkenntnis zu führen, welches Unrecht es Indien angetan hat. Ich beabsichtige nicht, verletzend zu Ihrem Volk zu sein. Vielmehr möchte ich ihm ebenso dienen wie meinem eigenen ...«[1]

Doch seine Exzellenz ließ ihn lediglich durch seinen Sekretär wissen, daß er »es bedaure, erfahren zu müssen«, etc.

Am Abend des 11. März hielt Gandhiji seine letzte Gebetsversammlung ab. Der nach Tausenden zählenden Menge hatte er verkündet:

»Aller Wahrscheinlichkeit nach wird dies die letzte Rede sein, die ich an euch richten kann. Selbst wenn die Regierung mir gestattet, morgen früh den Marsch zu beginnen, wird dies meine letzte Rede an den geheiligten Ufern des Sabarmati sein. Womöglich sind dies die letzten Worte, die ich in diesem Leben zu euch spreche.

Ich habe euch bereits gestern gesagt, was ich zu sagen hatte. Heute will ich mich darauf beschränken, euch zu erinnern, was ihr zu tun habt, nachdem meine Gefährten und ich verhaftet worden sind. Das Programm für den Marsch nach Jalapur muß ausgeführt werden, wie es ursprünglich festgelegt wurde. Die Eintragung von Freiwilligen für dieses Vorhaben sollte auf Gujarat beschränkt bleiben. Nach allem, was ich während der letzten zwei Wochen erlebt habe, bin ich geneigt zu glauben, daß der Strom derer, die bürgerlichen Widerstand leisten wollen, nicht abreißen wird.

Doch laßt auch nicht den geringsten Anschein entstehen, als wolltet ihr den Frieden brechen, selbst dann nicht, nachdem wir alle verhaftet worden sind. Wir haben beschlossen, alle Reserven für die Verfolgung eines ausschließlich gewaltlosen Kampfes einzusetzen. Laßt nicht zu, daß jemand im Zorn unüberlegte Handlungen begeht. Das ist meine Hoffnung und inständige Bitte. Ich wünschte nur, daß diese meine Worte jeden Winkel und jede Ecke des Landes erreichten.« [2]

Diesmal konnte er mit größerer, realistischer Selbstsicherheit sprechen und brauchte sich nicht hochfliegenden Erwartungen hinzugeben. Denn diesmal stand eine Armee unter seinem Befehl. Diese Armee trug sogar eine Uniform, wenn auch eine solche, an der die Zeichen von Armut und Erniedrigung ablesbar waren: sie war aus Khaki gefertigt, wies keine Rangabzeichen auf und wurde von der Gandhi-Kappe gekrönt, einem Faksimile der Kopfbedeckung von Gefängnisinsassen. Gandhi war der Führer; doch andere Befehlshaber hatten überall im Lande Posten bezogen: Vallabhbhai Patel würde in Ahmedabad bleiben, Rajagopalachari in Madras, Sen Gupta in Kalkutta – und Nehru in Allahabad: »Es soll bei niemandem das Gefühl aufkommen, daß nach meiner Verhaftung niemand mehr sei, der euch führen könne. Dann werde eben nicht ich es sein, der euch führt, sondern Pandit Jawaharlal. Er hat die Befähigung zur Führung.«

Was immer an weiteren Maßnahmen bürgerlichen Ungehorsams in den verschiedenen Regionen sich für angezeigt erwies, sollte von verantwortlichen Unterführern von Fall zu Fall entschieden werden. Gandhi konzentrierte sich auf das Hauptproblem:

»Wo immer dies möglich ist, sollte mit bürgerlichem Ungehorsam gegenüber den Salzgesetzen begonnen werden. Gegen diese Gesetze kann auf dreierlei Weise verstoßen werden. Es gilt für gesetzwidrig, Salz herzustellen, wo auch immer die Voraussetzungen dafür gegeben sind. Der Besitz und der Verkauf von geschmuggeltem Salz (das natürliches Salz oder Salzerde mit einschließt) gilt gleichfalls als Verstoß. Jedermann, der solches Salz verkauft, macht sich strafbar. Von den natürlichen Salzablagerungen an der Küste etwas zu entnehmen und fortzutragen, gilt nicht minder als Gesetzesbruch. Kurz gesagt, ihr könnt zu jedem dieser Mittel greifen, um das Salz-Monopol zu brechen.« [3]

Diesmal stand eine umfangreiche Gruppe gut ausgebildeter Satyagrahi zur Verfügung, gleich gut geschult zur Überwachung wie zur Propagandaarbeit in der breiten Menge. Sie wurden zusammengehalten nicht nur durch ein gemeinschaftlich abgelegtes Gelübde, sondern auch (zumindest in der Umgebung Gandhis) durch die Lebensregeln des Ashram-im-Aufbruch, die die folgenden »drei Punkte« umfaßten: Gebet, Spinnen und das Führen eines Tagebuches.[4]

Und solche Disziplin war bitter nötig; denn diesmal waren die Gegner, mit denen man es zu tun bekommen sollte, sowohl Armee wie Polizei – damals der Uniform nach zumeist Inder, die zum einen von ihren ressentimentgeladenen Offizieren aufgestachelt wurden und andererseits selbst zutiefst irritiert waren durch die scheinbar nur spöttische Herausforderung unbewaffneter Zivilisten, die Welle auf Welle vorrückten.

Unter den vielen sympathisierenden Bürgern, die sich während der Nacht auf dem Boden ausgestreckt hatten (denn der Monat März kann in West-Indien sehr angenehm sein, noch nicht zu trocken und noch nicht zu sehr vom Monsun mit Feuchtigkeit angereichert), befanden sich die Frau des Textilunternehmers Saraladevi (»meine Blutsschwester«) und ihre ältesten Kinder, die Tochter Mridula, damals 17 Jahre alt, die später zu einer Gandhi sehr nahestehenden und von ihm wertgeschätzten, aber dennoch stets überaus freimütigen Anhängerin werden sollte, die mit Kritik nicht zurückhielt; Gautam, damals erst 12 Jahre alt, der zu Ambalals Nachfolger wurde; und Vikram, der heute Leiter der indischen Kernforschung ist.

Doch siehe da, diesmal war auch die Presse vertreten, aus ganz Indien wie »aus aller Welt«. Und dann, nun doch nicht verhaftet, wie er erwartet hatte (»die Regierung ist ratlos und verwirrt«), führte Gandhi bei Tagesanbruch seine achtundsiebzig Männer und Frauen durch die Pforte des Ashram und auf die Straße nach Dandi. Unter ihnen waren auch Anasuya und Pyarelal sowie ein langjähriger Sekretär. Shankerlal, der Organisator, war vorausgeschickt worden, um die Plätze auszuwählen und vorzubereiten, wo die Marschierer haltmachen würden, um zu essen und zu spinnen, zu beten und zu schlafen. Der Mahatma war damals älter als sechzig Jahre, doch zwölf Meilen täglich, über vierundzwanzig Tage verteilt, waren für ihn »ein Kinderspiel«. Und in der Tat herrschte, wie die Dokumentarfilme aus jenen Tagen beweisen, eine gewisse Heiterkeit im Gefolge der ganzen Pilgerschaft, in den festlich hergerichteten Dörfern und entlang der Wege, die zum Schutz vor Staub von den Bauern mit Wasser besprengt und zur Schonung der Füße vor dem steinigen Boden mit Laubblättern bedeckt worden waren. Und am Ziel angekommen, hob der Mahatma einige Brocken Salz auf (die nach echter Bania-Art später dem Meistbietenden unter den Umstehenden verkauft wurden und 1600 Rupien erzielten) – ein Signal überall auf dem Subkontinent, ein Gleiches zu tun, wenn man sich gerade in Nähe des Ozeans befand. Das Rohmaterial wurde ins Landesinnere getragen, wo man es auf Hausdächern in Pfannen weiterverarbeitete und dann verkaufte – zumeist »recht scheußliches Zeug«, wie Nehru gerade noch zu bemerken Zeit blieb, bevor er verhaftet wurde, und zwar als einer der ersten unter 50000, die damals in die Gefängnisse wandern mußten. Doch ausgenommen von einigen Zwischenfällen in Bengalen kam es in keinem anderen Teil Indiens zu nennenswerten Gewaltätigkeiten.

Doch gerade das Ausbleiben von Gewalttätigkeiten erregte die Polizei zu gezielter, tückischer Bosheit. Der Bericht eines englischen Journalisten, Webb Miller, ist zur klassischen Schilderung von Satyagraha in vorderster Kampflinie geworden. Angeführt von Sarojini Naidu und Manilal Gandhi (Devadas und Ramdas waren bereits festgenommen worden), »attackierten« 2500 Freiwillige die Salzwerke von Dharasana unweit Dandis:

»In vollkommenem Schweigen rückten Gandhis Männer vor und machten etwa hundert Meter vor den Absperrungen halt. Eine ausgewählte Kolonne löste sich aus der Menge, durchwatete die Wassergräben und näherte sich den Stacheldrahtverhauen ... Auf ein Kommandowort stürzte sich plötzlich eine große Meute einheimischer Polizisten auf die vorrückenden Marschierer, und ein Hagel von Schlägen, ausgeteilt mit stahlbeschlagenen *lathis* (Schlagstöcken) ging auf ihre Köpfe nieder. Nicht ein einziger Marschierer erhob auch nur einen Arm, um die Schläge abzuwehren. Wie umgestürzte Kegel fielen sie zu Boden. Von dort aus, wo ich stand, konnte ich das Übelkeit erregende Aufkrachen der Knüppel auf ungeschützte Schädeldecken hören. Die wartende Menge stöhnte und sog bei jedem Schlag in nachempfundenem Schmerz scharf die Luft ein. Diejenigen, die niedergeschlagen wurden, fielen gleich zu Boden, bewußtlos oder sich windend, mit gebrochenen Schädeldecken oder Schultergelenken ... Die bisher verschont Gebliebenen marschierten, ohne aus ihren Reihen auszubrechen, still und verbissen vorwärts, bis auch sie niedergemacht wurden.

Sie schritten gleichmäßig voran, mit erhobenen Köpfen, ohne die Aufmunterung durch Musik oder anfeuernde Rufe und ohne daß ihnen die Möglichkeit gelassen wurde, schweren Verletzungen oder dem Tod zu entgehen. Die Polizei machte weitere Ausfälle und schlug methodisch und mechanisch auch die zweite Marschkolonne nieder. Es gab keinen Kampf, keine Handgreiflichkeiten; die Marschierer schritten einfach weiter vorwärts, bis auch sie niedergeschlagen worden waren .....«[5]

Nach diesem Einsatz fiel den Männern in Uniform, die sich mit all ihrer überlegenen Ausrüstung schutzlos fühlten, nichts anderes mehr ein, als was uniformierte Männer in ähnlichen Situationen gleichsam wie eine »natürliche« Eingebung überkommt: wenn es ihnen nicht gelingen konnte, den Freiwilligen die Schädel einzuschlagen, so traten und schlugen sie ihnen jetzt in die Geschlechtsteile. »Stunde um Stunde wurden Ströme von bewegungslosen, blutenden Leibern auf Tragbahren zurückgetragen.«[6]

Was hatten die Satyagrahi erreicht? Sie konnten die Salzwerke nicht einnehmen; noch wurde die Salt Act in ihrer Gesamtheit formell aufgehoben. Doch dies, so begann der Welt langsam aufzugehen, war nicht der entscheidende Punkt. Die Salz-Satyagraha hatte der Welt den nahezu makellosen Gebrauch eines neuen Instruments friedlicher Militanz demonstriert. Soll nur noch hinzugefügt werden, daß Gandhi, nach einem weiteren Gefängnisaufenthalt, mit dem Vizekönig zu jener berühmtgewordenen Tea Party zusammentraf, auf die ich bereits Bezug genommen habe. Nach allseitigen Kompromissen wurde Gandhi zu Gesprächen mit dem Vizekönig eingeladen. Churchill höhnte seinerzeit über den »aufsässigen Fakir, der halbnackt die Stufen zum Palast des Vizekönigs hinaufstolzierte, um mit dem Vertreter des Königs zu verhandeln«. Doch der Vizekönig selbst, Lord Irwin, hat die Zusammenkunft als »die dramatischste persönliche Begegnung zwischen einem Vizekönig und einem indischen Führer« beschrieben. Als Gandhi eine Tasse Tee gereicht wurde, tat er ein wenig (steuerfreies) Salz hinein, das er aus einer kleinen Papiertüte schüttete, die in seinem Schal verborgen gewesen war, und bemerkte lächelnd, »– dies nur zur Erinnerung an die berühmte Bostoner Tea Party«. Moniya und das Empire! Im darauffolgenden Jahr sollte er an einer internationalen Konferenz teilnehmen, als einziger Repräsentant des Kongresses und inzwischen eine weltbekannte Führergestalt, die selbst bei den englischen Massen Popularität besaß. Was dann im

Leben des Mahatma wie in demjenigen der indischen Nation folgte, ist hinreichend dokumentiert[7].

Im Mai 1930 schrieb Tagore triumphierend an den *Manchester Guardian,* daß Europa nun sein moralisches Prestige in Asien verloren habe. Das schwache Asien, so sagte er in einer Eloge auf den Mahatma »kann es sich nun leisten, auf Europa herabzusehen, zu dem es vormals aufzublicken pflegte«. Nach allem, was ich von ihm gelesen habe und wie er mir vertraut geworden ist, hätte Gandhi dies wohl anders ausgedrückt: Asien könne jetzt Europa ins Auge sehen – nicht mehr, nicht weniger, weder zu ihm auf-, noch auf es herabsehen. Wo der Mensch dies vermag und dazu willens ist, wird es, früher oder später, ein wechselseitiges Wiedererkennen geben.

Anhang

Anmerkungen

Prolog: Echo eines Ereignisses

1 Joan Erikson, in: *Mata Ni Pachedi, The Temple Cloth of the Mother Goddess,* Ahmedabad: National Design Institute, 1968.
2 *The Great Trial* (Being A Report of Mahatma Gandhi's Trial), mit einer Einführung von Mazharul Haque, Ahmedabad: Navajivan, 1965, S. 32–34. (Ein Neudruck des Berichts wurde 1922 in Patna veröffentlicht).
3 Dies hat er inzwischen auch getan – in Gujarati (Ahmedabad: Navajivan, 1967).
4 Vgl. Romain Rolland, *Mahatma Gandhi,* übers. v. Catherine D. Groth, New York: The Century Co. 1924, S. 3–5.
5 Er ist heute Vizekanzler der Universität von Gujarat.
6 Über den psychosozialen Begriff vom menschlichen Lebenszyklus, vgl. Erik H. Erikson, *Childhood and Society,* Second Edition, New York: Norton, 1963 S. 247–274; (dt. Ausgabe *Kindheit und Gesellschaft,* Ernst Klett Verlag, Stuttgart 1968).
7 P. V. Kane, *History of Dharmasastra,* Poona: Bhandarkar Oriental Research Institute, 1941, Vol. II, Part 1, S. 188; siehe auch Sudhir Kakar, The Human Life Cycle: The Traditional Hindu View and the Psychology of Erik H. Erikson, in: *Philosophy East and West,* XVIII, No. 3, Juli 1968, S. 127–136.
8 *The Mahabharata,* Volume XII (Shanti Parva), übers. von M. N. Dutt, Kalkutta: R. M. Sirkar, 1902, S. 186.
9 *The Bhagavad Gita,* Discourse III, 35. Vgl. die Übersetzung von Franklin Everton, 2 vols., Cambridge, Mass.: Harvard University Press 1952, I, 39.
10 Zitiert in: P. N. Prabhu, *Hindu Social Organisation, A Study in Socio-Psychological and Ideological Foundations,* Fourth Edition, Bombay: Popular Prakashan, 1963, S. 73.
11 Erik H. Erikson, *Identity: Youth and Crisis,* New York: Norton, 1968, S. 221–224, »A Communality of Egos«.
12 *The Laws of Manu,* Übers. G. Buhler, Vol. XXV, in: *The Sacred Books of the East,* hrsg. v. F. Max Muller, Oxford: Clarendon Press 1886, S. 335.
13 Nach: *The Laws of Manu,* S. 70.
14 Vgl. *Childhood and Society,* S. 65, 269–274.
15 Mahadev Desai, *A Righteous Struggle,* Ahmedabad: Navajivan, 1951.
16 M. K. Gandhi, *An Autobiography or The Story of My Experiments with Truth,* translated from the original in Gujarati by Mahadev Desai, Ahmedabad: Navajivan 1927, S. 291 (im Folgen-

den zitiert als »Autobiography«). (Dt. Ausgabe: *Eine Autobiographie*, Kohlhammer Verlag, Stuttgart 1968).

17 *ibid.* S. 314.

18 *ibid.* S. 316, 317.

19 *ibid.* S. 316.

20 *ibid.* S. 317.

21 *The London Times* vom 8. April 1918.

22 *The Bombay Cronicle* vom 28. Februar 1918.

23 *idem*

24 Weekly Report of the Director, Criminal Intelligence, für den Monat Februar 1918; Home Department, *Political Proceedings.* National Archives, New Delhi.

25 *Mahadevbhaini Diary*, Narhari Parikh (Hrsg.): Ahmedabad: Navajivan, 1950. Vol. IV.

26 Dieser Brief ist inzwischen in der bisher noch nicht abgeschlossenen chronologischen Publikation von Gandhis Schriften durch die indische Regierung abgedruckt und wird dort dem Allahabader *Leader* unter Hinweis darauf zugeschrieben, daß der Brief offensichtlich zur Veröffentlichung in der Presse bestimmt gewesen sei. Vgl. The Collected Works of Mahatma Gandhi, Delhi: Government of India, Ministry of Information and Broadcasting, The Publications Division 1958 ff., XIV, S. 283–286. (Im Folgenden zitiert als CWMG).

27 *ibid.* S. 283.

28 *ibid.* S. 285.

Erster Teil: Die Befragung

1 Zitiert in B. R. Nanda: *Mahatma Gandhi, A Biography*, Boston: Beacon Press, 1958, S. 234.

2 Zitiert in Louis Fischer, *The Life of Mahatma Gandhi*, New York: Harper & Brothers, 1950, S. 223.

3 Gandhi, *Autobiography*, S. 371.

4 *ibid.* S. XIII.

5 *CWMG*, XIV, S. 286.

6 Gandhi, *Autobiography*, S. 333.

7 *ibid.* S. 293.

8 Heinrich Zimmer, *Philosophies of India*, New York: Meridian Books, Inc., 1956 S. 152, 153.

9 *Praja Bandhu* vom 17. März 1918.

10 *CWMG*, XIII, S. 345.

11 *ibid.* XIV, S. 8–36, 48–72.

12 Pyarelal, *Mahatma Gandhi*, Vol. I, The Early Phase, Ahmedabad, Navajivan, 1965.

13 Pyarelal, *Mahatma Gandhi*, The Last Phase, 2 vols. Ahmedabad, Navajivan 1956/1958.

14 Pyarelal, *Mahatma Gandhi*, The Early Phase, S. 209.

15 Gandhi, *Autobiography*, S. 45.

Zweiter Teil: Die Vergangenheit

1 B. R. Nanda, *Mahatma Gandhi, A Biography*, S. 22/23.
2 Gandhi, *Autobiography*, S. XVI.
3 *ibid.* S. 18.
4 Nanda, *Mahatma Gandhi, A Biography*, S. 18.
5 Pyarelal, *Mahatma Gandhi, The Early Phase*, S. 192, 193.
6 *ibid.* S. 193.
7 *ibid.* S. 195.
8 *ibid.* S. 198.
9 Gandhi, *Autobiography*, S. 4.
10 Pyarelal, *Mahatma Gandhi, The Early Phase*, S. 201.
11 *ibid.* S. 195.
12 Gandhi, *Autobiography*, S. 8.
13 *ibid.* S. 11.
14 *ibid.* S. 5.
15 Pyarelal, *Mahatma Gandhi, The Early Phase*, S. 207; Vgl. auch Louis Fischer, *The Life of Mahatma Gandhi*, S. 92; in Fischers Version lautet der letzte Satz: »Was Vergnügungen angeht, so gab es für mich nur wenige oder gar keine, nachdem ich zwölf Jahre alt geworden war.« (»Of amusement after I was twelve, I had little or none.«)
16 Gandhi, *Autobiography*, S. 6.
17 *ibid.* S. 10.
18 Pyarelal, *Mahatma Gandhi, The Early Phase*, S. 212.
19 Gandhi, *Autobiography*, S. 20/21; – die Hervorhebungen im Text stammen von mir.
20 The *Journals of Søren Kierkegaard, A Selection*, hrsg. und übersetzt von Alexander Dru, London: Oxford University Press, 1938, S. 132.
21 *The Autobiography of Eleanor Roosevelt*, New York: Harper & Brothers 1958, S. 9; 10; 13.
22 Joan Erikson, »Nothing to Fear: Notes on the Life of Eleanor Roosevelt«, *The Woman in America*, hrsg. v. Robert J. Lifton, Boston; Beacon Press 1967, S. 267–287.
23 Gandhi, *Autobiography*, S. 22.
24 Übersetzt von Leo O. Lee für mein Seminar »History and Life History«, gehalten in Harvard; der Auszug wurde entnommen: *Lu Hsun ch' uan-chi* (Lu Hsun, Sämtliche Werke), Peking, 1956, Vol. II, S. 261/2.
25 Pyarelal, *Mahatma Gandhi, The Early Phase*, S. 207/8.
26 Gandhi, *Autobiography*, S. 17.
27 »From the London Diary«, *CWMG*, I, 6; Hervorhebungen von mir.
28 *ibid.* S. 5.
29 *ibid.* S. 3.
30 Gandhi, *Autobiography*, S. 14.
31 Siehe die Presseverlautbarung in *Harijan* vom 27. Juni 1948.

32 Abgedruckt aus *The Vegetarian* vom 20. Juni 1891 in CWMG, I, 62.
33 *CWMG*, I, 22–24.
34 Pyarelal, *Mahatma Gandhi, The Early Phase*, S. 269.
35 Abgedruckt aus *The Vegetarian* vom 13. Juni 1891 in CWMG, I, 53.
36 Gandhi, *Autobiography*, S. 56.
37 Stephen Winsten, *Salt and His Circle*, London: Hutchinson & Co. 1951, S. 32; zitiert in: Pyarelal, *Mahatma Gandhi, The Early Phase*, S. 246.
38 Gandhi, *Autobiography*, S. 46.
39 Pyarelal, *Mahatma Gandhi, The Early Phase*, S. 263/4.
40 Abgedruckt aus *The Vegetarian* vom 28. Februar 1891, in CWMG, I, 30/1.
41 Abgedruckt aus *The Vegetarian* vom 7. Februar 1891; 21. Februar 1891 in CWMG, I, 24, 25, 29, 30.
42 Gandhi, *Autobiography*, S. 63–65.
43 *ibid.* S. 63.
44 *ibid.* S. 74.
45 *The Gospel of Selfless Action or The Gita According to Gandhi*, Übersetzung des Originals aus dem Gujarati ins Englische, mit einer Einführung und Kommentar von Mahadev Desai, Ahmedabad: Navajivan, 1946, S. 143.
46 *Gandhi, Autobiography*, S. 68.
47 *ibid. S. 83/4.*
48 *ibid.* S. 81.
49 *ibid.* S. 90.
50 *ibid.* S. 96.
51 *ibid.* S. 90.
52 *CWMG*, I, 106.
53 Zitiert aus dem *Natal Mercury* in: Pyarelal, *Mahatma Gandhi, The Early Phase*, S. 413.
54 Brief des Colonial Secretary an den Gouverneur von Natal. Zitiert in: Pyarelal, *Mahatma Gandhi*, The Early Phase, S. 578.
55 Zitiert in: Pyarelal, *Mahatma Gandhi, The Early Phase*, S. 600.
56 Natal Indian Memorial für Joseph Chamberlain vom 22. Mai 1896; zitiert ibid. S. 611.
57 Pyarelal, *Mahatma Gandhi, The Early Phase*, S. 491.
58 Zu meiner Erörterung dieses Punkts in theoretischem Kontext, vgl. auch *Identity: Youth and Crisis*, New York: Norton, 1968 III. Kapitel (»The Life Cycle: Epigenesis of Identity«).
59 *Young India* vom 21. Januar 1926, S. 30; zitiert in: Pyarelal, *Mahatma Gandhi, The Early Phase*, S. 277.
60 Gandhi, *Autobiography*, S. 110 ff.
61 M. K. Gandhi, *Satyagraha in South Africa*, Ahmedabad: Navajivan 1928, S. 40.
62 *ibid.* S. 15–17.
63 *ibid.* S. 73.

64 Stanley A. Wolpert, *Tilak and Gokhale: Revolution and Reform in The Making of Modern India*, Berkeley: University of California Press, 1962, S. 1.
65 Gokhales Rektoratsrede vor der 14. Jahresversammlung der Student's Brotherhood vom 9. Oktober 1909; zitiert *ibid.* S. 239.
66 Wolpert, S. 25.
67 Gandhi, *Autobiography*, S. 163.
68 *ibid.* S. 165.
69 *ibid.* S. 167.
70 *ibid.* S. 168.
71 *ibid.* S. 174.
72 *ibid.* S. 182.
73 Gandhi, *Satyagraha in South Africa*, S. 90/1.
74 *ibid.* S. 97/8.
75 Gandhi, *Autobiography*, S. 148.
76 *ibid.* S. 150.
77 Gandhi, *Satyagraha in South Africa*, S. 99.
78 *ibid.* S. 106.
79 Zitiert bei Louis Fischer, *The Life of Mahatma Gandhi*, S. 88/9.
80 Gandhi, *Satyagraha in South Africa*, S. 133.
81 *ibid.* S. 137 ff.
82 *ibid.* S. 149.
83 *ibid.* S. 153.
84 *ibid.* S. 164.
85 *ibid.* S. 167.
86 Dies wird vielleicht am eindrucksvollsten illustriert durch Louis Fischers gemischte Metapher, derzufolge Gandhi, bevor er im »Kongreß im Sattel gesessen« habe, »der Stein darunter gewesen« sei, der »schmerzhaft drückt«. Op. cit. S. 133.
87 Gandhi, *Satyagraha in South Africa*, S. 248.
88 *ibid.* S. 273.
89 *ibid.* S. 206, 209.
90 *ibid.* S. 218.
91 *Idem.*
92 1968: Auf einer Reise, die ich erst vor kurzem nach Südafrika unternommen habe, hatte ich Gelegenheit, die Studentenschaft der Universität von Capetown an das südafrikanische Exportgut: Satyagraha, zu erinnern. Einige Freunde waren mir dabei behilflich, Tolstoj-Farm nahe Johannesburg ausfindig zu machen, was uns nur unter einigen Schwierigkeiten gelang; sicherlich hatte niemand in der Umgebung jemals von Gandhi gehört. Das Hauptgebäude scheint von einer Farmersfamilie, Weißen burischer Abstammung, bewohnt zu sein. Was Kallenbach anbetrifft, so wurde mir von einer Person dieses Namens, die ich aus dem Telefonbuch herausgesucht hatte, lediglich bestätigt, daß es einst einen »wohlhabenden Sonderling« in der Familie gegeben habe.
93 Gandhi, *Satyagraha in South Africa*, S. 280.
94 *ibid.* S. 293.
95 *ibid.* S. 297/8.

96 *ibid.* S. 308.
97 *ibid.* S. 309.
98 *ibid.* S. 336/7.
99 Brief an J. B. Petit, Sekretär des South African Indian Fund, datiert vom (16.) Juni 1915, s. *CWMG*, XIII, 110
100 M. K. Gandhi, *Hind Swaraj*, geschrieben und veröffentlicht ursprünglich in Gujarati, in Fortsetzungen abgedruckt in *Indian Opinion*, Jg. 1909. Wiederabdruck in CWMG, X, 6–68.
101 *ibid.* S. 10, 11.
102 *ibid.* S. 40.
103 *ibid.* S. 15.
104 *ibid.* S. 37.
105 *ibid.* S. 16, 17. In seinem Vorwort zur indischen Ausgabe von *Indian Home Rule* (Madras: Ganesh & Co., 1919) räumt Gandhi allerdings ein, daß es darin »nur ein einziges Wort gibt, das ich in Erfüllung eines Versprechens, das einer englischen Freundin gegeben wurde, gern ändern würde«. Dies bezieht sich auf das »Undelikate« des Wortes »Prostituierte«, das nichtsdestoweniger später unbeanstandet stehengelassen wurde, weil das gesamte Pamphlet zu jener Zeit ohnehin kaum mehr als historischen Wert besaß.
106 *ibid.* S. 44.
107 Gandhi, *Hind Swaraj*, in: CWMG, X, 45.
108 Zitiert in CWMG, X, 207.
109 Gandhi, *Hind Swaraj*, in: CWMG, X, 38.
110 *Kesari*, X: 39 (30. September 1890), 2. Zitiert in Wolpert, S. 51.
111 Wolpert, S. 118.
112 Gandhi, *Hind Swaraj*, in: *CWMG*, X, 51, 52.
113 *ibid.* S. 57/8.
114 *ibid.* S. 58.
115 *ibid.* S. 20, 28, 50.
116 *ibid.* S. 49.
117 *ibid.* S. 62.

Dritter Teil: Das Ereignis

1 Gandhi, *Autobiography*, S. 206 ff.
2 *ibid.* S. 205.
3 D. G. Tendulkar, *Mahatma, Life of Mohandas Karamchand Gandhi* (8 vols.), Second Edition, Delhi: Government of India Ministry of Information and Broadcasting, The Publications Division, 1960, I, 72.
4 Gandhi, *Autobiography*, S. 205.
5 Gandhi, *Satyagraha in South Africa*, S. 244–246.
6 Louis Fischer, *The Life of Mahatma Gandhi*, S. 207.
7 Brief an Laksmidas Gandhi, datiert vom 27. Mai 1906. Wieder abgedruckt in *CWMG*, V, 334–335.
8 Gandhi, *Satyagraha in South Africa*, S. 33.

9 Undatierter Brief, geschrieben in Madras kurze Zeit nach dem 17. April 1915. Wiederabgedruckt in *CWMG*, XIII, 49.
10 *The Bombay Cronicle* vom 15. Januar 1915. Wieder abgedruckt in: *CWMG*, XIII, 3.
11 Bericht des *Bombay Cronicle* vom 13. Januar 1915. Abgedruckt in: *CWMG*, XIII, 5.
12 Vgl. *CWMG*, XIII, 10–12.
13 Die Kenntnisse, die ich mir von Ahmedabad erworben habe, sind bestätigt und in unschätzbarer Weise bereichert worden durch Kenneth L. Gillions Aufzeichnungen über die Geschichte der Stadt, die kürzlich veröffentlicht worden sind unter dem Titel: *Ahmedabad: A Study in Indian Urban History;* Berkeley: University of California Press, 1968.
14 *Census of India, 1921, Cities of the Bombay Presidency*, Vol. IX, Part I (Bericht), Poona: Govt. Printing 1922, S. 64.
15 Zitiert in: Pyarelal, *Mahatma Gandhi, The Early Phase*, S. 62.
16 Jawaharlal Nehru, *The Discovery of India*, Second edition London: Meridian Books 1947, S. 304.
17 Vgl. Erikson, *Identity: Youth and Crisis*, S. 22.
18 Jawaharlal Nehru, *Glimpses of World History*, New York: John Day, 1942, S. 428.
19 Zitiert in einem Brief Nehrus an seine Tochter, datiert vom 1. Dezember 1932, *ibid*. S. 417.
20 *ibid*. S. 419.
21 Pyarelal, *Mahatma Gandhi, The Early Phase*, S. 34.
22 Nehru, *Glimpses of World History*, S. 419.
23 *ibid*. S. 420.
24 *ibid*. S. 431.
25 Pyarelal, *Mahatma Gandhi, The Early Phase*, S. 37.
26 *idem*.
27 Vgl. zum Beispiel Philip Woodruffs Untersuchungen in: *The Men Who Ruled India*, insbesondere Vol. II, *The Guardians*, London: Jonathan Cape, 1954.
28 Sir William Sleeman, *A Journey Through The Kingdom of Oude*, 1849–50 (Ausgabe von 1858) II, S. 68–69. Zitiert nach Pyarelal, *Mahatma Gandhi, The Early Phase*, S. 39.
29 *East India Papers*, London (1820), II, 118. Zitiert nach Pyarelal, *Mahatma Gandhi, The Early Phase*, S. 40.
30 Pyarelal, *Mahatma Gandhi, The Early Phase*, S. 39.
31 Zitiert nach: *ibid*. S. 40.
32 Forrest's *Selections from The Minutes and Other Official Writings of the Hon. Mountstuart Elphinstone (1884)*, S. 102; zitiert *ibid*. S. 44.
33 Thomas B. Macaulay, »Minute on Indian Education«, in: *Prose and Poetry*, Cambridge, Mass.: Harvard University Press 1952, S. 722, 729.
34 Earl of Ronaldshay, *The Heart of Aryavarta*, S. 45; zitiert nach Pyarelal, *Mahatma Gandhi, The Early Phase*, S. 47.
35 Nehru, *Glimpses of World History*, S. 434.

36 *CWMG*, XIII, 59, 60.
37 *ibid.* S. 45.
38 *ibid.* S. 144, 145.
39 *ibid.* S. 198, 199.
40 *ibid.* S. 313–315.
41 *CWMG*, XIV, 48.
42 *ibid.* S. 72.
43 *CWMG*, XIII, 211–214.
44 *ibid.* S. 214.
45 *ibid.* S. 214/5.
46 *ibid.* S. 216.
47 Gandhi, *Autobiography*, S. 277.
48 *ibid.* S. 282.
49 *CWMG*, XIII, 191/2.
50 *ibid.* S. 321.
51 *ibid.* S. 419, 420.
52 *ibid.* S. 301, 303.
53 *ibid.* S. 302.
54 *ibid.* S. 485.
55 Gandhi, *Autobiography*, S. 291.
56 *ibid.* S. 303/4.
57 *ibid.* S. 301/2.
58 *CWMG*, XIII, 375.
59 *idem.*
60 Gandhi, *Autobiography*, S. 303.
61 *CWMG*, XIII, 361.
62 *ibid.* S. 365.
63 *ibid.* S. 371.
64 *ibid.* S. 450.
65 Brief datiert vom 21. Dezember 1917. Abgedruckt in *CWMG*, XIV, 115.
66 Dies ist eine grobe Übersetzung aus den von Shankerlal für seine Autobiographie, *Gujerati*, zusammengestellten Materialien; das Buch, in Gujarati geschrieben, ist inzwischen erschienen. Vgl. Prolog, Anmerkung 3.
67 Brief an Shankerlal über »Gedanken zu Satyagraha«, vom 2. September 1917. Abgedruckt in *CWMG*, XIII, 517–520.
68 Die folgende Darstellung stützt sich auf Narahari Parikh, *Mahadev Desai's Early Life*, aus dem Gujarati übersetzt von Gopalrao Kulkarni, Ahmedabad: Navajivan, 1953.
69 *ibid.* S. 46.
70 Aus Mahadev Desais Brief an Narahari Parikh, datiert vom 2. 9. 1917. Vollständig abgedruckt, ibid. S. 52–54; und auszugsweise in *CWMG*, XIII, 510–512.
71 Dies erklärt, warum Mahadev nicht in Champaran geblieben ist (wie dies Kasturba getan hat), um sich am Unterrichtsprogramm der Schule zu beteiligen, die Gandhi so sehr ans Herz gewachsen war, sondern daß er ihm vielmehr nach Bombay und Ahmedabad gefolgt ist – wo er zum Zeugen des Ereignisses geworden ist.

72 Parikh, S. 57.
73 *ibid.* S. 58.
74 *CWMG*, XIV, 217.
75 Abgedruckt in *CWMG*, XIV, S. 245.
76 *CWMG*, XIV, 146.
77 Vgl. *ibid.* S. IX.
78 Abgedruckt in *CWMG*, XIV, 157.
79 *ibid.* S. 158.
80 Abgedruckt in *CWMG*, XIV, 178/9.
81 Abgedruckt in *CWMG*, XIV, 188.
82 Brief datiert vom 11. Februar 1918. Abgedruckt in *CWMG*, XIV, 190.
83 *CWMG*, XIV, 195.
84 *ibid.* S. 197/8.
85 Die folgenden Statistiken sind *Praja Bandhu* und den *Reports* der Stadtverwaltung von Ahmedabad aus dem hier genannten Zeitraum entnommen.
86 Abgedruckt in: Mahadev Desai, *A Righteous Struggle*, S. 5.
87 Desai, *A Righteous Struggle*, S. 83.
88 *CWMG*, XIV, 211.
89 *The Bombay Cronicle*, vom 14. Februar 1918, S. 5.
90 *ibid.*, vom 18. Februar 1918, S. 6.
91 Desai, *A Righteous Struggle*, S. 9, 10.
92 *CWMG*, XIV, 215.
93 *ibid.* S. 217.
94 *ibid.* S. 218.
95 *ibid.* S. 219.
96 *idem.*
97 Zu meinem Begriff der Ritualisierung vgl. Erik H. Erikson, »Ontogeny of Ritualisation in man«, *Philosophical Transactions of the Royal Society of London*, Serie B, vol. 251 (1966), S. 337–349.
98 *CWMG*, XIV, 219, 220.
99 *ibid.* S. 222.
100 *ibid.* S. 223.
101 Brief an Ramdas, datiert vom 27. Februar 1918. Abgedruckt *ibid.* S. 221.
102 *CWMG*, XIV, 225.
103 Abgedruckt *ibid.* S. 225/6.
104 *CWMG*, XIV, 227.
105 *ibid.* S. 229, 230.
106 *ibid.* S. 231.
107 *ibid.* S. 232/3.
108 *ibid.* S. 233.
109 Desai, *A Righteous Struggle*, S. 18.
110 *The Bombay Cronicle* vom 5. März 1918, S. 8.
111 *CWMG*, XIV, 236.
112 *ibid.* S. 237/8.
113 *ibid.* S. 239.

114 Flugblatt No. 9; abgedruckt *idem.*
115 Brief an Millie Graham Polak, datiert vom 6. März 1918; abgedruckt in *CWMG*, XIV, 240.
116 *CWMG*, XIV, 242/3.
117 *ibid.* S. 246.
118 *ibid.* S. 248.
119 *ibid.* S. 250.
120 *ibid.* S. 249; hier ziehe ich Mahadev's Übersetzung derjenigen in den *Collected Works* vor.
121 Desai, *A Righteous Struggle*, S. 24/5.
122 *CWMG*, XIV, 254.
123 *ibid.* S. 256/7.
124 *ibid.* S. 258/9.
125 Gebetsrede im Ashram, *ibid.* S. 260–263.
126 *ibid.* S. 263.
127 *CWMG*, XIV, 264.
128 *ibid.* S. 548.
129 *ibid.* S. 266.
130 *ibid.* S. 266/7.
131 *ibid.* S. 267.
132 *ibid.* S. 270.
133 *ibid.* S. 268.
134 *idem.*
135 Eine zweite Ansprache an die Textilarbeiter von Ahmedabad vom 18. März; abgedruckt *ibid.* S. 268.
136 *CWMG*, XIV, 185.
137 *ibid.* S. 286.
138 Gandhi, *Autobiography*, S. 324.
139 In einem Flugblatt »an die Brüder und Schwestern im Kheda-Distrikt« vom 22. Juni 1918; abgedruckt in: *CWMG*, XIV, 440.
140 Brief an den Vizekönig, datiert vom 29. April 1918; abgedruckt in: *CWMG*, XIV, 377/8.
141 *ibid.* S. 379.
142 Brief an den Sekretär des Vizekönigs, datiert vom 30. April 1918. In: *CWMG*. XIV, 380.
143 *ibid. S. 381.*
144 *CWMG*, XIV, 382.
145 *ibid.* S. 385; Hervorhebungen vom Verfasser.
146 *ibid.* S. 424.
147 *ibid.* S. 470.
148 *ibid.* S. 443.
149 *CWMG*, XV, 17.
150 *CWMG*, XIV, 499.
151 *ibid.* S. 475.
152 *ibid.* S. 512.
153 *ibid.* S. 506.
154 *ibid.* S. 437.
155 Vom 30. Juni 1918 datierter Brief, *ibid.* S. 462/3.
156 Vom 25. Juli 1918 datierter Brief, in: *CWMG*, XIV, 505.

157 Vom 29. Juli 1918 datierter Brief, in: *CWMG*, XIV, 509.
158 *ibid.* S. 509, 510.
159 *CWMG*, XIV, 515/6.
160 *ibid.* S. 520.
161 *CWMG*, XV, 18.
162 Brief an Anandshankar Dhruva, datiert vom 17. August 1918; abgedruckt *ibid.* S. 24.
163 *CWMG*, XV, 3, 4.
164 Gandhi, *Autobiography*, S. 332.
165 *CWMG*, XV, 70.
166 *ibid.* S. 60.
167 *ibid.* S. 65/6.
168 *ibid.* S. 43/4.
169 *ibid.* S. 71.
170 *ibid.* S. 78.
171 Gandhi, *Autobiography*, S. 337.
172 Gandhi, *Autobiography*, S. 339.
173 *idem.*
174 *CWMG*, XV, 101, 102.
175 Diese Auszüge bildeten zusammengenommen Satyagraha-Flugblatt No. 1 und sind wieder abgedruckt im Anhang II zu Band XV von *CWMG*. Die hier zitierte Quelle ist: Home Department, Political Files, Series B: 373, National-Archive Neu-Delhi.
176 Abgedruckt in: *CWMG*, XV, 183.
177 *CWMG*, XV, 186–188.
178 *ibid.* S. 195.
179 *ibid.* S. 209, 210
180 *ibid.* S. 221.
181 *Botschaften des Congreß-Präsidenten vom Silbernen zum Goldenen Jubiläum* (»Congress Presidential Addresses from the Silver to the Golden Jubilee«, Second Series (enthält die Botschaften des Präsidenten von 1911–1934 im vollen Wortlaut), Madras: Natesan, 1934, S. 401.
182 *ibid.* S. 431.
183 Vgl. Lloyd und Susanne Rudolph, *The Modernity of Tradition – Political Development in India*, Chicago: The University of Chicago Press, 1967, S. 159.

Vierter Teil: Die Hebelkraft der Wahrheit

1 Zu einer ins Grundsätzliche gehenden Herausarbeitung dieser Distinktion vgl. Erik H. Erikson, *Insight and Responsibility*, »Psychological Reality and Historical Actuality«, New York: Norton, 1964, S. 159–216.
2 Zur Behandlung des Problems der psychologischen Unsterblichkeit vgl. die Arbeit Robert Liftons, *Revolutionary Immortality – Mao Tse-tung and the Chinese Cultural Revolution*, New York: Random House, 1968.

3 Dies wird in einzigartiger Weise und überaus eindrucksvoll entwickelt von Joan Bondurant, *Conquest of Violence – The Gandhian Philosophy of Conflict* (überarbeitete Ausgabe), Berkeley: University of California Press, 1965.

4 Ein deutsches biographisch-psychiatrisches Wörterbuch widmet eine von insgesamt acht Zeilen über den Mahatma der Mitteilung, daß Gandhi »mit seinen weiblichen Bediensteten in einem Bett schlief« – ohne den Zeitraum einzugrenzen und Aussagen über die Dauer einer solchen Gewohnheit zu machen. Ähnlich berichtet Arthur Koestler in *The Lotus and The Robot*, London: Hutchinson, 1966 in einer Fußnote, daß der alternde Gandhi von der englischen Polizei mit einem nackten jungen Mädchen im Bett angetroffen worden sei, doch daß jene weise davon Abstand genommen habe, ihre Entdeckung zu veröffentlichen. Dieser Klatsch läßt völlig die Tatsache außer acht, daß die britische Polizei zu der Zeit, als sich dies Vorkommnis angeblich ereignet haben soll, es längst aufgegeben hatte, Gandhi überraschend nächtliche Besuche abzustatten, daß es bei dieser Einrichtung der Schlafgewohnheiten weder Betten noch Türen gab, daß Nacktheit in den Tropen eine relative Angelegenheit ist, und schließlich, daß dieser ganze Umstand niemals ein Geheimnis gewesen ist.

5 Nirmal Kumar Bose, *My Days with Gandhi*, Kalkutta: Nishana, 1953, vgl. insbesondere 131–137, 154–160.

6 Manubehn Gandhi, *Bapu – My Mother*, Ahmedabad: Navajivan 1949.

7 L. and M. Milne, *The Ages of Life*, New York: Harcourt, Brace & World, 1968, S. 265.

8 Bose, S. 183.

9 Wie es ins einzelne gehend im Dritten Teil, III, ausgeführt ist.

10 *CWMG*, XV, 4.

11 Bondurant, S. 25.

12 Erikson, *Insight and Responsibility*, S. 219–243.

13 Bondurant, S. 11.

14 Pyarelal, »The Right and Wrong Uses of Fasting: How Gandhiji's Standards Apply Today«, in: *The Statesman* vom 3. Januar 1967, S. 6.

15 *The Statesman* vom 15. Februar 1967, S. 7.

16 Zitiert nach Fischer, *The Life of Mahatma Gandhi*, S. 238.

17 *ibid.* S. 282/3.

18 Sigmund Freud, »Why War«, Freuds Brief an Einstein, datiert vom September 1932, in: *Collected Papers* (Hrsg. James Strachey, London: Hogarth Press, 1950, V, 274.

19 Konrad Lorenz, *On Aggression*, übertragen von M. K. Wilson, New York: Harcourt, Brace & World, 1966.

20 Vgl. zum Beispiel Konrad Lorenz' lebendige Schilderung in: *King Salomon's Ring*, New York: Thomas Crowell Co., 1952.

21 Vgl. meine Schrift »Psychoanalysis and Ongoing History: Problems of Identity, Hatred and Non-Violence, *American Journal of Psychiatry*, CXXII (September 1965) 241–250; »Ontogeny of

Ritualisation in Man«, op. cit.; und »Concluding Remarks«, Discussion on Ritualisation in Behavior in Animals and Man, in: *Philosophical Transactions of the Royal Society of London*, Series B, vol. 251, S. 523/4.

22 Erik H. Erikson, »Insight and Freedom«, *op. cit.*

23 Vgl. Erik H. Erikson, *Young Man Luther, A Study in Psychoanalysis and History*, New York: Norton, 1958.

24 Eine ausführliche Biographie über die Geschichte und den Gebrauch der Methoden Gandhis in jüngster Zeit gibt: *Nonviolent Direct Action*, hrsg. von A. Paul Hare und Herbert H. Blumberg, Washington and Cleveland Corpus Books, 1968.

25 Siehe meine Besprechung von *Thomas Woodrow Wilson*, von Sigmund Freud und William C. Bullitt in: *The New York Review of Books*, vol. VIII, no. 2, 1967.

26 *CWMG*, XV, 142.

27 Nikita S. Khrushchev, *The Crimes of the Stalin Era*, New York: The New York Leader, 1962.

Epilog: Marsch an die See

1 Zitiert nach Louis Fischer, *The Life of Mahatma Gandhi*, S. 266.

2 M. K. Gandhi, *Satyagraha*, Ahmedabad: Navajivan 1951 S. 233.

3 *ibid.* S. 234.

4 *Young India* vom 20. März 1930. Zitiert *ibid.* S. 236/7.

5 Fischer, S. 273.

6 *ibid.* S. 274.

7 Als einen Bericht über die Periode des Staatsmannes in Gandhis Leben möchte ich zusätzlich zu den bereits zitierten Biographien auch Penderel Moon empfehlen, *Gandhi and Modern India*, New York: Norton, 1969.

Barrington Moore
Soziale Ursprünge von Diktatur und Demokratie

Die Rolle der Grundbesitzer und Bauern bei der Entstehung der modernen Welt
stw 54. 630 Seiten

Moores Buch knüpft an die Tradition soziologischer Analysen von geschichtlichen Zusammenhängen und Entwicklungen an, in welcher die Soziologie von Marx bis Max Weber stand. Er versucht, die politische Rolle zu erklären, die landbesitzende Oberschicht und Bauernschaft bei der Umwandlung der Agrargesellschaften zu modernen Industriegesellschaften gespielt haben. Moore zeigt die historischen Bedingungen, unter denen diese Gruppen zu wichtigen Faktoren für die Entstehung der parlamentarischen Demokratie westlichen Typs, faschistischer Diktaturen oder auch kommunistischer Systeme geworden sind.
Barrington Moore, geboren 1913 in Washington, lehrt Soziologie an der Harvard University.

Gerhard Lenski
Macht und Privileg

Eine Theorie der sozialen Schichtung
Übersetzt von Hanne Herkommer
stw 183. 650 Seiten

Lenski definiert soziale Schichtung als den Prozeß, durch den in menschlichen Gesellschaften knappe Güter und Werte verteilt werden. Von anderen neueren Untersuchungen über soziale Schichtung unterscheidet sich die von Lenski besonders dadurch, daß sie sich weniger auf die Folgen als auf die Ursachen jenes Prozesses konzentriert, die, weil den heute gängigen Methoden der Umfrageforschung kaum zugänglich, von den Sozialwissenschaften nicht nur vernachlässigt, sondern oft genug auch ausgeblendet werden: man nimmt die jeweils bestehenden Strukturen und Systeme der Verteilung von Macht und Besitz als (natur)gegeben hin. Lenski dagegen fragt nach den Bedingungen ihrer Entstehung, der Dynamik ihrer Entwicklung in fünf Grundtypen von Gesellschaft (von primitiven Jäger- und Sammlergesellschaften über Hortikultur- und Agrargesellschaften bis zu den heutigen Industriegesellschaften).

Joseph Needham
Wissenschaftlicher Universalismus

Über Bedeutung und Besonderheit der chinesischen Wissenschaft
Herausgegeben, eingeleitet und übersetzt von Tilman Spengler
stw 264. 416 Seiten

Die in diesem Band vereinigten Arbeiten Joseph Needhams stehen in enger thematischer Beziehung zu seinem Hauptwerk *Science and Civilization in China*, der ersten maßgeblichen Gesamtdarstellung des chinesischen Beitrags zur Universalgeschichte von Wissenschaft und Technik. Needham begreift das Zustandekommen der neuzeitlichen Wissenschaft als einen universalen Vorgang, zu dessen Entstehen Beiträge aus vielen Zivilisationen zusammenkommen mußten, der aber erst durch die Entdeckungen und soziokulturellen Neuausrichtungen im Europa der Renaissance die für ihn bestimmende Dynamik erhielt. »Wissenschaftlicher Universalismus« als konkretes Forschungsprogramm zielt demnach ebenso auf die Beschreibung einzelner Komponenten wie auf eine Kennzeichnung des Milieus, innerhalb dessen eine Kombination der Einzelteile das Unternehmen »moderne Wissenschaft« in Gang setzte.
Wenn der Durchbruch zur modernen Wissenschaft allein in Europa gelang, in anderen Kulturen dazu aber die kognitiven Voraussetzungen genauso vorhanden waren, dann müssen, folgert Needham, sozio-kulturelle Unterschiede die entscheidenden Hemm- bzw. Beschleunigungsfaktoren bezeichnen.
Der Aufsatz »Wissenschaft und Gesellschaft in Ost und West« geht auf einige dieser Unterschiede ein. »Die Einheit der Wissenschaft, Asiens unentbehrlicher Beitrag«, der zweite Aufsatz der Auswahl, liefert eine faktische Erhärtung der These von der Universalität des Vorgangs, an dessen Ende die neuzeitliche Wissenschaft stand. Daß es sich bei diesen Beiträgen um mehr als nur die ständig zitierten Beispiele des Schießpulvers, der Druckkunst und des magnetischen Kompasses handelt, wird dabei ebenso deutlich wie die zentrale Rolle des arabischen Kulturraums für die Übermittlung der Erfindungen und Erkenntnisse. »Der chinesische Beitrag zu Wissenschaft und Technik« greift das Thema aus chinesischer Perspektive auf.

Needham beschränkt sich hier nicht auf die Aufzählung vieler Einzelfälle, er schildert auch die chinesische Einstellung zu Fragen der sozialen Verfügbarkeit von Wissenschaft und Technik.
Als Beispiele für Needhams Geschick, Problemzusammenhänge global und gleichzeitig detailgetreu in den Griff zu bekommen, dienen die Aufsätze »Der Zeitbegriff im Orient« und »Das fehlende Glied in der Entwicklung des Uhrenbaus: ein chinesischer Beitrag«.
Zunächst räumt Needham mit dem vulgär-philosophischen Klischee des »zeitlosen Orients« auf und zeigt sehr genau, wie konkret sich die Chinesen der Realität zeitlicher Abläufe in der Geschichte bewußt waren. Und zum Nachweis, daß sich derlei Gedanken nicht nur auf den mageren Weiden der Spekulation bewegten, zeigt Needham in seiner Geschichte des chinesischen Uhrenbaus gleichsam das handwerkliche Komplement: mehr noch, die Unruh, die zentrale Vorrichtung der mechanischen Zeitmessung, ist eine chinesische Erfindung.
Die traditionelle chinesische Medizin steht seit einigen Jahren im Brennpunkt nicht nur medizin-historischen Interesses. Das rührt zum einen aus sozio-politischen Begleitumständen ihrer Wiedergeburt im sozialistischen China her, zum anderen aus dem erklärten Unvermögen westlicher Mediziner, gewisse therapeutische Effekte dieser Medizin in den Begriffen ihrer eigenen Deutungssysteme nachzuvollziehen. In »Medizin und chinesische Kultur« klärt Needham zunächst die Entstehungs- und Entwicklungsbedingungen der traditionellen Medizin Chinas, die wie keine andere wissenschaftliche Disziplin von der sie umlagernden Kultur geprägt wurde, und schlägt dann einige Interpretationen zu ihrer Wirkungsweise vor.

Hört ihr die Kinder weinen

Eine psychogenetische Geschichte der Kindheit
Herausgegeben von Lloyd deMause
stw 339. 627 Seiten

Auf Initiative von Lloyd deMause hat ein Team von zehn Psychohistorikern untersucht, wie sich die Beziehungen zwischen Eltern und Kinder in unserer Kultur von der Antike an verändert haben.
Weil die psychische Struktur von Generation zu Generation durch den Engpaß der Kindheit weitergegeben werden muß, sind die Praktiken der Kindererziehung in einer Gesellschaft mehr als ein beliebiges kulturelles Merkmal neben anderen. Sie stellen vielmehr die entscheidende Bedingung für die Überlieferung und Entwicklung aller anderen Merkmale der Kultur dar und legen definitive Grenzen für das in den verschiedenen Bereichen der Geschichte Erreichbare fest. Es bedarf spezifischer Kindheitserfahrungen, um spezifische Merkmale einer Kultur aufrechtzuerhalten; sobald die betreffenden Erfahrungen fehlen, verschwindet auch das entsprechende kulturelle Merkmal.

Inhalt

Lloyd deMause, Evolution der Kindheit; *Richard B. Lyman, Jr.,* Barbarei und Religion: Kindheit in spätrömischer und frühmittelalterlicher Zeit; *Mary Martin McLaughlin,* Überlebende und Stellvertreter: Kinder und Eltern zwischen dem neunten und dem dreizehnten Jahrhundert; *James Bruce Ross,* Das Bürgerkind in den italienischen Stadtkulturen zwischen dem vierzehnten und dem frühen sechzehnten Jahrhundert; *M. J. Tucker,* Das Kind als Anfang und Ende: Kindheit in England im fünfzehnten und sechzehnten Jahrhundert; *Elizabeth Wirth Marvick,* Natur und Kultur: Trends und Normen der Kindererziehung in Frankreich im siebzehnten Jahrhundert; *Joseph E. Illick,* Kindererziehung in England und Amerika im siebzehnten Jahrhundert; *John F. Walzer,* Ein Zeitalter der Ambivalenz: Kindheit in Amerika im achtzehnten Jahrhundert; *Patrick P. Dunn,* »Der Feind ist das Kind«: Kindheit im zaristischen Rußland; *Priscilla Robertson,* Das Heim als Nest: Mittelschichten – Kindheit in Europa im neunzehnten Jahrhundert; Register.

Alphabetisches Verzeichnis der suhrkamp taschenbücher wissenschaft

Adorno, Ästhetische Theorie 2
– Drei Studien zu Hegel 110
– Einleitung in die Musiksoziologie 142
– Kierkegaard 74
– Negative Dialektik 113
– Noten zur Literatur 355
– Philosophie der neuen Musik 239
– Philosophische Terminologie Bd. 1 23
– Philosophische Terminologie Bd. 2 50
– Prismen 178
– Soziologische Schriften I 306
Materialien zur ästhetischen Theorie Th. W. Adornos 122
Alexy, Theorie der juristischen Argumentation 436
Apel, Der Denkweg von Charles S. Peirce 141
– (Hg.), Sprachpragmatik und Philosophie 375
– Transformation der Philosophie, Bd. 1 164
– Transformation der Philosophie, Bd. 2 165
Arnaszus, Spieltheorie und Nutzenbegriff 51
Ashby, Einführung in die Kybernetik 34
Avineri, Hegels Theorie des modernen Staates 146
Bachelard, Die Philosophie des Nein 325
Bachofen, Das Mutterrecht 135
Materialien zu Bachofens ›Das Mutterrecht‹ 136
Barth, Wahrheit und Ideologie 68
Batscha/Garber (Hg.), Von der ständischen zur bürgerlichen Gesellschaft 363
Baxandall, Die Wirklichkeit der Bilder 442
Becker, Grundlagen der Mathematik 114
Bendix, Freiheit und historisches Schicksal 390
– Könige oder Volk. 2 Bde. 338
Benjamin, Charles Baudelaire 47
– Der Begriff der Kunstkritik 4
– Trauerspiel 225
Materialien zu Benjamins Thesen ›Über den Begriff der Geschichte‹ 121
Bernfeld, Sisyphos 37
Bilz, Studien über Angst und Schmerz 44
– Wie frei ist der Mensch? 17
Bloch, Das Prinzip Hoffnung. 3 Bde. 3
– Geist der Utopie 35
– Naturrecht 250
– Philosophie d. Renaissance 252
– Subjekt/Objekt 251
– Tübinger Einleitung 253
Materialien zu Blochs ›Prinzip Hoffnung‹ 111
Blumenberg, Die Legitimität der Neuzeit. Erweiterte und überarbeitete Neuausgabe. 24/79/174 in Kassette
– Säkularisierung und Selbstbehauptung (1. u. 2. Teil von »Legitimität«) 79
– Der Prozeß der theoretischen Neugierde (3. Teil von »Legitimität«) 24
– Aspekte der Epochenschwelle (4. Teil von »Legitimität«) 174
– Die Genesis der kopernikanischen Welt. 3 Bde. 352
– Schiffbruch mit Zuschauer 289
Böckenförde, Staat, Gesellschaft, Freiheit 163
Böhme, Alternativen der Wissenschaft 334
Böhme/van den Daele/Krohn, Experimentelle Philosophie 205
Böhme/v. Engelhardt (Hg.), Entfremdete Wissenschaft 278
Bonß/Honneth (Hg.), Sozialforschung als Kritik 400
Bourdieu, Entwurf einer Theorie der Praxis 291
– Zur Soziologie der symbolischen Formen 107
Bourdieu u. a., Eine illegitime Kunst 441
Broué/Témime, Revolution und Krieg in Spanien. 2 Bde. 118
Bruder, Psychologie ohne Bewußtsein 415
Bubner, Handlung, Sprache und Vernunft 382
Bucharin/Deborin, Kontroversen 64
Bürger, Vermittlung – Rezeption – Funktion 288
– Tradition und Subjektivität 326
– Zur Kritik der idealistischen Ästhetik 419
Canguilhem, Wissenschaftsgeschichte 286
Castel, Die psychiatrische Ordnung 451
Castoriadis, Durchs Labyrinth 435
Cerquiglini/Gumbrecht (Hg.), Der Diskurs der Literatur- und Sprachhistorie 411
Childe, Soziale Evolution 115
Chomsky, Aspekte der Syntax-Theorie 42
– Regeln und Repräsentationen 351
– Reflexionen über die Sprache 185
– Sprache und Geist 19
Cicourel, Methode und Messung in der Soziologie 99
Claessens, Kapitalismus als Kultur 275
Condorcet, Entwurf einer historischen Darstellung der Fortschritte des menschlichen Geistes 175
Coulmas, Über Schrift 378
Cremerius, Psychosomat. Medizin 255
– (Hg.), Rezeption der Psychoanalyse 296
van den Daele, Krohn, Weingart (Hg.), Geplante Forschung 229
Dahmer, Libido und Gesellschaft 345
Danto, Analytische Geschichtsphilosophie 328
Deborin/Bucharin, Kontroversen 64
Deleuze/Guattari, Anti-Ödipus 224
Denninger (Hg.), Freiheitliche demokratische Grundordnung. 2 Bde. 150
Denninger/Lüderssen, Polizei und Strafprozeß 228
Derrida, Die Schrift und die Differenz 177
– Grammatologie 417
Descombes, Das Selbe und das Andere 346
Devereux, Normal und anormal 395
Dilthey, Der Aufbau der geschichtlichen Welt in den Geisteswissenschaften 354
Douglas, Ritual, Tabu und Körpersymbolik 353
Dreeben, Was wir in der Schule lernen 294
Dreier, Recht–Moral–Ideologie 344
Drews/Brecht, Psychoanalytische Ich-Psychologie 381
Dubiel, Wissenschaftsorganisation 258
Duby/Lardreau, Geschichte und Geschichtswissenschaft 409
Durkheim, Der Selbstmord 431
– Soziologie und Philosophie 176
Dux, Die Logik der Weltbilder 370
Eckstaedt/Klüwer (Hg.), Zeit allein heilt keine Wunden 308
Eco, Das offene Kunstwerk 222
Edelstein/Keller (Hg.), Perspektivität und Interpretation 364
Eder, Die Entstehung staatl. organisierter Gesellschaften 332
Ehlich (Hg.), Erzählen im Alltag 323
Einführung in den Strukturalismus 10
Eliade, Schamanismus 126
Elias, Die höfische Gesellschaft 423
– Über den Prozeß der Zivilisation, Bd. 1 158
– Über den Prozeß der Zivilisation, Bd. 2 159
Materialien zu Elias' Zivilisationstheorie 233